- 内蒙古地区社会历史文化研究基地

- 内蒙古自治区直属高校基本业务费项目
  "铸牢中华民族共同体的内蒙古历史学贡献"

- 内蒙古大学中国史学科平台建设项目

- 中国史一流培育学科建设项目

- 内蒙古古代各民族交往交流交融史研究

- 国家社科基金项目

清代嘉庆朝官员处分
及其失误研究

Qingdai Jiaqingchao Guanyuan Chufen
Jiqi Shiwu Yanjiu

孟姝芳 著

人民出版社

序

　　孟姝芳的国家社科项目"清代嘉庆朝官员处分及其失误"的研究成果就要付梓问世了，为她高兴，并祝贺。孟姝芳自 2002 年考入中国人民大学清史研究所，随我攻读博士学位。我给她的学位论文选题就是清朝官员的处分研究，由于清朝的处分条例过多过繁，嘱其选择一个朝代作起，于是有了她的博士论文《乾隆朝官员处分研究》，后于 2009 年出版。此番《清代嘉庆朝官员处分及其失误研究》是在对乾隆朝研究的基础上进行的，也就是说，孟姝芳对清朝官员的处分研究前后已有 20 余年的时光，见证了她从蹒跚学步到可以统观全局的学术成长历程。因向我索序，我开始翻阅这洋洋 50 余万字的巨篇。又因出版在即，短时或难以准确把握其研究主旨及文中精粹，仅就阅读所感略作铺陈。

　　其一，就选题而言，这是一项典型的政治史研究。处分，是对官员的不法行为、行政过程中的舛错、诖误等行径的处罚，是国家治理中的一个重要环节，其重要性不言而喻，所谓"察吏安民"是也。古代国家，安民是保证国家安全、社会秩序稳定的主要措施，察吏所以安民，是说吏治澄清是国家安民的前提，而处分是察吏的终极手段。在国家行政体系中体现的是皇帝与官僚的关系，是国家如何用行政法典管理官员。因此，处分，也是古代官僚政治研究中的经久话题。该书以官员处分为研究对象，并以嘉庆朝处分的普遍性为论点，考察国家在管官中的诸多处分实例及其失误，故有学术价值并能发挥史鉴功能。

　　其二，治史者离不开史料，否者则是无本之源，砂石中的大厦。该书坚持以文献为基础，对搜集到的相关文献进行了认真的梳理和排比。书中运用了《清实录》《清会典》等基本史料外，尤其是使用了大量的档案资料，诸如《嘉庆朝上谕档》《嘉庆朝起居注》《朱批奏折》《录副奏折》《题本》《则例》

等这些已出版或未出版的档案，构成了全书的核心文献，为该项研究奠定了叙史的实证基础。此外，书中还关注到学界的相关研究，给予了客观的评价和辨析采纳，使该书找到了自己的研究起点。

其三，该书以十章的规划、50余万字的篇幅，讨论了嘉庆一朝25年的官员处分问题，其视角和内容包括了皇权专制、吏治政风、行政法典的建制等方方面面，着重强调了嘉庆朝官员的处分条例繁多、处分个案的普遍性问题。该书从嘉庆朝编纂增加处分条例谈起，就皇权意志与好恶对处分判定的影响，在政风吏治整饬中官员受到的各类程度的处分，以及官员因怠政懒政及亏空钱粮等失职、失察受到的处罚，分别进行了讨论。专辟"嘉庆朝官员参劾处分之普遍和奇多"一章，阐述处分的普遍性。又以一章的篇幅列举出嘉庆朝对处分官员的开复方式，用以说明清朝为保证官僚队伍在国家行政中发挥正常作用所采取的应对措施。

嘉庆朝是清朝历史上一个由盛转衰的时期。正如作者所指出，这一时期的官员处分"既有对前期处分制度惯例的沿用，又有在新的吏治问题新的社会环境之下对官员处分的强化"，以致"各省出现的'无一合例之人'"的过度处分现象。但是，相比雍正朝对所有官员的铁腕清查、乾隆帝的对婪赃不法二品大员的不吝诛杀，嘉庆朝对官员的处分究竟有哪些变化？其失误除了处分案过多，又表现在哪些方面？失误的原因除了嘉庆皇帝因循祖制之外，还有哪些潜在的问题？为何嘉庆朝的处分大都集中在下级官员、特别是书吏衙役一级，而不见有对大员违法而不是失察的处分呢？这些或许都是一些值得深入探讨的问题。序于此，愿与孟姝芳共勉！

刘凤云

2024年5月28日于北京颐源居

目 录

绪　论

1616 年努尔哈赤建立后金政权，1636 年皇太极改后金国号为清，从而开启了历史上真正意义的清王朝。之后经历顺治朝、康熙朝、雍正朝、乾隆朝，到嘉庆朝，成为清入关后的第五代王朝。学界多认为嘉庆朝处在康乾盛世之后，是清王朝由前期转向后期的一个过渡期，这一过渡期也是清王朝国势由盛转衰之际，盛衰转型之际的特点成为嘉庆时期面临的时代背景。有关清代盛衰之变诸问题的研究成果颇为丰富。

（1）不同衰落期的研究。关文发认为"乾嘉之际，既然是属于清代前后期交替、清王朝从盛到衰的重要转折时期，而嘉庆又是这一交替、转折时期的关键人物。"[1] 魏克威认为："仅到嘉庆中后期，各种弊政腐风死灰复燃，贪官污吏又重操旧业，疲弱不堪的清王朝，又继续走上了衰败的历程。"[2] 李国荣持论："大清王朝到了嘉庆年间已走在衰败下滑的道路上了。"[3] 吴吉远更明确指出："嘉庆六年，清朝已处于由盛转衰的时期。"[4] 陈开科同样认为："19 世纪初的嘉庆王朝正步入清朝由盛转衰的时代。"[5] 刘宗志谈及癸酉大饥的背景："嘉庆十八年河南、直隶、山东三省发生的特大旱灾，史称癸酉大饥。这次灾害发生在清王朝由盛而衰的转折时期，其救治具有鲜明的时代特点。"[6] 彼得·斯特恩等认为："到十八世纪末，和中国历史上许多朝代一样，

---

① 关文发：《嘉庆帝》，吉林文史出版社 1993 年版，第 3 页。
② 魏克威：《嘉庆时期的内政改革和失败》，《长春师院学报》1998 年第 2 期。
③ 李国荣：《陈德刺嘉庆》，《紫禁城》2008 年第 8 期。
④ 吴吉远：《清代地方府司法职能研究》，故宫出版社 2014 年版，第 35 页。
⑤ 陈开科：《嘉庆十年：失败的俄国使团与失败的中国外交》，社会科学文献出版社 2014 年版，第 464 页。
⑥ 刘宗志：《嘉庆"癸酉大饥"及其救治措施探究》，《郑州大学学报》2015 年第 5 期。

清朝显然在衰落了。"[1] 韩书瑞、罗友枝持论:"在1800年有大量证据表明过去的一个世纪已出现王朝衰落的迹象。"[2] 卜健总结道:"嘉道两朝,国家由盛而衰,内忧外患。"[3] 高翔的文章《从全盛到衰微:18世纪清帝国的盛衰之变》[4],则全面系统的解析了清王朝的盛衰渐变。

(2)不同致衰说研究,主要有乾隆和嘉庆两种致衰说。乾隆致衰说方面,关文发的观点较为典型,"清代中衰的根子不在嘉庆,而在于以'十全功业'著称的乾隆。"[5] 嘉庆致衰说的持论比较多。马亚辉的观点,"嘉庆时期闭关锁国,墨守成规,不知因时而变,最终成为清朝由盛转衰的一个时期。"[6] 刘凤云的观点,"遗憾的是,嘉庆朝并没有完成历史的嘱托,致清朝由盛转衰。"[7] 魏克威的观点,"嘉庆时期是清王朝由盛至衰的转折点,曾经不可一世、称霸东方的清王朝,就是从这个时期开始走上了日益衰败的历程。"[8] 皆将衰落的时间和原因锁定在嘉庆及嘉庆朝。

(3)其他方面致衰说研究。史志宏从当时银库存数的下降变化推断出衰落的不可避免:"嘉庆、道光时期银库存银数较之康雍乾时期大幅下降并在2000万—3000万两的低水平长期徘徊,是清王朝国势衰落不振的反映和必然结果。"[9] 陈开科从外交方面推断出嘉庆朝的衰落:"实际上,嘉庆时期是清朝由盛趋衰的转折时期,这种转折不仅是内政方面的转折,同时也体现在对外关系方面。"[10] 刘凤云从财政史视角探讨:"清朝财政状况由盛转衰的节点,当始自嘉庆初年的川楚白莲教反清之役。"[11] 高翔从和珅这个重要人物视角去

---

① [美]彼得·斯特恩等著,赵轶峰摘译:《最后的王朝:清朝在中国的兴起和衰亡》,《清史译丛》第1辑,中国人民大学出版社2004年版,第137页。

② [美]韩书瑞、罗友枝:《十八世纪中国社会》,江苏人民出版社2009年版,第216页。

③ 卜健:《国之大臣:王鼎与嘉道两朝政治》,陕西人民出版社2015年版,第5页。

④ 高翔:《从全盛到衰微:18世纪清帝国的盛衰之变》,《明清史》2000年第6期。

⑤ 关文发:《嘉庆吏治评议》,《华南师范大学学报》1993年第4期。

⑥ 马亚辉:《"守成"理念下嘉庆时期的西南边疆民族政策探析》,《广西民族研究》2018年第4期。

⑦ 刘凤云:《权力运行的轨迹:17—18世纪中国的官僚政治》,党建读物出版社2013年版,第49页。

⑧ 魏克威:《嘉庆时期的内政改革和失败》,《长春师院学报》1998年第2期。

⑨ 史志宏:《清代户部银库收支和库存统计》,福建人民出版社2009年版,第110页。

⑩ 陈开科:《嘉庆十年:失败的俄国使团与失败的中国外交》,社会科学文献出版社2014年版,第10页。

⑪ 刘凤云:《钱粮亏空:清朝盛世的隐忧》,中国社会科学出版社2021年版,第438页。

分析清朝盛衰的节点变化，"然而，正是在和珅当政时，清朝开始了影响深远的盛衰之变，及和珅被诛，大清帝国已陷于萧条冷落的嘉庆中衰。因此，全面系统地考察和珅就成为分析清朝盛衰之变，研究十八世纪中国社会政治的关键环节之一。"①

（4）在诸多认为嘉庆朝衰败的持论中，陈辽独从经济角度援引国外资料指出，"然而，正是在嘉庆的最后一年中国的国力达到了世界第一的高峰。1995 年 12 月 20 日德国《世界报》在《世界经济 200 年》中称：'1820年时中国是最大的经济强国，排在印度、法国和英国前面。美国居第九位，普鲁士排第十。'"②此说观点颇异，故而提及，亦需专门学者进一步研究确论。

一、研究的学术背景

清人梁章钜在其著作中曾记载处分的史源，曰："《南史·沈僧昭传》：'国家有边事，须还处分。《北史·唐邕传》：'手作文书，口且处分。'按此二字史传中屡见，胡三省《通鉴》音注亦甚明，当作去声，音问。白居易诗'处分贫家残活计'，刘禹锡诗'停杯处分不须吹'，皆可证。时人谓近来多误读作平声，则非此二字之谓也。处分犹今言处置，自应读去声。若今人以被吏议为处分，则自作平声，谓分别而议处之也，与上所引殊别。"③

亦记载诖误之概念辨析，曰："今人谓因事而失官者为罣误，当作诖误。此二字亦甚古。《史记·陈豨传》：'赵、代吏人为豨所诖误劫略者，皆赦之。'《后汉书·寇恂传》：'狂狡乘间相诖误。'《易林》履之革云：'讹言妄语，转为诖误'，皆作诖。"④本书研究对象为梁章钜所言之吏部"所议"和"官员因事失官"之意，即清朝对失职官员予以的行政处分，时间限定为嘉庆朝。

---

① 高翔：《知人则哲——读〈和珅评传〉》，《清史研究》1998 年第 4 期。
② 陈辽：《"世界第一"的中国之王——论嘉庆帝》，《南通师专学报》1997 年第 3 期。
③ （清）梁章钜：《浪迹丛谈 续谈 三谈》卷一《处分》，载《清代史料笔记丛刊》，中华书局 1997 年版，第 249 页。
④ （清）梁章钜：《浪迹丛谈 续谈 三谈》卷一《诖误》，载《清代史料笔记丛刊》，中华书局 1997 年版，第 250 页。

清朝对失职官员的行政处分已具独立性，艾永明持同样观点："清朝的行政处分制度已经基本独立和相当完备"；"文官行政责任的追究制度基本独立。"①清代处分制度的演变经顺治、康熙朝草创，雍正朝发展，乾隆朝完备，到嘉庆朝已经定型。据档案和文献记载所见，嘉庆朝这样一个处在特殊时代背景下的朝代，对于规制性的例行官员处分在前朝基础上既沿袭又调整，既在吏治、政风、经济、司法诸方面强化官员处分，以约束官员的行为和警示官员治政；又利用皇权与其他制度行疏通之举开复官员奇多处分，以利其治政和皇权统治。其疏通调整之下的议抵和开复，使得官员处分从议定到减免往往是虎头蛇尾，既徒劳吏部考功司之议处，又没有解决官员处分中存在的实际问题。官员处分的惯常实施和皇权不得已的种种开复调整是嘉庆朝大政中的小政，小政的这种焦灼无奈反映了嘉庆朝整个大政的焦灼无奈。这是一个既费难又值得深入研究的学术课题，学界对清代及嘉庆朝官员处分的研究，从零星的起步，到现在的颇多关注，已有一定的成果。但整体而言，依然缺乏专门系统的深入研究。目前已有研究如下：

（1）从清代处分角度予以的研究。马奉琛的《清代行政制度参考书》②、王锺翰的《清代则例及其与政法关系之研究》③ 和丁华东的《清代会典和则例的编纂及其制度》④ 等，是较早研究清代处分法规的文章与著作，各成果对清代处分则例的各个问题进行研究，梳理了清代省例和则例的纂修过程，尤其是吏兵两部则例的纂修变化。郭松义的《清朝典制》⑤、艾永明的《清朝文官制度》⑥和宫宏祥的《论清代的文官考绩制度》⑦，则从清代职官管理角度，将考核制和处分制结合起来探讨，涉及官员处分。高尚仁等的《清中叶县行政舞弊的研究》⑧、柏桦的《从历史档案看清代州县官员的

① 艾永明：《清朝文官制度》，商务印书馆 2005 年版，第 179、375 页。

② 马奉琛：《清代行政制度参考书》，北京大学出版组 1935 年版。

③ 王锺翰：《清史补考》，辽宁大学出版社 2003 年版。

④ 丁华东：《清代会典和则例的编纂及其制度》，《档案学通讯》1994 年第 4 期。

⑤ 郭松义：《清朝典制》，吉林文史出版社 1993 年版。

⑥ 艾永明：《清朝文官制度》，商务印书馆 2005 年版。

⑦ 宫宏祥：《论清代的文官考绩制度》，《太原大学学报》2005 年第 2 期。

⑧ 高尚仁、桑毓英：《清中叶县行政舞弊的研究》第 5 章"清中叶的防弊方策"，《行政效率》1935 年第 3 卷第 3 期。

惩处制度》①、刘绍春的《军机章京职权责利的若干问题》②和吕美颐的《清代的督催与奏销制度》③等文，以清代州县官、军机章京、科考监察官为特定处分对象予以个案研究。刘毓兰的《清代官员的罚俸制度》④、孟姝芳的《清乾隆中后期罚扣大员养廉银与其行政处分关系探析》⑤、许大龄的《清代捐纳制度》⑥、闫文博的《清代问责官员的开复机制及其启示》⑦等文，则从罚俸、养廉银、议罪银和开复角度，探讨清代处分中的罚俸和开复制度。织田万的《清国行政法》⑧从官员责任角度出发，将官员的责任区分为惩戒和刑事予以论述。以孔飞力的《叫魂》⑨为代表，亦曾涉及对官员的处分研究。近些年有部分学位论文也涉及对清代官员处分的研究，如许颖的博士论文《清代文官行政处分程序研究》⑩；有硕士论文针对官员开复、罚俸、议罪银等进行制度性研究；还有针对清代州县佐贰杂职官员惩戒的研究、清代州县官员财政责任及其追究的研究、清代州县钱谷责任追究制度的研究、清朝官员惩处立法及其实践的研究等，是对州县官具体处分的研究。

（2）从嘉庆朝的不同角度涉及官员处分的研究。著作有朱诚如、张玉芬的《嘉庆皇帝》⑪、关文发的《嘉庆帝》⑫、曹金洪的《清仁宗嘉庆传》⑬等数部，论述了嘉庆帝及其治政，其中有个别章节涉及官员处分。论文如《清代嘉庆朝地方吏治初探》⑭《嘉庆十四年书吏冒领库项案档案》⑮《密奏与京控：嘉

①　柏桦：《从历史档案看清代州县官员的惩处制度》，《北方论丛》1994 年第 4 期。

②　刘绍春：《军机章京职权责利的若干问题》，《史学集刊》1993 年第 4 期。

③　吕美颐：《清代的督催与奏销制度》，《中国史研究》1991 年第 3 期。

④　刘毓兰：《清代官员的罚俸制度》，《故宫博物院院刊》1983 年第 2 期。

⑤　孟姝芳：《清乾隆中后期罚扣大员养廉银与其行政处分关系探析》，《安徽史学》2007 年第 2 期。

⑥　许大龄：《清代捐纳制度》，载《明清史论集》，北京大学出版社 2000 年版。

⑦　闫文博：《清代问责官员的开复机制及其启示》，《理论与现代化》2010 年第 6 期。

⑧　［日］织田万：《清国行政法》，中国政法大学出版社 2003 年版。

⑨　［美］孔飞力：《叫魂：1768 年中国妖术大恐慌》，上海三联书店 1999 年版。

⑩　许颖：《清代文官行政处分程序研究》，博士学位论文，南开大学，2010 年。

⑪　朱诚如、张玉芬：《嘉庆皇帝》，故宫出版社 2016 年版。

⑫　关文发：《嘉庆帝》，吉林文史出版社 1993 年版。

⑬　曹金洪：《清仁宗嘉庆传》，团结出版社 2016 年版。

⑭　赵亮：《清代嘉庆朝地方吏治初探——以嘉庆九、十年间湖南两案为例》，《辽宁大学学报》2008 年第 5 期。

⑮　刘文华：《嘉庆十四年书吏冒领库项案档案》，《历史档案》2018 年第 4 期。

庆帝的"言路"及其疏通努力》①《嘉庆帝整饬吏治的分析研究——以惩贪倡廉为中心》②《嘉庆帝严惩放赈贪官》③《嘉庆二十四年朝政失密案研究》④《本末倒置、墨守成规——嘉庆帝政衰探源》⑤《清嘉庆、道光时期政治危机研究》⑥《嘉庆帝以"禁"治国的教训》⑦《"罪己诏"与嘉庆帝政务认知研究》⑧《为而不能的嘉庆帝及其时代困境探论》⑨《山东京控"繁兴"与嘉庆帝的应对策略》⑩《清代"越诉"律例研究》⑪《清代京控中的国家与社会研究》⑫《清嘉庆帝严惩失职武举考官》⑬《嘉庆朝官员革职案研究》⑭等，分别从治政、吏治、司法、军政、经济、惩贪、社会等视角探讨了嘉庆时期的状况，都是在论及其他问题时，涉及嘉庆时期某类官员的处分。其他的相关论著会在正文章节中具体标示。

（3）本书作者的个人研究状况。本书作者多年来从事清代官员处分问题的系列研究，以朝代为序列，研析探讨清前期若干朝的处分及问题。已有关于雍正朝和乾隆朝官员处分的两部学术著作⑮出版，目前定位于嘉庆朝官员处分进行研究，希望在雍正朝、乾隆朝官员处分研究的基础上，通过继续对嘉庆朝官员处分的研究，厘清清代官员处分的制度沿袭演变过

---

① 崔岷：《密奏与京控：嘉庆帝的"言路"及其疏通努力》，《暨南学报》2017年第10期。

② 秦良美：《嘉庆帝整饬吏治研究——以惩贪倡廉为中心》，硕士学位论文，山东大学，2008年。

③ 高鸣：《嘉庆帝严惩放赈贪官》，《水利天地》1997年第3期。

④ 马维熙：《嘉庆二十四年朝政失密案研究》，《历史档案》2016年第4期。

⑤ 谷佳媚：《本末倒置、墨守成规——嘉庆帝政衰探源》，《领导科学》2015年7月下。

⑥ 张国骥：《清嘉庆、道光时期政治危机研究》，博士学位论文，湖南大学，2011年。

⑦ 李冬君：《嘉庆帝以"禁"治国的教训》，《文史天地》2013年第12期。

⑧ 王岩梅：《"罪己诏"与嘉庆帝政务认知研究》，硕士学位论文，辽宁师范大学，2015年。

⑨ 薛影：《为而不能的嘉庆帝及其时代困境探论》，硕士学位论文，辽宁师范大学，2005年。

⑩ 崔岷：《山东京控"繁兴"与嘉庆帝的应对策略》，《史学月刊》2008年第1期。

⑪ 邢文娟：《清代"越诉"律例的研究》，《兰台世界》2015年第3期。

⑫ 石怡：《清代京控中的国家与社会研究》，博士学位论文，东北师范大学，2016年。

⑬ 王殿英：《清嘉庆帝严惩失职武举考官》，《紫禁城》1986年第3期。

⑭ 赵亮：《嘉庆朝官员革职案研究》，博士学位论文，中国人民大学，2007年。

⑮ 孟姝芳：《乾隆朝官员处分研究》，内蒙古大学出版社2009年版；《雍正朝官员行政问责与处分研究》，内蒙古大学出版社2016年版。《清代处分官员与官员规避之互动研究》，《学术研究》2007年第2期；《从乾隆朝处分中透视皇权的强化》，《河南大学学报》2004年第5期；《雍正朝官员处分程序：议定、开复与纠正》，《历史档案》2016年第2期；《清代雍正朝官员问责与参劾制度研究》，《云南师范大学学报》2014年第6期。上述论著对雍正朝和乾隆朝官员处分制度、运行、特点和作用予以系统研究。

程，考察清代官员处分在不经意间出现的处分普遍与奇多这一失误，分析最高统治者嘉庆皇帝对此失误的多方疏通调整。更希望在此研究中能够在前期研究基础上有所突破，"踔厉奋发、笃行不怠"，再为将来的研究奠定基础。

二、研究的现实参考意义

中国社会科学院副院长王京清同志曾在一篇序中讲道："中央提出要发挥哲学社会科学在治国理政、提高改革决策水平、推进国家治理体系和治理能力现代化中的作用。"[①] 历史学科作为哲学社会科学的一部分，历史学科的工作者、研究者应该承担起这种责任，发挥出历史的垂戒作用。

对于官员处分制度的研究，有人或者会说，"学术史上，确有研究课题因政治而盛，也因政治而衰。"[②] 或许还会说："清朝已经灭亡百年，皇帝制度也被推翻了，似乎古代的政治制度对当下影响并不大。可是从历史的长河来看，不论我们的政治文化，还是政治制度，跟 100 年前仍有着无法切断的联系。"[③]《中华人民共和国监察法》于 2018 年 3 月 20 日实施；《中华人民共和国政务处分法》于 2020 年 6 月 20 日颁布。这两部法规都涉及对不同性质的国家公务员和工作人员的处分，尤其是《政务处分法》，是新中国成立以来第一部全面系统规范公职人员惩戒和处分制度的国家法律，这些法规都是新形势下中央所实行的国家治理和制度治理。本书的研究，着眼于清代文职官员之处分，目标亦是有关有清一代的国家治理和制度治理。

梁启超曾讲过："吾人做新历史而无新目的，大大可以不作。历史所以要常常去研究，历史所以值得研究，就是因为要不断的予以新意义及新价值以供吾人活动的资鉴。"[④] 傅宗懋也提出："政治之研究，不仅应注目于成文规

---

① 转引自吴四伍：《清代捐纳与国家治理》，社会科学文献出版社 2021 年版，序言第 3 页。

② 陈开科：《嘉庆十年：失败的俄国使团与失败的中国外交》，社会科学文献出版社 2014 年版，第 13 页。

③ 暴景升：《清末督抚的崛起与中央权威的衰落》，载《明清论丛》第 14 辑，故宫出版社 2014 年版，第 85 页。

④ 梁启超：《中国历史研究法》，东方出版社 1996 年版，第 156 页。

第一章　嘉庆朝训政和亲政时期的官员处分

嘉庆二十五年（1820）七月二十五日，嘉庆皇帝逝世于避暑山庄之烟波浩渺殿。[①] 遗诏曰：

> 朕仰蒙皇考高宗纯皇帝授玺嗣位，亲承训政三年。惟以敬天法祖勤政爱民，为保邦制治之大经。履位以来，严恭寅畏惟日孜孜。思天立君以为民，以养以教责在一人。亲政之初，值川陕楚邪匪未靖，训励统兵大员整饬戎行，筹笔四载，逋寇以次殄除。嗣是海宇乂安，闾阎乐业。朕怀保惠鲜，与民休息。乃十八年复有奸民作慝，闯入禁门，逆党勾连曹滑，蔓延三省。幸赖上天祐顺，渠魁捕戮，余孽殄夷。为期曾不再月，中外肃清。朕深思邪教之害民，屡申训谕，以肃吏治，以正人心，整纲饬纪，期于政清而俗厚，盖未当一日释诸怀也。黄河自古为中国患，先是云梯关下海口垫淤，下壅上决，屡有漫溢之警。朕不惜帑金，堤防疏浚，俾复故道。奏安澜者，越六七年。上年秋霖异涨，豫河南北漫口数处，而武陟横流穿运入海，为害最重。今春督治甫告成功，而南岸仪封复溃，饬谕河臣于秋后兴筑，业已程工拨帑，计今冬可期蒇事。朕轸念民生，惟惧一夫失所，遇四方水旱之灾蠲租发粟，随奏辄下。上年朕六旬正庆，薄海臣民胪欢献祝，爱戴出于至诚。朕思逮以实惠，诏蠲免积欠银谷，凡二千余万，以期家给人足共登熙暤。今岁自春徂夏以及于秋，旸雨应时，各省皆报丰登，朕心悦豫。孟秋中旬恪遵彝训，将举木兰狝典。先驻跸避暑山庄，朕体素壮未尝疾病，虽年逾六旬，登陟

---

①　有关嘉庆之死的研究：冯亚平：《嘉庆帝之死》，《历史档案》1998 年第 1 期。潘洪钢：《嘉庆猝死与道光继位之谜》，《紫禁城》2010 年第 1 期和第 2 期。白杰、张萍：《嘉庆猝死与道光继位之真相》，《清史研究》1994 年第 3 期。陈振远：《殁于避暑山庄的嘉庆帝》，《承德民族师专学报》1999 年增刊。

川原不觉其劳。此次跸途偶感暍暑，昨仍策马度广仁岭，迨抵山庄，觉痰气上壅，至夕益甚，恐弗克瘳。朕仰遵列圣家法，曾于嘉庆四年四月初十日卯初预立皇太子，亲书密缄，镐置秘棨。十八年禁门之役，贼逾宫垣，皇太子手发火枪连毙二贼，余党惊坠。禁御获安，厥功甚巨。因建储之命未宣，先封智亲王以奖殊庸。今疾弥留，神器至重，允宜传付。乃命御前大臣、军机大臣、内务府大臣公启密缄，皇太子仁孝智勇必能亲承付托，其即皇帝位以嗣大统。为君之道在知人在安民，朕尝论谕之详矣，然而行之实难。其深思而力持之，登进贤良爱养黎庶，以保我国家亿万年丕丕基。记曰孝者，善继人之志，善述人之事，可不勉哉。朕贵为天子，年逾周甲，获福亦云孔厚。惟我后嗣克承予志，使天下永享太平之福，则朕之愿慰矣。朕受玺后，二兄一弟同予侍养。今春庆亲王先逝，自兹存者惟仪亲王、成亲王，遂不获相见，其二王一应罚俸处分著概予宽免。书载虞舜陟方，古天子终于狩所，盖有之矣。况滦阳行宫为每岁临幸之地，我祖考神御在焉，予复何憾？丧服仍依旧制二十七日而除。布告天下，咸使闻知。缅维。[1]

有关遗诏说法： "嘉庆帝驾崩次日，绵宁被拥立之后，即命托津和戴均元拟写遗诏。"[2] 从遗诏内容可见，其中一方面回顾了当朝的一些大事，训政、亲政、剿灭五省白莲教起义、林清之变、治理河患、关注民生、终致避暑山庄之因等。另一方面是对后事的安排，智亲王旻宁的继位、对皇兄皇弟的安排、丧葬的处理。相对来说，这份遗诏有和前朝遗诏相同的方面，也有不同之处。相同之处在于对继位者的安排，这也是一般遗诏最重要的一项内容，它是继位者承继帝位的最直接的最权威的依据。不同之处在于，这份遗诏只是简单回顾了嘉庆皇帝的履政时段和遇到的几件几乎触动清王朝根本的大事。对于嘉庆皇帝的政绩、政绩的自我评价、是否存在弊政、是否有不妥之政却只字未提。所以，这份遗诏没有实质性的内容，这种缺失也为研究嘉庆朝留下了一个广阔的可以思考展布的空间。

另外，遗诏反映出当时君臣皆认可嘉庆元年到三年属于太上皇乾隆训

---

[1]　中国第一历史档案馆编：《嘉庆帝起居注》第 22 册，广西师范大学出版社 2006 年版，第 276—278 页。

[2]　卜健：《国之大臣：王鼎与嘉道两朝政治》，陕西人民出版社 2015 年版，第 207 页。

政。孟森言"三年之中，太上训政。"①《清史稿》亦论曰："仁宗初逢训政，恭谨无违。"②皆阐明了嘉庆朝前三年治政的主调是太上训政，这是中国封建史上少有的特殊政治。在这种特殊政治态势下，有关官员处分，既有惯常的按例之处分，又有训政背景下萌生的特有处分，它们共同反映了嘉庆朝初期这段特殊历史时期的治政状况与官员管理情况。

第一节　太上皇乾隆训政时期的官员处分

一、嘉庆之继位及其心路历程

（一）嘉庆皇帝之继位

嘉庆帝，字颙琰，《仁宗实录》记载其身世，"纯皇帝第十五子"，母"纯皇后魏佳氏，原任内管领加封承恩公清泰之女。"③嘉庆元年（1796）颙琰之继位，既是乾隆皇帝秉承秘密建储制的结果，又是乾隆皇帝践行周甲之说的结果。

乾隆皇帝秉承其父雍正帝所定秘密建储之制，在其诸皇子中择立颙琰，而颙琰亦有其自身优点。"自六龄就傅，受书于兵部侍郎奉宽。年十三通五经，学今体诗于工部侍郎谢墉，学古文古体诗于侍讲学士朱珪"④，从幼时起便奠定了良好的为帝学养。迨长大，其品行借朝鲜人之评价，"第十五子嘉亲王永琰，聪明力学，颇有人望"⑤。"皇子见存者四人，八王、十一王、十七王俱无令名，唯十五王饬躬读书，刚明有戒，长在禁中，声誉颇多。"⑥颙琰的这些言行智识是符合乾隆皇帝希冀的帝王条件的，"仁孝端醇，克肩重器"⑦，这点并为朝内外所周知。故此，才有乾隆三十八年（1773），乾隆皇帝"亲书上名缄固，藏乾清宫正大光明扁上。"后又于祭祀东陵面告天祖，

---

① 吴俊编校：《孟森学术论著·清史讲义》，浙江人民出版社 1998 年版，第 288 页。
② 《清史稿》第 3 册，中华书局 1977 年版，第 616 页。
③ 《清仁宗实录》第 1 册，中华书局 1986 年版，第 65 页。
④ 《清仁宗实录》第 1 册，中华书局 1986 年版，第 65 页。
⑤ 吴晗辑：《朝鲜李朝实录中的中国史料》第 11 册，中华书局 1980 年版，第 4840 页。
⑥ 吴晗辑：《朝鲜李朝实录中的中国史料》第 11 册，中华书局 1980 年版，第 4881 页。
⑦ 《清仁宗实录》第 1 册，中华书局 1986 年版，第 67 页。

颙琰"凝承宝命，实始于兹"①。乾隆曾"御绘岁朝图志语：有以迓新韶嘉庆之句。"出现"嘉庆"二字，实录随记："元辰宝字，宛与纪号潜符。圣集流传，读者识为天心素定焉。"② 这是乾隆皇帝秉承父制择立颙琰。

另一原因出自于乾隆皇帝自身，乾隆皇帝敬尊其祖康熙帝，曾在践阼之初许下"纪年周甲归政告天"③之诺。1795 年为乾隆六十年，乾隆"抚临函夏"已达六十载，他要兑现这一历史承诺。故先于是年九月初三日，于勤政殿召集王公百官启密缄，册封颙琰为皇太子。继于乾隆六十一年春正月初一日，"率皇太子诣奉先殿行礼"，之后在太和殿升座，"亲授宝玺传位嗣皇帝，改元嘉庆元年，嗣皇帝敬受"。④《嘉庆帝起居注》在纪年、称呼上略有不同。记之曰"嘉庆元年岁次丙辰春正月初一日"，"太上皇帝御太和殿，亲授宝玺传位于上，颁诏中外"。⑤ 这是乾隆皇帝兑现承诺。

关文发从嘉庆皇帝所具备的勤、俭、仁、慎诸品德角度，探讨了嘉庆的继位是合乎封建社会对帝王之要求，继位顺理成章。⑥ 张玉芬持不同观点，指出乾隆帝多次秘密建储失败后，在无嫡子可立的情况下，颙琰才得以脱颖而出。⑦ 这也是符合历史事实的。

（二）嘉庆皇帝的心路历程

1796 年开始了嘉庆朝的新纪元，然而嘉庆皇帝的心路历程是较为复杂的。先是密立为储君未继位之前，如学界所言："颙琰被秘密立储 23 年之后才登基，时间实在太久了。这种情形对一位皇储来说，意味着每天都在惶恐不安中度过，时时刻刻如坐针毡、如履薄冰。因为说不定什么时候不小心犯了什么过错，皇储的身份就丢失了。这漫长的 23 年，无论有多少锐气都被磨掉了。因此，23 年的皇储身份，漫长岁月的消磨，使得嘉庆缺乏锐意改革的勇气。"⑧ 后是继位而未亲政之前，朝鲜史料记载：嘉庆皇帝"侍坐上皇

---

① 《清仁宗实录》第 1 册，中华书局 1986 年版，第 66 页。

② 《清仁宗实录》第 1 册，中华书局 1986 年版，第 65 页。

③ 《清仁宗实录》第 1 册，中华书局 1986 年版，第 67 页。

④ 中国第一历史档案馆编：《嘉庆朝上谕档》第 1 册，广西师范大学出版社 2000 年版，第 3 页。

⑤ 中国第一历史档案馆编：《嘉庆帝起居注》第 1 册，广西师范大学出版社 2006 年版，第 1 页。

⑥ 关文发：《嘉庆嗣位考述》，《华南师范大学学报》1992 年第 4 期。

⑦ 朱诚如、张玉芬：《嘉庆皇帝》，故宫出版社 2016 年版。

⑧ 陈开科：《嘉庆十年：失败的俄国使团与失败的中国外交》，社会科学文献出版社 2014 年版，第 42 页。

之侧，只视上皇之动静，而一不转瞬"①。"侍坐太上皇，上皇喜则亦喜，笑则亦笑。"②由此可推测，"嘉庆作为'侍皇帝'，每天都要小心翼翼，惶惶不可终日。这种情况对其心理产生了严重影响。"③

三年之中朝上朝下，一边是太上皇乾隆气宇轩昂地宣布："朕虽然归政，大事还是我办。"④另一边是嘉庆皇帝的无奈待命："惟皇爷处分，朕何敢与焉。"⑤两者之间形成了鲜明的对比。权力的争夺和占有，使人之性格出现了奇迹般的忍和让，这种忍和让有时超出了一个人的耐受力。

但是太上皇乾隆和嘉庆父子之间的关爱还是有的。嘉庆皇帝的婚姻生活与幸福，是作为父亲的乾隆比较关注的，"甲午赐成大婚礼"⑥，结姻喜塔腊氏，嘉庆元年（1796）册封喜塔腊氏为皇后，然而嘉庆二年（1797）皇后去世。不久，太上皇乾隆颁布敕旨，安排继任皇后之事。档案记载嘉庆二年五年二十日太上皇帝敕旨曰："皇帝自受政以来，夙夜仰体朕意，承欢孝养。皇后亦克尽孝敬，朕心深为欣悦。不意皇后不幸薨逝，朕甚悼焉。今已逾百日，不但皇帝中宫不可久旷，即晨昏定省，子妇之职缺如，朕心亦颇不愉。但皇后薨逝甫经百日，虽不便即举行继立皇后典礼，自应为皇帝先行册封皇贵妃。今贵妃钮祜禄氏系朕从前选择赐皇帝为侧福晋者，观其人品端谨庄重，且能率下。即将贵妃钮祜禄氏册封为皇帝之皇贵妃，表率宫庭，上以孝养朕躬，佐皇帝以绥福履，襄成内治。俟二十七个月后，再举行册立皇后典礼外，所有册封皇贵妃典礼者，该部衙门查例办理。"⑦

对于嘉庆皇帝而言，也敬尊其父。亲政初期即不断以"皇考之政为政"，随后的为帝生涯，也处在不断怀念其父的情感之中。嘉庆十年（1805）和二十三年（1818）两次恭谒裕陵的诗词，可见其情感的流露。十年他写道："呼抢嗟何及，音容七载违。感深风木飒，痛付泪泉挥。恩泽心长慕，形神

---

① 吴晗辑：《朝鲜李朝实录中的中国史料》第12册，中华书局1980年版，第4916页。
② 吴晗辑：《朝鲜李朝实录中的中国史料》第12册，中华书局1980年版，第4918页。
③ 陈开科：《嘉庆十年：失败的俄国使团与失败的中国外交》，社会科学文献出版社2014年版，第42页。
④ 吴晗辑：《朝鲜李朝实录中的中国史料》第12册，中华书局1980年版，第4912页。
⑤ 转引自吴俊编校：《孟森学术论著·清史讲义》，浙江人民出版社1998年版，第302页。
⑥ 《清仁宗实录》第1册，中华书局1986年版，第66页。
⑦ 故宫博物院编：《掌故丛编》，中华书局1990年版，第104页。

无所依。终于永抱恨，高宇渺春晖。"① 二十三年再次抒发情感，"面谕永钦守，祖陵再展仪。寅承守寸悃，申命示诸儿。难写终天恨，未酬罔极慈。典成抒泣告，忆昔益哀思。"② 因此，三年训政的是是非非或许是我们后人所无法感受感知的。谨以上文作为训政时期官员处分的大背景。

二、太上训政所萌发的官员特有处分

（一）乾隆之大权在握与官员处分

嘉庆元年正月十九日"上诣交泰殿行开宝礼"③，标志着象征皇帝权威的玉玺正式由嘉庆皇帝启用。但是在实际治国理政中却属"两圣同堂"④，甚有"一国三主"⑤之说。可见，从嘉庆元年到嘉庆三年的这段时间里，嘉庆皇帝只是一个恭谨的学习型皇帝，许多遗留史料反映了这一事实。史载嘉庆元年，宫中"举行授受大典，立皇太子为皇帝，尊上为太上皇帝，军国重务仍奏闻秉训裁决，大事降旨敕。宫中时宪书用乾隆年号。"⑥朝鲜实录亦记："太上皇帝谕旨，称为敕旨。"⑦可见，在当时是双年号、旨下有旨。

嘉庆元年所颁布的若干道谕旨中，明确并不断重申着嘉庆皇帝之身份及其应行之事的范围。"皇太子于丙辰正月上日即皇帝位。朕亲御太和殿躬授宝玺，可称朕为太上皇帝。其尊号繁文朕所弗取，毋庸奏上。凡军国重务用人行政大端，朕未至倦勤不敢自逸，部院衙门及各省题奏事件悉遵前旨。"⑧"至朕传位后，凡军国大政及交涉外藩事件朕仍训示。"⑨由宣谕可知，太上皇乾隆仍然总揽着军事权、行政权和外交权，言外之意嘉庆皇帝在此三方面是不能够有任何干预的。

---

① 王佩环：《清帝东巡》，沈阳出版社 2004 年版，第 562 页。
② 王佩环：《清帝东巡》，沈阳出版社 2004 年版，第 581 页。
③ 中国第一历史档案馆编：《嘉庆帝起居注》第 1 册，广西师范大学出版社 2006 年版，第 13 页。
④ 《清仁宗实录》第 1 册，中华书局 1986 年版，第 68 页。
⑤ 赵立波：《"守成法祖、有限反腐"的嘉庆皇帝》，《文史天地》2016 年第 11 期。
⑥ 《清史稿》第 3 册，中华书局 1977 年版，第 565 页。
⑦ 吴晗辑：《朝鲜李朝实录中的中国史料》第 12 册，中华书局 1980 年版，第 4909 页。
⑧ 中国第一历史档案馆编：《嘉庆朝上谕档》第 1 册，广西师范大学出版社 2000 年版，第 1—2 页。
⑨ 中国第一历史档案馆编：《嘉庆朝上谕档》第 1 册，广西师范大学出版社 2000 年版，第 23 页。

不仅嘉庆皇帝，对于臣僚而言，一旦于此有所错会，便会轻则遭斥，重则遭受处分。如嘉庆元年（1796）正月初八日的这份官员处分档案所反映：

> 遵旨传到太常寺堂官德明等，与奏事处官员面加询问。据初七日接事之札拉芬称，是日德明等呈递皇帝祭太庙仪注，告称应奏呈皇帝批阅，随行接递等语。复询之德明等，据称初七日呈递仪注，我等愚昧之见，因系皇帝行礼，似无须烦劳太上皇帝披阅，是以告知奏事官员于皇帝前呈递，实属糊涂错误，咎无可辞等语。臣等查，部院衙门若陈奏事件祇于皇帝前呈递，其罪自在不赦。今德明等因太庙仪注皇帝行礼，是以未经呈奏太上皇帝。但率行冒昧呈递究属错误，应请将太常寺堂官交部严加议处。并传知德明等嗣后凡遇祭祀仪注，不必缮写两分。如太上皇帝、皇帝同在一处，先奏闻太上皇帝再奏皇帝。如遇皇帝在宫内斋宿，遵旨专于皇帝前呈递，不必再赴圆明园呈奏。①

这份档案，第一，反映出部院陈奏军政事件必须要先行报告太上皇帝，否则官员属于违纪。第二，反映出即使是无关大政的祭祀活动，也要分情况进行奏闻，官员一旦有错即会被议处。

此时的太上皇乾隆已经掌握了军政和外交三大权，再把持祭祀权力并因之处分官员，有些说不过去，并且敲打臣僚的目的已然达到。所以，正月初九日颁旨，德明等议处"著宽免"②。

嘉庆元年正月二十日，另一份档案是毕沅所奏"筹办军粮军火情形"折，内阁奉敕旨曰：

> 内称仰副圣主宵旰勤求，上慰太上皇帝注盼捷音等语，措辞实属无谓。本年传位大典，上年秋间即明降谕旨颁示中外，一切军国事务朕仍亲理，嗣皇帝敬聆训诲，随同学习。其外省题奏事件，并经军机大臣等奏定款式通行颁发。毕沅等并不遵照办理，是何意见？无论办理苗匪一事起自上年二月，一切军务机宜俱系朕酌筹指示，现在军营奏折亦无不逐加批览。即自嘉庆元年以后，内而部院各衙门，外而督抚大吏等章奏事件，亦皆朕躬亲综揽，随时训示。岂因有授受之典，即自暇

---

① 中国第一历史档案馆编：《嘉庆朝上谕档》第 1 册，广西师范大学出版社 2000 年版，第 6 页。
② 中国第一历史档案馆编：《嘉庆朝上谕档》第 1 册，广西师范大学出版社 2000 年版，第 7 页。

自逸，概置政事于不问乎？各省陈奏事件，如折内皇上睿鉴字样，自应钦遵颁发格式照常缮写。今毕沅等所奏之折，分列圣主及太上皇帝，试思圣主睿鉴等字样，有何同异？而毕沅等故为此区别之见，有是理乎？……毕沅、姜晟均著传旨严行申饬，仍交部议处。①

这道敕旨毫不客气地再次强调了虽"两圣同堂"，但政务的处理唯太上皇而已，且有规制保证。毕沅、姜晟的上折遭到了不置可否的劈头盖脸的痛斥并随之处分。

"同堂""同朝"颇有深意，是同在一宫或一处，而不是同在朝堂，同为执政者。试思当时，太上皇乾隆和皇帝嘉庆同在一地或一宫的这种空间上的共在性，又有多少次？前后两份档案无可置疑地揭示了训政时期国家权力的一元化和归属问题，臣僚可模糊，但太上皇乾隆却不愿模糊，模糊的结果对于臣僚而言就是处分。

（二）嘉庆皇帝的有限履职与官员处分

那么，三年的训政时期，嘉庆皇帝作为"学习皇帝"，该履职什么呢？档案中多所反映出来。

（1）陪同太上皇乾隆吃饭宴游。档案中记载颇多，兹不赘述。可关注的是"这种礼仪繁琐的侍游侍宴，实际上已成了嘉庆嗣位后头三年的一项主要活动，也是他不得不硬着头皮承担的一份苦差事"②。这些活动占据了嘉庆皇帝很多的精力，也为嘉庆皇帝所厌恶，从后来嘉庆皇帝厌恶所到之处的噪音、厌恶宴会的嘈杂之声可见此后影响。

（2）嘉庆皇帝负责几乎全部的祭祀活动。清人记载曰："纯皇敬天法祖，乾健不息，践位六十年间，命亲臣代郊者二，余皆亲襄祭祀。"③可知，乾隆帝对祭祀之重视。此时对于年事已高的太上皇乾隆而言，这项工作恰好由嘉庆皇帝去替代，也不用担心会失敬。而嘉庆皇帝也比较乐意接受亲自祭祀，他曾在此后《再举东巡展谒三陵大礼庆成记》中论道："祭不欲疏，疏则怠，

---

① 　中国第一历史档案馆编：《嘉庆朝上谕档》第 1 册，广西师范大学出版社 2000 年版，第 24—25 页。

② 　关文发：《嘉庆帝》，吉林文史出版社 1993 年版，第 55 页。

③ 　（清）昭梿：《啸亭杂录》卷一《至诚格天》，载《清代史料笔记丛刊》，中华书局 2006 年版，第 20 页。

怠则忘。"① 在这点上两位帝王的观点是一致的，太上皇乾隆为支持皇帝嘉庆，并给其配备了臣僚予以陪祀。臣僚一旦有误或不去陪祀，每次都会有监察御史予以记录，随即进行弹劾，上谕档中这类档案委实不少。

嘉庆二年（1797）五月二十七日，即发生了一起典型的陪祀不到处分事件。"本日恭祭方泽大祀，大学士及各部院九卿皆应陪祀。乃本日各部尚书等惟礼部堂官在坛执事，而金士松、周兴岱亦复来园，其余五部满汉堂官多以会奏来园并未陪祀。各部院陈奏事件，该堂官等本应到园只候。但值郊坛大典，理应敬谨陪祀。……自系藉称奏事可免行礼，贪图安逸，以致大祀典礼陪祀大臣寥寥，殊非敬谨襄事之道。"太上皇乾隆下令"所有本日来园并未陪祀之各部院堂官等俱著查明交部议处。其查班之科道等亦未查奏，并著交部察议。"② 嘉庆二年六月初六日的敕旨再次确认此次处分，"前因各部院堂官藉赴园奏事为名，多未身随皇帝诣坛陪祀，已降旨交部查明议处，并将不行查参之御史一并察议"③。一众部院科道官员因此受到处分。

三年训政时期的主祭活动，足以让嘉庆皇帝在后期形成一种习惯，对祭祀的极度重视和敏感。此后，嘉庆一朝有很多礼部和太常寺的官员因祭祀而受到重用升迁，亦有因祭祀中各种不当而招致严重处分。

（3）嘉庆皇帝负责例行题本的常规性批复。清代承明沿用内阁，但是此内阁非彼内阁也。尤其是自雍正朝设立军机处以后，到乾隆朝，军机处承担"军国大事，罔不总揽"的格局已成定式。内阁退格为处理例行题本的具题事务，无机密可言，无技术可考。而对大量题本的象征性、形式性批复工作则交给了皇帝嘉庆。皇帝会批：览、知道了、阅、该部知道、依议等，实质性的文字不是很多。然而自乾隆朝始，人口暴涨，事务迭出，就是这种形式性的批复工作也需要一定的精力与时间，这点可从大量题本中反映出来。

太上皇乾隆将此批阅权交予皇帝嘉庆，一则自身省却了诸多烦琐；二者

---

① 《清仁宗实录》第 5 册，中华书局 1986 年版，第 575 页。

② 中国第一历史档案馆编：《嘉庆朝上谕档》第 2 册，广西师范大学出版社 2000 年版，第 152 页。

③ 中国第一历史档案馆编：《嘉庆朝上谕档》第 2 册，广西师范大学出版社 2000 年版，第 156 页。

在形式上也赋予了嘉庆皇帝些许行政权力。学界有同样看法，乾隆"一来履行了诺言，以诚见于天下；二来大权仍然独掌，不致旁落。三是摆脱了那些细小繁琐的杂事，也有利于他延年益寿"[1]。史料中就此亦有类似记载："部院衙门并各省具题章疏，及引见文武官员寻常事件，俱由嗣皇帝披阅，奏知朕办理，为朕分劳，庶得更遂怡养，幸跻期颐。"[2]

但是，嘉庆皇帝在三年的时间里被动机械地处理这些题本，对其影响应该是比较大的。无所任事，疲软无为，也足以摧毁一个刚刚进入中年皇帝的冲劲和干劲。后期嘉庆对内阁题本批阅的改革，以及诸多的治政行为的异常表露，足见这一问题影响之深。

（三）和珅对皇帝嘉庆的监视与官员处分

以上是嘉庆皇帝的主要职任，距离皇权的真正行使还为时较远。嘉庆皇帝不仅不能正常行使皇权，而且受到太上皇乾隆所派"二皇帝"[3]和珅的监视。一则档案明确证明了这个问题。

> 再，本日进见时，太上皇又将昨日垂询一切，详悉询及，奴才等如前覆奏。又问，皇帝近日面貌稍觉瘦否？当即覆奏，御容如常。复问及在宫内服色？又经覆奏，皇帝因奉养太上皇诸取吉祥，不独御用系属常服，凡随从太监等皆蒙谕令穿天青褂。太上皇以皇帝专隆尊养，纯孝若此，实为前代所未有，圣心愉悦之至。[4]

权力之重于乾隆而言胜过其亲情之重。从中也可揣摩出，太上皇乾隆信任和珅在某种程度上超越了信任皇帝嘉庆，嘉庆的地位"居于"和珅之"后"。处在这种复杂的三角关系中，嘉庆虽贵为皇帝，也得适时地敬尊和珅。

嘉庆二年（1797）四月，和珅上纠参题本"谨奏为遵旨查参议处事"。其内容曰：

> 窃照太医院堂官凡遇该班之日，理应彼此见面交替后再行下值。乃院判沙惟一，于二十三日夜直至二十四日，并不等候涂景云到后，遽行

---

[1]　关文发：《嘉庆帝》，吉林文史出版社1993年版，第51页。

[2]　吴晗辑：《朝鲜李朝实录中的中国史料》第11册，中华书局1980年版，第4902页。

[3]　李尚英：《嘉庆亲政》，《故宫博物院院刊》1992年第2期。冯佐哲：《和珅其人》，中国社会科学出版社2014年版。张玉芬：《嘉庆朝政述评》，载《明清论丛》第1辑，紫禁城出版社1999年版。

[4]　中国第一历史档案馆档案：奏片《和珅奏报太上皇垂询皇帝面貌服色等情事》，档号：03-1645-056。

回家，涂景云亦不早至接班。而沙惟一于奉旨传唤直至午刻方到，实属迟误。花映墀虽系外科，亦应通晓大方脉；且身为院判并不在园轮值，俱属咎无可辞。沙惟一甫由御医升补院判，乃不知感激勤奋，其咎尤重，应请罚俸九个月。涂景云甫由院判升补院使，亦复随同玩误，应请罚俸六个月，花映墀应请罚俸三个月。如该员等嗣后再不知改悔，勤慎当差，致有旷误，立即参奏革职，以示惩儆。①

嘉庆二年（1797）四月二十五日，嘉庆皇帝对此份谕旨批复为"依议"②。一个太医院的值班迟误竟然惊动了中堂大人和珅，可见当时和珅是非常关注太上皇身体状况的。嘉庆皇帝的心态笔者不得而知，但是在最短时间之内能快速批复和珅，按照和珅的参劾来处分太医院的这些御医们，着实可见嘉庆皇帝对和珅的上奏还是认可并遵从的。

时隔半年后，同样的太医院，同样的和珅与皇帝嘉庆，而此次被和珅盯上的是御医钱景。

> 遵旨查得御医钱景前曾迟误，经臣和珅参奏议以罚俸半年，即奉恩旨宽免。该员理应愈加敬慎，勤勉当差。乃本日系其值班之期，复奉谕旨传唤，该员又以出外饭食为词，致有迟误，诚如圣谕甚为懒惰。除遵旨将该员降为八品吏目外，若仅照迟误本例罚俸半年，不足示儆。应请加倍罚俸一年。谨奏请旨。③

嘉庆二年十月初八日，谕旨批复曰："知道了"④。钱景已经受到降职罚俸半年的处分，嘉庆皇帝对和珅所提议的加重罚俸，没有赞同而是委婉以"知道了"回应过去，没有明显地反对，也没有免除钱景处分，表明了"朕方倚相公理四海事，汝等何可轻也"⑤的态度。

---

① 中国第一历史档案馆编：《嘉庆朝上谕档》第 2 册，广西师范大学出版社 2000 年版，第 122—123 页。

② 中国第一历史档案馆编：《嘉庆朝上谕档》第 2 册，广西师范大学出版社 2000 年版，第 123 页。

③ 中国第一历史档案馆编：《嘉庆朝上谕档》第 2 册，广西师范大学出版社 2000 年版，第 286—287 页。

④ 中国第一历史档案馆编：《嘉庆朝上谕档》第 2 册，广西师范大学出版社 2000 年版，第 287 页。

⑤ （清）昭梿：《啸亭杂录》卷一《今上待和珅》，载《清代史料笔记丛刊》，中华书局 2006 年版，第 27 页。

嘉庆三年的京察是嘉庆朝第一次京察考核，和珅名列议叙第一位。三年（1798）正月二十八日，嘉庆皇帝降旨："本年京察届期，吏部开列在京各部院大臣及各省督抚名单进呈请旨甄别一本。朕详加酌核，军机处大学士和珅参赞机政，兼理部务，懋著勤劳。尚书福长安、沈初，侍郎傅森，在军机行走亦属勤慎，克称厥职。……俱著交部议叙。"① 到嘉庆三年末，太上皇乾隆、皇帝嘉庆和中堂和珅三人之间的关系，因乾隆的在世与把权还在体面地维持着。

三、太上训政时期官员按规制处分

有清一代，不断续修《大清会典》和《吏部处分则例》，在每部典例中，都明确规列了官员处分的事由类目。按照清末光绪朝《钦定大清会典》之规定，官员"处分之例，其属有六。一曰吏属，二曰户属，三曰礼属，四曰兵属，五曰刑属，六曰工属"。各属之下自有目："吏属之目十有五：公式、降罚、升选、举劾、考绩、赴任、离任、本章、印信、限期、归旗、事故、旷职、营私、书役。户属之目十有二：仓场、漕运、田宅、户口、盐法、钱法、关市、灾赈、催征、解支、盘查、承追。礼属之目六：科场、学校、仪制、祀典、文词、服饰。兵属之目六：驿递、马政、军政、军器、海防、边防。刑属之目八：盗贼、人命、逃人、杂犯、提解、审断、禁狱、用刑。工属之目二：河工、修造。"② 每目之下皆有条，据杜家骥统计："嘉庆年间的《大清会典事例》，仅对文官处分的细则就多达 220 余个类目，至光绪年间，又增十几目，达 230 余目。"③ 可见，清代官员处分条例之全。

在三年的训政时期里，清王朝的最高统治层和权力层虽然发生了一些史上未有之变化，但是清王朝的行政运作如前，从中央到地方，各级行政官员在治政过程中因行政过错过失同样要受到不同程度的处分。

---

① 中国第一历史档案馆编：《嘉庆朝上谕档》第 3 册，广西师范大学出版社 2000 年版，第 13—14 页。

② （光绪朝）《钦定大清会典》卷十一《吏部》，载《续修四库全书》第 794 册，上海古籍出版社 1996 年版，第 114—115 页。

③ 孟姝芳：《乾隆朝官员处分研究》序二，内蒙古大学出版社 2009 年版，第 3 页。

（一）嘉庆元年的官员行政处分

嘉庆元年（1796）正月，军机大臣等因办理赏件，遗漏惠龄领荷包一事，各被罚俸一年。[①] 二月，因乾隆六十年黄河秋汛安澜，乾隆皇帝曾在当年九月降旨，要将在工出力官员分别议叙，河督苏凌阿、兰第锡、李奉翰及承办官员，却直到元年正月十九日才将议叙官员的名单上报。当月二十七日，敕旨指责河督等办理河工"殊属延缓"[②]，遂将承办迟延官员都交部察议。三月，山东巡抚玉德参劾莱州府知府何裕均，在提审朝廷重犯时并不选派吏役严密看守，盲目交予原役管押，导致犯人畏罪自缢，何裕均因之照部议降一级调用。[③] 四月，刑部堂官奉命带领第三牌、第四牌人员引见，侍郎阿精阿将第四牌误作第三牌，导致次序舛错，旨命军机大臣查明察议，阿精阿以疏忽被罚俸半年。[④] 五月，漕督管干贞办理漕运擅自更改传统，没有将白粮各帮耗米照旧交与原经纪人办理，致使旗丁等候时长几致误运，管干贞因擅改被交部严加议处。旨下，管干贞以"拘泥不知漕务，照部议降二级调用"[⑤]。

嘉庆元年七月，福建漳州府知府金城因所属县监失火烧毙罪犯案，吏部议以降调。旨下："金城莅任后办理地方事件颇能实力整饬，声名亦好。"因此，金城虽"于所属县监失火疏于防范，其过尚属可宽，著从宽改为革职留任"[⑥]。同月，山西浮山县知县吴中理因买娶本地绅士侍女为妾，被部议降二级调用。[⑦] 同月，盛京刑部侍郎傅森因办理秋审人犯错拟情实，旨下："著改为降三级从宽留任。"[⑧] 十一月，闽浙总督魁伦题参署同安县知县郑远羁押

---

① 中国第一历史档案馆编：《嘉庆朝上谕档》第1册，广西师范大学出版社2000年版，第33页。
② 中国第一历史档案馆编：《嘉庆朝上谕档》第1册，广西师范大学出版社2000年版，第69页。
③ 中国第一历史档案馆编：《嘉庆帝起居注》第1册，广西师范大学出版社2006年版，第87页。
④ 中国第一历史档案馆编：《嘉庆朝上谕档》第1册，广西师范大学出版社2000年版，第111页。
⑤ 中国第一历史档案馆编：《嘉庆朝上谕档》第1册，广西师范大学出版社2000年版，第143页。
⑥ 中国第一历史档案馆编：《嘉庆朝上谕档》第1册，广西师范大学出版社2000年版，第181页。
⑦ 中国第一历史档案馆编：《嘉庆帝起居注》第1册，广西师范大学出版社2006年版，第248页。
⑧ 中国第一历史档案馆编：《嘉庆帝起居注》第1册，广西师范大学出版社2006年版，第254页。

多名本应释放罪犯，其上司泉州府知府景文受牵连降二级调用。旨下：依议，景文著引见再降旨。①

（二）嘉庆二年的官员行政处分

嘉庆二年（1797）二月，浙江巡抚玉德参奏余杭县知县詹鹤龄管理不严，致使改派军犯逃跑，奉旨以"疏玩照部议降二级调用"②。同月，玉德参劾署天台县知县王椿年接递重犯脱逃。嘉庆皇帝认为王椿年"虽经调省公出，但其平时不行稽查实难辞咎，著照部议降二级调用"③。二月，广东巡抚张诚基参劾审案错误的西宁知县危诚，奉旨："这所参听断词讼失平之危诚著革职。"④同月，署四川总督福宁参劾署大足县事名山知县七宝杖毙三命，奉旨七宝"并不移验申详，实属违例，著照议降三级调用"⑤。三月，两广总督觉罗长麟因失于缉捕罪犯何王理，致使其出洋不断劫掠，吏议革职。奉旨："长麟著改为革职从宽留任。"⑥同月，沧州东光县知县郭文焕于回空粮船被劫，奉旨郭文焕"并不随时防范致令被劫，著照部议降一级调用"⑦。同月，兵部尚书庆桂等因带领官员引见含混，吏部照例议处。旨下："庆桂、赵镇、玉保著各销去寻常加一级俱免其降级。"⑧四月，和珅、福长安、沈初因开单进呈各省元年二麦秋禾收成统计分数，没有分行缮写以致"眉目不清"，照"错误例加倍各罚俸二年"。奉旨："知道了。沈初著宽免。钦此。"⑨

嘉庆二年七月，和珅等因将礼部所题万寿行礼一本和太常寺所题祭泰陵之本同日并呈，被以"实大不是"⑩而处分，和珅罚俸三年，在京内阁及礼部、太常寺堂官亦受处分。十月，署沧州知州周世紫本任内有降二级戴罪督

① 中国第一历史档案馆编：《嘉庆帝起居注》第1册，广西师范大学出版社2006年版，第394页。

② 中国第一历史档案馆编：《嘉庆帝起居注》第2册，广西师范大学出版社2006年版，第29页。

③ 中国第一历史档案馆编：《嘉庆帝起居注》第2册，广西师范大学出版社2006年版，第34页。

④ 中国第一历史档案馆编：《嘉庆帝起居注》第2册，广西师范大学出版社2006年版，第33页。

⑤ 中国第一历史档案馆编：《嘉庆帝起居注》第2册，广西师范大学出版社2006年版，第38页。

⑥ 中国第一历史档案馆编：《嘉庆帝起居注》第2册，广西师范大学出版社2006年版，第58页。

⑦ 中国第一历史档案馆编：《嘉庆帝起居注》第2册，广西师范大学出版社2006年版，第62页。

⑧ 中国第一历史档案馆编：《嘉庆帝起居注》第2册，广西师范大学出版社2006年版，第75页。

⑨ 中国第一历史档案馆编：《嘉庆朝上谕档》第2册，广西师范大学出版社2000年版，第103页。

⑩ 中国第一历史档案馆编：《嘉庆朝上谕档》第2册，广西师范大学出版社2000年版，第205页。

催处分案，而直隶总督梁肯堂却将之保题实授，吏部以违例议以罚俸。奉旨："依议。梁肯堂著罚俸九个月。"①

（三）嘉庆三年的官员行政处分

嘉庆三年（1798）二月，直隶总督梁肯堂因将属员违例改委，奉谕："梁肯堂著从宽免其革任仍注册。"②同月，云贵总督勒保因误写军营病故人员姓名，奉旨："勒保著销去寻常加二级免其降级。"③同月，代理南昌府事宁都州知州王佐，因没有揭参南昌知县徐午勒派之事，被"照部议降三级调用"④。三月，署闽浙总督兼管闽海关税务魁伦，因奏报关税数量不清，奉旨："魁伦从宽免其革任仍注册。"⑤四月，广东省揭阳县知县许宪因匿报命案，奉旨："著照部议降二级调用。"⑥同月，地方官陈世杰因经征南米未完不及一分，部议降三级调用；黄秉哲因未完三分以上，部议以降五级调用；彭志杰未完二分以上，部议以革职。旨下："俱著各该督抚出具考语送部引见，再降谕旨。"⑦五月，广东高明县知县翟云魁因所改遣积匪逃跑，奉旨："著照部议降二级调用。"⑧

嘉庆三年六月，江西巡抚张诚基错拟秋审案件，奉旨："著从宽免其革任，其罚俸一年之处一并注册。"⑨六月，因管理监狱不当，平遥县知县刘兴基交部严加议处，典史李斯宽革职。⑩八月，安徽凤阳知府胡鹏云因批审案件迟延，奉旨："胡鹏云著销去加一级抵降一级免其降调。"⑪十一月，湖南

---

① 中国第一历史档案馆编：《嘉庆帝起居注》第2册，广西师范大学出版社2006年版，第313页。

② 中国第一历史档案馆编：《嘉庆帝起居注》第3册，广西师范大学出版社2006年版，第26页。

③ 中国第一历史档案馆编：《嘉庆帝起居注》第3册，广西师范大学出版社2006年版，第28页。

④ 中国第一历史档案馆编：《嘉庆帝起居注》第3册，广西师范大学出版社2006年版，第43页。

⑤ 中国第一历史档案馆编：《嘉庆帝起居注》第3册，广西师范大学出版社2006年版，第88页。

⑥ 中国第一历史档案馆编：《嘉庆帝起居注》第3册，广西师范大学出版社2006年版，第110页。

⑦ 中国第一历史档案馆编：《嘉庆朝上谕档》第3册，广西师范大学出版社2000年版，第61页。

⑧ 中国第一历史档案馆编：《嘉庆帝起居注》第3册，广西师范大学出版社2006年版，第139页。

⑨ 中国第一历史档案馆编：《嘉庆帝起居注》第3册，广西师范大学出版社2006年版，第152页。

⑩ 中国第一历史档案馆编：《嘉庆朝上谕档》第3册，广西师范大学出版社2000年版，第79页。

⑪ 中国第一历史档案馆编：《嘉庆帝起居注》第3册，广西师范大学出版社2006年版，第221页。

科场发生舞弊，办理闱务大小各员均遭处分。旨下："（巡抚）姜晟著改为革职从宽留任，（藩司）郑源璹著改为降三级从宽留任，道员余延良、张映汉，知府胡文铨均著照部议降二级调用。"[1]十二月，两江总督李奉翰因违例奏请留用丁忧知府李逢春帮办赈务，奉旨："李奉翰著销去寻常加二级免其降级。"[2]

由以上所点出的嘉庆元年到三年处分例案可见：一、训政三年官员的处分事由分属于吏、户、礼、兵、刑、工六属，处分内容庞杂。二、官员处分的类别按照处分规条，从罚俸、降留到降调、革职在在都有。三、就处分的对象分析，上起军机大臣、内阁六部官员，下至河督、漕督，各省之督抚、道府州县官及微员都有所犯。四、就处分的皇权议定而言，有全部照依部议的，有对吏议的从宽改轻的，有从宽免议处分的，有直接允准议抵的，有需引见再降旨的。这些处分和雍乾时期官员行政处分有相似之处。但是这一时期也有不同于以往的处分并显露出一定特点。

四、太上训政时期官员处分特点

（一）黜陟大权属于太上皇乾隆

嘉庆元年（1796）正月十七日，工部所属木仓无端失火，延烧房屋及架木、驼屉等件。提督衙门奏请将工部堂官和监督分别严议，并著落分赔。太上皇乾隆认为："木仓重地，如果平日加意防范，何至失火延烧。……此必系看守之人误遗火种，猝致被烧。该堂官、监督等疏玩之咎，实所难辞。"但转念即改："各该堂官事务较多，不能常川照料，所有应得处分，著加恩宽免。至该监督系专管之员，典守者自不得辞其责，但该堂官等既已从宽邀免，其监督二员亦著从宽留任撤去监督，著该部堂官另行拣派。至烧毁房屋、架木，并著加恩免其赔补，此内驼屉、蔑缆、桩橛等项仍著落该监督分赔。"而所有应修房间"著于宁寿宫存贮银内赏拨银三万两，赶紧修葺。如

---

[1]　中国第一历史档案馆编：《嘉庆朝上谕档》第 3 册，广西师范大学出版社 2000 年版，第 141 页。

[2]　中国第一历史档案馆编：《嘉庆帝起居注》第 3 册，广西师范大学出版社 2006 年版，第 305 页。

有余剩，再行奏缴广储司"①。宁寿宫是乾隆为自己所修建的太上皇宫殿，此份上谕可见是出自于太上皇乾隆。十八日太上皇予以补充："今询知该监督到任未久，伊等职分较小，得项无多。因思金简管理工部日久，此项木植咨取过多，自系伊任内经理未能妥协，所有应赔驼屉、缆橛等项，著福长安、金简名下赔缴一半，其余一半令满汉堂官五人分赔，该监督等应赔之项即著加恩宽免。"②这次处分的裁定，明确出自于太上皇乾隆，反映了嘉庆初年训政时期的权力中心是太上皇乾隆，黜陟大权也不例外。

（二）处分中皇权极端体现

嘉庆元年（1796），内阁中书富永在逐件检阅进呈本章装入黄匣时，只因为没能安置平妥，导致其中一份本章被折叠压皱，四月十五日因此缘故被罚俸三个月。③嘉庆二年（1797），礼部员外郎福庆、祥绍，因呈览的字画没有早行晒晾干燥，有些许潮湿，被以"疏忽怠玩"④各罚俸一年，幸而十月二十九日旨下宽免半年。本章的褶皱、字画的潮湿，严格意义上说并不属于官员行政过程中的过失过错，对行政也并没有实质性的影响。但是，只因它们是进呈给太上皇和皇帝的，这些许载体的保护不当就成为了对太上皇和皇帝的不敬，官员也就因此担负了种种处分，被记录在案，影响其今后的仕途升迁。

清朝由关外而关内，经历了种种征战与争斗，入关来之不易。清统治者入关后在各个方面予以彰显，以体现不忘根本。如在内廷悬挂的对联，声称"皆系万年沿用吉语，诚宜永远遵循书写，不得更易字句"。然而，嘉庆二年（1797）正月新桃换旧符之际，工部尚书彭元瑞、福长安对于宫中中一路各处所悬挂的对联，以"旧档所载对联间有字句未合之处，公商拟更易一二字"，结果招来处分。正月初二日，彭元瑞等因"未计及内廷永远遵用联句不应轻改"的祖训，受到弹劾，但因是春节未即处分。节后三月初二日，太上皇乾隆以"率行改易字句"，处分了这一干人。"彭元瑞著降一级留任，

---

① 中国第一历史档案馆编：《嘉庆朝上谕档》第 1 册，广西师范大学出版社 2000 年版，第 20 页。
② 中国第一历史档案馆编：《嘉庆朝上谕档》第 1 册，广西师范大学出版社 2000 年版，第 21 页。
③ 中国第一历史档案馆编：《嘉庆朝上谕档》第 1 册，广西师范大学出版社 2000 年版，第 103 页。
④ 中国第一历史档案馆编：《嘉庆朝上谕档》第 2 册，广西师范大学出版社 2000 年版，第 311 页。

福长安著罚俸一年，吴省钦著罚俸三个月，阿迪斯、范宜恒连前罚俸四个月之处，俱著注于纪录抵销。"①此即封建皇权的极端专制体现。

（三）处分中体现官僚斗争

清代对皇子教育非常重视。对清代皇子教育的研究成果见注释②。昭梿曾描述当时的皇子教育，"本朝鉴往代嫡庶争夺之祸，永不建储，皇子六龄，即入上书房读书。书房在乾清宫左，五楹，面北向，近在禁御，以便上稽察也"③。《日下旧闻考》记载了皇子学习地点的另一处。圆明园"前宇乃诸皇子所居，为四所。东西二街，南北一街。前为福园门。四所之西为诸皇子肄业之所"④。郭松义研究了皇子们在上书房就读的时间和课程，"皇子们就读，每年除元旦、端午、中秋、皇帝'万寿'及本人生日，可免去课读，除夕准提前散学，其余便无假日。他们于早晨寅刻来到书房以待师傅。一般先教弓箭，后学满文、蒙文，再学汉文。幼年皇子课程简单，午前便行告退。年长者得等到未正二刻才得散学"⑤。可见，皇子的学习时间是非常紧凑的。

延师授课是重要一环，业师方面属于高配，最上设总师傅，一般"以贵臣为之，或一人，或二人"⑥，负责稽察皇子们的课程。其下，"由上书房总师傅翰林院掌院学士，保荐品学兼至翰林官若干员引见，次日诏对便殿，察其器识端谨者，钦点某某为某皇子授读师傅。又派一二员副之，为之上书房行走"⑦。可见，尚书房⑧由总师傅、师傅和行走人员等组成。可以说清代皇子教育的成功也得益于师傅的延聘。

鉴于此，到嘉庆朝，对其师傅入直和稽察事项要求更加严格。时间上要求尚书房师傅："春分以后于申正退直，秋分以后于申初退直。"并不断告

---

① 中国第一历史档案馆编：《嘉庆帝起居注》第2册，广西师范大学出版社2006年版，第54页。

② 李桂花：《试论清代前期皇子教育与立储的关系》，《学理论》2011年第21期。杨凌云：《清代皇子教育探析》，硕士学位论文，辽宁大学，2012年。钟卓君：《略论上书房与清代皇子的教育制度》，《吉林省教育学院学报》2013年第4期。

③ （清）昭梿：《啸亭续录》卷一《上书房》，载《清代史料笔记丛刊》，中华书局2006年版，第397页。

④ （清）于敏中等编纂：《日下旧闻考》卷八十二，北京古籍出版社1985年版，第1377页。

⑤ 郭松义：《清朝典制》，吉林文史出版社1993年版，第22页。

⑥ 转引自郭松义：《清朝典制》，吉林文史出版社1993年版，第22页。

⑦ （清）福格：《听雨丛谈》卷十一，载《清代史料笔记丛刊》，中华书局1997年版，第218页。

⑧ 注：道光元年奉旨尚书房改为上书房。

诚，如"有任意疏懈情事，一经查出，必行严惩不贷"①。有人持同样观点，"清廷对入值上书房的老师有严格的规定。……如果老师旷误入值，就要受到降职、罚俸等处分。清代皇子师傅对诸皇子的教育大都兢兢业业，不敢有怠慢之意。"②但是，嘉庆初年值训政时期，所出现的现象不是师傅的迟到早退，而是师傅无尽的旷班，尤以刘墉为典型。

刘墉，山东诸城人。父刘统勋，东阁大学士，可见他有着显赫的家世背景。刘墉本人亦不平凡，"少时知江宁府，颇以清介持躬，名播海内"③。乾隆十六年（1751）中进士，此后曾任尚书、左都御史、协办大学士等京官，外任督抚等封疆要职，在宫也曾陪王伴驾入值于南书房和执教于尚书房。刘墉逝世朝廷给予评价为"扬历中外，浮陟纶扉"④。

刘墉大致从乾隆四十七年（1782）十一月开始在尚书房总师傅上行走，到嘉庆元年（1796），历时 14 年，这是他一生为"官"时间最久的一个地方。可见，皇帝对他的认可与信任，正是这种认可与信任也使得尚书房及总师傅的名号成为了时刻被关注参劾的焦点。刘墉的旷班从嘉庆元年到三年不断出现，每次旷班时间都被累积起来，予以处分。

嘉庆元年三月二十五日，都察院议处尚书房师傅吏部尚书刘墉旷班最多，达 160 多日，应降二级调用，奉旨："刘墉著降二级从宽留任。"⑤嘉庆二年（1797）二月十六日，都察院议奏吏部尚书刘墉于尚书房总师傅上行走，旷班达 81 日，应降一级调用。奉旨："刘墉著改为降三级从宽留任。"⑥嘉庆三年（1798）二月初五日，嘉庆皇帝御乾清门听政，吏部题参大学士刘墉在尚书房旷班达 100 多日，照例降调，奉旨："刘墉著改为降二级从宽留任。"⑦

刘墉之所以如此被参劾，是与这一时期的政治斗争有关，嘉庆二年（1797）三月二十三日的一道上谕，内容曰："大学士缺出已届匝月，现在

① （光绪朝）《钦定大清会典事例》卷一百十一《吏部》，载《续修四库全书》第 799 册，上海古籍出版社 1996 年版，第 745—746 页。

② 王芳：《再论清代的皇子教育》，《山东省农业管理干部学院学报》2010 年第 1 期。

③ （清）昭梿：《啸亭杂录》卷二《刘文清》，载《清代史料笔记丛刊》，中华书局 2006 年版，第 53 页。

④ 王锺翰点校：《清史列传》第 7 册，中华书局 1987 年版，第 1990 页。

⑤ 中国第一历史档案馆编：《嘉庆帝起居注》第 1 册，广西师范大学出版社 2006 年版，第 96 页。

⑥ 中国第一历史档案馆编：《嘉庆帝起居注》第 2 册，广西师范大学出版社 2006 年版，第 37 页。

⑦ 中国第一历史档案馆编：《嘉庆帝起居注》第 3 册，广西师范大学出版社 2006 年版，第 25 页。

各尚书内刘墉资格较深，著补授大学士。但伊向来不肯实心任事，行走颇懒。"① 可见，这是乾隆眼中刘墉的政治态度。当时，面对两个权力主体，再加上权臣和珅的存在，政治形势异常复杂，刘墉身为皇子之师，经常出入皇宫，稍不留意便会卷入纷争是非之窝，再加上刘墉与和珅之间的不睦，更会加重这种可能性，所以刘墉在尚书房的不断旷班及处分，实则是当时特殊政治态势的体现。这种处分基本上是降级留任，对于身为大学士的刘墉而言不会有实质性的影响，这是纯属当时特殊政治背景下的特有处分。此后，随着时间的推移，乾隆的离世，和珅的被赐自尽，这些处分也随之解除。嘉庆四年（1799）正月初三日，奉旨："尚书房师傅除总师傅刘墉照旧行走外，其各师傅内著陈万全、达椿、万承风仍留尚书房行走，余各回本衙门供职。"② 此后，再没有关于刘墉旷班的记录，也未有相关处分，刘墉为臣辅政，直至嘉庆九年（1804）阖逝。

嘉庆即位训政时期官员处分，有同于以往的官员由于行政过失过错导致的按例处分，又有不同于以往的训政背景下萌生的特有处分，这些特有处分与当时的政治环境之间有一定牵连，这一切揭示出特殊政治背景下，官员为政为官处境的艰难窘迫，稍不留意处分即至，可见政治对官员处分的影响始终是难以消除的。

第二节　皇权重塑：嘉庆亲政与官员处分

嘉庆四年正月初一日，太上皇乾隆御乾清宫，嘉庆皇帝率王公大臣、官员和蒙古王公台吉，暨外藩使臣上表行庆贺礼。正月初二日，《嘉庆帝起居注》载："太上皇帝因筹办军务，心体焦劳，以勤致疾"，"至是夕大渐"。③ 正月初三日，便"龙驭上宾"。嘉庆祭文曰："皇父寿履康宁，得天独厚，自强不息，阅数十年如一日。自上年冬腊偶感风寒，调愈后，气体虽逊于前，然犹日亲训政，未尝稍辍，……皇父忽焉奄弃臣民。……予受恩嗣统，当兹

---

① 中国第一历史档案馆编：《嘉庆朝上谕档》第 2 册，广西师范大学出版社 2000 年版，第 96 页。
② 中国第一历史档案馆编：《嘉庆朝起居注》第 4 册，广西师范大学出版社 2006 年版，第 9 页。
③ 中国第一历史档案馆编：《嘉庆帝起居注》第 4 册，广西师范大学出版社 2006 年版，第 2 页。

大故，创巨痛深，哀感之外，尚复何言？念皇父付畀至重，凡所以勉绍前猷，仰承先志者，实藐躬之责。继自今欲再聆圣训，岂可复得？……尚赖内外文武大小臣工共矢公忠，敬襄郅治，弼亮予躬，即以上报皇父恩遇。"①在这篇祭文中，嘉庆皇帝一方面痛悼其父乾隆的薨逝，另一方面宣布要亲政，要承"付畀""仰承先志""实藐躬之责"，并希望所有臣僚能尽心辅政，共达郅治。学界就嘉庆亲政研究成果颇多②，然多从嘉庆亲政的革新角度予以探讨。笔者认为，权力交接历来非常关键，影响着各朝初期朝政。嘉庆亲政的目的在于实现朝政的稳定和皇权的稳固，为随后治政的稳妥行进奠定基础。故而，亲政之初所涉及措施与官员处分，也必以有利于政局稳妥为主，故处分相比较为平和。

一、嘉庆皇帝去除臣权使皇权实至名归

（一）《清史列传》中关于和珅的缺失记载

嘉庆皇帝去除臣权，使皇权实至名归，这也是历来的君权与相权矛盾在此时的特殊演绎。从乾隆后期到训政三年，朝臣中权力之大莫过于和珅。《清史列传》用文 6700 多字，对和珅事迹进行撰述，除却从"四年正月三日，高宗纯皇帝升遐"到"初，和珅于乾隆四十一年入正黄旗，及得罪仍隶正红旗"③部分，这是嘉庆皇帝逮治和珅并重治其罪的经过和谕旨外，只有将近 3530 字的内容是记载这位权臣"和中堂"的。可见，出于政治的忌讳，缺失是比较严重的。史臣有意在避讳从略从简。诚如嘉庆皇帝所言，和珅"自乾隆三十四年袭官，以至嘉庆四年褫职，三十年间，但将官阶履历挨次编辑，篇幅寥寥。至伊一生事实，全未查载"。他客观评价："和珅在乾隆年间，由侍卫洊擢大学士，晋封公爵，精明敏捷，原有微劳足录，是以皇考高

---

① 中国第一历史档案馆编：《嘉庆帝起居注》第 4 册，广西师范大学出版社 2006 年版，第 4—5 页。

② 陈连营：《和珅现象与清中期政治》，载《明清论丛》第 9 辑，紫禁城出版社 2009 年版。张玉芬：《嘉庆述评》，《辽宁师范大学学报》1986 年第 4 期。李尚英：《嘉庆亲政》，《故宫博物院院刊》1992 年第 2 期。张玉芬：《论嘉庆初年的"咸与维新"》，《清史研究》1992 年第 4 期。朱诚如：《论嘉庆亲政后中央权力的重组》，载《明清论丛》第 3 辑，紫禁城出版社 2002 年版。

③ 王锺翰点校：《清史列传》第 9 册，中华书局 1987 年版，第 2698—2703 页。

宗纯皇帝加以厚恩。"嘉庆皇帝继而笔锋一转,谈道:"似此叙载简略,现距惩办和珅之时年分未远,其罪案昭然在人耳目。若传至数百年后,但据本传所载,考厥生平,则功罪不明,何以辨贤奸而昭赏罚?国史为信今传后之书,事关彰瘅,不可不明白宣示。"为此,将"所有承办和珅列传之纂修官,著查明参奏,交部严加议处。"①

这段上谕指出"和珅传"叙载简略,会对后人认识"和珅案"有所影响,而这点又给朝臣提供了思路。故而,才有随后对传记的修改和对相关纂写官员的议处。嘉庆十九年(1814)有谕旨反映:"顾莼原纂和珅列传稿本,载有事实四条,皆和珅罪状,仰奉皇考高宗纯皇帝饬谕加以谴责者。葛方晋节去三条,席煜节去一条,其居心实不可问。除葛方晋身故外,席煜前已革职,著即行押解回籍交江苏巡抚张师诚严行管束。"②由此可见,嘉庆皇帝所谓的"功罪不明",指的是要找到乾隆朝时和珅所犯罪责的证据,然而编纂官员却只找到了和珅的四条处分记录,这些处分对于身居高位的和珅而言,是无关痛痒的,其他大臣类似的处分要远远比和珅多之又多,而且就是此四条记录在定本时也被删掉。因此,清国史馆自始至终对于和珅的传记记述因置于当时的政治态势之下,形成了一定的偏失。

清代人钱泳的笔记《履园丛话》中记载一首诗:"踏遍高山复大林,不知回首夕阳沉。下山即是来时路,枉费贪缘一片心。"③可以说非常适合和珅的境遇。数十年来学界围绕和珅的研究以冯佐哲的《和珅评传》为核心,形成了对和珅的深入研究④。高翔对是书予以高度评价:"在清史学界,说佐哲先生是建国以来和珅研究的开拓者,是当之无愧的。早在三十多年前,他就编写了《和珅长编初稿》,八十年代末,又出版了《贪污之王和珅秘史》,这大概是史学界关于和珅的第一部比较系统的传记著作。此后,他又在《和

---

① 王锺翰点校:《清史列传》第 9 册,中华书局 1987 年版,第 2702 页。
② 王锺翰点校:《清史列传》第 9 册,中华书局 1987 年版,第 2702 页。
③ (清)钱泳:《履园丛话》上,丛话七《臆论·贪缘》,载《清代史料笔记丛刊》,中华书局 1997 年版,第 196 页。
④ 冯佐哲:《和珅其人》,中国社会科学出版社 2014 年版;陈连营:《和珅现象与清中期政治》,载《明清论丛》第 9 辑,紫禁城出版社 2009 年版;[美]费正清等主编,陈仲丹等译:《中国:传统与变革》,江苏人民出版社 2011 年版;关文发:《关于"和珅跌倒,嘉庆吃饱"问题的质疑》,《华南师范大学学报》1991 年第 2 期。

重于其中央职任。训政时期，曾有谕旨调朱珪回京补授内阁大学士，"前因大学士缺出，以朱珪科分较深，学问素优，人品端谨。是以降旨令其来京，原欲将伊补授大学士"①。但因魁伦参奏朱珪于粤东匪患处理不当因之处分，而未成行。"除朱珪另行降旨申饬外，所有五十八年以后历任该省督抚及朱珪均著交部严加议处。"②元年八月二十三日，朱珪任职两广总督又兼署广东巡抚、兵部尚书，依然于所属海洋盗匪没能实力查拿遵旨议处降调，"朱珪著降二级从宽留任"③。元年十月二十三日，吏部议驳朱珪具奏疏通烟瘴俸满各员一本。嘉庆皇帝降旨："此项人员壅滞，由该督抚题升未能公允，并非额缺不敷等语，部驳甚是。朱珪及历任督抚均著交部察议。"④元年十二月十八日，朱珪因两江总督任内没有实力整顿巡缉事务，"著从宽改为革职留任"⑤。朱珪处分频频，难以回京。

随后谕旨只能以朱珪"前在安徽任内办理尚无贻误，兹特加恩降旨补授安徽巡抚"⑥。嘉庆二年（1797）三月，再升兵部尚书，八月，调吏部尚书，均仍留其安徽巡抚之职任。然亦总因屡诖处分，回京屡屡受阻。二年三月二十一日有旨："广东历任督抚提镇等平日于水师营伍并不加意整饬，以致夷匪屡次在洋劫掠。本应照部议分别革降，第念任非一任，年非一年，且员数较多，朱珪著免其革任仍注册"⑦，因此，朱珪也未能回京。

2.嘉庆帝恩旨召朱珪回京

太上皇乾隆逝世，嘉庆皇帝亲政稳固皇权，首先想到的即是自己的老

---

① 中国第一历史档案馆编：《嘉庆朝上谕档》第1册，广西师范大学出版社2000年版，第253页。

② 中国第一历史档案馆编：《嘉庆朝上谕档》第1册，广西师范大学出版社2000年版，第198页。

③ 中国第一历史档案馆编：《嘉庆帝起居注》第1册，广西师范大学出版社2006年版，第284页。

④ 中国第一历史档案馆编：《嘉庆朝上谕档》第1册，广西师范大学出版社2000年版，第317页。

⑤ 中国第一历史档案馆编：《嘉庆朝上谕档》第1册，广西师范大学出版社2000年版，第385页。

⑥ 中国第一历史档案馆编：《嘉庆朝上谕档》第1册，广西师范大学出版社2000年版，第253页。

⑦ 中国第一历史档案馆编：《嘉庆朝上谕档》第2册，广西师范大学出版社2000年版，第93页。

师。朱珪接旨后行抵王庄，迫不及待地驰奏曰："臣于正月十一日接奉谕旨召臣还京。见封面标用蓝笔，手掉心摇，不知所措！"[1]并在折中不失时机地提出建议，"天子之孝不专以毁形灭性为奇，而以继志述事为大。亲政伊始，远听近瞻，默运乾纲，滂施涣号。阳刚之气，如日重光。恻怛之仁，无幽不浃。刻刻以上天之心为心，祖考之志为志。思修身严诚欺之介，于观人辨义利之防，君心正而四维张，朝廷清而九牧肃。身先节俭，崇奖清廉，万物昭苏，天佑民归。自然盗贼不足平，而财用不足阜也"[2]。这篇折奏之文再次引导嘉庆皇帝奠定了其亲政的基调：树皇权，敬天法祖，重清廉崇节俭。故《清史稿》赞朱珪曰："初政之美，多出赞助。"[3]其实，嘉庆皇帝不仅从亲政伊始，实际上一生都在躬行实践。

（二）重用宗室诸王并予实权

"惩治和珅，嘉庆帝可谓雷厉风行，行事亦极有次第。首先做的是大封皇室成员，特别是自家兄弟及侄、孙辈。"[4]因为，"中国几千年历史最大的特征是帝制，是皇权至上，是高度的集权、专权，是家国同构，是宗法社会。对历史、对国家、对社会、对百姓，起决定作用的，是皇帝，是皇帝家族。"[5]此论恰矣。嘉庆四年（1799）的正月初三到初九日，嘉庆皇帝似乎如临大敌，连续数日颁布数道谕旨，尊抬重用宗室诸王，这在清代的历史上也是少有的。

1. 正月初三

第一道旨："朕兄弟中惟仪郡王居长，著加恩晋封亲王贝勒，永璘系皇考之皇幼子，绵亿系五皇兄之长子，五皇兄原系亲王薨逝后，皇考将绵亿递减二等袭封贝勒，兹均著加恩晋封郡王。……仪亲王长子绵志、成亲王长子绵懃，定亲王绵恩长子奕绍，俱系亲王长子，著加恩即照考封一等之例，均作为未入八分公，绵总、绵偲系成亲王庶出之子，均著加封为辅国将军。"[6]

①　王锺翰点校：《清史列传》第7册，中华书局1987年版，第2122页。

②　王锺翰点校：《清史列传》第7册，中华书局1987年版，第2123页。

③　《清史稿》第37册，中华书局1977年版，第11093页。

④　卜健：《国之大臣：王鼎与嘉道两朝政治》，陕西人民出版社2015年版，第32页。

⑤　李文儒：《故宫学研究中的价值观问题·大历史视野下的皇权帝制研究》，故宫出版社2019年版，第115页。

⑥　中国第一历史档案馆编：《嘉庆帝起居注》第4册，广西师范大学出版社2006年版，第9页。

嘉庆皇帝并要求"已授职者，各供厥职。"①第二道旨："绵志、绵懋、奕绍已封未入八分公，著俱在散秩大臣上行走。"②大封皇室人员。

2. 正月初八

第一道旨："仪亲王永璇著总理吏部事务，成亲王永瑆著总理户部并管理户部三库事务……睿亲王淳颖著管理理藩院事务，定亲王绵恩著管理步军统领事务……上驷院事务著贝勒绵懿管理……武备院御船处事务俱著庆郡王永璘管理。"③宗室诸王任职诸多中央机构。第二道旨："所有镶黄旗领侍卫内大臣员缺著仪亲王永璇补授，其正白旗领侍卫内大臣员缺著贝勒绵懿补授，镶黄旗满洲都统员缺著成亲王永瑆调补。……正白旗满洲都统员缺著定亲王绵恩调补，所遗镶白旗满洲都统员缺著贝勒绵懿调补……圆明园八旗、内务府三旗官兵事务著肃亲王永锡兼理。"④此又涉及八旗军政衙门诸机构的宗室任职。

3. 正月初九

第一道旨："户部尚书员缺著松筠调补，松筠现在出差，著成亲王永瑆暂行署理。……圆明园内事务著怡亲王永琅管理。"第二道旨："庆郡王永璘不必管理武备院御船处事务，所有武备院事务著定亲王绵恩总理，御船处事务著和郡王绵循管理。"第三道旨："睿亲王淳颖著授为御前大臣，庆郡王永璘著授为御前王在乾清门行走……其正白旗汉军都统员缺著绵佐补授……贝勒德麟著授为向导大臣。"⑤以皇室任职进一步在各职能部门扩展。

由以上数道谕旨可见，宗室诸王已经渗入并参与到中央六部等大部分军政衙门和职能机构。但是这些宗室诸王在嘉庆朝亲政过程中受重用也是事出有因，嘉庆四年（1799）二月初五日的上谕对此有所诠释：

> 自古六卿分职，各率其属，原未尝有总理之名，致启专权之渐。现在所以令成亲王永瑆总理户部者，因川省军务将次告竣，军需销算事务殷繁，自应仍行综理。俟军需奏销事竣，即不必总理户部事务。至仪亲

---

① 中国第一历史档案馆编：《嘉庆帝起居注》第4册，广西师范大学出版社2006年版，第10页。
② 中国第一历史档案馆编：《嘉庆帝起居注》第4册，广西师范大学出版社2006年版，第12页。
③ 中国第一历史档案馆编：《嘉庆朝上谕档》第4册，广西师范大学出版社2000年版，第18页。
④ 中国第一历史档案馆编：《嘉庆帝起居注》第4册，广西师范大学出版社2006年版，第18—19页。
⑤ 中国第一历史档案馆编：《嘉庆朝上谕档》第4册，广西师范大学出版社2000年版，第20页。

> 王永璇现系宗人府宗令、领侍卫内大臣、正红旗满洲都统，并管理武英殿御书处、乐部，及雍和宫、中正殿各处事务，职任较多，恐难兼顾，著不必总理吏部事务。①

可见对宗室诸王的重用对嘉庆皇帝而言有不得不用，不得不依托的苦衷。其深层次原因应该是处置和珅后，朝廷用人的过渡，其目的是为了维护皇权与爱新氏皇统。

嘉庆四年（1799）十二月初二日，当国子监祭酒法式善条奏"复请令亲王统兵"时，遭到了嘉庆皇帝的严厉处分。斥责他是"趋向风气"，"若亲王统兵，非可用之太平之世，议功无赏，议法废亲。法式善或因见彼时有亲王兼综部务入直军机，辄以亲王统兵为请，有意揣摩，居心实为取巧。"于是找理由，以法式善"陈奏事件任情邀誉，违例妄渎，尤非寻常条奏失当可比"②，将之照溺职例革职。嘉庆皇帝依托宗室皇室，只是有限的依托而已。

三、整肃军机处，调整内阁大员

"一朝天子一朝臣，嘉庆帝雄心勃勃，求新求变，开始建构自己的治国班底。"③这个治国班子主要由枢廷军机处的大小军机和居行政首位的内阁大学士组建。

（一）整肃军机处，选任军机大臣

1.连续降旨取消"副封关会"专制

军机处成立于雍正年间，"惟枢廷义取慎密，有官而无吏"④，全部工作由军机大臣主持，所置军机章京负责处理具体事务。和珅把权所依托的机构正是职掌军国政要的军机处，嘉庆皇帝亲政须从制度上厘清和珅时代军机处所遗留的弊政，暨取消奏事关白军机处的擅权之举，从而将军政大权牢

---

① 中国第一历史档案馆编：《嘉庆朝上谕档》第4册，广西师范大学出版社2000年版，第46页。

② 中国第一历史档案馆编：《嘉庆朝上谕档》第4册，广西师范大学出版社2000年版，第508页。

③ 卜健：《国之大臣：王鼎与嘉道两朝政治》，陕西人民出版社2015年版，第31页。

④ （清）梁章钜著，何英芳点校：《枢垣记略》卷二十二《诗文三》，载《清代史料笔记丛刊》，中华书局1997年版，第271页。

牢控制在自己手里。嘉庆四年（1799）正月初八日已经颁布此旨。仅仅过了4天，到十二日，嘉庆皇帝在朱批"哈当阿奏拿获纠众谋为不轨会匪审明办理"折时，发现哈当阿折内另有副封一件。据此再次申谕副封一事，"此皆和珅意图专擅，惟恐有人参劾举发，是以行知各省抄送折稿。前已降旨饬禁，哈当阿等尚未接奉前旨，且系各处皆然，姑免追究。嗣后严行禁止，毋许再用副封致干重咎"。①嘉庆皇帝担心弊政还没彻底根绝，十九日复谕："今和珅业经伏法，所有随带文书当永远停止。倘经此番饬禁之后，尚有仍蹈前辙者，必当重治其罪，决不姑贷。"②一次比一次严厉，可见和珅"副封"影响之深，革除也颇费周折。

2. 调整军机大臣

有清一代，定制"军机大臣于满汉大学士、尚书、侍郎京堂内特简，无定员。掌书谕旨，综军国之要，以赞上治机务"。其行动轨迹"常日直禁庭以待召见，驻跸圆明园入直亦如之，行在所亦如之"。③嘉庆四年正月初八日的旨意，是命"成亲王永璇、原任大学士署刑部尚书董诰、兵部尚书庆桂，俱著在军机处行走。户部侍郎那彦成、戴衢亨仍留军机处行走。沈初年老，著不必在军机处行走"④。可见，此时军机处由永璇、董诰、庆桂、那彦成、戴衢亨5人组成。

除此五位，《清代职官年表·嘉庆朝军机大臣年表》记载嘉庆四年还有一位军机大臣是傅森，年表中同时反映傅森从嘉庆三年到六年一直在军机大臣上行走，直到六年二月去世。国史馆详细记载：傅森，纽祜禄氏，满洲镶黄旗人。由监生于乾隆三十一年（1766）考取内阁中书。四十四年，升内阁侍读。五十四年，升内阁侍读学士。九月，擢内阁学士。五十六年，授盛京工部侍郎。五十九年，调盛京刑部侍郎。嘉庆二年（1797）正月，调兵部左侍郎。闰六月，奉旨在军机处学习行走。嘉庆三年二月，因内阁学士那彦成入军机行走，傅森曾奉命回户部办事。四年十月，复命在军机处行走。六

---

① 中国第一历史档案馆编：《嘉庆朝上谕档》第4册，广西师范大学出版社2000年版，第17页。
② 中国第一历史档案馆编：《嘉庆朝上谕档》第4册，广西师范大学出版社2000年版，第34页。
③ （嘉庆朝）《钦定大清会典》卷三《办理军机处》，载《近代中国史料丛刊三编》第64辑，文海出版社1992年版，第79页。
④ 中国第一历史档案馆编：《嘉庆朝上谕档》第4册，广西师范大学出版社2000年版，第13页。

年正月，再调户部尚书。二月，卒。朝廷评价曰："户部尚书傅森在军机处行走，谨慎小心，黾勉供职。"[1] 可见，傅森在军机任职近三年。因此加上傅森，嘉庆前期应该有 6 位军机大臣。

这六位军机代替了从嘉庆元年到三年的阿桂、和珅、王杰、福长安、台布、吴熊光等旧臣。被代替大臣情况各不相同。其中阿桂于嘉庆二年八月去世；和珅、福长安是获罪；大学士王杰因腿疾，"著不必在军机处行走"[2]。其余调整的只是台布和吴熊光。

台布和吴熊光主要是由军机转外任，担任封疆大吏了。史载，台布"蒙古人，初任户部银库郎中。时和相专权，补者皆以赀进，故任意贪纵，侵盗官项。又勒索运饷，外吏经年累月，不时兑纳。公至日，与员外郎和公德盟诸库神，积弊为之一清，人以为瑞云。后任广西巡抚，粤西储粮亏缺甚多，公调停数年，仓庾充牣，下僚争庆。公性廉明而不外显"[3]。台布在臣僚中算是一位廉臣、直臣和能臣。

吴熊光，字槐江，江苏昭文人。乾隆三十七年（1772），由举人考取中正榜，以内阁中书用。四十一年，充军机章京。"初任军机时，以才能著。"[4] 此奋起有一段插曲。嘉庆二年（1797），"高宗幸热河，夜宣军机大臣，未至，命召章京，熊光入对称旨，欲擢任军机大臣。和珅称熊光官五品，不符体制"，遂特赏三品卿衔，随同军机大臣学习行走。后"居政府六阅月，和珅忌之"。[5] 十二月，出为直隶布政使，此后由于和珅的倾轧，一直外任至直隶、两广总督。嘉庆十四年（1809）四月，因事嘉庆降旨曰："吴熊光由军机章京蒙皇考高宗纯皇帝不次超擢，用至军机大臣。复经朕简任三省总督，非新进不晓事者可比。乃种种错谬，实负委任。吴熊光前已革职，著拿交军机大臣会同刑部审讯，定拟具奏"[6]，寻遣戍伊犁。嘉庆十五年（1810），

①　王锺翰点校：《清史列传》第 7 册，中华书局 1987 年版，第 2155—2157 页。

②　《清仁宗实录》第 1 册，中华书局 1986 年版，第 253 页。

③　（清）昭梿：《啸亭杂录》卷十《嘉庆初年督抚》，载《清代史料笔记丛刊》，中华书局 2006 年版，第 348 页。

④　（清）昭梿：《啸亭杂录》卷十《嘉庆初年督抚》，载《清代史料笔记丛刊》，中华书局 2006 年版，第 348 页。

⑤　《清史稿》第 37 册，中华书局 1977 年版，第 11321 页。

⑥　王锺翰点校：《清史列传》第 8 册，中华书局 1987 年版，第 2336 页。

才特命释回。统计之下，吴熊光实际在军机时间极其短暂。

新任命的五位军机大臣中，那彦成因其祖阿桂之荫庇，早在嘉庆三年已经入军机。"内阁学士那彦成系翰林出身，人尚明白，且系原任大学士阿桂之孙，著在军机处学习行走。"[1]此后那彦成只于嘉庆四年、五年、九年在军机处行走，时间亦不太长。

董诰和戴衢亨属于军机处原班人员。董诰从嘉庆元年入直中枢直到嘉庆二十三年，最后以老病休致，只在嘉庆三年中断一年。《清史稿》论曰："诰直军机先后四十年，熟于朝章故事，有以咨者，无不悉。凡所献纳皆面陈，未尝用奏牍。……及林清之变，独持镇定，尤为时称云。"[2]戴衢亨从嘉庆二年到嘉庆十六年在枢机，直至嘉庆十六年因病去世。在任期间，"于一切用人行政，知无不言，言无不尽"，"从无因事谴谪，实为国家得力大臣"。[3]二人皆为嘉庆皇帝信赖的重臣，去世后在职期间的所有处分均予开复。

庆桂是嘉庆皇帝新近重用之人。庆桂"性和平，居枢廷数十年，初无过失，举趾不离跬寸，时咸称其风度"[4]。曾历内阁学士、副都统、参赞大臣、将军都统，擢工部，调兵部尚书，署理甘肃总督等数职。嘉庆四年（1799），调刑部尚书，任协办大学士，入直军机从嘉庆四年到十七年。十八年，以年老原品休致。史评："尹文恪公泰子为文端公继善，其孙为今相国庆桂，皆三代持衡，为升平良佐，实古今所未见也。"[5]

军机任上另一位是成亲王永瑆，乾隆第十一子，淑嘉皇贵妃金佳氏所生，乾隆五十四年（1789）封为和硕成亲王。就永瑆入直军机一职，史评"故事，亲王无领军机者，领军机自永瑆始"[6]。因此，到嘉庆四年十月，皇权稳固之后，嘉庆皇帝降旨："本朝自设立军机处以来，向无诸王在军机处行走。正月初间，因军机处事务较繁，是以暂令成亲王永瑆入值办事。但究

---

① 中国第一历史档案馆编：《嘉庆朝上谕档》第3册，广西师范大学出版社2000年版，第26页。

② 《清史稿》第37册，中华书局1977年版，第11091页。

③ 中国第一历史档案馆编：《嘉庆帝起居注》第16册，广西师范大学出版社2006年版，第176页。

④ 《清史稿》第37册，中华书局1977年版，第11096页。

⑤ （清）昭梿：《啸亭杂录》卷二《本朝父子子孙宰相》，载《清代史料笔记丛刊》，中华书局2006年版，第32页。

⑥ 《清史稿》第30册，中华书局1977年版，第9094页。

与国家定制未符，成亲王永瑆著不必在军机处行走，现在军机处大臣人少，傅森仍在军机处行走。"① 永瑆是于道光三年（1823）去世，他在军机任上也只是一个过渡。傅森的任职军机由此可回证钱实甫的记载。

可见，庆桂和董诰是嘉庆朝行走最久的一满一汉两位新旧军机，起了稳定嘉庆朝前中期政局的作用。

（二）大学士之额数，选任内阁大学士

1. 内阁大学士之额数

会典记载："内阁大学士例兼殿阁衔，曰保和殿大学士、文渊阁大学士、体仁阁大学士、东阁大学士。凡补授大学士，由内阁开列请旨，满洲二人汉二人。协办大学士于尚书内特简，满汉或一人或二人。掌议天下之政，宣布丝纶，厘治宪典，总均衡之任。以赞上理庶务，凡大典礼，则率百寮以将事。"② 可见，大学士和协办大学士之缺至少在乾隆朝为五到六人。如乾隆十三年（1748）的旨意阐释："向来协办大学士之设，原因大学士有在内廷行者或奉差在外者，阁务需人坐办，是以另简人员协同办理。初非额设之缺。"故而不久，定为"协办满、汉或一员，或二员，因人酌派"。③ 这是官方版所载内阁大学士、协办大学士的额数演变。

清人梁章钜亦考证清初"大学士缘起"④；钱实甫对内阁大学士员数和渊源考证也极详细，"康熙六十一年初授，'协理大学士事务'；其后或称'署大学士事'，或称'额外大学士'，即协办大学士的前身。乾隆十三年，定……（大学士）满汉各二员；又协办大学士满汉各一员"⑤。官私两方共同厘清了内阁大学士的额数问题。

2. 选任内阁大学士

嘉庆四年（1799）之前，简任过大学士的有王杰、刘墉、董诰、苏凌

---

① 《清仁宗实录》第 1 册，中华书局 1986 年版，第 687 页。

② （嘉庆朝）《钦定大清会典》卷二《内阁》，载《近代中国史料丛刊三编》第 64 辑，文海出版社 1992 年版，第 35 页。

③ （光绪朝）《钦定清会典事例》卷十一《内阁》，载《续修四库全书》第 798 册，上海古籍出版社 1996 年版，第 267—268 页。

④ （清）梁章钜：《浪迹丛谈　续谈　三谈》卷三《大学士缘起》，载《清代史料笔记丛刊》，中华书局 1997 年版，第 53 页。

⑤ 钱实甫：《清代职官年表》，中华书局 1980 年版，第 133 页。

阿、保宁等五人。王杰自乾隆五十二年（1787）一直简任东阁大学士；刘墉于乾隆五十年（1785）简任协办大学士，后于嘉庆二年和三年任体仁阁大学士；董诰于嘉庆元年和二年任东阁大学士；苏凌阿于嘉庆二年和三年任东阁大学士，后获罪；保宁于嘉庆二年和三年任协办大学士。嘉庆亲政后，新内阁班子调整为"保宁著补授大学士，庆桂著协办大学士事务"①。此间，得到提升的是大学士保宁，增补的有大学士庆桂。此外，增加的另有协办大学士书麟。

保宁，图伯特氏，蒙古正白旗人，靖逆将军纳穆札勒子。乾隆中，由亲军袭其父三等公爵，授乾清门侍卫。后历擢总兵、提督、将军、总督、尚书，兼内务府大臣、镶黄旗汉军都统、御前大臣。史评其"谨慎有操守，尽心边事"②。嘉庆二年（1797）起，授协办大学士，寻拜武英殿大学士。历史上，"保宁两镇伊犁，历十余年，西陲无事，藩部悦服。既去任，朝廷遇边疆兴革，每谘决焉。十一年，以疾乞休，命在家食公爵全俸。逾两年，卒。"③是嘉庆朝一位得力的枢臣。

书麟，满洲镶黄旗人，在阁时短，基本是在内阁挂名。其家世与仕宦，为"文端公晋之子。首擢安徽巡抚，有善政。纯皇帝最喜之，加两江总督。今上亲政，首擢浙闽总督。再调云贵，劾罢前督富纲，人谓仁者之勇"④。乾隆二十三年（1758）入仕，十六年开启军旅生涯，四十九年起外任封疆。嘉庆元年（1796），署乌鲁木齐都统。嘉庆四年正月初三日，受嘉庆皇帝重用奉命回京。领旨："吏部尚书员缺著书麟补授"⑤，直到嘉庆六年（1801）。后又任闽浙、云贵、湖广数省总督。嘉庆皇帝甚爱惜之，"书麟领军之人，惟在调度得宜指示策应，不必以带兵杀贼见长，冒险轻试"⑥。其在内阁，从四年三月起授协办大学士，在阁协办三年，直到嘉庆六年四月，"以病躯委顿，恐误军务，疏请解任调理"，"初九日，卒

① 中国第一历史档案馆编：《嘉庆帝起居注》第4册，广西师范大学出版社2006年版，第20页。
② 《清史稿》第37册，中华书局1977年版，第11111页。
③ 《清史稿》第37册，中华书局1977年版，第11113页。
④ （清）昭梿：《啸亭杂录》卷十《嘉庆初年督抚》，载《清代史料笔记丛刊》，中华书局2006年版，第347页。
⑤ 中国第一历史档案馆编：《嘉庆朝上谕档》第4册，广西师范大学出版社2000年版，第14页。
⑥ 王锺翰点校：《清史列传》第7册，中华书局1987年版，第2102页。

于军"。嘉庆惋惜曰："设不调任湖广，尚不致因劳成疾。兹闻溘逝，深为轸惜！"①

"和珅倒台后，嘉庆帝立即调整了内阁……这是颙琰亲政后的第一届内阁。"②对此内阁，学界评价褒贬不一。有认为这是一届"老人班子"③，有认为"形成一个由声誉较高的老臣组成的内阁"④。然而，就后期各位大学士在阁时间长短分析，王杰、刘墉、董诰、保宁、庆桂，在阁几乎一直到他们辞世。因此，嘉庆朝的前中期，内阁班子人员是比较稳定的，这是有利于嘉庆皇帝巩固皇权和治政的。

四、嘉庆皇帝处分和珅余党稳定朝中政局

（一）嘉庆皇帝宽待和珅余党

和珅赐自尽后，嘉庆皇帝曾于当月十九日颁布特旨：

> 因思和珅所管衙门本多，由其保举升擢者自必不少。而外省官员奔走和珅门下逢迎馈赂皆所不免，若一一根究连及多人，亦非罚不及众之义。……朕所以重治和珅之罪者，实为其贻误军国重务，而种种贪黩营私犹其罪之小者，是以立即办理，刻不容贷。此外初不肯别有株连，惟在儆戒将来，不复追咎既往。凡大小臣工无庸心存疑惧，况臣工内中材居多，若能迁善改过，皆可为国家出力之人。即有从前热中躁进，一时失足者，但能洗心涤虑，痛改前非，仍可勉为端士，不至终身误陷匪人。⑤

此旨非常明确提出对待和珅余党的态度。从当时档案亦可见，对和珅余党以《大清律》附逆治罪的确属寥寥，更多的则是给予处分，轻者降级，重者革职罢斥。

---

① 王锺翰点校：《清史列传》第 7 册，中华书局 1987 年版，第 2103 页。
② 卜健：《国之大臣：王鼎与嘉道两朝政治》，陕西人民出版社 2015 年版，第 61 页。
③ 陈开科：《嘉庆十年：失败的俄国使团与失败的中国外交》，社会科学文献出版社 2014 年版，第 51 页。
④ 卜健：《国之大臣：王鼎与嘉道两朝政治》，陕西人民出版社 2015 年版，第 34 页。
⑤ 中国第一历史档案馆编：《嘉庆朝上谕档》第 4 册，广西师范大学出版社 2000 年版，第 33—34 页。

（二）处分和珅余党

1. 福长安由定罪到处分

军机大臣福长安，以阿附和珅，从有罪到无罪，从处分到任用，跌宕起伏。嘉庆皇帝在四年正月十八日颁布的上谕中振振有词："福长安受皇考厚恩……于和珅罪状知之最悉。……乃始终并无一语，是其有心扶同徇隐，百喙难辞。……和珅现已从宽赐令自尽，福长安亦著从宽改为应斩监候秋后处决。"[1] 这是定重罪要处决。可是，没过多久，就将福长安免于处决重罪，发往裕陵当差，并迁员外郎。继之，福长安于嘉庆五年以生疮疖，"托故并未诣陵当差"。嘉庆六年又借"腿疾呈请回京医治"，嘉庆皇帝训饬福长安并将之"革职，发往盛京作为披甲，交晋昌严行管束，数年后再观后效"。同时令原内务府大臣、马兰镇总兵、盛京副都统成林，押带福长安启程赴盛京，实则带有保护之意，"福长安在途如有他故，惟成林是问"[2]。在盛京披甲不久，任用福长安为"骁骑校"[3]，之后也是有处分有升迁，嘉庆二十二年（1817）福长安才去世。"虽说福长安曾作同案处理，但一开始即从'斩决'改为'监候'。到同年八月，鉴于他监禁已逾半载，无人论及，遂下令加恩释放。"[4] 嘉庆皇帝对和党的首要人物福长安并没有治罪，而是以处分为主。

2. 和珅之师吴省钦的革职回籍

左都御史吴省钦，江苏南汇人，乾隆二十八年（1763）进士，曾为和珅之师。嘉庆皇帝认为，吴省钦为风宪之长，于和珅、福长安二人并无一言举劾，自系畏其声势。及将和珅、福长安革职拿交刑部后，伊尚心存畏怯，缄默不言。后在群臣皆进言的态势下，"以一奏塞责"，但是却"语多不经"，"惑于邪言，妄行渎奏"，[5] 遂交部严加议处。四年正月十四日降旨："吴省钦劣迹既未败露，朕亦不为已甚，姑免深究。即论其陈奏荒谬，已难胜台长之任，吴省钦著即照部议革职回籍。"[6] 终身未用，七十五而卒，落得一个

---

① 中国第一历史档案馆编：《嘉庆朝上谕档》第4册，广西师范大学出版社2000年版，第32页。
② 《清仁宗实录》第2册，中华书局1986年版，第52页。
③ 中国第一历史档案馆编：《嘉庆帝起居注》第7册，广西师范大学出版社2006年版，第187页。
④ 关文发：《嘉庆帝》，吉林文史出版社1993年版，第74页。
⑤ 《清仁宗实录》第1册，中华书局1986年版，第424页。
⑥ 中国第一历史档案馆编：《嘉庆朝上谕档》第4册，广西师范大学出版社2000年版，第20页。

善终。

3. 和珅至亲之失宠和处分

和琳，满洲正红旗人，和珅之弟。乾隆六十年（1795），在镇压石柳邓起义时染病身亡。嘉庆亲政后对其补行打击。"和琳本无功绩，祇因伊参奏福康安木植一案，得以屡邀擢用。……所有和琳公爵自应照议革去。至配享太庙尤为非常巨典，和琳何人？乃与开国功臣同列，著即照议撤出太庙，并将伊家所立专祠一并拆毁。"① 丰伸伊绵是和琳之子，"亦著革去公爵，斥退侍卫，不准在乾清门行走，仍加恩赏给云骑尉，在本旗当闲散差使"。丰伸殷德为和珅嫡子，系固伦额驸，娶乾隆钟爱的十公主，也未免罪。嘉庆皇帝命"留和珅伯爵即令丰伸殷德承袭，在家闲住不许出外滋事"。② 至此和氏一门均遭打击，从此衰落下去。

山东巡抚伊江阿，大学士永贵之子，满洲正白旗人，在和珅的培植下时任山东巡抚。嘉庆四年（1799）正月十三日，嘉庆皇帝发难降旨曰："伊江阿平日不知有皇考，今日复不知有朕，惟知有和珅一人，负恩昧良莫此为甚"，"著传旨严行申饬，并交部严加议处"。③ 吏部依议，二十日皇帝定议，"著即照部议革职，来京候旨"④。之后伊江阿被贬戍伊犁，后又起用为蓝翎侍卫和古城领队大臣。

4. 依附和珅之朝臣的起用和处分

锡龄为傅灵安后代，嘉庆皇帝有旨"著仍加恩准承袭云骑尉，亦斥退侍卫，不准在乾清门行走，回本旗当闲散差使"。打击不是太大。大学士苏凌阿，满洲正白旗人。乾隆五十四年（1789）迁户部尚书，又出为两江总督。嘉庆二年（1797），授东阁大学士并兼署刑部尚书。嘉庆皇帝以其"年老龙钟"，和珅因其系和琳姻亲，"且利其昏愦充位，藉显己才。伊年逾八十跪起维艰，岂能胜纶扉之任"，⑤ 命以原品休致。工部侍郎吴省兰，兵部侍郎李潢，太仆寺卿李光云，嘉庆皇帝认为"皆系和珅引用之人，李光云现患痰

---

① 中国第一历史档案馆编：《嘉庆朝上谕档》第4册，广西师范大学出版社2000年版，第32—33页。

② 中国第一历史档案馆编：《嘉庆朝上谕档》第4册，广西师范大学出版社2000年版，第33页。

③ 中国第一历史档案馆编：《嘉庆朝上谕档》第4册，广西师范大学出版社2000年版，第20页。

④ 中国第一历史档案馆编：《嘉庆朝上谕档》第4册，广西师范大学出版社2000年版，第35页。

⑤ 中国第一历史档案馆编：《嘉庆朝上谕档》第4册，广西师范大学出版社2000年版，第33页。

疾，著以原品休致。吴省兰、李潢虽无人列款参劾，但未便幸列卿贰，俱著降为编修。吴省兰著撤回学政，不必在南书房行走"。① 和珅子侄亲戚、党羽，该革职的革职，该降调的降调，尽罗处分。

朱珪曾劝嘉庆皇帝，"天子当优有过大臣"②。其实以嘉庆皇帝的心性而言，太过"仁义"，此性格必会导致对官员的宽处，"宽"是他治政的一个基调。《啸亭杂录》对此评价："今上亲政之后，宽仁厚德，不嗜杀人，皆由朱文正公于藩邸时辅导之功良多。"③ 可见，朱珪对嘉庆皇帝思想影响至深，嘉庆皇帝不可能去大肆杀戮和珅余党。这点与乃祖雍正是截然不同的。亦有持论，"和珅一案是嘉庆帝亲政后处理的第一大案，不能不把握分寸，谨慎从事，它有自己特定的目的、范围和限度。……可见办理和珅一案的主要目的，在于通过诛除和珅刹一刹（原文即为刹）那股愈演愈烈的颓败风气，而不在于追究或惩治更多的官员"④。

嘉庆皇帝通过一系列雷厉风行的措施，顺利完成了皇权重塑和政权稳妥过渡，政局得以稳定，对和珅及其党羽、依附官员也未予追究刑罚，只予革职等处分。其实，在封建社会处分起着非常关键的作用，除了正常的因行政不当而处分外，也是解决政治斗争的一剂缓冲药。

---

① 中国第一历史档案馆编：《嘉庆朝上谕档》第 4 册，广西师范大学出版社 2000 年版，第 33 页。

② 《清史稿》第 43 册，中华书局 1977 年版，第 13242 页。

③ （清）昭梿：《啸亭杂录》卷四《朱文正》，载《清代史料笔记丛刊》本，中华书局 2006 年版，第 103 页。

④ 关文发：《嘉庆帝》，吉林文史出版社 1993 年版，第 76 页。

第二章　嘉庆朝官员处分法规的
续修和处分新例的出台

　　钱穆曾言："中国传统政治，注重政府之职能。故设一官，必有一官之职，而有一职，即有一种称职与不称职之责。"①这种称职与不称职的评定标准便记载在诸行政处分法规当中。在有清一代，相关的行政处分法规主要是会典和则例，典和例中的上千条例文成为对官员行政的具体约束和防范惩治。正如孔飞力所言："君主不得不用成文法规来约束成千上万为他服务的官僚。……就官僚本身而言，他们始终受到琐细的规章条例的制约，包括形式、时效、文牍、财政和司法上的限制，以及上司和下属之间的关系。他们若对这些规章条例有任何违反，便会受到弹劾、罚俸、调离或撤职的处分。"②张婷也在其文中指出："清代的典章制度有对官员们的行政过误予以处罚的详细规定。"③

　　到嘉庆时期，这些处分法规继续在会典则例和部院府寺则例两个方面同时制定，但是有所调整。乾隆时期的原会典则例之名改为会典事例，但在性质上两者并无不同；吏部处分则例没有大的变化。大清会典和各部院则例之间既各具特点又互有联系。《会典事例》一书是"按年编载，俾一事一例，原始要终，用资考核"④。而各部院则例，邓之诚讲道："清以例治天下，一岁汇所治事为四季条例，采条例而为各部署则例。新例行，旧例即废，故则例必五年一小修，十年一大修。"其间联系则是"采则例以入会典，名为会典

---

①　钱穆：《国史新论》，生活·读书·新知三联书店2018年版，第99页。

②　［美］孔飞力：《叫魂：1768年中国妖术大恐慌》，上海三联书店1999年版，第249—250页。

③　张婷：《法外之罚：乾隆朝官员罚议罪银》，载《明清论丛》第9辑，紫禁城出版社2009年版，第247页。

④　（嘉庆朝）《钦定大清会典》凡例，载《近代中国史料丛刊三编》第64辑，文海出版社1992年版，第2页。

则例或事例"①。可见"会典编纂时很多规则均直接参考或录用则例"②。下文将论述两类行政处分法规在嘉庆朝的纂修情况。《大清会典》和《大清会典事例》中的吏部考功清吏司部分为处分事例，所占篇幅较大。

第一节　嘉庆时期官员处分法规的纂修

一、《大清会典》《大清会典事例》的续修

乾隆皇帝曾言："经理庶政，整饬官常，自不得不立定章程，定章程乃所以昭法守。"③自古以来，章程格式多种多样。清代，曾将指导国家总体政务的法律、法规称为典，具体的实施细则定为"例""则例"或"事例"，始终遵循着"以典为纲，以则为目"④ 的法则。从康熙朝修订《大清会典》，逐渐形成了康熙、雍正、乾隆、嘉庆和光绪朝五部会典及事例，内容接续，没有断崖。康雍两朝既有内容的接续，又有体例的因袭，变化不大。乾隆朝《大清会典》于乾隆十二年（1747）由履亲王允裪负责修订，二十九年完成。内容上溯清太祖努尔哈赤与清太宗皇太极，下限至乾隆二十七年。其体例变化很大，明确典例要分开，从而解决了"典与例无辨"的历史问题，确定了"例可通典不可变"这一准则，成就了100卷的《大清会典》和180卷的《大清会典则例》。

这部大型的典例之后，按照朝廷续修传统，嘉庆六年（1801），梁上国奏请续修会典。嘉庆皇帝采纳其建议，并于当年九月十五日回应："御史梁上国奏请续修会典一折，所奏甚是。大清会典一书，自乾隆二十二年修纂成书后，至五十一年经大学士九卿奏请续修。钦奉皇考高宗纯皇帝谕旨，俟归政特敕下礼官重修会典，将归政仪文一并编入。……朕亲政后在二十七月以

---

① 邓之诚：《中华五千年史》卷五，中华书局1958年版，第531页。
② 故宫博物院刊行：《总管内务府则例·叙》，1935年版。
③ 中国第一历史档案馆档案：录副奏折《戴章甫奏请续修现行吏部则例事》，档号：03-0340-026。
④ （乾隆朝）《钦定大清会典》凡例，《钦定四库全书》影印本，第3页。

内未遑办理，此时正应开馆修辑，俾臻完备。著将乾隆二十三年以后增定一切典礼，及修改各衙门则例编辑成书，颁行中外，交大学士九卿将开馆事宜酌定章程，妥议具奏。"① 这道上谕开启了清王朝第四部《会典》《会典事例》《会典图》的续修。

马奉琛对嘉庆朝《大清会典》有研究介绍：是书于嘉庆六年奉旨纂修，至嘉庆二十三年告竣。成会典 80 卷，事例 920 卷，目录 8 卷。图 132 卷，目录 2 卷，共 440 册。所辑起自乾隆二十三年，止于嘉庆十七年。"其自有清开国以来，至嘉庆时，百九十余年，礼乐刑政大端，以及庶司条奏，岁月更定，积久愈多，皆为考核所关，是书取宁详无略之旨。……此次事例不复分列诸司。各就一衙门之事例分列数门，每门之下析为子目，每目之下仍按年编次。其门目皆标明于每卷之首。"②

（一）会典馆人选和地点问题

1. 会典馆人选问题

历次开馆纂修首要的是确定纂修人选，纂修《大清会典》官员职名设置历朝有所不同。康熙朝初创，人员设置较为简单，有总裁、副总裁、纂修、翻译、誊录、收掌等职。康熙帝曾敕谕内阁："今命部院大小等衙门各委属员详加察辑，用成会典一书。特命卿等为总裁官，董率各员恪勤乃事，务使文质适中，事理咸备，行诸今而无弊，传诸后而可征，悉心考订，克成一代之典。"③ 届雍正朝，人员设置随着编纂的渐次进行，设有监修、总裁、提调、纂修、翻译、满誊录、汉誊录、收掌等，增加了监修和提调两官职。迨乾隆朝，根据实际编修情况又有所调整，改设总裁、副总裁、提调、满纂修、汉纂修、翻译、满誊录、汉誊录、收掌等职，去监修增设副总裁，承担监修之任。

以上为历朝纂修官员的设置。总裁允裪在修毕《乾隆会典》后，曾代表众编纂官上表："臣等职忝校雠，才惭润色，幸借编摹之役，仰窥制作之精，

---

① 中国第一历史档案馆编：《嘉庆朝上谕档》第 6 册，广西师范大学出版社 2000 年版，第 378—379 页。

② 马奉琛：《清代行政制度参考书》，北京大学出版组 1935 年版，第 171 页。

③ （康熙朝）《钦定大清会典》敕，载《近代中国史料丛刊三编》第 72 辑，文海出版社 1992 年版，第 2 页。

愧尸素以频年，敢谓恪勤将事。惟勾稽于众籍，尚虞挂漏贻讥，完书具而法制详，咸快睹于致太平之迹，大典昭而修明备，敬拜手以庆王道之成。"① 表达了对出任总裁一职所怀的敬谨之义和所担之责。嘉庆朝承袭前朝，更加重视对正副总裁、提调、提调兼总纂修、总纂修、协修、校对、收掌等一任官员的选用。

（1）定总裁官。"开馆修书，总裁领其纲，纂修分其目"②，基于此须在大学士尚书内简派满汉总裁4员，侍郎学士詹士等官内简派满汉副总裁5员。嘉庆六年（1801）十一月，诏命以大学士王杰、庆桂、刘墉、董诰充会典馆正总裁，尚书刘权之、朱珪、纪昀、丰伸济伦、禄康、彭元瑞充副总裁。后期随着部分臣僚的离世、致仕和受处分，人员有所调整。改为由曹振镛和大学士托津任正总裁，刑部尚书崇禄和工部左侍郎王以衔任副总裁。嘉庆十五年（1810）五月，曹振镛先"充会典馆副总裁官"，十八年九月，提"充会典馆正总裁官"。③托津于嘉庆十七年，先"充会典馆副总裁官"④，十九年九月，提"充会典馆总裁官"⑤。

曹振镛，安徽歙县人，尚书曹文埴之子。乾隆四十六年（1781）进士，嘉庆三年起，授通政使，历内阁学士、吏部侍郎、工部尚书，调户部，兼翰林院掌院学士，又调吏部尚书、协办大学士，拜体仁阁大学士，管理工部，晋太子太保。道光朝升为军机大臣。《清史稿》论曰："振镛小心谨慎，一守文法，最被倚任。……历事三朝，凡为学政者三，典乡会试者各四。衡文惟遵功令，不取淹博才华之士。……凡纂修会典、两朝实录、河工方略、明鉴、皇朝文颖、全唐文，皆为总裁。"⑥

托津，富察氏，满洲镶黄旗人。乾隆中授都察院笔帖式，充军机章京，后改御史迁给事中。嘉庆五年（1800）起授副都统，充叶尔羌办事大臣，调

① （乾隆朝）《钦定大清会典》，《会典馆总裁和硕履亲王允祹上表》，《钦定四库全书》影印本，第10页。
② （嘉庆朝）《钦定大清会典事例》总目，载《近代中国史料丛刊三编》第65辑，文海出版社1993年版，第15页。
③ 王锺翰点校：《清史列传》第8册，中华书局1987年版，第2478页。
④ 王锺翰点校：《清史列传》第8册，中华书局1987年版，第2469页。
⑤ 王锺翰点校：《清史列传》第8册，中华书局1987年版，第2471页。
⑥ 《清史稿》第38册，中华书局1977年版，第11405—11406页。

喀什噶尔参赞大臣、吏部尚书，在军机大臣上行走，调户部，擢工部尚书兼都统，暂代两江总督。十八年，授协办大学士。十九年，授正白旗领侍卫内大臣，拜东阁大学士，管理户部。二十一年，署直隶总督，后署理理藩院。史载："仁宗综核庶政，知托津朴诚，于行省有重事大狱，率以任之，无一岁不奉使命。"享有"立朝正色"之誉。[①] 可见曹振镛、托津之才识和人品，足堪总裁之任。

（2）选任纂修、总纂、协修、校对官等。"至各馆纂修，向用内阁翰詹人员，会典事备储曹，自应兼用部属。满纂修拟用内阁四员，吏户礼兵刑工六部及理藩院各二员。汉纂修拟用内阁三员，翰詹三员，吏户礼兵刑工六部各二员，共三十六员。令大学士、掌院学士及各部堂官，务择学问淹贯，熟悉掌故而且识见通敏，行走勤慎之员保送充当。此项额设纂修倘不敷用，再于各衙门咨取协修数员帮同办理，纂修缺出即以本衙门协修补本衙门之缺。"[②] 其人员配置规格也较高，来自翰詹内阁，一旦缺出由总裁奏请补用。如嘉庆十一年（1806）十二月初二日，庆桂曾为此奏：

> 查会典馆总纂官一项，系合办一切正副本，必得条贯各门事例，能与该纂修等商榷体例考订缺讹，方于全书有益。上年臣等派令总纂兼提调官叶继文综司经理，详加采辑。续又派帮办总纂提调官程同文随时斟酌，悉心研究。该二员在馆向为得力。此外，臣等复派协修官主事朱为弼、校对官主事周泰元，亦在总纂上帮办事务。朱为弼一员办书精审，行走奋勉。周泰元一员行走亦属勤慎。现在总纂官内阁学士汪滋畹奉旨改充总校，员外郎杨芳灿丁忧回籍，所遗之缺臣等酌拟，请即以程同文、朱为弼充补，程同文仍令兼充提调。所有应得桌饭银两除朱为弼另照例支领外，程同文本系纂修充补提调，领有桌饭银两，此次毋庸另行给与。周泰元本系校对协修，令帮办总纂事务，应请作为纂修实缺支领桌饭银两。再查会典事例每有与国史馆稽查互证之处，查有编修朱方增在国史馆行走有年，该员熟悉掌故，编纂有法，请再以该员兼在会典馆总纂上行走，以便彼此参证，于全书更有

---

① 《清史稿》第37册，中华书局1977年版，第11104页。

② （嘉庆朝）《钦定大清会典事例》总目，载《近代中国史料丛刊三编》第65辑，文海出版社1993年版，第16页。

裨益。①

这份档案中提及的朱为弼、周泰元、叶继文、程同文、朱方增等5位官员，是当时最直接的管理者和编撰者，承担了纂修会典的重任。嘉庆朝如此突出提调、总纂修、协修和校对官的设置，是鉴于嘉庆朝会典卷帙浩繁，在史料的取舍和文字方面较之前朝有了更多更高的要求，必须顺势改设。

（3）选拔馆内其他人员。"各馆修书例用提调、收掌等官，分襄厥事。拟设满提调二员，汉提调一员。满收掌八员，汉收掌六员，于内阁翰詹衙门简派。又翻译官二十员，满誊录三十员，汉誊录三十员。请敕下吏部，除现在候补人员挨次送补外，倘有未敷，照例考试备用，其余供事及各色匠役应由总裁酌量名数，行文咨取。"②这样在人员上做了全盘规划，保证了会典及事例的顺利编纂和完成。

2.会典馆地点问题

吏部曾提出"馆局宜定所也。按乾隆二十二年会典修竣之后，原用房屋拨为纂修国史之所。今史馆正在办理，势难兼容，应请敕下内务府于禁城内拨给宽敞洁净房屋一所，以资应用。其开馆日期行钦天监选择开馆"③。这是人员确定以后又须钦定的一件大事。

据内务府在道光即位所上"奏请将会典馆作为实录馆纂修实录"折中得知，会典馆当时在紫禁城内房间很多，修撰环境清幽非常适宜。

> 恭查纂办大行皇帝实录例应在紫禁城内择地开馆，前于清字经馆恭修高宗纯皇帝实录后，作为文颖馆，现时房间不全，若复修建有稽时日。臣等查得东华门内迤北三星门内设有会典馆东西二所，共计房六十余间，系嘉庆六年由臣衙门奏请拨给。今会典事件渐次完竣，该馆地居禁秘，房间亦与文颖馆相等，拟请将该馆房间酌量粘修，作为恭修大行皇帝实录馆。其会典未完事件，请于臣衙门收管官房内择其

---

① 中国第一历史档案馆档案：录副奏折《庆桂奏请派员充任会典馆总纂官事》，档号：03-2158-026。

② （嘉庆朝）《钦定大清会典事例》总目，载《近代中国史料丛刊三编》第65辑，文海出版社1993年版，第17页。

③ （嘉庆朝）《钦定大清会典事例》总目，载《近代中国史料丛刊三编》第65辑，文海出版社1993年版，第18页。

间数较多者五处，拨给一处，以资办理。俟告成后，仍交臣衙门收回。谨将查出官房缮具清单，并酌拟粘签恭呈御览，是否有当。伏乞存留备赏房间。①

可见，当时纂修会典朝廷拨给了紫禁城内房屋东西两所。人员和地点是续修会典首当其冲的两大问题，在嘉庆皇帝的钦点和指示下已然解决。

（二）体例和编纂问题

1. 体例方面有袭有变

前述嘉庆朝变化在于，将康雍时期的会典一分为三：典、例、图。暨将"会典一书，别为体裁。如周六官、唐六典以官举职，以职举政。……会典事例一书，如唐宋会要，以官司所守，条分件系，析为门目。……其图式则别为一书，附于会典之末。"②此外，会典还进一步简化了内容编纂层次，以各衙门为统领，下设诸门和子目，取消司分这一级。原因是"若循旧例分列诸司，门类过多，难于寻阅。……每目之下仍按年编次，其门目皆标明每卷之首，俾一览了然。"③如此改变究其因是为防止烦琐。

2. 编纂识记方面

其"曰原定，曰奏准，曰议准，则悉仍旧例"④，指的是起于雍正朝修纂会典时，专门对编纂条目的来源进行诠释："事例由上所颁降者，则书曰诏，曰敕，曰谕，曰旨，曰定；由部院各衙门具题者，则书曰题准；由科道督抚条陈，经部院议覆者，则书曰覆准；由议政王贝勒大臣及九卿詹事科道会议者，则书曰议定，曰议准，或有叙事者，则直书之。"⑤嘉庆朝沿袭多变化少，除议政王大臣会议已经取消，其余基本沿袭，这些编纂标识易于后人明了条例的不同背景来源，进而准确地引用条例。

---

① 中国第一历史档案馆档案：录副奏折《总管内务府奏请将会典馆作为实录馆纂修实录事》，档号：03-1626-026。

② （嘉庆朝）《钦定大清会典》凡例，载《近代中国史料丛刊三编》第64辑，文海出版社1992年版，第1页。

③ （嘉庆朝）《钦定大清会典》凡例，载《近代中国史料丛刊三编》第64辑，文海出版社1992年版，第10页。

④ （嘉庆朝）《钦定大清会典》凡例，载《近代中国史料丛刊三编》第64辑，文海出版社1992年版，第10页。

⑤ （雍正朝）《钦定大清会典》凡例，载《近代中国史料丛刊三编》第77辑，文海出版社1992年版，第2页。

（三）修纂过程和修纂错误之处分

1. 修纂过程

嘉庆朝《大清会典》再辑起始完成时间，历时 17 年之久。内容起乾隆二十三年，迄嘉庆十七年，有 50 年的历史。书成共有《清会典》8 卷；《清会典事例》920 卷，目录 8 卷；《大清会典图》132 卷，目录 2 卷；总计 1140 卷。会典卷数略减于前朝，事例却大增于前，图别为卷。"统计全书，视乾隆年间所纂典例增多逾倍。"[①] 可以说，纂修历时 10 余年，修纂过程是倍及艰辛与紧张的。从一则档案可见当时修纂的繁复考校过程。

> 查高宗纯皇帝圣训内登载圣制"雩祭乐章"，与御制诗初集乾隆七年第八卷刊本字句均属相符，其大清会典内纂载不符之处，恭查御制诗二集乾隆二十四年第八十六卷，躬举"大雩祈雨诗"。注云：壬戌议举"常雩"，"大雩"之礼时，曾制云：汉诗八章为舞童升歌之词，然率即得雨，迄未用。今岁旱甚，乃举"大雩"元衣八列，升咏此诗，又协侯移易数语。是大清会典系纂于乾隆二十四年，圣制移易之后恭本载入，而圣训所载系乾隆七年圣制原文。是以彼此互异，尚非错误。应请将校对之员免其察议，其卷内错误各处，谨将应议原校各员开单进呈，内有原校本并无讹误者亦于单内注明，查系刷印时笔画脱落致有舛讹，所有原校各员应请免议，交该处查明承办匠役分别责处。谨奏。[②]

上千卷的文字图经，不仅需要正常的编纂，还需要对诸可疑之处一一予以核对，考证其谬误，其工作量是非常大的。这个过程又是单调的，需要一定的持之以恒的耐性才能协调完成。

2. 处分修纂有误官员

为保证质量，在编纂过程中对编纂有误官员的处分是不可避免的。嘉庆十三年（1808）六月十四日，总裁庆桂曾奏参馆员：

> 本月初八日，臣馆恭进清文会典事例五册，于十一日发下。内一册系时巡事例，于恭缮皇帝字内少写长芽，实属错误。一册系先蚕坛事

例，于奉旨皇后亲诣行礼写作奉旨亲诣行礼。臣等随查先经进呈之汉书先蚕坛事例一册比对，系奉旨皇后亲诣行礼，并无错误。惟查此册因于缮定正本备进时，经总纂修官程同文看出，尚有文义未妥，复经改拟送臣等覆阅，后换页进呈。惟准呈之后，复令供事改换副本内有脱误，校对官薛凝度未经看出，而清书向系就副本缮纂，该满洲纂修官亦未看出致有错误，所有时巡事例一册内错误之满洲总纂修官恭霭、纂修官锡礼岱、校对官达林，及誊录官杨书德俱请交部分别议处。其先蚕坛事例一册，该满洲纂修官富廉，虽系照依副本翻纂致有错误，但未经看出究属疏忽，亦请交部议处。该汉校对官薛凝度于供事改换副本后未能看出错误亦有不合，应请交部议处。至总校官礼部侍郎多庆未经看出，亦请交部议处。臣等均未细心覆阅，亦难辞咎，应一并交部察议。①

折中提出清文本《会典事例》在缮纂过程中出现两处错误，相关的满洲总纂修、纂修、校对、誊录等官被上司题参建议议处。当日旨下，皇帝认为"该总裁等仅请将总纂修官等交部议处，尚觉过轻。所有恭霭、锡礼岱、达林、杨书德等四员均著交部严加议处，余依议。钦此"②。不但必须议处，而且还要从严。

在皇帝特旨从严之下，六月二十日，吏部即移会会典馆查取应议各官职名予以严议：

> 查律载不应重杖八十。又例载官员犯公罪杖八十者降二级留任。又例载官员有奉旨交部严加议处者，查照本例酌量加等，其由降留加等者止于革职留任各等语。此案会典馆所进清文会典时巡事例，于恭缮皇帝字内少写笔画，非寻常错误可比，钦奉谕旨将总纂修官等交部严加议处。应将总纂修官工部郎中恭霭、纂修官户部主事锡礼岱、校对官詹事府赞善达林、誊录官候补笔帖式杨书德，均照不应重杖八十公罪律降二级留任，系奉旨交部严议应加等俱议以革职留任。至先蚕坛事例，于奉旨皇后亲诣行礼写作奉旨亲诣行礼。纂修官富廉照依副本翻纂并未看出

---

① 中国第一历史档案馆档案：录副奏折《庆桂等奏为恭进清文会典事例缮写有误参革纂修官员事》，档号：03-2158-046。

② 中国第一历史档案馆档案：录副奏折《瑚图礼奏为议复庆桂奏会典馆缮写清文会典事例有误将各员分别议处事》，档号：03-1601-021。

脱误，校对官薛凝度于供事改换副本未能看出错处，总校对官礼部侍郎多庆亦未看出，均属不合应行议处。应将纂修官兵部郎中富廉、校对官内阁中书现经丁忧薛凝度、总校官礼部侍郎多庆，均照不应重杖八十公罪律降二级留任。至总裁官大学士庆桂等于缮写错误之处均未细心看出，应行分案议处。应将正总裁官大学士管理吏部事务庆桂、大学士管理刑部事务董诰、副总裁官协办大学士刑部尚书觉罗长麟、户部尚书德瑛、礼部尚书恭阿拉，均照例于此二案，每案各减为罚俸一年，系公罪例准议抵。惟该纂修官富廉等于紧要字样缮写脱误，该总裁官庆桂等于此二案错讹之处均未看出，应俱毋庸查取级纪议抵。……恭霭、锡礼岱、达林、杨书德处分为革职留任。[1]

吏部所议奏上，嘉庆皇帝认为"吏部将总纂官等议以革职留任，实属从轻，又涉瞻徇矣"[2]。从而将恭霭、锡礼岱、达林、杨书德的处分加重改为实降二级调用。可见，在缮写会典过程中因脱漏之误，这些官员经历了一参、严议、吏议、再裁的从重实降处分，这次处分远远重于其他官员的某些行政中的处分。

但一般而言，参修会典遭受处分往往是议重实轻。如嘉庆十年（1805）二月，正总裁保宁参劾会典馆"恭进汉文会典事例二十五本，内有礼部冠服一本抬头处缮写错误"。负责的总纂修、协修、校对都没有校阅出来，保宁自称也"未能勘出"，[3] 故而自行检举。请将总纂修官汪德钺、协修官杨树基、校对官边廷英检举革职。把自己及庆桂、董诰、朱珪、刘权之、德瑛、戴衢亨、长麟等革职。此次处分，如果因抬头书写错误，就此将这干人革职治罪，未免太过，嘉庆皇帝自然也没有重处这些大员。同日旨下，保宁等8位大臣"加恩改为革职留任。"[4] 至汪德钺等"均系专办书籍之员，其咎更无

---

① 中国第一历史档案馆档案：录副奏折《瑚图礼奏为议复庆桂奏会典馆缮写清文会典事例有误将各员分别议处事》，档号：03-1601-021。

② 中国第一历史档案馆编：《嘉庆朝上谕档》第13册，广西师范大学出版社2000年版，第377页。

③ 中国第一历史档案馆档案：录副奏折《保宁奏为恭进汉文会典事例缮写错误自请议处事》，档号：03-1494-026。

④ 中国第一历史档案馆编：《嘉庆帝起居注》第10册，广西师范大学出版社2006年版，第61页。

可追，均著革职，从宽免其交部治罪"①。对下的处分相对较重。

另外，在会典馆的议处中实行连带处分制，任何承纂官一旦出错，总裁、副总裁等都会被连带。如嘉庆十三年六月因出现的抬写错误"未经看出……庆桂、董诰二人并会典馆总裁及承办官一并交部严加议处"②，即是连带。庆桂、董诰身为总裁官受到连带，故而处分很多，但一般都是比较轻且易开复。

（四）会典及事例的完成和纂修议叙

1.《大清会典》及事例的完成

嘉庆十七年（1812）七月，庆桂等奏会典汉书正本呈进完竣奏闻请旨，标志着嘉庆朝《大清会典》的汉书本典例图纂修完成。

> 查我朝会典一书……嘉庆六年九月内奉旨纂辑，系于次年正月开馆。臣等先后仰邀恩旨派充总裁、副总裁，督率在馆各员从事编摹，日加讨论。窃惟会典与事例两书系于政治，一经颁行以后，在官在民皆即奉为法式，故其书所关尤巨。臣馆初开之始，查案年余，至八年六月后始办出正本陆续呈进。惟时原任协办大学士尚书纪昀屡经条陈馆务，以办书自任。惟志在速成，催儧过急，以致不暇精审。十年二月内经臣等仰蒙皇上训饬，复遵旨妥议章程，务俾详慎。当经臣等饬令汉总纂官叶继文、程同文等将各纂修等交出之事例底本，覆加详查增改成书，始由臣等恭阅呈进。嗣于十二年十二月内，臣等酌拟办典章程，应如周六官、唐六典礼数，务俾典核其旧典内所附之图。今分作另册，以清门类。于奏奉谕旨后，复将纂典办图，专责成各总纂等办理，嗣是图典正本，亦以次呈进。现在典、图、例三项业已全数完竣，计会典一百四十九册，图八十六册，事例七百七十五册，共一千零十册。③

由奏疏可知，汉书样本大致在十七年完成，清书样本在汉书本的基础上进行翻清工作，于嘉庆十九年（1814）完成。之后进行嘉庆十七年以后条例的零

① 中国第一历史档案馆编:《嘉庆帝起居注》第10册，广西师范大学出版社2006年版，第61页。

② 中国第一历史档案馆档案:录副奏折《庆桂奏为会典馆缮写谕旨有误请严议处事》，档号：03-1601-018。

③ 中国第一历史档案馆档案:录副奏折《庆桂奏为会典汉书正本完竣请议叙出力人员事》，档号：03-2159-018。

星增补及翻清工作，实际总体工作应完成于嘉庆二十三年。随后交由武英殿修书处分别卷第，另缮全份刊刻装潢。到道光三年（1823）五月二十二日，完成《钦定大清会典》的陈设书 15 部和赏用书一百部的总量。旨下："陈设书十五部著交懋勤殿拟处陈设，赏用一百部俟装潢完竣，交军机处拟赏。"① 这百部的《钦定大清会典》陆续赏给了地方省级大僚。道光三年十二月初十日，江苏巡抚韩文绮上奏收到颁赏《大清会典》全部；道光四年二月初六日，陕西巡抚卢坤上奏收到所赏《大清会典》。大员们高度评价了是部《钦定大清会典》，"乃四修于是部，次州居标，十有二门之目，条分缕析，逾一千余卷之多"②。"条修一千卷，篇章灿列，规重矩叠十二门，图绘新增。"③ 历经嘉庆朝的纂修和道光朝的刊刻，《钦定大清会典》《大清会典事例》《大清会典图》圆满完成。

2. 纂修的议叙优叙

对会典馆臣的议叙分为三次，汉书正本、清书正本、清汉陈设本各自完成的议叙。议叙遵循有若干条既往和现行规定。（1）遵循纂书各馆"每届三五年率逢议叙一次"④的惯例；（2）原任总裁协办大学士纪昀曾奏准的分别议叙法，"汉书可给与汉书议叙，清书可给与清书议叙"⑤，"清书告成给与清书议叙，汉书告成给与汉书议叙"⑥。这些议叙其实还包括过程中的议叙。（3）按照嘉庆十七年四月的规定，以卷数定优叙。"嗣后各馆纂办书籍至一百数十卷以上，准其奏请优叙，分列超一二等。"⑦（4）遵循朝廷惯例，"例载特旨开设之馆，书成时听该馆臣择其年久出力之员，酌量保奏请旨

① 中国第一历史档案馆档案：呈《武英殿呈报大清会典赏用书一百部装潢完竣事》，档号：03-3648-026。
② 中国第一历史档案馆档案：朱批奏折《韩文绮奏为赏赐大清会典全部谢恩事》，档号：04-01-38-0026-023。
③ 中国第一历史档案馆档案：录副奏折《卢坤奏为谢赏大清会典事》，档号：03-3648-041。
④ 中国第一历史档案馆档案：录副奏折《庆桂奏为会典汉书正本完竣请议叙出力人员事》，档号：03-2159-018。
⑤ 中国第一历史档案馆档案：录副奏折《庆桂奏为会典汉书正本完竣请议叙出力人员事》，档号：03-2159-018。
⑥ 中国第一历史档案馆档案：录副奏折《董诰奏为会典清书告成请议叙编纂有功人员事》，档号：03-2160-047。
⑦ 中国第一历史档案馆档案：录副奏折《庆桂奏为会典汉书正本完竣请议叙出力人员事》，档号：03-2159-018。

遵行"①。(5) 为防冒滥，禁止使用"超等"。嘉庆十九年（1814）五月颁旨："吏部条陈馆书议叙分别一二三等，不得复用超等字样。"② 依据这些旨意、条款和惯例，吏部陆续进行了议叙。谨略摘录书成议叙优叙事宜。

嘉庆十七年（1812）七月，汉书正本完成，总裁官庆桂上奏请求议叙：

> 自七年开馆至今已逾十载，惟誊录、供事曾奏请议叙外，其提调以下各该员均未仰邀议叙。……现在告成汉书正本计一千余册，该员等历时纂办，始终勤奋，似应量予从优议叙，以示鼓励。……所有汉总纂、纂修、协修、校对，系专办汉书之员，其满汉提调及收掌，在馆办事无分清汉，又翻译官于各衙门送来清文蒙古文册档，均先令译汉，以备汉员纂辑，系为汉书出力，此次亦应附入汉书议叙。……其余人员臣等核其功课多寡，分别超一二等咨部办理。③

嘉庆十九年（1814），清书正本完竣，正总裁董诰上奏请求议叙优叙：

> 查会典馆于嘉庆七年间开馆纂办清书汉书各一分。……今清书正本以次纂办进呈完竣。窃查会典一书汇总各衙门典礼条例，卷帙浩繁，清书较之汉书篇帙更有增多。……现在清书会典数逾千卷，在馆人员勤加编纂，积有年所，实为奋勉出力。……所有提调、总纂、纂修、协修、收掌、校对、翻译、誊录等官，及供事等合无请旨给与优叙。④

道光二年（1822）七月初五日，清汉陈设本完成，正总裁托津上奏请求议叙优叙：

> 查会典清书样本前经陆续进呈，至嘉庆十九年告竣。臣等即遵奏定章程督饬馆员，将各衙门送来应行增入书之清文蒙古文译汉修改，以备纂辑画一，并将发翻底本陆续翻纂。二十三年汉字陈设本进呈后，臣等复将官员纂缮校妥之书，另派馆员逐卷覆勘，并亲加核阅，兹已完毕装

---

① 中国第一历史档案馆档案：录副奏折《托津奏为会典画一清书办竣请议叙勤奋出力人员事》，档号：03-2526-018。

② 中国第一历史档案馆档案：录副奏折《董诰奏为会典清书告成请议叙编纂有功人员事》，档号：03-2160-047。

③ 中国第一历史档案馆档案：录副奏折《庆桂奏为会典汉书正本完竣请议叙出力人员事》，档号：03-2159-018。

④ 中国第一历史档案馆档案：录副奏折《董诰奏为会典清书告成请议叙编纂有功人员事》，档号：03-2160-047。

潢成帙。统计会典及会典事例一百六十二函,共书一千有十卷,恭呈御览,请留大内陈设。查此分陈设本内,较从前进呈样本续增二百余卷,而各本逐条添改之处甚多,计此一千有十卷,共五万数千余页,并有分注细字者百数十卷,洵为巨制。……今将提调、纂修、协修、校对、收掌、翻译、誊录等官,及供事等详加甄别,择其在馆年久尤为勤奋出众者,酌照历届成案,另缮清单恭请圣鉴。……其余人员臣等分别等第造册咨部,照例从优议叙。①

朝廷的及时议叙为馆内编纂人员提供了入仕升迁的机遇,也使得更多的人员、官员乐于参与到修书事业中。清朝上千部典籍的出台,是这些馆员的功劳,亦是和这项议叙制度的激励机制有关。牛润珍等有同样看法,"史官议叙制度的建立与完善,有效保障了有清一代官方修史的正常运行。"②

嘉庆朝大清会典及事例、会典图,在继承前朝纂修经验技术基础之上,又杂糅职官体系中的议处议叙机制,最后顺利完成,承前启后为后人留下了一部宝贵的典制书籍。

二、《吏部处分则例》的两次调整纂修

《吏部处分则例》是有关官员处分的具体规定。清代有纂修则例的传统,《吏部处分则例》为其中之一。王锺翰曾论曰:"故知终清一代行政,大约例之一字,可以概括无余。清中央政府各部署均有规章细则,除刑例外,有曰事例,曰条例,曰则例,包举职掌、铨选、考成、税收、捐纳、礼仪、考试、营建、制造、物价诸事项;地方则有条例、省例,边疆又有律例、章程、事宜等项。名目繁多,有条不紊,皆秦汉以降所谓掌固、故事也。其时史学专家知矜贵档案矣,而不知则例即昔日档案之择要汇存者,且年远境迁,档案照例焚毁,今舍则例将无以取征,是则例之可贵为何如也。"③这段

---

① 中国第一历史档案馆档案:录副奏折《托津奏为会典画一清书办竣请议叙勤奋出力人员事》,档号:03-2526-018。
② 牛润珍:《清代史官议叙制度考略》,《史学史研究》2021年第1期。杨立红:《〈清实录〉议叙机制研究》,《史学史研究》2013年第1期。王彦章:《清代的奖赏制度研究》,博士学位论文,浙江大学,2005年。万海林:《清代的军功议叙奖赏制度研究》,《塔里木大学学报》2019年第3期。
③ 王锺翰:《清史续考》,华世出版社1993年版,第284—285页。

话点明了则例的价值所在。

当前也有人从法学角度阐明则例价值。"在中华法制文明发展史上，则例具有其他法律形式不可替代的独立存在的价值，在国家社会经济生活中发挥了极其重要的作用。"①杨一凡、刘笃才等认为清代则例"确立了国家行政活动准则，实现了行政规范化和制度化，区分了行政责任和刑事责任，加强了官吏监督和管理；经济和工程活动也获得了法律管理依据；皇室管理规则空前严密；民族法制有了重大发展。清代国家生活中则例无所不在，为各种行为提供了准则，也使得清代法律取得了重要的成就"②。

对于则例性质，学界则有不同看法。苏一工认为："则例是中央各部门就本部门的行政事务随时作出处置的实例，经由有关人员审议通过，交由皇帝批准生效的单行法规。"③陈一容则认为："则例是一种各部门的规章，因为被编入会典，成为清代国家的行政法规，具有国家法律的性质，不能仅作为部门法行政规则来看待。"④对于则例地位、编纂等其他方面还有诸多研究。⑤

本节选择嘉庆朝的《吏部处分则例》，探讨《吏部处分则例》两次纂修的背景、版本，以及道光朝的回评，嘉庆皇帝的"执中"处分观对纂修的影响。以此揭示出《吏部处分则例》不仅是有关官员处分的重要行政法规，而且在其纂修过程中例条的确定，也反映了嘉道君臣对官员处分的观点与具体处置。

（一）嘉庆朝《吏部处分则例》的修纂背景

"一切流行的法规制度，决不能旦暮之间拼凑造成。而必须经年累代，逐渐成长。"⑥清代的则例即是这么一种情况，这种情况来源于清代所形成的

---

① 李永贞：《刍议清代则例的性质和分类》，《法学杂志》2010 年第 10 期。
② 杨一凡、刘笃才：《中国法制史考证续编·历代例考》，社会科学文献出版社 2009 年版，第 233 页。
③ 苏亦工：《明清律典与条例》，中国政法大学出版社 2000 年版，第 70 页。
④ 陈一容：《清"例"简论》，《福建论坛》2007 年第 7 期。
⑤ 郭松义：《清朝的会典和则例》，《清史研究通讯》1985 年第 4 期。丁华东：《清代会典与则例的编纂及其制度》，《档案学通讯》1994 年第 4 期。王锺翰：《清史补考》，辽宁大学出版社 2003 年版。李留文：《清代则例的特点及其利用》，《贵州社会科学》2006 年第 5 期。
⑥ 傅宗懋：《清制论文集》下册，台湾商务印书馆 1977 年版，第 289 页。

定期修纂制度。"定例为办稿之柄据，则纂例为杜弊之根源。"①清代在此务实理念下，确立了各部院司寺监定期纂修则例的制度。乾隆十一年（1746），监察御史戴章甫奏准"刑部限以五年，吏部等部则例限以十年纂修一次；于是各部署有五年一小修，十年一大修之例，即自此始。……是各部署则例虽有十年一修之明令，然因时因地，斟酌损益，固有变通办理者矣"②。可知，五年、十年是一个普例，但也不全是一刀切。"有五年一修、十年一修、二十年一修不等。"③缘于此制，清代所修则例非常丰富，张晋藩等认为则例"有百余种"④。李永贞评价"清代在沿袭明制的基础上多有新创，特别是在以则例为主体的行政例的制定方面成绩斐然"⑤。"成绩斐然"此当指数量可观的清代各类则例。

这种定期修纂的废除是在道光年间。道光十年（1830），御史王玮庆奏"六部重修则例宜率由旧章如有更改应专折奏明通行"一折。二月初六日，朝廷回应：

> 各衙门颁行律令，原期垂诸久远。其有今昔异宜者，固应随时酌改，然不必定限十年即开馆重修一次。若如该御史所称，各部则例十年一修，往往不能依限告成，每迟至六七年始刊刻完竣，又未能及时颁发。其间数年之久，各省官员既无新例可遵，又谓旧例已改茫无所措，而书吏得以高下其手。及至刊改颁行将届，则例重修之时，新例又成废本，无所遵循，且有旧例本属美备，因回护办法两歧，或致舍例就案，轻为更改，甚或因开馆为书吏邀请议叙地步，种种情弊实不能保其必无。嗣后各部已颁成例，无得轻议更张。如有因时制宜必应更正之处，随时专折奏明改定，立即通行各省一体遵照，以免书吏影射弊混，不必定限十年开馆重修，致滋流弊。⑥

这条谕旨明确取消了曾经的定期修纂则例制度，可见定期修纂则例是遵行且

---

① 中国第一历史档案馆档案：录副奏折《何梦莲奏为各部院纂修条例应慎择司员事》，档号：03-1539-118。

② 王锺翰：《清史补考》，辽宁大学出版社2003年版，第40—41页。

③ 王锺翰：《清史补考》，辽宁大学出版社2003年版，第31页。

④ 张晋藩、李铁：《中国行政法史》，中国政法大学出版社1991年版，第278页。

⑤ 李永贞：《刍议清代则例的性质和分类》，《法学杂志》2010年第10期。

⑥ 《清宣宗实录》第3册，中华书局1986年版，第552—553页。

盛行于乾嘉两朝和道光前期。这段时期遗留下来的则例相对来说会比较多，处分则例也不例外。以下列举不同时期学者对嘉道时期处分则例的整理和不同丛书对嘉道时期处分则例的收录影印，以及图书机构就嘉道时期处分则例的收藏情况。希望通过这些可以了解嘉道两朝所纂《吏部处分则例》的大致情况。遗漏之处敬请读者谅解。

（二）嘉庆朝《吏部处分则例》的版本

1. 诸位学者记载嘉道时期相关《吏部处分则例》

（1）王锺翰《清史续考·清代各部署则例经眼录》记载 6 部：《吏部处分则例》47 卷 14 册嘉庆五年刊本；《吏部处分则例》47 卷 16 册嘉庆十五年刊本；《吏部处分则例》47 卷 20 册嘉庆二十一年刊本；《吏部处分则例》52 卷 20 册道光六年刊本；《吏部处分则例》52 卷 20 册道光十二年刊本；《吏部处分则例》52 卷 27 册道光二十三年刊本。①

（2）冯尔康《清史史料学》记载 1 部：道光十年敕纂《吏部处分则例》52 卷。②

（3）张晋藩、李铁《中国行政法史》记载 4 部：《钦定吏部处分则例》，修订于嘉庆十二年，有 48 卷，包括嘉庆四年到十二年对各级官员不法违制行为的处分条款，实际上包括吏、户、礼、兵、刑、工六部的处分规定。……裁减吏兵二部处分则例，修订于嘉庆十八年。这是对处分则例的修订和删节。……重修《吏部处分则例》，修订于道光四年。这是对嘉庆十二年《吏部处分则例》的修订稿。……重修《吏部处分则例》，于道光二十三年进一步修订。根据鸦片战争的形势，对《吏部处分则例》作了修订和删节，对六部官员处分的规定更为具体详细。③

（4）杨一凡、刘笃才在《历代例考·清代例考》中记载 3 部：《钦定吏部处分则例》47 卷 16 册嘉庆十二年内府刻本；《钦定吏部处分则例》48 卷 8 册道光四年官修刻本；《钦定吏部处分则例》52 卷 26 册道光二十三年官修刻本。④

---

① 王锺翰：《清史续考》，华世出版社 1993 年版，第 289 页。

② 冯尔康：《清史史料学》，沈阳出版社 2004 年版，第 71 页。

③ 张晋藩、李铁：《中国行政法史》，中国政法大学出版社 1991 年版，第 344 页。

④ 杨一凡、刘笃才主编：《历代例考》，社会科学文献出版社 2012 年版。

2. 张伟仁详载嘉道时期《吏部处分则例》

（1）嘉庆朝《钦定吏部处分则例》，52 卷 1 册。台北：成文出版社 1966年影印。内容：本书记清代官吏办事违误应受处分之则例。内分吏、户、礼、兵、刑、工六部。有公式、降罚、升选、举劾、考绩、赴任、离任、本章、印信、限期、归旗、事故、旷职、营私、书役、仓场、漕运、田宅、户口、盐法、钱法、关市、灾赈、催征、解支、盘查、承追、科场、学校、仪制、祀典、文词、服饰、驿递、马政、军政、军器、海防、边防、盗贼、人命、逃人、杂犯、提解、审断、禁狱、用刑、河工、修造等四十九目。①

（2）庆桂、彩柱等纂：《钦定吏部处分则例》初版，47 卷 16 册卷首 1卷。清仁宗嘉庆十二年书成奏进。同年内府刊印。内容：本书据成案、通行及钦准条奏，纂辑清仁宗嘉庆四年至十二年间各级官员办事违误应受处分之则例。内分六门：（一）吏部：有公式、降罚、举劾、考绩、事故等目；（二）户部，有仓场、漕运、田宅、盐法、钱法、承追等目；（三）礼部，有科场、学校、仪制、祀典等目；（四）兵部，有驿递、马政、军政等目；（五）刑部，有盗贼、人命、杂犯、提解、审断、禁狱、用刑等目；（六）工部，有河工、修造等目。②

（3）文孚、清平等纂：《钦定吏部处分则例》初版，48 卷 8 册。清道光四年书成奏进。道光年间刊印，刊印者及刊印年份不详。内容：本书继清仁宗嘉庆十七年所纂《吏部处分则例》续纂其后至道光四年各级官员办事违误应受处分之则例。并将前纂处分则例悉心确核，于各条下注明公罪、私罪字样。其公罪有降调、革职而非事关重大者酌改从宽，各部烦苛无当处分予以裁汰。内分六门：（一）吏部：有公式、降罚、举劾、考绩、旷职、营私等目；（二）户部，有漕运、田宅、盐法、钱法、关市、灾赈等目；（三）礼部，有科场、学校、仪制、祀典等目；（四）兵部，有驿递、马政、军政、海防等目；（五）刑部，有盗贼、人命、杂犯、提解、审断、禁狱、用刑等目；（六）工部，有河工、修造等目。③ 这部属于道光朝所修，内容涉及嘉庆朝十八年到二十五年的处分例条。

---

① 张伟仁主编：《中国法制史书目》第 1 册上，"中研院" 历史语言研究所 1976 年版，第 57 页。
② 张伟仁主编：《中国法制史书目》第 1 册上，"中研院" 历史语言研究所 1976 年版，第 57 页。
③ 张伟仁主编：《中国法制史书目》第 1 册上，"中研院" 历史语言研究所 1976 年版，第 57 页。

（4）恩桂、薛鸿皋等纂：《钦定吏部处分则例》52卷26册。道光二十三年书成奏进。清刊本，刊印者及刊印年份不详。内容：本书继道光四年所纂《吏部则例》续纂其后至道光二十三年间各级官员办事违误应受处分之则例。内分六门：（一）吏部：有公式、降罚、举劾、考绩、旷职、营私等目；（二）户部，有漕运、田宅、盐法、钱法、关市、灾赈等目；（三）礼部，有科场、学校、仪制、祀典等目；（四）兵部，有驿递、马政、军政、海防等目；（五）刑部，有盗贼、人命、杂犯、提解、审断、禁狱、用刑等目；（六）工部，有河工、修造等目。[①]

3.各丛书收录和图书馆珍藏

（1）沈云龙主编的《近代中国史料丛刊》收录：文孚修纂的《钦定六部处分则例》52卷。（2）卢山主编《清代各部院则例》收录：（嘉庆朝）《钦定吏部处分则例》52卷2册。[②]（3）中国社会科学院藏：《吏部处分则例》一函20册，嘉庆二十五年刊本；《吏部处分则例》二函20册，嘉庆二十五年刊本；《吏部处分则例》二函20册，嘉庆年间活字本；《吏部处分则例》52卷20册，嘉庆二十二年本；《吏部处分则例》52卷20册，道光六年本；《吏部处分则例》52卷20册，道光十二年本；《吏部处分则例》52卷27册，道光二十三年本。（4）北京大学图书馆善本室藏：《钦定六部处分则例》，嘉庆二十四年刊本；《钦定吏部处分则例》，道光年间刊本。（5）国家图书馆藏：《钦定吏部处分则例》50卷19册，清末铅印本；《钦定吏部处分则例》52卷20册，刻本；庆桂修《钦定吏部处分则例》78卷卷首1卷16册，刻本；恩桂修《钦定吏部处分则例》87卷，存62卷35册，《处分则例》卷1—9、14—37、41—52，道光二十三年刻本。

综观以上所列各种版本，可知：第一，两种丛书收录的（嘉庆朝）《吏部处分则例》和《六部处分则例》，以及张伟仁提到的成文出版社的《钦定吏部处分则例》，三书内容实则一模一样，而且也并不是嘉庆朝所修，大致是光绪朝所修，标目存在很大的错误。第二，因历史上纂修时间和刊刻时间的不同，造成许多学者记载的版本不同。但因是王锺翰、冯尔康、张晋藩、

① 张伟仁主编：《中国法制史书目》第1册上，"中研院"历史语言研究所1976年版，第58页。
② 卢山主编：《清代各部院则例》，蝠池书院出版有限公司2004年版。

杨一凡、张伟仁等几位学者经眼后的研究记录，其可信度高。第三，各图书馆的收藏来自于各馆的目录，除部分版本和学者们记载相同外，其他更确切的内容还需进一步校勘。

通过以上各家记载收录判断，大致可以确定嘉庆朝从嘉庆七年（1802）廷臣上奏启修，到十二年完成增修；从十六年再次上奏启修，到嘉庆十七年增修完成，或认为是嘉庆十八年完成。道光朝从道光元年（1821）吏部尚书那彦成奏请续修《吏部处分则例》，于道光四年完成。道光十九年再次修纂，道光二十三年完成。嘉道时期的《吏部处分则例》有单行本，有包含在《吏部则例》之中，还有称之为《六部处分则例》的，究其具体内容则是一样的。可知，《钦定六部处分则例》同于《钦定吏部处分则例》。其他学者亦有相同观点，织田万认为："观道光十六年纂修之《钦定六部处分则例》……其实该处分则例，系吏部所编，可谓之吏部而言。故曰六部处分则例，非谓一括六部则例编成之也。况斯编出于吏部，非各部合编者，可知其为吏部则例矣。"[1] 常国栋认为："凡冠以'六部处分则例'之名的，不管是康熙年间官方制订的，还是嘉庆以后出现的坊刻本'六部处分则例'，其性质上均等同于吏部处分则例。"[2]

（三）嘉庆十二年《吏部处分则例》的纂修

《吏部处分则例》"就是专门处理官吏失职行为的行政法规。根据这个法规，凡官吏在行政上的失职行为按不同情节，给以不同惩罚，轻者罚俸，重者革职。再重的除革职外，还要'问罪'"[3]。时效性是则例，更是处分则例不断修纂的主要缘由。《吏部处分则例》的纂修是占比较大的一类则例，为各级官员的行政处分提供了法律依据。正如李留文所言："则例是实用性、现实性很强的行政条文汇编，过时的条文会被及时删除，新的规条会及时添加进去，这是则例的一个突出特点，这一特点要求研究者在使用某一则例时必须弄清楚它的编纂年代，而且在使用某一史料时要和会典等史书相对比，力求把握一种制度的来龙去脉。其实，从特定的角度来看，则例的这一特点也是一种优势，因为这种社会针对性使人们可以较容易地把握某一时期的社

---

① ［日］织田万：《清国行政法》，中国政法大学出版社 2003 年版，第 64 页。

② 常国栋：《清代文职处分则例考》，《清史研究》2019 年第 3 期。

③ 蒲坚：《中国古代行政立法》，北京大学出版社 1992 年版，第 513 页。

会问题和时代特点。"①

《吏部处分则例》的纂修由吏部负责，乾隆时期该部尚书张廷玉曾言："吏部职任铨衡，事关考察，必须科条画一则例详明，方可永远遵守，历久无弊。查臣部升选、迁除以及议叙议处，全凭铨选、处分则例以及品级考等书。……请嗣后吏部办理处分案件，如有例无正条，援引比照定议者，令该司官会同纂修司员将成案则例逐细检查，臣等斟酌妥议，即于题本内声明请旨载入则例，以垂永久。"② 可见，《吏部处分则例》的历次纂修是在吏部尚书的牵头下，由吏部考功司的司官及其司员负责。本节主要探讨嘉庆十二年和十七年（有的称之为十八年）的两次纂修情况，嘉庆七年的因牵扯乾隆训政不论，道光四年的有新取舍标准亦不论。嘉庆十二年的有刊刻本，十七年的未刊刻。仅以此两次以点带面，反映嘉庆朝《吏部处分则例》的纂修情况。

嘉庆时期《吏部处分则例》的按期修纂，也是波折不断，辩论频频。嘉庆朝本应遵从制度修纂，但是嘉庆帝对十年一修曾一度有所抵触。嘉庆七年（1802），嘉庆帝针对朝臣提出的更改部院则例之条陈，有意阐发："试思现行则例皆经前人咨谋审定，可垂久远，若其中有应因时变通者，我列祖列宗早经斟酌尽善，朕监于成宪不敢轻议更张。而在廷诸臣才识又岂能迈越前人，辄思更改旧制乎？况近日臣工条奏改例之事，交议后往往有格碍难通仍行驳斥者，徒劳奏牍，于政事何补？"③ 他以遵祖制为由，反对轻易更张则例。并且倡导"考核功过自有定例，全在办理秉公"④。意及例是固定的，而秉公执行则是关键。不能背离"国家设例固有一定之则，而随时制宜亦有变通之道"⑤ 的原则。

随着时间的推移，嘉庆皇帝对于续修则例一事有了松动。嘉庆九年（1804）六月十二日，湖广道监察御史韩克均奏请详校"例案"以归划一，

①　李留文：《清代则例初探》，《广西社会科学》2005 年第 9 期。

②　中国第一历史档案馆档案：朱批奏折《张廷玉奏为吏部铨选处分则例多有互异遗漏请派员纂修事》，档号：04-01-01-0034-001。

③　中国第一历史档案馆编：《嘉庆帝起居注》第 7 册，广西师范大学出版社 2006 年版，第 368 页。

④　《清仁宗实录》第 2 册，中华书局 1986 年版，第 1130 页。

⑤　中国第一历史档案馆档案：朱批奏折《郭仪长奏为条陈吏部则例略为更改事》，档号：04-01-01-0474-042。

杜绝弊端。"各衙门之弊尽由吏胥，吏胥之得以营私，实由例案不能画一所致也。"① 嘉庆皇帝对此予以肯定：

> 所奏尚是。各部院衙门事件原应遵照定例办理，其例有未备者，方准以旧案比照。诚以事端百出，从前定例或有未尽周备而成案日积日多，其中又不无办理参差之处。于是吏胥得以意为援引，高下其手，此案牍愈纷而隐匿朦混诸弊所由滋也。著各部院堂官饬司员，将各该衙门例案逐一检阅，遇有例意未尽昭晰者，详细注明。使人人易晓其成案前后两歧之事，酌中参核。将不可遵行者概行删去，免滋淆混。统俟将来增修则例时明晰开载，庶足以杜弊端而归画一。②

鉴于书吏之害，嘉庆皇帝明确提出对"例案""成案"进行检阅删除，以备增修则例而用。可见"各衙门弊滋在于舍例言案"③，此说打动了嘉庆皇帝最关注的"案"的互异问题。嘉庆十年（1805）六月初三日，身为近臣的庆桂具奏开馆纂修《吏部处分则例》事宜：

> 查臣部则例自嘉庆四年奏请修辑之后，迄今已阅六年，向来则例每届十年纂修一次，现在因奉旨清查成案使归画一，未敢拘泥向例，届期始行请修。相应奏请开馆于臣部司员内分派提调纂修实心办理，将应行增改各款辑入例内，所需供事照例于书吏中挑取充补，令其自备资斧上紧赶办，于一年内缮写黄册恭呈御览，伏候钦定。俟命下之日照上届赶紧刊刻刷印，进呈后颁发在京各衙门及各直省督抚府尹，一体遵照。所有该供事等应予议叙，查照上届则例告成之例分次办理，是否有当。伏祈皇上睿鉴训示遵行，所有臣部请开例馆缘由，理合奏闻谨奏。本日奉旨：依议。钦此。④

《吏部处分则例》的修纂正常开始。到嘉庆十一年（1806）七月十三日，在此次吏部新修则例将次告竣之际，浙江道监察御史严烺为吏部新修则例敬陈

---

① 中国第一历史档案馆档案：录副奏折《韩克均奏请敕各部院详校例案以归划一一事》，档号：03-1626-029。

② 中国第一历史档案馆编：《嘉庆帝起居注》第 9 册，广西师范大学出版社 2006 年版，第 230 页。

③ 中国第一历史档案馆编：《嘉庆朝上谕档》第 16 册，广西师范大学出版社 2000 年版，第 552 页。

④ （清）庆桂等奉敕修：《钦定吏部处分则例》卷首，嘉庆十六年木署藏版。

管见。提出：

> 处分则例宜逐条详注也。定例议处官员分别公罪私罪，查明有无加
> 级纪录分别抵销与否，公罪准抵，私罪不准抵，失出者准抵，失入者不
> 准抵，其大较也。向来例文未经按条分注，虽卷中亦有无庸查级议抵字
> 样，然数十卷中偶一见之，外省官员不明例意者甚多。每遇议处事件有
> 关降调者，书吏遂得缘以为奸，除实系私罪不能抵者，彼方无所施其
> 技。若明系公罪与或界乎公私之间者，彼即肆其招摇撞骗之术。……非
> 惟受者不肯稍露，即与者先不肯自露，是以奸滑之吏肆意恣行，鲜有破
> 败。臣以为宜于例文详注，以杜其弊。除例所未尽者，堂司各官临事确
> 切比照，酌中定议具奏外。其现行例文莫若将准抵不准抵字样，明注于
> 各条之下，使外省官员一见了然，不至为其所愚。查处分则例虽有四十
> 余卷，而每条只须注二三字，为数无多，似易办理。应请敕下吏部于此
> 次所修处分则例内按条注明。①

嘉庆皇帝对严烺新修则例的具体修改意见予以了认可，并进一步指示要逐条
标明公私罪和处分是否准抵的问题。但是不知何故，这次认可后的指示直到
道光朝才得以全面完成。以上是十年修纂则例时出现的两个主要问题。

到嘉庆十二年（1807）六月十一日，大学士管理吏部事务庆桂具奏《吏
部处分则例》完成，并请求议叙和后续补增。

> 嘉庆十年六月臣部具奏，现经钦遵谕旨清查成案分别记档，尚有钦
> 奉谕旨及臣工条奏议准各条，俱应增入例内，请应行增改各款纂入例
> 册。并于书吏中挑补供事，令其自备资斧赶办，于一年内缮写黄册进呈
> 等因，奉旨依议。钦此。臣等督率提调、纂修等悉心详核，自嘉庆十一
> 年十二月以前，钦奉谕旨及议准臣工条奏各案，有应入例者概行纂辑，
> 其成案章程以及旧例中有今昔异宜，应行酌改之处，历经胪列条款奏蒙
> 允准。嗣因例案繁多，未能依限完竣，经臣部奏明展限在案，今已纂辑
> 成帙。按照原纂门类，分别归款统计。……处分则例四十九卷等恭呈御
> 览，俟命下之日，臣部即照上届之例，毋庸移交武英殿动支帑项，所需

一应刊刻板片、刷印工价、纸张饭食等项银两，即令在馆供事等自备资斧，勒限半年赶办完竣。至十二年正月以后，续有应入则例事件，即于清字例内补行纂入，统俟汉字板片完竣刷印成集，同清书黄册一并进呈。其历年稿案有与定例不符，及随时酌改章程未经入例者概行注销。嗣后总不得援照引用，应悉照定例办理，以归画一。所有此次汉字则例修辑完竣，除臣等及提调、纂修等不敢仰邀议叙外，其在馆供事等六十名，检查档案缮写书册尚属奋勉，可否仰恳圣恩，准照上届汉字则例告成之例给予议叙，以示鼓励。如蒙俞允，臣部分别等第办理，为此谨奏。本日奉旨：依议。钦此。①

嘉庆十六年（1811），吏部尚书庆桂、刘权之所上奏折再次肯定修纂完成时间是在嘉庆十二年。"惟时臣庆、臣刘俱在吏部，于十二年则例修成之时，奏明将未经入例之历年旧案概行注销，嗣后不得援照并用，并将奏稿引用刊列卷首。"②同上述严烺所论时间相同。至于后续工作，在嘉庆十六年六月庆桂上奏《吏部处分则例》中条例的增补方式：

嘉庆十六年，新增钦定六部处分则例。增应改之条陆续具奏外，尚有节年钦奉谕旨及臣工条奏，经臣部议准者俱应增入。臣等窃思办理稿件必须恪遵定例，方免参差歧误。此次查出成案，除已经入例者准其存查外，其余各案概行注销。嗣后一切稿件俱应查照定例办理，不得援引成案，及临时酌改章程，迁就一人一事致滋弊混。间或例所未载现应议办者，堂司各官即于定例内比照酌引一二条奏明请旨钦定，俟命下后，即缮入例册遵用。③

此条同以上所奏意同，反映出处分则例的时效性特点，也明确了"则例是杜弊之源"。

（四）嘉庆十七年《吏部处分则例》的修纂

"查各部院每遇五年请修则例一次。"④嘉庆十六年（1811），副都御史曹

---

① （清）庆桂等奉敕修：《钦定吏部处分则例》卷首，嘉庆十六年木署藏版。

② 中国第一历史档案馆编：《嘉庆朝上谕档》第16册，广西师范大学出版社2000年版，第552页。

③ （清）庆桂等奉敕修：《钦定吏部处分则例》卷首，嘉庆十六年木署藏版。

④ 中国第一历史档案馆档案：录副奏折《韩克均奏请敕各部院详校例案以归一事》，档号：03-1626-029。

师曾秉承"五年一小修"之约，上"清厘各部院各衙门例案"折。嘉庆皇帝采纳并颁布上谕开始先针对例案进行清厘。

> 部院各衙门为政事总汇之区，慎守纲纪必以定例为凭。其吏胥高下其手，堂司意见参差，总由于舍例言案，盖例有一定而案多歧出也。该副都御史所奏系为厘除弊混起见，著照所请，交部院各衙门堂官各率所属，将现行定例详加查核。如有例所未备而案应遵照者，即检明汇齐纂入则例。其案与例不符者，造册注明事由，将原稿即行销毁。若有例案不符，而稿件仍有关查核者，著另册登记钤印贮库，办稿时不得再行援引。该堂官等务督饬司员加意清厘，同矢公慎，以杜弊混。[1]

从而开启了小修，明确了"例"和"案"之间的取舍存留为本次修例的主要内容。

随后，山东道监察御史何梦莲上奏纂修则例请慎择司员折，进一步为纂修处分则例奠定了人员基础。"窃查各部院纂修则例派有纂修等官专司其事，其得人与否，最关紧要。……相应请旨敕下各部院大臣，务于司员内择其正途出身、历练已久、熟习成例、端谨有学者，承充纂修等官。"[2]嘉庆皇帝接受，于当年十月降旨："所有各衙门纂修官员，著各该堂官等择其在署年久，熟谙政务及平素端谨之人，责令详慎修辑，务使义意贯通词句明显，以便永远遵守，不得将新进资浅、未谙政务之人滥派充数。"[3]在修例目标明确，修纂人员确定的情况下，吏部整体于嘉庆十七年（1812）开始增修例条工作。

在此次修例基本完成后，曾于嘉庆十八年（1813）十一月初三日，对修例内容有过重要补充意见，同时涉及兵部。

> 近来吏兵二部所定则例科条太繁，动多窒碍。地方文武员弁遇有应办事件，往往顾惜处分惮于举发，贤者困于成法不敢变通，不肖者工于舞文巧为规避，以致积渐因循酿成巨案。国家设官分职，期于得人而理，其定立处分加之察劾者，原以举直错枉，俾共知警惕，无旷庶官。

---

① 中国第一历史档案馆编：《嘉庆朝上谕档》第16册，广西师范大学出版社2000年版，第578页。

② 中国第一历史档案馆档案：录副奏折《何梦莲奏为各部院纂修条例应慎择司员事》，档号：03-1539-118。

③ 中国第一历史档案馆编：《嘉庆朝上谕档》第16册，广西师范大学出版社2000年版，第619页。

> 从前立法之意，私罪立予创惩，公罪量为原宥。所以区分贤不肖者，至为简当。自定例屡经增改之后，条目滋多，日趋苛细，书吏夤缘为奸，虽有贤能之员日诖吏议，而庸碌者或以幸免，于甄别人才澄叙官方之道，甚无益也。著吏兵二部将文武处分则例公罪各条逐加详核，凡事涉具文无关政治者，一切处分奏明大加删减，务使简而易遵，信而可守。贤员不致掣肘，不肖者无所施其伎俩，书吏不能高下其手。庶地方文武各官少所牵碍，得以展布谟猷，尽心职守。①

这条是对公罪处分的明确删减放宽之旨。初十日在此基础上强调："嗣后各直省州县要缺，该督抚遴选贤能之员专折保奏。除该员现有私罪处分吏部仍奏明饬驳外，其任内一切因公处分均可无庸核计。著吏部详定章程，奏明颁发遵行，以收推贤举能实效。"②公罪处分的无庸核计，其是否适当，在道咸时期引起了一些争论和反响。

这次则例小修的完成时间，在吏部尚书那彦成嘉庆二十五年（1820）十一月的上奏中有所提及，"臣部自嘉庆十七年修例之后，迄今已阅九载。"③反映出自从嘉庆十七年小修后，吏部在嘉庆朝没再修纂过《吏部处分则例》。那彦成这次的申请也是为道光元年开馆大修《处分则例》提前做准备，道光元年如期开馆，四年完成。从道光十多年之后，朝廷亦废除了"五年一小修，十年一大修"这项定制。

咸丰年间的吏部尚书瑞常曾总结修例过程："修纂则例均系将应增应删应改详加厘订，先写样本覆阅无误，再行敬缮黄册恭呈御览，伏候钦定后刊刻板片刷印颁行。"④可见，《吏部处分则例》的修纂刊刻离不开皇帝的首肯。再从例条与皇权之间的关系可见，"从权力来源上看，则例全部来自皇帝的批准，给国家机关提供处理问题的规则，皇帝作为最高立法机关，批准法律作为行政机关行使职权的法律依据。从皇权来看，国家机关的权力是皇帝授

---

① 中国第一历史档案馆编：《嘉庆朝上谕档》第18册，广西师范大学出版社2000年版，第365—366页。

② 中国第一历史档案馆编：《嘉庆帝起居注》第17册，广西师范大学出版社2006年版，第486页。

③ 中国第一历史档案馆档案：录副奏折《那彦成奏请开则例馆事》，档号：03-2160-022。

④ 中国第一历史档案馆档案：录副奏折《瑞常奏请开馆修辑吏部则例等事》，档号：03-4994-001。

权，不得超越授权范围，一旦事件处理需要超越现有规则，新规则必须得到皇帝的批准才能生效。"① 所以，我们会说封建社会皇权至上，皇权制定准绳，自然能凌驾于其他一切准绳之上。

（五）道光朝臣对嘉庆朝《吏部处分则例》的回评

综上，嘉庆时期两修《吏部处分则例》，其内容有一定的接续性。道光皇帝在嘉庆二十五年（1820）十一月的上谕中讲道："嘉庆十八年曾敕吏兵二部删减条例，该部未能实力遵行。又谕题调要缺不计因公处分，而该部续议章程仍复牵混。"② 实际上指出了嘉庆十七年吏部修辑则例的不足之处。

相反地，当时宗人府府丞毛式郁在嘉庆二十五年十二月二十二日，所奏"军机大臣等率议将吏兵二部则例改重就轻罔顾废弛致流弊事"中，却肯定了吏部在嘉庆十七年所修辑的则例。"查嘉庆十八年删减条例，吏部将大概情形先行奏请训示，原奏内称公罪轻重亦有不同，过严固觉烦苛，而过宽亦恐滋弊。即如催征钱粮按分数降革，承缉凶盗按参限降调，虽系公罪而责任綦严。若竟予宽免，则不肖之员罔知惩儆，钱粮必至久悬，凶盗更难弋获，所关亦属非细。此外，有稍轻于此而未可竟免者，均应准情酌理或量为宽减，或稍为变通。俾推贤赦过之中，仍寓察吏持平之道，庶贤能无阻于升阶，而庸劣亦杜其幸进等语。……是当时经征钱粮承缉盗案处分未便删改，早已奏明。"③

其实，毛式郁的奏折恰恰反映了嘉庆十八年吏部之所以没有按照谕旨实力删减的原因，此因是存在着太大的争议。与此同时，毛式郁以之反对道光初年军机大臣的做法，"今军机大臣等忽又持宽减之议，于京外文武各官诚为甚便，但恐便于官，而不便于国，不便于民，此实不可不虑。"更进一步指出了弊害的影响，"吏兵二部则例所以督责文武官员，使之勉力办公不敢怠玩。若弛督责之法，必生怠玩之心。"④ 可见，如若则例起不到作用，必然会成为具文。道光君臣从不同角度阐明了对嘉庆十七年《吏部处分则例》的

---

① 王旭：《则例沿革稽考》，中国民主法制出版社2016年版，第258页。

② 中国第一历史档案馆档案：录副奏折《那彦成奏请开则例馆事》，档号：03-2160-022。

③ 中国第一历史档案馆档案：朱批奏折《毛式郁奏为军机大臣等率议将吏兵二部则例改重就轻罔顾废弛致流弊事》，档号：04-01-01-0612-010。

④ 中国第一历史档案馆档案：朱批奏折《毛式郁奏为军机大臣等率议将吏兵二部则例改重就轻罔顾废弛致流弊事》，档号：04-01-01-0612-010。

看法，成为道光朝修纂则例切要注意的一些问题。

（六）嘉庆希冀的"执中"处分观对《吏部处分则例》修纂的影响

嘉庆十八年没有对公罪进行再次细分的原因也是和嘉庆所希冀的"执中"处分理念有关。儒学是传统中国的思想统治基础。孔子最早讲求中庸之道，"子曰：中庸之为德也，其至矣乎。民鲜久矣。庸常也，中和可常行之德。"①清前期历帝崇儒重儒，到嘉庆皇帝亦身受儒家传统文化的浸染，有《味馀书室全集定本》和《清仁宗御制文养正书屋全集定本》等作品，在其文中多注文反映中庸之道。嘉庆皇帝不仅深知中庸之道，而且把它内化于自己的统治中，在皇帝所把持的黜陟大权中，逐渐提出了系统的执中处分理念，行之于朝。

早在嘉庆元年（1796）嘉庆曾表示："朕于臣工办理事件，有善必录，有巧必知，有过必惩。"②随后详细阐述了赏罚应有度，这个"度"就是嘉庆皇帝所提倡的"不偏倚"的中。"人君驭下之柄不外赏罚，不可稍有偏倚，必以至公无私处之，切莫豫立成见。惟视其人之自取，无所容心于其间。赏滥则不知感劝，刑滥则民无所措。有功缺赏，失鼓励之道；有罪不罚，损惩创之法。"③这个度，还包含嘉庆皇帝提倡的"持平""执中"。"天道之运行，即政令之法效。朕惟有体天出治，刑赏温肃，一切不参以己见，务在持平。……诸臣等不可心存揣测，以朕一事宽办，即相率而务从宽。一事严办，即相率而务从严，其各屏除私意，咸矢公中，以佐朕执中之治。"④

这些理念也行之于臣僚。嘉庆二十二年（1817）十一月，朱批松筠折子："汝岂不知典故，总为耳软心慈所误。近年汝之情性亦觉喜怒失常，任意径行，亦不受人规劝。过宽之处固多，过刻之处亦不少，汝扪心自问即知矣。'执中'二字汝其勉之。"⑤可见，松筠违背了嘉庆皇帝所提倡的"持

① （魏）何晏集解，（宋）邢昺疏：《论语注疏·雍也第六》，《十三经注疏》，中华书局1980年版。
② 中国第一历史档案馆编：《嘉庆帝起居注》第1册，广西师范大学出版社2006年版，第396页。
③ 《清仁宗实录》第1册，中华书局1986年版，第937页。
④ 中国第一历史档案馆编：《嘉庆帝起居注》第4册，广西师范大学出版社2006年版，第695页。
⑤ 中国第一历史档案馆档案：朱批奏折《松筠奏为因妄行条奏蒙恩改为降二级留任谢恩事折》，档号：04-01-12-0326-055。

平""执中"，犯了"偏倚"。

嘉庆一朝皇帝都在实践此理念。嘉庆二十三年（1818）十一月谕内阁："朕今默观内外臣工，其蹈此陋习者，仍复不异。夫天下事有万殊，而以理裁决一事自有一事之权衡。故其事应宽则因而宽之，其事应严则因而严之。在朕本无成见，即一日之内，此事从严，彼事从宽，亦以事理为准。并非以一日之喜怒，有畸轻畸重于其间也。……大臣膺朝廷重寄，果能心存至公，为国为民，即是非意见与朕不相符合，守官执法，中立不倚，朕亦必能鉴其悃忱。……兹特通谕内外臣工，办理一切公事，宽严轻重，惟当以斟酌情理为去就，不可以揣摩意旨为从违。庶事得其平，亮工熙绩，用副朕执中图治之至意。"① 由此可知，嘉庆十八年当臣僚提出区辨功罪的轻重程度分别处分时，才会出现停顿，皇帝也没有再予敦促。

嘉庆朝《吏部处分则例》的续修来之不易，它是在嘉庆君臣秉承前朝基础之上，面对例条已经出现问题的背景下斟酌而修，但是仍有不尽完善之处和没有彻底解决的问题。这也是和嘉庆皇帝的修例理念有关。

第二节　嘉庆时期处分条例的状况及特点

一、处分条例的状况

（一）《钦定吏部处分则例》中的嘉庆朝处分条例

吏部在每次纂修时，须在前部基础上进行增删改动，故每部《吏部处分则例》内容会所有不同，它会保留上一部的部分内容，增修新部分。鉴于《吏部处分则例》的不断变化，本节统计的是道光元年那彦成题请纂修《吏部处分则例》时所确定并保留到后朝的嘉庆朝处分条例，共有 87 条。《钦定吏部处分则例》的例条可与嘉庆朝和光绪朝的《大清会典事例》相参较。

① 《清仁宗实录》第 5 册，中华书局 1986 年版，第 624 页。

表2—1 《钦定吏部处分则例》中嘉庆朝处分条例

各卷处分条例	嘉庆朝颁布时间
卷一吏·公式·处分条例注明公罪私罪	二十五年十月二十四日
卷一吏·公式·特旨交议	二十二年三月二十九日；二十二年十一月十一日
卷一吏·公式·特旨严议	八年十一月十八日
卷一吏·公式·检举减议	十一年十二月十七日；二十二年四月二九日
卷二吏·降罚·不准捐复条款	二十四年十月二十四日
卷二吏·降罚·捐项加成	十九年七月三日
卷四吏·举劾·督抚密保不实	二十五年九月二十六日
卷四吏·举劾·部驳人员复行奏请升调	十一年五月七日
卷五吏·考绩上·大员京堂等官进呈履历	五年五月二日；九年六月七日；十二年二月八日；十二年二月十四日
卷五吏·考绩上·京察司员慎重选举	五年十一月十八日
卷五吏·考绩上·旗员娴习清语骑射方准保送一等	五年十二月九日
卷五吏·考绩上·捐纳人员保送分别年限	十一年十一月三十日
卷五吏·考绩上·京察注考	五年十一月二十日；十三年十一月十一日
卷五吏·考绩上·大员子弟签折声明	十四年五月二十一日
卷五吏·考绩上·读祝鸣赞等官保列一等注明出身	十二年五月二十三日
卷五吏·考绩上·年老人员引见	五年十二月二日
卷五吏·考绩上·记名人员不得呈请内用	九年三月二十日
卷五吏·考绩上·一等人员呈明亲老	二十一年二月二十九日
卷六吏·考绩下·六法人员开缺定限	十一年二月十四日
卷九吏·本章·题奏违式	十年六月十四日
卷九吏·本章·陈奏事件不许另有副封	四年一月八日
卷九吏·本章·庆祝期内奏折定式	八年十月七日
卷九吏·本章·庆贺表文迟延	十年一月二日
卷九吏·本章·会议各抒所见	二十一年十月二十九日
卷九吏·本章·私撤奏折	二十一年四月十三日
卷十一吏·限期·题销钱粮迟延	二十五年五月十八日
卷十二吏·归旗·旗员丁忧起程	二十三年七月二十三日
卷十三吏·事故·在京汉员告病告假	十五年七月十日
卷十三吏·事故·病痊捐复道府无庸先行谢恩	十六年十月二十三
卷十三吏·事故·官员更名复姓改籍	二十二年四月二十八日
卷十四吏·旷职·上书房散值时刻	十一年十一月八日
卷十五吏·营私·饬禁外省积弊	四年三月六日
卷十五吏·营私·违例送迎供应	五年一月二十七日
卷十五吏·营私·外官畜养优伶	四年五月二十日
卷十六吏·书役·严禁白役	十一年十一月十七日

各卷处分条例	嘉庆朝颁布时间
卷十八户·漕运·运河船排随漕前进	五年四月十三日
卷十八户·漕运·直隶沿河州县经管拨船	十二年九月三十日
卷二十二户·钱法·赔缴铜铅银两年限	十二年九月二十九日
卷二十三·关市·稽查关税	十七年十二月二十七日
卷二十三户·关市·搜查私盐	十五年八月十四日
卷二十五户·催征·钱粮参限将满不准调署别缺	十二年十二月二十四日
卷二十七户·盘查·盘查藩库	十一年十一月十日
卷二十七户·盘查·采买仓谷	五年五月二十二日
卷二十八户·承追·赔项坐扣廉俸	七年六月二十一日
卷二十九礼·科场·会试武举弓力不符	十六年十一月二日
卷三十一礼·仪制·朝会约束跟役	五年七月三日
卷三十一礼·仪制·禁城值班	十九年一月五日
卷三十一礼·仪制·王大臣留京办事	十九年七月四日
卷三十一礼·仪制·御门到班迟误	十一年三月二十五日；二十二年十一月六日
卷三十一礼·仪制·奏折膳牌令司员笔帖式代递	二十年六月十五日
卷三十一礼·仪制·婚丧务遵定制	二十五年十月四日
卷三十三礼·文词·修书错误	一七年六月十六日
卷三十一礼·仪制·举首诗文书札	四年二月二十四日
卷三十四礼·服饰·稽查服色	八年九月十六日
卷三十四礼·服饰·旗员私去翎顶	十一年一月十九日；十一年五月十八日
卷三十五兵·驿递·清查驿站	八年九月二十一日；十一年十一月十日
卷四十一刑·盗贼上·稽查墩堡塘铺	十七年十月十七日
卷四十一刑·盗贼上·五城盗案	二十二年二月六日
卷四十一刑·盗贼上·事主报盗	十二年五月十九日
卷四十二刑·盗贼下·盗案四参将满不准饰词迁调	十九年闰二月十七日
卷四十二刑·盗贼下·道府大员获盗分别办理	十二年十一月三日
卷四十二刑·盗贼下·海洋捕盗官员给与军功级纪	十年八月八日
卷四十三刑·人命·逆伦重案随时承办	十八年八月七日
卷四十四刑·逃人·邪教逆案为奴人犯脱逃	二十年十二月十六日
卷四十五刑·杂犯·匿名讦告	二十三年四月十二日
卷四十五刑·杂犯·邪教滋事重案	八年七月十九日；十八年十月二十三日
卷四十五刑·杂犯·邪教惑众敛钱	十八年十一月二十七日；十八年十一月二十七日
卷四十六刑·提解·隔属关拿人犯	十八年十二月六日
卷四十七刑·审断上·州县自理词讼	十五年二月八日
卷四十七刑·审断上·人命重案知府早为亲讯	十二年六月二十日
卷四十七刑·审断上·紧要案件督抚亲提审讯	十四年六月九日
卷四十七刑·审断上·奏咨案件督抚亲审限期	十二年五月六日

续表

各卷处分条例	嘉庆朝颁布时间
卷四十八刑·审断下·秋审实缓错误	十年九月一日
卷四十八刑·审断下·秋审后尾迟延	十七年五月十九日
卷四十八刑·审断下·深刻定罪	四年一月十五日
卷四十九刑·禁狱·凌迟斩绞重犯越狱	十六年十一月二十七日

资料来源：（嘉庆朝）《钦定吏部则例·吏部处分则例》,《清代各部院则例》,香港蝠池书院 2004 年版。

（二）（嘉庆朝和光绪朝）《大清会典事例》中的嘉庆朝处分条例

据前文记述，嘉庆朝《大清会典事例》所修条例截止到嘉庆十七年（1812），嘉庆十八年到二十五年的处分条例则记载在光绪朝《大清会典事例》中。光绪朝《大清会典事例》在光绪十二年（1886）开馆纂辑，昆冈任总裁官，二十五年完成，计有 1220 卷。"其体例一仿《嘉庆会典事例》，唯增辑嘉庆十八年以降至光绪十三年事例而已。"[①]表 2—2 是据这两朝《大清会典事例》统计嘉庆元年到二十五年的处分条例，共有 710 条。

表 2—2 《大清会典事例》中的嘉庆朝处分条例

卷目	朝代及卷数	嘉庆和光绪朝的处分条数
京察统例	嘉庆卷六十	五年 1 条；九年 1 条；十一年 2 条；十四年 1 条；十七年 1 条；光绪卷七十八增十二年 1 条
京堂京察	嘉庆卷六十	五年 1 条；九年 1 条；十二年 1 条
各衙门所属官员笔帖式等京察	嘉庆卷六十一	三年 1 条；五年 7 条；七年 1 条；八年 1 条；九年 1 条；十一年 2 条；十二年 2 条；十三年 1 条；十五年 2 条；十七年 1 条；光绪卷七十九增嘉庆九年 1 条；十年 1 条；十二年 1 条；二十年 1 条；二十一年 1 条；二十五年 1 条
顺天府各官京察	光绪卷七十九	增嘉庆五年 1 条
盛京官员京察	嘉庆卷六十一	五年 1 条；十二年 1 条
考察官员出差	嘉庆卷六十一	十一年 1 条
大计统例	嘉庆卷六十二	八年 1 条；十年 1 条；十一年 1 条；十七年 1 条；光绪卷八十增十八年 1 条
京官保举	嘉庆卷六十三	四年 1 条；五年 1 条
外官保举	嘉庆卷六十三	五年 4 条；十四年 1 条；光绪卷八十一增十九年 1 条；二十五年 1 条
外官参劾	嘉庆卷六十三	四年 2 条；八年 1 条
外官甄别去留	嘉庆卷六十四	五年 3 条

---

① ［日］浅井虎夫：《中国法典编纂沿革史》，中国政法大学出版社 2007 年版，第 246 页。

续表

卷目	朝代及卷数	嘉庆和光绪朝的处分条数
徇庇容隐	嘉庆卷六十四	五年1条；七年1条；九年1条
委署失当	嘉庆卷六十四	五年3条；八年1条
题补调补失当	嘉庆卷六十四	四年3条；七年1条；十一年1条；十五年1条；十六年1条；十七年3条
失察失报	嘉庆卷六十五	十一年2条；十七年1条；光绪卷八十三增十九年1条
开缺截限	嘉庆卷六十五	五年61条；九年2条；十年1条；十一年1条；十二年1条；十三年1条；十六年1条；光绪卷八十三增十九年1条
官员回避	嘉庆卷六十六	五年3条；八年3条
官员赴部	嘉庆卷六十六	十年1条；十一年1条
贡监考职	嘉庆卷六十六	五年2条；光绪卷八十四增四年1条
引用律例	嘉庆卷六十七	四年1条；九年1条；十六年2条；光绪卷八十五增二十二年1条
官员罚俸	嘉庆卷六十七	十一年1条；光绪卷八十五增二十二年1条
官员降革	嘉庆卷六十七	二年1条
官员降罚抵销	嘉庆卷六十八	十一年3条；十三年1条；十四年1条；十五年2条；十六年1条十七年1条；光绪卷八十六增十八年3条
官员开复	嘉庆卷六十八	九年2条；十年5条；十二年3条；十三年1条；光绪卷八十七增十九年1条；二十四年1条
行取职名迟延	嘉庆卷六十八	十一年1条
合辞具题	嘉庆卷六十八	八年2条
各部院事件限期	嘉庆卷六十九	五年1条；八年1条；九年2条；十年1条；十一年5条；十四年1条；十六年1条；光绪卷八十八增十八年1条；二十二年2条
稽查八旗事件限期	嘉庆卷六十九	五年1条
直省承办钦部事件限期	嘉庆卷六十九	七年1条；七年1条；十二年1条；十六年1条；光绪卷八十八增十八年1条；二十三年1条
直省衙门事件限期	嘉庆卷六十九	十一年1条；十二年1条；十七年1条；光绪卷八十九增二十五年1条
直省事件展限	嘉庆卷六十九	五年1条；光绪卷八十九增五年1条
赴任违限	嘉庆卷七十	七年1条；光绪卷九十增二十年3条
督抚衙门发凭	嘉庆卷七十	五年1条
外任家人长随册报督抚	嘉庆卷七十	五年1条
出差及外任大员不准携带京员	嘉庆卷七十	五年1条；八年1条；七年1条；光绪卷九十增五年1条
外官案卷交代	嘉庆卷七十一	十四年1条
州县交代	嘉庆卷七十一	五年2条；光绪卷九十一增二十二年1条
离任逗留及委署迟缓	嘉庆卷七十一	五年7条
京官给假	嘉庆卷七十二	五年1条；十五年3条

卷目	朝代及卷数	嘉庆和光绪朝的处分条数
道府告假	嘉庆卷七十二	十六年1条
京官告病	嘉庆卷七十二	五年1条；九年1条；十年1条；十二年2条；光绪卷九十二增九年1条；十二年1条；十三年1条；十四年1条；十七年1条
外官告病	嘉庆卷七十二	五年2条；十年2；十一年1条
旗员归旗	嘉庆卷七十三	五年1条；九年3条；十年2条；光绪卷九十三增十九年3条；二十三年1条
汉员回籍	嘉庆卷七十三	十年1条；十三年8条
官员更名改籍	光绪卷九十四	增二十二年2条
九卿会议不齐	光绪卷九十五	增二十一年1条
推诿事件	嘉庆卷七十四	五年1条；九年2条；十三年1条
严禁燕游	嘉庆卷七十四	八年1条；光绪卷九十五增八年1条
案件假手书吏	嘉庆卷七十四	九年1条
笔帖式临考规避	嘉庆卷七十四	五年1条
虚悬城守	嘉庆卷七十四	五年2条；十四年1条
规避移驻	嘉庆卷七十四	七年1条
馈送嘱托	嘉庆卷七十五	四年1条；五年2条；十二年1条；十七年1条
勒索科取	嘉庆卷七十五	五年1条；七年1条；十四年1条
供应迎送	嘉庆卷七十六	四年1条；五年2条；八年2条；十三年1条；十四年1条
严查幕友	嘉庆卷七十六	五年3条；八年1条；十二年1条
禁革管务听差	嘉庆卷七十六	五年1条
书役	嘉庆卷七十七	五年6条；十一年6条；十二年1条；光绪卷九十八增九年1条
买卖人口	嘉庆卷七十八	九年1条
迷拐子女	嘉庆卷七十八	十年3条
旗人违禁外省置产	嘉庆卷七十九	五年1条
起解钱粮物件	光绪卷一百	增二十三年1条
支放钱粮	嘉庆卷七十九	八年1条
清盘库项	嘉庆卷八十	十一年3条
亏空分别处分开复	嘉庆卷八十	五年1条；七年1条；十一年1条；光绪卷增十七年1条
清盘仓谷	嘉庆卷八十	五年1条
漕运考成	嘉庆卷八十一	五年1条；十年1条；十一年1条
漕运限期	嘉庆卷八十一	五年1条；光绪卷一百二增五年1条
修造漕船	嘉庆卷八十一	十二年2条
稽查粮船夹带私货	嘉庆卷八十一	五年1条
粮船失事	嘉庆卷八十一	五年1条
查禁私铸私销	光绪卷一百四	增二十五年1条
行使废钱	嘉庆卷八十二	十一年1条

续表

卷目	朝代及卷数	嘉庆和光绪朝的处分条数
办解铜铅	嘉庆卷八十二	二年1条；五年2条；七年5条；十二年1条；七年3条；十二年4条；光绪卷一百四增二十五年1条
盐课奏销	嘉庆卷八十三	四年1条；五年1条；八年1条；九年1条；光绪卷一百五增十九年2条；二十年2条
查禁私盐	嘉庆卷八十三	五年2条；九年2条
关税考核	嘉庆卷八十四	五年1条；十一年1条；十五年3条；十七年3条
	光绪卷一百六	增五年3条；十五年2条；十六年2条
征收地丁钱粮	嘉庆卷八十五	二年1条；四年4条；五年2条；六年1条；七年1条；九年1条；十一年4条；十二年1条；十七年3条；光绪卷一百七增十七年1条；十八年3条；二十一年2条
征收漕项钱粮	光绪卷一百八	增五年3条
不作分数钱粮	嘉庆卷八十六	十七年1条
详请豁免	嘉庆卷八十六	八年1条；光绪卷一百九增八年5条
承追亏空	嘉庆卷八十七	七年12条；十四年1条；十五年1条；光绪卷一百九增十七年1条
报灾逾限	嘉庆卷八十八	五年2条；七年1条；光绪卷一百十增十九年1条
赈恤	光绪卷一百十	增五年1条；七年1条
捕蝗	嘉庆卷八十八	七年1条；九年1条；光绪卷一百十增十二年1条
失火	光绪卷一百十	增十九年1条
朝会祭祀	嘉庆卷八十九	五年4条；八年2条；九年1条；十年5条；十一年4条；十二年1条；十三年3条；十四年1条；十五年1条；光绪卷一百十一增十九年2条；二十年1条；二十二年1条
严禁讼师	嘉庆卷九十	十七年1条；光绪卷一百十二增二十年1条
举首诗文书札	光绪卷一百十二	增四年2条
修书错误	嘉庆卷九十	五年1条；十七年1条；光绪卷一百十二增十一年1条；十七年1条；十九年2条；二十四年1条；二十五年1条
僧道度牒	光绪卷一百十二	增二十年3条
服饰违例	嘉庆卷九十	五年1条；七年1条；十一年3条；十二年1条；十五年1条；光绪卷一百十三增七年2条；八年1条；十一年3条；十二年1条；十七年1条；二十一年1条；二十三年1条；二十五年3条
本章违误	嘉庆卷九十一	五年8条；七年1条；八年1条；九年3条；十年1条；十一年2条；十二年1条；十三年3条；十四年1条；十五年2条；十七年2条；光绪卷一百十四增十四年1条；二十一年1条；二十四年2条
漏泄本章	嘉庆卷九十一	四年1条；五年1条；九年2条；十六年1条
积压本章	光绪卷一百十四	增二十年2条
滥行出结	嘉庆卷九十二	五年2条
给结冒领建坊银	嘉庆卷九十二	五年2条
科场	嘉庆卷九十二	五年14条；六年1条；十一年2条；十三年2条

卷目	朝代及卷数	嘉庆和光绪朝的处分条数
考核学政	嘉庆卷九十三	五年1条；十一年3条；光绪卷一百一十六增二十年1条
军政	嘉庆卷九十四	八年1条；十一年1条；光绪卷一百十七增十四年4条；十六年2条；十七年2条
驿递	嘉庆卷九十五	五年4条；八年1条；十一年1条
边禁	嘉庆卷九十六	五年3条；光绪卷一百十九增五年1条；十六年31条
海防	嘉庆卷九十七	五年6条；七年2条
用刑违式	嘉庆卷九十八	五年2条；十五年1条
部院承审事件	嘉庆卷九十八	四年1条；五年2条
外省承审事件	嘉庆卷九十八	四年1条；五年3条；八年2条；九年1条；十二年3条；十三年1条；十五年1条
官员断狱不当	嘉庆卷九十九	四年3条；五年3条；九年3条；十年2条；十一年5条
提解人犯	嘉庆卷一百	四年6条；五年5条；七年2条；光绪卷一百二十四增十八年1条
命案检验	嘉庆卷一百一	五年1条；六年1条；九年1条；十一年1条
命案缉凶	嘉庆卷一百一	九年1条
讳盗	嘉庆卷一百二	十一年1条；二十二年1条
京城缉捕窃盗	嘉庆卷一百二	五年2条；七年1条；十四年1条；十七年1条；光绪卷一百二十六增二十二年2条
地方缉捕窃盗一	嘉庆卷一百四	六年1条；十年2条；十一年3条；十二年2条；十二年2条；十五年2条；十六年3条；十七年4条
地方缉捕窃盗二	光绪卷一百二十八	增十九年1条
缉捕逃人	嘉庆卷一百五	十一年1条；光绪卷一百二十九增二十年3条
逃犯	嘉庆一百六	四年1条；七年3条；八年5条；十一年2条；十六年1条；十七年1条；光绪卷一百三十增二十年4条
赌博	嘉庆一百七	五年1条；七年1条
禁止光棍	光绪卷一百三十二	增二十三年1条
禁止邪教	嘉庆卷一百八	八年1条；十六年2条；十七年2条；光绪卷一百三十二增十八年6条
禁止聚众	嘉庆卷一百八	十年1条；十五年1条；十七年1条；光绪卷一百三十二增十七年5条
匪徒滋事	嘉庆卷一百九	八年1条；十六年1条
私造假印	嘉庆卷一百九	十一年1条；光绪卷一百三十三增十七年1条
重利盘剥	嘉庆卷一百九	四年1条
招摇挟制	嘉庆卷一百九	十一年1条
居官燕游	嘉庆卷一百九	四年1条
禁狱二	嘉庆卷一百十	四年1条；五年4条；八年1条；十一年1条；十七年1条
修造	嘉庆卷一百十二	十二年1条
河工	嘉庆卷一百十三	八年2条；十三年1条

此表资料来源：（嘉庆朝）《钦定大清会典事例》卷六十到一百一十三《吏部·处分例》，载《近代

中国史料丛刊三编》第 65 辑，文海出版社 1993 年版。（光绪朝）《钦定大清会典事例》卷七十八到一百三十七《吏部·处分例》，《续修四库全书》，上海古籍出版社 1996 年版。

另注：以嘉庆十七年为界，十七年以前的新增处分条例百分之九九在嘉庆和光绪会典事例中都重复记载，表中以嘉庆代表，直标嘉庆会典事例的卷目；百分之一在嘉庆朝没有，光绪补记，表中以光绪增代表，直标光绪会典事例的卷目；十七年以后的新增处分条例全部在光绪会典事例中，表中以光绪增代表，直标光绪会典事例的卷目。

二、处分条例的特点

（一）嘉庆朝处分条例呈现出记载数量的不一致性

依上文所述，由表 2—1 和表 2—2，可见《吏部处分则例》中处分条例颁布的时间非常确切，记到"日"；会典事例中的处分条例只记到"年"。但是《会典事例》中记载的处分条例却大大多于《吏部处分则例》。处分则例 87 条，会典事例中处分条例 710 条，其数量是若干部嘉道时期《吏部处分则例》中条例数量之和。其原因有源于会典事例与则例二者在编纂体例方面的不同；有鉴于会典事例、则例与皇权上谕之间的关系不同；还有编纂过程的不同，造成了数量的极大差异。

（二）嘉庆朝处分条例颁布年份呈现出数量不均衡性

1. 嘉庆时期每年新出台处分条例数量

表 2—3　嘉庆时期每年新出台处分条例数量

元年	0 条	六年	4 条	十一年	77 条	十六年	23 条	二十一年	6 条
二年	3 条	七年	46 条	十二年	37 条	十七年	37 条	二十二年	11 条
三年	1 条	八年	43 条	十三年	28 条	十八年	19 条	二十三年	5 条
四年	33 条	九年	40 条	十四年	20 条	十九年	16 条	二十四年	4 条
五年	172 条	十年	32 条	十五年	23 条	二十年	21 条	二十五年	9 条

此表据上两表统计。

由表 2—3 可见，嘉庆一朝二十五年的时间里，除却三年训政时期的处分条例非常少，其他年代都有数量不等的处分条例颁布，数量比例差异很大，从 4 条到 172 条不等。嘉庆六年和二十四年的最少，只有 4 条新处分条例。嘉庆五年颁布的上谕、覆准、议定、奏准的处分条例最多，达 172 条。嘉庆七年有 46 条、八年有 43 条、九年有 40 条，相对其他年份条例要相对多些。这些条例的出现与嘉庆七、八、九年的政情有关。

嘉庆七年（1802）在于：嘉庆皇帝首次秋狝木兰，从七月二十日自圆明园启程，八月十七日又自避暑山庄出发赴围场行围，八月二十三日返回圆明园。途中八月十六日，额勒登保、德楞泰、勒保、惠龄、吴熊光联衔六百里加急奏报："川陕楚剿捕逆匪，大功勘定。"① 至此三省白莲教起义悉平。嘉庆八年（1803）在于：发生嘉庆遇刺案。正月二十三日嘉庆皇帝拜谒东陵，闰二月十三日返回圆明园。"闰二月二十日仁宗进宫斋戒，将入顺贞门突有陈德者，趋前行刺，未成被捕，交军机大臣六部九卿会审。"② 嘉庆皇帝遇刺详情可见《掌故丛编》记载，学界对嘉庆遇刺和此事件对嘉庆皇帝影响已有研究成果③。七月，因河北易州太平峪嘉庆陵寝完工，按例于十月将孝淑皇后喜塔拉氏棺椁从静安庄入葬。办事大臣具折称："掩毕大门，大葬礼成"④，说法不妥激怒嘉庆皇帝。七月二十日嘉庆皇帝前往热河举行木兰秋狝；十月十七日拜谒西陵，视察"万年吉地"。九年（1804）三月初二日，嘉庆皇帝拜谒东陵，发出"予时以怠忽之戒为戒，勤政之心为心"⑤。六月后，失察书吏舞弊和宝泉局亏短铜斤案相继发生。七月二十日再去秋狝木兰，九月初八日折返。

由嘉庆朝七年、八年、九年的政情可见，嘉庆皇帝遭遇了很多前所未有之事，这引发了许多处分条例的制定颁布。嘉庆七年三省教平转内政建设的加强管理；八年遇刺和孝淑皇后入葬事件引发的处分官员；九年整顿吏治强化处分，均在条例方面反映显著。

① （嘉庆朝）《清史编年》，中国人民大学出版社 2000 年版，第 331 页。
② 故宫博物院编：《嘉庆八年仁宗遇刺案》，载《掌故丛编》，中华书局 1990 年版，第 567 页。
③ 此案研究成果参见张书才：《陈德行刺嘉庆考》，《故宫博物院院刊》1981 年第 1 期；刘燕：《嘉庆皇帝神武门遇刺案》，《北京档案》2006 年第 7 期；李国荣：《陈德刺嘉庆》，《紫禁城》2008 年第 8 期；李文君：《嘉庆八年皇帝遇刺案》，《紫禁城》2009 年第 1 期和第 2 期；潘洪钢：《嘉庆皇帝遇刺案》，《紫禁城》2009 年第 1 期；王子涵：《嘉庆朝紫禁城门禁松弛问题述论》，载《清史论丛》2021 年。
④ （嘉庆朝）《清史编年》，中国人民大学出版社 2000 年版，第 355 页。
⑤ （嘉庆朝）《清史编年》，中国人民大学出版社 2000 年版，第 380 页。

2.嘉庆五年颁布的处分条例

表2—4 嘉庆五年各卷目处分条例数量

外官甄别去留	3	京察统例	1	稽查八旗事件限期	1	京官给假	1	赈恤	1
京堂京察	1	徇庇容隐	1	直省事件展限	2	京官告病	1	书役	6
督抚衙门发凭	1	委署失当	3	各衙门所属官员笔帖式等京察	7	外官告病	2	海防	6
顺天府各官京察	1	开缺截限	6	外任家人长随册报督抚	1	旗员归旗	1	供应迎送	2
各部院事件限期	1	官员回避	3	出差及外任大员不准请带京员	1	推诿事件	1	清盘仓谷	1
外官保举	4	贡监考职	2	旗人违禁外省置产	1	漕运考成	1	服饰违例	1
盛京官员京察	1	京官保举	1	离任逗留及委署迟缓	7	虚悬城守	2	漕运限期	2
征收地丁钱粮	2	勒索科取	1	亏空分别处分开复	1	严查幕友	3	盐课奏销	1
粮船失事	1	办解铜铅	1	稽查粮船夹带私货	1	查禁私盐	2	关税考核	4
清查牙行	1	馈送嘱托	2	征收漕项钱粮	3	报灾逾限	2	朝会祭祀	4
禁革管务听差	1	修书错误	4	笔帖式临考规避	1	本章违误	8	考核学政	
漏泄本章	1	滥行出结	2	给结冒领建坊银	2	科场	14	用刑违式	2
京城缉捕窃盗	2	州县交代	2	部院承审事件	2	驿递	4	命案检验	1
官员审狱不当	3	提解人犯	5	外省承审事件	3	赌博	1	边禁	3
禁狱	4								

此表据表2—2统计。

由表2—4可见，嘉庆五年的处分条例分布在"外官甄别去留"等71个门类之中，涉及内容非常广泛，吏户礼兵刑工在在皆有，是按年统计中分布门类最多的一年。这反映出嘉庆亲政伊始，锐意改革大刀阔斧，欲一扫前政之弊，在官员管理方面着力改革。学界亦持同样观点。[①]但由于其个性特点与做事瞻前顾后，最终导致失败。[②]

[①] "颙琰一方面确实想通过革新挽救清朝日趋衰败的统治，但另一方面又害怕在朝野上下有关消除弊政的议论中失去控制，危及自己的统治。"李尚英：《嘉庆亲政》，《故宫博物院院刊》1992年第2期。"嘉庆帝此举的目的有二：一是以此为转机，重修内政，整肃朝纲，严明法纪，树立自己的绝对权威，以挽救清统治的危急局势。"冯佐哲：《和珅其人》，中国社会科学出版社2014年版，第196页。"为了巩固大清的江山社稷，嘉庆皇帝即位以后确实励精图治，殚精竭虑，但由于选择的路径和努力的方向不对，其改革措施都是'治标不治本'，没有真正实现改革初衷，甚至某些改革措施最后竟沦为动摇执政根基的隐患。"谷佳媚：《本末倒置、墨守成规——嘉庆帝政衰探源》，《领导科学》2015年7月下。

[②] 魏克威：《嘉庆时期的内政改革和失败》，《长春师院学报》1998年第2期。张宏杰：《嘉庆错失改革机会》，《领导文萃》2014年2月上。

3.嘉庆十一年处分条例

表2—5 嘉庆十一年处分条例卷目与数量

题补调补失当	1	京察统例	2	直省衙门事件限期	1	军政	1
考察官员出差	1	失察失报	2	讳盗	2	朝会祭祀	4
各衙门所属官员笔帖式等京察	2	官员赴部	1	清盘库项	3	外官告病	1
顺天府各官京察	1	开缺截限	1	地方缉捕窃盗	3	关税考核	4
各部院事件限期	5	行使废钱	1	缉捕逃人	1	服饰违例	6
官员降罚抵销	3	禁狱	1	逃犯	2	漕运考成	1
盛京官员京察	1	官员罚俸	1	私造假印	1	修书错误	1
亏空分别处分开复	4	招摇挟制	1	征收地丁钱粮	1	考核学政	3
禁革营务听差	1	大计统例	2	行取职名迟延	1	书役	6
官员断狱不当	5	驿递	1	科场	2	本章违误	2

此表据表2—2统计。

由表2—5可见，嘉庆十一年颁布的处分条例明显高于其他年份，有77条，共集中在40个门类之中，相比嘉庆五年有了一定的集中性和针对性。嘉庆六年到十一年，嘉庆朝既有对传统的老问题，如窃盗问题、征收地丁钱粮，限期问题、亏空开复、京察问题、各类考核考成、书役问题等的进一步深化。又有面临新问题制定的新例，如处分通例中的官员降罚抵销、罚俸、大计统例的变化；对逃人逃犯问题的应对；加强对地方的管理，如直省衙门事件限期规定，地方缉捕窃盗的新规定；官员选任方面的题补调补失当问题；对私造假印、行使废钱问题的严管禁止等。折射出有清一代发展到乾嘉时期，随着"客观形势的发展要求清代律学者甩掉明代律家的拐杖，用自己的双脚走路"[①]。先前的"参汉酌金""清承明制""首崇满洲"诸种立法思想和原则，被逐渐凌乱变化的现实所改变，在新情况迭出迭变的情况下开始作出适应性的改变。

（三）嘉庆朝处分条目呈现门类的不均衡性

表2—6 嘉庆朝不同卷目与处分条例数量

京察统例	7条	赴任违限	4条	清盘库项	3条	军政	11条

---

① 李永贞:《清朝则例编纂研究》，上海世界图书出版公司2012年版，第155页。

续表

京堂京察	3条	督抚衙门发凭	1条	用刑违式	3条	驿递	6条
各衙门所属官员笔帖式等京察	25条	京官保举	2条	清盘仓谷	1条	边禁	7条
盛京官员京察	2条	外官参劾	3条	漕运考成	3条	海防	8条
旗人违禁外省置产	1条	外官案卷交代	1条	漕运限期	2条	徇庇容隐	3条
大计统例	9条	州县交代	3条	修造漕船	2条	部院承审事件	3条
外任家人长随册报督抚	2条	外官保举	7条	讳盗	3条	外省承审事件	13条
离任逗留及委署迟缓	7条	京官给假	5条	粮船失事	1条	官员断狱不当	16条
出差及外任大员不准请带京员	3条	道府告假	1条	行使废钱	1条	提解人犯	14条
外官甄别去留	3条	京官告病	10条	办解铜铅	17条	命案检验	4条
亏空分别处分开复	3条	外官告病	5条	盐课奏销	4条	命案缉凶	1条
稽查粮船夹带私货	1条	旗员归旗	10条	查禁私盐	4条	委署失当	4条
题补调补失当	10条	汉员回籍	9条	关税考核	14条	京城缉捕窃盗	6条
失察失报	4条	推诿事件	4条	清查牙行	2条	地方缉捕窃盗	19条
开缺截限	14条	严禁宴游	2条	缉捕逃人	4条	征收地丁钱粮	24条
官员回避	6条	案件假手书吏	1条	逃犯	17条	不作分数钱粮	1条
官员赴部	2条	笔帖式临考规避	1条	承追亏空	15条	赌博	2条
贡监考职	4条	虚悬城守	3条	报灾逾限	4条	禁止邪教	11条
引用律例	4条	规避移驻	1条	捕蝗	3条	禁止聚众	7条
官员罚俸	2条	馈送嘱托	5条	朝会祭祀	26条	匪徒滋事	2条
官员降罚抵销	14条	勒索科取	3条	严禁讼师	2条	私造假印	2条
官员开复	13条	供应迎送	8条	修书错误	9条	重利盘剥	1条
行取职名迟延	1条	严查幕友	5条	服饰违例	20条	招摇挟制	1条
合辞具题	3条	禁革管务听差	1条	本章违误	29条	居官燕游	1条
各部院事件限期	15条	书役	14条	漏泄本章	5条	禁狱二	8条
稽查八旗事件限期	1条	买卖人口	1条	溷行出结	2条	修造	1条
直省承办钦部事件限期	6条	迷拐子女	3条	河工	3条	给结冒领建坊银	2条
直省衙门事件限期	4条	考察官员出差	1条	科场	19条	顺天府各官京察	1条
直省事件展限	2条	支放钱粮	1条	考核学政	5条	起解钱粮物料	1条
官员更名改籍	2条	九卿会议不齐	1条	官员降革	1条	查禁私铸私销	1条
征收漕项钱粮	3条	详请豁免	6条	赈恤	2条	举首诗文书札	2条
僧道度牒	3条	积压本章	2条	禁止光棍	1条		

此表据表2—1和表2—2统计。

表2—6共统计有127个卷目门类，处分条例数量每卷目不等。本章违

误处分最多，29 条；其次是朝会祭祀 26 条、各衙门所属官员笔帖式京察等 25 条、征收地丁钱粮 24 条、服饰违例 20 条、地方缉捕窃盗 19 条。征收地丁钱粮和地方缉捕窃盗属于老问题，是历朝一直致力解决的问题，嘉庆朝也不例外。

笔帖式问题。"国初海内甫定，督抚多以汉人充之，凡文移用国书者，皆不省识，每省乃委内院笔帖式数人，代司清字文书。后内三院改为内阁、翰林院、翻书房等署，而督、抚衙门笔帖式仍沿旧衔，未及更正云。"① 到嘉庆朝出现了笔帖式翻译清文水平的下降，以及请人代译，挟稿出署诸问题，失却刚设立选用之本意，此时对笔帖式管理约束条例比较多。

服饰违例主要针对文武官员，尤其是八旗宗室人员、低品级官员在服饰帽顶方面屡屡出现的僭越现象。"近日八九品及未入流人员，往往僭戴七品素金顶，并有无职人员随意戴用者。……嗣后八九品及未入流帽顶，俱仅遵会典分别戴用，其补服亦应按照定制，毋许稍有僭越。"② 甚有旗人不戴帽顶遭轻视引发的被殴事件，处分条例的颁布围绕着这些方面。

朝会祭祀问题。祭祀是嘉庆皇帝非常留意的事情，在这方面对负责祭祀官员的处分条例有所强化。以下这份档案反映了有关祭祀违制的处分：

> 兼太常寺事务礼部尚书福庆，因图萨赞礼错误降二级留任。兼管太常寺事务礼部侍郎哈宁阿，因图萨赞礼错误降三级留任；又前因天坛斋宫失火降三级留任；又前因神乐观廊房开设茶馆不行驱逐降二级留任，旋经开复一级仍降一级留任。兼管太常寺事务兵部侍郎明志，因图萨赞礼错误降四级留任；又前因神乐观廊房开设茶馆，奏对时率称无人居住，将来且可任其坍塌之处革职留任，旋经改为降四级留任；因不行驱逐开设茶馆之人部议降二级留任，又前因天坛斋宫失火革职留任。太常寺卿色克精额因图萨赞礼错误降二级留任；又前因天坛斋宫失火降三级留任，旋经开复一级仍降二级留任；又前因神乐观开设茶馆不行驱逐降二级留任。太常寺少卿舒宁因图萨赞礼错误降二级留任。降补太常寺赞

---

① （清）昭梿：《啸亭杂录》卷八《内院笔帖式》，载《清代史料笔记丛刊》，中华书局 2006 年版，第 255 页。

② 中国第一历史档案馆编：《嘉庆朝上谕档》第 5 册，广西师范大学出版社 2000 年版，第 230 页。

礼郎扎郎阿，前因天坛斋宫失火革职留任，旋前经改为降四级留任；又前因神乐观开设茶馆不行驱逐降二级留任，又前因所属鸣赞赞礼遗漏降二级留任。太常寺典簿鹤鸣前因天坛斋宫失火降三级留任。[①]

以上节录引文，是嘉庆十六年（1811）吏部所开具的太常寺各堂官因图萨赞礼错误的处分围绕祭祀其他方面的处分，显然这种因祭祀的处分也较多，其处分多为降留处分。

---

①　中国第一历史档案馆编：《嘉庆朝上谕档》第 16 册，广西师范大学出版社 2000 年版，第 305—306 页。

第三章　嘉庆朝官员处分制度的变化和调整

第一节　官员处分类别的沿袭和展拓

吏部之责是管理全国文职官员的任免政令，制定京内外各衙门文职官员名额，或由吏部铨选，或由地方官报部任用。并按规制铨叙品秩，稽考功过，以定升降赏罚。尚书总理部务，侍郎为辅，下设文选、考功、稽勋、验封四司及清档房、本房、司务厅、督催所、当月处等机构，分掌本部事务。其中之考功清吏司，号称"怒"司。设有郎中，"满洲三人，汉一人"；员外郎，"满洲二人，蒙古一人，汉一人"；主事，"满洲一人，汉二人"。掌清代"文职官之处分与其议叙"。[①] 对于吏部满汉堂司各官犯错，乾隆三十三年（1768）定"凡有应得处分及议叙议处开复案件，将职名送都察院查办。"并阐明，"京畿道为都察院代办堂事之员，凡本衙门议奏议覆事件及吏部议处议叙，俱由该道核定。遇有应行议处事件，将京畿道一并参奏，分别察议。"[②] 在吏部主持下，嘉庆时期对既有处分类别在实践中既行沿袭又有展拓。

一、官员处分类别的沿袭

（一）申饬

严格意义上讲申饬并非处分类别的一种，但它是处分的前奏，或者和其

---

① （嘉庆朝）《钦定大清会典》卷八《吏部》，载《近代中国史料丛刊三编》第64辑，文海出版社1992年版，第357页。

② （嘉庆朝）《钦定大清会典事例》卷六十八《吏部》，载《近代中国史料丛刊三编》第65辑，文海出版社1993年版，第3194页。

他处分类别并行，在嘉庆朝因办事、治政、言事不妥，皇帝对臣僚的申饬时常存在。

嘉庆二年（1797），专办河务挑工的江苏常镇道查淳因不在镇江亲身督办河工工程，任听属员误工，被吏部议处降调。而上司河督苏凌阿却密陈该官"居官廉静，办事奋勉"，此与事实有悖，嘉庆皇帝认为查淳"好逸避劳之人，不应用此等考语"①，显见苏凌阿有意庇护，传旨申饬。嘉庆四年（1799），监察御史玉庆奏请将盛京各部司员等赏给双俸。嘉庆皇帝不悦："诏糈制禄之典皆系通计岁入定赋，及百官大小职分，酌中立制，其多寡厚薄俱有一定等差，且行之已百余年。内中应食单俸官员并非自今伊始。"且"遇有行庆施惠之事，皆应恩出自上"，②而此时玉庆不知就里渎奏，只落得被传旨申饬。

嘉庆十二年（1807），河南安阳知县吴昭因审案草率，吏议革职并发往乌鲁木齐。河南巡抚马慧裕上奏求情，说吴昭居官素好，"并有该邑士民呈请代为赎罪"，朝廷因而允准，只革职未发往乌鲁木齐。不久，马慧裕二次代鲁山、安阳两县士民呈请为革职知县吴昭"捐复原官"，竟惹怒嘉庆皇帝。嘉庆朱批三个"所奏非是"。一非是，此事"实属不成政体。官员革职开复自有定例，非地方民人所得干预。……官职之去留，小民得持其短长。国家予夺之权安在？"二非是，朝廷政事"庶人不议一语"。三非是，担心官绅勾结舞弄权力。"外省不肖劣员巧于作伪，或平日与地方绅衿往来交结，及其缘事罢斥，绅衿等遂为之设法营救"，不可不防。皇权至上的观念令嘉庆皇帝不仅未准此事，而且批评马慧裕是"办事疲软"③，将之传旨严行申饬。

皇帝申饬有警告朝臣之意，在嘉庆朝这种情况一直存在。申饬所针对的对象有两类，一类是省级督抚大员，通常又是皇帝一般比较认可信任的大员。另一类是言官，言官被申饬，因其有言事之责，皇帝对其言事或采纳，或驳回。驳回之后一般伴随着申饬，这是否定言官奏事的惯用处理方式。对

---

① 中国第一历史档案馆编：《嘉庆朝上谕档》第2册，广西师范大学出版社2000年版，第31页。

② 中国第一历史档案馆编：《嘉庆朝上谕档》第4册，广西师范大学出版社2000年版，第104页。

③ 中国第一历史档案馆编：《嘉庆朝上谕档》第12册，广西师范大学出版社2000年版，第454页。

于中下级官员而言，因没有具折权，没有觐见机会，想要被皇帝申饬，也是没有这个资格的。皇帝一次次的申饬也是封建等级制度的呈现，也是朝臣关系亲疏变化的微妙体现。它是处分制度法定类别之外的一种加意"处分"，比较灵活。

（二）罚俸

"罚俸制度是一种轻微的行政处分，其所罚款项归入户部银库。"① 罚俸是对官员最轻的制度性处分。"在京文武各官，有罚俸处分者，惟罚俸银，仍准支领俸米。"② 制内罚俸类别有罚俸一月、二月、三月、六月、九月、一年和二年 7 个等级。执行罚俸时，不分正俸、恩俸一律于本身应得之俸内按年按月扣抵，由户部负责，对"官员等应扣罚俸银两，按奉旨日期及吏兵二部题准先后挨次坐扣"。如果官员有预领俸银的特殊情况，"所有钦奉谕旨罚俸及部议罚俸，自行奏请罚俸，均展限一季入于下季俸银内坐扣"。③

1. 罚俸一、二月是最轻的处分

嘉庆十二年（1807），都察院因察议吏部堂司官员呈进本章书写错误处分，将堂官处分"擅请援例宽免"，未声明双请。嘉庆皇帝认为"殊属率意"。④ 将都察院堂官以交议事件不能妥议具题罚俸一个月。嘉庆五年（1800），直隶总督胡季堂因将绞候人犯错请减流，被吏部议处，旨下胡季堂罚俸二个月。⑤

2. 事例较多的罚俸三月和六月

嘉庆十年（1805），李长森因奏销迟延被罚俸三个月⑥。嘉庆十三年（1808），工部堂官兼任总管内务府大臣英和、常福，因同日混递内务府和工部月折进行销算，被嘉庆以"工部月折则向无定期，何以亦同日并递"，

---

① 林新奇：《论乾隆时期议罪银制度与罚俸制度的区别》，《故宫博物院院刊》1986 年第 3 期。
② （清）赵慎畛：《榆巢杂识》上卷《罚员俸米》，载《清代史料笔记丛刊》，中华书局 2001 年版，第 77 页。
③ 中国第一历史档案馆档案：录副奏折《禄康奏为总管内务府大臣阿明阿罚俸请展限事》，档号：03-1835-043。
④ 《清仁宗实录》第 3 册，中华书局 1986 年版，第 492 页。
⑤ 中国第一历史档案馆编：《嘉庆帝起居注》第 5 册，广西师范大学出版社 2006 年版，第 637 页。
⑥ 中国第一历史档案馆编：《嘉庆朝上谕档》第 10 册，广西师范大学出版社 2000 年版，第 424 页。

"意图朦混"①，常福罚俸三个月。嘉庆十一年（1806），嘉庆皇帝将提早退值的上书房师傅万承风、桂芳、戴殿泗等罚俸半年。嘉庆九年（1804），皇帝御门办事，按规定"凡恭进部本之大臣，均应各照班次站齐敬候，不得稍有违误"。结果却出现了进本大臣的迟入班、错入班、未到班诸情况，庆桂、董诰、刘权之、戴衢亨、英和是"入班迟延"；署工部侍郎贡楚克扎布、明兴是"误入刑部班次"；侍郎莫瞻菉是"先入兵部班次，及至工部奏事转未入本班"；工部侍郎刘跃云是"未到班"。都察院左都御史恭阿拉和吏部遵旨对相关错误官员进行处分。入班迟延者和错误者，"照错误仪注罚俸六个月例各罚俸六个月"。未到班的刘跃云"照王公大臣旷班罚俸一年例上加等罚俸二年。"②

3. 罚俸等级里稍重的处分——罚俸九月和罚俸一年、二年

嘉庆六年（1801），直隶总督陈大文把历俸不满三年的丰润县知县朱潮违例题调，被罚俸九个月③。嘉庆八年（1803），直隶总督颜检因下属地丁钱粮限满未完，开报展参有误，奉旨现任内罚俸一年④。嘉庆十九年（1814），内阁侍读学士奎昌，因病先回账房休息，致误皇帝召见。奉旨：奎昌降一级并罚俸一年⑤。嘉庆十年（1805），广东南海和番禺二县，督抚因失于查察，任听蠹役设立私牢和女馆监禁人犯，性质严重。吏部议处倭什布、瑚图礼为罚俸二年，嘉庆认为督抚身在同城，且在任年长，失察较重，加重为罚俸三年。孙玉庭虽到任不久也被处分，照议罚俸二年⑥。

但是，在实际罚俸时，还有因事件的特殊性和皇权的随意性，在制度之外加重"罚俸"，从而出现罚俸三年、四年、五年的情况。嘉庆十七年

---

① 中国第一历史档案馆编：《嘉庆帝起居注》第 13 册，广西师范大学出版社 2006 年版，第315 页。

② 中国第一历史档案馆档案：录副奏折《恭阿拉奏为遵旨议处大学士庆桂等入班迟延事》，档号：03-1492-007。

③ 中国第一历史档案馆编：《嘉庆朝上谕档》第 6 册，广西师范大学出版社 2000 年版，第407 页。

④ 中国第一历史档案馆编：《嘉庆帝起居注》第 8 册，广西师范大学出版社 2006 年版，第215 页。

⑤ 中国第一历史档案馆编：《嘉庆帝起居注》第 19 册，广西师范大学出版社 2006 年版，第325 页。

⑥ 中国第一历史档案馆编：《嘉庆帝起居注》第 10 册，广西师范大学出版社 2006 年版，第343 页。

（1812），《清高宗圣训》告成，武英殿御书处装函向嘉庆皇帝呈览，嘉庆发现圣训内世宗宪皇帝和高宗纯皇帝庙号书写讹误很多，认为一众官员"漫不经心，怠忽舛错"，予以惩治涉事者，提调侍讲姚元之降为编修仍罚俸二年；大学士庆桂是总理大员，在退去管理武英殿御书处差使的同时，仍罚俸三年①。嘉庆九年（1804），苏楞额在总管内务府大臣任内书写奏折，抬头字样缮写错误，被罚俸四年②。嘉庆四年（1799），内务府大臣缊布因呈奏清文事件没能谨慎核对致有错误。嘉庆皇帝旨下："缊布著罚俸五年。"③可见，"在皇权政治和官僚体制下，起决定作用的不是条文、规定，而是帝王的需要、意志，所以无论是升迁还是降黜，对官员所起到的激励作用、威慑作用都是有限的。"④

（三）降级

"清代官员的'品'和'级'是两种不同性质的概念。'品'是指官职的大小，'级'是指俸禄的多少和对有政绩官员的奖励。"⑤官员处分属于降级调用的，其等为降一级到降五级调用5个级别；属于降级留任的，其等为降一级到降三级留任3个级别，"即照所降之级食俸仍留现任，以级为差"⑥。

1. 降级调用类

（1）降一级调用。清代曾禁止随便宰杀牛只，其出发点有二。第一，"牛为太牢，非寻常牲兽可比，每年恭遇圜丘大祀、太庙时飨，专门用以享帝享祖。"第二，当时京畿"东郊力作全赖耕犁，于农民利益甚广"。然而嘉庆十年（1805），监察御史花良阿以西城居住回民多，贩卖牛肉为生者不少，"请将口外贩卖牛只，令各该坊官验明，准令回民宰卖"。引起嘉庆皇帝不满，斥责道："所奏荒谬已极"，"矢口乱言"，并上升高度，此"倡为开

---

① 中国第一历史档案馆编：《嘉庆朝上谕档》第17册，广西师范大学出版社2000年版，第148页。

② 中国第一历史档案馆编：《嘉庆朝上谕档》第9册，广西师范大学出版社2000年版，第383页。

③ 中国第一历史档案馆编：《嘉庆朝上谕档》第4册，广西师范大学出版社2000年版，第263页。

④ 叶林生：《中国封建官僚政治研究》，南京大学出版社2009年版，第237页。

⑤ 宋亚平：《中国县制》，中国社会科学出版社2014年版，第306页。

⑥ （嘉庆朝）《钦定大清会典》卷八《吏部》，载《近代中国史料丛刊三编》第64辑，文海出版社1992年版，第357页。

禁之说"，"欲使回民等人宰杀自便，其意何居？"①言外之意，有引发民族矛盾之嫌。最后将花良阿以"肆意妄言"②，照部议降一级调用。

降一级调用，属于降调类较轻处分，事例很多。清代实行官缺制，每缺肥瘠繁简均不相同。湖南湘潭县一缺虽非苗疆首邑，但地处冲繁。嘉庆九年（1804）该县知县出缺，巡抚高杞将历俸不满三年的知县周宁远违例调补，遭吏部驳回。半年后周宁远俸满，高杞再次题请调补该缺，他的一再题补令朝廷怀疑，"岂楚南阖省中即无一合例之员才具堪胜是任者？"③终究认为他行事太过"固执己见"④，办事"有意龃龉"⑤，从而将高杞降一级调用。

（2）降二级调用。嘉庆元年（1796），江苏兴化县已革书吏储光彦，在本县借帮办收征粮食之际，受贿得受钱文。知县李琛失察其贪赃，被上司参劾降二级调用。⑥嘉庆十四年（1809），云贵总督伯麟派委的运铜官员张瑗违法盗卖官铜至二万余斤，并将执照私押与人，被刑部以违法治罪。伯麟因属派委上司，因此不慎受连带处分，加重照滥举例被交部降二级调用。⑦降二级调用基本属于按例直降，高级官员和中下层官员都有，处分种类中占比较大。

（3）降三级调用。嘉庆四年（1799），吏部议直隶三河县知县陈鹤翔在查抄额勒春入官地亩时，并不严查册报，以致民人仇文龙等遗漏地亩，造成册报不实，陈鹤翔终以"故为狗庇"⑧降三级调用。嘉庆十四年（1809），山西巡抚金应琦因前在山西布政使任内，既失察平鲁县知县王敏树、孙耀二员借口办差赔累挪用公项导致亏空，又没有及时参奏，按照"州县亏空钱粮，

① 中国第一历史档案馆编：《嘉庆朝上谕档》第10册，广西师范大学出版社2000年版，第769页。

② 中国第一历史档案馆编：《嘉庆帝起居注》第10册，广西师范大学出版社2006年版，第669页。

③ 《清仁宗实录》第2册，中华书局1986年版，第682页。

④ 中国第一历史档案馆编：《嘉庆朝上谕档》第9册，广西师范大学出版社2000年版，第21页。

⑤ 《清仁宗实录》第2册，中华书局1986年版，第682页。

⑥ 中国第一历史档案馆编：《嘉庆帝起居注》第1册，广西师范大学出版社2006年版，第132页。

⑦ 中国第一历史档案馆档案：录副奏折《庆桂奏请将派委不慎之云贵总督伯麟照滥举例降二级调用事》，档号：03-1522-053。

⑧ 中国第一历史档案馆编：《嘉庆帝起居注》第4册，广西师范大学出版社2006年版，第417页。

布政使不即转揭者降三级调用"① 例，降三级调用。嘉庆二十三年（1818），直隶沧州知州秦光宸办案时，于本州人命重案不能认真推鞫，又将徒罪人犯错拟绞罪，失入严重。庆云县知县贾懋功因委审此案时赞同会详，受牵连降三级调用。②

（4）降四级调用。嘉庆十四年，庆格前在直隶布政使任内，因嘉庆皇帝巡幸淀津，为讨好嘉庆以预备戏技为名，向下属冀州、肥乡、深泽、平山等四州县公开摊派银两，被嘉庆皇帝以"妄行添设点缀，藉端靡费，派累闾阎"，"实属有乖政体"③ 降四级调用。档案中对此亦记载："庆格奏奉旨调补安徽藩司呈为降级调用恳请代奏谢恩事。……嗣阅邸抄，前在直隶藩司任内恭备淀津差务办理不善，仰蒙圣恩降四级调用。"④ 从谢恩折看并没有真正地实际降四级调用。

"河工关系民生国计，综理者责任綦重。"⑤ 嘉庆十六年（1811），总河吴璥负责河务在任有年，治河却没有效果，嘉庆皇帝批评他是"工程岁有加增，而河流迄未顺轨"⑥。认为吴璥"现已衰病"，不能再胜任总河之职，遂照部议降四级调用。嘉庆十九年（1814），蒋继勋于安徽藩司任内，因特派审办案件，结果"听信浮言冒昧陈奏，几致案情错误"。嘉庆皇帝认为蒋继勋"素有纨绔习气，不能认真办事"⑦ 照部议降四级调用。嘉庆二十四年（1819），漕运总督李奕畴因不顾规定，派去漕委至140余人，劳累帮丁和州县。嘉庆皇帝害怕出现"浮收之弊"和"漕委之扰累"，⑧ 故而令交部严加

---

① 中国第一历史档案馆档案：录副奏折《庆桂奏为遵旨将山西巡抚金应琦照不揭参亏空例降三级调用事》，档号：03-1527-020。

② 中国第一历史档案馆编：《嘉庆帝起居注》第20册，广西师范大学出版社2006年版，第218页。

③ 中国第一历史档案馆编：《嘉庆帝起居注》第14册，广西师范大学出版社2006年版，第375页。

④ 中国第一历史档案馆档案：录副奏折《庆格呈为降级调用恳请代奏谢恩事》，档号：03-1525-009。

⑤ 中国第一历史档案馆编：《嘉庆朝上谕档》第16册，广西师范大学出版社2000年版，第68页。

⑥ 中国第一历史档案馆编：《嘉庆朝上谕档》第16册，广西师范大学出版社2000年版，第68页。

⑦ 中国第一历史档案馆档案：录副奏折《英和奏为原安徽布政使蒋继勋经部议降四级调用应补用知府或以运同借补请旨事》，档号：03-1564-057。

⑧ 《清仁宗实录》第5册，中华书局1986年版，第704页。

议处，降四级调用。旨下，"李奕畴人本疲软"①，照部议降调。

（5）降五级调用。嘉庆十四年（1809），皇帝五旬生日，江苏学政万承风上奏请求暂离职位去京给嘉庆皇帝祝寿，结果这一上奏引来皇帝的极度反感："实属冒昧，不谙体制。"嘉庆之所以如此敏感，第一是认为万承风无视先前所降谕旨："前于直省督抚、将军、副都统、提督内各派出属员来京随班庆祝，并早降明谕，原恐未经派出各员纷纷渎请。"庆贺一事谁该来谁不该来早已有所安排，万承风实属冒昧违旨。第二是清代历史上学政一职，职掌地方教育之事。"系三年更替之差，向无呈请入觐之例"，更无离职专为皇帝祝寿而来的道理，万承风就此角度而言，属于不谙体制。其结局只能是，"万承风所请不准行，著传旨严行申饬，并著交部从严议处，不准以罚俸了事"。旨下，吏部根据条例加议，"违制者杖一百；又定例官员犯公罪杖一百者降四级调用；又定例官员议处有奉旨交部严加议处者，酌量加议各等语。"②除对万承风进行申饬外，又照违制公罪例降四级调用本例上加等议以降五级调用。相较之下，降四级和降五级的情况非常少。

2. 降级留任类

直接议降留的很少。嘉庆十四年，护理陕西巡抚布政使朱勋因在臬司任内审转富平县民魏跟随一案，错拟罪名失入二犯，被议降五级留任。③一般都是降调改为各种降级留任。

（四）革职

会典记载"凡处分至革职则止焉，甚者曰永不叙用，革职有余罪则交刑部。"④"革职之等在降三级调用之上"，"凡降调而级不足者，则议革"。革职实质上分为两种情况，一种是官员因故直接革职，不论官职大小。另一种是降调时，官品低不够降才议以革职。但也有回旋余地，"如例应降调止于

---

① 中国第一历史档案馆编：《嘉庆帝起居注》第21册，广西师范大学出版社2006年版，第176页。

② 中国第一历史档案馆档案：录副奏折《庆桂奏为江苏学政万承风恩请开缺来京祝寿应降五级调用事》，档号：03-1523-003。

③ 中国第一历史档案馆档案：朱批奏折《朱勋奏为蒙恩开复失入二犯降五级留任一案谢恩事》，档号：04-01-12-0281-011。

④ （嘉庆朝）《钦定大清会典》卷八《吏部》，载《近代中国史料丛刊三编》第64辑，文海出版社1992年版，第359页。

降三级，因公者行查居官何如，由该管官以居官好声明到部，则议以革职留任，三年无过开复，否则议以革职"①。如嘉庆十一年（1806），两淮盐政佶山在挑挖鲍营河河务一事上，私自单衔具奏，被照不应重私罪律议以降三级调用，然无级可降，吏部请旨革任。嘉庆皇帝念其"平日办事尚属持正，并无别项营私情事"②，将其革任改为革职留任注册。

嘉庆九年（1804），初彭龄"因漏泄面奏时所奉谕旨"，嘉庆皇帝"以彭龄父母年老，免其遣戍，仅予革职"。③ 十四年（1809），河南巡抚恩长参劾光州直隶州知州吴怡曾为规避处分篡改获犯情节，既偷换获盗之人，又挪改文书年月，还故意延迟审转情节，被吏部毫不留情地革职。④ 二十年（1815），浙江西湖发生厝棺被贼烧窃事。浙江巡抚颜检未能查出实情破案，嘉庆皇帝认为其"因循怠玩，无能已极，且年已就衰，难望振作"⑤，随即革职遣回原籍闭门思过。二十三年（1818），大理寺卿甘家斌以不干己事徇情请托，旨下以溺职例革职。⑥ 嘉庆十六年（1811），贵州巡抚鄂云布接到圣旨"令其来京，另候简用"。鄂云布并没等候新任抚臣同兴，就将抚篆移交齐步森护理，即刻回京。这一举动令嘉庆皇帝甚为不满，以其"太不晓事"，"贵州为苗疆要地，巡抚责任较之驻藏大臣尤为重大"，⑦ 将鄂云布交部严加议处。寻议："革职。"⑧

嘉庆十六年，辽宁省奉天、岫岩、复州、宁海等地区被灾歉收，"灾民挈眷出边，络绎在道"外迁不断。而身为皇帝的嘉庆对此"龙兴之地"的情

---

① （嘉庆朝）《钦定大清会典》卷八《吏部》，载《近代中国史料丛刊三编》第64辑，文海出版社1992年版，第358页。

② 中国第一历史档案馆编：《嘉庆朝上谕档》第11册，广西师范大学出版社2000年版，第27页。

③ 中国第一历史档案馆档案：录副奏折《初彭龄呈为奉旨革职谢恩请据情代奏事》，档号：03-1492-021。

④ 中国第一历史档案馆编：《嘉庆帝起居注》第14册，广西师范大学出版社2006年版，第592页。

⑤ 中国第一历史档案馆编：《嘉庆朝上谕档》第20册，广西师范大学出版社2000年版，第656页。

⑥ 中国第一历史档案馆编：《嘉庆帝起居注》第20册，广西师范大学出版社2006年版，第485页。

⑦ 中国第一历史档案馆编：《嘉庆帝起居注》第16册，广西师范大学出版社2006年版，第69页。

⑧ 《清仁宗实录》第4册，中华书局1986年版，第228页。

况却一无所知，更无法处置。直至和宁、赛冲阿先后路经此地，"和宁于经过该处时据实奏闻"，"赛冲阿奏沿途目击奉天灾民迁徙情形"，才得知实情。而地方各级官员却讳灾不报，以将军观明为首，"始终匿未陈奏"①，这是朝廷非常忌讳的问题，定其"实属溺职"。嘉庆皇帝旨下，观明、博庆额、继善身为将军、府尹统辖该地，俱著交部严加议处。未几，这几位高官以"始终讳匿，玩视民瘼"②遭革职。盛京侍郎萨彬图、花尚阿、哈鲁堪等均有奏事之责，也承担相应处分。其中萨彬图的处分分为两次，由轻到重。先是因对灾情担奏事之职，却"缄默不言"③交部议处，但"无管理地方之责"④，又由降三级调用改为降四级从宽留任。后因萨彬图在回奏折子中，声称自己"管理边门稽查出入，当流民等纷纷出口之时，毫无觉察。"被嘉庆皇帝抓住把柄，在该任"不实心任事"，⑤二次交部严加议处。最终，以溺职例革职。⑥革职基本出于溺职的情况比较多，一般回旋余地极少。

属于革职留任的，视具体情况而定。"革职留任者其等在降三级留任之上，与降一级调用同等……凡处分有展参者，则变其法。"⑦很多处分往往从降调改为降留，或改为革职留任。

二、官员处分类别的展拓

嘉庆时期官员处分类别在原有罚、降、革的基础上，又有所展拓。包括若干方面：第一，在降留层级出现了降六级留任和降九级留任。第二，在五等降级调用上，又出现了吏议的降七级。第三，在罚、降、革之外，又出现

---

① 《清仁宗实录》第 4 册，中华书局 1986 年版，第 392 页。

② 中国第一历史档案馆编:《嘉庆帝起居注》第 16 册，广西师范大学出版社 2006 年版，第 698 页。

③ 《清仁宗实录》第 4 册，中华书局 1986 年版，第 392 页。

④ 中国第一历史档案馆编:《嘉庆帝起居注》第 16 册，广西师范大学出版社 2006 年版，第 698 页。

⑤ 中国第一历史档案馆编:《嘉庆朝上谕档》第 16 册，广西师范大学出版社 2000 年版，第 710 页。

⑥ 中国第一历史档案馆编:《嘉庆帝起居注》第 16 册，广西师范大学出版社 2006 年版，第 712 页。

⑦ （嘉庆朝）《钦定大清会典》卷八《吏部》，载《近代中国史料丛刊三编》第 64 辑，文海出版社 1992 年版，第 358 页。

了降品降顶戴的处罚。第四，在罚、降、革之外，又有拔去花翎的处罚。这些处分、处罚杂糅在一起，一方面是吏部、都察院必须参与其内的按制处分；另一方面是部院不得参与其内的皇权处分。降顶戴、拔花翎形成了处分制度的补充，几种处分、处罚或并行使用，或单独实行，构成了朝廷的惩罚系统。

（一）降六级留任、降九级留任、降七级

1. 降六级留任和降九级留任

"追思三年训政，每遇予小子致祭，大祀之先期，必召至寝殿，谆谆申谕，致斋必洁，主祭必诚，言犹在耳。"[1] 嘉庆皇帝从训政伊始受乾隆帝教诲，非常重视祭祀。亲政后同样在意祀典活动，档案中有许多对祭祀官员的处分。《大清会典》记载太常寺，"掌相祭祀之仪，辨其器数与其品物。大祀、中祀、群祀，各率其属以共事"[2]。其工作其实特别烦琐。嘉庆二十四年（1819），太常寺官员在七八月的祭祀典礼中屡屡出错，为惩戒太常寺诸位堂司官员，嘉庆皇帝命吏部进行议处。吏议之后，皇帝又以种种说辞对吏议进行更改。"惟同时全行更换，未免简用乏人。"太常寺司员鲍勋茂、桂龄俱系汉员，不谙清语仪节，改为降六级留任。舒宁虽系赞礼郎出身，"惟甫从新疆回京，到任仅止月余"，[3] 改为降九级留任。

这起典型的处分案中，出现了降六级留任和降九级留任的处分类别和方式，在已有制度规定的处分类别中没有，体现了在某些时候，制度是制度，皇权是皇权，二者相较，皇权又可凌驾于制度之上。

2. 初彭龄降七级处分

嘉庆十四年到十五年（1810），山西省发生连环参劾案，沸沸扬扬经一年之久才告停。先是山西藩司金应琦患病请假，初彭龄署理山西巡抚即参劾金应琦有不参办下属失察之咎诸款。继而初彭龄刚离任，山西河东道御史刘大观又参奏初彭龄任内有漏参劣员和删除谕旨各款重案。面对牵涉官员众

---

① 《清仁宗御制文初集》第 1 册卷四《记·南郊记》，载《故宫珍本丛刊》第 580 册，海南出版社 2000 年版，第 41 页。

② （光绪朝）《钦定大清会典》卷七十一《太常寺》，载《续修四库全书》第 794 册，上海古籍出版社 1996 年版，第 671 页。

③ 中国第一历史档案馆编：《嘉庆帝起居注》第 21 册，广西师范大学出版社 2006 年版，第 361 页。

多、又涉嫌删改谕旨之案，朝廷派遣钦差大臣托津和穆克登额前往查办。经查，在这起案子中，金应琦被初彭龄参劾之事有实有虚，朝廷照金应琦疏忽参劾劣员之实，将之照部议降二级。①刘大观参奏初彭龄重款均属不实，案结以其"所参各重款，均属虚诬"。且分居僚属，"挟嫌攻讦上官"②，将刘大观革职。

本案起始者初彭龄，到山西后不仅"节次参案甚多"③，且对于金应琦的参劾有不妥之处，对其他属员亦有错参漏参。朝廷认为初彭龄"遇事搜求，动形白简。计前后数月，所参司道府县等官为数实属不少，其中固有实在应参者，而其偏执己见任情憎恶，率行纠参者亦正不免"④，交部严加议处，吏部议奏请将初彭龄实降七级。因更重要的一点，初彭龄"实无删减谕旨"⑤忤逆皇上之事，嘉庆皇帝终以"初彭龄莅任山西，于地方公务立意整顿"⑥为由，将其处分减为降四级来京以四品京堂补用，未按照降七级处分。降七级处分是吏部所议。按此，初彭龄之案显系朝廷瞻顾了。及时召回朝中，淡化其原有处分，此种事例并不少见。这种种的于另外衙门的及时补授和补用，往往会将吏议的处分化大为小，化小为无，却淡化了处分效用。

（二）降品降顶戴处分

1.顶戴规定

清制不断重申，"国家章服之制，所以辨等威，重名器"⑦。"国家设官分

---

① 中国第一历史档案馆编：《嘉庆帝起居注》第15册，广西师范大学出版社2006年版，第24页。

② 中国第一历史档案馆编：《嘉庆帝起居注》第15册，广西师范大学出版社2006年版，第100页。

③ 中国第一历史档案馆编：《嘉庆帝起居注》第15册，广西师范大学出版社2006年版，第18页。

④ 中国第一历史档案馆编：《嘉庆帝起居注》第15册，广西师范大学出版社2006年版，第88页。

⑤ 中国第一历史档案馆编：《嘉庆帝起居注》第15册，广西师范大学出版社2006年版，第89页。

⑥ 中国第一历史档案馆编：《嘉庆帝起居注》第15册，广西师范大学出版社2006年版，第99页。

⑦ 中国第一历史档案馆编：《嘉庆朝上谕档》第23册，广西师范大学出版社2000年版，第471页。

职，等威本自秩然，冠服、仪章岂容稍有僭越。"① 有品有阶的官员有顶戴有花翎，藉以区别其等级。官帽称之为顶，清代为红顶，红顶之上设有九等不同级别的顶珠。仅以吉服冠之帽顶来看，郭松义在《清朝典制》中指出："文武一二品官顶用珊瑚，文武三品官和一等侍卫顶用蓝宝石，文武四品官和二等侍卫顶用青金石，文武五品官和三等侍卫顶用水晶，文武六品官顶用砗磲，文武七品官顶用素金，文武八品官为阴纹镂花金顶，文武九品官和未入流官为阳纹镂花金顶。"② 每一品阶官员要严格遵照定制佩戴顶珠，僭越者会被重罚，尤其是降调官员，必须按降调之品佩戴。嘉庆二十三年（1818），有谕曰："朕闻近日降调大员内，有仍僭用原官顶戴者，著该管官随时查察，如有似此违制僭越者，即行据实参奏，毋稍徇隐。"③

可见，顶戴是为官必备的"标配"，官员有过失过错受到处分，其顶戴也会随着被处分的程度或摘除或降低，官员有的在原品基础上降一品、降二品，还有降三品的。降顶戴和具体的处分程度可以一致，也可以不一致。官品顶戴的降低，其权力纯粹把控在皇帝手里。

2. 降顶戴处分

顶戴花翎既然是清朝官员身份的标志和象征，每当官员犯事，应先摘取其顶戴花翎，意味着解除其一切职务。这是最严重的。嘉庆十一年（1806），直隶地方官于密云一带办理桥座不坚固，以致被水冲塌。顺天府北路同知潘仁、密云县知县吴申岚因此事故被摘去顶戴，交部严加议以革职。而嘉庆二十五年（1820），山东教谕李训因犯案被降旨革职，交给山东巡抚程国仁审办，作为革员，李训顶戴本应被摘，但是程国仁没有按制摘去。嘉庆恼怒："任其公然戴顶，出入自由，此与未经革职者何异？"④

降顶戴处分事例，请看下表：

---

① 中国第一历史档案馆编：《嘉庆朝上谕档》第 5 册，广西师范大学出版社 2000 年版，第 230 页。

② 郭松义：《清朝典制》，吉林文史出版社 1993 年版，第 118 页。

③ 中国第一历史档案馆编：《嘉庆朝上谕档》第 23 册，广西师范大学出版社 2000 年版，第 471 页。

④ 中国第一历史档案馆编：《嘉庆帝起居注》第 22 册，广西师范大学出版社 2006 年版，第 199 页。

表 3—1　嘉庆朝降顶戴事例

降品	年份	事由	出处
正一品降为六品	十一年	湖广总督百龄（正一品）恩赏六品顶戴补授汀漳龙道（正四品）	《上谕档》册11页402
从一品降为从四品	二十二年	礼部尚书（从一品）太常寺卿（正三品）成宁因《清文则例》未抬写降为内阁侍读学士（从四品）候补	《仁宗实录》册5页380
从一品降为六品	十五年	工部尚书苏楞额（从一品）因失察广储司银库冒领银两案恩赏圆明园六品苑丞	《起居注》册15页153
正二品降为七品	十一年	喀喇沙尔办事大臣明兴（正二品）失察新疆粮员私挪库项以七品笔帖式用	《上谕档》册11页381
正二品降为七品	十一年	喀喇沙尔办事大臣德勒克扎布（正二品）失察新疆粮员以理藩院七品笔帖式用	《上谕档》册11页381
正二品降为八品	十五年	工部左侍郎阿明阿（正二品）因失察广储司银库冒领银两案赏八品笔贴式	《上谕档》册6页459
从二品降为三品	二十四年	内阁学士（从二品）太常寺卿（正三品）色克精额 失察本寺官员祀典错误降为三品顶戴	《起居注》册21页361
从二品降为四品	六年	湖北布政使孙玉庭（从二品）因给军犯书德书信赏四品顶戴	《起居注》册15页153
从二品降为四五品	十一年	福建巡抚李殿图（从二品）办理军装火药事宜奏报迟延奉旨以四五品京堂补用	《起居注》册11页356
从二品降为五品	二十四年	内阁学士（从二品）太常寺卿（正三品）哈宁阿 失察本寺官员祀典错误降为五品顶戴	《起居注》册21页361
从二品降为六品	十五年	山西巡抚成宁（从二品）因任内多用夫马加恩以六部主事用（正六品）	《起居注》册15页153
从二品降为六品	二十二年	内阁学士（从二品）太常寺卿（正三品）色克精额失察《清文则例》未抬写降为六品赞礼郎	《仁宗实录》册5页380
从二品降为七品	四年	内阁学士萨彬图（从二品）因奏请查办和珅家产隐匿一案恩赏七品笔帖式衔	《上谕档》册4页157
正三品降为四品	十六年	长芦盐政祥绍（正三品）失察丰润县私盐以四品顶戴仍留长芦盐政之任	《上谕档》册16页722
正三品降为四品	十七年	湖北按察使陈若霖（正三品）因案件失入降为四品顶戴仍留湖北按察使之任	朱批奏折04-01-12-0300-074
正三品降为四五品	九年	顺天府府尹阎泰和（正三品）失察书吏私用印信一案降补四五品京堂	《起居注》册9页223
正三品降为六品	二十二年	太常寺卿舒宁（正三品）因《清文则例》未抬写降为六品赞礼郎	《仁宗实录》册5页380
正三品降为六品	十一年	按察使吴俊（正三品）失察长随犯赃为乱降六品顶戴仍署理按察使事务	《上谕档》册11页549
正四品降为五品	十五年	淮扬道叶观潮（正四品）因估办桥务错误降为五品顶戴	《上谕档》册15页224

降品	年份	事由	出处
正四五品降为正从六品	十一年	福建巡抚李殿图（从二品）失察漳泉府属积压命盗各案以中允赞善（正从六品）补用	《起居注》册11页356
正六品降为七品	八年	礼部主事宋其沅（正六品）承办奏折措词不当以七品小京官在部效用	《起居注》册8页514
正八品降从八品	二年	太医院御医钱景（正八品）因值班时传唤迟误降为从八品吏目	《上谕档》册2页286

"降级调用的官员应重新授职，其补用均依据降级以后的实际品级。"[①] 表3—1反映嘉庆时期中央和地方官员因种种过误，由原来很高的官品一降而为很低的官品。降顶戴可以和降级一致，也可以不一致。这些官员官品的降低，一则不在会典记载的处分种类之内。二则其处分权完全掌控在嘉庆皇帝之手，吏部没有任何的参议权。且综观清朝前期，嘉庆朝这种降品处分最为明显。三则这些官员官品的降低没有明确的限定，其标准尺度亦完全把握在皇帝手中，正因此出现了降品幅度忽高忽低落差颇大的情况。摘顶戴降顶戴又一次呈现出皇权在黜陟方面的制外把控。

（三）拔花翎处分

1. 嘉庆之前朝廷花翎制

其规定为官帽上顶珠下面配有羽毛翎管，羽毛翎管通常由白玉或者翡翠制成，用以插花翎。花翎用孔雀羽毛做成，分为单眼、双眼与三眼花翎。

关于戴单眼花翎的对象。清制规定"凡领侍卫府官、护军营、前锋营、火器营、銮仪卫满员五品以上者，皆冠戴孔雀花翎。六品以下者戴鹖羽蓝翎，以为辨别。王府头等侍卫始许冠戴花翎，余皆戴蓝翎"[②]。

关于戴双眼花翎的对象。清制规定"国初勋臣，功绩伟茂，多有赐双眼花翎者"[③]。如乾隆时阁臣傅恒、尹继善，勋臣伊勒图、海兰察等。其他清朝宗室以及镇国等亲贵、额附，则佩戴双眼花翎。

---

① 艾永明:《清朝文官制度》，商务印书馆2005年版，第181页。

② （清）昭梿:《啸亭续录》卷一《花翎蓝翎定制》，载《清代史料笔记丛刊》，中华书局2006年版，第382页。

③ （清）昭梿:《啸亭续录》卷一《双眼花翎》，载《清代史料笔记丛刊》，中华书局2006年版，第383页。

关于戴三眼花翎的对象。清制，亲王、郡王、贝勒是宗臣贵位，向例皆不戴花翎。只有贝子冠三眼孔雀翎，公冠双眼孔雀翎。乾隆帝曾曰："花翎乃贝子品制，诸王戴之，反觉失制。"戴有三眼花翎的，也有特殊情况出于美观的。昭梿曾记傅恒代顺承勤郡王泰斐英阿乞戴花翎，曰："某王年幼，欲戴之以为美观。"乾隆帝准许，并同时赐皇次孙、亲王、郡王等戴三眼花翎，"皆朕之孙辈，以为美观可也。"[①] 可见，到乾隆朝花翎主要是给予皇室宗亲和武职官员，"外任文臣无赐花翎者"[②]。

2. 花翎制在嘉庆时期的三点变化

（1）嘉庆朝赏戴花翎的制度有所调整，打破了前朝外任文臣不戴花翎的旧制。"各省巡抚中兼提督衔者，有节制各镇统辖阖省营员之责。前曾准令戴用花翎，以资表率。现在山东巡抚长龄、河南巡抚马慧裕，俱先经赏戴花翎。其江西巡抚张师诚、安徽巡抚初彭龄、山西巡抚成宁，均准其戴用花翎。嗣后此五省巡抚简任时，即准其照例戴用。如调任他省有旨赏戴，方准戴用。"[③] 巡抚在某种意义上属于文官，这也可视为个别文职兼武职官员享有戴用花翎的机会，这也与当时的剿匪形势有关。

（2）赏戴花翎官员的范围扩展，自上而下从巡抚到布按两司、道员皆可。嘉庆时期实际赏戴花翎的不仅有众多的总督巡抚，还有布按两司及道员。按察使盛泰身为臬司，受荣宠赏戴单眼花翎也属凤毛麟角。嘉庆五年（1800），福建台湾道道员过昌亦奉旨赏戴花翎并交部从优议叙。嘉庆十二年（1807），陕西西宁道庆炆蒙恩赏戴花翎交部议叙，由陕甘总督长龄代奏谢恩。这些事例反映出赏戴花翎的范围已经扩展到道这一级官员，既彻底打破了文臣不赐花翎的定制，又拓宽赏戴范围。花翎也成为部分官员得以炫耀的资本。

（3）嘉庆中得赐双眼花翎的对象有所增加。昭梿《啸亭杂录》记曰："阁臣为保文恪宁、庆文恪桂、勒相公保，勋臣为明参政亮、额经略尔登

① （清）昭梿：《啸亭续录》卷一《亲郡王赐三眼花翎》，载《清代史料笔记丛刊》，中华书局2006年版，第382页。

② （清）昭梿：《啸亭续录》卷一《外官赐花翎》，载《清代史料笔记丛刊》，中华书局2006年版，第383页。

③ 《清仁宗实录》第3册，中华书局1986年版，第190页。

保、德继勇楞泰、那制府彦成"①和两江总督百龄。以上诸臣皆为嘉庆朝重臣，"庆桂、刘权之并以老成雍容密勿"②。"百龄号能臣之冠，机牙锋锐，凌轹一时。"③三大将勒保、额勒登保、德楞泰，"三人者相得益彰，未容有所优劣，勒保宽能容众，额勒登保忠廉忘私，德楞泰仁及俘虏，识量并有过人。"④可见，因其个人之才能政绩，都赐戴双眼花翎。

总之，清代花翎制如织田万言："翎只赏给文武官有武功者之物。五品以上，谓之花翎，有三种类：曰三眼花翎；曰双眼花翎；曰单眼花翎。三眼花翎，则为特赏，荣誉最大。六品以下，谓之蓝翎。此等均著官帽上，以为标章。（一）三眼花翎谓孔雀毛。有三眼者，非皇族及有大军功者不得受之。（二）双眼花翎谓孔雀毛有二眼者。文武大官，有军功者，皆受之。（三）单眼花翎，又称花翎。文武官有军功者，亦皆受之。然数十年来，捐金受之者多矣。（四）蓝翎不用孔雀，而用青黑色之鸟毛，颇似鸦毛，俗言老鸹翎。文武官六品以下，有军功者，领侍卫处侍卫有戴蓝翎者，称曰蓝翎侍卫。非以军功受之，盖因其职务戴之耳。"⑤

3.嘉庆时期拔朝臣花翎处分

戴花翎并不是有品有阶的官员都能戴用，而是有着深刻的等级性，只有封疆大吏和极少数的两司道员才能戴花翎。官员犯错被拔花翎，也只是针对部分戴花翎的官员而言，或者单独使用拔花翎，或者与降品、官员常规的行政处分并行使用，拔花翎处分是在一定的官员范围之内实行。

（1）双眼花翎降为单眼花翎。百龄被赏戴双眼花翎，督抚中属于凤毛麟角。《清史稿》记载百龄，字菊溪，汉军正黄旗人。老臣阿桂重之，曰："公辅器也。"⑥嘉庆亲政后，"始行拔擢。"嘉庆八年（1803），任广西巡抚期间，因"劾廷标逮问"，嘉庆皇帝扬之"赐花翎"。嘉庆十四年（1809），擢两

---

① （清）昭梿：《啸亭续录》卷一《双眼花翎》，载《清代史料笔记丛刊》，中华书局2006年版，第383页。

② 《清史稿》第37册，中华书局1977年版，第11109页。

③ 《清史稿》第37册，中华书局1977年版，第11137页。

④ 《清史稿》第37册，中华书局1977年版，第11162页。

⑤ ［日］织田万：《清国行政法》，中国政法大学出版社2003年版，第100—101页。

⑥ 《清史稿》第37页，中华书局1977年版，第11133页。

广总督，因肃清粤洋"赐双眼花翎"①，嘉庆二十年（1815）卒。嘉庆十七年（1812），两江总督百龄因参劾大员陈凤翔安坐官署不治事失实，又有失察朱尔赓额委办荡务乱行邀功之事，被革去太子少保衔，拔去双眼花翎准戴单眼花翎，降为二品顶戴仍交部严加议处。②

（2）拔去单眼花翎。嘉庆五年（1800），四川总督魁伦接管经略额勒登保（昭梿记载为额尔登保）所遗军务，因防堵川北反叛农民不利致流窜川西，旨下将魁伦"拔去花翎，革职留任仍留顶带，以观后效"③。此是单独拔花翎。后来魁伦将川西地方反叛农民严密堵御擒获多人。嘉庆皇帝才将魁伦先前处分予以调整，命仍署理四川总督，"但伊获咎甚重，此时若仍用一品顶带"④ 不妥，遂降以三品顶戴办理总督事务，仍带革职留任八年无过方准开复，花翎并没有被重新恩赏戴用。

嘉庆十年（1805），两广总督倭什布因于地方命案、贼盗、军务治理不善，部议照失职例革职。嘉庆皇帝认为其"废弛已极"⑤，念一时简用乏人，另调任陕甘总督，拔去花翎降为二品顶戴，仍带革职留任注册。嘉庆十三年（1808），江南河道总督徐端、两江总督铁保因运河南堤漫溢，疏消堵闭不当，交部分别议以降调和降留。旨下，徐端革去顶戴花翎降三级留任，铁保革去花翎降为二品顶戴降二级留任。⑥ 嘉庆二十一年（1816），山东巡抚陈预到任两年治理山东极其不善，所辖沂水、蒙阴二县出现匪患抢劫等70余案，治安混乱，社会不稳。嘉庆皇帝认为其"一味因循怠玩，毫无整顿"⑦，革去花翎降为三品顶戴。嘉庆二十一年，盛泰因具题刑事案件不当，将当事人的污言秽语附带记入卷宗，皇帝认为其做法"有失体制"，部议革职。然

① 《清史稿》第37页，中华书局1977年版，第11135页。
② 中国第一历史档案馆档案：朱批奏折《百龄奏为奉旨革去兼衔拔去双眼花翎降为二品顶戴仍交部议处谢恩事》，档号：04-01-13-0199-026。
③ 《清仁宗实录》第1册，中华书局1986年版，第825页。
④ 《清仁宗实录》第1册，中华书局1986年版，第826页。
⑤ 中国第一历史档案馆编：《嘉庆朝上谕档》第10册，广西师范大学出版社2000年版，第120页。
⑥ 中国第一历史档案馆编：《嘉庆朝上谕档》第13册，广西师范大学出版社2000年版，第355—356页。
⑦ 中国第一历史档案馆档案：朱批奏折《陈预奏为奉旨革去花翎降为三品顶戴谢恩事》，档号：04-01-01-0570-036。

而嘉庆皇帝一边认为吏部"所议甚是",一边念盛泰"现在查办逆案,一时更换乏人"①,最后将之革去花翎改为革职留任。以上为赏戴单眼花翎的督抚按官员被拔去花翎,拔花翎与处分并行。

总管内务府大臣和世泰,虽不是外任官员,但在内廷深受皇帝重用也曾赏戴花翎。嘉庆十六年(1811),因在奏请派侍卫查验茶膳房金银器皿一事时,将阿那保、花聘、安成、苏尔慎四人擅自从所开出的御前侍卫人员名单内删去,引起嘉庆皇帝质问,和世泰回复,"阿那保等四人系东三省人,均属糊涂,即开列亦未必简派",皇帝认为和世泰此说太过武断"实不成话"。反问和世泰,"既以明白自命,何以内务府之事动辄得咎,交审事件总不能结?年轻识浅……辄敢心存自满,蔑视同侪,渐不可长,意欲何为?且伊远祖额亦都本系东三省人,国初连立大勋,赏延于世。今和世泰薄视东三省之人,是不但意存狂傲,抑且自忘其本,厥咎甚重"。②吏部议处和世泰降四级调用。嘉庆皇帝最后念和世泰年幼无知,拔去花翎,革去内阁学士、副都统实降一级,以三品顶戴仍留总管内务府大臣之任,仍带降二级留任。

"既然罚俸、降调和革职这三种常规手段都不足以对督抚们的公事过误起到足够的警示和处罚作用,那么必然导致对于其他处罚方式的诉求。"③降顶戴、拔花翎即是其中的两种方式,这两种或者和行政处分并行,或者单独使用。其实施必须由皇帝随时掌握,以此达到惩戒官员的作用。可以说,这是一种对常规行政处分的补充,也可以说是对于常规行政处分无力的一种解决办法。

清代官员处分类别法定为罚俸、降级和革职。但是,处分类别也不是一成不变的。伴随着处分制度本身的调整,处分效用的彰显力度,皇权专制的程度,这种法定的处分类别也会适当得到拓展。嘉庆时期所出现的降五级以上的若干种留任就是一种拓展,但是这种拓展不具有常态性。嘉庆时期所出现的降品、降顶戴、拔花翎也是一种拓展,这种拓展则具有了在一定范围内

---

① 中国第一历史档案馆档案:朱批奏折《盛泰奏为具题村秽之言有失体制加恩改为革职留任谢恩事》,档号:04-01-12-0315-077。

② 中国第一历史档案馆编:《嘉庆朝上谕档》第16册,广西师范大学出版社2000年版,第658页。

③ 张婷:《法外之罚:乾隆朝官员罚议罪银》,载《明清论丛》第9辑,紫禁城出版社2009年版,第248页。

的常态性。从处分类别的拓展，反映出两点：最初的三大处分类别在效用方面有其有限性，皇权专制在官员黜陟领域的进一步把控。

三、直隶长辛店案胡季堂的处分与开复

民间有童谣："前门楼子修得高，菜市口人多闹吵吵。彰仪门外石头道，大井小井卢沟桥。卢沟桥有十一孔，东头狮子西头像。长新店街五里长，二十五里到良乡。良乡塔、半山坡，过了窦店玻璃河，玻璃河一道沟，三十五里到涿州。"[①] 长新店是一条南北通衢上的重要节点。据高福美介绍，"长新店，今称长辛店，位于北京市丰台区永定河西岸。清代长新店隶属顺天府宛平县，因其临近京师，地处京城西南之交通要道，被誉为'十五省通会之衢'。……长新店街道长约五里，又称'五里长街'，街上店铺林立，商业贸易兴盛。"[②] 在这条繁盛的贸易长街上，嘉庆四年九月到嘉庆五年十月中旬，发生了长新店街道恒升、信成等多家店铺遭遇结伙盗劫的案子，在此基础上挖出巨匪张标等的匪盗案。

胡季堂，河南光山人。以荫生入仕，授顺天府通判，改刑部员外郎，迁郎中，升迁很快。之后外任，相继任甘肃庆阳知府、甘肃按察使、江苏按察使。后再回京任刑部侍郎、尚书，又任山东巡抚加太子太保兼署兵部尚书。嘉庆三年（1798），授直隶总督，赐孔雀翎。嘉庆亲政，因揭举和珅罪状，更受重视。嘉庆四年到五年，长新店案发期间，胡季堂正任直隶总督。其能力，"察得唆讼者严治之；有诬诉，论如律，不稍贷。"[③] 可见，胡季堂为官治民有一套自己的办法。

（一）胡季堂因长新店案的处分

清代，行政处分类别分为罚俸、降级和革职。一般由吏部、都察院、兵部初议，皇帝最后定议。此案中，行政处分和皇帝予以的革宫保衔、拔花翎、降品级处分混杂使用。可见，当时处分方式的多样性。

---

① 转引自高福美：《嘉庆四年长新店盗劫案始末》，《北京档案》2018年第9期。
② 高福美：《嘉庆四年长新店盗劫案始末》，《北京档案》2018年第9期。
③ 《清史稿》第36册，中华书局1977年版，第10850页。

1. 革太子太保衔和拔花翎

嘉庆四年（1799）九月二十七日始，长新店街道上恒升、信成等铺户遭遇盗劫，嘉庆皇帝惊讶，"长新店近在辇毂，直至竟有盗匪数十人黑夜肆劫，实为从来未有之事。"① 十月初二日，顺天府尹作为地方官上奏此案。身为直隶总督的胡季堂因军务路经此处接到禀报，却没有及时折奏该地营伍废弛、防守无力的状况，被认为有失察失报之责。十月初三日，胡季堂面见嘉庆，才解释防守不力之因是由于驻守此处的拱极营士兵被抽调去办理山陵大差，嘉庆皇帝对此解释自然不满，胡季堂此言明摆着将责任推到了嘉庆身上，皇帝自然也不会承认，反而斥责胡季堂是"心存回护"②。回护谁？嘉庆也无法明言。

十月初三日的问责是以失职为主调，嘉庆皇帝申饬胡季堂"已沾染外省习气，不似在京时办事认真"。为示薄惩，"革去（其）太子太保，并拔去花翎"，③ 并威吓："倘再迁延时日，不能将首伙各盗尽数拿获，必当重治其罪，决不宽贷"。初四和初五日，胡季堂奏折不断，折内详细叙述事发地被劫情形和参列疏防的文武员弁，并没有"自请严议""自请交议"和"自行认罪"之语。皇帝阅之批示："已属非是"，"岂该督竟视此案盗匪为寻常事件乎？"④ 在胡季堂不主动自请交议的情况下，嘉庆生气地降旨将胡季堂交部严加议处。

2. 革顶戴和革职留任处分

可见，胡季堂内心是不服的，然而皇威之下也无可奈何！十月初九日，在接到严议旨意后，胡季堂"自请革职治罪，仍戴罪帮同缉拿盗匪。"此语点醒嘉庆皇帝，此时重点在于"缉拿盗匪"，不是闲论处分官员！但是，吏部的议处结果已经下来，"议将胡季堂照溺职例革职"。但是，真正予以革

---

① 中国第一历史档案馆档案：录副奏折《胡季堂奏为复奏长新店店铺被盗事》，档号：03-2345-013。
② 中国第一历史档案馆编：《嘉庆朝上谕档》第4册，广西师范大学出版社2000年版，第365页。
③ 中国第一历史档案馆编：《嘉庆朝上谕档》第4册，广西师范大学出版社2000年版，第365页。
④ 中国第一历史档案馆编：《嘉庆帝起居注》第4册，广西师范大学出版社2006年版，第598页。

职又太过。嘉庆皇帝笔锋一转曰："此而不惩办，使各省督抚闻知疏懈效尤，相率成习，何以整饬营伍绥靖地方。"因此，念胡季堂"尚有微劳足录"，"本年恭办山陵大差，于经行大路极为坚固平正，民夫俱极安静。"念胡季堂"微长可取"，"平日居官尚为公正谨饬，无贪婪劣迹"，因而暂免罢斥，革去顶戴和革职留任处分，勒限一月严缉盗匪。嘉庆帝再次恩威并施，"如此一月内能将盗匪全数弋获，则不但宽其既往之罪，尚可邀恩。否则……直隶总督一缺，亦不虑简任无人也。"①可知是革任的结局。

嘉庆皇帝担心胡季堂"冥顽不灵"，补谕："此案盗匪于附近京邑地方逞凶肆劫，实非寻常盗案可比。胡季堂身任总督疏懈贻误，今于无可宽贷之中曲加恩宥，暂免罢斥，仍勒限一月缉盗，予以自赎之路。……现在朕因此一案已密派多员设法侦缉，胡季堂亦不知朕所派何人。倘此案首伙盗匪别经弋获，而胡季堂竟未拿获一名，胡季堂何颜对朕，更复何词解免耶？朕所降明发谕旨予限一月之处，至为详切，祸福惟视胡季堂之自取耳。"②可见，嘉庆皇帝的无奈和急迫之情，又是哄骗又是威吓。

十月十一日，因皇恩革职留任的胡季堂按惯例上谢恩折。皇帝朱批："此番盗劫实属罕闻，非但汝应治罪，朕亦自觉赧颜。但今秋汝办理大差十分敬谨，毫无不妥之处，成朕之孝，岂有不保全汝之官阶之理乎？汝若能在限内缉获真盗二十余名，即可折赎前罪，若逾限不获一名再不能曲法宥汝矣。密谕汝知不可宣露。"③可见嘉庆皇帝已承认己之过，对胡季堂的处分自觉重了，因而语气也不再严厉，似乎要与胡季堂达成一个"协议"和"交易"，你成"朕孝"，朕"保汝官阶"，唯独不见以"民生"为重。

十月十二日，距前只经一日，嘉庆皇帝有所反悔。"此案已隔半月有余，盗犯并未拿获一名，胡季堂在彼督办者何事？……且看胡季堂如何实力缉拿？……倘再不知奋勉仍前延玩，或此案首伙盗匪别经他处弋获，必将胡

① 中国第一历史档案馆编：《嘉庆帝起居注》第 4 册，广西师范大学出版社 2006 年版，第 607 页。

② 中国第一历史档案馆编：《嘉庆朝上谕档》第 4 册，广西师范大学出版社 2000 年版，第 384 页。

③ 中国第一历史档案馆档案：朱批奏折《胡季堂奏为钦奉谕旨革职留任勒限严缉长辛店劫犯谢恩事》，档号：04-01-08-0077-032。

季堂革任。"① 可见，皇帝的焦灼和无奈，是一天天翻着时宪历来盼案子了结。对于胡季堂而言，该革的已经革了，剩余的只是离任退出宦途，而且其年龄也已不小。但是按照胡季堂的个性，该做的工作还得做，皇帝可以有一点"痞"性，但是臣僚万万不可。

（二）嘉庆皇帝对案件的直接指示

胡季堂处分的开复是与长新店盗劫案的破获、盗匪张标等的陆续被拿获悉悉相关。"张标所住地方系直隶、山东、河南交界，名为三不管"，张标是人所共知的惯匪，皇帝也早有耳闻。"内黄地方有巨盗，张标在彼藏匿十有余年，犯案多次。"所以，皇帝屡次令胡季堂设法查拿。但是胡季堂的反应远没有嘉庆皇帝的反应快，以致后来皇帝抱怨道："若能早遵朕旨，出其不意，迅速掩捕，张标当已久经就获，何至有长新店被劫之事！"②

然而长新店抢劫案毕竟发生了，嘉庆帝凭着多年的统治经验，"向来各省交界地方境壤参错，遇有窃盗案件，互相推诿，延搁不办，以致盗贼无所儆惧，遂以交界之区为逋逃之薮。"③因此早在案发之初就预料到和张标有关。密谕胡季堂注意张标等惯匪的行踪，此后时刻予以指示。

如十月初五日，胡季堂另片上奏和嘉庆皇帝商量缉拿盗匪张标一事。提出自己的计划，准备"以阅兵为名，先赴天津转至河间，再至大名，酌量密办。仍须豫省密派大员并山东交界之区亦得妥员堵缉"。皇帝立即斥责其做法："所办殊拙。缉拿有名巨匪，全在不动声色，出其不意，方可克日就擒。"而今如此大动声色，"该盗必已有风闻。况此盗盘踞窝匪已非一日，总督衙门弁兵胥役久已与之交结，一露端倪，岂有不急行送信之理？"不仅如此，若同意胡季堂的做法，又是绕道又咨行三省会办，其结果"则不待胡季堂前至大名，该盗早已远离巢穴矣"。因此加急谕知胡季堂："所奏皆不可行，必当密之又密，设法购线妥为布置，俾得一举成擒。断不可过涉张皇，

① 中国第一历史档案馆编:《嘉庆朝上谕档》第4册，广西师范大学出版社2000年版，第385页。

② 中国第一历史档案馆编:《嘉庆朝上谕档》第4册，广西师范大学出版社2000年版，第434页。

③ 中国第一历史档案馆编:《嘉庆朝上谕档》第4册，广西师范大学出版社2000年版，第434页。

纷纷派拨咨会，为此拙举也！"①皇帝对此还是非常在行的。

十月初九日，皇帝又重申这一想法："惟在不动声色设法购线"，"方为密速妥善"。并警告胡季堂，"倘稍涉张皇，至巨盗闻风远遁，则失之急遽，即与因循疏懈之罪相等。"②在嘉庆皇帝的直接授意下，案件很快告破。胡季堂也得以一步步恢复其职位和荣誉。

（三）胡季堂处分的陆续开复

1. 复还顶戴

十一月十一日，河南捕获张标等人，胡季堂过失因此减轻。皇帝降旨："今张标现已拿获伤毙，戮尸枭示，案内伙党亦经陆续擒获多名。虽张标一犯，系河南内黄县首先捕获，但直隶委员亦经赶到，该督并能即行据实奏出，并不存邀功之念，尚属公正得体。"③胡季堂加恩复还顶戴。十七日，胡季堂奏谢赏还顶戴。嘉庆皇帝褒扬他将巨盗张标首从枭示新店，这是"威宣德播，感被无涯"之举，并鼓励他"卿非才力不及之人，近年略偏于宽厚，故有水弱民狃之弊，当知此意，实力整顿以盖前愆。勉之"④。长新店案破，皇帝兴之所至，对胡季堂重新评价。

2. 赏还其花翎

嘉庆五年（1800）正月初八日，颁谕：

> 前因张标在直隶河南交界地方窝匪肆劫，甚为民害，屡经谕令胡季堂设法缉拿早歼巨盗。伊心存畏难，总以缓办为词，以致酿成长新店之案，是以将伊薄示惩儆，并严切饬谕勒限查缉。胡季堂尚自知悔惧，督同道将员弁奋勉搜捕，首犯张标业经歼毙，余党亦陆续就擒。现今在逃未获者祇有九人，是胡季堂于张标一案虽属迟缓于前，犹知勉励于后，尚可将功补过。且此次朕恭诣裕陵，行初周年礼，往来道路极为平坦，

---

① 中国第一历史档案馆编：《嘉庆朝上谕档》第 4 册，广西师范大学出版社 2000 年版，第 375 页。

② 中国第一历史档案馆编：《嘉庆朝上谕档》第 4 册，广西师范大学出版社 2000 年版，第 384 页。

③ 中国第一历史档案馆编：《嘉庆朝上谕档》第 4 册，广西师范大学出版社 2000 年版，第 454 页。

④ 中国第一历史档案馆档案：朱批奏折《胡季堂奏为破获贼盗张标案奉旨赏还顶戴谢恩事》，档号：04-01-13-0121-041。

并见有兵民在路旁搭盖窝棚小心管看，办理甚为妥协。该督虽经赏还顶戴，但念直隶总督统辖全省营伍观瞻所系，胡季堂著加恩赏还花翎。钦此。①

皇帝赏还胡季堂花翎有几层原因：（1）认可胡季堂的认真工作。长新店案发生以来，胡季堂勉励于后，尚可将功补过。（2）认可胡季堂办理皇差得当。（3）重塑胡季堂的官威。加恩赏还花翎。

3. 开复革职留任处分

行政处分的开复也一步步落实。据续获盗匪情况，开复胡季堂革职留任处分。"自首犯张标歼毙后，已陆续搜获余党十九名，其在逃未获者祇有五人，现仍严密访拿。"② 所有胡季堂革职留任之案"著加恩开复。"而且对胡季堂的语气也越来越温和："昨日京中得雨一阵，然云势宽广，今早甚凉。若有得雨之处，据实奏闻。"③ 话题已然轻松转移。

4. 赏还太子太保衔

嘉庆五年（1800）十月十五日，皇帝降旨前因张标案将胡季堂太子太保衔革去，随着张标等人的歼毙和抓获，为示优眷，"再加恩赏还太子太保衔。"可见虽贵为一品大员，也是处分容易开复难！雷霆之下的暴怒和温婉，胡季堂在一年的时间内是彻底领悟了。至此，因长新店一案胡季堂的行政处分和皇帝给予的处分全部交叉开复。

（四）卒后开复任职期间的所有处分

长新店案后胡季堂以病乞解任，去世后朝廷遣御前侍卫丰伸济伦奠酹，谥号庄敏。《清史稿》论曰："牧民于平世，自庶而求富，修水利，饬农功，其先务也。……季堂论治教匪，后来坚壁清野之议，已发其端。我有先正，言明且清，诸臣所论列，足当之矣。"④ 胡季堂在嘉庆朝初期是有一定的政绩的。

《嘉庆帝起居注》嘉庆五年十月十九日上谕条是对胡季堂的盖棺论定："直隶总督胡季堂，老成端谨，办事实心，扬历中外数十余年。前蒙皇考擢

---

① 中国第一历史档案馆编：《嘉庆朝上谕档》第5册，广西师范大学出版社2000年版，第5页。

② 中国第一历史档案馆编：《嘉庆帝起居注》第5册，广西师范大学出版社2006年版，第567页。

③ 中国第一历史档案馆档案：朱批奏折《胡季堂奏为陈请议处奉旨俱宽免谢恩事》，档号：04-01-26-0015-009。

④ 《清史稿》第36册，中华书局1977年版，第10852页。

至刑部尚书，综核谳案，克臻平允。嗣授为直隶总督，任事以来亦能整饬地方，肃清吏治，倚畀方殷。……胡季堂著加恩晋赠太子太傅。所有任内降罚处分俱准开复。"①

这是当朝和后世修史者的评价，也是对胡季堂的一种肯定。长新店案仅是胡季堂治下的一次失职。从长新店案胡季堂的处分，可见当时行政处分、皇帝直接的降品、降顶戴、拔花翎，革宫保衔方式的混杂并用。可知有清一代，官员等级地位不同，对其处罚方式也是不尽相同，各有所"本"，正因此，处分惩罚所希冀的"公"与"平"在所有官员中实在很难得到实现。由此更可见，皇权的极致专制。

第二节　官员处分类别间的转化

处分制度规定了官员应受的罚、降、革三大类别，吏部据处分条例确定官员的具体处分。在吏部初议之后再请旨由皇帝做出议定。其大致程序为："凡交部，有特旨，有参奏，有陈请，轻曰察议，重曰议处，又重曰严加议处。凡得旨严加议处者，则加议。若参奏，若陈请，以议处而得旨改为察议者，则减议。凡加议罚俸者，罚俸者由罚俸一月递加至罚俸二年，止于降一级留任，凡八等。降留者，降留者自降一级留任递加至降三级留任，止于革职留任，凡四等。降调者，降调者自降一级调用至降五级调用而止，皆加于其等而不相越。降留者不加至于降调，降调者不加至于革职。若减议，则革职而下，通为九等而减之。一革职、二降三级调用、三降二级调用、四降一级调用与革职留任、五降一级留任、六罚俸一年、七罚俸九月、八罚俸六月、九罚俸三月。"②

加议要点在于加重处分，但有其上限不能越等。减议核心在于减轻处分，至于减多少，则比较灵活，要由皇权来决定。官员处分在这些规定之

---

① 中国第一历史档案馆编：《嘉庆帝起居注》第 5 册，广西师范大学出版社 2006 年版，第 643—644 页。

② （嘉庆朝）《钦定大清会典》卷八《吏部》，载《近代中国史料丛刊三编》第 64 辑，文海出版社 1992 年版，第 365—366 页。

下，在皇权专制的控制下，出现了由重转轻或由轻转重的处分类别间的种种转化。

一、官员处分由重到轻的转化

官员处分由重到轻的转化有两种情况。一种是从处分的提出角度而言，即处分大架构方面的由重转轻，按照制度规定，有由严加议处到议处；由议处到察议；由察议到免议，笼统概括为减议。另一种是从处分的具体执行之中，展示处分类别在罚俸等级内、降调等级内、从降调等级到降留、从革职等级到革职留任等的转轻。这些处分转轻皆源于皇权以各种理由而定，它们体现了清代皇权的高度专制，"朕言出法随"[1]。嘉庆皇帝曾朱批广西巡抚钱楷和方维甸的奏折："嗣后如该地方官果能随时访查据实参报，俾奸宄得以破获。虽不能全宽处分，该督抚具奏到时，朕尚可酌量加恩，免其实降实革。"[2]皇权凌驾于制度之上，也可见封建专制社会里，制度治理和国家治理的二重不一致性。

此外，学界从其他视角阐述了这一观点。"以法督责官吏，中国历史上积累了较为丰富的经验，而在法律的制度化措施之外，'以术驭臣'的非制度化手段在各个时期也显示了它独特的功能。"[3]"中国古代官员的降黜制度是较为完备的，从积极的一面看，体现了对犯过失官员的区别对待；也体现了对固定的等级制的动摇。但是，制度只是条文，大量事实表明，起决定作用的仍是专制帝王的意志以及莫名其妙的'政治'因素，因此，其制度对吏治的改进，所起作用有限。"[4]

（一）处分大架构方面的由重到轻转化

1. 免议处和减议

自行检举免议。"各衙门办理事件错误，后经自行检举，京堂以上

---

① 《清仁宗实录》第 3 册，中华书局 1986 年版，第 843 页。

② 中国第一历史档案馆档案：录副奏折《钱楷奏为上陈酌减官员处分条例事》，档号：03-1535-053。

③ 孙季萍等：《中国传统官僚政治中的权力制约机制》，北京大学出版社 2010 年版，第 102 页。

④ 祝晏君、叶林生：《中国古代人事制度》，甘肃人民出版社 1992 年版，第 217 页。

各官，该部将照例处分及检举后宽免之处两议请旨，内阁票拟双签进呈，原以该员失误于前，后经自行查出检举，是以朕披阅时每多加恩宽免。"[1] 除自行检举之外，皇权也可以越出制度范畴进行免议。嘉庆二年（1797），林俊因代勘秋审错拟情实案，自请交部加倍议处。嘉庆帝以林俊曾忙于四川省"军需事务"，不得已疏于地方刑名案件，且引拟失当"尚属公过"[2]，免将林俊交部议处。嘉庆十五年（1810），董教增等奏报海洋被劫旧案，文武疏防官员是否应该处分。嘉庆皇帝同意臣僚的建议，因劫案疏防承缉涉事文武官员计有1000余名，人数太多。且事隔20余年，"官经屡易，一切地界情形，均无从指证，徒劳案牍，终于不能核实。"[3] 嘉庆皇帝决定将福建省所有嘉庆元年至十五年因海洋被劫各案参劾官员全行宽免，不再查参。免议处者有个体，有群体，有大员，也有小吏。

自行检举减议。"'官员办理事件始初失于觉察，后经自行查出检举'，可依例减议。"[4] "定例检举处分照本例减等，历来各衙门检举之案，无不仰蒙天恩准其减议抵销，所以善改过而杜回护也。"[5] 检举减议减等的程序，先由个人自行检举，后获得皇帝允准，两者兼具处分减等才能成为现实。皇权也会按照违制程度不同予以减等。如嘉庆年间，御史刘奕煜参奏吏部堂司各官先是于选缺补缺时不遵成例，后本部司官又"具帖置辩"从而扰乱铨选。嘉庆皇帝两派大学士查办事情始末，吏部堂官等才自认错误，后交都察院议处。左都御史德文将议处结果上报，吏部司员因承担职责不同，违制程度不同，处分亦不相同。吏部司员郑敏行因承办错误降三级调用；郎中怀裕、孙益廷，主事熊如澍因"具帖置辩，附和妄言"，照郑敏行不应重私罪降三级调用例上减一等，议以降二级调用；侍郎玉麟、戴联奎、秀宁、宋镕因"随

---

[1]　中国第一历史档案馆编：《嘉庆帝起居注》第19册，广西师范大学出版社2006年版，第174页。

[2]　中国第一历史档案馆编：《嘉庆朝上谕档》第2册，广西师范大学出版社2000年版，第333页。

[3]　中国第一历史档案馆编：《嘉庆帝起居注》第21册，广西师范大学出版社2006年版，第155—156页。

[4]　艾永明：《清朝文官制度》，商务印书馆2005年版，第188页。

[5]　中国第一历史档案馆档案：录副奏折《严烺奏为条陈部务事》，档号：03-1629-055。

同画稿"①，照降二级调用例上减为降一级调用。后两类官员即属于因违制程度不同予以减等处分。可见，嘉庆朝的处理并没有采取一刀切的方式。

2. 察议转为宽免

嘉庆五年（1800），署吏部尚书庆桂、戴衢亨身为吏部堂官，因本部所递月折书写官员姓名疏于检查出现错误，本应察议。嘉庆皇帝却以二人"在军机处行走"②为由，宽免察议。嘉庆十一年（1806），庆桂等因呈进《剿平三省邪匪方略》内所载恒瑞奏折，误将侍卫保邦的"保"字写作"徐"③字，事后也没校出，吏部奏请将庆桂及纂修官察议。因曾有旨："方略缮写错讹之字，积至三字再行议处。"④如今庆桂等讹写错误系属第二次，旨下宽免察议。嘉庆十二年（1807），吏部在具题本章时把年月缮写讹舛，经嘉庆披阅发现，尚书庆桂、瑚图礼、邹炳泰、桂芳等因主动自请交都察院察议，嘉庆旨下加恩宽免四人之察议。⑤

3. 议处转为察议

嘉庆五年（1800），大学士纪晓岚因失察轿夫赌博自请议处，皇帝改为交部察议。⑥嘉庆六年（1801），内阁学士纳清保于皇帝御门办事读本时，将刑部本内犯人名字遗忘，大学士王杰参劾交部议处。但是嘉庆皇帝认为纳清保"记忆良久仍自行奏出，尚非他人提知"⑦，遂改为交部察议，此说有些牵强附会。嘉庆六年，皇帝再次御门理事，内阁学士台费荫在读本时没能把本内人名背出，科道参奏将其交部议处，旨下亦改为交部察议。虽然没有背出，但和前例处分相同，仅止察议。嘉庆十三年（1808），原任户部员外郎

---

① 中国第一历史档案馆档案：录副奏折《德文奏为遵旨议处吏部堂司各官事》，档号：03-1539-088。

② 中国第一历史档案馆档案：录副奏折《庆桂戴衢亨奏为书写月折错误奉旨宽免察议谢恩事》，档号：03-1626-006。

③ 中国第一历史档案馆编：《嘉庆朝上谕档》第 11 册，广西师范大学出版社 2000 年版，第 488 页。

④ 中国第一历史档案馆编：《嘉庆朝上谕档》第 11 册，广西师范大学出版社 2000 年版，第 484 页。

⑤ 《清仁宗实录》第 3 册，中华书局 1986 年版，第 492 页。

⑥ 中国第一历史档案馆编：《嘉庆朝上谕档》第 5 册，广西师范大学出版社 2000 年版，第 506 页。

⑦ 中国第一历史档案馆编：《嘉庆朝上谕档》第 6 册，广西师范大学出版社 2000 年版，第 485 页。

范重榮遭革职不满，直入指挥衙门踹去牌文予以发泄，被交刑部治罪，案情比较简单。但刑部在两月后才"定稿具奏"，皇帝埋怨办理太迟，命尚书董诰等予以解释，堂官们没辙遂自请议处。嘉庆皇帝览奏后，声称"大学士董诰入直军机事务较繁，未能常川至署。且此案系八月下旬有旨交部审办，彼时伊正值随扈木兰，著加恩改为察议。"①

皇帝在一定情况下对待身边大臣还是比较优容的。嘉庆十六年（1811），部分大臣被派往户刑二部及仓场衙门查核检点来往奏文和咨文，因没能细心查核出现错误，引起嘉庆皇帝不满，令大臣们以及户部堂官自议，官员们自然自请议处，嘉庆还是改为察议。②官员们自行陈请一般会减轻，而能够自行陈请的官员，其地位一般不会太低。

4.严加议处转为议处

嘉庆四年（1799），山东济南府发生西关被盗，时任巡抚的陈大文并没有及时上奏，自请交部严加议处。但是嘉庆皇帝考虑到陈大文接到地方禀报后，能够一方面及时"饬属勒限缉拿"，另一方面"将疏防职名照例参处"，"尚非置之不办"，③因此加恩将陈大文改为交部议处，处分减轻。嘉庆五年（1800），河南宝丰县、邓县一带有教徒纠集多人焚掠村庄滋扰百姓，巡抚吴雄光对事件"未能先事觉察"，布政使马慧裕亦有"失察之咎"。二人自请交部严加议处。但是嘉庆皇帝看待问题比较客观，"念吴熊光在卢氏一带带兵防堵，相距较远"，且"事后搜捕余匪，尚为出力"。而马慧裕"一闻匪徒滋事之信，即行带兵驰往，于旬日之内剿捕完竣。"④二人失察皆是事出有因，因此从轻免严议改交部议处。嘉庆六年（1801），监修总裁官大学士庆桂奏修《高宗实录》应抬写处未抬写，自请交部严加议处。⑤奉旨此次未

---

① 《清仁宗实录》第 3 册，中华书局 1986 年版，第 713 页。

② 中国第一历史档案馆编：《嘉庆朝上谕档》第 16 册，广西师范大学出版社 2000 年版，第 52 页。

③ 中国第一历史档案馆编：《嘉庆朝上谕档》第 4 册，广西师范大学出版社 2000 年版，第 509 页。

④ 中国第一历史档案馆编：《嘉庆朝上谕档》第 5 册，广西师范大学出版社 2000 年版，第 379 页。

⑤ 中国第一历史档案馆档案：录副奏折《庆桂奏为修实录应抬写处未抬写自请议处事》，档号：03-1483-035。

经抬写之处，"因该总裁等未能深悉内廷事宜以致错误，尚有可原"①，著加恩改为交部议处。严加议处多为官员自请议处的方式，而旨下一般是同意议处却不同意重处。

（二）处分具体执行中的由重到轻转化

嘉庆十二年修纂的《吏部处分则例》，照例减议规定曰："凡议处事件有与例文相似，案情迥殊者，即照本条处分加减定议。应减者，将革职之案改为降三级调用；降三级调用之案改为降二级，降二级之案改为降一级，俱仍调用。其降一级调用并革职留任之案改为降一级留任；降级留任之案改为罚俸一年；其止罚俸一年、九个月、六个月、三个月者，均依次递减。若例轻而案情较重者，即照奏准加等之例办理，如内外官员被参，及自请议处奉旨交部察议者，亦照减等之例议处。"②此条即是针对如何减等的具体议处。

1.罚俸等级内的转轻

嘉庆六年（1801），台费荫因读本错误，本应照部议罚俸一年，嘉庆帝下旨"念伊查勘京南一路灾务尚属实心"③，改为罚俸六个月。嘉庆十三年（1808），英和被派出查抄贪官家产，没有迅速抄完就先行具奏。嘉庆皇帝认为"明予以偷漏地步"，显然是互相回护。经部议将英和议以罚俸一年。没等罚俸，皇帝以英和"虽亦具奏情形，但该处离园较近，往返尚为迅速"，④也就是留给查抄之家的作弊时间较短，转念改为罚俸半年。

2.降调等级内的转轻

嘉庆十六年（1811），内务府所递月折内于回避字样误写致错，吏部将内务府堂司各官议以降调。嘉庆皇帝认为："究系字画之误，未便概予降革。"⑤所有营造司司员内议以降四级调用之长庆、长山、德溥，得以改为降一级调用，嘉庆一语挽救了一批官员的仕途。嘉庆二十三年（1818），礼

---

① 中国第一历史档案馆编：《嘉庆朝上谕档》第6册，广西师范大学出版社2000年版，第485页。

② （清）庆桂等奉敕修：《钦定吏部处分则例》卷首《公式·照例减议》，嘉庆十六年木署藏版。

③ 中国第一历史档案馆编：《嘉庆朝上谕档》第6册，广西师范大学出版社2000年版，第253页。

④ 中国第一历史档案馆编：《嘉庆帝起居注》第13册，广西师范大学出版社2006年版，第401页。

⑤ 中国第一历史档案馆编：《嘉庆朝上谕档》第16册，广西师范大学出版社2000年版，第319页。

部在刊刻科场条例时，载录乾隆皇帝庙号时致有错误。吏部议将礼部侍郎宝兴、多山各降四级调用。嘉庆皇帝认为，"惟宗字讹作祖字，祖宗二字同为尊崇隆号，尚与字义舛谬者有间"[①]，定下了处分从轻的基调。随后，多山从降四级调用改为降一级调用，宝兴从降四级调用改为降二级调用。由于皇权的干涉，此种从宽幅度很大，其理由不一定是真正的从宽理由，有时只是皇权的随意从宽，这种随意的主观性太过强烈。

嘉庆十七年（1812），御史荣椿上奏风闻近日京城地方有偷剪发辫之事。嘉庆帝鉴于乾隆年间闹及数省，舆情慌慌最后不了了之的发辫事件，对此非常敏感，随即招来军机大臣等进行询问，最后查知并无此事。嘉庆皇帝由紧张到埋怨，遂将荣椿交部严加议处。吏部以"妄奏偷剪发辫"[②]，将荣椿议以降四级调用。随即皇帝以"姑念伊职系言官，例得风闻言事。若惩治过重，恐以后实有关系重大之事，伊等亦相率缄默，殊于言路有碍"[③]，轻惩荣椿只降了一级。

3. 降留等级内的转轻

嘉庆二十年（1815），嘉庆皇帝躬耕耤田时，顺天府官员将所备牛只不能驯习，该府尹及大兴、宛平县知县，上司刘镮之、费锡章等分别受到处分。部议刘镮之降二级调用，费锡章降三级调用，奉旨："刘镮之改为降三级留任，费锡章改为革职留任，俟八年无过方准开复。"第二年再次躬耕耤田，嘉庆皇帝看到该处官员将所供备牛只驯习很好，且礼仪具备，颁旨："刘镮之应减为降一级留任，费锡章减为降二级留任。"[④] 但同在降留等级内的转轻比较少。

4. 降调到降留的转轻

处分由实降改为降级留任，在处分类别转化中占比是最多的，其转化存

---

①　中国第一历史档案馆编：《嘉庆朝上谕档》第 23 册，广西师范大学出版社 2000 年版，第401 页。

②　中国第一历史档案馆编：《嘉庆朝上谕档》第 17 册，广西师范大学出版社 2000 年版，第224 页。

③　中国第一历史档案馆编：《嘉庆朝上谕档》第 17 册，广西师范大学出版社 2000 年版，第238 页。

④　中国第一历史档案馆编：《嘉庆朝上谕档》第 21 册，广西师范大学出版社 2000 年版，第112 页。

在着四种情况。其一，实降级数和留任级数相同，暨同一级数的处分由实降改为虚降，从降一级调用到降一级留任，降二级调用到降二级留任，降三级调用到降三级留任，降四级调用到降四级留任，降五级调用到降五级留任。其二，实降级数和虚降级数不同，一般是虚降级数多于实降级数之上一级或两级，如降一级调用改为降二级留任或降三级留任。其三，实降级数和虚降级数不同，实降的级数太高，虚降的级数不能再超出实降的级数，往往虚降级数低于实降级数。其四，降调到革职留任，属于跨等虚转，必于转轻，这种事例占比较多。

由实降到虚降的过程中，是同级留任还是异级留任，抑或跨等留任，没有一定之规律可循。然而，可以肯定的是，从实降到虚降，往往是由皇帝以多种理由与说辞将吏议的实降改为皇帝的虚降。吏议在很多时候，充当了"打底"角色，主调还得由皇帝来敲定。

（1）降调到同级留任。

降一级调用到降一级留任。嘉庆二十年（1815），直隶布政使钱臻因在山西按察使任内违例题补明祥升任朔州知州，部议降一级调用奉旨改为降一级留任。朱批："严缉逆贼毋懈。"① 可见留任的目的在于继续缉捕盗贼。嘉庆二十四年（1819），广西省城附近出现盗犯 70 余人一夜连劫 6 案的奇事，两广总督阮元以疏于防范被部议降一级调用。皇帝旨下："阮元驻扎粤东，相距较远"②，遂改为降一级留任。嘉庆二十三年（1818），陕西按察使恒敏因秋审失入，部议降一级调用奉旨改为降一级留任。③ 嘉庆十九年（1814），湖南布政使翁元圻在贵州臬司任内办理秋审失入，部议降一级调用，钦奉谕旨却改为降二级留任。④ 可见，皇权的随意性，同一程度错误，处分则不同，体现了处分的不公平性。

---

① 中国第一历史档案馆档案：朱批奏折《钱臻奏为奉旨加恩降级留用谢恩事》，档号：04-01-12-0313-003。

② 中国第一历史档案馆档案：朱批奏折《阮元奏为因案仅以降留议处谢恩事》，档号：04-01-12-0337-067。

③ 中国第一历史档案馆档案：朱批奏折《恒敏奏为奉旨加恩照例降一级调用改为降一级留用谢恩事》，档号：04-01-12-0329-013。

④ 中国第一历史档案馆档案：朱批奏折《翁元圻奏为奉旨部议处分改为降二级留任谢恩事》，档号：04-01-12-0311-095。

降二级调用到降二级留任。嘉庆二十一年（1816），署理刑部右侍郎贵庆在京察大典时，将缘事革职的郎中保龄考核不细予以盲目保荐，吏部议以降二级调用，旨下贵庆改为降二级留任。朱批："汝竟系无用之徒。"①既然无用还降二级留任，嘉庆皇帝内心似有诸多无奈。嘉庆二十二年（1817），安徽巡抚康绍镛在布政使任内因失察徒犯方荣升逃匿和州谋为不轨，吏部照例降二级调用，旨下降二级留任。其受处分是因"前任布政使任内兼署按察使两月，不能先事觉察。"②可见这种成因是由于官员更调频繁失察之故。嘉庆二十四年（1819），刑部堂官章煦等办案，私将吉林、黑龙江发遣官犯李德润等10犯列入再留名单内，部议降二级调用旨下改为降二级留任。③

降三级调用到降三级留任。嘉庆四年（1799），广东按察使吴俊因广东省嘉庆三年秋审失入5起，照例降三级调用奉旨改为降三级从宽留任。朱批："粤省刑名素称难治，汝其一秉至公，明慎而不留狱，慎重而不疏纵，自臻化理矣。勉之。"④嘉庆此起留任还是比较客观地看待了广东司法问题。嘉庆七年（1802），贵州布政使百龄因没有参劾已革巡抚常明欠缴铅斤银两等项，部议降三级调用。皇帝考虑到百龄"到黔接任后，即将（天津粮道）孙文焕移挪军需之事秉公查办"⑤，不是不办事之人，可能另有原因，因此改为降三级从宽留任。嘉庆十八年（1813），乌鲁木齐都统高杞前署陕甘总督任内因失察甘肃兰州道严烺等私将马匹交首县喂养，经部议降三级调用，皇帝以此"尚系相沿陋例"⑥，改为降三级留任。嘉庆皇帝想让官员留任，其说辞是非常多的。

降四级调用到降四级留任。嘉庆十六年（1811），山东巡抚同兴于湖北

---

① 中国第一历史档案馆档案：朱批奏折《贵庆奏为上年滥行保荐加恩改为降两级留任谢恩事》，档号：04-01-12-0315-112。

② 中国第一历史档案馆档案：朱批奏折《康绍镛奏为因方荣升案获咎奉旨降二级留任谢恩事》，档号：04-01-12-0323-050。

③ 中国第一历史档案馆编：《嘉庆朝上谕档》第24册，广西师范大学出版社2000年版，第263页。

④ 中国第一历史档案馆档案：朱批奏折《吴俊奏为降级留任谢恩事》，档号：04-01-13-0129-028。

⑤ 中国第一历史档案馆编：《嘉庆帝起居注》第7册，广西师范大学出版社2006年版，第575页。

⑥ 中国第一历史档案馆编：《嘉庆帝起居注》第18册，广西师范大学出版社2006年版，第229页。

藩司任内失察书吏陈文俊等私改文书，乱发执照，照例降四级调用，旨下改为降四级留任。①嘉庆二十三年（1818），礼部刊刻科场条例，于誊录乾隆皇帝庙号致有讹误。吏部等衙门议将穆克登额、姚文田各降四级调用。旨下："穆克登额历任年久，办事亦尚细心。姚文田在内廷行走勤慎，且不能常川到署"②，俱改为降四级留任。前面有类似处分案子，其结果是调减，并不是调到留。嘉庆二十四年（1819），山东巡抚程国仁因前在按察使任内办案审转有错，自请严议，部议降四级调用。皇帝以"一时简用乏人"③改为降四级留任。

降五级调用到降五级留任。嘉庆朝档案记载明亮已调补左都御史，所有部议降五级调用之处，改为降五级留任。再没有关于此次降调的其他记载了。④嘉庆二十四年，江苏巡抚陈桂生在兼署两江总督时，并未另进贺本给皇帝，皇帝认为"殊于体制未协"⑤，交部严加议处。吏部照违制例加等议以降五级调用，皇帝又以"一时简用乏人"⑥，改为降五级留任。后陈桂生进行辩解："臣浙西下士，世授国恩。本年恭逢皇上六旬万寿，臣供职在外，不克与在廷诸臣躬亲叩祝。遵于八月二十九日，将巡抚本任应进贺本敬谨缮进，嗣于九月十七日兼署督篆时，计赍递贺本为日较迟。又查督臣孙玉庭曾于咨送提镇各贺本案内咨明有案，臣糊涂误会未经另行缮进，诚于体制未协。部议降五级调用，实属咎所应得。"⑦从这份谢恩折可以看到，虽然嘉庆将之处分改为降五级留任，但是臣僚觉得还是很冤，因此完整地将事情原委叙述给嘉庆。像这样在未搞清楚事实之前的吏议和皇权决议显然有盲目之

---

① 中国第一历史档案馆档案：朱批奏折《同兴奏为前于湖北藩司任内失察部议照例降四级调用奉旨加恩改为降四级留任谢恩事》，档号：04-01-12-0292-059。

② 中国第一历史档案馆编：《嘉庆朝上谕档》第 23 册，广西师范大学出版社 2000 年版，第401 页。

③ 中国第一历史档案馆编：《嘉庆朝上谕档》第 24 册，广西师范大学出版社 2000 年版，第611 页。

④ 中国第一历史档案馆编：《嘉庆朝上谕档》第 19 册，广西师范大学出版社 2000 年版，第268 页。

⑤ 中国第一历史档案馆编：《嘉庆朝上谕档》第 24 册，广西师范大学出版社 2000 年版，第527 页。

⑥ 中国第一历史档案馆编：《嘉庆朝上谕档》第 24 册，广西师范大学出版社 2000 年版，第545 页。

⑦ 中国第一历史档案馆档案：朱批奏折《陈桂生奏为奉旨将部议违制处分改为降留谢恩事》，档号：04-01-12-0339-159。

处，而如此的盲目又是由皇权至上的思想理念所造成。

（2）降调到异级降留。

降一级调用改为降二级留任。嘉庆五年（1800），甘肃按察使姜开阳陈奏请改盐法，朝廷以为断不可行，并以姜开阳太过冒昧照例降一级调用。嘉庆念姜开阳在甘肃省城经理地方事务尚为熟悉，"若照部议降调，又须更换生手"①，改为降二级留任。嘉庆九年（1804），直隶总督颜检对通州等处飞蝗灾害并不主动奏报，照例降一级调用。皇帝为其开脱，"今所属地方飞蝗间发，被各该州县朦混以致奏报不实，与有心讳饰者有间"②，改为降二级留任。嘉庆十年（1805），地方官方维甸当时有三起处分，第一起因将凌迟犯人石慈改拟斩决，按例降一级调用；第二起将李世运等错拟斩候罚俸一年；第三起将李世泰等错拟徒杖罚俸一年，两起共罚俸二年。三起共为降一级调用再罚俸二年。奉旨：改为降二级留任仍罚俸二年。③

降二级调用改为降三级留任。嘉庆五年，按察使文霱因擅自越级上奏其叔景芳自行回旗之事，部议照官员借公将私事具奏例降二级调用。嘉庆皇帝念文霱"在陕省地方帮办军需，诸事较为熟习"④，改为降三级留任。嘉庆十一年（1806），直隶按察使杨志信因秋审应入情实之宋二油饼一案详请入缓，与援引成案相符，部议降二级调用。皇帝念"该臬司到任未久，平日官声尚好。其咎至于误引例案，尚系为慎重人命起见"，改为降三级留任。并朱批："益加敬慎，总期得中，不可偏执。"⑤皇帝对从宽留任还是有一定的条件和期许的。嘉庆十二年（1807），河南巡抚马慧裕、河东总河吴璥等，因奏请将河工所费进行摊征，被以违例妄行条奏，议以降二级调用。嘉庆皇帝以"其事究属因公，且河东总河及豫东二省巡抚同时降调缺出，简

①　中国第一历史档案馆编：《嘉庆帝起居注》第5册，广西师范大学出版社2006年版，第739页。

②　中国第一历史档案馆编：《嘉庆朝上谕档》第9册，广西师范大学出版社2000年版，第305页。

③　中国第一历史档案馆编：《嘉庆朝上谕档》第10册，广西师范大学出版社2000年版，第344页。

④　中国第一历史档案馆编：《嘉庆朝上谕档》第5册，广西师范大学出版社2000年版，第499页。

⑤　中国第一历史档案馆档案：朱批奏折《杨志信奏为奉旨将部议处分改为降三级从宽留任谢恩事》，档号：04-01-12-0273-150。

用乏人"①，改为降三级留任。嘉庆二十四年（1819），刑部堂官将本部余继生由刑部司务保举为额外主事，又保升主事。岂料余继生舞弊案发，部议堂官们照滥保例降二级调用，旨下以"人数众多，若概予降黜，一时简用乏人"②。将松筠、崇禄、吴璥、秀宁、帅承瀛、成格等一干人的处分从轻，改为降三级留任。

降三级调用改为降四级留任。嘉庆十年（1805），道员郑人庆患病，同兴先请旨将其解任，随后又用片奏请暂缓开缺，前后两种意见。皇帝以为是"糊涂、取巧"，最后"念一时简用乏人"，③将部议降三级调用改为降四级留任。嘉庆十三年（1808），江西南昌府知府刘若璪和饶州府知府宋思楷判案，将犯人徐懋进按律应拟流刑，结果在承审和审转时错拟绞候，造成失入。吏议降三级调用，皇帝以事属"因公错误"④，改为降四级留任。"向例顺天府属官员遇有升补事件，该督应与府尹公同核定，俟有回文始行具奏。"⑤然而，直隶总督温承惠却独断专行，自行题请将试署二年期满的永清县知县彭元英实授，不仅没有咨商邹炳泰，且擅将邹炳泰衔名列入以示同意。温承惠因此专擅违例被交部议以降三级调用，得旨因朝廷"一时简用乏人"⑥，改为降四级留任。

降四级调用改为降五级留任。嘉庆十年，云贵总督伯麟因在山西巡抚任内失察大同镇总兵恩承阿侵扣马干之事，误将恩承阿考核定为上考，吏议降四级调用，奉旨改为降五级留任。⑦嘉庆十六年（1811），内务府所递月折内于应行回避字样误写致错，吏部议将内务府司官桂芳降调。嘉庆皇帝认

① 中国第一历史档案馆编：《嘉庆朝上谕档》第12册，广西师范大学出版社2000年版，第7页。

② 中国第一历史档案馆档案：朱批奏折《成格奏为降级留任谢恩事》，档号：04-01-12-0335-013。

③ 中国第一历史档案馆编：《嘉庆帝起居注》第10册，广西师范大学出版社2006年版，第700页。

④ 中国第一历史档案馆编：《嘉庆朝上谕档》第13册，广西师范大学出版社2000年版，第453页。

⑤ 《清仁宗实录》第3册，中华书局1986年版，第645页。

⑥ 中国第一历史档案馆编：《嘉庆朝上谕档》第13册，广西师范大学出版社2000年版，第497页。

⑦ 中国第一历史档案馆档案：朱批奏折《伯麟奏为奉旨降五级从宽留任谢恩事》，档号：04-01-13-0172-040。

为："究系字画之误。"① 桂芳由降四级调用改为降五级留任。

值得一提的是，嘉庆十一年（1806）这份档案反映的不是降五级从宽留任。云贵总督伯麟、云南巡抚永保因云南建水县斩犯龙世恩诬陷民人向廷贵为正凶，此案二人既没能审出实情且冒昧具奏，又没具折请罪，部议降二级调用仍再降二级留任，"奉旨二人俱改为降五级从宽留任"②。这是在档案里比较特殊的一类处分，实际是降二级调用改为降三级留任再加上原来的降二级留任，一共成为降五级从宽留任。

降调到异级降留。这种情况很少，档案中所见有降三级调用改为降一级留任。嘉庆二十四年（1819），刑部查办吉林、黑龙江发遣官犯，将李德润等 10 犯一并列入单内予以再留六年。因此擅权，刑部堂司各官交部分别议处。然主要责任在堂官，司员办理错误其咎尚有可原，所有部议降三级调用之郎中庆恩等 7 员，均改为降一级留任。③ 前述已有此案其他官员的处分，各员处分不一。

（3）降调到革职留任的转轻。

"革职留任者其等在降三级留任之上，与降一级调用同等……其私罪降调及降级过三级者，皆议革任。"④ 一般而言，革职留任的形成有四种情况，由降一级、降二级、降三级、降四级改为革职留任。

降一级调用到革职留任。嘉庆十三年（1808），两江总督铁保依照言官摭拾具奏例降一级调用，因无级可降请旨革任。但"一时简任乏人"⑤，改为革职留任仍注册。

降二级调用到革职留任。嘉庆十四年（1809），新疆地方有一命案，民人伊三太殴伤其嫂身死，按律只应绞候，但地方官和书审理案子时，定为问

---

① 中国第一历史档案馆编：《嘉庆朝上谕档》第 16 册，广西师范大学出版社 2000 年版，第 319 页。

② 中国第一历史档案馆档案：朱批奏折《伯麟奏为奉旨部议处分改为降五级从宽留任谢恩事》，档号：04-01-12-0274-108。

③ 中国第一历史档案馆编：《嘉庆朝上谕档》第 24 册，广西师范大学出版社 2000 年版，第 263 页。

④ （嘉庆朝）《钦定大清会典》卷八《吏部》，载《近代中国史料丛刊三编》第 64 辑，文海出版社 1992 年版，第 358 页。

⑤ 中国第一历史档案馆编：《嘉庆朝上谕档》第 13 册，广西师范大学出版社 2000 年版，第 55 页。

斩并拟立决，造成失入。伊犁将军松筠身为上司也因没有请旨，随即将犯人正法，部议降二级调用，改为革职留任。①

降三级调用到革职留任。嘉庆八年（1803），山东巡抚铁保因题调不合例人员，且声言"即奉部驳，再无人换"之语，胁迫吏部，部议降三级调用。嘉庆皇帝"念系初任，且平日办事尚属认真"，改为革职留任。并朱批："莫染习气，凡事敬慎为本。"②嘉庆终究还是比较欣赏他的个性的。

降四级调用到革职留任。嘉庆八年，云贵总督琅轩因属员萨荣安请从军需款内扣存平余银两，没有将其不妥之处题参，反而任其滥扣，议以降四级调用，奉旨改为革职从宽留任。③嘉庆四年（1799），顺天府府尹莫瞻菉于民人王兆控告案件，没有与他官相商，私自违例在私宅讯供，并释放被告王元，部议降四级调用。④但皇帝念莫瞻菉"办理顺天府事务有年，一时乏人更换"⑤，亦改为革职从宽留任。

以上只是实降到虚降的部分事例，实际处分中更多。这些由实降到虚降的转化，会带来不良影响，即对官员的放纵。"部议上时仍可改为降级留任，不过少支岁俸，未必遽至镌秩，因而无所顾忌。"⑥吏议实降，我们看到的是制度的规范和行政的治理；皇权虚降，我们感受到的则是皇权的至上和专制的强大。吏议代表着制度治理，而皇权代表着国家治理，在我们的意识中国家治理和制度治理应该是同一而不是相悖的关系，但是从清代官员处分的实际执行中，我们看到的是国家治理凌驾于制度治理之上，国家治理的每一次"从宽、加恩、修正"，都是对制度治理的一次次无端否定。这种否定到底是制度治理本身有问题，还是以皇权为核心的国家治理出现问题，抑或二者

---

① 中国第一历史档案馆编：《嘉庆朝上谕档》第 14 册，广西师范大学出版社 2000 年版，第 500 页。

② 中国第一历史档案馆档案：朱批奏折《铁保奏为奉旨部议降三级调用从宽改为革职留任谢恩事》，档号：04-01-12-0266-014。

③ 中国第一历史档案馆档案：朱批奏折《琅轩奏为奉旨加恩改为革职留任谢恩事》，档号：04-01-16-0095-014。

④ 中国第一历史档案馆编：《嘉庆帝起居注》第 11 册，广西师范大学出版社 2006 年版，第 449 页。

⑤ 中国第一历史档案馆编：《嘉庆朝上谕档》第 4 册，广西师范大学出版社 2000 年版，第 206 页。

⑥ 中国第一历史档案馆编：《嘉庆帝起居注》第 13 册，广西师范大学出版社 2006 年版，第 619—620 页。

皆有问题，这应该是造成清代官员处分不断而效用不彰的深层根源，是值得我们进一步探讨的核心。

5.革职的几种转轻

（1）革职改为革职留任。

嘉庆七年（1802），天津所属武清县知县朱杰因修造拨船迟延，仓场侍郎达庆将之参奏革职，结果引发诸多官员和老百姓为其求情。官员熊枚称"朱杰办赈妥协曾经保奏"；陈大文亦称"该参员官声素好"。更有甚者，"武清县民百余人远来具禀，请将朱令免其离任"。最后，嘉庆皇帝认可"朱杰居官清正，能得民心"，[①]是位好官，遂改为革职留任。嘉庆十三年（1808），有上谕曰："文宁性情乖执"，吏部请将文宁议以革职，上谕先是认为"处分甚当。"[②]转而念文宁"在满洲翰林中学问尚可，加恩赏给编修，在文颖馆效力行走，仍带革职留任"[③]。嘉庆十四年（1809），淮扬道叶观潮因职司河务疏防，部议革职，嘉庆帝以其"与专管地方者稍觉有间"[④]，革职处分改为革职留任。

嘉庆十年（1805），按照惯例军机处拟从中书笔帖式等官中保奏军机章京，由军机大臣在内阁典籍齐嘉绍、中书蔡炯、袁煦三人中推荐公选。刘权之因座师纪昀之嘱托，三人中偏重其婿袁煦，在众军机面前力推袁煦，并声言非袁煦不可。忌讳朋党是清王朝一项国忌。嘉庆皇帝知悉后认为："刘权之以中书袁煦为伊师纪昀之婿，声言欲一并列入，实属瞻徇，本不成话"，"其错谬固不待言"，[⑤]命保宁等将刘权之严加议处。刘权之先被皇帝革去太子少保，不得在军机处行走。之后吏议照溺职例革职。旨下："念刘权之在各部院供职有年，资格较深，且在军机处行走业已三载，尚无错误，降为编修仍带革职留任，遇有国史等馆纂修缺出，

---

①　《清仁宗实录》第 2 册，中华书局 1986 年版，第 276 页。

②　中国第一历史档案馆编：《嘉庆帝起居注》第 13 册，广西师范大学出版社 2006 年版，第221 页。

③　中国第一历史档案馆编：《嘉庆帝起居注》第 13 册，广西师范大学出版社 2006 年版，第222 页。

④　中国第一历史档案馆编：《嘉庆朝上谕档》第 14 册，广西师范大学出版社 2000 年版，第495 页。

⑤　《清仁宗实录》第 2 册，中华书局 1986 年版，第 995 页。

令其充补。"① 革职到革职留任占比是比较大的，在一定时候会很快开复。

（2）革职改为降调。

王树勋，江都人。其父曾任微职。"树勋幼入京应试，不售，乃于广慧寺为僧，法名明心。性聪悟，剽窃佛氏絮语，以为直通圆觉。又假扶乩、卜筮诸异术，京师士大夫多崇信之。树勋以重贿赂诸人之阍者，故多探刺其阴私事而扬言于外，故人愈尊奉之。……其余达官显宦为其门人者无算。"② 此人乃当时京城道观僧人明心，曾结交嘉庆朝一干官员，下至州府，上至卿贰，既有在朝官员，又有休致官员，连跨几省。王树勋在犯案受枷杖后，凭捐纳出僧途入宦途，跻身楚省知府之列，对清王朝的官场形象有着深刻的贬损，带来极坏影响。③ 嘉庆皇帝也深知此情，因此对涉事官员进行了处分。其中之一是刑部官员宋镕，其过错在于在王树勋进京拜谒时，"知系僧人朦捐职官"，"却匿不举发"，部议革职。旨下以宋镕在王树勋为僧时，"仅与往来"，④ 改为降三级调用。

（3）革职改为休致。

清制，内阁学士满洲 6 人掌奏本章，御门听政时负责进折本。每当御门听政时，"皇帝御乾清门升座，各部奏事毕，侍读学士两人诣奏案前，奉各部奏函以退。学士一人奉折本函恭设于案，启函依序启奏。"⑤ 可见折本由学士捧至皇帝前宣奏。观诚身为内阁学士，御门时却不能读本，屡次请为病假，嘉庆皇帝认为其故意"规避"，吏部奏请将观诚照溺职例革职。嘉庆皇帝反而念观诚"现已衰病"⑥，免其革职，由原来的从二品阶，改以五品衔休致。

---

① 中国第一历史档案馆编：《嘉庆帝起居注》第 10 册，广西师范大学出版社 2006 年版，第 286 页。

② （清）昭梿：《啸亭杂录》卷八《王树勋》，载《清代史料笔记丛刊》本，中华书局 2006 年版，第 236 页。

③ 中国第一历史档案馆整理档案：《嘉庆年间王树勋蒙捐官职案档案》，《历史档案》2013 年第 3 期。研究成果有徐春峰：《嘉庆年间王树勋还俗捐官案》，《历史档案》2021 年第 4 期。

④ 《清仁宗实录》第 5 册，中华书局 1986 年版，第 72 页。

⑤ （光绪朝）《钦定大清会典》卷二《内阁》，载《续修四库全书》第 794 册，上海古籍出版社 1996 年版，第 35 页。

⑥ 中国第一历史档案馆编：《嘉庆帝起居注》第 10 册，广西师范大学出版社 2006 年版，第 352 页。

（4）革任到免革任。

嘉庆四年（1799），湖南巡抚姜晟因没能查参藩司郑源梼将库项侵扣入己，部议降三级革任。旨下，因姜晟"居官声名尚好，且办理军务亦有劳绩"，从宽免其革任仍注册。且有朱批："卿在督抚中实能有守有为，谙练晓事。"[1]嘉庆皇帝凭借黜陟大权拉拢朝臣，却无视制度的可信度。

二、官员处分由轻到重的转化

官员处分有由重到轻的转化，也有由轻到重的转化，大致分为两种情况。一种是从处分的提出角度而言，即处分大架构方面由轻转重，有由不议到议处，有由议处到严加议处，笼统概括为加议。学界对此有相同看法，"如果在参奏或陈请中定以议处，而皇帝降旨严加议处的，便要罪加一等，这叫做加议。"[2]也就是"行政处分中的加等事项，主要为特旨严议。"[3]另一种是在处分的具体执行之中，显示处分类别在罚俸等级内、罚俸到降留、降调、革职等级，降调等级内，降调到革职，革职到刑事治罪的种种转重。这些处分转重亦皆源于触犯皇权或严重违制。同转轻相比，转重的情况要少于转轻情况。毕竟，黜陟的本意在于规范、约束、预防，而不是为了惩罚而惩罚。

如魏光奇所言："问责制度是维持行政正常运作的重要保证。理性的行政问责制度应是一种有限责任制度，即官员的行政责任必须限于其职务地位和权力所能够达到的范围之内，而行政问责，也只是对官员在这一范围内的失职过失予以追究。只有这种有限责任制度，才能使得问责处分真正起到增强官员责任意识、改善其施政的作用。"[4]

（一）处分大框架方面的由轻到重

1.不议加重为议处

嘉庆二十一年（1816），直隶省州县官员交代未结各案的办理期限，经

---

① 中国第一历史档案馆档案：朱批奏折《姜晟奏为宽免革任谢恩事》，档号：04-01-13-0132-020。

② 郭松义：《清朝典制》，吉林文史出版社1993年版，第294页。

③ 艾永明：《清朝文官制度》，商务印书馆2005年版，第188页。

④ 魏光奇：《有法与无法——清代的州县制度及其运作》，商务印书馆2010年版，第412页。

原限再展以后，本应于当年六月完成，但很多官员没有完成，本应被开参。直隶总督方受畴不仅不进行参劾，还奏请宽免这些州县官员的迟延处分。朝廷以方受畴是"代属员开脱处分"①为由，不仅命户部驳回其所奏，而且将方受畴交部议处。方受畴本不应被处分，结果因回护他官而被处分。

2. 议处加重为严加议处

自请议处下的严加议处。嘉庆六年（1801），海运仓监督支放西四旗俸米因迟延半年之久，仓场侍郎达庆、邹炳泰，查仓御史兴德既稽察不到位，又不及时上报朝廷，直至明安等官员另行奏报放米迟延情况，嘉庆皇帝才得以知晓。朝廷对这些官员的失察责任予以追究。此三人都曾自请议处，但嘉庆皇帝认为议处"尚属过轻"②，应俱交部严加议处。最终部议达庆、邹炳泰降二级调用，兴德降三级调用。旨下："达庆、邹炳泰系总司仓务之人，但驻扎通州离京仓较远，其咎止于失察，所有降二级调用之处著加恩准其抵销。至御史兴德，查仓是其专责，乃并不随时赴仓稽查，已属玩误。后明知监督德永等放米迟延，又不据实参奏，实属扶同隐饰，兴德著照部议降三级调用不准抵销。"③可见，三人处分都重于本来处分，而兴德更因御史的身份，一事两处，叠为降三级调用，且不能抵销。

圣旨下的严加议处。嘉庆四年（1799），刘墉等大臣负责纂修则例，因吏部纂写人手不够，遂私下从国子监召募供事人员誊写。虽然刘墉等因修办则例招人，也没有吞噬供事所上交银两，但皇帝认为则例馆官员，"不将本衙门书吏不敷另行招募之处奏明"④，属于办理专擅，因此将刘墉等交部严加议处。

嘉庆朝仓谷亏缺严重，湖南省并不例外，同样存在着弥补问题。嘉庆九年（1804），湖南原本议定仓谷亏赔的方式为"按照时价于原亏各员名下追补归款"，朝廷也已恩准。但巡抚高杞另行提议："既以例价追银，仍于有谷

---

① 中国第一历史档案馆编：《嘉庆帝起居注》第 18 册，广西师范大学出版社 2006 年版，第 443 页。

② 《清仁宗实录》第 2 册，中华书局 1986 年版，第 125 页。

③ 中国第一历史档案馆编：《嘉庆帝起居注》第 6 册，广西师范大学出版社 2006 年版，第 440 页。

④ 中国第一历史档案馆编：《嘉庆帝起居注》第 4 册，广西师范大学出版社 2006 年版，第 732 页。

之家按粮均买"。湖南继任巡抚阿林保当即上"湖南各州县亏赔谷石定价追补毋许派买"一折反对。朝廷知晓后，批评高杞"是以官之亏缺，令百姓代为赔补"，此举即为"朘削民膏"[①]、"祖官病民"，因此将高杞交部严加议处。吏部奏请将高杞照违制例革职，旨下："高杞妄更成议，实属乖谬，著照部议革职来京候旨。"[②]

嘉庆二十年（1815），湖广总督马慧裕、湖北巡抚张映汉联名上奏，允许湖北江陵县知县捐升知府李若嶂加捐离任，留楚委用。结果吏部查出李若嶂任内有承缉盗案展参等多项处分，"均干降调，与报捐离任之例不符"，予以驳回。皇帝盛赞吏部的同时，训饬马慧裕，既"系吏部司员出身，此等定例岂得诿为不知，乃与张映汉联衔具奏，实属朦混"。马慧裕、张映汉都被交部严加议处。吏部依例："查定例各省现任官员，该督抚将不称升调之员徇情保举降二级调用。又定例官员议处有奉旨交部严加议处者，查照本例酌量加等各等语。"[③]马慧裕、张映汉二人均照徇情保举降二级调用例上加等议以降三级调用。后旨下改马慧裕为革职留任，张映汉为降四级留任。[④]

嘉庆二十三年（1818），玉牒修成，由工部负责送往当时的盛京收藏。在路途上，原本已有御道可走，工部堂官曹振镛等却"议令另行修垫"，结果"重劳民力"。嘉庆皇帝恼怒，斥责工部官员明似"拘泥糊涂"，其实"为重开经费地步"，此举易加重百姓对嘉庆、对朝廷的不满。因此，命将合议此事的工部司员交部议处，率行陈奏的各堂官交部察议。议处和察议相关官员之后，皇帝另外追查首先倡论议准官员，由军机大臣查明后"再加罚俸半年"[⑤]。此即又一种情况的加议。

嘉庆二十三年（1818），湖南巡检蔡观因查拿赌犯被众赌犯殴打。湖

①　中国第一历史档案馆编：《嘉庆帝起居注》第9册，广西师范大学出版社2006年版，第172页。

②　中国第一历史档案馆编：《嘉庆帝起居注》第9册，广西师范大学出版社2006年版，第181页。

③　中国第一历史档案馆档案：录副奏折《英和奏为湖广总督马慧裕湖北巡抚张映汉徇情朦混保举属员依例严议请旨事》，档号：03-1573-065。

④　中国第一历史档案馆编：《嘉庆朝上谕档》第20册，广西师范大学出版社2000年版，第716页。

⑤　中国第一历史档案馆编：《嘉庆朝上谕档》第23册，广西师范大学出版社2000年版，第235页。

南巡抚巴哈布接到报告后，既没有及时严拿案犯究出确情参办，又将案件延宕三年不结，致使朝廷命官受辱。朝廷知晓后，以"因循疲玩"和"不胜巡抚之任"为由，将巴哈布交部严加议处。吏部按照"定例官员将事件任意耽延者降一级调用，又定例官员议处有奉旨交部严加议处者查照本例加等核议"。① 将巴哈布在任意耽延降一级调用例上加等议以降二级调用。

从以上严加议处事例，可见多是擅权、民生问题、迟延逾限问题，涉及这些嘉庆皇帝一般才予以严加议处给予警告。但是这种加议，也仅仅是加重降调一级或是加罚俸禄半年，对官员的仕途影响也不是很大。

（二）处分具体执行中的由轻到重

嘉庆十二年修纂的《吏部处分则例》中定："官员议处有奉旨交部严加议处者，自当加等核议，应仿照刑部加等之例一体办理。处分则例内罚俸之例自一个月、两个月、三个月、六个月、九个月、一年至二年，凡七等。降革留任之例，自一级、二级、三级至革职留任凡四等。降调之例自一级、二级、三级、四级至五级，凡五等。有奉旨严议者，照本例酌量加等。其由罚俸加等者，止于降一级留任。由降留加等者，止于革职留任。照刑律徒杖加等，罪止满杖之意，不得加至降调。由降调加等，仍照刑律绞不加斩之意，不得加至革职。除本例原系不准抵销仍不准抵销外，其余均不得加议，不准抵销。各省督抚参劾属员，不得用严加议处字样，违者照误揭属员例议处。"② 条例详细阐述了如何加议，加议的限度等，在实际操作中由轻转重的处分还是比较多的。

1. 罚俸等级内的转重

嘉庆十七年（1812），李亨特身为河道总督，"湖河系其专责"，然其在处置山东济宁府微山湖淤积情况时，却茫无所措"毫无主见"，几误漕务。吏部议以罚俸一年，嘉庆皇帝认为此议"仅照兼辖官河道淤垫之例罚俸一

---

① 中国第一历史档案馆档案：录副奏折《英和奏为遵旨议处湖南巡抚巴哈布案悬三载延宕不结事》，档号：03-2375-024。

② （清）庆桂等奉敕修：《钦定吏部处分则例》卷首《公式·特旨严议》，嘉庆十六年木署藏版。

年，不足示惩"，① 遂加重为罚俸二年。嘉庆二十五年（1820），吏部堂司各官因进呈秋季《爵秩全览》一书开写错误，被都察院议处。吏议出来，嘉庆皇帝认为都察院"所议尚轻"②，遂将吏部主事恒柱、豫泰，从罚俸三个月加重为六个月；英和、吴璥、恩宁、顾德庆、常起、王引之，从罚俸一个月加重为三个月。

2. 罚俸跨等加重为降留、降调、革职

嘉庆十二年（1807），广西临桂县出现监犯越狱，臬司王家宾、知府汤藩按照嘉庆旨意交部严加议处。吏部按照斩绞重犯越狱非属行贿问题的条例处分，"该管府州罚俸一年限一年督缉，抚司道初参罚俸六个月限一年督缉"③，加重汤藩处分为革职留任限一年督缉，王家宾降三级留任限一年督缉。此为罚俸转为降留。嘉庆十五年（1810），正值乡会试大考年份，朝廷规定不准朝臣条奏有关科场事宜。然而礼部官员佛柱、温汝适在考试开始入场后没发榜之前，临时奏请加增南北皿官卷名额。嘉庆皇帝认为他们是"有心邀誉"扰乱科考秩序。遂将吏部原议罚俸九个月，以"实属过轻"④，加重为实降一级调用。

时宪书即古之万年历，今之日历。清制各省所颁时宪书向于每年四月初一日，由钦天监"预将样本发交各布政司衙门刊刷，至十月初一日颁朔后颁行。近京一带若由监颁行，势难遍及，或交顺天府募匠刊刷，照各省布政司之例办理。惟总须定于十月初一日颁朔以后方准出售。若于颁朔之前私行售卖，即照违制律治罪"⑤。嘉庆十八年（1813），"距颁朔之期尚远"，有关匠役就将时宪书稿本卖给商人预先翻印，售卖牟利。钦天监堂司官员因失察，满汉堂官被交吏部议处，专办官员交部严加议处。吏部议定上奏皇帝，嘉庆

---

① 中国第一历史档案馆编：《嘉庆帝起居注》第 17 册，广西师范大学出版社 2006 年版，第 55 页。

② 中国第一历史档案馆编：《嘉庆朝上谕档》第 25 册，广西师范大学出版社 2000 年版，第 282 页。

③ 中国第一历史档案馆编：《嘉庆朝上谕档》第 12 册，广西师范大学出版社 2000 年版，第 602 页。

④ 中国第一历史档案馆编：《嘉庆帝起居注》第 15 册，广西师范大学出版社 2006 年版，第 392 页。

⑤ 中国第一历史档案馆编：《嘉庆帝起居注》第 18 册，广西师范大学出版社 2006 年版，第 463 页。

批曰："该监堂官及专办之司书俱毫无觉察，其咎较重。吏部照漏泄本章例议处，所议尚轻。"①遂将满监正额尔登布、前任满监副工部员外郎图宁、前任汉监副户部员外郎陈伦，俱加重为降二级留任；司书方履亨加重为降二级调用，无官可补即革职。

3. 降调等级内的转重

清代南粮北运路途遥远，漕粮转运维艰，每年朝廷修治河道，动辄达数百万，全为漕米安然。漕粮到后又面临收储问题。嘉庆年间却在收储方面接连出现问题，嘉庆十四年（1809），北新仓、禄米仓、南新仓、海运、富新、兴平等各仓，都出现"米色实系不纯，霉变者多"的情况，嘉庆皇帝不信，连续三次派遣军机大员抽查抽验，结果都是霉变报告。愤怒之下斥责："该仓场侍郎所督办者何事？"然而仓场侍郎达庆先是称"该督等收米上仓及坐粮厅验收，均无不合"，后竟然奏请各旗把霉变之米领回食用，引起嘉庆皇帝震怒，曰："请旨饬令承领，是不但毫无引咎之意，且竟欲以此霉烂之物充放兵糈，不顾八旗生计，强词夺理，是何言耶？"②达庆曾三任仓场侍郎，嘉庆皇帝因其熟知仓场事宜，才由新疆特简来京委以此任，然而却发生了多仓漕米霉变不纯，甚且不在乎的情况，部议降二级调用，嘉庆"尚觉过轻"③，改为降三级调用。

4. 降调加重为革职

嘉庆十七年（1812），范建丰因失察家人收受钱局陋规部议降二级调用。嘉庆皇帝认为范建丰以大员获咎后重新重用，但"此次获咎尤重"④，现今既然无级可降著即革职。嘉庆十九年（1814），吏部尚书英和奏原任广西按察使德泰妄陈降调事。德泰在嘉庆十八年因案以"任性乖张"降三级以京员补用。吏部文选司将其按照所降之级以从五品员外郎改补为刑部员外郎。之后德泰又因在按察使任内"失察所属非刑毙命案"由员外郎再降二级调

---

① 中国第一历史档案馆编：《嘉庆帝起居注》第18册，广西师范大学出版社2006年版，第422页。
② 《清仁宗实录》第3册，中华书局1986年版，第783页。
③ 《清仁宗实录》第3册，中华书局1986年版，第784页。
④ 中国第一历史档案馆编：《嘉庆朝上谕档》第17册，广西师范大学出版社2000年版，第346页。

用。"例应由员外郎按级递降，以从六品之京职补用。"① 可见，两起处分案子共降五级，德泰的官是一降再降，越补越低。德泰非常不满意，向皇帝告发应该将其以四品京堂补用。其不合理要求引得嘉庆皇帝非常反感，"京堂系两司升阶，岂降调之员所得改补？"② 遂以德泰"任性乖张，不安本分"予以革职。嘉庆二十四年（1819），御史余本敦参奏裕丰仓监督善麟、鲁成名忽视仓廒，不专心在仓防范，吏部按例议以降四级调用。旨下以二点理由加重，"各仓监督不兼本衙门差使，原令其专心在彼稽查，时加防范"。"启闭时俱不亲身到仓，辄将封条交花户等自行封贴，实属旷职。"③ 以部议太轻，令即行革职。

除降调可加重为革职外，免罪也能加重为革职。如曾任直隶肥乡县知县的万永福，违例前后两次投递奏折，处分结果不一，最终被革职。第一次差人投递禀帖内暗夹奏折一封，谈及直隶地方督抚藩臬官员摊牌戏技银等陋规，由此参倒了几位高官。但嘉庆皇帝仍以其"越职言事，本有应得之罪，念其所言尚正，且事有实据，免其治罪"④，发往山西以知县补用。第二次万永福还未到山西就任知县，又具折大谈直隶派差垫道各事宜，及更改皇帝出行日期，被嘉庆认为"妄议更改之处"，且"均系窒碍难行"，结合上次上折给其定性为"殊属不安本分"。⑤ 交部照违制杖一百私罪例革职，万永福不知收敛落得一个革职结局。

5. 革职有余罪判刑事罪

嘉庆十年（1805），河南林县出现旱情，地方乡绅呈报上去，林县知县孙贻谋并不立即亲身前往查勘，也不报告上司及时赈灾。结果被河南巡抚马

---

① 中国第一历史档案馆档案：录副奏折《英和奏为原任广西按察使德泰妄陈降调事》，档号：03-1556-010。

② 中国第一历史档案馆编：《嘉庆朝上谕档》第 19 册，广西师范大学出版社 2000 年版，第189 页。

③ 中国第一历史档案馆编：《嘉庆帝起居注》第 21 册，广西师范大学出版社 2006 年版，第254 页。

④ 《清仁宗实录》第 3 册，中华书局 1986 年版，第 843 页。

⑤ 中国第一历史档案馆编：《嘉庆帝起居注》第 14 册，广西师范大学出版社 2006 年版，第317 页。

慧裕以"性耽安逸"参革，朝廷知晓后，旨下终以"玩视民瘼"[1] 将其革职发往乌鲁木齐。同样，嘉庆十七年（1812），直隶朝阳县知县庆恩拖延人命重案，不前往验尸，以致尸体腐烂不能验视，不仅革职且发往乌鲁木齐，[2] 摊上流刑。

三、引见后官员处分的由重转轻

昭梿曾记载："定制，凡召见、引见等名次，皆用粉牌书名，雁行以进。王贝勒用红头牌，公以下皆用绿头牌。缮写姓名籍贯及入仕年岁，出师勋绩诸事，以便上之观览焉。"[3] 此记展示了引见官员的面圣事项。引见制度的研究在学界起步较早的是黄十庆，他认为："顺治朝是引见被正式应用于清代官制的开始。在此之后，伴随皇权一步步强化，引见应用的范围日趋扩大，渐渐渗透于官制的各个方面。到乾隆年间，引见制度最终定型。"[4] 在此基础上，到嘉庆朝，引见官员的范围也基本固定下来，其中一类就是因公降革官员的引见。

因公诖误，是指因公事被处分，或者称之为犯公罪。封建官场常言："私罪不可有，公罪不可无。"反映了公罪的不可避免。因此，对因公诖误官员的引见也是一种救济方式，缓解因犯公罪官员的处分，维持正常的行政秩序。一般地方各省官员公罪处分较多，其引见程序按照级别有所不同。道府一级官员由督抚直接送吏部引见，道府以下知县以上，凡居官达 5 年，离任之后交代清楚，无钱粮案件不清之处，准许本人亲赴吏部自请引见，吏部不限人数俱加奏闻，将其附履历带领引见。但是从实际的运作中，各级官员们大多是由督抚出具考语送部引见。请看下表：

---

① 中国第一历史档案馆编：《嘉庆朝上谕档》第 10 册，广西师范大学出版社 2000 年版，第 445 页。

② 中国第一历史档案馆编：《嘉庆朝上谕档》第 17 册，广西师范大学出版社 2000 年版，第 361 页。

③ （清）昭梿：《啸亭杂录》卷九《绿头牌》，载《清代史料笔记丛刊》，中华书局 2006 年版，第 286 页。

④ 黄十庆：《清代的引见制度》，《历史档案》1988 年第 1 期。

表3—2　10例因公降调官员引见

年份	处分与引见
元年	浙江前护金衢严巡道岳光因所属知县滥刑捏禀未能随时揭报议以降二级调用，著该督抚出具考语送部引见
元年	福建泉州府知府景文因下属同安县知县郑远将应释人犯羁押多名照例降二级调用，旨下景文著引见再降旨
三年	浙江省州县官陈世杰因征收南米未完不及一分议以降三级调用，嘉庆令浙省各督抚出具考语送部引见
三年	浙江省州县官黄秉哲因征收南米未完三分以上议以降五级调用，嘉庆令浙省各督抚出具考语送部引见
三年	浙江省州县官彭志杰因额征南米未完二分以上议以革职，嘉庆令浙省各督抚出具考语送部引见
五年	魏大斌不行缉拿议以降二级调用，著该督抚出具考语送部引见
五年	玉屏县知县彭运适因误递军机发交印封议以降调，著该督抚出具考语送部引见
六年	署臬司粮道叶汝兰办理秋审失入五案之多部议降三级调用，著该督抚出具考语送部引见再降谕旨
五年	云南省署建水县知县徐迪行因经征盐课未完六分以上议以降五级调用，该督抚出具考语送部引见
十七年	福建台湾府知府徐汝澜因于台湾府任内失察书吏删改告示案部议降二级调用，奉旨送部引见

资料来源：《嘉庆帝起居注》、《嘉庆朝上谕档》、嘉庆朝朱批奏折。

　　以上仅举10例，属因公降调官员的引见，此外，还有革职官员亦可引见。贵州省贵阳府知府程煜在伊桑阿勒派一案中，被议革职。但嘉庆皇帝"闻其平日官声尚好。且程煜既据该督讯明并无馈送银两情事，其许向各府转商帮助，实迫于伊桑阿之催逼，尚有可原。著琅玕将程煜在知府任内居官如何之处出具切实考语，据实查明具奏送部引见，候朕再降谕旨"[1]。以上都是因所犯公罪而得以引见。从这些对处分官员的引见中，可见"引见制度充分体现了用人之权'操之至上'的原则"[2]。但也不可否认，引见也给部分降调官员带来了减轻处分的机会。根据档案，因公降革官员引见后处分多由重转轻，请看下表：

---

① 《清仁宗实录》第2册，中华书局1986年版，第196页。

② 郭松义：《清朝典制》，吉林文史出版社1993年版，第142页。

表 3—3　10 例因公降调官员引见后处分由重转轻

引见官员	处分转轻并补用
原任河南南阳府同知戈璇带领引见	以知府用，降一级之案改为降二级带于新任
河南信阳州知州查彬带领引见	仍以知州用，降一级调用之案改为补官日降二级留任
原任山西临县知县侯金诰带领引见	以知县用，降一级调用之案改为补官日降二级留任
原任云南大姚县知县郑钟莩带领引见	以知县用，降一级调用之案改为补官日降二级留任
原任顺天府南路同知何贞带领引见	仍以同知用，降调之案改为补官日降二级留任
原任山东兖沂曹济道熊方受带领引见	仍以东河沿河知府用，降调之案改为补官日降三级留任
广西柳州府粮捕通判高廷枢带领引见	仍发原省以通判用，降调之案改为补官日降三级留任
署安徽霍山县试用知县金直荣带领引见	以知县用，降调之案改为降二级留任
原任山东莱阳县知县王鼎丰带领引见	以知县用，降调之案改为降三级留任
原发湖北试用知县张增龄带领引见	仍以知县用，降调之案改为补官日降四级留任

资料来源：《嘉庆帝起居注》诸册。

引见会对官员降调处分形成更改，这种更改往往也是减轻处分，由实降到虚降。档案中类似这样的引见更改非常多，以上仅列举 10 例。这 10 例反映出引见对象为部议实级降调的中下级官员，他们分布于各省。其共同之处在于经皇帝引见后，其实降处分都改为虚降，官员并获得最快补用，或知县，或知州，或同知，或知府，或通判，基本上是其降调之前的任职水平。除此之外，也有降调引见后改为革职留任的。嘉庆十年（1805），山东曹州府知府崔映辰因造报奏销钱粮文册迟延，吏议降调。嘉庆旨下："著该督抚出具考语送部引见。"引见后嘉庆皇帝认为崔映辰"平日官声尚好，著加恩改为革职留任"。[1]

这些对吏议处分的改轻及原因，正如嘉庆皇帝的不断宣谕："向来降调人员其事属公过者，准令送部引见。朕察其才力，如尚堪录用，每有改为降留仍用原官者。若年老才庸，则照部议降调，原以甄别人才。"[2]"向来官员因公处分部议上时，有旨令该督抚出具考语送部引见。原因事属公过，引见时朕察其才具年力，如尚堪录用，或仍予原官，或降等改补，并非悉照部议罢斥。"[3]"向来部议降革人员，降旨令该督抚出具考语送部引见者，均系

---

[1]　中国第一历史档案馆编：《嘉庆帝起居注》第 10 册，广西师范大学出版社 2006 年版，第 163 页。

[2]　《清仁宗实录》第 4 册，中华书局 1986 年版，第 560 页。

[3]　《清仁宗实录》第 4 册，中华书局 1986 年版，第 573 页。

因公案件。引见时朕量材录用，其年力强壮人材可观者，多加恩以原官补用。如年齿衰颓，即照部议降革。"①宣谕中屡屡强调的因公、加恩改为降留降补、以爱惜人才为出发点。以上这些属于"实引"，此外，也有"虚引"。

清制，三年京察、大计中六法处分官员原则上可以被引见。因为在京察、大计中难免会出现考核不公的情况。如史载："江西某年值大计，一府经列于有疾官内。府经大怒，值藩宪回署，众人鹄立时，府经上前长跪曰：'卑职有何疾，而蒙大人宪鏖如此？'藩宪曰：'闻有足疾'。府经乃摔脱衣冠，撩衣挽袖，打拳数套，复由东飞跑至西，由南飞奔至北，加以踊跃数次，又去靴革蔑，并脱其裤，禀请大人细验双足。侍班者数十人，无不哗然。藩宪怒曰：'是尔本府开来者'。伊曰：'大人如此轻听，何以服人'？藩宪默然。众人扶之而出。不知后来如何了结也。"②但是，在诸多档案中还未见京察、大计六法处分官员因引见而将原处分改轻者。这类引见，其意义不在于给予降调官员一定的机会，而是为了敦促督抚藩臬等考核大员公平如实的主持考绩大典，激浊扬清。所以，其目标对象是考核官员，而不是被考核官员的被冤处分。所以，这类引见实际是"虚引"。

但是，并不是所有的京察大计引见都为"虚引"。嘉庆朝还有一类京察引见，这类引见要由皇帝引见官员并对官员议处。嘉庆六年（1801），"引见京察三四五品京堂。得旨：宗人府府丞袭骖文年老龙钟，著以原品休致。太仆寺卿特克慎，鸿胪寺卿翁方纲，通政使司参议观岱年已衰老，俱著以原品前往裕陵守护。光禄寺卿蒋赐棨声名平常，詹事府少詹事富森布父子妄陈章奏，蒋赐棨著降为四品，富森布著降为五品，均令前往裕陵守护。太仆寺卿戴璐才力不及，著降补鸿胪寺少卿，太常寺卿闻嘉言前在外任声名平常，著降补通政使司参议。"③嘉庆九年（1804），再次"引见京察三四五品京堂。得旨：大理寺卿孟邵，翰林院侍讲学士吴省兰年已就衰才力不及，俱著以原品休致回籍。大理寺少卿宗室庆岱，光禄寺少卿五德，太仆寺少卿博庆年齿亦衰，俱著以原品前往裕陵守护，更换特克慎。翁方纲、观岱休致，各回

---

① 《清仁宗实录》第 5 册，中华书局 1986 年版，第 333—334 页。
② （清）丁柔克：《柳弧》卷二《江西大计》，载《清代史料笔记丛刊》，中华书局 2004 年版，第 70 页。
③ 《清仁宗实录》第 2 册，中华书局 1986 年版，第 28 页。

旗籍。"①这是皇帝对三四五品官员的直接考核处分。其考核是通过皇帝的引见来实现，其考核的结果也是一次到位，与上述所论"实引""虚引"不同。

综观以上，不论是因公降革官员引见，还是京察三四五品官员的引见，都是皇权掌握官员黜陟大权的再次体现，它的直接处分、进一步改轻、直接授官，又一次冲击了处分制度，也再次使吏部处于一种尴尬的角色中。吏部所承担的往往是寻例、察例、核例的这么一项基础工作，是为皇权的黜陟打一个制度的基础，皇权又一次以引见的形式超越凌驾于制度之上，引见体现了皇帝的绝对权威。即使对于特殊被参官员，"如有意见不合者，专折具奏，引见定夺，立分真伪。"②但是这种防止官员被错参的引见毕竟是非常少见的。

皇帝最终处分的定议，一般存在三种情况：一种是维持吏部原议，主要是涉及中下级官员的处分；一种是对吏部原议改轻，主要是涉及高级官员的处分；再有一种是对吏部原议的加重，无规律，因事因皇权而为。这种由初议到终议的过程存在着官员处分类别的相应转化。这些转化反映出：其一，在实际的处分过程中类别转化的灵活性，其转化的方式之多样远远超出了制度规定的仅有方式。其转化形式有在同一等级内部的转化，有跨越等级的转化，同一等级转化又有程度不等的转化。其二，"清代'例案之繁'加重了事务办理的难度。"③而皇权的渗入倍增了吏部官员的工作量。吏部考功司的处境是非常尴尬且艰难的。

第三节　开复制度及嘉庆朝实行中之变化

一、开复制的形成确立发展

开复是指受处分官员在一定时期内无过，经过一定的程序，恢复其原官或原衔。《大清会典》记载了开复之法："降级留任者，三年无过则开复；革

---

① 《清仁宗实录》第 2 册，中华书局 1986 年版，第 701—702 页。
② 《清仁宗实录》第 4 册，中华书局 1986 年版，第 798 页。
③ 周保明：《清代地方吏役制度研究》，上海书店出版社 2009 年版，第 618 页。

职留任者，四年无过则开复；若有旨六年、八年开复者，至期无过则开复，有过，则以续案计之。降革官引见，以原官用者，其开复亦如之。得官乃计限，有参限者，销案则开复。"① 开复制度在清前期也经历了一个摸索阶段，才逐渐形成、发展确立起来。

（一）**康熙时期开复的初定**

1. 康熙即位初定

顺治十八年（1661）发布若干条政令规定不同情况下官员的处分开复方式。(1)"凡因公诖误，如拖欠钱粮能速催完解，缉拿盗贼能依限捕获者，不拘月日俱即准题开复。"② 这是专门针对征收钱粮和缉拿盗贼的官员，这类官员可以"事完即开复"，不受时间限制，只和个人办事效率挂钩。(2)"内外官员有因事故降级留任者，三年无过方准开复。"③ 这是泛指因事故降级留任的所有官员，但不包括降级调用官，这类官员处分开复是时限三年，只和时间有关，标准的"限年"开复，熬满三年才能开复。(3) 对于续犯降级和罚俸处分的官员，其开复"如三年之内复有降级者，即以后降之日为始，计满三年开复；其三年之内遇有罚俸案件，将罚俸月日扣除"④。这个时期，是两项或三项处分合在一起计算开复，以最后一次处分的时间为准，原本三年可能会拖至四年，甚至五年六年，这种规定有利有弊。(4) 题请开复的程序。"外官令该督抚详覆咨部题请复还原级。京官令该衙门堂官详核咨部由部具题，降级开复官如系例得自陈之大臣，即令其自行奏请；其不得自陈者，由该堂官移送吏部，题请复级。若外官则自布按以下，并由该督抚具题，吏部仍行覆核。"⑤ 这里规定开复的题请者，外官须由督抚，京官须由各堂官或三品以上有自陈资格的大臣本人，其他人无权题请开复。

---

① （嘉庆朝）《钦定大清会典》卷八《吏部》，载《近代中国史料丛刊三编》第 64 辑，文海出版社 1992 年版，第 369—370 页。

② （嘉庆朝）《钦定大清会典事例》卷六十八《吏部》，载《近代中国史料丛刊三编》第 65 辑，文海出版社 1993 年版，第 3170 页。

③ （嘉庆朝）《钦定大清会典事例》卷六十八《吏部》，载《近代中国史料丛刊三编》第 65 辑，文海出版社 1993 年版，第 3169 页。

④ （嘉庆朝）《钦定大清会典事例》卷六十八《吏部》，载《近代中国史料丛刊三编》第 65 辑，文海出版社 1993 年版，第 3169 页。

⑤ （嘉庆朝）《钦定大清会典事例》卷六十八《吏部》，载《近代中国史料丛刊三编》第 65 辑，文海出版社 1993 年版，第 3169—3170 页。

2.康熙亲政变化有二

（1）强调不能模糊开复情由、不能遗漏处分、不能抑勒官员开复处分，否则予以罚俸处分。九年（1670）定，"内外官员倘不将降级罚俸情由查明，遽行咨请开复者，将咨请官罚俸六月，转详之司道府等官罚俸一年。如该堂官督抚将本官续有之降级罚俸情由，不行声明咨请开复者，罚俸一年。如本官已经申呈开复，该管上司抑勒不详者，罚俸一年。该堂官督抚不咨部者，罚俸六月。若属官隐瞒己身罪过，呈请开复者，罚俸一年。"①这条是针对处分开复实行以来陆续出现的弊端予以的去弊及监督。（2）三十八年（1699），针对因公诖误不拘年限开复的官员不必另行具题呈请。"嗣后官员有因公诖误降级者，三年满日开复时停其具题，该部缮折具奏。"②避免一些重复。

（二）雍正时期开复的实质性变化

1.开复属于补救制度

（1）补充失察亏空官员处分开复。二年（1724），"嗣后亏空银谷限内全完例应开复者，该督抚查明原参失察之上司，一并题请开复。"③（2）错误处分的救济应直接开复，无须等待任何年限。八年（1730），"凡官员被参革职发审者，如审系全虚，督抚并该衙门于本内声明，照例准其开复。……至原参重罪审虚，而该员尚有笞杖轻罪，例应降级罚俸者，亦于本内声明，将该员原参革职之案，准其开复。按其所犯轻重，应降级者降级，应罚俸者罚俸，照例分别议处。"④

2.开复对象的实质性拓展

（1）雍正四年（1726），定革职留任官员四年开复时限。"向来革职留任官员从无开复之例，但年久奉旨无愆，亦应开复以示鼓励。嗣后革职留任

---

① （嘉庆朝）《钦定大清会典事例》卷六十八《吏部》，载《近代中国史料丛刊三编》第65辑，文海出版社1993年版，第3170—3171页。

② （嘉庆朝）《钦定大清会典事例》卷六十八《吏部》，载《近代中国史料丛刊三编》第65辑，文海出版社1993年版，第3171页。

③ （嘉庆朝）《钦定大清会典事例》卷六十八《吏部》，载《近代中国史料丛刊三编》第65辑，文海出版社1993年版，第3172页。

④ （嘉庆朝）《钦定大清会典事例》卷六十八《吏部》，载《近代中国史料丛刊三编》第65辑，文海出版社1993年版，第3173—3174页。

之员如四年无过，该督抚等题明准其开复，著为定例。"①（2）七年（1729），定降级留任革职留任微员三年开复时限。"凡议处内外微员……其文职从七品以至正九品……如缘事例应降级留任，向议以革职留任者，今止议以降级留任，三年无过准其开复。如系承督等案，于事完之日开复，如数案降级留任仍按年逐案开复。例应降级调用向议以革职者，今止议以革职留任，三年无过开复。"②（3）雍正四年，禁乱行开复。"凡革职降级官员不应开复，督抚滥行保题开复，奉旨交议者，将滥行保题之督抚降一级留任。如将应行开复官员，抑遏不行题请者，亦照此例降一级留任。"③

3.叠犯处分的开复和引见规定

（1）调整数案处分开复之法，依次各按年限开复。六年（1728），"革职降调留任之员再有降革处分，朕复加恩宽免留任者，将后案注册，俟前案开复，再将后案计至三年无过准予开复。其有数案处分者计案递加，永著为例。"④（2）有数案因公革职官员的引见问题。七年，"凡外任文武官员因公诖误革职者……令其于交代后，该上司出具考语送部引见。……惟是外官在任参罚之案常多。……若续参之案，情罪重于前案，非系因公诖误则不应引见。若后案仍系因公诖误，与原参革职之案情罪相同，仍著引见。"⑤

（三）乾隆朝开复制度的补充

1.多项处分重叠下的开复情况

（1）降革留任处分期间罚俸处分的开复问题。五年（1740），"凡内外降革留任官员于三年四年限内遇有罚俸案件，如能全数缴完，及京官按季扣完者，皆免扣罚俸月日，各照原限计满三年四年题请开复。如罚俸银未全数通完，即按其完过银数计算免其扣除罚俸月日。如全未扣缴者，仍照

---

① （嘉庆朝）《钦定大清会典事例》卷六十七《吏部》，载《近代中国史料丛刊三编》第65辑，文海出版社1993年版，第3172页。

② （嘉庆朝）《钦定大清会典事例》卷六十七《吏部》，载《近代中国史料丛刊三编》第65辑，文海出版社1993年版，第3124—3125页。

③ （嘉庆朝）《钦定大清会典事例》卷六十八《吏部》，载《近代中国史料丛刊三编》第65辑，文海出版社1993年版，第3172页。

④ （嘉庆朝）《钦定大清会典事例》卷六十七《吏部》，载《近代中国史料丛刊三编》第65辑，文海出版社1993年版，第3124页。

⑤ （嘉庆朝）《钦定大清会典事例》卷六十七《吏部》，载《近代中国史料丛刊三编》第65辑，文海出版社1993年版，第3125—3126页。

向例扣除罚俸月日，计满年限题请开复。"① 可见，此条重在罚俸银两的缴纳。（2）并案叠案处分时限互相杂糅的开复方式。七年（1742），"如一案内一人而议处两处，降级革职皆奉旨留任者，开复时作一案计算。或前有一案降级革职，随后又有一案降级革职，或两案降级革职皆在离任之后，于一次奉旨留任者，仍作两案计算。如未经开复之前，遇有例应降级革职留任处分，不便计案递加，其后案在前案年限之内者，前案开复后案皆准其开复。若后案在前案年限之外者，总以后降后革之日为始，计满年限方准其一体开复。"② 官员处分不断，这种新情况的出现导致了开复制度的一再调整。

2. 对不同官品官员开复时限的分别调整

（1）引见后改为革职留任官员开复的八年时限制。乾隆四十六年（1781）议，"承缉盗案及例内有比照盗案议处并失察邪教降革人员引见时，奉旨照部议及降等补用者仍照例办理，其加恩仍以原官用者，无论原议降级革职，俱改为革职留任补官日带于新任，八年无过方准开复。"③（2）调整微员革职留任开复时限为三年。乾隆四十七年（1782），"凡微员降级调用者，议以革职留任，三年无过开复。"④（3）对在外督抚在京三品以上大员处分开复情况的随时具题。乾隆十四年（1749），"在外督抚在京三品以上大员遇有降革留任等案扣满年限，即从各本衙门将年限内有无过愆之处逐一查明。……由部逐一详核具题，其应行开复案件，原可随时咨报查办，不必限定汇题。"⑤ 以上三条反映了皇权通过引见、臣僚随时奏报，以控制官员处分开复的情况。

艾永明持论："在降革处分中，降级留任和革职留任其等较轻，降级调

---

① （嘉庆朝）《钦定大清会典事例》卷六十八《吏部》，载《近代中国史料丛刊三编》第65辑，文海出版社1993年版，第3174页。

② （嘉庆朝）《钦定大清会典事例》卷六十八《吏部》，载《近代中国史料丛刊三编》第65辑，文海出版社1993年版，第3175—3176页。

③ （嘉庆朝）《钦定大清会典事例》卷六十七《吏部》，载《近代中国史料丛刊三编》第65辑，文海出版社1993年版，第3139—3140页。

④ （嘉庆朝）《钦定大清会典事例》卷六十七《吏部》，载《近代中国史料丛刊三编》第65辑，文海出版社1993年版，第3140页。

⑤ （嘉庆朝）《钦定大清会典事例》卷六十八《吏部》，载《近代中国史料丛刊三编》第65辑，文海出版社1993年版，第3176—3177页。

用和革职其等较重，因而开复的办法有所不同。降级留任和革职留任的官员虽被降革，但实际仍留于原职，其开复也较为容易，清朝对他们用'限年'的办法予以开复。"① 而对于不限年开复，则要取决于官员所犯错误的性质和皇权的灵活旨意。

二、嘉庆时期开复及其实施中的新变化

（一）限年开复的沿袭和拓展

1.最初的革职留任四年照例开复

革职留任四年无过开复，依据上文是雍正年间确定的条例。嘉庆朝许多革职留任官员的开复沿袭了四年限年制。嘉庆二年（1797），署江西布政使司马骕因未能参劾下属江西丰城县漕书舞弊和办案怠缓，吏议降调。奉旨此案漕书与司道均不同城，"司马骕著从宽改为革职留任，四年无过准其开复。"②

2.频繁再现的革职留任八年方准开复

据上文"革职留任八年无过方准开复"说始于乾隆四十六年（1781），已届乾隆晚期。嘉庆朝沿袭并常行八年限年制。嘉庆元年（1796）山西冀宁道出缺，蒋兆奎请以太原府知府高灿升署。奉旨："著照所请。高灿准其升署冀宁道，但该员在知府任内屡经获咎所有革职留任之案著带于新任，俟八年无过方准实授。"③ 此处实授的前提是旧任革留处分的开复。此后八年开复制越来越多，出现在吏户礼兵刑工各类。

（1）吏类。嘉庆十七年（1812），温承惠因办理孙维俭一案失之柔懦，吏议以溺职例革职。嘉庆皇帝旨下："姑念一时简任乏人，著从宽改为革职留任，俟八年无过方准开复。"④

（2）户类。嘉庆二年（1797），江西南昌府知府扎克桑阿因失察属县漕

---

① 艾永明:《清朝文官制度》，商务印书馆2005年版，第194—195页。
②　中国第一历史档案馆编:《嘉庆帝起居注》第2册，广西师范大学出版社2006年版，第96页。
③　中国第一历史档案馆编:《嘉庆帝起居注》第1册，广西师范大学出版社2006年版，第388页。
④　中国第一历史档案馆编:《嘉庆朝上谕档》第17册，广西师范大学出版社2000年版，第238页。

书舞弊和办案怠缓，吏议降调。奉旨："该管之南昌府知府本应照部议降调，姑念失察书役人等浮收贿和业已罪坐"，[①] 扎克桑阿著改为留任，八年无过方准开复。

（3）礼类。嘉庆四年（1799），太上皇乾隆去世，察哈尔都统博兴在京穿孝后返岗奏请再予叩送梓宫，结果未被允准。博兴不甘心，又请于九月初二日在张家口率领各官尽皆摘缨，恭望梓宫哭拜。嘉庆皇帝收到此请求，不解，"此何为乎？博兴殆病疯耶？大凡典礼皆有一定成规，非可任意而行。""此载何例册？博兴遵照而为是奏耶？抑博兴任意妄为耶？试思太上皇帝大事，无论距京远近，皆一例举行，已八月有余。忽于张家口城内办事人员率领众官尽皆摘缨跪哭，在官员等固知系因恭送梓宫，而民人及蒙古等不知何故，因而造作谣言，皆不可知。"[②] 斥责博兴："实属不知典礼率意妄为，糊涂已极"，本应照部议即行革职。"但员缺紧要，一时不得其人，博兴著从宽改为革职留任，八年无过方准开复。"[③] 皇室独尊也有一个限度。

（4）兵类。嘉庆五年（1800），湖广总督倭什布因防堵疏懈，致川陕窜匪进入湖北，被革职。不久倭什布在湖北督率兵勇分头堵防，将窜匪逼入房县南山，危害减少。嘉庆皇帝念其此次"尚有微劳"，且"平日官声尚好，于楚省情形亦较熟悉。"考虑到"贼匪奔窜无定"，"自难专责倭什布一人"。[④] 遂将倭什布加恩补授湖北巡抚，不必给予顶戴仍带革职留任，俟八年无过方准开复。

（5）刑类。嘉庆十年（1805），因直隶省秋审案内情实绞犯二起属停勾之犯，臬司景安误会仅予停勾一次，因此改拟缓决，经嘉庆发现错误，景安照例应议以革任。但嘉庆皇帝认为："景安历任督抚藩臬有年，且系朕弃瑕录用之人，乃于臬司任内办理秋谳事件未能详慎参核，任意轻纵，本应照部议革任。姑念一时简用乏人，景安著加恩改为革职留任，八年无过方准

---

① 中国第一历史档案馆编：《嘉庆帝起居注》第2册，广西师范大学出版社2006年版，第96页。
② 中国第一历史档案馆编：《嘉庆帝起居注》第4册，广西师范大学出版社2006年版，第499页。
③ 中国第一历史档案馆编：《嘉庆帝起居注》第4册，广西师范大学出版社2006年版，第516页。
④ 《清仁宗实录》第1册，中华书局1986年版，第791页。

开复。"① 嘉庆十一年（1806），刑部奏各省秋审外拟情实缓决，间与部拟不符，其中发现吉林将军秀林于上年恩诏已经归入缓决之犯，仍拟情实绞犯，达11名之多，与刑部不一致，经部议以每案降一级调用，照例即应革职。但旨下："姑念该将军非由问刑衙门出身，于谳狱未能谙习，著加恩改为革职留任，八年无过方准开复。"② 嘉庆十三年（1808），安徽省督抚藩臬等官因秋审失出部议降革，鄂云布由降一级调用著改为降二级从宽留任，八年无过方准开复。③

（6）工类。嘉庆十七年（1812），百龄与陈凤翔因河务问题相互讦告。嘉庆皇帝调查事情原委后，发现百龄有过有功。其过之一在于失察属员，"百龄于朱尔赓额办理荡务一事，率据所禀控词，邀功以少报多，系被属员所愚。"其过之二在于有关启放礼坝堵闭迟延一节迹涉欺隐。百龄虑担责，否认批准过此事，只将陈凤翔严参而自请议处。因此两过，皇帝明降谕旨，"将百龄革去宫衔，拔去双眼花翎降为二品顶戴仍交部严加议处"，吏部议以革职。嘉庆皇帝虑其功绩，"念百龄前在两广总督任内办理洋盗绥靖海疆"，后"自简任两江总督以来，堵闭王营诚坝、李家楼大工督办奋勉"，"平时率属亦能严饬。"④ 是以加恩改为革职留任，八年无过方准开复。

除以上单个官员革留八年无过方准开复，还有单个案子中诸多官员的集体革留八年无过方准开复。嘉庆二年（1797）银两垫付案。此案所垫发银两地方官员既未咨部存查，又没有于豁欠案内声明，本应照部议分别降革。但嘉庆皇帝"念阅时既久，人数较多，梁肯堂、冯光熊、阿精阿、张诚基、陆有仁、富尼善、郑制锦俱著从宽免其革任，景禄亦著从宽免其降调，均俟八年无过方准开复。"⑤ 同年，漕汛堤工出现漫溢，承办河务各员

---

① 中国第一历史档案馆编：《嘉庆朝上谕档》第10册，广西师范大学出版社2000年版，第707—708页。

② 中国第一历史档案馆编：《嘉庆帝起居注》第11册，广西师范大学出版社2006年版，第364页。

③ 中国第一历史档案馆编：《嘉庆帝起居注》第13册，广西师范大学出版社2006年版，第571页。

④ 中国第一历史档案馆编：《嘉庆朝上谕档》第17册，广西师范大学出版社2000年版，第464页。

⑤ 中国第一历史档案馆编：《嘉庆朝上谕档》第2册，广西师范大学出版社2000年版，第344页。

因不能先事抢护，部议降调。皇帝降旨："姑念该处堤工已在保固限外，道员孙星衍、知府李舟、知县孙立方著从宽改为革职留任，均俟八年无过方准开复。"①

由上可见，到嘉庆朝"革职留任八年无过方准开复"制已经非常普遍了，这种普遍也反衬出四年无过方准开复对官员起不到有效的警示作用了。另外，目前无法从后续资料看到，所有八年无过方准开复的案子，是否在后期既满足了八年的年限，又达到了无过的要求，从而获得开复。从我们所看到的资料实情是八年内能没有一件处分的官员，实在是凤毛麟角。所以，此处奉旨急于以八年无过开复，但实际是否行得通，还是一个问题。而且往往是未到八年，嘉庆就将官员处分予以开复了。

如嘉庆十五年（1810），直隶涿州、房山等处被灾，地方官因督办赈济，赈银没能即时发放，正遇皇子恭祭陵寝途经地方，以致百姓情急又是环绕马前又是至宫门喧闹求乞。而温承惠既没将属下州县严参又不自请处分，导致种种失职，吏部将其照溺职例革职。嘉庆皇帝痛斥他："直将州县疏玩情事视为泛常。伊以通省大员办事如此松懈，无怪乎州县等愈加疲玩，积习不悛。"②故而将温承惠改为革职留任，八年无过方准开复。迨嘉庆十六年（1811），嘉庆皇帝外出巡幸，驻跸正定府隆兴寺行宫，出现"沿途民妇夹道欢迎，约有数万人之多"的场景，嘉庆皇帝心情愉悦，认为这得益于总督温承惠"绥抚有素，约束得宜"，③又加恩赏还其头品顶戴，而且将先前的八年无过方准开复，改为四年无过照例开复。不到一年的时候，其处分发生了极大改变。可见这个限年并不是真正意义上的限年。其开复与否，什么时候开复全在于其个人行事和皇帝的态度。

3. 降一级留任六年开复和革职留任十二年开复的出现

嘉庆元年（1796），傅森因将秋审应入缓决人犯错拟情实以致失入，部

① 中国第一历史档案馆编:《嘉庆朝上谕档》第2册，广西师范大学出版社2000年版，第297页。

② 中国第一历史档案馆编:《嘉庆帝起居注》第15册，广西师范大学出版社2006年版，第557页。

③ 中国第一历史档案馆编:《嘉庆帝起居注》第16册，广西师范大学出版社2006年版，第154页。

议降调，旨下："傅森著降一级留任，六年无过方准开复。"①嘉庆元年，因秋审应行缓决人犯错拟情实，郑源璹亦照例降级，旨下："著降一级，留任，六年无过方准开复。"②嘉庆十三年（1808），安徽省由缓决改为情实者有10起之多，嘉庆皇帝勾到时，认为该省"实属有心宽纵凶徒，不矜良善，非寻常失出可比"③。传旨严饬护抚藩臬并交部加等议处，吏部议以降革。旨下，"藩司铁保、臬司杨护均著降一级留任，六年无过方准开复。"④由这些事例，可见六年无过开复，其对应的留任处分是降一级留任，六年是介于革职留任的四年和八年限年之间的一种时限处分。

　　嘉庆三年（1798），姜晟奏准广西亏空仓谷案内应行降革各员中，湖南候补知县金毓奇免革任，十二年无过开复。⑤嘉庆四年（1799），陈用敷效仿上述成例，奏请广西亏缺仓谷案内，升任安徽徽州府通判陈善，才情历练，办事实心，民情尚属爱戴，请免革任。旨下："陈善著改为革职从宽留任，俟十二年无过方准开复。"⑥这两例是革职留任下的十二年无过方准开复，是一种强化处分，其实际也是一种虚降虚限，因为本身很难实现。

　　（二）打破常规开复制创制新规

　　1. 开复革职处分

　　只有留任处分才能限年开复。到嘉庆朝除留任处分可以开复外，又出现了革职也可以开复的零星事例。嘉庆十一年（1806）十二月二十六日，甘肃秦安县发生逆伦重犯逃脱无踪的案件，时任署理知县周鼎新。案发后嘉庆皇帝一边指示总督倭什布加紧办案，严缉务获；一边将周鼎新革职勒限严缉，声明"即获犯亦不准请开复"，皇帝认为："此等枭獍凶徒"的存在是知县

---

　　① 中国第一历史档案馆编：《嘉庆帝起居注》第1册，广西师范大学出版社2006年版，第366页。

　　② 中国第一历史档案馆编：《嘉庆帝起居注》第1册，广西师范大学出版社2006年版，第239页。

　　③ 中国第一历史档案馆编：《嘉庆帝起居注》第13册，广西师范大学出版社2006年版，第546页。

　　④ 中国第一历史档案馆编：《嘉庆帝起居注》第13册，广西师范大学出版社2006年版，第571页。

　　⑤ 中国第一历史档案馆编：《嘉庆朝上谕档》第4册，广西师范大学出版社2000年版，第171页。

　　⑥ 中国第一历史档案馆编：《嘉庆帝起居注》第4册，广西师范大学出版社2006年版，第308页。

"化导"百姓的失败和耻辱。三月后，倭什布上奏汇报周鼎新购线弋获的成绩，同时说明周鼎新是十二月二十四日才署理，离事发到任只有两天，意及与"久任地方不能教化百姓者"有间。但是倭什布不敢擅自主张开复，只是在奏折中指出"兹勒限缉获，虽在减半限内，遵旨无庸议请开复"。嘉庆皇帝从倭什布的上折中，明了了事情原委，最后旨下："所有署秦安县知县周鼎新著加恩准其开复。"① 这起开复也有其特殊性所在。

嘉庆二十年（1815），直隶顺义县知县陈楷因失察书吏私相结交太监，被那彦成参劾。但是那彦成在折中曾委婉地指出，书吏私给太监供应乃"相沿旧习"，可否于照例议处的同时免其革职。旨下未准，仍"将陈楷革职"，但准其留于直隶省帮办差务。并且指出，"如果办差数次妥协无误，再由该督奏请开复。"此后那彦成呈报参员陈楷近期所办差务：有办理上年秋差；有恭逢圣驾拜谒东陵，有皇帝临幸盘山差务；有查对门牌保甲；有帮同经由州县照料差务。在此期间能够"不辞劳瘁，均属妥协无误"。且闻"该参员人尚妥当，系属可用之才"，相应遵旨奏恳圣恩，准其开复原官。因嘉庆有过许诺，再加上有恭迎"圣驾"之功，旨下："陈楷著开复革职。"② 从两起案子的革职情况看，似乎都因嘉庆皇帝虑事不周，一时盲目加重官员处分。迨后知晓原委，又不能将处分很快纠正，自损皇权威信，只能是将错误处分暂时地延续执行，寄希望于开复来纠正。对于这两位官员而言，遇上了负责任的上司，点到了关键之处，即任职时间的长短和惯例的存在。否则，被革职就很难被开复了。

2. 开复降调处分

嘉庆二十一年（1816），孙玉庭等奏知府倪汝炜前在贞阳府任内，对于署竹溪县错拿人犯案件，并没有盲目随同定案，而是从解府审讯到解省审讯各个环节，认真究出错误，澄清事实，还民人刘成章之清白，"所有部议降四级调用处分，著准其开复。"③ 这也是降调处分开复的个例。其实也是对错

---

① 《清仁宗实录》第 3 册，中华书局 1986 年版，第 66 页。

② 中国第一历史档案馆档案：录副奏折《那彦成奏请开复已革顺义县知县陈楷事》，档号：03-1567-019。

③ 中国第一历史档案馆编：《嘉庆帝起居注》第 18 册，广西师范大学出版社 2006 年版，第 442 页。

误处分的一种纠正。

以下这则事例就不是对错误处分的纠正了，而是以开复降调处分表明对官员做法的认可。嘉庆二十四年（1819），候补道员洪锡豫前署广西盐道任内，失察下属阳朝县知县林飓华虚出通关，部议降四级调用。后因林飓华将虚出通关银两全完，尚有盘折谷价等银三千多两无力完缴。洪锡豫自请如数代赔林飓华未完银两，洪锡豫所换取到的是圣旨"开复原官，留于广东补用，仍照例送部引见。"① 这是因代他人赔缴银两，自身降调处分获开复。

3.革职留任变通为三年开复

从雍正朝开始，革职留任开复的时限是四年，在嘉庆朝出现了缩短为三年的案例，也属特例。嘉庆十六年（1811），这起特例发生于河务缺官的补缺，始于候补同知郑巨川补授外河同知，其原有石工革职留任处分允许带于新任，"仍俟三年无过再行开复。"此后，河道总督陈凤翔用奏片形式呈奏，"南河现任同知通判及候补丞倅守备，因石工革职留任者48员。现在悬缺甚多，无合例堪以调补之人，恳请将前案革职留任各员弁分别题奏要缺。"河工之事非同一般，陈凤翔抓住要害效仿前例，这也是嘉庆皇帝的"软肋"，不同意也得同意，而且人数又非常多。只能降旨："河工厅营各缺紧要，未便久悬。一时既无合例之员，著照所请准其拣员题补，其石工革职留任之处俱著声明带于新任，三年无过方准开复。"② 这样，四年改三年，既维护了陈凤翔的面子，显示了皇帝的鸿恩，受益的又有诸多的处分官员。而唯一受侵害的则是处分制度，执行七八十年的制度突然间有了变化，使人感觉到政策的多变性，这种多变性降低了制度的置信度。

（三）拓宽不限年开复事项

1.办理河工可不限年开复

嘉庆十四年（1809），汪志伊上奏原任安陆府同知邓文炳于委办大柳、云潭等各工认真督办，不辞劳瘁。"俾该处田亩永除水患，尚属实心任事之员。"其原降二级调用处分经查无扶同捏饰情况，纯属因公。嘉庆降旨："所

---

① 中国第一历史档案馆编：《嘉庆朝上谕档》第24册，广西师范大学出版社2000年版，第115页。

② 中国第一历史档案馆编：《嘉庆帝起居注》第16册，广西师范大学出版社2006年版，第452页。

有该员降二级调用处分著加恩准其开复。"①邓文炳降调处分能否开复，主要是源于河工办理是否妥当。

2. 盐课全完可不限年开复

嘉庆四年（1799），福建巡抚汪志伊奏报降调知州陈邦寿等原欠盐课完缴全完请开复留任事。福建永春、侯官各府县因未完嘉庆元年盐课银两，被议降调。当时各知县"盐课银两欠二分议以降三级调用，欠三分议以降四级调用，欠五分议以降五级调用"。按照旧例规定，如果钱粮"拖欠在民"，"革职、降级官员未经离任之先，能将拖欠钱粮全完，皆准其开复。"②陈邦寿等即属于此种情况的开复，但也等了近三年才得以开复，留任原官。

3. 积引疏通可不限年开复

嘉庆二十四年（1819），江西盐道胡稷因纲引滞销，被革去顶戴。后销引溢额，赏还顶戴，但仍带革职留任处分责令督销。不久总督孙玉庭奏江西本年奏销丁丑纲引，已据各商陆续纳课，领运积引已经疏通，胡稷"革职留任处分，著加恩准予开复"③。此次纲引滞销很快疏通是胡稷革留处分得以开复的主要原因。

4. 办理大案可开复降革留任处分

嘉庆十一年（1806），发生了杨四等用药迷拐幼孩的恶劣刑事案件。刑部各堂官亲自主审这一扰乱社会的迷拐之案，案件很快告破。嘉庆皇帝赞誉刑部诸官办理案件，"均属细心允协"，能够"详细研鞫"，"将该犯所用药方彻底查出，俾惨刻凶徒明正典刑，不致幸逃法网。且使配制此等药方之人，知罪干重辟有所畏而不敢。从此幼孩免遭惨毒，所活实多，阴功实大。"④因此管理刑部事务董诰、尚书长麟革职留任处分皆予开复；瑚素通阿从前降二级留任之处亦开复；并所有承办此案之司员，如本有降革留任处分者俱准其开复。以开复处分作为对刑部官员的奖赏。

---

① 中国第一历史档案馆编：《嘉庆帝起居注》第14册，广西师范大学出版社2006年版，第420页。

② 中国第一历史档案馆档案：录副奏折《汪志伊奏为降调知州陈邦寿等原欠盐课完缴请开复留任事》，档号：03-1477-087。

③ 中国第一历史档案馆编：《嘉庆朝上谕档》第24册，广西师范大学出版社2000年版，第467页。

④ 《清仁宗实录》第3册，中华书局1986年版，第119页。

5.纂修实录可开复降革留任处分

在《高宗实录》纂修成功之际,监修总裁庆桂与总裁德瑛任内革职留任一案,总裁董诰任内降五级一案,副总裁玉麟、刘凤诰与英和任内降一级留任处分一案,均准其提前开复。这也是不限年,只和其功劳等有关。

以上5种即为嘉庆朝所拓展的不限年开复。这些不限年开复既有皇帝奖赏的成分在内,又有对官员工作的敦促监督,正是赏罚两者不可偏废。

(四)休致大员罚俸处分的开复

1.大学士王杰处分开复

王杰,陕西韩城人。曾为尹继善、陈宏谋等幕僚。乾隆二十六年(1761)成进士,殿试进呈卷列第三,乾隆拔置第一。三十九年,授刑部侍郎。"五十一年,命为军机大臣、上书房总师傅。"后加太子太保。"杰在枢廷十余年,事有可否,未尝不委屈陈奏。"嘉庆元年(1796),"以足疾乞免军机、书房及管理部事,允之。有大事,上必咨询,杰亦不时入告。"二年,复召值军机,随扈热河。未几,因腿疾未入值,先行回京。三年,封赏枢臣,并得"优叙"。"泊仁宗亲政,杰为首辅,遇事把持大体,竭诚进谏,上优礼之。"[1] 五年,以衰病乞休。七年,固请致仕。

清代,官员俸禄一般是一年两发,春夏一次,秋冬一次。嘉庆七年(1802),大学士王杰已经准令休致,因其任内仍有罚俸案件尚未开复,户部就其秋冬二季恩俸银和正俸银以及俸米,该如何发放?以及回籍以后恩正俸银以及俸米又如何发放?请旨。嘉庆降旨:"前经降旨准令王杰致仕,并赏给宫衔在籍食俸,伊任内所有罚俸案件著加恩均予开复,不必仍行坐扣。王杰现尚留居京师,所有本年秋冬二季恩正俸银、俸米准其照常支给。俟回籍后仍支领正俸银两,以示优眷。"[2] 可见王杰退休,一则食全俸,二则罚俸处分全部开复。可见皇帝对他的肯定。嘉庆曾写诗赞扬他:"直道一身立廊庙,清风两袖返韩城。"《清史稿》论曰:"杰体不逾中人,和蔼近情,而持守刚正,历事两朝,以忠直结主知。"[3]

---

① 《清史稿》第37册,中华书局1977年版,第11086—11087页。

② 中国第一历史档案馆编:《嘉庆帝起居注》第7册,广西师范大学出版社2006年版,第433页。

③ 《清史稿》第37册,中华书局1977年版,第11088页。

2. 大学士董诰处分开复

嘉庆二十三年（1818），大学士董诰也有同类罚俸各案全部加恩开复。董诰，浙江富阳人，尚书董邦达之子。乾隆二十八年进士，殿试进呈卷列第三，高宗因大臣子，改二甲第一。三十六年，入直南书房。四十年，擢工部侍郎，调户部，历署吏、刑两部侍郎，兼管乐部。五十二年，加太子少保。嘉庆元年，高宗谕曰："诰在直勤勉，超拜东阁大学士，明诏宣示。"[1]嘉庆四年，"命诰复直军机"[2]，晋太子太傅、太子太师，充上书房总师傅，十七年，晋太保。二十年，因病请致政。二十三年，再疏乞休。董诰上奏呈缴密云官房并自置海甸、热河住房二所以清赔项。嘉庆皇帝降旨："董诰前因每年随扈秋狝，是以于密云赏给官房一所，董诰并于热河自行置有房屋。兹董诰以老病开缺，即调养痊愈，再行赏给差使，亦必不派令随围。所有密云官房及热河房屋著照所请俱准其呈缴。至海甸房屋一所，董诰现患沈疴，园林清旷，于颐养为宜，著仍赏还董诰。董诰现经赏给在家食俸，其从前在任罚俸各案并著加恩悉予开复。即于本年支食全俸，以示恩眷。"[3]嘉庆皇帝评价其人品："父子历事三朝，未尝增置一亩之田，一椽之屋。"《清史稿》论曰："诰直军机先后四十年，熟于朝章故事，有以咨者，无不悉。凡所献纳皆面陈，未尝用奏牍。……及林清之变，独持镇定，尤为时称云。"[4]

王杰、董诰因曾为嘉庆皇帝近臣，且多年职居中枢，任劳任怨，因此皇帝在他们退休期间，免除其全部罚俸处分以示优待大臣。这也都是特殊臣僚所能享有的荣誉。

综上，嘉庆朝开复实施中的诸多变化，其决定权皆在皇帝，但是嘉庆皇帝也是在一定的限度之内，运用皇权去调整，并不是滥用皇权。在很多情况下，皇帝也会受到臣僚的软胁迫，诸如河工事项等。"在古代官僚政治的条件下，国家权力的所有者，只是皇帝一人。而职业官僚确是一个庞大的集团。后者直接从事的行政管理无所不包，工程巨大。"[5]"更为具体地说，作

① 《清史稿》第37册，中华书局1977年版，第11089页。
② 《清史稿》第37册，中华书局1977年版，第11090页。
③ 《清仁宗实录》第5册，中华书局1986年版，第484页。
④ 《清史稿》第37册，中华书局1977年版，第11091页。
⑤ 李治安、杜家骥：《中国古代官僚政治》，中华书局2015年版，第55页。

为国家职能的实现者和执行者，不是统治阶级，不是国家，不是各级政府机构，而是掌握一定具体权力的代表统治阶级意志的各级官吏。"[1]"中国古代的官僚，是政府行政机构中的一群专业人员，是政府行政管理中的主要角色，是精通各类行政事务的行家。……士人入仕成为官僚之后，长期关注的主要是任用、升迁、晋级等问题，这类问题既影响到官僚帝国的稳固、政府的行政效率，又关系到官僚自身的待遇、俸禄、特权以及致仕之后的晚年生活等切身利益……既能顾及帝国政权的稳固和政府行政的正常运转，又能保证众多官僚的自身利益不受损害，当然成为行政管理中的一个极其棘手的难题，也是长期困扰历代皇朝的一件大事。"[2]这也是历朝处分不力的一个主要原因。

---

① 李超纲主编:《中国古代官吏制度浅论》，劳动人事出版社1989年版，第12页。

② 曾小华:《中国古代任官资格制度与官僚政治》，杭州大学出版社1997年版，第190页。

第四章　皇权与官员处分

有关皇权的研究，是学界经久不衰的一个研究话题，出现了诸多有关皇权的研究成果，详见注释。① 具有代表性的如朱诚如认为"皇帝权力是没有边际，没有限制的。"② 至少应包括行政权、军事权、司法权、官吏的选拔任免权、监察权、财政权、文化专制权和宗教权。织田万认为："君主之大权不一而足。"具体的如："关于立法，则有召集议会，或开闭之及解散之之权，并有裁可法律及命其公布执行之权。关于司法，则有命恩赦之权。关于行政，则有发布命令之权，有定官制、任免文武官之权，有统率军队之权，有宣告戒严之权，有宣战讲和及缔结条约之权，有授与荣典之权……君主又有保持尊严地位之特权。其特权为三：神圣不可侵即其一也，故君主一切行为，不及累于其身，于政治上及法律上毫无任责；受特殊之尊号，即其二也，故失敬礼者则罪之；受特定之宫廷费，即其三也。"③

二人所言之皇权和君权，其内涵外延共有之权包括行政权、司法权、军事权、立法权。互相补充之权，有朱诚如提出的财政权、文化专制权、监察

---

① "封建专制因皇帝制度的确立而得到加强，皇帝制度则是封建专制制度的核心和具体表现，二者相辅相成，如影随形。"郑欣淼：《紫禁内外》，紫禁城出版社2008年版，第317页。"在皇帝的统治下无论是政治、经济、军事、文化，还是立法、司法、社会生活，没有皇权的触角伸不到的地方。"白钢：《中国皇帝》，社会科学文献出版社2008年版，第174页。"从原则上讲，皇帝的权力无所不包、至大无涯。"李治安、杜家骥：《中国古代官僚政治》，中华书局2015年版，第24页。"加强对明清两朝封建专制主义皇权的研究。明清两代，中国封建专制主义皇权已发展到它的巅峰。"朱诚如：《推进明清史综合研究》，载《明清论丛》第18辑，故宫出版社2018年版，第544页。"随着封建专制主义的发展，皇帝的权力也就越来越大，到了清朝，可以说达到了最高水平。"白钢主编：《中国政治制度史》，天津人民出版社2016年版，第884页。"清国皇帝，身居一国之元首，以总揽统治权也。而立法、司法、行政皆出自其意思，不有责任于政治上与法律上，故其权力，则实为绝对无限之权力矣。"［日］织田万：《清国行政法》，中国政法大学出版社2003年版，第84页。

② 朱诚如：《管窥集：明清史散论》，紫禁城出版社2002年版，第301页。

③ ［日］织田万：《清国行政法》，中国政法大学出版社2003年版，第9—10页。

权；织田万提出的外交权、宣战权。此外，织田万更谈到了君主享有保持维护其尊严神圣不可侵犯的三种特权。他们所谈历代皇权之共有权与补充权构成了皇权的内涵，而其特权则是皇权的外延。官员不论是侵犯内涵性的皇权，还是触犯外延性的皇权，都会受到处分。

往往，内涵性的皇权是显性的，外延性的皇权是隐性的，显性的皇权官员易于知晓，能有所回避；而隐性的皇权臣僚不便于知晓，难以时时回避。对比嘉庆时期官员侵犯内涵性和外延性皇权的处分，往往，触犯显性皇权的处分要重于侵犯隐性皇权的处分。相比因其他行政原因所致的官员处分，这类涉及皇权的处分多呈现出随意性、突然性、模糊性、无界性，往往令人不明所以，防不胜防，这充分体现了处分的皇权专制性。

第一节　官员侵犯内涵性皇权与处分

清代历帝皆以大权独揽、不使旁落相标榜。康熙帝曾言："天下大权，唯一人操之，不可旁落。"[1]乾隆帝曰："本朝家法，自皇祖皇考以来，一切用人听言，大权从无旁假。"[2]嘉庆皇帝更深"知大权之不可旁落"[3]。当嘉庆七年（1802），御史王宁焯上"请重军机大臣责成以肃纲言"时，因触及嘉庆皇帝之红线而被重重申斥，因是御史未予严处。嘉庆皇帝曰："自雍正年间初设军机处，于大学士、各部院尚书、侍郎中遴派数人在内行走，本为筹办军务，而各直省寄信事件，以及在京各衙门遇有应降谕旨，势不能纷纷令群工承缮，是以俱由军机处拟写交发，令事有统汇，以昭画一。是军机大臣承旨书谕，并非将臣工翊赞之职，尽责之此数人也。内外满汉大臣俱经朕特加擢用，谁不宜尽心匡弼，必专责之军机大臣，则其权过重。若承奉谕旨之事，军机大臣得以力阻不行，则外人又将以揽权指摘矣。"[4]嘉庆帝明确指出

① 《清圣祖实录》第3册，中华书局1985年版，第556页。
② 《清高宗实录》第5册，中华书局1985年版，第334页。
③ （清）昭梿：《啸亭杂录》卷一《傅文忠公》，载《清代史料笔记丛刊》，中华书局2006年版，第22页。
④ 《清仁宗实录》第2册，中华书局1986年版，第260—261页。

军机大臣所在是有职无权，其职在于"承旨书谕"，而权绝对不能有，否则有"揽权"之嫌。既然贵为中枢大臣的军机都不能有权，那么权力只能归之于上。

钱穆在其《国史大纲》中系统总结了清代上至军机内阁、下至六部给事中的权力状况。"雍正时别设军机处，自是内阁权渐轻，军机处权渐重。然军机处依然非相职。……盖军机处仍不过为清王室一御用机关，不得目之为政府中之最高枢机。并有所谓'廷寄谕旨'，最高命令以军机性质行之，更无外廷参预意见之余地。……用人大权，则全出帝王意旨，既不属之宰执，亦无所谓'廷推。'"至于六部、给事中之权力，其言曰："六部仅为中央行政长官，其权任亦大削。……名为吏部，但司掣签之事，并无铨衡之权。名为户部，但司出纳之事，并无统计之权。名为礼部，但司典礼之事，并无礼教之权。名为兵部，但司绿营兵籍、武职升转之事，并无统御之权。……虽仍设给事中，然其性质，转为御史官之一部，对朝廷诏旨，无权封驳。……与御史职务相同，完全失却谏官本意。"①

从上起军机内阁下至六部给事中这些职能部门的权力状况，可见清代皇权之强大与无所不在。臣僚一旦触犯必将招致轻则处分重则治罪的结局。但是，触犯总是有的，官员的处分也是必然的。

一、官员侵犯皇帝赏罚之权与处分

宋人叶适言，"夫甄别有序，黜陟不失者，朝廷之要务也。"②清人亦曰，"赏罚者，国之利器而制人之柄也。"③"用人黜陟，为朝廷大柄。"④因此，无论是学者文人还是臣僚仕庶都深知赏罚大权归于朝廷、归于皇帝一人，臣僚万万不能僭越此权，不能侵犯此权。综观嘉庆一朝此类触犯与处分体现于4个方面。

---

① 钱穆：《国史大纲》修订本，商务印书馆1994年版，第834—835页。
② （清）顾炎武：《日知录》卷八《铨选之害》，载《钦定四库全书》影印本第858册，第583页。
③ （清）陈梦雷主编：《古今图书集成·刑总部·艺文》一，中华书局、巴蜀书社1984—1988年版。
④ 《清仁宗实录》第2册，中华书局1986年版，第262页。

1. 请赏他人顶戴花翎侵犯皇权

嘉庆六年（1801），御史富俊参劾奇丰额在叶尔羌办事大臣任内为笼络当地伯克，私自换给伯克素丕五品顶戴。奇丰额此做法，第一侵犯了皇权，因定例赏给顶戴先"应按季报部"[①]，再"奏明"皇帝，方可给与。第二违反了制度，"向例凡新疆回子内如有奋勉妥协"，[②]可"赏给七品顶戴"[③]，从未有赏给五品顶戴者。奇丰额所犯在于"并未奏明违例办理"[④]，因此交部严加议处，部议革职。但嘉庆皇帝降旨："姑念奇丰额在新疆办事尚无贻误，著革退二等侍卫拔去花翎，加恩以内务府主事补用。"[⑤]受此连带，素丕此次"越级顶戴著撤回，仍行给与六品顶戴"[⑥]。对于现任办事大臣托津、多善，他们既已查知此事却没有更正，"亦属不合"，被交部分别议处。旨下："托津、多善亦著加恩改为降三级从宽留任。"[⑦]这类僭赏多发生于新疆地区。

嘉庆十二年（1807），在新疆的大臣雅尔泰用夹片密请赏给玉苏卜二品顶戴，虽只是题请但也触犯皇权，嘉庆帝以"实属错谬"，将其交部议以降二级调用。后有旨："姑念伊所奏修理阿克苏、胡玛拉克河坝完竣之折尚无不合，雅尔泰著加恩改为降三级从宽留任。"[⑧]但此风并没有刹住，嘉庆十三年新疆大臣松筠因哈萨克台吉伊巴克、哈木巴尔陈请叩见皇帝，但其因"在近边管辖，不敢远离"，故而不能带领进京觐见皇帝，奏请赏给这些公爵双眼花翎。此举亦触怒嘉庆皇帝："实属冒昧"，"向来台吉等来京瞻观，间与

---

①　中国第一历史档案馆编：《嘉庆朝上谕档》第6册，广西师范大学出版社2000年版，第100页。

②　中国第一历史档案馆编：《嘉庆帝起居注》第6册，广西师范大学出版社2006年版，第118页。

③　中国第一历史档案馆编：《嘉庆朝上谕档》第6册，广西师范大学出版社2000年版，第100页。。

④　中国第一历史档案馆编：《嘉庆帝起居注》第6册，广西师范大学出版社2006年版，第118页。

⑤　中国第一历史档案馆编：《嘉庆朝上谕档》第6册，广西师范大学出版社2000年版，第100页。

⑥　中国第一历史档案馆编：《嘉庆帝起居注》第6册，广西师范大学出版社2006年版，第118页。

⑦　中国第一历史档案馆编：《嘉庆朝上谕档》第6册，广西师范大学出版社2000年版，第100页。

⑧　中国第一历史档案馆编：《嘉庆帝起居注》第12册，广西师范大学出版社2006年版，第324页。

赐赍，均系恩出自上，非臣下所敢仰请。"松筠是在明显地侵犯皇权。而且嘉庆皇帝考虑得较周全，况"伊巴克等仅系情殷入觐空言，若遽恩加赏，则各台吉纷纷效尤，成何政体！"。① 史载，"松相公自癸酉秋出镇伊犁，又复三载丙子秋始归朝任御前大臣，以直梗称。"② 他对新疆的形势是非常熟悉的，因此皇帝鉴于其才能还是从宽了。"松筠本应照部议革任，姑念新疆重地一时乏人更换，著加恩改为革职留任仍注册。"③ 松筠同样只因奏请，但是嘉庆皇帝却认为他侵犯皇权，只是因未成事实才将之留任。

2. 违例滥题滥行议叙侵犯皇权

议叙即对官员的奖赏，而且主要针对现任官员，其权同样操之在上。然而，地方上却屡屡发生违例滥题滥行议叙之事。嘉庆十二年（1807），乌鲁木齐都统高杞议叙废员被以违例降级调用。嘉庆二十二年（1817），山西道监察御史孔传纶上"奏请敕禁督抚滥保属员"折，亦反映出议叙题请之滥。折中指出地方督抚"遇事辄请议叙"，此例颇多，"请旨敕禁"。孔传纶所立论之点在于："名与器，不轻假人。"他更强调，"遇事奖劝，本属国家格外旷典。"亦即皇帝之权，而"今以赏功之巨举，供该员无尽之干求，设地方遇有要务，不得不加鼓励之时，在朝廷既以为殊施，而该员等辄视为故事"。又会出现种种流弊，"窃恐赏不足劝，遇事莫肯勇往，其弊有不可胜言者。"孔传纶最后阐述，"臣愚以为抚驭之道，赏不容废。惟于不能不用之中，限以不得擅用之制，使之赏无虚冒，始足昭慎重，而示奖劝。"④ 指出了杜绝督抚的擅权行为。如何做？他建议："嗣后凡于文武员弁遇有地方应办及委办事务……如系事关重大应量予鼓励者，恭候皇上圣裁施行。除奉谕旨敕令开列议叙外，不准该督抚预先自行呈请。"⑤

---

① 中国第一历史档案馆编：《嘉庆帝起居注》第13册，广西师范大学出版社2006年版，第372页。

② （清）昭梿：《啸亭续录》卷三《松相之谪》，载《清代史料笔记丛刊》，中华书局2006年版，第453页。

③ 中国第一历史档案馆编：《嘉庆帝起居注》第13册，广西师范大学出版社2006年版，第372页。

④ 中国第一历史档案馆档案：录副奏折《孔传纶奏请敕禁督抚滥保属员事》，档号：03-1467-019。

⑤ 中国第一历史档案馆档案：录副奏折《孔传纶奏请敕禁督抚滥保属员事》，档号：03-1467-019。

孔传纶奏折反映了滥请议叙在当时各省的存在，并引起了嘉庆帝的关注和应对。

此外，议叙制中规定议叙人员定例不准用"超等"字样。然嘉庆二十五年（1820），河南省河工告成，要奖励出力人员。协办大学士吏部尚书吴璥、那彦宝却在造送议叙册分列等级时，私以超等和特等报送。嘉庆皇帝认为这是"擅用超特等"[①]，于是将吴璥等交部议以降一级调用。嘉庆皇帝降旨，一方面纠正臣僚擅权而致的错误，"所有册开超等者著改为一等，特等者著改为二等。"另一方面从宽处分，将吴璥、那彦宝部议降一级调用处分改为降一级留任。[②] 处分不是较重，皇帝可能认为，这是吏部在工作中的无意侵权，当有别于松筠、高杞的有意侵犯皇权。

3.请建狱房示恩和建议取消赐恤触犯皇权

皇帝可以给臣民施恩，但是臣僚却是万万不可以。嘉庆二十三年（1818），永祚因请在盛京地区捐廉添建狱房并转奏狱囚之感恩而被嘉庆皇帝申饬并处分。永祚之错有二：第一，自请捐廉添建盛京刑部监狱，申请"将所需银两分作三十年扣还。"此举显然无视皇帝、无视朝廷，见恩于己。嘉庆帝斥责他："所见太小，甚属猥琐。"下令，"所有此项添建狱房、更房，即著普恭、常显会同盛京工部动项修建，工竣核实报销。"[③]司狱之事本属朝廷，它不是个人所能干涉的。第二，永祚赴监查验添建狱房，自行接受狱囚之感恩。虽然嘉庆皇帝没有直接反对，却以永祚"代狱囚等谢恩"为由，批评他："实属荒唐乖谬，不知体制。"[④]实即亵渎皇上，将永祚交部严加议处。这类处分都是臣僚预料不及的。

同样地，嘉庆二十四年（1819），大臣鄂勒哲依图之妻溘逝，嘉庆皇帝降旨赐恤，托津负责拟旨进呈，回署商与和世泰。而皇帝在因他事召见和世

---

①　中国第一历史档案馆编：《嘉庆帝起居注》第22册，广西师范大学出版社2006年版，第183页。

②　中国第一历史档案馆编：《嘉庆朝上谕档》第25册，广西师范大学出版社2000年版，第231页。

③　中国第一历史档案馆编：《嘉庆帝起居注》第18册，广西师范大学出版社2006年版，第290页。

④　中国第一历史档案馆编：《嘉庆帝起居注》第18册，广西师范大学出版社2006年版，第452页。

泰时，和世泰说"向无赐恤之例"，应请皇帝将前旨撤回改为赏银四百两。嘉庆皇帝自然不悦，以"和世泰率行陈奏，实属冒昧"，交部议以罚俸一年不准抵销。托津因"向其商论"①，也被罚俸半年但准其抵销。这些都是对皇帝权力的触犯，其处分轻重不等。

4.参劾属员和免议权归之于上

嘉庆八年（1803），皇帝有旨："嗣后除特旨交部议处之案仍加等核议外，其各省参劾属员如有情节本轻而上司遽请严议，或情节较重仅请议处者，著该部即将奏请处分未协之原参督抚等随折声明，候朕定夺。"②旨意明确了加议、减议之斟酌权在于皇帝，而不在于各省督抚。

嘉庆十一年（1806），相继出现两起未经皇帝允准的免议案。先是嘉庆十一年十二月十五日，吏部因所办题本内讹错多字，堂司官自请议处，嘉庆皇帝将之交由都察院办理具体议处事项。随后都察院具题："请将该司员罚俸一个月，该堂官均例得免议。"嘉庆皇帝批曰："殊属非是。"继而析清缘由，吏部于进呈本内并不仔细校对，以至错字甚多，"如果该堂官可以免议，则前次降旨时早已加恩宽免。"何必令都察院核议后免议。而且都察院在有了免议意见后，也不及时"于本内声明请旨施恩"。故而，嘉庆皇帝又补上了都察院官员的处分，"所有吏部不行详对之司员等著罚俸三个月，堂官著罚俸一个月，都察院堂官率行定议者罚俸一个月。"③

吏部作为处分部门，没有及时吸取教训。同年十二月十七日，户部堂司官因失察直隶监生刘姓捐名未协一本被议处。吏部因户部司官自行检举，以罚俸减等具题；对于户部堂官则具题免议。嘉庆皇帝批曰："所办非是。""户部前此奏请议处时，即并未将堂官处分宽免。"而今"吏部即因检举旧例堂官有免议之条，亦祇当于本内声明请旨，何得遽尔免议？"又是属于擅权没有请旨。嘉庆皇帝降旨："所有户部出结不慎之司官著罚俸一年，失察检举之司官著罚俸六个月，其堂官等俱著罚俸一个月。吏部堂官率行定议，亦著

---

① 中国第一历史档案馆编：《嘉庆帝起居注》第21册，广西师范大学出版社2006年版，第123页。

② （清）庆桂等奉敕修：《钦定吏部处分则例》卷首《公式·不应严议之案奏请严议》，嘉庆十六年木署藏版。

③ （清）庆桂等奉敕修：《钦定吏部处分则例》卷首《公式·检举减议》，嘉庆十六年木署藏版。

罚俸一个月。"①

专擅之事接连出现，而且发生在都察院和吏部，嘉庆皇帝不得不认真思虑此事。为此于嘉庆十二年出台了新条例，曰：

> 官员办理事件始初失于觉察，后经自行查出检举。除定例载有检举处分专条各按本例定议外，其并无明文者，在京文职自京堂以上，在外自藩臬以上，该部将照例处分及检举后宽免之处，两议请旨。其余在京各员并在外道府以下等官，凡自行检举案件各按本例革职降罚，处分酌加宽减。如例应革职者，若自行检举即革职留任，例应革职留任者降四级留任，例应降级调用者降一级留任，例应降级留任及罚俸二年者罚俸一年，例应罚俸一年及九个月者罚俸六个月，例应罚俸六个月者罚俸三个月者，例应罚俸三个月者，免议。若所犯之事实系有意营私，或虽经减举，而其事已不可改正者，俱不准宽减。……上司因属员过误有失察处分者，其本人检举既经减等处分，失察之上司免议，其应否宽免之处，仍声明请旨。②

此条以自行检举为主，申明了两点内容：第一，两种情况下自行检举的两议请旨，暨针对三品大员以上的自行检举和上司失察处分的自行检举，必须要请旨再议，部院不能再行专擅免议。第二，对于三品以下官员的自行检举错误，其处分直接由部院减等议处，并提出了具体的减议办法。

二、官员侵犯皇帝用人行政之权与处分

在用人权及其研究方面，学界呈现的观点趋向一致。李文儒认为："不论是从人性的角度，还是从帝性的角度，还是从两者结合的角度研究皇帝，皇帝的执政理念和如何选人用人当然是首要的问题。"③ 古鸿廷认为："清代君主尤其重视任命官员权力的行使，历朝君主都会告诫臣下，不得干预君

---

① 中国第一历史档案馆编：《嘉庆帝起居注》第 11 册，广西师范大学出版社 2006 年版，第655 页。

② （清）庆桂等奉敕修：《钦定吏部处分则例》卷首《公式·检举减议》，嘉庆十六年木署藏版。

③ 李文儒：《故官学研究中的价值观问题》，故官出版社 2019 年版，第 116 页。

主的用人权。"① 朱诚如指出:"从行政方面看,就职官的设置及其实际职、权、责的演变而言,以皇权为核心的封建官制体系,呈现为辐射状向全国各级伸展而构成网络性的结构。……是否继续拥有对官制的绝对控制和调整的权力,是否能继续行使对文武官吏绝对人事任免的权力,乃是皇帝能否保住皇权的主要标志之一。"② 李治安、杜家骥持论:"皇帝只有掌握官员的任用权,才能体现其对国家权力的主宰,使受命于皇帝的官员对他尽忠尽职。"③

清代到嘉庆时期,一再重申皇帝的用人大权操之于上。"朕亲政以来办理庶务,悉遵皇考遗训。……至用人行政令出惟行,大权从无旁落。……若国家用人行政,其是非得失悉听诸言官臆说,势必假公济私,把持朝政。"④ 嘉庆二十三年(1818)更直指:"复召与否,其权在上,岂小臣所得干预耶?是言者只意图邀名市惠,而并不计及政体所关。国家进退大臣功罪较然,岂容逞臆妄言,挠朕黜陟之大柄?"⑤

1. 广兴乱参遭处分

嘉庆十一年(1806),广兴参劾御前大臣有违例专擅行为,嘉庆皇帝对此不置可否。奏事处"为章奏喉舌之司,攸关紧要"。广兴所参劾的就是有关奏事处官员的任用问题。"查向来奏事处官员六部额设二缺,遇有缺出,由大学士、六部堂官各保一员带领引见,恭候钦定。""从无御前大臣拣选之例。"而当年奏事处外郎缺出,内阁六部照例保送有7员。广兴指出的问题在于:"御前大臣并不全行带领,止拣选三员。又不按照衙门次序,竟自行酌拟名次引见,将其余各员俱行驳回。"他认为"似此恣意擅专,将来奏事处官员必尽用御前大臣之私人"。⑥ 此次参劾并没有为嘉庆皇帝所认可,因为皇帝深知大权在己。他不仅没有听信广兴之言,还将之降为三品顶戴交

---

① 古鸿廷:《清代官制研究》,五南图书出版公司2005年版,第78页。

② 朱诚如:《管窥集:明清史散论》,紫禁城出版社2002年版,第289—290页。

③ 李治安、杜家骥:《中国古代官僚政治》,中华书局2015年版,第26页。

④ 《清仁宗实录》第2册,中华书局1986年版,第262页。

⑤ 中国第一历史档案馆编:《嘉庆帝起居注》第20册,广西师范大学出版社2006年版,第135页。

⑥ 中国第一历史档案馆档案:录副奏折《广兴奏为特参御前大臣违例保送奏事处官员事》,档号:03-1503-072。

部严加议处。广兴知趣上奏认罪："措辞失当，比拟不伦。"① 广兴欲以专擅用人权扳倒御前大臣的谋划也失败。但是，并不代表在嘉庆一朝没有人侵犯皇帝用人行政之权。

"国无重臣，势无所倚。"② 故每朝皆有重臣。吴振棫曾言："盖内外臣工，纤悉不敢自专，必以上请。"③ 然而在嘉庆朝，"自专"和不"上请"的大臣大有人在。第一是重臣那彦成，第二为重臣松筠。

2. 那彦成专擅遭处分

那彦成，其曾祖是协办大学士阿克敦，祖父是武英殿大学士、一等诚谋英勇公阿桂。他是乾隆五十四年（1789）进士，嘉庆二年（1797）步入宦途。先后充崇文门副监督、正黄旗蒙古副都统、在军机大臣上行走等。嘉庆三年（1798）五月，任职部院④。嘉庆四年（1799）八月，始外任。此后不断在京职和外臣、枢臣之间轮转。嘉庆帝曾评价那彦成："汝诚国家柱石之臣，有为有守。"⑤ 十八年（1813）林清之变，那彦成以钦差大臣加都统衔，率军镇压有功。加太子少保衔、赏三等子爵、换戴双眼花翎，又紫禁城骑马。十二月，又授直隶总督。⑥

嘉庆二十年（1815），身为直隶总督的那彦成亦受处分，由部议降三级调用改为降四级留任。其被处分原因，则由于其"自专"与"不自请"。事情起因是负责永定河的官员因河工问题被处分，降革官员达7员。河工事项完成，于出力人员照例由总督进行保奏甄别议叙。那彦成保奏时，"将缘事降革官七员一并列入，声称原案均系因公，情有可原，工竣不敢妄邀甄叙，情愿照例捐复留直补用。"⑦ 并声称，"共计捐银二万一千六百余两，已先饬

---

① 中国第一历史档案馆档案：录副奏折《广兴奏谢赏三品顶戴并请严加治罪事》，档号：03-1504-020。

② （清）昭梿：《啸亭杂录》卷一《傅文忠公》，载《清代史料笔记丛刊》，中华书局 2006 年版，第 22 页。

③ （清）吴振棫：《养吉斋丛录》卷二十三，载《清代史料笔记丛刊》，中华书局 2005 年版，第 293 页。

④ 王锺翰点校：《清史列传》第 9 册，中华书局 1987 年版，第 2525 页。

⑤ 王锺翰点校：《清史列传》第 9 册，中华书局 1987 年版，第 2529 页。

⑥ 王锺翰点校：《清史列传》第 9 册，中华书局 1987 年版，第 2531 页。

⑦ 《清仁宗实录》第 5 册，中华书局 1986 年版，第 133 页。

令缴库。"① 折上后，御史林钟岱批评 7 人中有不合例之人 2 人；之后军机大臣查出又有不合例之人 4 人。最后只有"已革典史翁新福，因承缉盗案四参限满无级可降革职，实属公过"② 符合捐复条件，其他 6 人皆非公过。但那彦成并没有将该革员等缘事原案声叙明晰。嘉庆皇帝因信任那彦成几致错颁令旨，幸亏御史及时参奏，最后获准捐复的只有典史翁新福一人。那彦成的罪过在于：第一，冒昧含混奏请捐复。第二，按照清制"奉旨准其捐复，乃给由赴户部交纳捐项"③。而那彦成在未经具奏之前，则令革员先将捐复银两缴库。嘉庆皇帝为此批曰："从无此政体，实属有意取巧，预为邀准地步，迹近专擅。"④ 因此"罚令那彦成赔缴银两，交部加等议处"⑤。部议照滥举匪人例加等议以降三级调用，嘉庆皇帝改为降四级从宽留任。⑥ 那彦成在例行的谢恩折中还不服，声称是"拘泥向来因军营河工保奏人员均不叙案"，是以遗漏参叙。而令将捐复银两缴库"系因恐延宕工需起见"。⑦ 可见，也只有那彦成这样的重臣才敢如此辩驳。整个事件都是源于那彦成的"专擅"。

3. 松筠遇事不报擅权遭处分

松筠，上文已有小叙。姓玛拉特氏，字湘圃，蒙古正蓝旗人。历任内务府大臣、两江总督、两广总督、吏户礼兵工五部尚书等职。马嘎尔尼使团来华时，松筠为钦差大臣，曾负责接待。史载："公性忠爱，幼读宋儒之书，视国事为己务，肝胆淋漓，政事皆深忧厚虑，不慕近功。镇伊犁时，抚驭外夷，视如赤子。……故任封疆数十年，而家无担石。上深知其忠正，擢为参政御前大臣。……癸酉秋，复出为伊犁将军，新疆闻其复来，庆若更生，老稚荷担以迎。……其冬擢为首辅，仍兼摄伊犁事，朝中之士君子皆翘首以望

① 《清仁宗实录》第 5 册，中华书局 1986 年版，第 133 页。

② 《清仁宗实录》第 5 册，中华书局 1986 年版，第 134 页。

③ 中国第一历史档案馆档案：录副奏折《那彦成奏为奉旨降四级留任谢恩事》，档号：03-1572-014。

④ 中国第一历史档案馆编：《嘉庆朝上谕档》第 20 册，广西师范大学出版社 2000 年版，第 564 页。

⑤ 中国第一历史档案馆档案：录副奏折《那彦成奏为奉旨降四级留任谢恩事》，档号：03-1572-014。

⑥ 中国第一历史档案馆编：《嘉庆朝上谕档》第 20 册，广西师范大学出版社 2000 年版，第 564 页。

⑦ 中国第一历史档案馆档案：录副奏折《那彦成奏为奉旨降四级留任谢恩事》，档号：03-1572-014。

其归也。"① 松筠是既有能力又有声望之员。

嘉庆元年（1796），有廓尔喀公巴都尔莎野遣人禀请瞻观，又有达赖喇嘛恳请加倍进献丹书克，对于这些事情驻藏大臣松筠都直接驳回没有转奏皇帝。史部议将驻藏大臣松筠照应奏不奏例降一级调用，奉旨：松筠著改为降三级从宽留任。② 以松筠之个性，其所作并不是真正的擅权，之所以未予奏闻当有其他原因。

除以上重臣，其他人不论仕庶，不论人数多寡，也不得触犯皇权。嘉庆二十三年（1818），当大员成格上奏士民百姓吁请留任将要离任的知县时，嘉庆皇帝更是无法接受。"直省牧令在官贤否，其去留权操自上，非士民所当干预。若循良之吏听士民吁请留任，设有不职之员将不待上司之参劾，亦听士民驱之使去耶？此风断不可开。"③ 可见，凡干涉嘉庆用人行政的都是坚决不允许的。

三、官员侵犯皇帝立法司法之权与处分

清代皇帝拥有立法权和司法权，到嘉庆皇帝也不例外，学界也赞同此说，相关学术成果代表性的如白钢认为："皇帝拥有最终的立法权和司法权。"④ 吴吉远总结："'从来生杀予夺之权操之自上'，威柄决不下移，历史上最高司法权从未有过像清代这样集中。"⑤ 费正清持论曰："在清代所有重要的和许多不重要的行政立法司法决定都必须由皇帝亲自作出。"⑥ 这些观点高度概括出嘉庆时期国家立法权和司法权的特点，那就是皇权专制在立法和司法层面的反映，官员一旦触犯招致的必然是处分。

---

① （清）昭梿：《啸亭杂录》卷四《松相公好理学》，载《清代史料笔记丛刊》，中华书局 2006 年版，第 109—110 页。

② 中国第一历史档案馆编：《嘉庆帝起居注》第 1 册，广西师范大学出版社 2006 年版，第 231 页。

③ 中国第一历史档案馆编：《嘉庆帝起居注》第 20 册，广西师范大学出版社 2006 年版，第 273—274 页。

④ 白钢主编：《中国政治制度史》，天津人民出版社 2016 年版，第 853 页。

⑤ 吴吉远：《清代地方政府司法职能研究》，故宫出版社 2014 年版，第 47 页。

⑥ ［美］费正清等主编，陈仲丹等译：《中国：传统与变革》，江苏人民出版社 2011 年版，第 200 页。

早在嘉庆四年（1799），嘉庆皇帝颁布上谕强调立法该注意事项，曰：

> 向来刑部引律断狱，于本律之外，多有不足蔽辜无以示惩及从重定拟等字样，所办实未允协。罪名大小，律有明条，自应勘核案情援引确当，务使法足蔽辜，不致畸轻畸重，方为用法之平。既按本律又称不足蔽辜从重定拟，并有加至数等者，是仍不按律办理，又安用律例为耶？即案情内有情节较重者，朕自可随案酌定，总之不足蔽辜之语，非执法之官所宜出。嗣后问刑衙门俱应恪遵宪典专引本律，不得于律外又称不足蔽辜及从重字样，及虽字但字抑扬文法，亦不准用。上谳后经朕阅看案情，或有酌加增减者，亦不治以失出失入之咎。①

这条上谕一再强调刑部办案要以律为本，不能擅自加重案情，如有轻重增减，要由皇帝来"随案酌定"，臣僚不会被治以"失出失入之咎"。这条上谕充分说明刑部初步拟定后必须经上谳，由皇帝最终裁决。可见，正如瞿同祖认为的"皇帝是帝国最高司法官。"②

但是在司法实践中，还有司法部门予以借故擅权，可从御史奏折中得知。嘉庆十九年（1814），御史孙世昌上"问刑衙门议拟官员罪名不得遽请枷示"。可见，当时存在着刑部等司法机构的擅权。嘉庆皇帝肯定孙世昌的上奏并指出："国家制官刑，以儆有位。官吏犯法削除爵轶，其伏辜与齐民等。然刑律中亦有稍示区别，荷校之罚本非一概而施，其有情罪较重者皆由特旨加以示惩。至问刑衙门科断官员罪名，则当遵照定律问拟，不得于法外滥议加刑，奏上时，权衡出自上裁。"③再次表明任何人不能擅自法外立法，一切权衡出自"上裁"。

嘉庆十七年（1812），御史嵩安上言请更律条，嘉庆皇帝未准，因其系言官"不加深责"也没有处分。但进一步强调了皇权在司法实践中对律外变数的决定权。"国家明罚敕法，律令为民命攸关，颁行四方较若画一，不容轻易变更，问刑官吏谨守宪章。……法司随案声请，朕权衡轻重，区示

---

① （光绪朝）《钦定大清会典事例》卷八十五《吏部》，载《续修四库全书》第799册，上海古籍出版社1996年版，第414页。

② 瞿同祖：《清代地方政府》，法律出版社2003年版，第15页。

③ 中国第一历史档案馆编：《嘉庆朝上谕档》第19册，广西师范大学出版社2000年版，第406页。

宽严。或执不宥之律，或施法外之仁。"①可见，变数中的"轻重""宽严"，"执"或"施"之度，要由法司"声请"后，由皇帝来判定。

嘉庆二十三年（1818），陕西巡抚朱勋因侵犯皇帝的勾决权而被处分。清代规定"向来秋审人犯，凡止语言调戏致本妇羞忿自尽者，照例俱入于情实"，勾到时由皇帝细阅其情节，决定勾与不勾，一般多免其勾决不予处死。是年陕西省秋审上报人犯中恰有这样一案。犯人沈德"用言调戏，周孟氏投缳自尽。"朱勋将沈德判定情实，亦即死刑。但因沈德系家中独子，在招册案尾书曰："预拟改缓"字样。嘉庆皇帝阅后非常生气："罪犯定入情实，则勾与不勾，其权操之自上，岂臣下所当预揣？"②因此将朱勋交部议处。旨下："朱勋于问拟情实人犯招册案尾，预拟改缓字样殊属错误，著照部议降二级留任，不准抵销。"③"诸臣即皆系佐朕执法之人。"④嘉庆帝是真正的集立法、司法大权于一身。

第二节　官员触犯外延性皇权与处分

一、官员触犯皇帝个人好恶与处分

清代"君尊臣卑，一切较明代尤远甚。明朝仪，臣僚四拜或五拜，清始有三跪九叩首之制。明大臣得侍坐，清则奏对无不跪。明六曹答诏皆称'卿'，清则率斥为'尔'。而满、汉大吏折奏，咸自称'奴才。'"⑤这就是清代君臣各自的地位，它凸显了清代皇权的强大与至尊。

---

① 中国第一历史档案馆编：《嘉庆帝起居注》第17册，广西师范大学出版社2006年版，第196页。

② 中国第一历史档案馆编：《嘉庆帝起居注》第20册，广西师范大学出版社2006年版，第406页。

③ 中国第一历史档案馆编：《嘉庆朝上谕档》第23册，广西师范大学出版社2000年版，第491页。

④ 中国第一历史档案馆编：《嘉庆帝起居注》第15册，广西师范大学出版社2006年版，第335页。

⑤ 钱穆：《国史大纲》修订本，台湾商务印书馆1994年版，第833页。

1. 嘉庆帝节俭个性与严禁进献

有文章持论："嘉庆帝可能是清代帝王，甚至中国历代皇帝当中私德最好的。"[1] 其私德之一即是他的节俭个性，嘉庆皇帝不仅身体力行注重节俭，而且将节俭与吏治紧密联系起来。"整饬吏治以清廉为本。"[2]"嘉庆帝认识到吏治腐败的根源就在于奢侈不俭，而以皇帝为首的上层统治集团的俭奢与否对属下，乃至整个国家都有着极为重要的影响。"[3]

嘉庆九年（1804），皇帝曾曰："当位之节，节以天下，使贱不逾贵，各安其分，得节之要道，治乱安危之机，实系此理，其可忽哉。"[4] 他把"节"之重要上升到了治乱安危的高度。嘉庆二十四年（1819），因太和殿内安设取暖火盆过多，嘉庆皇帝认为："并不御寒，竟为开销地步，徒费无益。"遂而降旨："嗣后每遇保和殿筵宴、太和殿受贺筵宴及御太和殿，俱在地平二层两角安设炭火二盆。盆内炭火用灰掩盖，两边隔扇俱不准开，仅开中隔扇。每遇看祝版，中和殿、太和殿勿庸安设火盆，两边隔扇亦不准开，永著为例。并著内务府大臣一人每次查看，如有违例多安火盆，不掩两边隔扇者，司官革责，本日查看之内务府大臣即时降级不贷。"[5] 从而将宫中节俭与官员处分挂钩。

当时大臣富俊上"为条陈理财事"，其曰："乞皇上敕下部臣、内务府、各省督抚将军，令各首崇节俭。"[6] 获得皇帝肯定。在这样的节俭理念下，对于臣僚进献必然是嘉庆皇帝所反感的。嘉庆皇帝一生大寿有两次，两次寿诞之前必发禁止进献论。嘉庆十三年（1808），颁旨禁曰："朕躬行节俭，举凡珍异华美之物皆所不取，实由天性，初非出于矫强，谅亦诸臣所共喻。明年五旬庆辰，除该督抚等应进土贡仍准循例进献备赏外，所有金珠玩好各物概不准呈进。"[7] 嘉庆二十三年（1818），再次颁旨禁谕："来年为朕六旬正

---

① 张宏杰：《嘉庆错失改革机会》，《领导文萃》2014 年 2 月上。

② 《清仁宗实录》第 1 册，中华书局 1986 年版，第 1013 页。

③ 魏克威：《嘉庆时期的内政改革和失败》，《长春师院学报》1998 年第 2 期。

④ 中国第一历史档案馆编：《嘉庆帝起居注》第 9 册，广西师范大学出版社 2006 年版，第 37 页。

⑤ 《清仁宗实录》第 5 册，中华书局 1986 年版，第 794—795 页。

⑥ 中国第一历史档案馆档案：录副奏折《富俊奏为条陈用人理财事》，档号：03-1646-026。

⑦ 中国第一历史档案馆编：《嘉庆朝上谕档》第 13 册，广西师范大学出版社 2000 年版，第 90 页。

诞……况朕敦崇节俭，出于本性。来年并不举行庆典繁仪。著通谕直省督抚，除应进土贡仍循例备进外，所有金珠玉器陈设，仍一概不准进呈。"①

两次大寿在嘉庆皇帝的严禁下，臣僚都基本遵循规定，违例者极少。对于进献玩好嘉庆帝如此规定，能够为人所理解。但限制进献诗文则有些"矫枉过正"了。"上初即位时，一时儒雅之臣，皆帖括之士，罕有通经术者。上特下诏，命大臣保荐经术之士，辇至都下，课其学之醇疵。"②由此推断爱好诗文应该是嘉庆皇帝所喜好。但是嘉庆二十三年（1818），同样颁布了限制进献诗文颂册的旨意。指明臣僚可以进献诗文，"但呈进之人应辨以差等，其文亦应示以体裁。兹特先期通行告谕，凡宗室王公内其能文者俱准呈进。在内满汉大臣、京堂、翰詹科道，在外督抚凡由科甲出身者，俱准一体照例备进，此外概不准呈进。……嗣后诸臣进册者，每人只准进一册，诗文亦各专一体，毋许夸多阔靡，华而不实。其择言务求雅正，尤当颂不忘规，期于政事有裨，用副朕返朴还淳，厘正文体至意。"③

嘉庆二十四年（1819），大臣朱锡爵因罚项缴完亦进献颂册，礼部官员负责接收呈递。没想到，嘉庆帝把他列为"罪应发遣之人"，无资格"进献颂册"。并斥责"礼部不行查明一律接收"，"殊属冒昧"。从而将所有前任礼部堂官，崇禄、汪廷珍、和桂、王引之、同麟、王宗诚俱罚俸一年。④朱锡爵的册页也被掷还。这些均反映出嘉庆皇帝的本性和个性，与乾隆皇帝真是截然不同。臣僚一旦触犯皇帝的好恶，就会被轻者斥责，重者处分，这些处分带有明显的皇权专制性质。

2. 嘉庆时期两次进献贡物风波与官员处分

（1）嘉庆元年的苏楞额进贡风波与处分。嘉庆元年（1796）正月二十日，嘉庆帝即位不久，两淮盐政苏楞额例进土物，一上就是两份，因有皇帝和太上皇。但是却被皇帝以多进为由，掷还并处分。"向来两淮盐政例

---

① 《清仁宗实录》第 5 册，中华书局 1986 年版，第 483 页。

② （清）昭梿：《啸亭杂录》卷一《重经学》，载《清代史料笔记丛刊》，中华书局 2006 年版，第 15—16 页。

③ 中国第一历史档案馆编：《嘉庆朝上谕档》第 23 册，广西师范大学出版社 2000 年版，第 60—61 页。

④ 中国第一历史档案馆编：《嘉庆朝上谕档》第 24 册，广西师范大学出版社 2000 年版，第 514 页。

进土物，风猪肉一百块，皮糖八匣。本日苏楞额呈进风猪肉、皮糖均加一倍，殊属非是。盐政、织造、关差等备进备赏之物，早经明降谕旨，祗许照例呈进一分，以备赏用。乃苏楞额转加倍进呈，其意何居？其多进之风猪肉一百块，皮糖八匣，俱著掷还。苏楞额著传旨严行申饬并交部议处，以为挟私取巧者戒。"[1] 随后吏部议处苏楞额，进献土物"并不钦遵办理，转加倍进呈，实属不合"降三级调用。旨下："苏楞额著降三级从宽留任。"[2]

嘉庆时人何道生进言"禁进献"，曰："我皇上亲政伊始，诚恐督抚之中有以此为尝试者，不可不防其渐。"[3]何道生之说言中时政，而魏克威之研究也鞭辟入里："嘉庆帝倡廉黜奢的规定最初并没有引起朝野的重视，在一些官吏的心目中仍认为这只不过是表面文章。可是，当福州将军庆霖千里迢迢将寿礼送抵京城呈献给皇上时，却遭到严厉的斥责，庆霖也受到严厉的处罚。"[4]

（2）庆霖进土贡风波与处分。嘉庆四年（1799），福州将军庆霖呈进福建海关土贡。嘉庆皇帝指责庆霖，"历年均系七月二十日后呈进，至八月间并未另有万万寿贡件，是庆霖竟系循照年例冒昧呈进，实属非是。"[5]而且此次呈进土贡"益令朕触绪增悲"[6]。一方面将贡物掷还，另一方面将庆霖交部严加议处。而且牵扯到庆桂，"于伊弟呈进不合之处并未阻止，亦属疏忽，著交都察院议处。"[7]兵部照违制例将庆霖议以革职，都察院将庆桂议以降调。嘉庆皇帝改议："念庆霖由侍卫出身，擢任将军，心地糊涂，于体制不能谙悉。且因监管粤海关务，所进只系土物，又属初次，著从宽改为革职

---

① 中国第一历史档案馆编：《嘉庆朝上谕档》第1册，广西师范大学出版社2000年版，第25页。

② 中国第一历史档案馆编：《嘉庆帝起居注》第1册，广西师范大学出版社2006年版，第38页。

③ 贺长龄辑：《清经世文编》卷十二《治体六》，《何道生〈敬陈亲政四事疏〉》，中华书局1992年版，第300页。

④ 魏克威：《嘉庆时期的内政改革和失败》，《长春师院学报》1998年第2期。

⑤ 中国第一历史档案馆编：《嘉庆帝起居注》第4册，广西师范大学出版社2006年版，第430页。

⑥ 中国第一历史档案馆编：《嘉庆帝起居注》第4册，广西师范大学出版社2006年版，第461页。

⑦ 中国第一历史档案馆编：《嘉庆帝起居注》第4册，广西师范大学出版社2006年版，第430页。

留任。"①而"庆桂在京供职，相距伊弟任所较远，庆霖呈进不合之处未经阻止，其咎尚轻。著照部议查级准抵，免其降调"②。

嘉庆皇帝的处置，在关文发看来，"处理得有点平软，找了一些理由，以减轻对庆霖的处分。"③其实，不只此案，大多数的处分案在嘉庆朝都有从宽减轻的问题。正是"初二三参之奏咨不绝，而终无降调之官"④。虽指咸同年间，但也适用于嘉庆时期，可见这是清帝一贯的做法。但是，这种从宽的处理方式带来的后果却是无形的危害。"这种象征性的处理，对于所涉官员来讲，就是再多的议处也无济于事。"⑤这其实也正是嘉庆皇帝所担心的问题。事情经过不久，皇帝担忧之下颁布上谕：

> 从前进贡一事，皇考亦屡经颁谕严禁，而督抚等仍间有备物呈递者。皇考因其既经备进，或赏收一二件，藉联上下之情，然亦甚以为可厌。今朕志先定，断不容臣工等有阳奉阴违之事。朕在藩邸时，一切服御起居概从简朴，而亲政后尤以崇俭黜华，冀厚民生而敦浇俗。……况外省备进贡物名为奉上，其实藉以营私。……大抵进奉一节，最为吏治之害，此朕所深悉弊端，而必加严禁者也。此次朕之所以宽恕庆霖者，实因伊系武职糊涂，所进只系方物，其咎不过冒昧，尚非欲倡为此举首先尝试，是以姑免革职。倘臣工等误会朕意，欲藉此营私见好，仍冀得免严议，则是有意效尤。不但照违制例革职，必当重治其罪也。⑥

这份上谕第一，嘉庆帝把乾隆皇帝搬出来做挡箭牌，"甚以为可厌"，大抵送人礼物是为博得别人的喜欢与好感，常人如此，帝王也不例外，既然不喜欢又何必惹人生厌；第二，嘉庆皇帝申明自己的简朴习惯和崇俭的理念；第三，大讲"进奉"带来的危害；第四，告诫臣僚要以庆霖事件为戒，吸取教

---

① 中国第一历史档案馆编：《嘉庆帝起居注》第4册，广西师范大学出版社2006年版，第461页。

② 中国第一历史档案馆编：《嘉庆帝起居注》第4册，广西师范大学出版社2006年版，第462页。

③ 关文发：《嘉庆帝》，吉林文史出版社1993年版，第90页。

④ 葛士浚辑：《清经世文续编》卷十六《曾国藩〈直隶清讼事宜十条〉》，载《近代中国史料丛刊》第75辑第741册，文海出版社1966年版，第482页。

⑤ 魏克威：《嘉庆时期的内政改革和失败》，《长春师院学报》1998年第2期。

⑥ 中国第一历史档案馆编：《嘉庆朝上谕档》第4册，广西师范大学出版社2000年版，第280—281页。

训下不为例。嘉庆时期的两次进献贡物风波及其处分，使得各级官吏看到了嘉庆帝倡俭倡节的坚决态度，违禁进贡从情理上和制度上逐渐减少。

3.嘉庆朝呈递如意风波与处分

如意是嘉庆皇帝不敢喜爱之物，身为帝王他有自己的为政执守："禁呈宝物。此事看似小事，其实对官风、民生关系极大。"[1]因此在亲政之时，他"首罢贡献之诏，除盐政、关差外不许呈进玩物，违者以抗旨论"。谕旨中有"诸臣以如意进者，朕视之转不如意"[2]之语。因此，当有臣工无视政令呈递如意时，嘉庆帝是发自内心地排斥与反感。

嘉庆十三年（1808），皇长孙诞生，朝臣中掀起了呈递如意之风，福建学政叶绍本之案即发生在这种背景下。是年，福建省将军、督抚、学政一同奏贺呈递如意，由总督阿林保牵头，因学政叶绍本在龙岩组织考试，阿林保担心文书往来告知叶绍本会迟延，虽擅作主张"代为列衔，恭备如意"。结果叶绍本因系编修"职分较小"，与督抚联衔呈递如意不合，被吏部议处，旨下："著照部议降二级留任，所有加级不准抵销。"[3]事发，阿林保不得已自行检举请交部严议，"系该督代为备办……与该学政无涉"。在阿林保的解释下，皇帝降旨："所有叶绍本前得处分著该部注销。至阿林保代学政冒昧呈递，实有应得之咎，著即照叶绍本原议处分降二级留任不准抵销，亦无庸再交部议。"[4]这起处分源于呈递如意，但还不是确切意义上的因违例呈递如意被处分，只是级别不够没资格进呈如意被处分。同年，广东学政胡长龄却因级别高，"系三品卿员，本有奏事职分"[5]，可单独呈递，却会同将军、总督、副都统等一例呈递如意，被交部察议。

从两起如意事件看，这种尺度太难把握，官员因之身罗处分，实在是太过冤枉。嘉庆十三年因呈递如意出现了以上诸种意想不到的处分，本来是喜

---

① 关文发:《嘉庆帝》，吉林文史出版社1993年版，第87页。

② （清）昭梿:《啸亭杂录》卷一《却贡玉》，载《清代史料笔记丛刊》，中华书局2006年版，第27页。

③ 中国第一历史档案馆编:《嘉庆帝起居注》第13册，广西师范大学出版社2006年版，第327页。

④ 中国第一历史档案馆编:《嘉庆帝起居注》第13册，广西师范大学出版社2006年版，第503页。

⑤ 中国第一历史档案馆编:《嘉庆朝上谕档》第13册，广西师范大学出版社2000年版，第346页。

事却给很多人带来不该有的处分。故此嘉庆颁谕："将来凡遇诞生皇子、皇孙，诸王公大臣等均不准呈递如意。"①通过杜绝这种类型的如意呈递，借以杜绝此类处分。

如意是吉祥的象征，在嘉庆一朝逢元旦令节、万寿庆辰等重大节日臣工还需呈递如意，这是不能取消的。但是又出现了呈递者越来越多的现象，为了限制这种情况，嘉庆于二十五年（1820），明确了可以呈递如意的对象："自本年万寿暨明岁元旦为始，亲王、郡王、贝勒，无论内廷外廷行走俱准呈递；贝子公惟内廷行走者准其呈递；军机大臣、南书房、翰林、内务府大臣，无论品级俱准呈递；尚书房行走各员俱不准呈递；大学士、尚书、领侍卫内大臣俱准呈递；都统在内廷行走者方准呈递；侍郎、副都统俱不准呈递；御前侍卫一品者准其呈递；乾清门侍卫概不准呈递；年班来京文武大员亦惟一品者方准呈递。"②在嘉庆皇帝的心里有着根深蒂固不可动摇的森严等级观念，它充斥在不同的场合之中。可惜嘉庆二十五年七月嘉庆暴卒，再没有大臣因为进呈如意而被处分，真是呈递"如意"反"不如意"，一语成谶！

二、官员触犯皇帝等威与处分

"皇权至上，皇帝独尊，对皇权的绝对态度，即忠于皇权、忠于皇位、忠于皇帝的观念绝对不容置疑。……宫廷里的一切，从外在的人们的存在、活动空间，即皇宫建筑空间、建筑形态，到任何内容与任何形式的礼仪行为，大到皇帝的登基、上朝、祭祀、寿诞、大婚、殿试、出行、回宫的程序程式，小到起居、衣食、行走的规制规定，无一事无一处不在处心积虑地凸显皇权至上，皇帝独尊。"③

1. 官员触犯皇帝之食住行用名与处分

白钢言："礼仪制度，是围绕皇帝的衣食住行及皇帝所从事的各种活动而规定的礼节仪式。……礼仪制度所包含的内容十分广泛与细琐，旨在显

---

① 中国第一历史档案馆编:《嘉庆朝上谕档》第13册，广西师范大学出版社2000年版，第201页。

② 中国第一历史档案馆编:《嘉庆朝上谕档》第25册，广西师范大学出版社2000年版，第5页。

③ 李文儒:《故宫学研究中的价值观问题》，故宫出版社2019年版，第128页。

示皇帝至高无上的地位和威严，是皇权神化与物化的表现。"①李治安、杜家骥亦详述："礼仪制度表现在皇帝的衣食住行、服用器物、婚丧及各种场合的典仪礼节等各个方面。无论哪一方面、一规一制、一器一物，凡有关皇帝者，都体现出它至高的等级及其不可僭越性。……皇帝居住、办公的处所——皇宫，无论规模之宏大、建筑之华美，都是天下独一无二的，它是皇帝至尊至上的等级标志。"②所论皆当矣，嘉庆时期的朝臣行事稍不留意，就会发生这种"僭越"而被皇帝处分。

（1）"食"方面。嘉庆十一年（1806），宫内发生滥用"膳房"二字触犯皇帝的事件。事情起因是管理宫中茶膳房事务的大臣阿明阿、苏楞额和其他臣僚因食事呈递奏单一件，在奏单内使用了"阿哥内膳房、外膳房"称呼法，嘉庆皇帝当即批示："殊属错谬"。并严厉指出："定制，惟承应御馔之处称为膳房。"言外之意，除皇帝外任何皇室人员的所用都不能称之为"膳房"，即使皇子也不例外。嘉庆皇帝又深论："朕从前在藩邸时，即称饭房"，此事身为藩邸旧人的阿明阿"在藩邸随从多年，素所深悉。"皇帝在不悦之下，终以"率意书写""不行更正""非寻常疏忽可比"，将阿明阿罚俸一年，苏楞额罚俸半年，拟稿的内务府护军统领兼尚茶膳正李镛革去护军统领，尚茶膳正降为膳房二等侍卫，缮写笔帖式嵩林革去笔帖式，作为拜唐阿仍令在膳房行走。嘉庆皇帝还指出："此系朕从宽薄罚，若加深究，罪在不赦矣。"为警示宫内诸人，令将"此旨另录一道，著尚书房存记，俾诸皇子触目警心，永循轨度"。③以此维护自己的皇权地位，不允许出现另外的权力中心。

但是，阿明阿对皇权的触犯及处分远没有结束。嘉庆十二年（1807），阿明阿又因"恭进膳品未能精洁"，办理膳房事务不当，引发其本人及一系列官员被处分。

阿明阿的两遭议处。因失察不洁不当由总管内务府大臣缊布等议处，"例载饮食之物拣选不精之厨子杖六十，监临官减厨子罪二等，笞四十罚俸

---

① 白钢：《中国皇帝》，社会科学文献出版社 2008 年版，第 14 页。
② 李治安、杜家骥：《中国古代官僚政治》，中华书局 2015 年版，第 17 页。
③ 中国第一历史档案馆编：《嘉庆朝上谕档》第 11 册，广西师范大学出版社 2000 年版，第 495 页。

九个月例加等办理，议请将阿明阿罚俸二年。"① 因没有严议总管内务府大臣，阿明阿遭怀疑有徇私行为，由吏部"将阿明阿照不应重私罪降三级调用例上加等议以降四级调用"。旨下，阿明阿之罪"实属咎所应得，姑从宽改为降五级留任。惟阿明阿经管膳房事务本未妥协，著退出御膳房改派英和管理"。②

内务府大臣缊布等的处分。本来阿明阿被处分系"降旨改交内务府严加议处"，不关内务府大臣之事。但是因内务府大臣在奏上时，仅写"议处"，"并未声叙严议字样"，也就是私自将处分给减议了。这是嘉庆皇帝绝对不容许的，因"朕并未将伊严议之处宽减"。因而皇帝以总管大臣等"意存瞻徇"③，将"缊布等交部议处"④。吏议之后降旨："总管内务府大臣蕴布、苏楞额、常福、英和、广兴均照议降一级留任，从宽免其罚俸。"⑤ 对其藩邸旧人也没有手软，阿明阿还得感恩戴德，"仰蒙皇上天恩不加重谴，仅交内务府严加议处，感悚无地一时糊涂，故于今早在神武门外碰头。"⑥

（2）"住"方面。私入禁地违制处分。嘉庆五年（1800），尚书彭元瑞在禁城内坠马昏迷，尚书朱珪又难以扶持，救人要紧，情急之下遂将"止隔数武"的彭元瑞所乘之轿唤入西华门将之舁出抢救。就是这一仓促之举以救人为主，却被御史周杶参劾，被皇帝处分，皇权至上论再度超越生命至上论。嘉庆皇帝还振振有词，"年来屡降谕旨整饬朝仪，申严门禁。初，非欲过示尊崇，实以堂廉之分，本自秩然。近年过于忽略，几不知君臣之辨，若不判以等威，何以为万世子孙臣民法守。"⑦ 最后处置："彭元瑞因跌伤昏闷，

---

① 中国第一历史档案馆编：《嘉庆朝上谕档》第 12 册，广西师范大学出版社 2000 年版，第 532 页。

② 中国第一历史档案馆编：《嘉庆帝起居注》第 12 册，广西师范大学出版社 2006 年版，第 556 页。

③ 中国第一历史档案馆编：《嘉庆帝起居注》第 12 册，广西师范大学出版社 2006 年版，第 556 页。

④ 中国第一历史档案馆编：《嘉庆帝起居注》第 12 册，广西师范大学出版社 2006 年版，第 544 页。

⑤ 中国第一历史档案馆编：《嘉庆帝起居注》第 12 册，广西师范大学出版社 2006 年版，第 556 页。

⑥ 中国第一历史档案馆编：《嘉庆朝上谕档》第 12 册，广西师范大学出版社 2000 年版，第 532 页。

⑦ 中国第一历史档案馆编：《嘉庆朝上谕档》第 5 册，广西师范大学出版社 2000 年版，第 445 页。

情尚可原。其管门章京等于唤轿入门时未能搁阻固有不合，但究系朱珪一人主见。彭元瑞及管门章京等均著加恩改为交部察议。"① 至于朱珪，"殊不知尺寸禁地不容稍越，究难辞疏忽之咎。"只因"前在尚书房行走小心恭谨，于在书房读书之皇子皇孙无不一体尽敬"②，交部议处。

无独有偶，嘉庆十一年（1806），朱珪自己在皇帝召见后，走至"月华门步履蹇滞"，明显年老体力不支，御前大臣丹巴多尔济急"唤令南书房太监等用木凳舁出"，结果其被领侍卫内大臣以"大昧体制"参劾，请旨惩办。嘉庆皇帝认为："所参甚是"。处理曰："今月华门地方距乾清宫咫尺，丹巴多尔济辄令用木凳将朱珪舁出，尤乖体制。在朱珪筋力衰颓精神恍惚，当太监等舁出之际，伊亦全然不知，情稍可原。丹巴多尔济是何居心紊乱体制，伊非不知轻重者可比。丹巴多尔济著交部严加议处，朱珪著交部议处。"③ 并令兵部在三十日内具奏，不准迟逾。一边是自己的恩师，一边是御前大臣，而且是事出有因，老臣的身体状况本无法预料，嘉庆皇帝的处置令大臣寒心。虽然处分会有所从宽，但那也是碍于例行的做法，而不是出于正常的情理。帝王之心性有时真是冷漠麻木。

（3）"行"方面。路边响炮惊动圣驾，影响皇帝出行失察官员被处分。嘉庆二十三年（1818）正月，嘉庆帝自圆明园进宫，在倚虹堂传膳，听到迤北有点放爆竹之声；进西安门至玉河桥，又听到东北有点放爆竹之声，心中不悦，命步军统领彻查燃放爆竹之事。结果一批又一批的官员被处分。"凡遇朕进宫下园及临幸经由之处，附近铺户居民概不准点放爆竹，俟朕经过后方准点放"，④ 步军统领等属于约束民人不严而致处分。"英和著交都察院察议，英绶著交都察院议处。"⑤ 该管地面官员查明，一并交都察院议处。"所

---

① 中国第一历史档案馆编：《嘉庆朝上谕档》第 5 册，广西师范大学出版社 2000 年版，第 266 页。

② 中国第一历史档案馆编：《嘉庆朝上谕档》第 5 册，广西师范大学出版社 2000 年版，第 445 页。

③ 中国第一历史档案馆编：《嘉庆朝上谕档》第 11 册，广西师范大学出版社 2000 年版，第 915 页。

④ 中国第一历史档案馆编：《嘉庆朝上谕档》第 23 册，广西师范大学出版社 2000 年版，第 35 页。

⑤ 中国第一历史档案馆编：《嘉庆朝上谕档》第 23 册，广西师范大学出版社 2000 年版，第 35 页。

有该二处兵丁，即令英和等查明自行责惩。"二月，英和查明两处点放爆竹之因，是宫中花爆作试放爆竹引起。嘉庆皇帝恼怒："先期后期均无不可，何必适于朕进宫时演放！"相关人员被继续处分。因"不能先事禁约"，"管理花爆作之内务府大臣苏楞额、常福著交都察院察议，司员等著交都察院议处。"① 守备等失察点放爆竹约束不严，分别交都察院降级罚俸。附近地面各官亦被处分。

各方处分汇总上去后，二月初三日嘉庆皇帝气消颁旨减免：

> 居民铺户祀神开市，点放爆竹原所不禁，惟遇朕进宫下园令步军统领等先期饬禁，于跸路经过之时，附近处所暂停点放。乃竟有不遵禁令之人，自应加以惩治。该管官约束不严，亦有应得之咎。但念均已传行在先，其咎尚不至于降褫。英和、苏楞额、常福著照议罚俸一年，英绶著改为罚俸一年六个月，守备子修翎、步军校章京太、郎中延祥、员外郎普安、彭年均著改为降一级留任，库掌舒龄著免其斥革，交该衙门自行责惩。②

皇帝至尊、皇权专制造成的是吏部、兵部、都察院等国家机构成为皇帝的御用机构，它们担起了国家政务活动之外的官员另类烦琐议处。

以上处分令人难以接受，而同年皇帝巡幸盛京，因路上遭遇道路不畅，对官员的处分同样有些不近情理。嘉庆二十三年（1818），嘉庆皇帝巡视盛京拜谒福陵和昭陵，因下雨由马关桥至瓦子峪段道路泥泞，嘉庆皇帝一路情形狼狈，倍感尴尬。"昨日午刻雨势已止，今晨跸路所经泞潦载途，无寸步平整，辙迹纵横漫无管束。朕策马前行，泥深几于没踝。道旁见有站道官兵及迎銮百姓并无畚插修治，地方文武员弁亦无一人料理，实属怠玩。"③ 因之恼怒处分许多官员。官员不仅被议处分，而且是处分好几次。

---

① 中国第一历史档案馆编：《嘉庆朝上谕档》第23册，广西师范大学出版社2000年版，第38页。

② 中国第一历史档案馆编：《嘉庆朝上谕档》第23册，广西师范大学出版社2000年版，第39页。

③ 中国第一历史档案馆编：《嘉庆朝上谕档》第23册，广西师范大学出版社2000年版，第379页。

从马关桥至瓦子峪道路系承德县承办，知县窦心传著即革职；① 知县福永因承办差务贻误革职；② 他们处分均一次到位。而将军富俊因督率福永无方被交部察议，议以降二级调用准其抵销。府尹多福、瑞麟等亦以督率无方交部议处，议以降三级调用准其抵销。③ 随后富俊又单独因奏留通判常山"督办桥道一切俱未妥协"，交行在兵部严加议处。嘉庆皇帝认为："本应照议革职，姑施恩改为革职留任。如回跸时，所办桥道仍复玩误，定行革职不贷。"④ 之后富俊又因瓦子峪道路泥泞被交部议处。嘉庆皇帝念富俊年老，又当70大寿，改为："免其治罪……仍罚俸一年，以示薄惩。"至于奉天府尹瑞麟亦因瓦子峪道路泥泞，"地方是其专责"而交部议处，旨下："姑念伊甫经到任，格外从宽，伊前因五台差务赏戴花翎，著拔去花翎仍罚俸二年。"⑤

可见富俊一共现议处分是3件，瑞麟是2件。不久嘉庆皇帝回銮事有转机："富俊、明兴阿、瑞麟三人于数日之间，将桥道一律赶办整齐，亦应量予施恩。"⑥ 将富俊此次办差的三案处分开复革留一案，瑞麟开复半案罚俸一年并还花翎。"富俊著宽免违例奏留通判常山革职留任处分一案，瑞麟著赏还花翎宽免罚俸一年仍罚俸一年。明兴阿并无处分，著纪录二次以示奖励。"⑦ 这类处分整个给人感觉是烦琐无意义，给职能部门更带来诸多的不必要的工作。

（4）皇帝"名"和"物"方面。杨玉明曾论："御名乃皇帝之名。庙讳指皇帝父祖的名讳。对庙讳，各个朝代在位的君主都必须避讳，甚至是已故

---

① 中国第一历史档案馆编：《嘉庆朝上谕档》第23册，广西师范大学出版社2000年版，第379页。

② 中国第一历史档案馆编：《嘉庆朝上谕档》第23册，广西师范大学出版社2000年版，第368页。

③ 中国第一历史档案馆编：《嘉庆朝上谕档》第23册，广西师范大学出版社2000年版，第407页。

④ 中国第一历史档案馆编：《嘉庆朝上谕档》第23册，广西师范大学出版社2000年版，第400页。

⑤ 中国第一历史档案馆编：《嘉庆朝上谕档》第23册，广西师范大学出版社2000年版，第379页。

⑥ 中国第一历史档案馆编：《嘉庆朝上谕档》第23册，广西师范大学出版社2000年版，第406页。

⑦ 中国第一历史档案馆编：《嘉庆朝上谕档》第23册，广西师范大学出版社2000年版，第406页。

的君主在七世之内也要避讳，具体包括了姓氏、改名字、改地名、改官名、改书名、改干支名等。"①秦国经也指出："凡遇皇帝的名字要避讳。不但皇帝的名字不能直写，即涉及皇帝名字一字者，也要改写或禁用。"②

嘉庆四年（1799），嘉庆皇帝确实为此明确强调："现在会试届期，士子文艺诗策内于朕名自应敬避。如遇上一字，著将页字偏旁缺写一撇一点，书作顒字。下一字将右旁第二火字改写又字，书作琰字。其单用禺字、页字、炎字俱无庸缺笔。至乾隆六十年以前所刊书籍，凡遇朕名字样不必更改。自嘉庆元年以后所刊书籍，均著照此缺笔改写。"③给出了明确的御名避讳规定。科场文书是一个主要的避讳领域；另一个主要的避讳领域就是印信，牵涉较多。同年，礼部奏嘉庆元年以后换铸印信时，湖南永绥厅及直隶永年等县已将清字篆文"永"字阙点。只有各省旧印没有查改，因此疏忽自请交部察议。嘉庆皇帝指出："各省文武衙门印信应随时盖用，其清篆有与朕名上一字同音者，自当一体阙笔，著照所请通行各省均照四川永宁道印信之例办理。"④礼部官员被稍示处分。

皇帝之名讳不能僭用，皇帝的作品也要妥善保存爱护，否则也要被处分。嘉庆二十四年（1819），直隶宛平县署发生火灾，将收贮在行宫内的"御书诗句、对联、贴落等件烧毁"⑤，知县刘斯璋以"疏于防范"管理不善被交部严加议处，刘镮之、汪如渊等以失察也交部议处。

2. 官员递折接折触犯皇威体制与处分

"御用公文制、庆贺表章制、避圣讳制以及朝仪制度、郊祀庙祭制、尊号谥号制、皇帝陵寝制等，无一不贯穿着尊君抑臣、堂廉相隔的寓意。"⑥嘉庆朝确实如此，上文已谈及避圣讳制的问题，奏折制方面同样有官员的触犯与处分。"在专制独裁的封建社会里，能够向皇帝奏事，是一种权力和荣辱。

---

① 杨玉明：《明代公罪制度研究》，法律出版社 2014 年版，第 65 页。

② 秦国经：《清代的奏折》，载《清史论丛》2000 年号，中国广播电视出版社 2000 年版，第 203 页。

③ 中国第一历史档案馆编：《嘉庆帝起居注》第 4 册，广西师范大学出版社 2006 年版，第 119 页。

④ 《清仁宗实录》第 1 册，中华书局 1986 年版，第 719 页。

⑤ 中国第一历史档案馆编：《嘉庆帝起居注》第 21 册，广西师范大学出版社 2006 年版，第 462 页。

⑥ 李治安、杜家骥：《中国古代官僚政治》，中华书局 2015 年版，第 244—245 页。

所以清廷对具折人的资格，历朝都有严格的规定。"①乾隆时期曾规定京官九卿科道诸大臣，外任督抚、藩臬、将军、提镇，旗员都统、副都统，皆可具折奏事。

嘉庆时期在皇帝亲政后，面对惩治和珅以后的特殊政治态势，为求言巩固统治，曾扩大具折对象的范围。嘉庆四年（1799）的谕旨曰：

> 从前雍正年间，道、府、同知等员俱准封章奏事。因思各省道员职司巡察，即与在京科道有言责者相等。况科道之条陈纠劾尚多得自风闻，何如监司大员身任地方，目击本省政务民情者，较为真知灼见耶。嗣后除知府以下等官，仍不准奏事外，其各省道员均著照藩臬两司之例，准其密折封奏。②

此旨允许地方道员上折奏事，部分否定了前制，"虽内如翰林编、检，外如道、府长官，亦不得专折言事。"③

在同年所颁上谕中，嘉庆皇帝重申了其亲政之初的弛道员上折之禁和缘由，"令各省道员亦得具折奏事，广咨询之路，原以除壅蔽之端。"然而他指出自降旨以来，不仅"内外臣工条陈时事者甚多。"④数月以来，"候补、捐纳、微员以及平民，俱有自具封章于军机处及部院大臣前投递者。"这是嘉庆皇帝原没有预见到的，也是他所不赞成的。"国家求言之意，原冀诸臣各抒谠论，上弼朕躬，下通民隐，以成郅治。"而后者具折是"视此为干进之阶"，且"止为一身便宜，不顾国家体制"，"于公事毫无裨益"。因此提出"必定以官阶，予以限制。有言责者而不言，谓之旷职。无言责者而妄言，即属越分。……嗣后不应奏事之人不得妄行封奏，违者按例治罪。"⑤嘉庆时期对上折人范围的扩大到此为止，道以下无论任何官员人等皆不能具折奏事，此后严格限制具折人的范围，凡违例递折接折的官员皆被处分。

① 秦国经：《清代的奏折》，载《清史论丛》2000年号，中国广播电视出版社2000年版，第199页。
② 中国第一历史档案馆编：《嘉庆朝上谕档》第4册，广西师范大学出版社2000年版，第82页。
③ 钱穆：《国史大纲》修订本，商务印书馆1994年版，第841页。
④ 中国第一历史档案馆编：《嘉庆朝上谕档》第4册，广西师范大学出版社2000年版，第438页。
⑤ 中国第一历史档案馆编：《嘉庆朝上谕档》第4册，广西师范大学出版社2000年版，第439页。

嘉庆四年（1799），钦天监博士何隆武越职陈奏被处分。"以博士微员并无言责，辄持封口奏折两次乞绵恩转奏，殊属违例。何隆武越职陈奏本应治以应得之罪，姑念其尚无妄诞字句，究系进言，著交部照例议处。"[1]同年，湖南和广西候补吏目二人，径至乾清门呈递奏折，经奏事处官员驳斥未接，后被责革。嘉庆皇帝为此重申，"朝廷设官分职，有一定阶级等差，应否自递奏章皆系体制所关，不容淆混。是以降旨封奏者，外省自道员以上，岂可越分至不应至之地，滥行呈奏之理耶？"[2]与此同时强化禁城管理。"嗣后禁城内各门出入人员，著前锋统领、护军统领各率所属之章京等认真稽查，按照旧例行走。如再有似此越分递折之人，必将该管大小官员治罪。"[3]

嘉庆八年（1803），革职主事魏若虚向都察院衙门呈递封事请代奏皇帝，结果都察院各堂官被部察议。都察院被议原因有两条：第一，魏若虚"非例应具折奏事之人"[4]，都察院就不应该接折。第二，都察院接折后擅自拆封批阅，做法不对。奉旨："汪承需、万宁俱著罚俸九个月，舒聘著销去纪录一次，陈嗣龙著销去纪录两次，其连前各罚俸之处俱仍注于纪录抵销，恭阿拉著销去纪录二次免其罚俸。"[5]

"奏折按其用途可分为奏事折、履历引见折、请安折、贺折和贡折五种。"[6]不仅奏事折不许违例上奏，请安折、贺折也不能违例奏递。嘉庆十年（1805），蓝翎侍卫常明曾任巡抚，在新疆差竣前来皇帝行在请安，结果因"系侍卫职分"具折请安"殊乖体制"，被"传旨申饬"，并"令随从同侍卫等当差"。而奏事处"不加指驳，率行进呈，亦属错误"，被从轻处分。嘉庆皇帝强调，"嗣后凡奏递请安折者，均应遵照定制，按其官阶应行呈递

---

① 中国第一历史档案馆编：《嘉庆帝起居注》第4册，广西师范大学出版社2006年版，第746页。

② 中国第一历史档案馆编：《嘉庆帝起居注》第4册，广西师范大学出版社2006年版，第448页。

③ 中国第一历史档案馆编：《嘉庆帝起居注》第4册，广西师范大学出版社2006年版，第449页。

④ 中国第一历史档案馆编：《嘉庆帝起居注》第8册，广西师范大学出版社2006年版，第61页。

⑤ 中国第一历史档案馆编：《嘉庆帝起居注》第8册，广西师范大学出版社2006年版，第126页。

⑥ 秦国经：《清代的奏折》，载《清史论丛》2000年号，中国广播电视出版社2000年版，第196页。

者始准接收，其越分呈递者即行驳回，以辩等差。"①处处体现着的官阶、阶级等差，不是为了维护官僚体制、国家体制，而是为了维护皇权至尊、皇帝等威。嘉庆十三年（1808），皇帝皇长孙诞生，朝廷册封的琉球正使齐鲲和副使费锡章因不在京，便委托阿林保代递贺折，结果被嘉庆皇帝责备，"齐鲲等奉命出京，自当以使事为重，其他何必干预！""况该二员一系编修，一系给事中，秩皆在五品以下"，越职陈奏"殊属多事逾分"，"齐鲲、费锡章均著交部严加议处。"②

更甚者越分叩头也要被处分。嘉庆十六年（1811），嘉庆皇帝祭祀完毕回圆明园，因遇雨赏给随扈大臣官员纱葛以遮雨。一时之间众人感恩叩头，结果惹怒嘉庆皇帝。"谢恩各官漫无区别，乃至大门侍卫、銮仪卫章京、上虞备用处之侍卫、拜唐阿等俱随同叩头，成何体统！"此次仅予传旨申饬。"嗣后均应恪遵定例，除王公大臣、部院堂官、御前乾清门侍卫、内廷行走各员等俱准叩头谢恩外，其余卑秩微员毋得混行搀杂，以杜僭逾。如有违例叩头者，将不行约束之该管官交部议处。"③

嘉庆帝始终打着国家旗号："国家明法定制，辨上下，别等威，尊卑之分綦严。"④实际上他是在刻板地、教条地，不辨是非地维护着封建社会的阶级制度和等级制度，更有他自己固执的等级观念。

3.官员奏折折色和外套不当触犯皇帝与处分

"请安折一般用黄笺纸书写，甚有用黄绫封面，非常精致。而奏折不得用黄面黄封。……贺折，为臣工向皇帝祝贺元旦、长至、万寿等节日庆典的折子。具折衔名款式与请安折同，惟第二行'请安'改为'祝'字。……祝贺元旦折必须于腊月廿三日以前到京，迟到不收。贺折多用粉、红两种颜色笺纸书写，以示喜庆。……遇'国丧'二十七日期内，凡发奏事折、请安折

---

① 中国第一历史档案馆编：《嘉庆朝上谕档》第10册，广西师范大学出版社2000年版，第550页。

② 中国第一历史档案馆编：《嘉庆帝起居注》第13册，广西师范大学出版社2006年版，第318页。

③ 中国第一历史档案馆编：《嘉庆朝上谕档》第16册，广西师范大学出版社2000年版，第304页。

④ 《清仁宗实录》第4册，中华书局1986年版，第558页。

一律用白纸，不能用黄绫。穿彩服期内，奏事用黄绫白面折。"①

　　嘉庆八年（1803），万寿节届期，因各衙门呈递奏章或用黄折或用白折，很不一致。朝廷补充规定："嗣后每届万寿及年节内应穿采服之期，内外文武各衙门如遇奏事，则用黄面白折，其庆祝及谢恩等事，则用红里黄折，以归画一。"对于偏远省份，提醒"嗣后凡遇拜发奏折，扣算到京时日，在穿采服期内者一体遵照办理"②。嘉庆二十四年（1819），针对谢恩折补充："向来臣工谢恩均用寻常奏事白折。其黄折原为尊君之义，凡遇庆节令辰特用之，以表诚敬。若臣下奏谢私情，岂可漫无区别，一体滥用。嗣后内外臣工如有谢恩不在庆节令辰期内，缮写黄折呈递者，即将该员交部议处。"③这些研究和规定使得我们对奏折的用纸等情况有了大致了解，可见是比较复杂的。也难怪嘉庆时期官员们会出现种种不知进而被处分。

　　嘉庆十三年（1808），宗室毓秀病痊起假，向嘉庆皇帝呈递请安折，因犹豫不知用黄全折还是黄片，遂通过其族侄孙乾清门侍卫承启，向奏事处昌德商询。商询后向奏事官贻恭捧递折子，结果贻恭知晓事情原委后，"恐怕错误"没有接收，导致所有涉事的毓秀、承启、贻恭均被处分。旨曰："毓秀系应行递折之员，乃浼人先向奏事处商问，实属非是，著交部议处。承启以不干己之事代人探询，殊为多事，著退出乾清门在大门侍卫上行走仍交部议处。贻恭于应行接递之折推诿不接，著退出奏事处回原衙门当差并交部议处。"④

　　嘉庆二十年（1815），京官黄鸣杰、杨护等呈递请安黄折，结果错写于红里之上违式，被交部议处。⑤嘉庆二十四年（1819），湖南巡抚翁元圻同日呈递两份奏折，一折有关湖南雨雪情形、粮价、捐监银数的内容，清单应粘贴黄面却没有粘贴。另一折奏报有关审拟已革守备曾国相，盘获娼妇

　　①　秦国经：《清代的奏折》，载《清史论丛》2000年号，中国广播电视出版社2000年版，第198、202页。

　　②　中国第一历史档案馆编：《嘉庆朝上谕档》第8册，广西师范大学出版社2000年版，第379页。

　　③　中国第一历史档案馆编：《嘉庆帝起居注》第21册，广西师范大学出版社2006年版，第112页。

　　④　中国第一历史档案馆编：《嘉庆朝上谕档》第13册，广西师范大学出版社2000年版，第595页。

　　⑤　中国第一历史档案馆编：《嘉庆朝上谕档》第20册，广西师范大学出版社2000年版，第6页。

私留在署一案的内容，不用粘贴却粘贴黄面。两折的黄面错反了。本不是太大的事情，结果嘉庆皇帝斥责翁元圻是"轻重失伦""太不晓事"交部察议。且规定："嗣后凡遇应用黄折奏事时，其刑名事件俱无庸粘贴黄面，以归画一。"① 可见，翁元圻的处分有些冤。

此外，有奏折封套不当亦被处分。一般"奏折缮好后，装入封套，外包黄纸，贮折匣后加锁，外用黄绸衬包裹。"② 嘉庆二十四年（1819），富宁阿和密哩上奏"所放马匹赶赴尚都等处牧放"一折，未用封套被处分。"按例在京各部院衙门，如奏平常事件不用封套。外任差务等处，如有具奏事件，应将奏折套封进呈。"富宁阿等属于外任差务，必须要用封套。然而富宁阿等将奏折并不套封而用纸包裹进呈，嘉庆皇帝认为他们"甚属糊涂，太不晓事"③，交部议处。封建社会皇帝为了维护其权威、至尊，把太多精力用于引导各级官僚机构和官僚群体用在这些形式的规范上，而忽略了真正的治政和行政，这也是由其阶级的局限性所造成。

4.官员面圣触犯皇威与处分

"自宋朝以后，皇帝的尊严越来越提高，官僚的地位越来越下降。这虽然只是礼仪上的变化，但它却反映了皇帝威严的不断上升。"④ 嘉庆朝的皇威确如所论。嘉庆二十二年（1817），太仆寺卿瑚松额被带领引见，只因站立呈递绿头牌，被冠以"年老糊涂""太觉胆大奏对"，嘉庆找了一条"务实"理由，"清语本属平常，不能达意"，⑤ 将瑚松额革职。官阶为从三品的瑚松额，仅仅因为没有下跪触犯皇帝尊严而被革职了。这也是嘉庆朝少有的因引见而被革职的高官。还有几种触犯皇威被处分事例：

（1）尚书因经筵失仪被处分。嘉庆十一年（1806），逢嘉庆皇帝经筵日讲，兵部尚书邹炳泰任讲官，却出现失仪。邹炳泰，江苏无锡人。乾隆

① 中国第一历史档案馆编：《嘉庆帝起居注》第21册，广西师范大学出版社2006年版，第13页。

② 秦国经：《清代的奏折》，载《清史论丛》2000年号，中国广播电视出版社2000年版，第204页。

③ 中国第一历史档案馆编：《嘉庆帝起居注》第21册，广西师范大学出版社2006年版，第189页。

④ 白钢：《中国皇帝》，社会科学文献出版社2008年版，第149页。

⑤ 中国第一历史档案馆编：《嘉庆朝上谕档》第22册，广西师范大学出版社2000年版，第355页。

三十七年进士。嘉庆四年，授礼部侍郎，调仓场。十年，擢左都御史，迁兵部尚书，兼署工部，管理户部三库。① 此次于"未进讲之前，误站大学士班次之上。既经同班指引令伊退下，旋复出位徘徊，两次失仪"。事后，邹炳泰没有具折请旨议处，而纠仪御史也没有纠参，实出嘉庆皇帝意料之外，"邹炳泰身系讲官，并不自将失仪应得处分具折陈请，该御史亦未将邹炳泰两次失仪之处，即时举劾，均有不合。"② 邹炳泰被交部加等议处，所有纠仪不当的满汉御史也被议处。

（2）督抚因庆贺本迟延被处分。元旦属于大节，各省督抚题奏庆贺元旦本章应于封印前递到，由通政司送阁进呈。嘉庆七年（1802），各省庆贺元旦本章，内有四川总督勒保、漕运总督铁保、前任福建巡抚汪志伊贺本，于封印后才到，通政司于是参劾三位督抚应交部察议。奉旨："勒保现在办理军务，其题奏迟延咎尚可原，著交部察议。铁保、汪志伊均著交部议处。"③ 吏部遵旨议处并二次奉旨："汪志伊著于补官日罚俸一年，铁保著销去纪录二次，勒保著销去军功纪录一次仍给还寻常纪录一次免其罚俸。"④ 此后，嘉庆十九年和二十年，直隶总督那彦成同样因贺本赍递迟延而被处分。"保定密迩京畿，何致迟延逾例限"，实在令嘉庆帝费解，命将那彦成"无庸交部议处，著革去花翎"⑤。

（3）广东学政傅棠因万寿折递送太早被处分。嘉庆二十二年（1817），皇帝巡幸驻跸河北隆化县张三营，各省督抚、学政、藩臬、提镇等循例呈递请安折，唯独广东学政傅棠所上为恭祝万寿一折与众不同。皇帝认为："现距万寿庆节尚在一月以前，该学政先期赍递，显系为省折差、盘费起见，原折发还傅棠。著交部议处。"⑥ 傅棠应该是上错了折子，而嘉庆皇帝此想更是匪夷所思，大臣遭遇此处分有时真是无可奈何。

① 《清史稿》第 37 册，中华书局 1977 年版，第 11266—11267 页。
② 中国第一历史档案馆编：《嘉庆帝起居注》第 11 册，广西师范大学出版社 2006 年版，第 64 页。
③ 中国第一历史档案馆编：《嘉庆帝起居注》第 7 册，广西师范大学出版社 2006 年版，第 28 页。
④ 中国第一历史档案馆编：《嘉庆帝起居注》第 7 册，广西师范大学出版社 2006 年版，第 72 页。
⑤ 中国第一历史档案馆编：《嘉庆朝上谕档》第 20 册，广西师范大学出版社 2000 年版，第 40 页。
⑥ 中国第一历史档案馆编：《嘉庆帝起居注》第 19 册，广西师范大学出版社 2006 年版，第 384 页。

（4）近臣果齐斯欢无视皇帝召见被处分。嘉庆二十二年（1817），皇帝外出驻跸旧衙门行宫，晚膳后要召见果齐斯欢。但果齐斯欢"因回真武庙寓所，以致失误"，很快被交都察院议处。但是，交议已有近一周的时间，未见都察院堂官上报处分结果。嘉庆皇帝情急之下，将所有都察院堂官统统交部察议。嘉庆帝亲自处分果齐斯欢，"现在穆彰阿补授侍郎，出有内阁学士一缺，即著果齐斯欢降补并罚俸一年，仍著在尚书房行走。"① 都察院议处果齐斯欢迟误的原因也已查明，是"吏部司员行文迟延所致"②。嘉庆皇帝将吏部承办司员交都察院议处，都察院堂官察议之处宽免。可见嘉庆皇帝行事鲁莽之处，未查清事实急于处分，迨查清后又再取消，来回反复无常，这也是皇权的随意性导致的处分的不定性。

（5）宗室晋隆不亲自呈递奏折被处分。嘉庆五年（1800），皇帝曾就京中大臣呈递奏折颁布规定，曰：

> 向来外省各督抚等发递本章及折奏事件，皆先行跪拜，亲授所差员弁赍捧，礼固宜然。至在京王公、内阁、部院及八旗各营大臣等，应奏事件较多，固非外省可比，然亦应亲自递奏。乃近来王公大臣等日久相沿，多不亲赴宫门，率令护卫、太监、司员、笔贴式、章京、骁骑校等代为递奏，殊非敬谨之道。嗣后各王公大员等，于自行陈奏事件务须亲身呈递。即各部旗衙门公递事件亦应轮值堂官一人，亲到宫门递交奏事官员转奏。如有仍前派交护卫、太监、司员、章京等代递，并无一人亲到者，奏事官不准接受，并将该堂官交部议处。③

此旨已经明确王公大臣自身陈奏事件必须亲身呈递。嘉庆十一年（1806），宗室晋隆在补授正白旗蒙古都统后，并没有亲自到宫门呈递谢恩折，只差人呈递，致误召见而被处分。晋隆辩称"因在紫禁城内进班"。嘉庆皇帝驳斥其："若因在紫禁城进班不能早至，即可于下班日赴园亲身呈递。朕今日在静明园办事召见各大臣已交辰刻，晋隆即系进班，紫禁城门于卯时即开，轻

---

① 中国第一历史档案馆编：《嘉庆帝起居注》第 19 册，广西师范大学出版社 2006 年版，第123 页。

② 中国第一历史档案馆编：《嘉庆朝上谕档》第 22 册，广西师范大学出版社 2000 年版，第80 页。

③ 中国第一历史档案馆编：《嘉庆朝上谕档》第 5 册，广西师范大学出版社 2000 年版，第411 页。

骑而来侭可不误召见，乃辰刻尚未赶到。……著革去都统，亦不必进领侍卫内大臣班照例上朝，仍著罚公俸一年。"[1]与此同时，嘉庆皇帝处分接折之人，"今早晋隆差人呈递谢恩一折，并未亲赴宫门，奏事官即不应接收。著交御前大臣查明系何人所接，将该员罚俸半年。"[2]但是，对于晋隆这样身份的宗室大臣而言，这些处分都是隔靴搔痒，起不到多大的作用。

但是嘉庆帝该规定的依然规定："满汉文武大臣等年逾六旬以外者，前经准令于趋朝入直之期，差人先递膳牌，以示体恤。至遇有自行陈奏事件及本身谢恩等事，自仍当躬亲呈递。其年在六旬以内者，无论膳牌、折奏俱不准差人代递。嗣后倘复有率意差人代递者，奏事官著不准接收。"[3]清代，制度、体制和皇权已经很好地杂糅在一起，表面上的违例实质是触犯了皇权的至尊与威严，所以官员处分的皇权专制性不言而喻。

第三节　官员本折错误冒犯皇家至尊与处分

"文书往返，字画之讹，款式之误，本无关于弊窦，而驳查不已，累月经年，徒繁案牍，无裨实政。"[4]这是清人对本折稽查的反对，稽查之后则例行处分。有关本折与处分的关系，学界已有研究。古鸿廷认为："题本之规定严格，稍有违式，即遭通政司之纠参。"[5]孔飞力亦持论，"这类报告的格式有严格的规定，违反格式可以成为弹劾的理由。"[6]清代处分规定："本内错写衔名，或字画舛误，或从旁添注，将不加详对之司员罚俸一个月，堂官免议。若系特旨交议之件，司员罚俸三个月，堂官罚俸一个月。题奏事件如有只图省便，将官名、地名节称一字，以及列衔、列名不符体制者，俱罚俸三

---

① 《清仁宗实录》第 3 册，中华书局 1986 年版，第 109 页。

② 中国第一历史档案馆编：《嘉庆帝起居注》第 11 册，广西师范大学出版社 2006 年版，第 291 页。

③ 中国第一历史档案馆编：《嘉庆帝起居注》第 11 册，广西师范大学出版社 2006 年版，第 292 页。

④ 中国第一历史档案馆档案：朱批奏折《陈预奏为条陈整饬官常吏治事》，档号：04-01-01-0552-061。

⑤ 古鸿廷：《清代官制研究》，五南图书出版公司 2005 年版，第 162 页。

⑥ ［美］孔飞力：《叫魂：1768 年中国妖术大恐慌》，上海三联书店 1999 年版，第 170 页。

个月。"① 这是有关本折的错误处分。

本节所论主要指本折从措词错误到字词错误再到抬写错误对皇帝皇室的冒犯。正如李治安等论："官吏的题本、奏本及奏折，还有许多不成文法的忌讳、陈规。"② 遵守忌讳、陈规，"这是对大臣们的基本要求。若是在此过程中误犯御名及庙讳，会被视为是对皇帝的大不敬。"③ 而且"任何一位皇帝又都自然而然地把维护巩固自己和自己家族的权力当作治理天下的天职，并且绝不允许皇帝的权力、家族的权力受到任何挑战。"④

一、官员上折措词不当冒犯皇帝与处分

史载："仁宗孝淑睿皇后，喜塔腊氏，副都统、内务府总管和尔经额女。仁宗为皇子，乾隆三十九年，高宗册后为嫡福晋。四十七年八月甲戌，宣宗生。仁宗受禅，册为皇后。嘉庆二年二月戊寅，崩，谥曰孝淑皇后，葬太平峪，后即于此起昌陵焉。"⑤《清史稿》记载的是最后的安葬，其实孝淑皇后先是暂安厝于静安庄达 7 年之久。嘉庆八年（1803）七月，河北易州太平峪嘉庆昌陵工程建成后，孝淑皇后喜塔腊氏棺椁才从静安庄永远安葬清昌陵地宫。

嘉庆八年（1803），承办孝淑皇后永远安葬事仪的王大臣、礼部堂官在会奏折内，表述有："掩毕大门，大葬礼成"，此八字没想到激怒嘉庆皇帝，从而招致一堆官员被处分。嘉庆皇帝委屈地怒斥道："此吉地乃皇考赐朕之地，非赐皇后之地。若关闭石门，欲朕另卜吉地乎？至于提出大葬礼成，更不成话。王大臣等又何忍出诸口，形诸笔墨？此乃朝廷之内无实心办事之人，彼此因循将就，是朕之隐忧。"⑥ 因此以"粗心疏忽，措词不经"，将王大臣及吏部堂官交吏部会同宗人府严加议处，吏部尚书庆桂等奏请"将王大臣及礼部堂官等一并革职，"并声明"折内诸语系率照旧稿誊写，临时不

① 转引自艾永明：《清朝文官制度》，商务印书馆 2005 年版，第 152 页。
② 李治安、杜家骥：《中国古代官僚政治》，中华书局 2015 年版，第 190 页。
③ 杨玉明：《明代公罪制度研究》，法律出版社 2014 年版，第 67 页。
④ 李文儒：《故宫学研究中的价值观问题》，故宫出版社 2019 年版，第 128 页。
⑤ 《清史稿》第 30 册，中华书局 1977 年版，第 8920 页。
⑥ （嘉庆朝）《清史编年》，中国人民大学出版社 2000 年版，第 355 页。

能详慎参酌。"嘉庆皇帝听闻之下，给官员们扣帽子，"国家典礼关系綦重，司其事者，理宜参考周详，敬谨具奏，何得率意办理？"继而笔锋一转，寻找说辞来减轻官员的处分。"折内诸语系率照旧稿誊写，临时不能详慎参酌，尚可量为宽减分别薄惩。"①裁定处分，曰：

> 绵亿系朕加恩锡授王爵，伊向来居心苍滑，遇事推诿无能已极，所管各处俱不妥协，屡获愆尤，兹复有此错谬。著革去正红旗蒙古都统、管理上驷院事务、行围领纛大臣，仍罚郡王俸六年，姑念其属下人等有资养赡，若将王俸每年全扣未免竭蹙。著每年扣俸一半准支一半，作十二年扣完以示体恤。保宁更事有年，亦不应疏忽若此，著革去太子太保、领侍卫内大臣、文渊阁提举阁事、户部三库事务，仍带革职留任。永庆本系武职，上年因礼部尚书缺出，简用乏人，将伊由都统补授，伊不能谙悉部务，且年已老迈难以称职，著革去礼部尚书，仍带革职留任。纪昀久任礼部，向来于典礼事宜尚为谙习，惟年已八旬，于各处事务不能兼顾。纪昀毋庸署理兵部尚书，并革去文渊阁直阁事、教习庶吉士，仍带革职留任，八年无过方准开复。德瑛在军机处行走，又系刑部尚书，事务繁多，且伊目系短视未能详细阅看，著改为革职留任。缊布所管事务较多，近来多病精神不能周到，所有伊管理之御茶膳房、畅春园、太医院、御药房、织染局等处事务，俱毋庸管理，仍带革职留任。扎郎阿管理武职差使尚属勤勉，惟人近粗率不能谙悉部务。扎郎阿著革去经筵讲官、礼部左侍郎降补内阁学士，仍带革职留任。莫瞻菉著改为革职留任，八年无过方准开复。岳起现在患病，著不必署理礼部右侍郎，仍以革职留任注册。关槐患病已久尚未痊愈，著革去礼部右侍郎降补内阁学士，仍带革职留任。至司员等承办稿件是其专务，礼部主事宋其沅于关系典礼要件不能加意详慎，咎属难辞，著照部议革职。②

"八字之冒犯"带来诸多中央机构掌印官员的大调整，然而此事件的处分远还没有结束。嘉庆皇帝降旨不久，御史郑敏行指出礼部于奉安孝淑皇后事宜

①　中国第一历史档案馆编：《嘉庆朝上谕档》第8册，广西师范大学出版社2000年版，第245页。

②　中国第一历史档案馆编：《嘉庆朝上谕档》第8册，广西师范大学出版社2000年版，第245页。

措辞谬误，只将分部学习的宋其沅一人咨部议处，办理不公。他认为："此案礼部陈奏舛谬之处，承办官员中主稿及随同画押者均有应得处分，自不止宋其沅一人。"而"礼部仅将宋其沅开送"交由吏部议处，"殊属有心含混"实为不公。应将"随同画押各员补参再交部议"，并将不公堂官"著一并交部议处。"① 从而参劾了两批官员，导致事态越来越大，牵扯官员越来越多。嘉庆皇帝采纳郑敏行的参劾建议，又命礼部确查，事实如郑敏行所言。这两批官员随之也被交部议处，吏部核议礼部堂司各官后，分别请旨革职降调。皇帝降旨："此案本系宋其沅办稿，业经照部议革职。至原派之掌印员外郎鹤纶等七人，虽循照旧例于奏稿并不画押。但既经阅看，即与随同画押无异。吏部奏请将鹤纶等七人一并革职，固属咎所应得。姑念人数过多，稍从末减。"② 故而，永庆、纪昀、扎郎阿、莫瞻箓、关槐以上各堂官均奉旨由革职改为降三级留任。鹤纶、富兰泰、金齐香阿、彭翼蒙、奎昌、积拉明阿、黄鸣杰以上各司官均奉旨由革职改为革职留任。③ 从前后处分可以看到，有的官员是"一案两次议处"。从人员看，这次处分几乎遍及礼部诸官。如此下去，政何以行？

因此在孝淑皇后"奉安礼成"，嘉庆皇帝见"一切事仪均尚妥协"。在甄叙接办之王大臣及礼工二部堂司各官的同时，又将所有前此陈奏错误之王大臣官员处分"量加宽贷。"为此，吏部提供上次处分清单：

> 本年七月内，吏部等衙门议处会奏孝淑皇后永远奉安事宜折内措词不经之王大臣、礼部堂司各员，俱请革职。奉旨分别议处名单：绵亿革去正红旗蒙古都统、上驷院事务、行围领纛大臣，仍罚郡王俸六年，查绵亿罚郡王俸六年之处，续于八月内，因前此曾经奏明裕陵隆恩殿应行修理情形奉旨宽免三年。保宁革去太子太保、领侍卫内大臣、文渊阁提举阁事务、户部三库事务，仍带革职留任。永庆革去礼部尚书，仍带革职留任。纪昀革去教习庶吉士、文渊阁直阁事，毋庸兼署兵部尚书，仍

① 中国第一历史档案馆编：《嘉庆帝起居注》第 8 册，广西师范大学出版社 2006 年版，第 368 页。

② 中国第一历史档案馆编：《嘉庆帝起居注》第 8 册，广西师范大学出版社 2006 年版，第 393 页。

③ 中国第一历史档案馆档案：单《呈郑敏行参奏一案部议革职议处官员名单》，档号：03-1489-018。

带革职留任，八年无过方准开复。德瑛革职留任。缊布革去管理畅春园、御茶膳房、太医院、御药房、织染局等处事务，仍带革职留任。扎郎阿革去礼部左侍郎、经筵讲官，降补内阁学士，仍带革职留任。莫瞻菉革职留任，八年无过方准开复。关槐革去礼部右侍郎、降补内阁学士，仍带革职留任。礼部主事宋其沅革职。[1]

对此次处分皇帝从宽为：

绵亿原罚郡王俸六年，前经加恩宽免三年，著再宽免年半，仍按分限完缴。保宁著赏还太子太保衔，其革职留任之处著改为降二级留任。纪昀、莫瞻菉革职留任，八年无过方准开复之处，均著加恩改为降三级留任。永庆、德瑛、缊布、扎郎阿、关槐革职留任之处，均著加恩改为降二级留任。革职主事宋其沅，著加恩以七品小京官在部效用。至此案前经御史郑敏行参奏，将礼部开参不公之各堂官，及随同画押各司官续经降旨分别议处。此次并著加恩将永庆、纪昀、扎郎阿、莫瞻菉、关槐降三级留任之处，改为降一级留任。其礼部司官鹤纶等七员革职留任之处，均著加恩改为降二级留任。[2]

处分没有取消，均予以了减轻，维护了正常的行政。

二、官员将孝圣宪皇后尊号等书写错误与处分

白钢研究指出："自秦始皇确立以'皇帝'为名号之后。……名号之外，生前复有尊号、徽号，死后还有谥号、庙号。尊号，是专制君主制时代，臣下以尊崇之号进呈于皇帝，或者嗣皇帝尊前皇帝为'太上皇'、后为'皇太后'、'太皇太后'等，都叫做上尊号。……徽号，是在皇帝或皇后的尊号之上，再加歌功颂德的套语，称作上徽号。其与尊号的区别在于，尊号只能上一次，而徽号则每遇庆典，可多次加上。……谥号，是古代帝王、贵族、大臣、士大夫死后，根据其生前事迹给予称号，叫做谥号。谥号始于周初，秦始皇废之，汉代复其旧，历代因之，至清不废。……庙号，是皇帝死后，

---

[1]　中国第一历史档案馆档案：单《呈议处礼部堂司各员名单》，档号：03-1608-025。
[2]　中国第一历史档案馆编：《嘉庆帝起居注》第8册，广西师范大学出版社2006年版，第514页。

升祔太庙，特立名号，叫做庙号。"① 这些统称之为名位制度。

清代对此非常重视，有加上谥号的规定。"高宗践阼，加列圣、列后尊谥，谕言：'宗庙徽称制，报本忱悃靡穷。藉抒至情，不为恒式。'……嘉庆四年，仁宗守遗训，著制，凡列圣尊谥已加至二十四字、列后尊谥已加至十六字不复议加。"② 有上尊号徽号之仪的规定："清初太祖、太宗建元，群臣皆上尊号，其礼即登极礼也。……惟新君践阼，奉母后为皇太后、皇太后为太皇太后，则上尊号。国家行大庆，则上徽号，或二字、或四字，递进以致推崇。"③ 这些称号、尊号、徽号按制度规定越上越多，难免出错，其错误主要出现于文书当中，尤其是折本之中。官员不熟悉或书写不留神就会出错，就会被斥之为冒犯而处分。

以下大臣们所犯的就是将孝圣宪皇后尊号缮写错误，被嘉庆皇帝严厉处分。"孝圣宪皇后，钮钴禄氏，四品典仪凌柱女。后年十三，事世宗潜邸，号格格。康熙五十年八月庚午，高宗生。雍正中，封熹妃，进熹贵妃。高宗即位，以世宗遗命，遵为皇太后，居慈宁宫。高宗事太后孝，以天下养，惟亦兢兢守家法，重国体。……乾隆十六年，六十寿；二十六年，七十寿；三十六年，八十寿；庆典以次加隆。……太后为天下母四十余年，国家全盛，亲见曾玄。四十二年正月庚戌，崩，年八十六。葬泰陵东北，曰泰东陵。初尊太后，上徽号。国有庆，屡加上，曰崇德慈宣康惠敦和裕寿纯禧恭懿安祺宁豫皇太后。既葬，上谥。嘉庆中，再加谥，曰孝圣慈宣康惠敦和诚徽仁穆敬天光圣宪皇后。"④ 以下为臣僚之错误与处分。

1. 内务府呈递折片缮写错误及处分

嘉庆四年（1799），内务府大臣呈递清字折片，内于书写孝圣宪皇后尊号缮写错误。嘉庆皇帝认为问题严重，遂命军机大臣传旨严询。军机处完事上奏，"据称所递奏折昨日曾经公同阅看，未能看出错误，今蒙传旨询问实属惶惧无地。"布彦达赉、缊布、阿明阿"三人伏地碰头，万分惶悚，口不能言，亦不敢具折请罪，惟有恳为代奏请旨。……将其革职拿问刑部

---

① 白钢：《中国皇帝》，社会科学文献出版社 2008 年版，第 10—12 页。
② 《清史稿》第 10 册，中华书局 1977 年版，第 2586 页。
③ 《清史稿》第 10 册，中华书局 1977 年版，第 2630 页。
④ 《清史稿》第 30 册，中华书局 1977 年版，第 8914—8915 页。

治罪"。嘉庆皇帝一方面亲自处置:"念布彦达赉管项繁多,一时未能兼顾,阿明阿初管事务,向来不识清文朕所素知,二人情有可原,著革去总管内务府大臣。……至缊布久管内务府,竟系福薄灾生,有心试朕留心事务否,著革去总管内务府大臣并工部侍郎、正蓝旗满洲副都统,赏给四品顶带拔去花翎。"另一方面令"仍交军机大臣议处具奏""仍交军机大臣严加议处具奏"。然而还未等军机处议处,嘉庆皇帝又颁旨:"阿明阿因内务府奏折错误,已降旨革去内务府大臣,但念伊向来不识清文,管理内务府未久,诸事本未谙练,著加恩赏给头等侍卫仍带花翎,随同永来学习管理圆明园事务。朕非因阿明阿系藩邸随侍之人,同罪异罚也。"至于缊布,"姑念伊于造办处事务尚为熟悉,著加恩留其佐领,在造办处司员上行走,以观后效。"①

军机大臣永瑆奉旨议处布彦达赉、阿明阿并奉旨严议缊布。"臣等查此次内务府陈奏事件,未能敬谨校对致有错误,诚如圣谕非寻常讹错可比。布彦达赉管项繁多,阿明阿不识清字,均已奉旨革去内务府大臣。阿明阿并蒙恩赏给头等侍卫,学习管理圆明园事务,仍请将该二员各罚俸三年。至缊布管理内务府事务年久,于递奏要件漫不留心,其咎更重,业奉谕旨革去内务府大臣、工部侍郎、副都统,复蒙恩赏给四品顶带,留其佐领在造办处司员上行走,仍请将缊布罚俸八年,以示惩儆。奉朱批:缊布著罚俸五年,阿明阿著罚俸二年,布彦达赉依议罚俸三年。"②从史料中可见真是处分叠加,而且交议的不是吏部、宗人府而是向无议处职掌的军机处。

这是上层失察官员的处分,而真正的承办官员就要照律办事了。嘉庆皇帝降旨:"所有承办奏折之主事德宁,缮写之笔帖式兴保俱著交刑部治罪。"③很快三法司奏将书写错误之德宁,积善、兴保等按律定拟上奏。嘉庆皇帝又是前抑后扬的做法,此次缮写尊号错误"其罪甚大"。承办主事、笔帖式等官,"律以大不敬之条",实属罪无可宽。"朕在藩邸时,向知内务

① 中国第一历史档案馆编:《嘉庆朝上谕档》第4册,广西师范大学出版社2000年版,第256、258页。

② 中国第一历史档案馆编:《嘉庆朝上谕档》第4册,广西师范大学出版社2000年版,第263页。

③ 中国第一历史档案馆编:《嘉庆朝上谕档》第4册,广西师范大学出版社2000年版,第256页。

府掌仪司承办祭告典礼，于列后尊号中，惟孝贤纯皇后尊号常时敬谨缮写，此次竟系顺笔致误。且内务府人员于清文本不熟悉，至如缮写清文，则多有依样描画，不但不解文义，且并不识字面者有之，即汉人中亦有能写不能识者。况此案总管内务府大臣等，已皆分别从轻示惩未加深究，则此等微员于万无可宥之中，亦不得不求其一线生路，量从末减。"既然是"顺笔致误""依样描画"就不该治罪了。然嘉庆皇帝的判决是："所有承办之主事德宁，写底之笔帖式积善，均著加恩免死，各枷号一个月，满日鞭责八十发落。笔帖式兴保年仅十七，止系照本誊缮，或竟不识清字，业经革职，著从宽鞭责五十，即行发落。"[1]可见，越往上需要承担的责任越少，越往下需要承担的责任越多，对于官员的处分治罪就是一个金字塔形的处置方式。

2.陈预题本内误书孝圣宪皇后一字与处分

嘉庆二十二年（1817），山东巡抚陈预、按察使张五纬具题李升魁疯病痊愈限满释放一本，本内因书写孝圣宪皇后误书一字被内阁参奏，票拟严加议处签进呈皇帝。皇帝肯定其错误，"实非寻常错误可比"。定调之后，皇帝一方面直接处分："朕每日披览奏章书籍，遇有列圣列后庙号，俱敬谨捧阅，内外臣工尤应敬谨详校。从前缊布、英和、成宁等均因抬写错误立予降调。今该省具题本内，于抬写之处误写一字，巡抚陈预、臬司张五纬本应即予降革。惟该省现当整饬之时，办事需人。若将伊二人同时降黜，乏员更换，陈预著仍降为三品顶戴，张五纬著降为四品顶戴。"另一方面交给处分部门再行议处，"俱仍交部严加议处。其缮抬错误之人著陈预自行查明从重定拟具奏。"[2]寻议陈预、张五纬俱革职。[3]吏部议处完，嘉庆皇帝又言："昨已将该二员分别降摘顶戴，陈预、张五纬俱著加恩改为革职留任。"[4]陈预曾上"为恭书庙号误书一字不加严惩曲加宽贷谢

---

① 中国第一历史档案馆编：《嘉庆朝上谕档》第4册，广西师范大学出版社2000年版，第266页。

② 中国第一历史档案馆档案：朱批奏折《陈预奏为恭书庙号误书一字不加严惩曲加宽贷仅降为三品顶戴交部严加议处谢恩事》，档号：04-01-12-0326-038。

③ 《清仁宗实录》第5册，中华书局1986年版，第425页。

④ 中国第一历史档案馆编：《嘉庆朝上谕档》第22册，广西师范大学出版社2000年版，第429页。

恩事"。皇帝朱批曰："奏章不看不知汝所看何书，敬字全忘，殊负事君之道。"①

3. 徽号庙号错写入谢恩折与处分

嘉庆四年（1799），皇帝颁发恩诏，诸王公大臣都要具折谢恩，皇室绵佐接到恩诏按例具折谢恩。但是，绵佐在谢恩折内将太上皇帝乾隆的尊称、徽号、庙号都写入折内，嘉庆皇帝骂他："殊不晓事"，"所奏并非本章，竟于折内将尊称、徽号、庙号一并载入"。"此皆由绵佐外任年浅，宜绵又复年老昏庸未能思及，殊属错误。"②遂将绵佐、宜绵等申饬。这是发生在皇家自家之内的冒犯，所以处分基本没有，仅仅是申饬。同年，缊布的错写徽号曾一度惊动吏部，但最后也是雷声大雨点小。缊布是在奏递折内书写徽号错误，吏议降调。皇帝降旨："念其只系未经看出"③，且在内务府行走年久较为熟悉，仍补授总管内务府大臣并管理三山及畅春园事务。可见，吏议降调形同虚议。

4. 广储司月折寿皇殿"殿"字误写与处分

嘉庆八年（1803），内务府衙门广储司所奏月折内寿皇殿"殿"字误写，相关官员被题参，嘉庆皇帝交由军机大臣议处。军机处套用惯例认为广储司之错，"非寻常讹错违式可比"，于是请旨"将缮写错误之笔帖式舒通阿照溺职例革职。承办月折之广储司主事常惠、委署主事恒森，酌拟各降三级调用。兼办月折之堂主事士诚量减为降二级留任。总办之六库郎中常贵、伊昌阿量减为降一级留任，均无庸查级议抵。总管内务府大臣丰伸济伦、缊布、明德、英和、额勒布、苏楞额，均拟罚职任俸四年，亦无庸查纪录抵销"④。皇帝降旨稍作了调整，"内务府堂主事士诚著加恩改为降二级留任，六库郎中常贵、伊昌阿著加恩改为降一级留任，总管内务府大臣

---

① 中国第一历史档案馆档案：朱批奏折《陈预奏为恭书庙号误书一字不加严惩曲加宽贷仅降为三品顶戴交部严加议处谢恩事》，档号：04-01-12-0326-038。

② 中国第一历史档案馆编：《嘉庆帝起居注》第4册，广西师范大学出版社2006年版，第427页。

③ 中国第一历史档案馆编：《嘉庆朝上谕档》第4册，广西师范大学出版社2000年版，第448页。

④ 中国第一历史档案馆编：《嘉庆朝上谕档》第8册，广西师范大学出版社2000年版，第36页。

等俱著加恩改为罚俸四年。余依议。"①皇帝对于军机处的拟议改动很少，基本是依议。

三、兵部吏部会题额勒登保议叙本抬写有误与处分

雷荣广认为："封建社会是等级社会。等级制度不仅在礼教、法律等方面有着严格的规定，同时，在书写形式上亦明显地反映出来。其中，公文的避讳与抬头，正是封建等级意识在书写规则上的集中表现。……抬头之制应始于秦代。……到了清代，其抬写格式规定之繁杂，书写要求之严格，均远远超过了历朝前代，从而达到了登峰造极的地步。仅就抬写的方式而言，就计有空抬、平抬、单抬、双抬、三抬、四抬诸形式。不同的抬写，分别适用于不同被提及的对象，以此体现尊贵程度的不同。"②秦国经认为："在封建社会，皇帝是至高无上的。臣工对帝王的尊敬，不仅表现在行动上，而且在公文上也要明显地表现出来。结果便形成奏折中的抬写和禁忌制度。"③二人从等级角度，从皇权至上、皇权独尊视角探讨抬头制度的运用，笔者更为赞同后者。此外学界亦有其他学者研究抬写制度，如织田万的研究非常详细，他在《清国行政法》第三编第二章第一节"抬写"部分，详细总结了抬写的种种情形：

> 抬写，谓臣下章奏及一般文书中，凡关系于皇室天地陵寝等之字样，不与他字样平行抄写，必于次行上位，抬头一格或二三格，以抄写也。其当抬写者，不独皇帝一人，皇太后、太上皇、天地陵寝等，亦同。然抬写书式，固属对皇帝皇族之一种敬称，国人所重视。而抬写有单抬、双抬、三抬之别。抬头一格称曰单抬，二格曰双抬，三格曰三抬。皇帝之宫殿、政府之性格及臣民对皇帝之行为，其所指示之字样，即用单抬。例如朝、阙、京师、宫、宫门、殿庭、殿试、丹陛、枫宸、盛京、紫禁城、圆明园、国家、国体、国课、功令、进、进贡、贡物、

---

① 中国第一历史档案馆编：《嘉庆朝上谕档》第8册，广西师范大学出版社2000年版，第35页。

② 雷荣广：《清代文书纲要》，四川大学出版社1990年版，第11—13页。

③ 秦国经：《清代的奏折》，载《清史论丛》2000年号，中国广播电视出版社2000年版，第202页。

题报、奏等是也。又，臣民对皇帝皇后之性格行为，其所指示之字样，即用双抬。例如大皇帝、皇帝、皇上、上、皇后、圣躬、天颜、天恩、上谕、训示、俞允、御览、旨、朱笔、批准、命、闻、召见、陛见、陛辞、觐见、钦派、派出、王命等是也。其地位更高于皇帝者，固当益尊敬之，其所指示之字样，即用三抬。①

其他研究兹不赘述。以上研究中都指出"三抬"或者"抬三格"。这项制度出现于嘉庆时期，也是嘉庆朝对前朝抬写制度的补充。嘉庆五年（1800），如是规定："近来各省陈奏事件，凡本章折奏内恭载乾隆年间皇考谕旨与嘉庆年间所降谕旨，一律抬写，殊非敬谨之道。所有各省呈进本章经内阁票拟，其抬写不合之处俱签出，请旨饬行。而各处递到奏折抬写，每有参差，未经通饬。嗣后在京各衙门及各直省文武大员，遇有陈奏事件，恭载乾隆年间皇考谕旨，首行俱用三抬。嘉庆年间朕节次所降谕旨，首行俱用双抬，均当一体凛遵，不得仍前疏忽。"② 此条上谕标示着"三抬"的出现，并详细阐述了三抬在本折中的具体使用方式。但是，总会有臣僚对新制度有所"意会"。

嘉庆五年（1800），礼部官员德明在缮写仪注时，就将"恭代行祀"字样擅自予以三抬，被交部议。德明还辩称："向来典礼本章奏折内，凡遇遣官恭代，俱将'恭代'二字双抬。此次所进仪注系皇上恭代高宗纯皇帝行礼，是以将'恭代'二字三抬。"但嘉庆皇帝不这样认为，去年已经明确三抬的使用场合，不能再否定自己的规定。因此轻饬德明"未能悉心斟酌，拘泥成式率行缮写，实属疏忽"。奉旨："从宽改为交部察议。"③ 抬写制度规定愈繁愈细，对于官员而言需要适应的方面就会越来越多，面临处分的概率也就越大。抬写错误基础的处分是"抬头错误者，司官罚俸三个月，堂官罚俸一个月。"④ 但是在实际的事例中，处分远比这些规定的要重。

---

① ［日］织田万：《清国行政法》，中国政法大学出版社 2003 年版，第 87 页。

② 中国第一历史档案馆编：《嘉庆朝上谕档》第 5 册，广西师范大学出版社 2000 年版，第174 页。

③ 中国第一历史档案馆编：《嘉庆朝上谕档》第 5 册，广西师范大学出版社 2000 年版，第242 页。

④ （嘉庆朝）《钦定吏部处分则例》卷九《本章》，载《清代各部院则例》，香港蝠池书院 2004 年版，第 138 页。

1.兵部吏部会题额勒登保议叙本抬写错误皇帝的初旨

嘉庆八年（1803），"剿捕逆匪，大功勘定。"①兵部吏部会题额勒登保议叙本内，因抬写错误许多官员被卷进处分。嘉庆皇帝先令吏部和都察院予以议处，上谕曰："本日兵部等部会题大功全竣，将额勒登保等分别议叙一本，已依议批发矣。至本内抄录谕旨，世宗应行敬谨抬写之处，书写错误，非寻常疏忽可比。除侍郎成书现在随园免其置议外，所有兵部堂官保宁、长麟、费淳、刘镮之、那彦宝、潘世恩及本内列名承办各司员，均著交部严加议处，并将缮本及校对之员一并查明严议。至吏部会同画稿，未能详加阅看，亦属非是，其本内列名之吏部堂司各官亦著交都察院议处。"②此份谕旨要求议处的官员有5类，包括兵部堂官、兵部承办各司员、兵部缮本官员、兵部校对官员和吏部堂司各官。可见，牵扯官员之多，又是一次对兵部官员的扫荡。随后出现了吏部议兵部、都察院议吏部的连环议处。以下为此案的若干处分问题。

2.大学士管理吏部事务庆桂上奏吏部议处兵部之情况

（1）报告办案程序。接奉上谕后吏部"将应议之承办及缮本、校对各职名送部查议，并将堂司各官任内兼衔、世职声明过部。今于嘉庆八年八月三十日，准兵部将应议各职名并兼衔世职咨送到部"。兵部并"相应将首先抄写错误之当月司员并本内列名之堂司各员分别开单咨送吏部"。③

（2）查明缮写错误的官员及事情原委。"兵部声明此案系于七月十七日，武库司当月司员额外汉郎中毛承先由内阁抄出，该员书写错误，职方司司员等系查照该员所抄办理。"④

（3）兵部官员特殊情况上报。"汉尚书费淳、满右侍郎那彦宝、郎中佟保本内虽经列名，此稿系七月二十六日以前呈堂阅画，尚书费淳、侍郎那彦宝未经到京，均未画题，郎中佟保因在实录馆行走，业经止差并未画押。署

---

① （嘉庆朝）《清史编年》，中国人民大学出版社2000年版，第331页。

② 中国第一历史档案馆档案：录副奏折《庆桂奏为遵旨议处兵部官员书写错误事》，档号：03-1488-078。

③ 中国第一历史档案馆档案：录副奏折《庆桂奏为遵旨议处兵部官员书写错误事》，档号：03-1488-078。

④ 中国第一历史档案馆档案：录副奏折《庆桂奏为遵旨议处兵部官员书写错误事》，档号：03-1488-078。

汉尚书汪承霈稿内曾经画题其题之时，业已交卸离任，本内并未列名，相应一并声明，移咨吏部办理，咨送到部。"①

（4）对涉错官员作出议处决定。"除郎中佟保既据兵部声称因在实录馆行走，本内虽经列名并未画押，应免其查议外。"此案"据称系当月司员传抄错误所致，应将当月官武库司额外郎中毛承先请旨革职交刑部治罪。本内列名承办之职方司员外郎景善、员外郎兼公中佐领英纶、员外郎诚安，主事觉罗岳龄、缪炳泰，候补主事舒明阿、宁泰、赵麟、康绍镛、卢坤，额外主事应轩、蒋天钧、熊若琏，七品京官张光勋，缮本之笔帖式周炳，校对之郎中黄宗度，委署主事笔帖式苏珠泰，并该堂官大学士兼管兵部事务镶红旗满洲都统义烈、公保宁、尚书正红旗蒙古都统，署正蓝旗汉军都统觉罗长麟、左侍郎署臣部右侍郎刘镮之、右侍郎署户部左侍郎潘世恩均照溺职例革职。查前署尚书都察院左都御史汪承霈于缮本具题时，虽经离任本内并未列名，惟画稿时并不详阅率行画题，应请一并照溺职例革职。至尚书费淳、右侍郎那彦宝，据兵部又称本内虽经列名并未画稿，惟业经到任于题奏事件不行查明亦属不合，亦应议处。应将兵部尚书费淳、右侍郎那彦宝均照陈奏本章不行谨慎例降一级留任，那彦宝有加二级应销去加一级抵降一级免其降级。至兼衔世职各员，俟命下之日，臣部移咨各旗照例办理，理合恭折具奏"。②

从议处看牵涉官员很多，但是处分的类别实际只有三种：革职交刑部；革职；降一级留任。可见，由于处分案多，当时吏部对官员的议处程序其实是非常老练熟悉的了。

3.都察院左都御史恭阿拉上奏遵旨议处吏部各官员会稿疏忽之情况

此次因所涉官员只有吏部官员，人数少相比简略，需要调取的主要是吏部应议各员的加级纪录情况。"移咨到臣衙门，当经臣等移咨吏部，查明应议各员有无加级纪录。去后于本月初一日，经吏部查明咨覆前来。"具体的议处结果，吏部于会同兵部画稿时未能详加阅看，所有本内列名之吏部堂司各官均应分别议处，"应将吏部主事宗室继昌、章为棣均照不行查出降一级

---

① 中国第一历史档案馆档案：录副奏折《庆桂奏为遵旨议处兵部官员书写错误事》，档号：03-1488-078。

② 中国第一历史档案馆档案：录副奏折《庆桂奏为遵旨议处兵部官员书写错误事》，档号：03-1488-078。

留任例各降一级留任。协办大学士尚书宗室琳宁，刑部左侍郎署吏部左侍郎瑚图灵阿，户部右侍郎署吏部左侍郎钱樾，吏部右侍郎范建丰均照不行详查罚俸一年例各罚俸一年。查瑚图灵阿有纪录二次罚俸一个月注抵，今议罚俸一年连前共罚俸一年一个月应销去纪录二次抵罚俸一年仍应罚俸一个月。钱樾有纪录一次罚俸一个月注抵，今议罚俸一年连前共罚俸一年一个月应销去纪录一次抵罚俸六个月仍应罚俸七个月。臣等未敢擅便，谨奏请旨。"①都察院所议的处分类别有：降一级留任和罚俸，再有就是级纪抵销情况。从吏部官员的处分看，远远轻于兵部官员的处分。

4.吏部都察院上报之后嘉庆皇帝颁布最后处分结果

"各衙门题奏事件，恭遇列祖列宗庙号应行抬写之处，堂司各官自应敬谨缮写详细核对，方足以昭恪慎。此次兵部等部会题之本，抄录谕旨内世宗抬写之处缮录错误，未经校对改正，非寻常疏忽可比。"第一，皇帝指出按例判断的严重程度。第二，提及部院提出的议处意见，"吏部议将兵部堂司各官照溺职例革职，并据都察院将会题之吏部堂司各官分别议以降级罚俸。"第三，皇帝的观点，"本应照议行。惟念此次错误之处不但出于无心，且尚非违悖字样。总因兵部传抄之员书写错误，以致办稿、缮题各员相率承讹。而该堂官等总不寓目漫不经心，其疏率之咎，虽此次姑从宽减，而因循疲玩之恶习不可不各思迁改也。"第四，亮出处分结果："所有传抄错误之兵部郎中毛承先著革职加恩免交刑部治罪。其议以革职之兵部堂官保宁、长麟、刘镮之、潘世恩、前署尚书汪承霈及司官景善等各员，俱著加恩改为革职从宽留任。其未经画稿不行详查之兵部堂官费淳、那彦宝，著照议降一级留任。至吏部堂官琳宁、瑚图灵阿、钱樾、范建丰均著照议罚俸一年。其司官继昌等二员亦著改为罚俸一年，俱准其查明纪录议抵。"第五，不忘谆谆告诫和警示。"嗣后内外各衙门大小官员惟当随事敬慎，遇有恭缮天祖及一切应行抬写之字，尤宜倍加谨凛，免蹈罪愆。"②通篇天衣无缝，完成了一拨初看严厉迨后实轻的处分案，这就是所谓的"重拿轻放"。

---

① 中国第一历史档案馆档案：录副奏折《恭阿拉奏为遵旨议处吏部各官员会稿疏忽事》，档号：03-1488-079。

② 中国第一历史档案馆编：《嘉庆朝上谕档》第8册，广西师范大学出版社2000年版，第331页。

由本章内容可见，清代制度规定处分的议处机构有吏部、兵部、都察院。但是由以上处分事例可知，议处机构不仅仅只有这三大部院，还有皇帝、军机处。其参劾机构则是凡接文部门都有参劾权，不仅仅只有督抚和御史可以参劾。因此清代的议处权在实践中被分割成了好几块，其中分得最大的是皇帝，皇帝有时会直接处分官员，如革去其兼职、降其顶戴、降其品级等，然后再将其他须处分的方面命令吏部、兵部、都察院、军机处等机构去议处，皇帝再对这几个机构的议处结果予以从轻或从宽。可见，清代的处分从议处到议定，皇权的渗透干预在在皆有，处处存在。

此外，对于参劾权，同样地在实践中被分割成了好几股。皇帝可以直接参劾官员，内阁、通政司、奏事处、内务府、科道、督抚、领侍卫内大臣等机构，都可以参劾官员，所以具有参劾权的机构是非常宽泛的。由此判断，参劾权和议处权的被分割，造成了所有的官员都置于其他官员的监督之下，都可行监察权、参劾权。而参劾权和议处权的多样化，也是嘉庆时期处分制度的一大变化，这也是嘉庆朝官员处分普遍奇多的原因所在。

第五章　吏治与官员处分

嘉庆时期，"嘉庆帝根据各部奏报，严厉查处了工部书吏王丽南、王书常私刻假印，冒支侵吞巨额库银案，在很短的时间里就将此案主犯王书常等十人除以极刑，又将户部尚书禄康、工部侍郎德瑛等降职惩办。……嘉庆中叶之前，嘉庆帝之所以勇于大胆整肃吏治，就是因为他对吏治腐败的危害有较深刻的认识。"[①] 此分析中肯，两大案的起因确是源于吏役所带来的吏治问题。

晚清大员郭嵩焘言："本朝则与胥吏共天下耳。"[②] 此"胥吏"是古代衙署机构中不可或缺的一类人，不同朝代和史料对其称呼不同，如有吏役、官吏、官役、吏胥、书吏、胥吏等，他们属于各衙署的基层办事人员，承担着各种差役。对这部分吏役的研究，成果非常丰富，大家从不同视角探讨了形形色色的吏役问题。如周保明就清代吏役的性质研究认为："清代'设在官之人以治其房科之事曰吏'，中央各机关的吏与各地衙门中的吏有所区别。"[③] 郭松义就清代吏役的范畴总结，"清代的吏胥分在京和地方的区别。在京宗人府、内阁、中书科、稽察钦奉上谕事件处、翰林院、詹事府、总理各国事务衙门等机构办事的，叫做供事；六部、都察院、理藩院、内务府、太常寺、光禄寺、鸿胪寺、国子监、太仆寺、太医院，以及步军统领衙门等机构办事的吏胥，统称经承。礼部于经承外，又有一种叫儒士。六部、理藩院还有叫堂书和攒典的。在地方，凡督抚、学政、将军，以及顺天府、奉天府、各税关部门任职的叫书吏。此外，各衙门又有

---

①　魏克威:《嘉庆时期的内政改革和失败》,《长春师院学报》1998 年第 2 期。

②　（清）徐珂:《清稗类钞・胥役类・例吏利》,商务印书馆 1917 年版。

③　周保明:《清代地方吏役制度研究》,上海书店出版社 2009 年版,第 147 页。

承差、典吏、攒典等名。"①瞿同祖就清代吏役的地位持论："由于拟制和接受公文的都是书吏，所以他们显然居于一个战略性位置上。"②李治安和杜家骥同样认为："大量的日常琐细事务的具体处理，又是靠为数众多的吏员来完成的。这些人虽不属于官，但却实际执行着政府的职能，没有他们的辅助，各级官员在行政中就寸步难行，他们被认为是'为政所必不可少者。'"③以上观点较为典型，反映出吏役这个庞大群体遍布从中央到地方的各个衙门机构，其触角亦伸向中央到地方的各个领域，是一股不可小觑的力量。

此外，吏役数量亦颇多，史载"至于有司衙役，多者动以千计，少者不下数百。"④而"户部书吏最盛，有千余之多，吏部、兵部次之。"⑤钱穆在其《中国历代政治得失》中，形象概括了如此多吏役的致弊情势。

> 一切事情到了胥吏手里，铨选则可疾可迟，处分则可轻可重，财赋则可侵可化，典礼则可举可废，人命则可出可入，讼狱则可大可小，工程则可增可减。大抵中国政治界里吏胥所经管的，不外此七项，即铨选、处分、财赋、典礼、人命、狱讼与工程。其实政事之大者，在当时也只此七项。吏胥则是此七项的专业人，传统的专门家。他们是职业政治家而擅有专门知识的。但当时官场又看不起这些人，这些人也自认流品卑污，因此不知自好，遂尽量地舞弊作恶。⑥

可见，吏役为乱也有其心理不健康因素在内。吏役政治下，形形色色的吏役为乱造成数量众多的高层和中上层官员因之受到不同程度的处分，这些处分的显著特点是以"失察"为因，以"连带"为线，牵扯到各级官员，处分官员的数量普遍奇多，在官员处分中占比突出。

---

① 郭松义：《清朝典制》，吉林文史出版社 1993 年版，第 310 页。
② 瞿同祖：《清代地方政府》，法律出版社 2003 年版，第 66 页。
③ 李治安、杜家骥：《中国古代官僚政治》，中华书局 2015 年版，第 211 页。
④ （清）仁和琴川居士编：《皇清奏议》卷三《魏象枢〈剔蠹安民疏〉》，1936 年库籍整理处印本。
⑤ （清）徐珂：《清稗类钞·胥役类·各部书吏主案牍》，商务印书馆 1917 年版。
⑥ 钱穆：《中国历代政治得失》，生活·读书·新知三联书店 2011 年版，第 113 页。

第一节　嘉庆朝吏役为乱下的官员处分

清代到嘉庆朝，"对于清代地方吏役利用职权之便营私舞弊的指责早已成为陈词滥调。"①但是"吏役制度是传统中国官僚政治制度发展到一定阶段的产物，也是官制的必要补充"②。朝廷不能废除吏役或者转换其身份，只能不断出台政策予以控制，期冀解缓这一问题，然而事实却是吏役问题愈演愈烈，终清之世也未见成效。

一、嘉庆君臣对吏役为乱的指陈与降旨整治

（一）第一阶段：嘉庆亲政后四年和五年颁布谕旨对吏役防范整治

这个阶段主要有两条针对吏役的防范整顿措施。嘉庆四年（1799），首次降旨：

> 内外衙门书吏积惯舞弊，最为恶习。外省各官遇有题升、调补、议叙、议处、报销各项并刑名案件，每向部中书吏贿嘱，书吏乘机舞弊设法撞骗是其常技。至运京饷、铜、颜料各项，解员尤受其累，自投文以至批回，稍不满欲，多方勒掯任意需索，动至累百盈千，名曰部费，公然敛派，即督抚亦往往明知故纵。至外省督抚藩臬以及州县各衙门，凡应办事件亦不能不经书吏之手藉端滋弊，甚至上下勾通均所不免，现当吏治肃清之时，岂容猾吏蠹书从中播弄！嗣后各省官员务须正己率属，廉洁自持，严明驭吏，汰除冗散，惩创奸胥，以杜外省书吏之弊。在京各部院堂官，惟当督饬司员等每事躬亲，熟观例案，实心勤职。倘有积猾吏胥，密访得实，即行严办，以杜在京书吏之弊。倘经此次训谕之后，内外各衙门仍视为具文，尚有前项情弊别经发觉，或被科道纠参，必将该管各官分别议处。③

---

① 张锡田：《论清代文档管理中的书吏之害》，《中山大学学报》1999 年第 4 期。

② 周保明：《清代地方吏役制度研究》，上海书店出版社 2009 年版，第 5 页。

③ 中国第一历史档案馆编：《嘉庆朝上谕档》第 4 册，广西师范大学出版社 2000 年版，第 485 页。

嘉庆五年（1800），再次降旨：

> 朕上年因内外各衙门，多不免有猾吏蠹书串通弄法之事，明降谕旨令一体秉公查办。但思部中书吏藉端需索，总以例案为词，外省承办事件原有例案可稽，何难详细检查循照办理。若本系合例事件，又何虑部中指驳？焉有内外准驳事权，全凭一二猾吏之手，最为锢习，特再明切申谕。各部院堂官务宜督饬司员，每事躬亲查核，严防弊窦。其各省督抚如遇书吏等，有仍前讹索者，即时奏闻置之于法，庶作奸犯科之徒知所儆畏。倘经此次训诫后，内外衙门视为具文，仍不认真查察，任听若辈勾通舞弊，别经发觉，惟该堂官、各督抚是问！①

这两条上谕防范重点在于：针对各省官员，要求他们"正己率属，廉洁自持，严明驭吏，汰除冗散"。针对各部院堂官，要求他们"督饬司员等每事躬亲，熟观例案，实心勤职"。针对胥吏，则从"惩创奸胥""密访积猾吏胥严办"，加重到对为乱书吏"即时奏闻，置之于法"。最后要求切实落实责任，从对"内外各衙门官员"的普遍追责，到专对"堂官、督抚"予以重点追责。两条上谕把防范吏役为乱的着力点落到了各级官员的勤政清查之处，是自上而下的整治。同时两条上谕反映出防范不力的处分，必会由各级官员，尤其是堂官和督抚来承担。

（二）第二阶段：嘉庆中期御史提出对书吏限年和逾额的裁革建议

这个阶段主要是两条由御史提出的具有针对性的整顿措施。第一条嘉庆十一年（1806），浙江道监察御史严烺奏为书吏宜严年限和申禁役满逗留。折内提出：

> 查考功司繁缺经承尚止七人，文选司繁缺经承则二十八人之多，有一科房而经承多至三四人者，连年该司书吏犯法者接踵，若不严其年限，则盘踞把持百弊丛生。查该吏等著役日期以五年为满。定例凡投充时取具印甘各供，方准著役。如无原籍地方官印结者，不得收用。近来有原籍文结未到，即著役者，直至五年期满。而原籍文结任意迟缓，该役又可迁延恋栈多充一二年。应请嗣后各司派充经承，必须本籍文结到

---

① 中国第一历史档案馆编：《嘉庆帝起居注》第 5 册，广西师范大学出版社 2006 年版，第 301 页。

部始准著役，不得预先充补仍归该吏等著役日期起，照稽查吏部之河南道御史，该道御史于每季赴吏部点卯时按册查核，其现已著役而文结不到者，即由著役之日起扣满五年，令其辞役回籍，俟文结到部再予注册。至已满书吏逗留京城，包揽影射无弊不生，是以例禁久严。定例在京各部院书吏五年已满，吏部行文该衙门饬令回籍，并咨都察院转交五城司坊官，限一月内令其回籍。立法杜弊原极周详，莆恐奉行不实，仍有役满书吏逗留在京者。……应请再申例禁。嗣后有役满者令该吏于一月内即时回籍，日期仍照本衙门转咨都察院交五城司坊官，按照所定日期饬令起身回籍。其有无故逗留潜匿者，内城则令顺天府，外城则令五城御史照例访拿究办，失察者照例议处。若有于各司内盗窃文书交通往来者，失察之司员一并照例议处。如此互严稽查，庶胥吏不至党援，而招摇影射之弊渐清矣。其部院各衙门书吏役满，俱请照此申明办理以昭画一。①

第二条，嘉庆十一年（1806），御史陆言奏请严汰州县逾额官役以清弊源，嘉庆皇帝直接采纳，"所奏是"。同时颁布谕旨：

> 外省州县额设官役原有定数，岂容任意增添。近来各省州县俱有无名白役什百为群，遇有词讼事件，官出票差，伊等即随同滋扰，勒索讹诈威逼良民，大为间阎之害，实可痛恨。本年直隶正定县生员王之选等呈控吏役包揽车辆一案，审出该县吏役多至九百余名，已属可骇。然正定系九省通衢，犹得以差务繁冗需人帮办为辞。若该御史折内所称浙省仁和、钱塘两县，正身白役不下一千五六百名，该二邑更非直隶州县可比，何得纷纷募雇倚势病民，不可不严申例禁。著各省该管上司官严加查核，将各衙门所有白役立即裁汰务尽，一面将现设官役按名报部，将来如有蠹役滋事之案，部中检查原册，如系正身官役，将该管官照例议处外，若系原册无名，即应治州县官以违制之罪，并将失察该上司从严议处不贷。②

---

① 中国第一历史档案馆档案：录副奏折《严烺奏为吏部新修则例敬陈管见事》，档号：03-2175-005。

② 中国第一历史档案馆编：《嘉庆帝起居注》第11册，广西师范大学出版社2006年版，第576页。

这两份上疏和谕旨，均是针对吏役本身予以的切实整顿。整顿在于要严格年限，再次明确"著役日期以五年为满"，"役满者令该吏于一月内即时回籍。"要裁汰"各衙门所有白役"。要切实督责，督责对象有具印结之原籍地方、稽查吏部之河南道御史、吏部负责行文机构、都察院之五城司坊官和五城御史，以及各部之司员和州县官及其上司。这两次整治的提出有"自下而上"的成分在内，以整顿各类不合规之吏役为主，以官员督察监督为次，失察处分规定较为泛泛。

这两份上疏和谕旨中所没有涉及的，如瞿同祖所言："如果将任期届满或已被黜退的书吏留用，州县官要被追究责任。如果纵容书吏改名换姓或伪冒籍贯再次在衙门任职，州县官将会受革职处分。如果对此种欺骗情形疏忽不察，州县官会受降二级调用之处罚。"①这种情况的出现，则属于州县官的有意行为或严重的失察，其处分是实降而不是虚降。

（三）第三阶段：嘉庆后期吏役问题层出上奏和旨令不断

嘉庆朝后期因应吏役新出问题，臣僚上奏及所颁谕旨主要集中于三个方面。这三个方面有针对出自地方各省的问题，有针对出自刑名机构的问题，有针对出自藩司衙门的问题。

1. 御史针对各省吏役问题提出解决措施

（1）嘉庆二十年（1815），御史胡承珙奏请查禁胥吏积弊。主要针对各省大小衙门额外滥设吏役的旧问题，"于正役之外滥用白役"。还有针对役满更充的新问题，"竟有习教之人冒充吏役者"，以及"抚藩衙门书吏多索饭银，州县坐省家人勾通院司书吏表里为奸，甚至吏役与幕友家人串通包庇"的新舞弊，提出禁革。嘉庆皇帝采纳颁旨："著通谕各直省督抚实力整顿，严饬司道府州县衙门勤于职事，一切稿案准驳俱亲加判断，不得诿任吏胥致令上下其手，藉势招摇。并留心察访衙蠹从严惩办，以除积弊，毋得因循玩纵，视同具文。"②嘉庆皇帝从两个方面予以指示，各级官员要"勤于职事"和"留心察访衙蠹"。鉴于中期已经出现的问题没有解决，嘉庆皇帝特声明"毋得因循玩纵，视同具文"。

---

① 瞿同祖：《清代地方政府》，法律出版社 2003 年版，第 77 页。
② 《清仁宗实录》第 5 册，中华书局 1986 年版，第 86 页。

（2）嘉庆二十四年（1819），御史牟惇儒奏请杜书吏占缺问题。针对的是贴写代办经承盘踞衙署的新问题。贴写亦是吏役之一部分，"直省州县书吏充当经承者例有年限，惟贴写则无报满日期。"弊端由此而生，"往往以贴写代办经承，占缺多年不行更换。"嘉庆皇帝下令："嗣后如有贴写代办经承者，即照经承著役之例，年满更换不准复充"，[①]由各衙门官吏严行查察。这条指令其实认可了贴写代办经承的事实，只不过有了限年，然而又留下了漏洞，吏役可以在不同的差使岗位穿梭延宕。

（3）嘉庆二十四年（1819），御史黄玉衡条陈直省积弊。折中罗列了嘉庆后期吏役方面出现的诸多舞弊棘手问题，真是"点诈百出"。如有负责传递消息的名为"外马放光、收光、渡期"的人员，有"私馆"的设立；有"会匪承充差役潜通信息"的现象；有刑钱幕友"上下勾结挟制本官交通书吏"的现象；有差役在"粤省择食种松"扰乱民产的；有州县"滥荐滥收"家丁长随的。嘉庆颁给督抚旨令："此辈盗权通贿何所不为，并著严行饬禁。"并"遇有作奸犯科者究明重办，勿稍姑容。"[②] 这是下有舞弊，上有政策。但是舞弊的是群体，制定政策的是个别，所以欲禁吏役为害，实在太难。

2. 衙门吏役弊端百出，君臣齐提共治

（1）嘉庆十六年（1811），给事中何学林上奏用刑衙门吏胥舞弊问题。指出已出问题之一是问刑衙门的失察。"吏胥等从中舞弊，百端讹诈，得钱则与以疏纵，不得钱则加之磨折"。嘉庆皇帝批之："是竟以国法为若辈牟利之具，实可痛恨。"问题之二是番子捕役等在缉拿匪徒时，"因事生风威吓滋扰，竟致习为惯常，而营私枉纵之处，更不一而足"。嘉庆皇帝认为其根源在于："皆由各衙门该管大臣官员诸事废弛，并不实心查察。"因此整顿的办法就是压实问刑衙门的权责。"嗣后在京问刑缉捕各衙门务当实力整顿"，否则有仍蹈前辙者，"其该管大臣官员亦必从重议处"[③]。嘉庆皇帝提出对失

---

① 中国第一历史档案馆编：《嘉庆帝起居注》第21册，广西师范大学出版社2006年版，第460页。

② 中国第一历史档案馆编：《嘉庆帝起居注》第21册，广西师范大学出版社2006年版，第579页。

③ 中国第一历史档案馆编：《嘉庆朝上谕档》第16册，广西师范大学出版社2000年版，第405页。

察官员的严加议处。

（2）嘉庆二十一年（1816），嘉庆皇帝指出各省承审衙门接到公文时，往往被"书吏压搁"，以致要挟官民两方，遂斥责，"府州县不过虚有其位，而其权悉归书吏，殊属废弛"。下令，"嗣后该督抚等务当严饬所属，于接到发审公文时，先计其道路远近核算时日。如有迟逾，即将该书吏究明惩处。"①

（3）嘉庆二十三年（1818），御史李远烈指出各省州县出现书役滥充保家渔利，书役需索酒食吓诈银钱等事。皇帝"通谕各督抚严行饬禁，如所属州县中有与富家子弟结拜师生及认为义子，请托公事并将纵令书役把持词讼，与夫相验人命不轻骑减从，骚扰闾阎者，一经查出即严参惩办，勿稍姑息"②。命令督抚要重典治吏。

（4）嘉庆二十五年（1820），御史余本敦奏请除衙蠹积弊问题。指出各省讼案"积猾为害"，有"大则纳贿招摇，小亦舞文延搁。即命盗重案且敢减伤、改供、串嘱、诬攀"。究其因，"州县倚为爪牙"，故而"擅行威福"。因此嘉庆皇帝的整顿重点为，"若州县官瞻徇庇纵，并将该州县据实严参，以清讼源，而肃吏治。"③从以上奏折及上谕可知，这一时期整顿的重点或在官或在吏役，依据具体情况各有侧重。或者对官员加等议处，或者对吏役施以重法。这也是嘉庆皇帝的"从严"整治吏治。

3. 整顿地方藩司衙门出现的吏役舞弊

嘉庆二十四年（1819），掌广西道监察御史黄中模奏请严禁藩司书吏舞弊，此折用细腻之笔勾勒出当时广西藩司衙门出现的书吏借缺舞弊情事，事虽直指广西，但其他省谅亦不免，故而有其共性存在，其折内容曰：

> 窃查外省督抚两司办稿胥吏，定例俱系关防，署内非值换班不准擅自出入，原以杜其通同舞弊也。近来视为具文，名虽关防在内，而一切公事消息仍能随时通出。在臬司衙门为罪名出入所关，非该管胥吏所

---

① 中国第一历史档案馆编：《嘉庆帝起居注》第 18 册，广西师范大学出版社 2006 年版，第 564 页。

② 中国第一历史档案馆编：《嘉庆帝起居注》第 20 册，广西师范大学出版社 2006 年版，第 471 页。

③ 中国第一历史档案馆编：《嘉庆帝起居注》第 22 册，广西师范大学出版社 2006 年版，第 165 页。

能擅专，为害尚浅。若藩司衙门，则钱粮总汇之所，支解收发乱如纷丝，款项本易纠缠，催提尤滋弊混，该书等每多高下其手。如领款则有领费，解款则有解费，抵款则有抵费，总照银数核计，每百两自八两至十五两不等，此本应领抵之费也。至于不应领者而领之，应解而不解，不应抵而准抵，不应支而准支，应追者免之，应扣者宽之。凡属轻重倒置，出入悬殊之事，其需费更重。饱其欲则事无不可，拂其意则势不能行。该藩司政务殷繁，钱谷度支倘不能溯本穷源丝丝入扣，则堕其术中而不知。而该吏等习于舞弊胆大妄为，往往肆无忌惮。……所谓关防者，祗办事之贴写该班时，未敢擅自出入，而送饭买物仍能暗递书信也。办稿之人虽然在署，而应管此事之书吏依然在外招摇也。有一房即有一缺，管缺者非办事之人，办事者乃有缺者所雇请之人，表里为奸，内外如一。即或经官查出弊端斥革责究，其人虽责而其缺未革，事同世业，行如狙狯，所以与州县书役易于交通。即州县之官亦往往与之交通，以为倚靠也。此种积习各省皆同。夫充当书吏不皆安分之徒，况买缺则更费资本，作弊是其初心，舞文尤其能事。凡州县解司之款，皆国家维正之供，多一层剥削即多一层扰累，小民之生计几何，其何以堪？此应请旨通饬各直省藩司遵照定例，不准书役买缺，遇有缺出，或由各县申送考取，或由该司点充，总宜官为去取，不许私相授受，并随时严加查察，有犯必惩，不得稍加姑息，则需索之弊可除，而吏治可期肃清。[1]嘉庆皇帝随后朱批黄中模折子曰："著通饬各省藩司，遇有书役缺出，务当慎重点充，不准私相授受。查有通同舞弊者，立即严加惩办，毋稍姑息。"[2]完全采纳了黄中模之议。

嘉庆皇帝从初期的重视吏役著役年限，到中期的禁止滥行充役，再到后期的禁止书役点充。谕令历经十数条，然而以一人去应对上百上千甚至上万的吏役，实在是一个无法对等的问题。而历次对各级官员、京内外官员的要求亦不下十数条，处分规定也愈来愈严格，但是终归斗不过庞大的吏役群

---

① 中国第一历史档案馆档案：录副奏折《黄中模奏请严禁藩司书吏舞弊事》，档号：03-1467-032。

② 中国第一历史档案馆编：《嘉庆帝起居注》第21册，广西师范大学出版社2006年版，第250页。

体，其问题之根还在于时代的落后与局限性，也与人的综合素质有关。

二、嘉庆时期吏役为乱下的官员处分

道光朝军机大臣曹振镛深刻剖析道："各部书吏几无一事不可以营私"，"此缘吏胥本倚弊为生。"①如嘉庆六年（1801），盛京刑部右侍郎瑚图灵阿所奏的刑部行文奉天府衙门之文被人涂抹篡改之事。行文中于"奉旨：王得发依拟应绞，著监候秋后处决。余依议。钦此。"等字，竟然有书吏大胆"将此一段用浓墨全行涂抹"。甚至还在"该府尹拟以绞监候等因之处，亦涂抹数字，旁写'充军'二字"。②如此亵渎圣旨扰乱视听，令瑚图灵阿等"不胜骇异"。后同他官严行拿审查出部中书吏的胆大舞弊，这是有巨大的利益驱动在内。

嘉庆九年（1804），发生的吏部书吏配签舞弊案，又揭示了另一种现象。现存一份供单，是当时吏部员外郎关祖保因失察书吏蒙混补印的口供。关祖保的供词曰：

> 我于本年九月二十一日，始由考功司调至文选司掌印。文选司事诸多未谙，以致于书吏等配签舞弊，竟尔毫无觉察咎实难辞。至书吏等于十一月初五日，将配签稿挖补用印一节，前日与监印书吏徐南英面质。该吏供称，实系临时朦混，关掌印并不知情。那日将应用印的稿件送关掌印用印，关掌印抬头瞧了我一眼，孙掌印说系补印的稿，关掌印没有言语，我就朦混用印等语。我想向来用印俱有稿簿可以稽查，那日簿内并未注有补印稿件。我画过稿簿后，亦并未将稿抽查，实属一时糊涂。既据该吏徐南英供认朦混，实是我昏聩无能，无可置辩。③

由这份供单可见，吏役为乱仅仅是由官员一瞬间的一个"疏忽"就轻而易举地铸成了。在这种情况下，吏役为乱在封建社会是难以杜绝的。清代各类文

---

① 中国第一历史档案馆档案：录副奏折《曹振镛奏为军机大臣会同六部堂官议覆整饬部务条陈事》，档号：03-1643-012。

② 中国第一历史档案馆档案：录副奏折《瑚图灵阿奏为刑部咨奉天府文被人涂抹篡改将原文带回密查事》，档号：03-2409-004。

③ 中国第一历史档案馆档案：单《呈吏部员外郎关祖保为书吏朦混补印事供单》，档号：03-1598-068。

献档案记载了嘉庆朝各色书吏的舞弊案及官员的相关处分。有的舞弊案也成为研究热点，如嘉庆九年查处的这起吏部书吏舞弊案，关文发认为："案结时嘉庆不得不惩处了一批高级官员。……这是嘉庆亲政以来惩治高级官员人数较多的一次。"① 但是，嘉庆九年的这次大查处，也没能震慑住吏役群体、高官群体和普通官员。嘉庆十年以后，吏役为乱及大批官员被处分更为频发和严重，如下：

（一）嘉庆十三年山东藩司衙门书吏舞弊案及官员处分

嘉庆十三年（1808），山东藩司衙门书吏伪造"部监印照，诓骗多赃"事发，山东各任布政使除将诓骗银 3800 余两各赔一分以外，以"漫无觉察"又被交部议处。庆桂上奏遵旨议处，据定例"书吏舞文弄法招摇撞骗，本管官不行查出降二级调用"。历任山东藩司吴俊等"漫无觉察"，没有自行发现。"应将前任山东布政使吴俊、陈钟琛、策丹、金光悌、杨志信均照例降二级调用。陈钟琛已授太常寺卿又经休致，应降去顶戴二级。吴俊现奉旨以五品京堂用，应于补官日降二级用。策丹已授理藩院侍郎，金光悌已升江西巡抚，均应于现任内各降二级调用。吴俊、陈钟琛俱有革职留任之案无级可降，吴俊应行革职，陈钟琛应革去顶戴。杨志信已另案革职，应降二级调用注册。策丹、金光悌任内均无加级纪录。所有臣等遵旨议处缘由上奏。"② 嘉庆皇帝降旨："此案失察书吏伪造部监印照之前任山东布政使部议降二级调用之策丹、金光悌，均著加恩于现任内改为降三级留任。吴俊有革职留任之案无级可降应行革职，著加恩于补官日改为革职留任注册。陈钟琛业经休致，亦著免其革去顶戴仍注册。杨志信已另案革职，其应降二级调用之处亦著改为降三级注册。"③ 皇帝定议结果，是在吏部议处基础上普遍予以从宽留任。但是，嘉庆十四年（1809），随着此案后续问题的出现，嘉庆的看法转变，"山东省近年以来吏治废弛，皆由地方官因循怠玩只知逢迎钻誉，以办理过往差务为事，于本省政治全不实心经理。"上述有的官员的处分被重新

---

① 关文发：《嘉庆吏治评议》，《华南师范大学学报》1993 年第 4 期。

② 中国第一历史档案馆档案：录副奏折《庆桂奏为书吏伪造印照遵旨议处山东各任布政使事》，档号：03-1519-049。

③ 中国第一历史档案馆编：《嘉庆朝上谕档》第 13 册，广西师范大学出版社 2000 年版，第784 页。

提及并严议。"业经休致之太常寺卿陈钟琛著实降顶戴二级，现任光禄寺少卿吴俊、曲阜县知县袁廷凤均实降二级调用。"①可见，一旦出现吏役舞弊就会牵动一批官员被处分。

（二）嘉庆十四年奎明等偷窃三库案发管库大臣被处分

看库兵丁奎明伙同守库职官玉柱从嘉庆十三年起3次偷窃银库和缎库，共计银6600多两。嘉庆十四年（1809）案发，皇帝命将失察银库的费淳、瑚图礼"交吏部、都察院严加议处。管库司员漫无觉察，庆祥、嵩山、纳清阿三人，著查明在任一年者，先行摘去顶戴交部严加议处，不及一年者交部严加议处。"而失察缎库被窃的官员，一则因为"所窃不过绒布，计赃祇制钱百余千"，二则因为庆桂等自请议处。因此，嘉庆皇帝只命将"庆桂、王懿修著交都察院、吏部议处，管理缎库司员一并交吏部议处"，比银库官员处分轻些。吏部尚书邹炳泰将这些官员的议处和严议结果上奏，此次议处两库官员主要依据定例，"官员于库内物件不行固贮，以致偷盗者降一级调用罚俸一年"②，奉旨严加议处的要在此基础上进行加议，属于公罪的要减议。

银库官员处分为："除银库员外郎七十四奉旨先行摘去顶戴，银库郎中庆祥，员外郎嵩山，司库纳清阿，查该三员均在任已及一年，俱应遵旨摘去顶戴，臣部行文各该衙门遵照外。（按照前旨）应将银库郎中庆祥，员外郎嵩山、七十四，司库纳清阿，均照溺职例革职。管理三库之大学士管理工部事务费淳，吏部尚书正黄旗汉军都统瑚图礼，均应于庆祥等革职上各减为降三级调用。"③

缎库官员处分为："（按照前旨）应将缎匹库郎中阿成阿，员外郎额霖布、霍顺武，司库祥泰、辉林，均照库内物件不行固贮以致偷盗例，各降一级调用罚俸一年。霍顺武令在吏部候补，应于补官日降一级调用罚俸一年。前管理三库之大学士管理吏部事务正黄旗满洲都统庆桂，礼部尚书王懿修，

①　中国第一历史档案馆编：《嘉庆帝起居注》第14册，广西师范大学出版社2006年版，第81页。
②　中国第一历史档案馆档案：录副奏折《邹炳泰奏为议处失察银缎库缎失窃之管库大臣等事》，档号：03-2358-024。
③　中国第一历史档案馆档案：录副奏折《邹炳泰奏为议处失察银缎库缎失窃之管库大臣等事》，档号：03-2358-024。

217

均应于阿成阿等降一级调用罚俸一年上减为降一级留任罚俸六个月。"①

此案事系公罪，"惟以库贮银两物件被窃数次，该管官未能觉察，非寻常疏忽可比，所有司员阿成阿等议以降一级调用罚俸一年，大学士庆桂、尚书王懿修议以降一级留任罚俸六个月，大学士费淳、尚书瑚图礼议以降三级调用之处，均毋庸查级抵销。再费淳、瑚图礼任内具有革职留任之案无级可降均应革任。"②

这份议处折子里，既有最基本的底线性的议处，又有加议和减议，还有对公罪的是否可以查级议抵问题，比较繁复，但是呈报给皇帝的是非常清晰的一个议处流程和思路，由议处缘由到该议处的官员名单，再到议处的引例问题再到最后的议处。嘉庆皇帝降旨是照例的各官从宽。这个案子中，所要提示的是嘉庆皇帝从宽的原因何在？皇帝曾经讲到一个存在的事实和问题："因思三库事务向例简派大学士、六部尚书管理，一年更代。该大臣等总不亲身赴库盘查，实为因循陋习，其交替时亦无接收章程，不过仅据册籍标画稿件，且一年之间于其中利弊未必尽能洞悉。"③这是奎明等乘机偷窃的漏洞所在，也是嘉庆皇帝要从宽的真正原因所在。此案后，就三库的管理稽察疏失问题展开了满汉大学士和六部尚书的共同讨论、酌议新章程。可见，此案促成了其他制度的日臻完善。可见后文由一年改为三年的变化所在。

（三）嘉庆十六年湖北藩司衙门书吏陈文俊舞弊案发历任藩司被处分

嘉庆十六年（1811），本案司书陈文俊从嘉庆三年起，陆续将收藏于湖北竹山等县的空白册结，割洗文稿蒙混印结，给张泳等典吏执照35张之多，又伙同堂倅陈建勋等私用假印。因"藩司衙门为钱粮总汇"，历任藩司均关失察。本年六月，原任湖北藩司调任湖北巡抚同兴自行检举此案，"并将失察私雕假印行用之历任藩司地方官各职名一并开列清单，请旨交部议处"。

---

① 中国第一历史档案馆档案：录副奏折《邹炳泰奏为议处失察银缎库缎失窃之管库大臣等事》，档号：03-2358-024。

② 中国第一历史档案馆档案：录副奏折《邹炳泰奏为议处失察银缎库缎失窃之管库大臣等事》，档号：03-2358-024。

③ 中国第一历史档案馆档案：录副奏折《邹炳泰奏为议处失察银缎库缎失窃之管库大臣等事》，档号：03-2358-024。

同日奉旨："依议"。此后开始了对诸多高层官员的议处。吏部尚书瑚图礼据同兴开送的历任失察藩司及地方官职名和刑部治罪结果，对上述官员进行议处。

据定例一，"书役舞文弄法招摇撞骗，本管官不行查拿者降二级调用"。定例二，"吏役私造本官印信，本官不行查拿降二级调用"。定例三，"失察奸徒私雕假印查明在何处行用，将失察行用之地方官降一级调用"。除病故各官均无庸议外。其他涉事官员议处如下：

> 失察陈文俊等割洗旧文，朦混给照之前任湖北布政使祖之望，前任布政使同兴，前署布政使事按察使袁秉直，及失察陈文俊等伙用假印给照之前任布政使孙玉庭，前任布政使张映汉，均照例降二级调用。祖之望已升刑部左侍郎又经丁忧，应于补官日降二级调用。同兴已授山东巡抚，袁秉直已升江西布政使，孙玉庭已授云南巡抚，张映汉已升湖北巡抚，均应于现任内各降二级调用。同兴、袁秉直又失察陈文俊等伙用假印给照，均照例于现任内再降二级调用。其失察私雕假印行用之地方官亦应议处，应将前任江夏县知县王澍，前署江夏县知县曾衍东，前任江夏县知县孔继槦，均照例降一级调用。王澍已升荆门州知州，孔继槦已升江苏松江府知府，均应于现任内各降一级调用。曾衍东已另案降调，应于补官日降一级用。查王澍、孔继槦俱有加二级应各销去加一级抵降一级，均免其降调。祖之望、同兴、袁秉直、孙玉庭、张映汉任内均无加级纪录抵销，孙玉庭任内有革职留任又革任注册之案，无级可降应行革任，合并声明。①

数日后奉旨："分别革职、降级，均予留任。""孙玉庭著加恩改为革职留任仍注册。张映汉著加恩改为降二级留任。同兴、袁秉直均著加恩改为降四级留任。祖之望应降二级调用之处亦改为降二级留任。余依议。"②此种处分的结果也成为惯例故套，分别予以革职留任、从降一级留任到降四级留任的转轻处分，便利了官员们以不同方式提前开复，解决处分问题。

---

① 中国第一历史档案馆档案：录副奏折《瑚图礼奏为议处失察书吏陈文俊舞弊之湖北历任藩司事》，档号：03-1538-066。

② 中国第一历史档案馆编：《嘉庆朝上谕档》第16册，广西师范大学出版社2000年版，第412页。

（四）嘉庆二十年山东聊城县书吏舞弊庆炆被降二级调用

嘉庆二十年（1815），吏部尚书英和上奏，原山东布政使庆炆失察聊城等县挪改亏银数目请降级调用。山东聊城县舞弊案，不独书吏为祸。而是聊城县知县冉永淦嘱托司书刘百宜，将聊城等县亏缺银数挪改亏数。庆炆时任山东布政使，以失察此弊被交部议处。他虽已调任陕西布政使，依然照定例，"书役舞文弄法，本管官不行查出降二级调用"而降二级调用。皇帝降旨："应毋庸查级议抵。"① 但是，实际上也没有调用。

第二节　嘉庆十一年直隶王丽南案与官员处分

一、嘉庆十一年王丽南案件的梗概与治罪

（一）案发前直隶省历任总督藩司与直隶省行政建制

1.直隶省历任总督任职状况

清制，总督"掌综治军民，统辖文武，考核官吏，修饬封疆"②。嘉庆元年到十一年期间，据钱实甫《清代职官年表》统计，直隶共有 10 位总督。由以下各位总督的任职履历可见，其中在直隶任职满一年及以上的有 4 位总督，4 位中任职最长的也只有二年，不包括温承惠，温承惠是在事发后予以任命，但同在嘉庆十一年。

梁肯堂，浙江钱塘人。嘉庆元年上任，三年正月离任。史载"原任尚书梁肯堂由知县擢任封疆，在直隶多年"③。胡季堂，嘉庆三年正月上任，五年十月病免。颜检，嘉庆五年十月上任，同月免护；七年四月署十年六月降主事。姜晟，江苏元和人。嘉庆五年十月上任，六年六月革职。熊枚，江西铅山人。嘉庆六年六月署同月不署；七年四月由左都御史署同月不署；十年六月暂署同月不署，是 3 任直隶总督。陈大文，河南杞县人。"总督朱珪荐大

---

① 中国第一历史档案馆档案：录副奏折《英和奏为原山东布政使庆炆失察聊城等县挪改亏银数目请降级调用事》，档号：03-1566-057。
② 《清朝通志》卷六十九《职官略六》，浙江古籍出版社 2000 年版。
③ 王锺翰点校：《清史列传》第 7 册，中华书局 1987 年版，第 2082 页。

文操守廉洁，化其偏僻，可倚用。"①六年六月嘉庆特召其署理直隶总督七年四月病免。吴熊光，嘉庆十年六月上任十年九月离任。裘行简，嘉庆十年九月护理十一年九月去世。秦承恩，江苏江宁人，十一年九月署十一年十月不署。温承惠，山西太谷人，乾隆朝"朝考首擢，除七品小京官，分吏部。拔贡内用自是始。"②嘉庆十一年十月署十八年九月卸任。《清史稿》曰："温承惠治畿辅无异绩。"③

2. 直隶省历任布政使任职状况

按照清制，布政使"掌一省之政，司钱谷之出纳。"④嘉庆元年到十一年期间，任直隶布政使的共有 7 位。郑制锦，嘉庆元年上任二年十二月离任。吴熊光，嘉庆二年十二月上任四年三月离任。颜检，嘉庆四年三月上任六年四月离任。同兴，嘉庆六年四月上任七年离任。瞻柱，嘉庆七年正月上任九年十二月离任。裘行简，嘉庆九年十二月上任十年十月离任。庆格，嘉庆十年十月按察使迁十二年九月病免。

这 7 位布政使以颜检和裘行简履历为例，二人都曾兼任直隶总督和布政使两职。颜检"历官畿辅，颇为仁宗所信任。"广东连平人，巡抚颜希深之子。嘉庆二年（1797），擢江西按察使，历河南、直隶布政使。嘉庆五年，护直隶总督。六年，擢河南巡抚。七年，谕旨"诏检前护直督有治绩，命以兵部侍郎衔署理直隶总督"。寻，实授。嘉庆皇帝曾朱批其折："卿系朕腹心之臣，其勉之。"⑤《清史稿》论曰："颜检明于吏事，治尚安静，而屡以宽纵获遣焉。"⑥在直隶总督藩司之任他属于救场官员，可见嘉庆皇帝对他的信任。裘行简，江西新建人，"尚书曰修子"⑦。嘉庆六年（1801），出为河南布政使，后以兵部侍郎衔署直隶总督。十一年，因王丽南案裘行简"任内虚收之数少，诏以事由行简立法清查，始得发觉，宽之"⑧。

---

① 《清史稿》第 37 册，中华书局 1977 年版，第 11328 页。
② 《清史稿》第 37 册，中华书局 1977 年版，第 11347 页。
③ 《清史稿》第 37 册，中华书局 1977 年版，第 11352 页。
④ 《清朝通志》卷六十九《职官略六》，浙江古籍出版社 2000 年版。
⑤ 《清史稿》第 37 册，中华书局 1977 年版，第 11350 页。
⑥ 《清史稿》第 37 册，中华书局 1977 年版，第 11352 页。
⑦ 《清史稿》第 37 册，中华书局 1977 年版，第 11331 页。
⑧ 《清史稿》第 37 册，中华书局 1977 年版，第 11332 页。

由这些布政使任职履历可见,任职达一年以上的布政使有4位,不包括庆格,庆格也是王丽南案的检举者。4位中任职最长的只有瞻柱一人。从以上各位总督、藩司的任职直隶年限和整体任职情况,能反映出清代任官的一大特点:"官不久任"。同时也可见身为直隶藩司、总督者,皆为有能力有家世及嘉庆皇帝所重用之大臣。

3. 直隶府州县行政建制

直隶省"凡府十一,直隶州六。顺天府、保定府、永平府、河间府、天津府、正定府、顺德府、广平府、大名府、宣化府、承德府;遵化直隶州、易州直隶州、冀州直隶州、赵州直隶州、深州直隶州、定州直隶州"[①]。其行政区划和所控县的数量是比较多的,据嘉庆年间《大清一统志》反映,直隶全省有118个县。顺天府,统于顺天府尹亦兼属直隶总督,领州5领县19;保定府,为直隶省治,领州2领县15;永平府领州一领县6;河间府领州1领县10;天津府领州1领县6;正定府领州1领县13;顺德府领县9;广平府领州1领县9;大名府领州1领县10;宣化府领州3领县7;承德府领州1领县5;遵化直隶州领县2;易州直隶州领县2;冀州直隶州领县5;赵州直隶州领县5;深州直隶州领县3;定州直隶州领县2。[②]

总督和布政使任职反映的"官不久任"特点和直隶行政建置反映的"偌大的行政管理区划官员众多"特点,这种不均衡揭示出王丽南案的失察,起码在当时的省级层级,失察概率是非常高的。

(二)各省藩司衙门诸项弊漏导致王丽南舞弊案

各省藩司衙门自身漏弊很多,因本课题不以财政研究为主,只点到为止,兹概括如下。

1. 藩司的漠然

"藩司为钱粮总汇,国帑攸关,出纳收支是其专责。"[③]因此要求各省布政使对下属各州县征解到司的一切正杂款项,如田亩、赋税等每项款物的收

---

① (嘉庆朝)《大清一统志》卷五《直隶统部》,载《续修四库全书》第613册,上海古籍出版社1996年版,第94页。

② (嘉庆朝)《大清一统志》诸卷,载《续修四库全书》第613册,上海古籍出版社1996年版。

③ 中国第一历史档案馆编:《嘉庆帝起居注》第11册,广西师范大学出版社2006年版,第455页。

支都应"详慎综核。"①"督抚到任及每年钱粮奏销后例须盘查藩库一次，自当将各项款目及收支实数详细勾稽，方为有益。""各省藩库钱粮于每年奏销时总督巡抚亲身盘查，出具印结于奏销本内一并具题，遇有新旧交代亦往盘查。如有侵欺亏空等弊，该督抚即行题参。"②然而事实是各省"藩司于收支帑项，漠不经心"，更别提综核查验。嘉庆皇帝为此不断怒斥这些藩司是"丧尽天良"，"庸碌无能"③。基于这样的在任藩司，基于藩司的这样行事，基于督抚的盘查无效吏役舞弊的发生是有其内在环境的。

2. 财政制度缺失不健全

"所有通省各州县征收正杂银两，于解到藩库时如何收兑之处，自当有一定章程"。然而"总由于立法不严，杜弊不周"，章程有未尽善者。因此嘉庆皇帝不断降旨，命各省藩司重新酌定章程。"前经特降谕旨，通饬各省藩司……直隶省藩库于各州县批解银两，应如何明立章程，永革一切弊混之处，著裴行简督同藩司庆格详悉妥议，具奏办理。"④"直隶省藩库收纳章程昨已降旨，令裴行简督同藩司庆格妥议具奏办理。"⑤从令各省藩司酌议章程，再到不断敦促裴行简、庆格酌定。可见嘉庆皇帝的急迫，更可见问题的紧急与严重，否则舞弊案的再起，不仅会有国帑的损失，更会带来一连串的后续刑案和处分案，引起的震动是很大的。嘉庆二十四年（1819），山东道监察御史邱家炜奏请除藩库积弊以实库贮，其折略曰：

> 今约举其弊有六。曰重支，应支之款久经支给，又复重支也。曰浮支，所支之数浮多也。曰浮销，所销之数浮多也。曰冒销，不应销而销也。曰冒领，不应领而领也。曰抵拨，拨支款以抵解款，每至一款两抵三抵也。以上六条，或将近时办过之稿案隐藏，或将年久难凭之稿案做

① 中国第一历史档案馆编：《嘉庆帝起居注》第11册，广西师范大学出版社2006年版，第457页。

② （光绪朝）《钦定大清会典事例》卷一百一《吏部》，载《续修四库全书》第799册，上海古籍出版社1996年版，第612页。

③ 中国第一历史档案馆编：《嘉庆帝起居注》第11册，广西师范大学出版社2006年版，第457页。

④ 中国第一历史档案馆编：《嘉庆帝起居注》第11册，广西师范大学出版社2006年版，第455、456页。

⑤ 中国第一历史档案馆编：《嘉庆帝起居注》第11册，广西师范大学出版社2006年版，第456页。

样,或补领远年之款,或请支旧任之银。每遇藩司阅稿,长随恒巧,伺本官意旨以售其奸。总期一旦画诺,则丁胥劣幕银可朋分,殊堪痛恨。而推其作弊之由有二,一缘书吏多索使费,代州县搜罗款项。一缘书吏收藏州县预用空白,更可以任其所为。①

同年,邱家炜又奏请除藩库积弊。建议"于藩库实收实支簿册外,添设各州县支解册以凭磨对",嘉庆帝采纳:"于防弊较为周密。"颁布谕旨:"著各该督抚饬知藩司,嗣后每年皆令造具各州县应支应解清册二分,一存藩署,遇有收支各款随时填注。一发州县,于年终将已未支解数目分款登载,钤印送司磨对。如有不符立即究办,以杜侵欺而慎库贮。"②从制度上杜绝藩司经济上的诸种漏洞。

3.吏治下官风不正

"州县身为职官,任膺民社,乃甘与奸胥蠹吏勾通作弊,不独蔑视宪典,亦且罔顾身家。"③官风不正,官吏勾结吏治腐败是此案之一因。此外,有各级官员的阘冗因循,"外省积习颟顸,平日并不认真综核"④。至各省藩库官员相沿旧习并不"详加稽考"⑤。在财政方面的这种疏失与不重视,后果是严重的。正如嘉庆时人田庆丰所言:"揆其致弊之由,半缘奸胥滑法,半由该管之员因循玩忽,不守成规。"⑥这是极好的注解了。

(三)王丽南案件的梗概与刑事治罪

嘉庆十一年(1806)八月,直隶司书王丽南等私雕假印,官吏勾通侵帑之事被揭发。朝廷派费淳、长麟为钦差大臣专审此案。经审发现从嘉庆元年以来到事发,王丽南等私雕藩司及库官印信,与银匠串通舞弊,于直隶省各

---

① 中国第一历史档案馆档案:录副奏折《邱家炜奏为请除藩库积弊以实库贮事》,档号:03-1830-001。

② 中国第一历史档案馆编:《嘉庆帝起居注》第21册,广西师范大学出版社2006年版,第518页。

③ 中国第一历史档案馆编:《嘉庆帝起居注》第11册,广西师范大学出版社2006年版,第457页。

④ 中国第一历史档案馆编:《嘉庆帝起居注》第11册,广西师范大学出版社2006年版,第490页。

⑤ 中国第一历史档案馆编:《嘉庆帝起居注》第11册,广西师范大学出版社2006年版,第456页。

⑥ 中国第一历史档案馆档案:录副奏折《田庆丰奏为条陈申明立法除却不肖书吏之弊事》,档号:03-1626-034。

州县批解银粮任意侵盗，数至28万余两之多。

此案，曾有24个州县牵连进去，310669两的库银，其实仅完银12214两，未完银298455两，大部分以各种名目虚收虚抵。此案，王丽南等参与者与各州县谈妥，"每虚收重抵冒支银一万两，给与司书及说事人使费银二三千两不等"。这就是如此"庸众"，利用假印放胆参与侵盗的直接利益根源。此案，从嘉庆元年到十一年，长达10年没有被发现，可见当时上级官员之严重失察。而"官不久任"又是失察的一个主要诱因。此案，参与者有各州县的司书、解书、幕友、长随、银匠人等，还有官僚，"串通知情之州县张麟书等十一员"。官吏勾结为乱腐政。如嘉庆皇帝所言："阅之殊堪骇异，实为我朝未有之事。从前外省不肖官吏作奸犯科……从无有身任州县与吏胥等勾连一气。……若似此朋比为奸，将各直省应征钱粮奸胥劣员得以任意干没，纲纪何在？"[1]这会使中央对地方财政处于失控状态，也严重影响地方及国家财政的收支。

当费淳、长龄查出串通舞弊各州县请旨革职拿问的时候，嘉庆皇帝初步指示，"所有现已究出之知州陈锡珏，知县徐承勋、陈孚、萧泗水、范谷贻、魏廷鉴均著革职锁拿，同已经参革之知州王盛清，知县任铭献一并锁拿监禁"。"并查明该革员等子孙有捐纳官职者悉予褫革。"[2]

九月十六日，费淳等查出串通知情各州县及说合分赃的幕友长随，亦请旨分别治罪。嘉庆皇帝再次指示对于这部分人"定案时均应计赃论罪，再加等问拟"[3]。十八日，行在官员会议上奏定罪情况：

> 此案已革知州王盛清等以正项钱粮胆敢勾串侵欺，虚收虚解，舞弊蔑法，莫此为甚，实为从来未有之案。自未便照现行条例虚拟死罪勒限追赃，致滋轻纵，应遵旨加等办理，以肃纪纲，而惩奸蠹。已革知州王盛清、已革知县萧泗水、陈孚、任铭献，虚收虚抵均在二万两以上，应照侵盗钱粮一千两以上斩例拟斩，请旨即行正法。已革知县范谷贻虚解

① 中国第一历史档案馆编：《嘉庆帝起居注》第11册，广西师范大学出版社2006年版，第430—431页。

② 中国第一历史档案馆编：《嘉庆帝起居注》第11册，广西师范大学出版社2006年版，第431页。

③ 《清仁宗实录》第3册，中华书局1986年版，第169页。

虚抵在一万两以上，应照侵盗钱粮一千两以上斩例拟斩监候，入于本年秋审情实办理。已革知州陈锡珏，已革知县徐承勋、马河、戴书培，虚解虚抵均在一万两以下，应照侵盗钱粮一千两以上斩例拟斩监候秋后处决。范谷贻、马河、戴书培虽已照数完赃，仍应不准减等。司书王丽南、薛蓝玉侵盗钱粮私雕印信同时并发，除侵盗本例罪止斩候不议外，应照伪造印信冒支钱粮斩立决例拟斩立决。司书陈均亮、包遇亨、朱凤、沈秀廷虚收虚抵均在二万两以上，应照侵盗钱粮一千两以上斩例拟斩，请旨即行正法。银匠张永祺虚收在一万两以上，应照侵盗钱粮一千两以上斩例拟斩监候，入于本年秋审情实办理。解书郭汉章、康建明、韩锦堂虚解在一万两以下，应照侵盗钱粮一千两以上斩例拟斩监候秋后处决。银匠霍梅事后分赃，得赃在一百二十两以上，应杖一百流三千里。张麟书、邹试、丁履端，解书李时旺均干律议，业经病故，应毋庸议。[①]
当日奉旨："王盛清等均著即处斩。"[②]嘉庆皇帝在处置吏役方面没有丝毫手软与从宽，可见其对吏役为乱与官吏勾结之痛恨。"现在破案之贪官蠹吏立决者已有十名，朕心实觉不忍。然王章具在，即欲曲为宽贷，有所不能。"此案定谳，"以侵盗之多寡，定罪名之轻重，此实于无可宽贷之中稍示区别，不为已甚"。[③] 这是案件的大致梗概与官员的刑事治罪，那么其他官员的失察处分又将如何？

二、王丽南案中官员处分

处死主从犯以后，对众多官员的失察处分随即被提上日程。费淳、长麟早在审讯刑事案件的同时，已经将所查明的历任总督藩司各任内虚收银两数目及失察虚收银数清单呈报给皇帝。对于失察州县舞弊之各上司和失察解书舞弊之各州县，并"请敕部查取职名，照例办理"。嘉庆十二年（1807）三

① 中国第一历史档案馆档案：录副奏折《庆桂奏为议处直隶司书王丽南舞弊案内失察之道府州县等官事》，档号：03-2393-009。
② 中国第一历史档案馆档案：录副奏折《庆桂奏为议处直隶司书王丽南舞弊案内失察之道府州县等官事》，档号：03-2393-009。
③ 中国第一历史档案馆编：《嘉庆帝起居注》第 11 册，广西师范大学出版社 2006 年版，第457 页。

月初一日，署直隶总督温承惠汇报此名单。"今将失察州县舞弊之历任布政使，清河、大名、口北三道，及保定、正定、顺德、广平、大名、宣化等六府应议职名，并滥委解书之肃宁、蔚州、肥乡、永年、获鹿等五州县应议职名，理合分开职揭，详请咨送。"①如此多的官员牵涉在内，会形成对直隶省地方的一次大力整治。然而，吏议终究不是定议，代表不了皇权，对直隶地方的这次吏治整治还是会被嘉庆皇帝大打折扣。此后，庆桂为首的吏部开始了对所有涉案官员的议处。

1.直隶藩司庆格的议叙议处相抵

在王丽南案件中，唯一受到议叙的是藩司庆格。他于嘉庆十年十月由直隶按察使升任藩司，到任半年多，于嘉庆十一年八月间发现问题，并在调查确实后即刻奏报。朝廷才"特派费淳、长麟前往审办，将作弊官吏大加惩治，速行审结"②。庆格之功在于举发之力。当时庆格发现："司库历年出入银数缪辖不清，司书狡黠支吾，因吊齐册档案据详悉稽核。查出历年地粮耗羡，以及杂税银两均有虚收之款。随又亲提各州县奉到司发批收，逐加核对"③，发现了假印贴改等弊，从而拉开了王丽南案的序幕。庆格的先期入实调查为后期费淳、长麟的深入调查奠定了基础；庆格的认真稽查，又为后期官员的快速准确审结案件树立了榜样。嘉庆皇帝对之赞誉有加，"至此事该司书等串通侵盗舞弊有年，将库项种种纠缠以致漫无稽考。该藩司庆格于到任后悉心查核，详细勾稽，今将弊混查出，认真可嘉，庆格著加恩交部议叙。"④

此后吏部曾对历任藩司的失察予以议处，庆格也有半年多的失察重合期，按例被议处。嘉庆皇帝令以议叙抵议处免于处分。"庆格任内亦有虚收银一万二千余两，但此案系伊查明举发，功过尚足相抵。庆格前经交部议叙

<hr/>

① 中国第一历史档案馆档案：录副奏折《庆桂奏为议处直隶司书王丽南舞弊案内失察之道府州县等官事》，档号：03-2393-009。

② 中国第一历史档案馆编：《嘉庆帝起居注》第11册，广西师范大学出版社2006年版，第489页。

③ 中国第一历史档案馆编：《嘉庆帝起居注》第11册，广西师范大学出版社2006年版，第408页。

④ 中国第一历史档案馆编：《嘉庆帝起居注》第11册，广西师范大学出版社2006年版，第409页。

即著撤回议叙，免其交部议处"奖惩并重。庆格按程序具折谢恩："奴才满洲世仆，毫无智识，仰蒙皇上逾格殊恩，畀以藩司重任。凡有关库项钱粮均应随时稽察，不容稍有舛错。乃奴才于司书王丽南等串通州县舞弊十年之久，侵盗钱粮三十余万之多，即奴才任内亦有虚收银一万二千余两未能即时查出，昏愦无能，实难自解。荷蒙圣恩不加严遣，特予免议。"皇帝朱批："实心办事，严查各犯赀财，勿令漏免。"① 因此案的揭举，对庆格更具信任。

2. 嘉庆皇帝将历任藩督交部议处和严加议处

费淳和长龄连日上奏审办情况，嘉庆皇帝指出："毫无良心之历任庸碌无能督藩实堪痛恨，而朕不知人之咎惟自怨耳。"② 唯有按照"各任虚收失察数目之多寡，以分其获戾之轻重。"③

费淳按照此原则查奏：第一，呈报各藩司任内虚收之数。瞻柱计有 19 万余两，数目最多。颜检任内虚收 63000 余两。郑制锦任内虚收 22000 余两。同兴任内虚收 20000 余两。裘行简任内虚收 11000 余两。第二，呈报各总督失察虚收之数。颜检失察藩司虚收银 208000 余两，为数最多。胡季堂失察虚收银 62000 余两。梁肯堂失察虚收银 22000 余两。陈大文失察虚收银 7000 余两。熊枚失察虚收银 2600 余两。姜晟失察虚收银 1500 余两。裘行简失察虚收银 16000 余两。"均交部分别严加议处。"④

皇帝据此数据颁布初旨："此案司书起意舞弊，其咎以藩司为重，而历任藩司内瞻柱为重，使其身尚在，罪实浮于颜检，现在伊已病故，幸免严科。"⑤ 至颜检在总督藩司任内复有此重大之案，"著革去顶戴交铁保派员押送来京听候部议。"山西巡抚同兴"亦著开缺来京听候部议"。裘行简在藩司任内曾虚收银和署督任内亦失察藩司虚收银，"但为数较少"，"裘行简

① 中国第一历史档案馆档案：朱批奏折《庆格奏为奉旨功过相抵免交部议处谢恩事》，档号：04-01-12-0274-079。

② 中国第一历史档案馆编：《嘉庆帝起居注》第 11 册，广西师范大学出版社 2006 年版，第 438 页。

③ 中国第一历史档案馆编：《嘉庆帝起居注》第 11 册，广西师范大学出版社 2006 年版，第 439 页。

④ 中国第一历史档案馆编：《嘉庆帝起居注》第 11 册，广西师范大学出版社 2006 年版，第 439 页。

⑤ 中国第一历史档案馆档案：录副奏折《庆桂奏为议处直隶司书王丽南舞弊案内失察之道府州县等官事》，档号：03-2393-009。

免其严议，著交部议处"。① 庆格前已述撤回议叙免其交部议处。

这次大框架对督藩予以的处分起点较高，重者由嘉庆皇帝予以直接开缺革职，轻者由吏部予以议处。十年来藩司共7位，参了颜检、同兴、瞻柱（去世）、裘行简（去世）、郑制锦（去世）、庆格（功过相抵）。吴熊光虽为藩司暂时没有被参。总督共9位，参了颜检、姜晟、陈大文、熊枚、裘行简（去世）、胡季堂（去世）、梁肯堂（去世）。吴熊光为总督时没有，所以未参。

3. 吏部初议与嘉庆皇帝定议历任藩司总督处分

嘉庆皇帝降旨："此案直隶省官员、书吏，以及幕友、长随人等竟敢一气勾通，侵吞库帑，舞弊有十年之久，侵帑至三十余万之多，实从来未有之案。而历任之总督、藩司等俱懵然不知，如同木偶，非寻常失察可比，必须严办示儆。"② 吏部遵此严旨议处历任总督和藩司。

吏部奏后嘉庆皇帝即刻批复：藩司并总督颜检，吏部议以革职又降三级注册，改为革职发往乌鲁木齐效力赎罪。藩司同兴，照部议革职。藩司并总督裘行简，部议降三级调用因无级可降议以革任，改为革职留任。总督姜晟、陈大文、熊枚，于总督及署督任内部议降四级调用均因无级可降应革职。"但伊三人并未任该省藩司，仅止失察藩库虚收，情节稍轻。姜晟、陈大文著加恩俟病痊起用时，以四品京堂补用。熊枚著加恩以四品京堂补用。伊三人俱先赏给四品顶戴，仍于补官日均带革职留任。"③ 从中可见，颜检、同兴的处分是加重了，不仅革职，还予以发遣。裘行简虽两处有错但鉴于后期的积极补过改轻为革留。姜晟、陈大文、熊枚是皇权例行从宽。有人持论："这是嘉庆对地方督藩大吏惩治人数最多的一次。"④

吴熊光的处分也未能遗漏。但是吴熊光的处分并非因其自身虚收和失察，而是另有他因。"其前在藩司任内并无虚收银两，上年在总督任内亦无

---

① 中国第一历史档案馆编：《嘉庆帝起居注》第11册，广西师范大学出版社2006年版，第439页。

② 中国第一历史档案馆编：《嘉庆帝起居注》第11册，广西师范大学出版社2006年版，第453页。

③ 中国第一历史档案馆编：《嘉庆帝起居注》第11册，广西师范大学出版社2006年版，第454页。

④ 关文发：《嘉庆吏治评议》，《华南师范大学学报》1993年第4期。

失察虚收。"费淳、长麟觉得不可思议，虽根讯书吏，书吏"均称畏其稽查不敢舞弊"。但是，嘉庆皇帝认为吴熊光"前任藩司系接郑制锦之手，于郑制锦虚收银两未经查出，及补放总督又于历任藩司虚收之款均未查出，其失察之咎亦有难辞。吴熊光著交部议处"①。吴熊光的此次补加处分应该是此案处分中的不当处分。嘉庆皇帝治其罪之因并不仅仅是以"失察"之罪，更主要的是因吴熊光的官威对下属官员和吏役形成的震慑，这是对嘉庆皇帝触动大且令嘉庆不悦的主要原因。在嘉庆皇帝的心目当中，官员可以有能，可以有德，但不能有威，更不能有权威。正因顾及此，费淳等初次上奏时才没有提及吴熊光，而精明的嘉庆皇帝发现了问题，不仅没有褒扬吴熊光，且补参了吴熊光。这就是处分的皇权专制特点。吴熊光的"实心任事"②换来的不是奖赏而是处分。

4. 处分失察此案之道府州县

（1）吏部议处道府州县。

所据定例。由于涉嫌人多，嘉庆十二年（1807），庆桂才上奏议处案内失察州县舞弊之各上司和失察解书舞弊之各州县官。吏部所据处分例条有4条。条例一，州县侵欺钱粮革职拟罪，府州失于觉察者，照失察侵盗本例议处。律内失察侵盗者减本犯罪三等罪止杖一百，官员杖一百者降四级调用。如本犯侵项不能于一年限内全完，府州仍照例革职不准开复。若本犯侵项能于一年内全完，令该督抚将失察之府州确查平日居官，出具考语送部引见请旨。条例二，该管道员失于觉察，系不同城者降一级留任，直隶州侵欺失察之道员照知府例议处。条例三，书吏侵欺钱粮飞洒税粮，该管官不行查出者降二级调用。条例四，衙役犯赃十两以上者，该管官降一级留任。③

处分失察州县舞弊之各上司。

应将前任保定府知府另案革职今奉旨留于江南以知州用傅修，前任保定府今授宣化府知府朱应荣，前任保定府知府吴兆熊，前任保定府今

---

① 中国第一历史档案馆编：《嘉庆帝起居注》第 11 册，广西师范大学出版社 2006 年版，第 454 页。

② 中国第一历史档案馆编：《嘉庆帝起居注》第 11 册，广西师范大学出版社 2006 年版，第 457 页。

③ 中国第一历史档案馆档案：录副奏折《庆桂奏为议处直隶司书王丽南舞弊案内失察之道府州县等官事》，档号：03-2393-009。

授直隶按察使杨志信，前任正定府知府今授福建布政使景敏，前署正定府事西路同知蒋耀祖，前任正定府今调福建漳州府知府裘增寿，顺德府知府达本，前任广平府知府病痊引见奉旨著以六部员外郎用萧和韵，前任广平府知府另案降调捐复通判留直补用石飞熊，前任大名府令补正定府知府又经患病调理张体公，前署大名府事今授河南南阳府知府孔传金，均照州县侵欺钱粮，知府失于觉察降四级调用例各降四级调用。朱应荣又于广平府任内失察州县虚解虚抵应照例再降四级调用。朱应荣、傅修任内具有革职留任之案无级可降均应革任。吴兆熊已另案革职应降四级调用注册……不同城之该管道员，前任大名道今授长芦盐运使徐逢豫，前任口北道今授浙江盐运使索诺木扎木楚，前任清河道傅修，前任清河道今授江南江安粮道蔡齐明，均照例降一级留任。索诺木扎木楚有加四级，蔡齐明有加三级，应各销去加一级俱抵降一级均免其降级。徐逢豫任内并无加级纪录抵销。傅修已于保定府任内革职，其清河道任内降一级留任之处应行注册。[①]

由此吏议可见，知府级被参者有11员，吏议是降四级调用，处分很重。经过处分议抵之后，知府或者议降四级调用，或者无级可降议革任，有的已经另案革职。道员被参者有4员，吏议处分降一级留任，处分较轻。经过处分议抵之后，有的不用再处分，有的已经另案革职只将此次处分注册，无加级的官员仍然降一级留任。知府的处分要远远重于道员。

处分失察解书舞弊之各州县官员。

应将失察解书舞弊之前署肃宁县事试用知县又经丁忧徐寅第，肃宁县知县周拱，前任蔚州知州叶庭和，蔚州知州胡逊，前署肥乡县事试用知县孟长密，获鹿县知县丁攀龙，均照书吏侵欺钱粮不行查出降二级调用例各降二级调用。失察银匠事后分赃之前任永年县知县捐升知府分发河南候补郎锦骐，照失察衙役犯赃十两以上降一级留任例降一级留任。查胡逊有加三级，丁攀龙有加四级，应各销去加二级抵降二级均免其降调。周拱有加一级应销去加一级抵降一级仍降一级调用。孟长密有加一

① 中国第一历史档案馆档案：录副奏折《庆桂奏为议处直隶司书王丽南舞弊案内失察之道府州县等官事》，档号：03-2393-009。

级应销去加一级抵降一级仍于补官日降一级用。徐寅第任内并无加级纪录抵销应于补官日降二级用。叶庭和已另案革职应降二级调用注册。郎锦骐任内并无加级纪录抵销应于补官日降一级留任。①

由以上吏议可见，牵涉的知州和知县共有 7 员，吏议处分有降二级调用和降一级留任两种。有的官员加级议抵后，降二级调用处分免除，有的转变为降一级调用，有的另案革职只需注册，有的仍降二级调用。知州、知县的处分介于知府和道员处分之间，是降二级调用。

（2）嘉庆皇帝对失察之道府州县等官从宽处分。

嘉庆十二年（1807），嘉庆皇帝在吏议基础上降旨定议。"此案直隶省州县及司书解书等串通舞弊虚收虚抵，情节较重。所有失察之上司及州县等本应俱照部议实降实革。但念人数较多，罚不及众，量予宽减。所有部议降四级调用之前任各上司傅修、朱应荣、杨志信、景敏、蒋耀祖、裴增寿、达本、萧和韶、石飞熊、张体公、孔传金，俱著从宽改为革职留任。吴兆熊已经另案革职，其降四级之处仍著注册。朱应荣、傅修无级可降应行革任之处，俱再从宽改为革职留任仍分别注册。其失察解书舞弊部议降二级调用，除抵销一级之知县周拱、孟长峦，均从宽改为降二级留任。其无级可抵之徐寅第改为降三级留任。余依议。"②可见，嘉庆皇帝统一将知府中降四级调用的改为革职留任，知府中革任的也改为革职留任。将知州、知县降二级调用的改为降三级留任，降一级调用的改为降二级留任。将府州县官员降调处分改为了不同级等的留任，虚降虚革挽救了一批官员的仕途。

"衙门吏役有不法行为受到惩处，该管本官及上级主管官员将会受到不同程度的处分。……总的规律是，从主管责任官员开始往上，所受的处分会越来越轻。原则上规定，司道官员对所属府州县书吏负责，司道书吏归督抚负责，而督抚、总河、总漕、学政、盐院均自行负责。"③然而，此次朝廷对王丽南案件失察的处分则恰恰相反，越往上越重，且皇帝宽下不宽上，再次

---

①　中国第一历史档案馆档案：录副奏折《庆桂奏为议处直隶司书王丽南舞弊案内失察之道府州县等官事》，档号：03-2393-009。

②　中国第一历史档案馆编：《嘉庆帝起居注》第 12 册，广西师范大学出版社 2006 年版，第118 页。

③　周保明：《清代地方吏役制度研究》，上海书店出版社 2009 年版，第 339 页。

说明嘉庆对此次案件和总督藩司失察的极度震怒。

三、王丽南案之思考

第一，不可否认，吏役在当时的行政中发挥了诸多作用。这些作用不外乎为两种，一种是积极的、有利的；一种是消极的、有害的。积极的作用是促进了当时行政的正常运转、政治的如常发展。消极的作用则是加速当时吏治的浑浊、政治的畸形行进。嘉庆皇帝对王丽南案的整治也是对吏役消极作用的防范。嘉庆皇帝从案发前的整治吏役，到王丽南案结后的禁止滥行充役，谕旨颁布十数条，然而以一人去应对上百上千甚至上万的吏役，实在是一个无法对等的问题，所以失败也是情理中之事。

第二，嘉庆皇帝在整治吏役的同时，对各级官员、京内外官员的稽查要求亦不下十数条，处分规定也愈来愈严格，但是终归效果不彰。尤其此案的追查处分，对于督藩而言，虽然此次加重了，有革职的，有发遣的，然去世的督藩也占有相当一部分，"除前任总督胡季堂，布政使郑制锦、瞻柱、裘行简，前任清河道乔人杰、前任大名道王汝璧，前任定州知州张麟书均经病故，毋庸议处。"[1]梁肯堂也于嘉庆六年八月已经去世，秦承恩是短暂在直隶督抚任已患重病不久病逝，导致真正受到严厉参处的又没有几位，其追处有何意义？对于州县而言，嘉庆皇帝予以的由革任到留任，或按例规的议抵减免处分，也使得处分效用不彰。因此，嘉庆十一年对王丽南案的整体处理是失败的，毫无警醒，因此导致了随后更多更大的吏役为乱。

第三节 嘉庆十四年王书常案中官员处分

嘉庆十四年（1809）的假印大案号称乾嘉道时期书吏舞弊案的典型，对王书常假印案的研究学界不乏其人，分别从假印案发生的原因、过程、假

---

[1] 中国第一历史档案馆档案：录副奏折《庆桂奏为议处直隶司书王丽南舞弊案内失察之道府州县等官事》，档号：03-2393-009。

印案整治的失败等视角探讨了这起匪夷所思的案件。薛刚在其文《从"假印大案"看清嘉庆朝吏治》中认为："本案发生，非制度不密，而责重在部院堂司官员。……（而）皇帝的色厉内荏成为大案发生、官场腐败怠玩的总根源。"[1] 倪玉平认为："王书常案件的发生，和嘉庆朝的行政失控有着直接联系。"[2]

对于案中官员处分的研究亦有不同看法。薛刚持论如此官场大案"责在皇帝对该案失察堂司官员的处分流于形式。"[3] 关文发认为："这种所谓'议处'。其实不过是某种象征性的'处分'，官照样的当，俸照样的拿，再多十次、八次这种'议处'，这等劣员亦毫不在乎！"[4] 可见，学界一致认为处分的最终结果并不理想。但是关文发同时也肯定，"此案对失职官员的惩处面还是较大的。……这可说是嘉庆对高层官员的失职作出的一次较认真的惩戒。"[5]

本节依据档案深入梳理再现了当时户部大员、工部大员、内务府大臣、管理三库大臣的处分过程。这些处分不仅有按例规的失察处分，亦有嘉庆皇帝暴怒下的例外处分；既有吏部规制性的吏议，又有皇权最后的定议，两者叠加之下出现了只此一案处分官员之多及官员处分频繁的事实，此案亦体现出皇权对臣僚黜陟大权的专制与把控。

一、王书常案梗概、刑部议罪和嘉庆皇帝定罪

（一）王书常案件的梗概

这起案件发生在嘉庆十四年（1809）十二月。由时任步军统领的禄康将随意捏造工程名目，大胆伪造工部文稿，私刻印信冒领银两的工部堂书王书常和其他一众经承贴写拿获。经审讯得知王书常、蔡泳受等伙同各部书吏，从嘉庆十一年起冒领户部银库、颜料库、缎匹库及内务府广储司银两和

① 薛刚：《从"假印大案"看清嘉庆朝吏治》，《东北师大学报》2020 年第 6 期。
② 倪玉平：《行政失控与政府治理——清嘉庆朝王书常冒领库项案研究》，载《清史论丛》第 2辑，社会科学文献出版社 2020 年版，第 34 页。
③ 薛刚：《从"假印大案"看清嘉庆朝吏治》，《东北师大学报》2020 年第 6 期。
④ 关文发：《嘉庆帝》，吉林文史出版社 1993 年版，第 274 页。
⑤ 关文发：《嘉庆吏治评议》，《华南师范大学学报》1993 年第 4 期。

物料，前后达 14 次，涉案银两据查"蔡泳受等屡次冒领银数共计五万余两，其冒领颜料、缎匹按照例价计值银一万九千余两"[1]。嘉庆皇帝大为震怒，将蔡泳受、王书常等人正法，并严惩了各级失察官员。

（二）王书常案刑部议罪

嘉庆十四年（1809），军机大臣和刑部等奉旨严讯，通过连日昼夜熬审加以刑吓，案情水落石出结案上奏。此案治罪根据数款律例：律一，伪造诸衙门印信冒支钱粮者斩立决，为从绞监候。律二，诈传诏旨为首斩监候，为从杖一百流三千里。律三，伪造诸衙门印信者斩监候，为从减一等杖一百流三千里。律四，伪造假印将起意与雕刻之人并以为首论。律五，诈伪六部文书盗用印信者绞监候，诈伪其余衙门印信文书者杖一百徒三年。律六，诈伪六部各司文书者，俱与其余衙门同科。律七，知人盗后分赃者，计所分赃准窃盗为从论。律八，恐吓取财计赃准窃盗论加一等。律九，凡称准者，罪止杖一百流三千里。[2]可见，数罪并论，盗库者焉能活命。刑部的治罪轻者发配充军，重者绞斩，具体如下：

> 此案蔡泳受伙同王书常、吴玉等伪造印文冒领库贮银物至十余次之多，蔡泳受、王书常、吴玉均系十四次分赃，始终通同舞弊。蔡泳受首先倡意得赃至八九千两，为数最多，应依伪造诸衙门印信冒支钱粮斩决例拟斩立决。王书常每次假捏钦派办工事由，按诈传诏旨本律罪应斩候，其起意私雕假印伪造文领亦应斩候，应从一科断。吴玉系听从雕刻之人，依例并以为首论。王书常、吴玉均应依伪造印信斩监候律拟斩监候。蒋得明伙同冒领十次，谢兴邦伙同冒领七次，商曾祺伙同冒领五次，蒋得明、谢兴邦、商曾祺均应依伪造印信冒支钱粮为从绞监候例拟绞监候。王书常起意私雕、吴玉私雕假印均系每次分赃，蒋得明假充办工之人赴库冒领，王书常、吴玉、蒋得明均应请旨即行分别正法，以昭炯戒。谢兴邦、商曾祺俱监候秋后处决。陶士煜盗用司印罪止满徒，该犯事后分赃二次。王嘉鼎、秦浩、钱树堂俱各讹银二次，事后分赃一

---

① 中国第一历史档案馆编：《嘉庆朝上谕档》第 14 册，广西师范大学出版社 2000 年版，第 777—778 页。

② 中国第一历史档案馆编：《嘉庆朝上谕档》第 14 册，广西师范大学出版社 2000 年版，第 778 页。

次。祝广平誊写文领事后得银一次，均不知王书常等私雕假印情事，与商曾祺等屡次同谋者情罪有间。惟该犯等均系书吏，若仅照知人盗后分赃计赃科断，罪止满流未免轻纵。陶士煜、王嘉鼎、秦浩、钱树堂、祝广平均应于商曾祺等绞罪上量减，发黑龙江给披甲人为奴。叶锡瑕于事后吓诈得银，系风宪衙门书吏，亦未便仅照恐吓取财罪止满流上加等拟军，应一并发往黑龙江给披甲人为奴。宋良辰、万彭讹借银钱，均应照知人盗后分赃计赃罪止满流上系书吏加一等，发附近充军。①

（三）王书常案嘉庆皇帝的定罪

嘉庆十四年（1809），在刑部拟罪基础上，嘉庆皇帝颁布圣旨裁决定罪：

> 该犯等作奸藐法情罪重大，实属法无可宽。朕钦恤民命，尚恐此案或办理过严罗法者众。……蔡泳受、王书常、吴玉均著即处斩，蒋得明著即处绞，派侍郎托津、景禄前往监视行刑。蔡泳受、王书常、吴玉三犯俱著先于法场刑夹一次，再行正法。并传集六部、三库、内务府等衙门书吏各数人前往环视，俾共知儆惧。谢兴邦、商曾祺俱著绞监候秋后处决。陶士煜、王嘉鼎、秦浩、钱树堂、祝广平、叶锡瑕均著发往黑龙江给披甲人为奴。宋良辰、万彭俱著发附近充军。②

比对刑部治罪和嘉庆皇帝定罪，对于所有罪犯的定罪嘉庆帝全部依从刑部议罪，不仅没有从宽，而且还另让六部、三库、内务府的书吏进行强制性环视，给予他们心理上与精神上的震慑。可见，对于吏役罪犯的处置和对于官员的处分，嘉庆皇帝的处置是不同的，罪无可赦甚至加重，而官员处分可从宽减轻。

二、王书常案中官员处分

嘉庆十四年，皇帝降旨："王书常等胆敢捏造印信，冒领帑银库件竟

---

① 中国第一历史档案馆编：《嘉庆朝上谕档》第14册，广西师范大学出版社2000年版，第778—779页。

② 中国第一历史档案馆编：《嘉庆朝上谕档》第14册，广西师范大学出版社2000年版，第775页。

至十四次之多，酿成巨案，现已按律严办。其失察之堂司各官亦分别降革治罪。"①虽然皇帝指出："牵连、遣戍、降革大小多员。"②讲得比较轻松，实际上此案牵扯到下自各部院笔帖式、书役，上至大学士、内务府总管大臣，还有其他户部、工部、内务府堂司官员及其下属、江南监察御史等，自嘉庆十四年十二月十三日以来，形成了一拨又一拨的奇多处分。

（一）王书常案内务府大臣失察官员的处分

1. 内务府大臣的失察处分

嘉庆皇帝首次降旨将内务府大臣革职交部严议和议处。嘉庆十四年（1809）十二月十三日，庆桂上奏"请议处失察冒领库银案内务府堂司各官事"。嘉庆皇帝初知案情大发雷霆，首先对苏楞额、阿明阿、英和、常福、和世泰、征瑞等内务府大臣发难。上谕曰：

> 近来部院衙门堂司各官，于一切奏牍文移不但不细心详核，竟全不看视，殊属疲玩之至……今内务府于伪造工部假印文领屡次照文给发，毫无觉察，此在总管内务府大臣各员怠玩不职，究属咎无可辞。而苏楞额、阿明阿二人现系工部堂官，各司文稿俱应阅视，使于内务府给发银款时，思及工部衙门并未具奏此件，一加查核，何难立破其奸乃被欺多次。若谓阅稿时前后俱未看出，则是昏愦糊涂。如竟未寓目，更全不以公事为重，直同瞽目，深负朕恩，岂堪复胜部院之任。苏楞额、阿明阿俱著即行革职，仍交军机大臣会同刑部议罪。英和、常福、和世泰俱著先行拔去花翎仍交部严加议处。征瑞本年三月甫经补放，又奉差在外两月，情稍可原著交部议处。③

这份上谕开启了嘉庆皇帝对各部府机构官员的大处分。除嘉庆以皇帝身份直接处分外，大臣们还被不同程度地再交吏部按照行政程序行政议处。

处分依据为内务府大臣失察罪犯冒领广储司银次数。为更准确地议处内务府大臣，军机大臣将曾任工部尚书侍郎的内务府大臣在部年月与案犯王书

---

① 中国第一历史档案馆编：《嘉庆帝起居注》第 14 册，广西师范大学出版社 2006 年版，第 721 页。

② 中国第一历史档案馆编：《嘉庆朝上谕档》第 14 册，广西师范大学出版社 2000 年版，第 775 页。

③ 中国第一历史档案馆档案：录副奏折《庆桂奏为严议费淳等失察王书常伪造印文冒领库银案事》，档号：03-1528-065。

常等冒领广储司银两日期复行逐细比对，提供了诸位大臣失察假印的次数：

> 苏楞额于十四年四月二十日到侍郎任起至本月十三日革尚书任止，内失察四月二十五日冒领吉林等处麻线银一次，八月二十七日冒领修理官房银一次，并现投修理正红旗营房假咨未领银一次。英和于十一年二月初四日到任起至十三年六月二十六日调任户部止，内失察十三年五年二十六日冒领绒绳银一次。阿明阿于十三年六月二十八日到任起本月十三日革任止，内失察十三年七月初二日冒领修理驼屉银一次，八月二十三日冒领采买黑铅银一次，十一月二十日冒领修理神龛银一次，十二月初六日冒领修理庙工银一次，十二月二十三日冒领补制鸟枪银一次，十四年四月二十五日冒领麻线银一次，八月二十七日冒领修理官房银一次，并现投假咨未领银一次。常福于十三年五月十五日到任起至六月二十八日离任止，亦有失察是年五月二十六日冒领绒绳银一次。共计苏楞额任内有失察已冒领二次未领一次，英和任内失察已领一次，阿明阿任内失察已领七次未领一次，常福任内失察已领一次。①

我们可以看到比对核议是非常细致的，稍有一点错就会导致后期的处分有误。

嘉庆皇帝对内务府大臣的首次从宽。内务府大臣失察次数清单的进呈，让嘉庆皇帝看到了实际的失察状况与先前的主观评判有一定出入，因此嘉庆皇帝及时颁布新旨："前因苏楞额、阿明阿二人系总管内务府大臣又兼工部，其咎甚重，是以均予褫革仍著议罪。兹复令军机大臣等查明苏楞额、阿明阿管工部年月，核其失察次数开单进呈。苏楞额失察二次，阿明阿失察七次。苏楞额在工部、内务府年份俱久，其平素办事尚属细心，非阿明阿之粗率可比，乃于此等文稿并未寓目疏忽已极，本应仍予治罪，但其失察仅止二次，与阿明阿之失察七次者有间。苏楞额业已革职，著加恩免其治罪。阿明阿仍著军机大臣会同刑部议罪。至英和、常福于兼工部侍郎任内各有失察一次，前经降旨将伊二人同和世泰一并严议，此时亦应量予区别，英和、常福、和世泰著分别严加议处。朕于臣下功过权衡一秉至公，其轻重等差，悉视其人

---

① 中国第一历史档案馆档案：附片《奏报内务府大臣失察冒领广储司银日期次数事》，档号：04-01-01-0514-032。

之自取，从不稍存成见。"①可见，嘉庆皇帝以所谓的"一秉至公"来掩饰自己的前期判断失误，皇权的专制随意可见。

吏部遵奉嘉庆新旨议处内务府大臣。"苏楞额、阿明阿均久任工部堂官兼内务府大臣，乃漫不经心实属疏玩，苏楞额兼任内失察二次，业经奉旨革职免其治罪，应毋庸议。阿明阿兼任内失察七次，先经革职应请发往军台效力赎罪。英和、常福亦曾兼任各失察一次，应俱请革职。和世泰未曾兼任工部，止于内务府任内失察七次，应请量减为降二级调用。征瑞于内务府任内失察二次，应请降一级调用。"②这是吏部按照失察次数的奉旨议处，有降一级调用、降二级调用、革职以及刑律的"效力赎罪"，处分皆是实降实革。

2.吏议内务府广储司银库司员和笔帖式官员处分

广储司银库司员、笔帖式等亦按照失察次数处分："广储司银库失察冒领八次，银数至三万余两。该管库司员等职司出纳不能细心检核，屡被欺蒙非寻常失察一二次者可比，自当加等问拟。郎中德音、员外郎士诚失察八次，员外郎广善失察七次，郎中瑞宁失察五次，库使恩吉、常文、罗汉保失察八次，灵铸失察五次，均应请旨革职发往乌鲁木齐效力赎罪。郎中文光失察二次，祝麟、穆翰失察一次，应请即行革职。其值日之笔帖式保禄、恒启、景椿，裕善、士凤，收文之笔帖式达善、郭升阿、石麟、托泳武、五临泰、重荫，于假印咨文投到时未能即时查出，亦应一并革职。"③可见，涉及的司员及笔帖式非常多，处分比较重，基本都是革职并发往乌鲁木齐。

3.嘉庆皇帝对内务府大员和司员笔帖式处分的有限从宽

嘉庆十四年（1809），嘉庆皇帝降旨：

本日庆桂等将该堂司各员按其失察次数分别定拟具奏，除苏楞额先经降旨革职不再治罪外。阿明阿兼工部侍郎在任又久，失察多至七次，其原拟发往军台效力赎罪之处著改发热河，随同穆腾额等办理普陀宗乘庙工效力赎罪。其英和、常福、和世泰、征瑞四人分别议以实革实降之

①　中国第一历史档案馆编：《嘉庆帝起居注》第14册，广西师范大学出版社2006年版，第700页。

②　中国第一历史档案馆档案：录副奏折《庆桂奏请议处失察冒领库银案内务府堂司各官事》，档号：03-1528-042。

③　中国第一历史档案馆档案：录副奏折《庆桂奏请议处失察冒领库银案内务府堂司各官事》，档号：03-1528-042。

处，亦皆咎所应得。惟内务府大臣同时出缺简任乏人，且伊等离任之后转得置身闲散自图安逸，著从宽姑予留任。但苏楞额因兼任工部失察二次业予褫革。英和、常福二人原议革职，著降为三品顶戴仍带革职留任八年无过方准开复。和世泰原拟降二级调用，著从宽改为降三级留任，征瑞原拟降一级调用，著从宽改为降二级留任。所有内务府大臣衔名次序，英和、常福既降顶戴，即著按照品级开列在后。此系朕格外施恩，用人不得已之苦心。若伊等以为罚不及众可以幸免，仍于公事漠不经心再蹈咎戾，则不能屡邀宽典矣。至该管库司员、库使等官职守尤专，更非堂官综理各务者可比，自当按律加等问拟。郎中德音、员外郎士诚失察八次，员外郎广善失察七次，郎中瑞宁失察五次，库使恩吉、常文、罗汉保失察八次，灵铸失察五次，均著革职发往乌鲁木齐效力赎罪。郎中文光失察二次，祝麟、穆翰失察一次，均著革职。其于假印咨文投到未能立时查出之值日笔帖式保禄、恒荣、景椿、裕善、士凤，收文笔帖式达善、郭升阿、石麟、托泳武、五临泰、重荫亦均著一并革职，以示惩儆。朕于大小诸臣应加惩办之事，无不详细斟酌务臻公允，从无畸重畸轻之见。[①]

这份谕旨体现出对不同等级官员的最终处分完全不同。针对内务府大臣处分，嘉庆皇帝在吏议基础上按照惯例予以从宽，予以不同留任等轻处。而对内务府司员及以下库使、笔帖式等的处分，则完全遵用吏议予以革职没有从宽。因此嘉庆帝的从宽是有限从宽。虽然在处分制度的规定中，有由降调革职到降留革留的转轻规定，但是处分制度中却没有规定从轻的官员群体的阶层范围。所以造成在具体操作的时候有了很大的空间，皇权从宽的对象是有限的大员，而身在任一官僚链条下的最下层的官员是根本没有从宽的机会的，他们的命运就是"革职"两字。

（二）王书常案管理三库大臣的失察处分

1. 军机大臣呈报管理三库大臣失察次数

按照嘉庆皇帝的治罪处分逻辑，失察处分之罪，必须要以精确的失察状

---

① 中国第一历史档案馆编：《嘉庆朝上谕档》第 14 册，广西师范大学出版社 2000 年版，第 755—756 页。

况的评判为依据。当时所能提供的精确数据则是大臣在任期间的失察次数。军机大臣为此上报，"董诰失察十一年十二月冒领物料一次，十二年四月冒领银两一次；恭阿拉失察十一年十二月冒领物料一次，十二年四月冒领银两一次，八月冒领银两一次；庆桂、王懿修俱失察十二年十二月冒领银两一次；费淳兼管工部失察十三年十二月冒领物料一次；瑚图礼失察十三年十二月冒领物料一次；禄康、曹振镛俱失察十四年九月冒领物料一次"①，基本上是一次到三次。

2. 嘉庆皇帝首次降旨将管理三库大臣交部议处

嘉庆十四年（1809）十二月十七日，嘉庆皇帝根据上述失察次数，颁谕将各位管库大臣交部议处："向来户部银库支发银两，俱以户部印札为凭。其颜料、缎疋两库支发物料，惟以工部印领为凭。今费淳于管理三库任内失察冒领物料一次，又系兼管工部，未能详加核对漫无觉察，著交部严加议处。董诰失察冒领银两物料各一次，恭阿拉失察冒领物料一次银两二次，瑚图礼、曹振镛失察冒领物料一次，均著交部议处。庆桂、王懿修失察冒领银两一次，系凭户部印札支发，著交部察议。禄康昨已降补示惩，此次失察之处毋庸交议。"②

这是嘉庆皇帝的定调，分为免议、察议、议处、严加议处。吏部需要根据嘉庆皇帝定的这个大框架议处，其结果为：

> 管理三库大臣失察冒领银两物料，向来银库支发银两以户部印札为凭，颜料缎匹二库惟以工部印领为凭。大学士费淳管理三库今失察冒领物料一次照例应议降留，惟该员又兼管工部未能详加核对，漫无觉察奉旨严加议处，应将大学士费淳即照溺职例革职。已于工部堂官任内议以革任应革职注册，大学士董诰失察冒领银两物料各一次，尚书瑚图礼、曹振镛失察冒领物料一次，恭阿拉失察冒领物料一次银两二次，奉旨交部议处。应将大学士管理刑部事务董诰，吏部尚书正黄旗汉军都统瑚图礼，户部尚书曹振镛，礼部尚书正蓝旗满洲都统恭阿拉，均照例议以各

---

① 中国第一历史档案馆编：《嘉庆朝上谕档》第14册，广西师范大学出版社2000年版，第765页。

② 中国第一历史档案馆档案：录副奏折《邹炳泰奏为严议禄康等失察书吏王书常伪造印文冒领库银案事》，档号：03-1528-064。

降一级留任，曹振镛共降二级留任。大学士庆桂、尚书王懿修均失察冒领银两一次，系凭户部印札支发，奉旨交部察议。应将大学士管理吏部事务正黄旗满洲都统庆桂、礼部尚书王懿修，均照例减为罚俸一年。此案系钦奉特旨交议之件，均毋庸查级议抵。①

吏议处分参差不等，有革职、留任、罚俸。从吏部议处诠释中可见兼职大臣是两次甚至三次处分。"一职数官，一官数职"②是嘉庆朝的常制，在这种情况下兼任官员避免不了处分会很多。清代官员处分奇多的因素来自于多方面，其中之一就有清代官员因兼职众多而带来处分。因此要解决处分奇多的失误问题，也将是一个牵扯诸多制度不合理的问题，问题套问题式的解决只能是失败，而嘉庆皇帝所能做的就是尽可能地调整。

（三）王书常案工部堂官的失察处分

1. 工部堂官失察冒领内务府广储司的处分

嘉庆皇帝降旨："工部堂官失察书吏铺户舞弊，印由私雕与盗用堂印者稍有不同。所有工部堂官任事较久者著交部议处，其本年到任者著交部察议。"③这拨处分的特点起始就较为平和，没有严加议处，这也是嘉庆皇帝鉴于上次对内务府大臣的判断有误而吸取的深刻教训。随后为吏议，据定例：

> 书吏舞文弄法侵欺钱粮，本管官不行查出降二级调用。又臣部议处事件本管官应降二级调用者，该管上司即议以降一级调用。又官员议处有奉旨交部严加议处者，查照本例酌量加等。其奉旨改为察议者，酌量减等各等语。应将失察广储司库冒领银两任事较久之工部堂官大学士费淳，前任工部尚书今调户部尚书曹振镛，前任工部侍郎今调兵部侍郎正蓝旗满洲副都统成书，前任工部侍郎另案革职奉旨赏给翰林院编修蒋予蒲、工部侍郎陈希曾、工部侍郎顾德庆，均照该管上司例议以各降一级调用。其历任未久及本年到任之工部堂官，前任工部侍郎另案革职奉旨

---

① 中国第一历史档案馆档案：录副奏折《邹炳泰奏为严议禄康等失察书吏王书常伪造印文冒领库银案事》，档号：03-1528-064。

② 钱穆：《国史大纲》修订本，商务印书馆1994年版，第835页。

③ 中国第一历史档案馆档案：录副奏折《庆桂奏为严议费淳等失察王书常伪造印文冒领库银案事》，档号：03-1528-065。

赏给拜唐阿庆惠、工部侍郎正黄旗满洲副都统福庆、前任工部侍郎今调吏部侍郎浙江学政周兆基，于降一级调用上减为降一级留任。①

这是吏议的奉旨察议和议处，议处的一律为降一级调用；察议的一律为降一级留任。此次议处思路清晰，引例确当层次分明。嘉庆皇帝起始就已定了从宽的格调，所以处分不重，不需二次从宽了，直接依议。

2. 工部堂官失察冒领户部三库的处分

王书常等首先冒领的就是户部。为此军机大臣呈报了工部堂官失察冒领三库银两物料次数的清单：

> 大学士费淳失察书吏舞弊冒领三库银两物料五次；原任尚书缊布失察书吏舞弊冒领三库银两物料五次；苏楞额失察书吏舞弊冒领三库物料一次；尚书邹炳泰失察书吏舞弊冒领三库物料一次；曹振镛失察书吏舞弊冒领三库银两物料四次；戴衢亨失察书吏舞弊冒领三库物料一次；侍郎英和失察书吏舞弊冒领三库银两物料二次；署侍郎多庆失察书吏舞弊冒领三库银两一次；侍郎成书失察书吏舞弊冒领三库银两物料三次；原任侍郎阿明阿失察书吏舞弊冒领三库物料二次；侍郎福庆失察书吏舞弊冒领三库物料一次；侍郎周兆基失察书吏舞弊冒领三库银两一次；原任侍郎蒋予蒲失察书吏舞弊冒领三库银两物料三次；署侍郎邵自昌失察书吏舞弊冒领三库银两一次；侍郎陈希曾失察书吏舞弊冒领三库物料二次；顾德庆失察书吏舞弊冒领三库物料二次。②

随后，嘉庆皇帝依据失察次数，同样将工部堂官交部分别严议、议处、察议。嘉庆十四年（1809）十二月二十日的谕旨："近年工部堂官惟缊布在任最久，一切弊端皆由伊怠玩废弛不加整饬，以致书吏等任情藐玩无所不为，其咎最重，使其身尚在，不但褫职并应治以应得之罪，今伊已经物故又无子嗣，姑毋庸议。其余各堂官大学士费淳才具本属平常，特因资格较深且已擢至大学士，是以令其兼管部务，伊在部有年于此等大弊毫无闻见。前因管理三库时系兼管工部，有失察冒领银物之案业已交部严议。兹又于本部书吏冒领三库银物失察至五次之多咎无可辞，著先拔去花翎不必兼管工部事务，再

---

① 中国第一历史档案馆档案：录副奏折《庆桂奏为严议费淳等失察王书常伪造印文冒领库银案事》，档号：03-1528-065。

② 中国第一历史档案馆档案：单《呈工部堂官失察次数清单》，档号：03-1529-002。

行交部严加议处。曹振镛失察冒领三库银物四次。成书、蒋予蒲各失察冒领银物三次，均著交部议处。英和失察冒领银物二次，陈希曾、顾德庆各失察冒领物料二次，多庆、周兆基、邵自昌各失察冒领银两一次，邹炳泰、戴衢亨、福庆各失察冒领物料一次，均著交部察议。"①

嘉庆皇帝对于该处分哪些官员，怎么处分作了详细规定。可见黜陟大权把握在皇帝之手，部院承担的就是遵旨按例议处。在处分方面，部院面对的不是官员而是皇帝。故而此次吏议结果为：

> 大学士费淳失察五次奉旨交部严议，应照例加等再降二级调用，共降三级调用。尚书曹振镛失察四次，侍郎成书、蒋予蒲失察三次均奉旨交部议处，应照例各再降一级调用，共各降二级调用。前任工部侍郎调任户部侍郎兼内务府大臣镶黄旗满洲副都统左翼总兵今降为三品顶戴英和、侍郎陈希曾、顾德庆均失察二次，前署工部侍郎今授直隶泰宁镇总兵多庆、侍郎周兆基、前署工部侍郎今授都察院左都御史邵自昌、前署工部尚书吏部尚书邹炳泰、协办大学士工部尚书戴衢亨、侍郎福庆均失察一次奉旨交部察议，应照例各减为降一级留任。此案系奉特旨交议之件，均无庸查级议抵。费淳任内有革职留任之案无级可降应行革任。庆惠降一级留任之处应行注册。②

吏部所议都是实降实革，除非有特殊的减等察议圣旨。嘉庆皇帝随后对工部堂官此次处分定议："部院各衙门大臣位崇责重，于经管事务分应尽心综核。……设于初起时各该管大员等有一二人精明详查，烛破其奸，立时查拿惩办，则罹法者必不至如此之众，而承办各职官亦不至严谴多人。乃相率因循，竟无一人能除奸剔弊者。经部臣分别核议，其咎至降革各员本应悉照部议。"但以"一时更易多员，乏人简补。惟其情节较重者亦不能不降黜数员，以警疲玩"为由，减议为"工部各堂官内费淳系管理工部兼管三库事务，于伪印文领到库时并不忆及工部无此奏案，其咎与英和、常福相等，且伊在工部最久失察次数亦最多，前已拔去花翎退出工部令部议革任，著革去宫衔降

---

① 中国第一历史档案馆档案：录副奏折《庆桂奏为严议费淳等失察王书常伪造印文冒领库银案事》，档号：03-1528-065。

② 中国第一历史档案馆档案：录副奏折《庆桂奏为严议费淳等失察王书常伪造印文冒领库银案事》，档号：03-1528-065。

为侍郎。万承风现出学差，兵部右侍郎一缺即著费淳署理，仍留兼管国子监事务。曹振镛、成书、蒋予蒲部议共各降二级调用，俱著改为降三级留任。陈希曾、顾德庆部议各降一级调用，俱著改为降二级留任。其原拟降留罚俸各员均著照部议行。"①

实降实革官员之后面临的是一拨职位的补充与调整，"大学士一缺吏部无庸进本，候朕简员补授。工部左侍郎员缺著福庆转补，右侍郎员缺著荣麟调补。正红旗汉军副都统并著荣麟补授。盛京户部侍郎员缺著马慧裕补授。奉天府尹事务即著马慧裕兼管。"官不久任、无法久任制度带来的一些客观的弊端问题，必然会导致恶性循环，巨案再度发生。因此王书常案的发生其因不一定只有嘉庆皇帝所判断的"在诸大臣及众司员因循疲玩。"②

（四）王书常案户部堂官的失察处分

1. 军机大臣等呈报户部堂官失察次数

军机大臣呈报户部堂官失察次数，作为处分的依据。

> 大学士禄康失察冒领三库银两物料六次；尚书德瑛失察冒领三库银两物料六次；戴衢亨失察冒领三库银两物料四次；曹振镛失察冒领三库银两物料一次；侍郎托津失察冒领三库银两二次；赵秉冲失察冒领三库银两五次；英和失察冒领三库物料二次；刘镮之失察冒领三库银两物料四次；署侍郎桂芳失察冒领三库物料一次；原任侍郎苏楞额失察冒领三库银两物料四次。③

下述谕旨中也重复提及此次数。

2. 嘉庆皇帝根据失察次数将户部堂官交吏部议处

嘉庆皇帝根据失察次数予以降旨："大学士禄康失察共有六次，伊总理度支于钱粮出纳分应倍加详慎，何以漫不经心毫无觉察。尚书德瑛失察亦系六次，札库先行稿经伊画诺者三，此等文稿并非紧急事件何迫不及待之有。再本日召见据伊奏称近日因目力不济，所有稿案曾令伊子代画，笔迹间有互

① 中国第一历史档案馆编：《嘉庆帝起居注》第14册，广西师范大学出版社2006年版，第725—726页。

② 中国第一历史档案馆编：《嘉庆帝起居注》第14册，广西师范大学出版社2006年版，第726页。

③ 中国第一历史档案馆编：《嘉庆朝上谕档》第14册，广西师范大学出版社2000年版，第765页。

异。并称进署日多，是以先行稿俱系伊阅画，但不察用项之缓急率画先行，此非勤职，乃冒昧受人愚弄耳。似此精神不能振作目力昏花，岂复能胜尚书之任，均应量予降补。禄康著革去太子少保衔降补协办大学士补授户部尚书，德瑛著革去太子少保衔降补工部左侍郎，俱仍交部严加议处。戴衢亨失察四次，赵秉冲失察五次，较禄康、德瑛俱少，况伊二人供职内廷不能常川到署，著交部议处。刘镮之失察四次又未画稿，著交部议处。曹振镛失察一次，托津失察二次，英和失察二次，桂芳失察一次，均著交部察议。其失察四次之苏楞额，前已镌职，毋庸再交部议。"①嘉庆皇帝一边直接以皇权处分官员，一边将之交部议处。可见，这起案件中大员面临的是双份处分。

3. 吏部奉旨议处

吏部所引用处分例。条例一，书吏舞文弄法侵欺钱粮，本管官不行查出降二级调用。条例二，三库银缎颜料等项，倘有重支冒领等弊照违制支给例降一级调用。条例三，吏部议处事件本管官应降二级调用者该管上司即议以降一级调用，本管官应降一级调用者该管上司即议以降一级留任。条例四，官员议处有奉旨交部严加议处者，查照本例酌量加等，其奉旨改为察议者酌量减等。②吏部议处为：

> 应将大学士管理户部事务今降补协办大学士户部尚书镶白旗满洲都统步军统领宗室禄康、户部尚书今降补工部侍郎正红旗汉军副都统德瑛，均照该管上司降一级调用例上加等议以各降二级调用。户部尚书戴衢亨失察四次，侍郎赵秉冲失察五次，均系不能常川到署，侍郎刘镮之失察四次又未画稿，奉旨交部议处。应将前任户部尚书今调工部尚书协办大学士戴衢亨、户部侍郎赵秉冲、户部侍郎刘镮之，均照例议以各降一级调用。户部尚书曹振镛失察一次，侍郎托津、英和失察二次，桂芳失察一次，奉旨交部察议。应将户部尚书曹振镛、户部侍郎镶白旗满洲副都统托津、户部侍郎兼内务府大臣镶黄旗满洲副都统左翼总兵今降为三品顶戴英和、前署户部侍郎吏部侍郎兼内务府大臣镶黄旗满洲副都统

---

① 中国第一历史档案馆档案：录副奏折《邹炳泰奏为严议禄康等失察书吏王书常伪造印文冒领库银案事》，档号：03-1528-064。

② 中国第一历史档案馆档案：录副奏折《邹炳泰奏为严议禄康等失察书吏王书常伪造印文冒领库银案事》，档号：03-1528-064。

觉罗桂芳，均照例各减为降一级留任。①

在吏部议处时定案的理由是皇帝认定的，定罪的程度是皇帝指示的，吏部充其量更像是皇帝的御用秘书班子，并不是负有担当的国家职能部门。

4.嘉庆皇帝对户部堂官处分的最后从宽定议

本来已经不重的处分，嘉庆皇帝再度从宽："所有户部各堂官内，禄康前已降为协办大学士、尚书，其部议降二级调用著从宽改为降三级留任。德瑛三次标画先行稿件，伊虽常川至署，人皆以其年老易于愚弄酿成重案，其误公之咎更甚于旷公，前已降补工部侍郎。伊精力已衰著即以二品顶戴休致。戴衢亨、赵秉冲、刘镮之，部议各降一级调用，俱著从宽改为降二级留任。"②俗语有"早知现在何必当初"，嘉庆一时的气愤所掀起的一拨拨的处分，还没起到效果，便在他自己的从宽意旨下消失殆尽。

（五）户部工部承办官员的处分

1.户部工部承办官员的处分

牵涉直接承办人：工部虞衡司郎中英奎、户部福建司刘承澍、工部笔帖式惠昆、工部虞衡司掌印员外郎常安、户部福建司掌印郎中定柱、宽宁、时敏，户部福建司主事锡礼岱，颜料、缎匹库司员等众人。庆桂等上奏吏议结果：

> 案犯蔡泳受、商曾祺、蒋得明、陶士煜等均系工部虞衡司书吏、铺户。该司掌印郎中英奎自十一年十月至本年六月止，该书吏等朋谋舞弊，在伊任内共有十二次之多，漫无查察致成巨案，英奎应请旨革职发往乌鲁木齐效力赎罪。银库给发银两，全以户部印札为凭，福建司三次文札，均系已革员外郎刘洋即刘承澍主稿呈画先行。即托不知情亦应请发往乌鲁木齐效力赎罪。已革工部笔帖式惠昆讯无知情受贿情弊，但屡被欺朦翻稿画押，亦请发往乌鲁木齐效力赎罪。其工部虞衡司自本年六月，掌印之员外郎常安失察二次，户部福建司历任掌印之郎中现任直隶口北道定柱、郎中宽宁、员外郎时敏各失察一次，应与协同刘承澍管稿

---

①　中国第一历史档案馆档案：录副奏折《邹炳泰奏为严议禄康等失察书吏王书常伪造印文冒领库银案事》，档号：03-1528-064。

②　中国第一历史档案馆编：《嘉庆帝起居注》第14册，广西师范大学出版社2006年版，第725页。

之主事锡礼岱，均照溺职例即行革职。颜料、缎匹库司员等，于假印文领未能查出即行给发物料，颜料库共计三次，缎匹库共计二次，应交部查明，该管司员等概行革职。①

吏部上奏后皇帝定议："其虞衡司掌印郎中英奎著革职，同已革笔帖式惠昆，俱发往乌鲁木齐效力赎罪。户部已革员外郎刘承澍，俟解到审明后如无别项情弊，再发往乌鲁木齐效力赎罪。常安、定柱、宽宁、时敏、锡礼岱均著革职。颜料、缎匹库承办司员，均著即查明革职。"②对于这批直接的承办官员，又因其职位相对较低，嘉庆皇帝给出的处理方式是照依吏部所议予以革职和发遣。

2.户部工部相关司官及下属官员的处分

谕旨多次下令议处户工两部其余下属官员。"银库凭户部堂札并监放官花押给发银两，应交部查明监放官并历任管库司员等分别议处。其虞衡司失察书吏舞弊各司员及福建司随同画押各司员，亦应交各该部查明次数送吏部分别议处。江南道御史失察书吏得赃，应请交部查明月日行取职名议处。"③简而言之，"户部监放官、银库司员及工部虞衡司福建司各司员、江南道御史均著照所拟，交部查取职名分别议处。"④此后便有颜料库郎中宝诚等19人，户部监放官郎中四德保等17人，工部虞衡司失察舞弊司员郎中等24人被处分，这些中下级官员的处分为降一级调用，就难邀宽免了。

三、官员处分带来的若干思考

1.部分大员处分后重新起用与处分效用思考

综上，朝廷这种有严加议处却没有专责风险的处理模式，导致的第一

---

① 中国第一历史档案馆编：《嘉庆朝上谕档》第14册，广西师范大学出版社2000年版，第779—780页。

② 中国第一历史档案馆编：《嘉庆朝上谕档》第14册，广西师范大学出版社2000年版，第775页。

③ 中国第一历史档案馆编：《嘉庆朝上谕档》第14册，广西师范大学出版社2000年版，第780页。

④ 中国第一历史档案馆编：《嘉庆朝上谕档》第14册，广西师范大学出版社2000年版，第775页。

个必然是"因失察或纵容吏役有犯而受到惩处者，部院大员不乏其人。"①导致的第二个必然是"处分无以儆效尤。"但是嘉庆依然从宽了、宽免了。为何？

嘉庆十五年（1810），嘉庆帝在对此大案的回顾中流露出其真实想法。他讲道："近日各部院衙门因循怠玩相习成风，推原其故，由于各大臣等思避专擅之迹，惟以含容博宽大之誉，推委邀安静之名，虚称办事，实则废弛。不肯正色率下综核名实，一切文移奏牍委之司员，而司员中又无实心任事之人，一切委之胥吏听其播弄画诺施行。胥吏等蔑视日久，舞文玩法无所不为，渐至肆无忌惮，朋谋盗窃成此案。试思朝廷政柄操之自上，若大臣盗权坏法，则为太阿倒置。今幸纲纪肃清，大臣等尚无此弊。"②从案件中，嘉庆皇帝看到的是官权的出让，而不是皇权的被侵夺。所以宽免大臣重塑其官威，是嘉庆皇帝需要重新处置的事情。

（1）宽免苏楞额和阿明阿。苏楞额因案革职，阿明阿因案革职并发往热河。嘉庆十五年，嘉庆皇帝指出："念伊等究系公过，苏楞额于办理工程素为熟悉尚可录用，苏楞额著加恩赏给圆明园六品苑丞，阿明阿著赏给八品笔贴式，即在热河，随同穆腾额、庆惠当差。"③

（2）宽免起用禄康和费淳。前论嘉庆十五年禄康曾任大学士加太子少保衔，因三库案被降调；费淳因工部和三库之事也被降调。皇帝同样认为："究系失察公过，著加恩仍复还东阁大学士太子少保衔，著管理吏部事务。……费淳上年亦系因三库冒领银物案内失察降调，所有工部尚书员缺著加恩即将费淳补授。"④昭梿记曰："宗室相国禄康，为诚毅贝勒裔，于宗室中属长行。嘉庆初，辅政数年。继和相既败之后，欲反其政，故持躬清介，驭下宽大，僚属感其小惠，翕然呼为良相。然才具庸劣，无所建白，又不甚识字，于古今政体毫未寓目。其所操持，率皆以市井毁誉为之趋慕，罔识朝廷大体，故一时丛脞成风，每多苟且之政。……夫以天潢贵胄，而不学无术至此，安可

---

① 周保明：《清代地方吏役制度研究》，上海书店出版社 2009 年版，第 352 页。
② 中国第一历史档案馆编：《嘉庆帝起居注》第 15 册，广西师范大学出版社 2006 年版，第 6—7 页。
③ 中国第一历史档案馆编：《嘉庆帝起居注》第 15 册，广西师范大学出版社 2006 年版，第 153 页。
④ 《清仁宗实录》第 4 册，中华书局 1986 年版，第 75 页。

以当调羹重任也?"① 可见禄康才具一般,却屡任要职。

身为一国之君的嘉庆皇帝,自然首要考虑到的是皇权的得失而不是天下的得失,而身为礼亲王的昭梿的深思总结,才是真正地从国政民生角度为国忧虑:

> 诸部曹夤缘为奸,伺大员谈笑会饮时,将稿文雁行斜进,诸大员不复寓目,仰视屋梁,手画大诺而已。更有请幕友代画者。其习已久,故使奸蠹胥吏得以肆其奸志。嗟夫!于照常供职之事,尚复泄沓若此,又安望其兴利除弊,致吾民于熙皥之世也哉?②

嘉庆朝之所以是清王朝由盛转衰的时期,亦和嘉庆皇帝个人的素养、统治水平、用人理念有一定关系。

2. 官员未经革职由留任到捐复的变迁与处分效用的思考

(1) 嘉庆皇帝同意处分司员予以留任。嘉庆十五年(1810)正月十一日,冒领案结束不久,禄康奏请将降革司员概予捐复。嘉庆皇帝当即批示:"此不可行。该员等甫经部议,若遽令捐复原官,非惟不足示惩抑且迹涉言利,有此政体乎?"此时尚振振有词不准捐复,但是对于降调官员的复职问题,嘉庆皇帝也有了松动,提出了另外的变通方法。"向来内务府降调人员仍留本衙门补用。此案户工二部司员同时降调者甚多,伊等获咎尚属因公,除革职治罪各员无庸议外,其降调各员著加恩比照内务府之例,准其各留本部行走,以所降之级遇有相当缺出酌量奏补。"③从而完成了处分官员的合理留任。

(2) 嘉庆皇帝同意英奎捐复革职处分。同年出现的"英奎捐复事件",为随后全员捐复提供了事实上的可能,禄康提议的捐复在若干时间之后也成为事实。英奎是新授内阁大学士勒保的儿子。勒保,费莫氏,满洲镶红旗人。父温福,大学士、定边将军。乾隆二十一年(1756),充军机章京。五十一年,授山西巡抚。五十二年七月,署陕甘总督,调湖广总督,调四川

---

① (清)昭梿:《啸亭杂录》卷八《禄相公》,载《清代史料笔记丛刊》,中华书局 2006 年版,第 256 页。

② (清)昭梿:《啸亭杂录》卷八《私造假印案》,载《清代史料笔记丛刊》,中华书局 2006 年版,第 248 页。

③ 中国第一历史档案馆编:《嘉庆帝起居注》第 15 册,广西师范大学出版社 2006 年版,第 10 页。

总督。嘉庆于"十四年四月，以勒保七十生辰，赐御书宣勤介景匾额。十二月，擢武英殿大学士，仍留总督任。"①十六年正月，授两江总督。十九年八月，"目疾增剧，命开大学士缺，仍在家食威勤伯全俸。"二十一年降旨："勒保之女，著指与四阿哥为福晋。"②嘉庆二十四年（1819）四月，以勒保八十生日，皇帝赐予其"延年养福"匾额。八月，卒。谥文襄。英奎就是这么一个显赫家族的成员。

京城王书常案案发时，英奎职任工部虞衡司掌印郎中，因系承办人员失察次数最多，不仅革职，还被遣戍乌鲁木齐。进入嘉庆十五年（1810），大批官员处分定议，嘉庆皇帝念"勒保在外宣力有年，又年逾七旬。今闻伊子获罪远戍，未免悬耿于怀。且英奎尚非私罪，著加恩仅予革职，免其发往乌鲁木齐效力赎罪"③。对英奎有了初步的免罪旨意。同年勒保感恩谢罪之际，自认错误并提出自罚要求，对其子"平素管教不严，恳请罚缴银二万两，稍安下怀"。嘉庆皇帝默许罚银，但是改变了收银说辞。"朕于臣下功罪惟秉公赏罚，其有身获咎愆者只照例治以应得之罪，从未开罚镪赎过之端。今勒保此奏虽名为自行认罚，仍系欲代伊子乞恩赎罪……所有此次请罚缴银二万两之处著不准行……现在南河兴举要工需费孔繁，勒保为国重臣亦难漠视，若恳请捐廉助工尚属可行，著准其缴银一万两分作二年，由川省径解南河备用，俟勒保奏请到日，降旨加恩赏收可也。"④勒保岂有又岂敢不乐请"捐廉助工"呢？其实，完成了代英奎的捐复。

（3）嘉庆皇帝同意王书常案降调官员全员捐复。嘉庆皇帝此时虽然顾忌舆论不承认这就是"捐复"，但是十六年也不再否认了。"念勒保之子英奎亦系此案革职，前因勒保奏请捐复，业已施恩允准。"此例一开，全员捐复随之成为了可能。嘉庆十六年（1811）开春，户工二部奏请捐复因王书常案而分别降调的人员，皇帝准予捐复。"该员等事同一例，亦著格外施恩，俱照所请准其捐复，仍留该衙门行走分别补用。但此等重大处分逾时仍得捐

---

① 王锺翰点校：《清史列传》第8册，中华书局1987年版，第2213页。

② 王锺翰点校：《清史列传》第8册，中华书局1987年版，第2214页。

③ 中国第一历史档案馆编：《嘉庆帝起居注》第15册，广西师范大学出版社2006年版，第2页。

④ 中国第一历史档案馆编：《嘉庆朝上谕档》第15册，广西师范大学出版社2000年版，第40页。

复，若不稍示惩创，则该员等仍复无所儆畏。所有此次捐复各员将来只准照常题升截取，下次京察该堂官不准保列一等，用示薄惩。"[1]可见嘉庆皇帝提出了一个"条件"，那就是不准京察时保列一等。

然而"下次"具体指的是嘉庆十八年，还是任何一个三年一次的"下次"，内阁吏部均不明其期。在第一个京察期安然过去第二个京察期来临之际，嘉庆二十年（1815），吏部尚书英和上奏，"所有此项捐复人员十八年已越京察一次，今届二十一年京察之期，该员等保列一等是否合例之处。请旨定夺。"[2]嘉庆皇帝最终允许。

倪玉平、薛刚、吴四伍对王书常案降调官员的捐复及京察保列一等情况持批评态度。[3]笔者认为从嘉庆同意司员留任到降调官员的捐复，是嘉庆皇帝面对官员处分奇多的一种因应处理。不论这种处理的后果如何，在封建社会所具有的生产力和生产关系条件下，可能也是最可行的办法了。

3.嘉庆皇帝驳回不公处分的申诉与处分是否得当

王书常案号称巨案，处分官员也是一个不小的数目。在处分中是不是所有的处分都是合适的合宜的，也不是一个能够定论的问题。在档案中记载有两个事例，反映出当时官员们对处分所持的怀疑与争议。但是申诉反映上去，嘉庆皇帝有的没有认可，有的无资料佐证不知情况。

（1）事例一。嘉庆十五年（1810）二月，御史赛尚阿反映王书常案中官员处分的两个问题：第一是户部银库司员失察处分仅止降级，而广储司银库司员失察却革职治罪，一事两歧。第二是六库郎中并未予以治罪。嘉庆皇帝驳曰："朕办理庶务权衡至当，该御史未悉其中原委，所奏无庸置议。"[4]"原委"何在？在于"广储司库银存贮弘义阁，在紫禁城内较外库尤重。王书常等冒领次数独多，经手司员漫无觉察予以褫职遣戍。……至于户部三库，

---

① 中国第一历史档案馆档案：录副奏折《英和奏为户工二部降调捐复官员应否列入京察一等请旨事》，档号：03-1573-026。

② 中国第一历史档案馆档案：录副奏折《英和奏为户工二部降调捐复官员应否列入京察一等请旨事》，档号：03-1573-026。

③ 倪玉平：《行政失控与政府治理——清嘉庆朝王书常冒领库项案研究》，《清史论丛》第2辑，社会科学文献出版社2020年版。薛刚：《从"假印大案"看清嘉庆朝吏治》，《东北师大学报》2020年第6期。吴四伍：《清代捐纳与国家治理》，社会科学文献出版社2021年版。

④ 中国第一历史档案馆编：《嘉庆帝起居注》第15册，广西师范大学出版社2006年版，第57页。

较内库稍觉有间。……银库司员仅止降级，与颜料缎匹两库之不凭部札者，又有区别。其六库郎中于从前查办时，经内务府大臣以该员向不专司出纳，未经开送职名"[1]。嘉庆皇帝指明御用之库与国库是有所区别的，所以官员处分亦有所不同，并非不公，更非遗漏。

（2）事例二。嘉庆十六年（1811），户部福建司前任掌印郎中后任直隶口北道定柱呈"因案内失察被革职请求复核案情事"，即一份因处分不当引起的申诉，申诉于本部堂官。

> 原任直隶口北道兵备道定柱为呈请中堂恩准辨明旧案核实分别以昭平允事。革员定柱系镶黄旗满洲人，嘉庆十二年九月奉旨补授口北道，于十四年十二月二十四日，因工部书吏王书常等假印冒领银两案内失察一次，由军机大臣会同刑部议奏革职，仍加倍罚赔银四百两，遵即于去年八月内全行交纳在案。惟是案有疑窦，事非从同，若不自行呈明，则下情何由得达……革员失察之咎系在散走上随同画押，非在掌印任内，仰恩中堂提取堂谕，并此案前后各稿件核对自明。伏查此案由军机大臣会同刑部议奏时，将掌印各员概议革职，其随同画押之户工二部司员失察一二次者，共二十四员交吏部查议，均议降一级调用在案。今革员失察时并非掌印，实与随同画押各员事同一例，不得不详细剖晰据实声明。伏祈恩准覆核案情，俯赐查办，实为德便。[2]

定柱是革职，按其自说应该是降一级调用，这样的话处分差异就太大了，事关其仕途。而这种情况的形成主要在吏部，是吏部没有查清案发时定柱的具体任职情况。由于档案受限，再没有查到相关的后续资料。但是，由此申诉可见当时处分人数众多，有很多具体细节难以推敲，处分有误可能也是事实。

4.案后各库管理的强化与相关处分条例的出台

（1）涉案之户部三库及内务府广储司管理的强化。清代户部有三大库，即银库、缎匹库和颜料库。银库最为重要，以收存各种硬通货为主。时称

---

① 中国第一历史档案馆编：《嘉庆帝起居注》第 15 册，广西师范大学出版社 2006 年版，第 56 页。

② 中国第一历史档案馆档案：呈文《定柱呈为因案内失察被革职请求复核案情事》，档号：03-1465-070。

"为天下财赋总汇，出纳均有常经"。凡"各省岁输田赋、盐课、关税、杂赋，除存留本省支用外，凡起运至京者，咸入焉"。① 而朝廷的各项财政支出，如八旗兵饷、王公百官俸银、京师各衙署办公经费和匠役工食等，俱由银库支放。颜料和缎匹两库，负责支放工程物料。"凡各省解到铜、铁、铅、锡、朱砂、黄丹、沉香、降香、黄茶、白蜡、黄蜡、纸、桐油并花梨、紫榆等木"② 均由颜料库收存。缎匹库则收储绸缎、绢布、皮丝、绵线麻等物。

三库的管理稽察设有管理三库大臣，满洲二人，汉二人。"掌三库之政令。凡库慎其守藏。"③ 有认为管库大臣最早设立于雍正年间，差无定期，嘉庆六年定一年更换，十四年改为三年更代。④ 十四年说是符合历史事实的。早在嘉庆十三年（1808）十一月十一日，御史福克精阿条奏三库官员的京察考核问题，"管理三库大臣于所属司员向有考察之责，若遇京察届期到任未久，于所属贤否勤惰恐难深悉，请稍为变通以专考察一条。"⑤ 嘉庆皇帝肯定其"所奏不为无见"。遂更改旧规："管库大臣近日虽案年更换，将来即间留一二年未为不可。惟更换之年若适当京察届期，此数年内属员贤否自未能深悉。嗣后司员京察著三年内之管库大臣会同考察，以归核实。"⑥ 提出由一年再延一二年，十四年明确将管库大臣任期调整为三年。"三年期满，由户部具奏请旨与更派。"⑦ 这也是王书常案发生以后促使三库出现的一次制度性调整，以强化三库的稽察管理。福克精阿的上奏是在十三年，也可能该御史对王书常等冒领事件已有耳闻，但是不敢贸然参劾如此多大员，此条上奏是有其深意的，但是举朝大臣及嘉庆皇帝都没能意识到。

内务府广储司按例"每年钦派总管内务府大臣一人，直年管理。总办郎

---

① （光绪朝）《钦定大清会典事例》卷一百八十二《户部》，载《续修四库全书》第801册，上海古籍出版社1996年版，第42页。

② （光绪朝）《钦定大清会典事例》卷一百八十三《户部》，载《续修四库全书》第801册，上海古籍出版社1996年版，第56页。

③ （光绪朝）《钦定大清会典》卷二十四《户部》，载《续修四库全书》第794册，上海古籍出版社1996年版，第224页。

④ 史志宏：《清代户部银库收支和库存统计》，福建人民出版社2009年版，第4页。

⑤ 《钦定吏部则例·吏部处分则例》卷五《考绩上》，成文出版社1966年版，第86—87页。

⑥ 《钦定吏部则例·吏部处分则例》卷五《考绩上》，成文出版社1966年版，第87页。

⑦ （光绪朝）《钦定大清会典》卷二十四《户部》，载《续修四库全书》第794册，上海古籍出版社1996年版，第224页。

中四人，内二人由各部保送兼摄。郎中四人，内银库二人，兼管皮库、瓷库、缎库。二人兼管衣库、茶库。主事一人，委署主事一人，掌库藏出纳之政令。设六库以储上用：一曰银库，二曰皮库，三曰瓷库，四曰缎库，五曰衣库，六曰茶库。皆时其启闭，各稽其出纳之数，书于黄册、蓝册。五年则钦派大臣以察核之，每届五年钦派大臣将六库盘查一次，并将官房租库一体清查。"①可见，广储司所储主要为御用之物，管理配备较为完善。王书常案中冒领的既有国库，又有御用之库。

（2）嘉庆朝新增两条私造印信处分条例。嘉庆朝以前针对遗失印信、误用印信、漏用印信、印信模糊、盗用印信、妄用印结牌文、空白印信、滥行出结、挪移月日用印、禁止无印小票、私造假印等制定有处分规定。嘉庆时期随着假印案的频发与其性质越来越恶劣，相应出台两条私造印信的失察处分，试图遏制此类恶劣案件的再度发生。嘉庆十一年（1806）奏准：

> 吏役私造本官印信，本官不行查拿降二级调用。失察奸徒私雕假印未经行用者罚俸一年。已经行用者查明在何处行用，将失察行用之地方官降一级调用，行用之后续经自行访拿者免议。若行用后直至告发始行查拿者，减为降一级留任，未能拿获者仍降一级调用。②

嘉庆十七年（1812）议准：

> 本官失察吏役雕造印信，于未经行用之先自行访拿者免议，别经发觉始行查拿降一级留任，别经拿获降一级调用。若已经行用，别经发觉始行查拿或自行访拿者，俱降二级留任，别经拿获降二级调用。描摹印信于未经行用之先，本官能先自访拿者亦免议，别经发觉始行查拿罚俸一年，别经拿获降一级留任。若已经行用，别经发觉始行查拿或自行访拿者俱降一级留任，别经拿获降一级调用。至奸徒雕造印信于未经行用之先，地方官能先自访拿者免议，别经发觉始行查拿罚俸一年，别经拿获降一级留任。已经行用，别经发觉始行查拿或自行访拿者俱降一级留任，别经拿获降一级调用。描摹印信于未经行用之先，地方官能先自访

① （光绪朝）《钦定大清会典》卷九十《内务府》，载《续修四库全书》第794册，上海古籍出版社1996年版，第840—841页。
② （光绪朝）《钦定大清会典事例》卷一百三十三《吏部》，载《续修四库全书》第800册，上海古籍出版社1996年版，第282页。

拿者免议,别经发觉始行查拿罚俸九月,别经拿获罚俸一年。若已经行用,别经发觉始行查拿或自行访拿者俱罚俸一年,别经拿获降一级留任。①

这两条处分条例前后出台时隔六年,后一条是前一条内容的具体深入。前一条主要针对本官失察吏役雕刻假印,在假印行用与不行用情况下的分别处分。后一条重在被"别经"发觉、"别经"拿获情况下的分别处分。前一条重在本官能否主动发现问题,后一条强调监察系统官员对本官失察之事的敦促及制度补救。就内容而言,后一条规定更为细致,但是有些太过细致,反而不便于官员引用和掌握,久而久之也会因太过繁琐而失去处分本意。

笔者认为嘉庆朝对此案的处分,完全可以按照公私罪轻重予以直接处分,或者按照官员在职时间长短予以处分。但是嘉庆皇帝却在审案官员的诱导下按照次数去处分,不仅如此,还按照任职兼职的机构不同,予以多次处分,这样一个原本完整的案子被分割成几个,给查案、寻例、议处带来诸多烦扰,更造成官员处分的奇多,嘉庆皇帝又不得不去调控这些官员的诸多处分,这可以说是当时处分的失误之处。然而,这种失误的形成应该是由很多问题造成的。

综上,吏役为乱一直困扰着清王朝的治政,官员治政中的金字塔和倒金字塔状况,以及各级官员人数的倒金字塔形和官员治政的金字塔形,成为了一对客观存在的现实矛盾体,其不均衡性是主要的特点,这是导致吏役为乱的根本原因。那么,对于因吏役为乱所形成的各种案件中各上级官员因之所受的失察处分,并没有直接切中吏役为乱的根本,所以也就起不到多大的效用,只是一种例行处分罢了。这种处分有一大特点,就是事发在底层,牵涉的各级上层官员必然众多,属于上层官员集体承担责任,但没有承担责任的主体,法不责众的固定思维套路也会导致处分没有明显的实际效果。王丽南、王书常案就是明验,这也仅是本文点及的个别案子,实际中诸如此类者更多。

---

① (光绪朝)《钦定大清会典事例》卷一百三十三《吏部》,载《续修四库全书》第 800 册,上海古籍出版社 1996 年版,第 282 页。

第六章　政风与官员处分

嘉庆年间的政风问题主要是官员整体的因循风气，对于嘉庆朝"因循"问题的研究是一个热点。李尚英认为："朝廷的'因循疲玩'对嘉道两朝政治、经济、对外交往均有决定性的影响，可以说是鸦片战争失败乃至清朝继续衰败的一个主因。"① 以李尚英的研究为核心，其他人从不同视角论述支持这一因循疲玩观点。刘凤云指出嘉道年间"督抚藩司等大吏的受罚多因'因循怠玩'。……因循怠玩，本是官场的痼疾，到了嘉道时期却成为一种官场的流行通病"②。卜健详述，"一边是日益严重的腐败，全社会的，罔分官商军民的腐败；一边是因循疲软、得过且过的内阁和军机处。这就是当日之政情。"③ 陈连营从另外视角表述这种"因循"之风，"整个封建官僚阶层对国家政务活动的冷漠和麻木。"④ 还有其他相关研究详见注释。⑤

官员因循的不良政风及其带来的后果，嘉庆皇帝非常明白，他一边在不断地申明要戒因循政风，另一方面也在不断整治因循风气。在整治因循风气的背景下，京内外各级官衙机构和官员因因循而导致的政事迟延怠玩、朝参进署散漫等问题被关注，嘉庆皇帝对他们予以了不同程度处分，试图扭转这种因循风气，但是效果不彰。

---

① 李尚英：《"紫禁城之变"与嘉道两朝政治》，载《明清论丛》第16辑，故宫出版社2016年版，第342页。

② 刘凤云：《钱粮亏空：清朝盛世的隐忧》，中国社会科学出版社2021年版，第474页。

③ 卜健：《国之大臣：王鼎与嘉道两朝政治》，陕西人民出版社2015年版，第103页。

④ 陈连营：《关于清中期的吏治腐败问题》，载《清史论丛》第15辑，中国广播电视出版社2001年版，第93页。

⑤ 张国骥：《清嘉庆、道光时期政治危机研究》，博士学位论文，湖南大学，2011年。王岩梅：《"罪己诏"与嘉庆帝政务认知研究》，硕士学位论文，辽宁师范大学，2015年。

第一节　各衙门机构政事因循怠玩下的
朝廷治理及官员处分

一、嘉庆皇帝扬"勤政"斥"因循"

（一）嘉庆帝扬"勤政"训谕

杨联升指出清代"皇帝的时间表通常开始于一大清早的朝觐。仪式性的会议往往在节日或以三或五间隔的日子举行。不太正式的会议每隔一天或者甚至是每天举行。时间通常早得让人害怕，大概是早晨 5 点或 6 点。如果朝觐在 7 点或 8 点进行，会被认为是太晚了。满清一朝，皇帝偶尔会在北京城外著名的圆明园主持朝觐，城内的许多官员不得不午夜就起来以便及时到达那儿"①。杨联升的阐述是对清代历帝勤政的一个肯定，不论历帝勤政的目的何在，勤政确实在当时是一个事实，嘉庆皇帝的勤政更不例外。"为学以勤，为政以勤，始终如一。在这方面，颙琰可说是当之无愧的。"②除皇帝本人勤政③以外，还要不时地向臣僚宣扬勤政观，训谕臣僚亦要勤政。

嘉庆六年（1801），皇帝指出："人君董正治官躬亲庶政，非勤无以率作兴事，整饬纪纲。虞书所言一日二日万几者，非必一二日之间果有万事，诚以几动于微，若不随机立应，则一二日之旷废，即万事所由丛脞。……盖民生在勤，勤则不匮。君克勤则百度惟贞，臣克勤则庶司无缺。为君难，为臣不易。"④直接指出官员勤政的必要性，"民生在勤，勤则不匮。自天子以至于庶民，咸知勤之为要，则庶政修而万事理矣。……各勉于勤，自能臻善而寡过也。人日习勤劳，则日近于善矣。日习惰弛，则日近于恶矣。如其不勤，则为学者安于下流而不能上达，为治者惰于事功而庶政怠荒，欲求家

---

① ［美］杨联升：《中国制度史研究》，彭刚、程钢译，江苏人民出版社 2007 年版，第 20 页。

② 关文发：《嘉庆帝》，吉林文史出版社 1993 年版，第 13 页。

③ 嘉庆勤政研究见白云娇：《勤政爱民　克己求俭——论朝鲜燕行使笔下的嘉庆皇帝》，《铜仁学院学报》2022 年第 1 期；颜丙震：《"清代帝王多勤政"之原因探析》，《安康学院学报》2010 年第 4 期。

④ 中国第一历史档案馆编：《嘉庆帝起居注》第 6 册，广西师范大学出版社 2006 年版，第 610 页。

国治、天下平，其可得乎？"①嘉庆皇帝讲的这个必要性就是治国平天下的需要。君臣之勤的结果，嘉庆皇帝概括为："君勤则国治，怠则国危。臣勤则政自理，怠则政不纲。"②

（二）嘉庆皇帝戒"因循"训谕

相较勤政论而言，嘉庆皇帝戒"因循"之论则更多。这些戒谕持续时间久，针对对象主要是部院大臣和各省督抚。

1.嘉庆皇帝针对近臣王大臣和部院大臣的戒"因循"训谕

"紫禁城之变"后，嘉庆皇帝针对近臣王大臣等斥戒毋再因循，"令王大臣等各殚忠诚竭虑，以匡国治，勿再因循怠玩。（勿再）平日文恬武嬉，事至则措置失宜，事过仍泄沓如故。"③嘉庆二十二年（1817），谕："国家简任大臣职分所在，惟当竭诚尽力黾勉奉公。若平日素餐耽逸，怠忽因循，及朕召对责问又复饰词巧辩，殊失忠以事君之义。"④可见对王大臣以"以匡国治""忠以事君之义"为由，戒谕不要因循怠玩，不要怠忽因循。

针对部院大臣颁布"戒因循"谕旨，训饬多建立在具体事由之上。嘉庆九年（1804），部院发生诸多书吏舞弊案，在这样的背景下，嘉庆皇帝痛斥部院堂官的"萎靡""庸禄"。

> 朕孜孜图治不敢暇逸，奈诸臣全身保位者多，为国除弊者少。苟且塞责者多，直言陈事者少。甚至问一事则推诿于属员，自言堂官不如司官，司官不如书吏，实不能除弊去害，是甘于旅进旅退，忘职思其居之义矣。诸臣皆我皇考所用之人，似此委靡不振，自暴自弃，诸臣自为计则可矣？何以报皇考数十年之恩遇乎？自大学士、尚书、侍郎以及百司庶尹唯诺成风，皆听命于书吏。……一部推而至于五部，若堂司如此庸碌，书吏如此狡猾，上无道揆，下无法守，太阿倒持群小放恣，国事

---

① 清仁宗：《味余书室全集定本》第 2 册卷三十五《民生在勤论》，载《故宫珍本丛刊》第 579 册，海南出版社 2000 年版，第 253 页。

② 清仁宗：《清仁宗御制文初集》第 1 册卷四《记·勤政殿记》，载《故宫珍本丛刊》第 580 册，海南出版社 2000 年版，第 39 页。

③ 中国第一历史档案馆档案：录副奏折《富俊奏为条陈用人理财事》，档号：03-1646-026。

④ 中国第一历史档案馆编：《嘉庆朝上谕档》第 22 册，广西师范大学出版社 2000 年版，第 349 页。

尚可问乎？①

嘉庆皇帝指出由于诸堂官的"委靡""庸禄"导致书吏的"放恣"，其于"国事"大有关系。但是告诫归告诫，风气依然没有转变。嘉庆十六年（1811），田庆丰一个小小的户部贴写竟然以微末官职大胆投递封章，直指部院因循风气，嘉庆皇帝赞赏并未治其罪，并借此打压各部堂官。"各衙门堂司官近来办事迟延，因循疲玩，怠忽悠游，实属不免。果能谨守成规奋勉职业，遇事留心察核按期速结，则吏胥自无从作弊。乃各部院积习相仍，经朕屡加训饬，尚未见振作。甚至偷安乐逸之处为书吏所指陈，在署办事之员能无引以为愧乎？"②此后类似此旨正如嘉庆皇帝所言"屡加训饬"。

嘉庆十八年（1813），御史冯大中奏"京外各衙门办事迟延怠缓请旨设法稽核以符例限"，嘉庆皇帝发表深论。"为政之道，敏则有功。"然而"京外各衙门积习相仍，狃于疲玩，经朕节次训饬，而公事积压之弊仍不能尽除"。指出部院堂官等于"本衙门题奏事件或有不能条举原委者，是但劳其身而不劳其心，亦于政治奚裨。夫大臣坐而论道，殚心竭虑全在于公署剖析例案厘剔弊端，使所属惮其严明，不敢怠忽从事，则物无遁情，案无留牍，自然百务就理"③。再次重申"各衙门办事敏则有功，全在该堂官勤以率属，力除因循疲玩积习"④。谕旨直批各部院堂官，把部院因循之风的形成归结在堂官身上，把整治的希望也寄托在堂官身上，如此"辟以止辟"的效果何能彰显。

2. 针对地方督抚的戒"因循"训谕

"因循"风气除京城之外，地方同样存在，嘉庆皇帝最后针对的自然是地方督抚这一封疆大吏群体。当时不断有御史上书直陈地方利弊，如御史鲁垂绅的条陈外省吏治，对整治地方因循之风也起了推波助澜的作用。嘉庆皇

---

① 中国第一历史档案馆编：《嘉庆帝起居注》第9册，广西师范大学出版社2006年版，第223页。

② 中国第一历史档案馆编：《嘉庆帝起居注》第16册，广西师范大学出版社2006年版，第41页。

③ 中国第一历史档案馆编：《嘉庆帝起居注》第17册，广西师范大学出版社2006年版，第251页。

④ 《清仁宗实录》第4册，中华书局1986年版，第977页。

帝对于封疆大吏的训诫，鉴于先前已经不断颁布的上谕，没有再直接训谕，而是从另一视角去讽诫大吏。"伊等身任封疆，凡令甲所颁早当正己率属实力奉行，何待降旨饬遵及科道等一一陈说。若因循疲玩锢习不移，即朕日加训谕颁示科条，该督抚不过视为具文，阳奉阴违，于实政亦复何益！"①

可是，因循风气没有好转。"内外各衙门办事因循疲玩，屡经训饬，积习竟不能革除。"②嘉庆二十年（1815），闽浙总督汪志伊奏"为正民风肃吏治遵旨覆奏"折，皇帝降旨："我国家之大弊实在州县之因循，州县之因循实在大吏之怠玩。而用此怠玩之大吏，其咎在予不明，总而言之，予不知人，咎将谁诿，惟自恨耳。"③将地方因循的原因归之于督抚大吏。可见连番的训谕不见成效，令嘉庆皇帝百思不得其解，最后只能从自身寻找原因，然而也没有找到问题的真正根源所在。

最终，嘉庆朝的因循之风由中央到地方，从部院堂官到督抚一级，由大臣到小官，习染各地，这点也是嘉庆皇帝所料之中的。"各部院衙门诸事因循懈弛，案牍久悬，京中尚如此疲玩，无怪乎各直省相率效尤，不知振作。"④"各衙门办事尚尔怠弛，则督抚等分驻各省更易疏懈。……其废弛积习，尤为牢不可破。"⑤

对此，皇帝无奈之下，将部院大臣的因循根源又归结到"唯恐朕斥其专擅"，真是南辕北辙！"方今中外吏治，贪墨者少疲玩者多，因循观望，大臣不肯实心，惟恐朕斥其专擅。小官从而效尤，仅知自保身家。此实国家之隐忧，不可不加整顿。"⑥有鉴于治政的必要，嘉庆皇帝还得苦口婆心地劝诫臣僚："嗣后内外各衙门务当仰体朕夕惕朝乾，勤求治理至意，振作精神，

---

① 中国第一历史档案馆编：《嘉庆帝起居注》第17册，广西师范大学出版社2006年版，第701页。

② 中国第一历史档案馆编：《嘉庆帝起居注》第19册，广西师范大学出版社2006年版，第461页。

③ 中国第一历史档案馆档案：朱批奏折《汪志伊奏为正民风肃吏治遵旨复奏事》，档号：04-01-01-0562-055。

④ 中国第一历史档案馆编：《嘉庆帝起居注》第9册，广西师范大学出版社2006年版，第250页。

⑤ 中国第一历史档案馆编：《嘉庆帝起居注》第6册，广西师范大学出版社2006年版，第611页。

⑥ 《清史稿》第37册，中华书局1977年版，第11350页。

共相励翼，俾吏治蒸蒸日上，毋得狃于晏安，致干咎戾。……大臣公忠体国，总当一意对君尽心公事，知无不言言无不尽，不但毁誉荣辱早应置之度外，果有裨国是，即身家祸福亦所不计，方为纯臣事君之道。"① 这应该是嘉庆皇帝的以情至诚了。

二、京中机构政事因循下的官员处分

（一）京中机构政事因循下的处分

1. 嘉庆皇帝对"勿因循"的先事提醒

清代建制，京中主要机构有掌军国大政的军机处，负责票签题本的内阁，处理具体政务的吏、户、礼、兵、刑、工各部，负责监察的都察院，三法司之一的大理寺，管理宫廷事务的内务府，负责呈递题本的通政司等。在京中掀起的这股因循之风，其实早在嘉庆五年（1800）就已出现，广东巡抚玉德曾奏拿获洋盗审明办理，当时嘉庆皇帝批交刑部议奏，结果出现迟延现象。皇帝指出："从前批交刑部速议之折，多系本日议覆具奏，乃近日议覆各折竟有迟至十余日始行具奏者。"但是这个时期还属就事论事式的处理："嗣后凡审办洋盗及杀死一家数命等案，即批该部核议具奏者，亦限五日内核覆具奏，毋得仍前怠缓。"② 规定了具体的5日之期，并没有对刑部官员予以处分规定。

然而这种迟延情况陆续出现，嘉庆六年（1801），"交内务府议处膳房该管大臣章京等十月初一日之事，至十一月初十日始据议奏，竟迟至四十日。"③ 皇帝非常纳闷，"向来交议事件，如果应详查例案悉心定议者，朕从不加之催促。不但寻常事件期限较宽，即刑部速议亦必予限五日，或恐为期过迫不能详尽。今内务府所议不过罚俸处分，无须详稽例案，数语可了。其奏折不满百字，何至迟逾若此？"嘉庆认为，"由此类推，其因循

---

① 中国第一历史档案馆编：《嘉庆帝起居注》第6册，广西师范大学出版社2006年版，第611页。

② 中国第一历史档案馆编：《嘉庆帝起居注》第5册，广西师范大学出版社2006年版，第365页。

③ 中国第一历史档案馆编：《嘉庆帝起居注》第6册，广西师范大学出版社2006年版，第611页。

贻误之弊伊于胡底，近来各部院衙门亦均不能免。"① 这是嘉庆皇帝首次提出"因循贻误"的说法，雍乾时期很少提出"因循"之说。雍正提法多为"怠慢推诿"②；乾隆提法为"如此限期既归画一，不致怠忽逾时，亦不致草率了事"③。这个时期嘉庆皇帝对"因循"的处置是以提醒为主，"近来各部院大臣中并无以一人而兼数任者，尤不应于特交事件任意耽延"，④ 但是皇帝的敲打没有见效，此后因循迟误更多，"近来各部院衙门承办事件每有迟延。"⑤嘉庆皇帝的处理方式从提醒官员走向处分官员。

2. 嘉庆皇帝对"因循"官员的处分

嘉庆八年（1803），"通政司参议诚存加恩议叙"事件相关官员的察议处分。诚存因事被交部议叙，嘉庆四月初二日降旨，四月初三日传抄到吏部，吏部于初八日将诚存议叙拟加一级定稿，后移文翻书房翻译谕旨，到二十二日经翻书房翻出再交部，二十九日送交缮本房缮写，用时 26 天，但是还未呈报给皇帝。嘉庆皇帝命奏事太监传旨令军机大臣查覆，军机大臣派军机章京亲赴吏部查询覆奏结果。嘉庆皇帝得知情况发声："此等议叙之本有何难办，既无须辗转行查多为商酌，何以必待顶限始行具题耶。"因此给官员定性，"虽未逾定限，究属因循疲玩。"⑥ 提出"因循疲玩"概念。嘉庆皇帝一边降旨治理："嗣后各部院衙门办理题奏事件固须详慎，但必当督饬承办之员认真赶办，毋任稽延致滋旷废。"另一边处分官员，鉴于"翻书房迟至十五日"，"吏部承办司员不赶紧交办复迟六日始交本房缮写"，"著将翻书房及吏部承办各员交各该衙门察议，其管理翻书房及吏部各堂官俱著分

① 中国第一历史档案馆编：《嘉庆帝起居注》第 6 册，广西师范大学出版社 2006 年版，第611 页。

② （嘉庆朝）《钦定大清会典事例》卷十二《内阁》，载《近代中国史料丛刊三编》第 65 辑，文海出版社 1993 年版，第 497 页。

③ （嘉庆朝）《钦定大清会典事例》卷十二《内阁》，载《近代中国史料丛刊三编》第 65 辑，文海出版社 1993 年版，第 499 页。

④ 中国第一历史档案馆编：《嘉庆帝起居注》第 6 册，广西师范大学出版社 2006 年版，第611 页。

⑤ 中国第一历史档案馆编：《嘉庆帝起居注》第 8 册，广西师范大学出版社 2006 年版，第232 页。

⑥ 中国第一历史档案馆编：《嘉庆帝起居注》第 8 册，广西师范大学出版社 2006 年版，第232 页。

别察议"。① 察议是处分中较轻的提法。

嘉庆十年（1805），类似迟延再度发生。王大臣因组织当年武会试覆试一事出错被察议，由宗人府奉旨移会都察院察议，然而此一交议过程一迟再迟。第一迟是宗人府移会"稽迟"，第二迟是都察院"行催迟延"，第三迟是都察院咨查各王公大臣加级纪录"推延"，导致最后"直至四十余日始行具奏"。② 嘉庆皇帝的评价是"辗转推延"，"殊属玩延"，"各衙门如此疲玩，实属可厌。"可见这个定性是较低的，不是直指因循。因此一边将宗人府宗令等及都察院堂官俱传旨申饬，一边令"嗣后各衙门于奉旨交办事件，均应妥速办理，如再有似此懈怠迟延者，定行交部议处不稍宽贷"。③ 在嘉庆皇帝的谕旨中开始出现"议处"二字，这是较之察议为重的处分提法。

光禄寺是掌管关于典礼预备筵宴及供应官员廪饩的机构。其内部设有典簿厅、督催所、当月处、银库和黄册房等机构。黄册房的职责是每月将本寺用银数目汇造册子送典簿厅按月奏销，然后将报销情况汇题给皇帝。嘉庆十九年（1814），光禄寺进呈动用钱粮的报销黄册却具题迟延6月之久。嘉庆皇帝虽然认为"殊属延缓"，但没有深究，仅以"清汉文俱仅止数页，何难及早缮办"，将该寺堂官传旨申饬，并出台新的限期："嗣后该衙门报销黄册著改为间一月具题，毋许迟逾。"④ 对该寺官员只申饬没有处分。其因几点：第一点光禄寺因主要负责筵宴供应等，和六部衙门的职能还有所不同，因此嘉庆皇帝的处置比较轻。第二点对光禄寺的制度要求也有缺陷，对六部等衙门的时限要求很规范，对光禄寺的要求相对有些急迫，因此从"一月"改为"间一月"。

嘉庆皇帝曾于十二年赴盛京贮藏高宗实录圣训时，赏给沿途护送兵丁半月钱粮，户部于嘉庆二十五年（1820），才题销恩赏沿途护送兵丁钱粮一

---

① 中国第一历史档案馆编：《嘉庆帝起居注》第8册，广西师范大学出版社2006年版，第232—233页。

② 中国第一历史档案馆编：《嘉庆帝起居注》第10册，广西师范大学出版社2006年版，第614页。

③ 中国第一历史档案馆编：《嘉庆帝起居注》第10册，广西师范大学出版社2006年版，第615页。

④ 《清仁宗实录》第4册，中华书局1986年版，第977页。

本，推迟 13 年之久。① 但是嘉庆皇帝也没有处分户部官员而仅予申饬。可见嘉庆皇帝的不断申谕训谕以及轻微的处分根本起不到治理的效果。这点亦可从嘉庆皇帝加意对特旨交议事件的重视及严格处分可见。

3. 解决会稿出现的迟延问题

嘉庆十五年（1810），嘉庆皇帝发现刑部应行呈进本章颇少，询问因何稀少之故。刑部堂官答曰"刑部案件多与各部院衙门会议，必俟议覆到后方能缮本具题。现在咨出各件多未覆回，须俟陆续呈进。"皇帝明白："各衙门会议稿件均有例限，何得任意迟延以致题本稽缓，将来必又有壅积之弊。除饬令各该衙门赶紧咨覆外，并著各该堂官查明现在未覆刑部各案件，如已逾限三日以上者即自行奏请处分，以儆怠玩。"② 重申了会稿的限期问题以避迟延。

（二）特旨交议事件因循与处分

为提高特旨交议事件效率避免因循延搁，嘉庆朝从 4 个方面强化官员违限处分：

1. 提升特旨交议事件的上奏方式

特旨交议事件的上奏方式由普通汇题改为折奏，必须直达皇帝御前。嘉庆九年（1804），特谕，"嗣后奉旨特交议处事件均著改用折奏。其应行查级议抵等项，吏兵二部复有册档可稽，无难立限查明声请，其中或有辗转咨查及查取职名之处，即于折尾声叙明晰，俟咨覆到日，即行具题，毋得任意迟逾。"③

2. 实行专折具奏或专案议覆

嘉庆十年（1805），鉴于"向来吏兵二部于此等（盗案等项寻常事件）议覆各案俱归入汇题本内，或十日具题一次或十五日具题一次。即遇有特旨交议事件亦并不另本题覆，以致本内胪列案件纷繁，多者篇幅盈尺，少者数百页。朕披览章疏固不厌繁多，而部中于应办事件积压迟延久悬案牍，殊

---

①　《钦定吏部则例·吏部处分则例》卷十一《限期》，成文出版社 1966 年版，第 165—166 页。

②　中国第一历史档案馆编：《嘉庆帝起居注》第 15 册，广西师范大学出版社 2006 年版，第176 页。

③　中国第一历史档案馆编：《嘉庆帝起居注》第 9 册，广西师范大学出版社 2006 年版，第250—251 页。

非慎重办公之道。"从而规定:"嗣后吏兵二部于寻常交议事件固不得怠缓迟逾,若遇有特旨交议案件,或专折具奏或另为一本及早议覆,不得归入汇题本内并案办理,以致因循延搁。若再有特旨交议归入汇题者,该堂司各员一并交部严议。著为令。"① 谕旨强调了对违制者的严加议处,处分提交方式明显有了升格。

3.强化特旨交议事件和专案具题事件的限期

嘉庆二十二年(1817),有旨曰:"吏部议处事件奉特旨交议者依定限于五日内专折具奏。其各衙门自请议处及参奏议处者,事件繁多若概用折奏未免烦琐,均照例具题。惟此内应专案具题之件亦当予以限期,著定限二十日具题,如有违逾,即将该部堂司官议处。"② 针对堂司官员提出了议处的处分方式。

4.提高效率暂缓官员已有级纪处分的咨查

嘉庆二十二年(1817),吏部奏议处失察道士双阳在洞庙居住各员分别降罚事。此案于嘉庆二十一年二月十一日奉旨交议,但迟至一年九个月才将应议职名查齐送部。嘉庆皇帝认为"延缓",吏部上奏是因督抚查取级纪处分迟延。为避免这种情况再度发生,皇帝降旨规定:"嗣后凡事关议处咨查历任官职名之案,该省督抚将失察各员在任年月查明迅即开列职名咨部议处,其有升调他省及各该员现有级纪处分无庸先行咨查。俟吏部议上奉旨后,再行分别办理。"③

这是嘉庆时期针对京中机构政事因循迟延作出的一些处分。可以看到这类处分还是比较少、比较轻,仅仅是申饬或察议。甚至于针对特旨交议事件的处理,才勉强出现议处和严加议处。从对特旨交议事件的忌讳因循迟延,反映出嘉庆朝除特旨交议事件之外,还存在着更多的政事因循迟延。如上文所提湖广道监察御史马大中在嘉庆十八年上"京外各衙门办事迟延怠缓应请旨严饬并设法稽核以符例限事",指出:"近来各部院于专折具奏事件尚能赶

---

① 中国第一历史档案馆编:《嘉庆帝起居注》第10册,广西师范大学出版社2006年版,第254页。

② 中国第一历史档案馆编:《嘉庆朝上谕档》第22册,广西师范大学出版社2000年版,第448页。

③ 中国第一历史档案馆编:《嘉庆朝上谕档》第22册,广西师范大学出版社2000年版,第452页。

紧办理不致迟误，惟题本以及咨行事件仍不免迟延积压之弊。"① 题本是关于京内外大部分寻常政事的汇奏，其迟延积压带来的影响并不比特旨交议事件迟延带来的影响小。

（三）嘉庆二十五年兵部遗失行印案中官员处分

《历史档案》1994 年第 4 期曾登载"嘉道年间禁城及部院衙门秩序混乱史料"。其中包括 4 件军机处录副奏折，依次为：大学士戴均元等为审拟私自于兵部围墙开门之皂役事奏折；御前大臣索特那木多布齐等为遵旨会议御史罗宸请严门禁逐条事奏折；御史何辉绥为皂役携眷居住各部衙署请严订章程稽察事奏折；御史卞士云为请明立档案检查章程严禁小贩入署销货事奏折。第一件出自于嘉庆朝，后三件出自于道光朝，可见嘉道朝政事一脉相承，因循怠玩何其严重。

嘉庆二十五年（1820）的兵部行印遗失案是集嘉庆朝诸多因循问题于一案的特大案件。作为国家权力象征的"兵部行印"竟然遗失，而且不知遗失在何时，何人手里遗失，不知遗落于何人之手，这又是嘉庆朝一件匪夷所思之事。古林对此案有同样的看法。② 在此案前后审讯过程中，一拨拨的审讯官员和失事官员被议处，这也是嘉庆朝因循政风下处分官员最多的一个案子了。

1. 处分审案官员

三月初七日兵部发现行印被窃，绵课等会同刑部堂官审讯"延宕月余"，嘉庆皇帝以绵课等"因循疲玩，推委迁延，实属咎无可辞。"直接处分："绵课等毋庸交吏部、都察院议处。绵课、英和、和宁、韩崶俱著降为二品顶戴，恩宁、王鼎、海龄俱著降为三品顶戴，所有派审司员等俱著摘去顶戴。"③ 四月初九日再次处分，兵部遗失行印一案"迄今一月有余，并未讯有端倪"，所有审讯之王大臣及刑部堂官、各司员等"殊属懈玩"，"绵课著罚职任俸半年，曹振镛、英和、刑部堂官俱著罚俸半年，各衙门所派承审

---

① 中国第一历史档案馆档案：录副奏折《马大中奏为京外各衙门办事延缓请设法稽核事》，档号：03-1635-027。

② 古林：《嘉庆庚辰兵部失印案》，《紫禁城》1983 年第 4 期。

③ 中国第一历史档案馆编：《嘉庆帝起居注》第 22 册，广西师范大学出版社 2006 年版，第 122 页。

此案之司员等俱著罚俸一年。"①但是皇帝也指出："如五月初五日以前或能抓贼或能起获行印,奏上时必当立予开复。"②因此当四月二十六日案件查清,行印是在嘉庆二十四年八月二十八日于巴克什营账房丢失,为此嘉庆皇帝兑现承诺,"绵课、英和俱著赏还花翎,和宁、韩崶著赏还顶戴花翎。曹振镛、恩宁、王鼎、海龄俱著开复原品顶戴,刑部及各衙门派审司员俱著给还顶戴。"③这处分来得快,去得也快。

2.兵部当月司员处分撤销

嘉庆皇帝原以为行印在部丢失,下旨:"自上年九月初三日起至本年三月初七日止,该部当月司员不自行收管印钥,怠惰玩公,积习甚为可恶,俱著永远停升。其有记名应升及加级纪录议叙之处一并撤销。"④后讯明行印在巴克什营帐房被窃,自然"在部当月司员于失印一事俱无干涉。惟'沿习懈怠'不在署值宿,于阖署吏役聚赌,及皂役私开垣门茫无觉察,是其咎愆,然亦尚不至永远停升。除各该员记名应升及加级纪录议叙仍俱撤销外。其实缺人员著加恩改为停升半年,候补人员俱著全行开复照常补用"⑤。这是嘉庆皇帝对先前错误处分的及时纠正,但还是找理由训饬了官员一番。

3.兵部堂官的三次处分

(1)因行印在部丢失堂官被交议。"兵部奏遗失行在印信一案,兵部堂官未能先事预防均有应得之咎。明亮旧有勋绩,现已年老不能常川到署,著交部议处。戴联奎、常福、曹师曾、常英先行摘去顶戴,俱著交部严加议处。松筠、和世泰、普恭、吴其彦,俱俟究出何年月日,遗失系何人任内失察,再行交部严加议处。"⑥吏议之后皇帝定议,此案兵部遗失行在印信,"至

---

① 中国第一历史档案馆编:《嘉庆朝上谕档》第25册,广西师范大学出版社2000年版,第145页。

② 中国第一历史档案馆编:《嘉庆帝起居注》第22册,广西师范大学出版社2006年版,第122—123页。

③ 中国第一历史档案馆编:《嘉庆朝上谕档》第25册,广西师范大学出版社2000年版,第189页。

④ 中国第一历史档案馆编:《嘉庆帝起居注》第22册,广西师范大学出版社2006年版,第129页。

⑤ 中国第一历史档案馆编:《嘉庆帝起居注》第22册,广西师范大学出版社2006年版,第162页。

⑥ 中国第一历史档案馆编:《嘉庆朝上谕档》第25册,广西师范大学出版社2000年版,第95页。

请领印信时始行查出，并不知何时失去。该堂官等实属疏懈毫无觉察。吏部等衙门分别议以降调革职，固属咎所应得。姑念明亮旧有勋绩，现已年老不能常川到署，著加恩改为降五级留任，无庸管理部旗事务仍留内大臣职任。戴联奎著加恩以从三品翰林京堂补用。曹师曾、常英著加恩以四品京堂补用。常福著加恩赏给四品顶戴管理圆明园。"①案中的明亮凭"勋绩"，"议功""议能"两度被从宽。

（2）堂司官员失察兵部皂役处分。嘉庆皇帝指出："官廨为办事公所，门户墙垣关防紧要。"而皂隶辄敢"穿穴围墙自辟门径，其娶媳之花轿嫁妆竟穿衙门而走，而堂司官竟毫无见闻，全同木偶，实属溺职。……可见该衙门废弛已极。……其平日任听官吏懈玩，漫无觉察之各堂官实属咎无可逭，戴联奎等虽经降调不足蔽辜，仍交部严加议处。松筠、和世泰俱著交部严加议处。普恭于三月初三日署任虽仅数日，亦著交部议处。其开门之日，失察之该管司务著查明即行革职。"②吏部议处后，四月二十三日皇帝旨下："吏部议将各该堂官照溺职例革职，实属咎所应得。但念其过，究与私罪有间，尚不至全行罢斥。松筠著革去盛京将军降补山海关副都统，仍带革职留任。和世泰著革去宫衔、紫禁城骑马、御前侍卫、兵部尚书、正蓝旗满洲都统，留总管内务府大臣之任管理茶膳房、清漪园等处事务，仍带革职留任。普恭署任仅止数日，著改为降三级留任。戴联奎、常福、曹师曾、常英前已降调，俱著改为革职留任。"③嘉庆皇帝的处分定议也有些"因循"之气。

（3）行印在途丢失后堂官及他官处分。"松筠管带兵部印钥，竟违旧制不将行印收贮账房，推原遗失之根皆由于此。"④松筠、裕恩及兵部堂官分别被严议、议处、察议，司员被分别革职议处。松筠之咎甚重，"著革去山海

---

① 中国第一历史档案馆编：《嘉庆帝起居注》第 22 册，广西师范大学出版社 2006 年版，第 78 页。

② 中国第一历史档案馆编：《嘉庆帝起居注》第 22 册，广西师范大学出版社 2006 年版，第 129—130 页。

③ 中国第一历史档案馆编：《嘉庆朝上谕档》第 25 册，广西师范大学出版社 2000 年版，第 181 页。

④ 中国第一历史档案馆编：《嘉庆帝起居注》第 22 册，广西师范大学出版社 2006 年版，第 149 页。

关副都统，以该旗公中佐领用，有缺补授，无缺在旗候补。裕恩上年署理行在兵部侍郎，失察在途失印，咎亦难辞，著退出乾清门革去侍郎、前锋统领、副都统，仍留镇国将军随旗上朝。"[1] 兵部当月司员何炳彝、庆禄二人"造作谎言"，"是此案拖延日久，全为伊二人所误"，二人俱革职。何炳彝并发往吉林，庆禄发往乌鲁木齐效力赎罪。捷报处郎中五福喜、送印之笔帖式中敏都被革职。郎中恒泰在围失察遗失印信也交部议处。[2]

此即嘉庆二十五年的失印案，本是大小官员的因循疲玩，然而嘉庆皇帝最后总结案发原因，是由于"此案各犯舍小过而就重罚"。何为"舍小过"？嘉庆皇帝指的是回避处分。案结后嘉庆指示："嗣后内外大小官员务各痛改回护过失，规避处分积习。遇有失误，属员即时据实禀报，大吏即时据实奏陈，凡系无心之过，朕无不量从宽宥者。若安心掩饰，则是以无心之失转为有意之欺。一经发觉，执法严惩断难宽贷，过以公私而判，故罚有轻重之殊，不可不辨之于早也。"[3] 此论在根本上忽略了政治风气的"因循怠玩"，可见在嘉庆晚期皇帝也不再愿意费力去谈论"因循"二字了。

三、外省因循疲玩不知何时始除

"外省因循疲玩不知何时始除，深为可恨！"[4] 这近乎嘉庆皇帝的一句口头禅了，可见嘉庆时期各省因循风气不亚于京中部院。因此才有"于是一人办的事，十人办不完；一天办完的事，一月办不完。……要兴办的事，不能如期办到；要废止的事，过期尚不能铲除，在有些州县无效率而言。"[5] 本节拣选若干省份，反映嘉庆时期各省因循风气及官员之处分。

---

① 中国第一历史档案馆编:《嘉庆朝上谕档》第 25 册，广西师范大学出版社 2000 年版，第189 页。

② 中国第一历史档案馆编:《嘉庆朝上谕档》第 25 册，广西师范大学出版社 2000 年版，第188 页。

③ 《清仁宗实录》第 5 册，中华书局 1986 年版，第 889 页。

④ 中国第一历史档案馆档案: 附片《奏为奉旨特交案件未能迅速审拟事》，档号: 04-01-27-0028-004。

⑤ 高尚仁、桑毓英:《清中叶州县行政舞弊的研究》,《行政效率》1935 年第三卷第 6 期。

（一）云粤偏远省份政事因循下的官员处分

1. 云南省的因循与处分

清制，向来州县交代例限綦严，逾限有严厉处分。嘉庆八年（1803），吏部尚书那彦宝上奏各省交代迟延，其中以云南省为最，云南各属有逾限数月甚至二三年以上未经结报者，共积至 40 余案。嘉庆皇帝批示："滇省吏治废弛已可概见。"并认为"此总由已革藩司陈孝升在任年久，诸事因循，既不严催于前又不揭参于后"，致各属员将交代事件迟延。同时本省督抚"亦不实力整饬，均难辞咎，"命那彦宝将云南省官员清单开具，结果纠出了按例应革职降调者不下 70 余员。因涉及人数太多，又是实降实革，嘉庆皇帝反而下不了手。"若概行褫职镌级，均另易生手，人数过多。"遂命将原单发交吏部，改由"按其逾限时日分别详议具奏，俟部议上时再降谕旨。"[1]本来《吏部处分则例》中的交代迟延处分条例可以直接引用，但是按例处分太重，所以嘉庆皇帝又改由按照逾限时日多少来处分。可见作为制度中的条例，在实际操作中伸缩度之大。

随后吏部奉旨按照逾限年份久暂将议处结果议覆，嘉庆皇帝又进行更改。"所有逾限两年以上之唐祖樾、王子音、张登第、王禹甸，逾限三年以上之张德基，均著照例革职。其逾限半年以上之朱久括等十员，逾限一年以上之萧大经等六员，均著加恩改为革职留任。至失察之该管各上司，总督琅玕、前任巡抚初彭龄，俱照例降一级留任。其余翟槐等十三员，俱著加恩改为降三级从宽留任。余依议。"[2]最后革职的只有 5 人，降调的没有，包括督抚在内基本上是不同程度的留任，不过这也是地方因"因循废弛"处分较多的一次了。

2. 广东省的因循与处分

嘉庆十二年（1807），刑部参奏广东省办理恩赦迟延。起因是嘉庆十一年曾颁旨对各省军流以下人犯分别给予减等，由刑部饬下各省督抚将符合条件的人犯名单造册上报。然而一年限到，广东省也没有提交名单。嘉庆皇帝

---

[1]　中国第一历史档案馆编：《嘉庆帝起居注》第 8 册，广西师范大学出版社 2006 年版，第 156 页。

[2]　中国第一历史档案馆编：《嘉庆帝起居注》第 8 册，广西师范大学出版社 2006 年版，第 193 页。

斥责:"即远如云贵及乌鲁木齐等处,并四川省之案犯最多者,已俱先后题咨到部。惟广东一省距京只数千里,何以节据部催,总未咨覆。"退一步质问:"即或因该省案牍繁多查办需时,亦何至经年累月尚未造报完结。"最终广东被定性为"疲玩恶习",[①] 督抚吴熊光和孙玉庭传旨申饬。并命吴熊光查明到底是何衙门办理迟延并进行参奏,同时以"督催迟延"令督抚自请处分。随后吴熊光和孙玉庭在本省查明是臬司等刑名官员经办迟延,上奏参劾臬司并自请议处。嘉庆皇帝旨下:"所有查造迟延各职名,除高州府知府施履亨业经病故外,署臬司吴俊著交部议处。吴熊光、孙玉庭督催迟延亦著一并交部议处。"[②]

地方办理具体政务的主要是两司道府州县官员,所以揭参牵涉的自然也是这些官员。然而对于这些官员按照吏议实降实革,在地方震动太大,最后只能是以留任来解决问题。但是留任解决了本案的问题,解决了皇帝的问题,却忽视了"因循疲玩"问题的根源并没有解决,同时皇权从宽也弱化了处分制度的惩罚效应,对官员的约束、对因循的治理也陷入了不良循环之中。

(二)直隶顺天政事因循下的官员处分

1. 直隶省的因循与处分

清代每届年底,六部各院都要对当年政务事件进行核对汇总,发现问题及时上奏清查。从嘉庆二十年(1815)底以来,直隶在诸多方面出现因循延宕,被六部就相关事项追查、清厘,甚为突出。如嘉庆二十年底,吏部统计各省查催逾限未覆事件开单呈览,其中直隶省逾限未覆者就达 28 件。嘉庆皇帝纳闷"该省距京最近,而积案转较他省最多"。推论出"吏部一衙门之案如此,其余各部院咨查之件亦多类是"。[③] 作为直隶省的督抚藩司那彦成、钱臻、盛泰故此被传旨申饬。

此时嘉庆为帝已有二十载,积累了一定的行政和统治经验。他认为直隶还会涉及诸多咨查未清事件,定性"因循疲玩"也确当。嘉庆二十三年

---

① 《清仁宗实录》第 3 册,中华书局 1986 年版,第 329 页。
② 中国第一历史档案馆编:《嘉庆朝上谕档》第 12 册,广西师范大学出版社 2000 年版,第 328 页。
③ 《清仁宗实录》第 5 册,中华书局 1986 年版,第 82 页。

（1818）底，户部亦上呈奏请敕催直隶各州县交代未结各案。其情如下："直隶省交代未结旧案自二十一年正展限期届满，降旨饬催之后仅据结报八十余案，尚有经部驳查及延未登覆者共四百余案，续据咨报新案未结者复积至四十余案。"可见嘉庆皇帝先前的判断是正确的。皇帝在指出"似此新旧递相积压，必致款目益滋缭辄"问题的同时，命直隶总督方受畴督饬本省藩司将以上未结各案迅速分案报部，并依限迅速清厘。[①] 嘉庆二十四年（1819）底，户部具题议覆直隶省题销嘉庆十六年春间，房山等县应差马驼草豆等项银55两一本。嘉庆皇帝发现直隶是"以十六年之事迟至二十三年十二月"，逾8年之久才具题。再次指出"直隶诸事废弛，因循疲玩，未有甚于该省者"[②]。但是嘉庆皇帝能做的只能是再将方受畴等传旨严行申饬，将承办迟延官员交部议处。

2. 顺天府的因循与处分

顺天府同样是"因循疲玩"。嘉庆二十二年（1817）底，工部核销顺天府具题事项，竟然是嘉庆十四年己巳恩科，文武会试搭盖棚座等项用过银两一事。嘉庆二十四年，户部两次驳减之事也是顺天府具题的嘉庆十四年翻译会试场内供应钱粮一本。一次是"事越八年之久始行具题"；另一次"乃迟至十年之久方再具题"，一次比一次长，"实属不成事体。"[③] 嘉庆皇帝一方面归罪于顺天府府尹刘镮之"任内诸事懈弛，降级调用尚未偿其疲玩之咎"。另一方面再度申诫"因循疲玩"，"著通谕内外大小各衙门嗣后遇有应办事件，无论巨细俱应迅速办理，不可怠惰迟延，致有积压"。[④]"训饬内外衙门力除因循疲玩，于应办事件随时清理，不可稍有积压。"[⑤] 但是未有成效，只能定立新制度以抑制因循疲玩之风。

---

① 中国第一历史档案馆编：《嘉庆帝起居注》第20册，广西师范大学出版社2006年版，第443—444页。

② 中国第一历史档案馆编：《嘉庆朝上谕档》第24册，广西师范大学出版社2000年版，第226页。

③ 中国第一历史档案馆编：《嘉庆帝起居注》第21册，广西师范大学出版社2006年版，第324页。

④ 中国第一历史档案馆编：《嘉庆帝起居注》第19册，广西师范大学出版社2006年版，第461页。

⑤ 中国第一历史档案馆编：《嘉庆帝起居注》第21册，广西师范大学出版社2006年版，第324页。

嘉庆二十五年（1820）五月，嘉庆皇帝同各部院九卿酝酿之后，就大宗的题销钱粮迟延处分颁布新规："外省于应行报销事件任意耽延，因循疲玩相习成风，而直隶为尤甚。屡经降旨训饬，恬不知改，非明定处分不足示儆，著吏兵二部酌议。嗣后各省题销事件，迟延在三年以内者免议，其有越三年以上者分别议以罚俸，六年以上者分别议以降调，九年以上者即行革职。酌定条款奏准后，通饬各省一体遵行。钦此。"随后细化更改，五月二十七日奉旨吏兵二部会议题销迟延处分条款内："迟延三年以上者著改为罚俸一年，四年以上者改为罚俸二年，五年以上者改为罚俸三年，其六年以上者均照所议分别降革。吏兵二部一律办理。至题销册籍舛错，经部驳查，准其分别扣除程限，吏兵二部亦一律办理以归画一。"①这方面处分制度的完善至少在一定程度上对防范因循疲玩有了明确的规制约束。

（三）山东等省政事因循下的官员处分

山东省的"因循废弛"，同于云南、广东、直隶、顺天府的兹不赘述，仅探讨其较他省更为严重的因循问题。嘉庆十九年（1814），皇帝曾直指山东督抚及藩臬省级大员的怠玩因循，而且处分不仅仅是申饬、严厉申饬、留任了。谕旨曰：

> 朕闻山东省吏治废弛，巡抚藩臬怠玩因循毫无整顿，先后降旨罢黜。复派章煦、那彦宝前往确查。兹据章煦等奏称该省吏治废弛，地方凋敝，官民交怨，讼狱繁兴，仓库空虚，人情习悍，详加察访，众口一词。同兴身任封圻负恩溺职，惟藩司朱锡爵之言是听。首府凝图声名狼藉，一味姑容不加参劾。朱锡爵素好侈华，综理财赋漫不经心，支发军需毫无头绪……同兴与朱锡爵以抚藩大员，如此废弛地方，厥咎甚重，同兴昨已照部议革职。朱锡爵前降补郎中，不足蔽辜，亦著革职。②

这次以"怠玩因循"为名，将督抚藩司革职，是比较重的了。但是嘉庆皇帝也忽视了一个问题，"至于外省因循之习更不可问"③、"各省督抚因循成习"。可见政风因循怠玩在外省已经习惯化了。诸如嘉庆二十三年（1818），吏部

---

① 《钦定吏部则例·吏部处分则例》卷十一《限期》，成文出版社1966年版，第166页。

② 《清仁宗实录》第4册，中华书局1986年版，第1021页。

③ 中国第一历史档案馆编：《嘉庆帝起居注》第17册，广西师范大学出版社2006年版，第252页。

奏行查各省事件逾限未覆请旨饬催一事，吏部单开行催未获 11 案以上的就有直隶、山东、江苏、安徽、广东、福建、湖北、闽浙各督抚 9 省。可见此数省不独上文所提到的各督抚。但是嘉庆皇帝明知常态化也没有放弃，而是尽可能整治不良风气。"著该部即查取职名，核其本任迟延案数照例议处。"并从制度上试图解决问题，"嗣后各部院咨查直省事件，如有行催未覆，逾十案以上至十一案者，即将该督抚奏请交部议处，以儆玩延。"①处分制度进一步制定，但因嘉庆皇帝在具体处分实施操作中不给力，再完善的制度也无法体现出来，往往还招致侵蚀。

嘉庆十八年（1813），也曾有新的稽查方式出台，但是研究发现在嘉庆十八年之后情况并未有大的改观。谕旨曰：

> 地方要务不过刑名、钱谷二端，其于刑名案件不为速结，以致株连拖累，案情愈益诪张。于钱谷事务亦不赶紧清厘，报销题覆动辄数年。……皆由该督抚不能精心敏力时加振作，遂至吏治日即废弛。嗣后部中题奏事件著照该御史所奏，将科抄咨文何日到部，该衙门何日具题，俱于本尾声明。如有迟延即行附参。至题本奉旨后行文以及咨行外省事件，著各衙门设立号簿登记，如有迟延分别记过参处。②

还有官员题请展限亦是一种对制度作用的减弱。嘉庆二十三年（1818），和舜武奏东省交代逾限各属，应逐案彻底清厘，恳请展限查办。嘉庆谕令山东各州县交代未结之案除办结者外，"尚有事故回籍各员及因款目纠缠，以致逾限未经结报，著照所请准其展限一年。该抚即督同藩司及委员等逐案查明，毋许再有牵混。如有仍前狡赖拖延者，指名严参究办，以清积弊。"③综观嘉庆皇帝对大小衙门机构政事因循息玩的整治，"总的说来是一个'软'字，表现为有法不依，执法不严，心慈手软，过于宽纵，劝诫多而惩戒少。"④这是对嘉庆朝官员因循疲玩处理的真实写照。

---

① 中国第一历史档案馆编：《嘉庆朝上谕档》第 23 册，广西师范大学出版社 2000 年版，第 570 页。

② 中国第一历史档案馆编：《嘉庆帝起居注》第 17 册，广西师范大学出版社 2006 年版，第 252 页。

③ 中国第一历史档案馆编：《嘉庆帝起居注》第 20 册，广西师范大学出版社 2006 年版，第 478 页。

④ 关文发：《嘉庆帝》，吉林文史出版社 1993 年版，第 254 页。

（四）外省刑名耽延下的官员处分

"地方要务不过刑名钱谷二端"，对刑名案件的因循拖延不结，既会导致株连拖累，又会影响地方治理。而当时这是地方官衙机构的通病，仅以嘉庆二十年（1815）的两起命案耽延为例。

（1）四川省的命案。民人嘉子彰在当地曾姓馆内受伤身死，是自戕抑或被害，案情不明，地方衙门不予明察。其子嘉玉藻在总督衙门具控 4 次，四川总督常明也没有审办，这样一起命案三年未见结果，后经皇帝点派赛冲阿审办才搞清案情。嘉庆皇帝斥责四川总督常明"实属疲玩"，特旨交部议处，吏部照"行查事件任意耽延者承办官降一级调用"例，常明"降一级调用，系钦奉特旨交议之件，毋庸查级议抵。"[①]

（2）广东省的命案。原告黎定麟在督抚衙门历控 6 次，结果是"案悬四载"。两广总督蒋攸铦、广东巡抚董教增同样被特旨交部议处，亦照定例行查事件任意耽延，"降一级调用，系钦奉特旨交议之件，毋庸查级议抵。"[②]

从督抚对命案态度的如此冷漠、麻木，对民生如此的不在意，可见当时大小官员于政事的疲玩因循。然而，对于这么一个油滑的官僚阶层，嘉庆皇帝除了斥责之外，只能是按例不痛不痒地处分，降一级调用对这些封疆大吏来说不会有实质性的影响，而其处置方式对政风的不良之处却无意中起了纵容的作用。

第二节　官员朝参进署散漫的处分

"一个懒惰的统治者或官员常常不能坚持按时上班或上朝，而一个尽职的皇帝或官员则会夜以继日地工作。"[③]"居守岗位，这是文官最基本的职责，是各机构正常运行的重要前提。……居守岗位的日常要求就是正常地朝参

---

① 中国第一历史档案馆档案：录副奏折《英和奏为四川总督常明办事任意耽延交部议处并照例降一级调用事》，档号：03-1568-053。

② 中国第一历史档案馆档案：录副奏折《英和奏为两广总督蒋攸铦等办事任意耽延照例降一级调用事》，档号：03-1568-063。

③ ［美］杨联升：《中国制度史研究》，彭刚、程刚译，江苏人民出版社 2007 年版，第 16 页。

（京官）或公座（外官），无故不朝参或公座会受到处罚。……官员居守岗位的另一重要表现是按时朝参（或公座），不得迟值或早散。"① 而嘉庆朝的官员却难以做到"居守岗位"，按时下班。

嘉庆朝因循政风之二就是大小官员朝参进署散漫之风盛行。清制，"各旗各部大小九卿，皆有值日奏事。其间尚书侍郎六人，不知何人命对，故所奏之事先一日皆具折底，由笔帖式分送六堂，必详询底里，烂熟于胸。设次日能入见，即须一一回奏，不敢以久不进对而忽略于一日也。其面奏含糊者不久必斥，明晰者往往承优擢。"② 可见，朝参奏事的重要。然而嘉庆时期由于因循之风的弥漫，大员们往往是朝参散漫、入署办公散漫，致使因循之风更盛。为扭转这种不良政风，嘉庆皇帝以整治大员因循为重点。第一，规范大员轮值和入署制度；第二，督责大员及时上朝和入署；第三，处分散漫大员。但是，从事后御史的不断参劾，可见当时因循散漫之风并没有得到改观，通过处分方式整治散漫政风，也没有成为主导性的整治方式。

一、嘉庆皇帝对大员轮值的制度调整

嘉庆一朝为规范、保证官员上朝奏事，在前朝基础上增补了若干条上朝轮值制度。如下：

1. 文职衙门宫内轮班奏事制的确立

嘉庆四年（1799）十一月二十二日，嘉庆亲政不久降旨："向来朕诣圆明园，各部院文职衙门及武职衙门俱轮班奏事，其无事可奏者则递无事奏片。至朕在宫内，惟武职衙门轮班值日，其文职三品以下京堂各官应奏事件甚少，无由引对。著于明年开印为始，亦照圆明园之例，各部院文职衙门俱著轮班奏事。俟于二十七月后，朕诣圆明园时仍照旧例行。钦此。"③ 这条谕旨明确规定文职衙门增加在宫内的轮班奏事时间，其上朝率由此增加。

---

① 艾永明：《清朝文官制度》，商务印书馆 2005 年版，第 158—160 页。

② （清）欧阳兆熊、金安清：《水窗春呓》卷下，载《清代史料笔记丛刊》，中华书局 1997 年版，第 58 页。

③ 中国第一历史档案馆编：《嘉庆朝上谕档》第 4 册，广西师范大学出版社 2000 年版，第 478 页。

2.取消御门听政时的奏事推班制度

推班即将上朝时间因事按例顺延。嘉庆十一年（1806）三月二十五日，上谕曰："文武各衙门在圆明园轮流值日，向来御门日期，除刑部不推班外，其余各衙门皆系推班。因思御门理事正以勤政敕几，是日各衙门堂官多有至圆明园者，若因御门办事以次推班，是循例轮奏之事转有压搁，殊失御门本意……嗣后逢朕在圆明园御门之期，所有应行值日奏事各衙门，均著无庸推班。"① 上谕令各衙门不准再行推班，以维护御门听政时的例行轮班奏事制，官员不能再予以散漫。

3.确立六部以外各衙门每年冬季轮值制

封印即指岁末年初官衙停止办公。嘉庆十五年（1810），补充规定："宗人府、翰林院、通政司、詹事府、太常寺、光禄寺、太仆寺、鸿胪寺、国子监、钦天监各衙门，著于朕每年冬月进宫之次日为始，每日轮派一衙门直班，周而复始至封印日止。直班之日照在圆明园之例，呈递名单以备召对，不必另递无事折片。"如果遇皇帝"出入天坛斋宫及至各庙宇拈香，并临莅西苑等处传膳办事，著推班一日，无庸随往。"② 这是针对冬季回宫后的轮值制及例外情况。

4.出台紫禁城轮值散漫参劾制

嘉庆六年（1801），定禁城以内，"诸王及满洲文武大臣、前锋统领、护军统领、内务府大臣，轮流直宿，谓之六大班。"③ 嘉庆十八年（1813）紫禁城之役以后，御史王庭华参奏六大班交接班时曾有散漫状态。嘉庆皇帝随即重申强调："紫禁城内值班各王公文武大臣等，俱应在内常川稽查弹压，不得稍有旷缺。乃近日怠玩相仍，于值宿次日不候接班之人交替，辄先散归，殊非敬慎在公之义。嗣后紫禁城内轮值六大班之王公文武大臣等，各班交替时刻皆当恪遵定例，其值宿次日俟本班轮直之员进内当面交替，方准下直。如不候接班人到，先行散归，或留人传语交代者，著接班之员据实参

---

① 《钦定吏部则例·吏部处分则例》卷三十一《仪制》，成文出版社1966年版，第409—410页。

② 中国第一历史档案馆编：《嘉庆帝起居注》第15册，广西师范大学出版社2006年版，第457页。

③ （清）吴振棫：《养吉斋丛录》卷二，载《清代史料笔记丛刊》，中华书局第2005年版，第32页。

奏，毋稍徇隐。"① 敦促接班人对上班人予以监督与参劾。

这条谕令的针对面相对比较窄，嘉庆十九年在此条基础上颁布了更详细、更全面的紫禁城值班监督参劾制，从而完善了紫禁城值班制度，确立了层层稽察参劾处分制。嘉庆十九年（1814）正月初五日，这份上谕原文如下：

> 紫禁城内值班王大臣遇朕驻跸御园及岁时巡幸，尤应严密稽查，凤夜罔懈。近日王大臣等多有怠玩相仍，不候接班，清晨先自散值者，其接班之人迟至薄暮，始进内值宿，禁城重地每致日间虚旷无人。上年九月十五日，逆贼约于午时突入禁门，未必非豫知守卫空虚乘间伺隙，前已降旨训饬，兹再行申谕。嗣后紫禁城内值班王，并内大臣、文大臣、武大臣、前锋护军统领，俱著恪遵定制，各于辰刻至景运门内九卿朝房面行交替，接班后仍著在景运门内外班房会集，毋许远离，至申酉之间，始准各自散归值宿处所。如有怠惰偷安不候交班先行散去者，著接班之人立时俱折参奏，无论王大臣，即将爵职斥革，虽有勋绩概不原宥，言出法随，各宜懔遵。如接班之人徇隐不奏，别经查出，一律斥革。至接班之人若任意延玩，过辰刻尚不进内，亦著住班之人参奏。其紫禁城内各处值班官兵，均著王大臣等不时查验，如有旷缺立行革惩。再向来在内该班之总管内务府大臣，例不值宿，每于早间进内游衍数刻，即行散去。嗣后著日出进内，俟至申刻始准下值，其在内值班之王大臣等是日有无旷误，即派令总管内务府大臣留心稽察，违者据实参奏。若内务府大臣散值过早，王大臣等即行参奏。朕仍不时另行派员密查，其各宜懔遵无忽。钦此。②

这条上谕出台的背景是"紫禁城之役"后，嘉庆皇帝强化紫禁城的值班情况。这条上谕内容有几层意义：（1）形成层层稽查参劾制度，有接班官员与住班官员之间的互相稽察参劾；有总管内务府大臣与王大臣之间的互相稽察参劾。（2）加重对被参劾官员的处分，不论其勋绩大小、爵位高低一概斥革。（3）补充王大臣的职责，赋予他们部分黜陟权，加强对值班官兵的稽察，可

---

① 中国第一历史档案馆编：《嘉庆帝起居注》第17册，广西师范大学出版社2006年版，第565页。

② 《钦定吏部则例·吏部处分则例》卷三十一《仪制》，成文出版社1966年版，第408页。

以立行革惩，这点对于王大臣而言，权力就非常大了。（4）增加总管内务府大臣的日值制，重在对王大臣等的旷误监督。嘉庆皇帝由此设立了层层的网格化的稽察监控体制，可见其对诸臣的极端不放心，更可见当时政风散漫的严重程度。

5. 圆明园文职官员轮流奏事班次的调整变化

雍正四年（1726），曾规定圆明园奏事时，八旗及六部、都察院、内务府等衙门分为九日，每日一旗一部轮流奏事。"遇值班之日，若该旗该部无应奏之事，亦着随班伺候，倘有紧要之事，许其不论班次启奏。"乾隆朝没有大变化，遵循圆明园奏事文职衙门九班制，武职衙门十班制（增加一班）。嘉庆二十年（1815）六月十四日，嘉庆皇帝基于这样的认识，"部院臣僚书思对命，既应在园像直，而衙署有应行坐办之事，亦不可仆仆往来致有旷误，分班轮直法至善也。惟文职九班内，各部各衙门值班之日俱多陈奏事件，其銮仪卫、光禄寺值班之日则无事可奏，殊觉闲旷。"从而予以调整为，"除武职十班仍照旧例外，所有文职九班着减去一班，以都察院归入刑部、大理寺，合三法司为第五班，以内务府、国子监为第七班，理藩院与銮仪卫、光禄寺为第八班。如此酌量变通，则繁简适均，亦无一日旷闲。其事繁之部院衙门，仍不论班次随时来园奏事。即自本月十九日吏部值班之日为始，各照新例按班轮值。"[1] 其调整原则是简者合并，每日"繁简适均"。形成了吏部、户部、礼部、兵部、都察院刑部大理寺、工部、内务府国子监、理藩院銮仪卫光禄寺等新八班，比较合理均衡。

综上，嘉庆年间由于嘉庆皇帝经历过波及多年的三省白莲教起义，亦由于其个人的勤政，更由于其遭遇过的特殊事变，还由于面对的油滑官僚政治，促使嘉庆朝出台了多项官员轮值制，试图以此挽救在京的最顶层官员的因循散漫之风。

6. 轮值制的评议

分析这几项轮值制，可以得出几种结论：（1）大员轮值制是以皇帝所在为轴心形成的文武官员轮班奏事制，或者是有关在宫的，或者是有关在圆

---

[1] 中国第一历史档案馆编：《嘉庆朝上谕档》第20册，广西师范大学出版社2000年版，第278—279页。

明园的。从轮值的地点来看，圆明园的轮值制反而比紫禁城轮值制要完善。
（2）大员轮值制本身的规范和完善。为确保轮值制的效果，出台官员之间互参的处分制，从而确保轮值制的有效。在封建社会，轮值制也是对朝政制度的规范和完善，完善的奏事制和轮值制，有利于效率的把控及对政务的及时处理。（3）大员轮值制进一步反映出嘉庆皇帝的勤政。"朕嗣统二十年以来，亦恪遵罔懈，诚以我朝家法勤政为先，驻跸御园与宫内办事，从无一日少闲。"[1]（4）大员轮值制的目的在于革除由上而下的散漫政风，"俾该员等不至习于安逸"[2]，"亦无一日旷闲"[3]。避免由散漫疲玩导致一系列极端不可预料之事的再度发生。可见，紫禁城之变对嘉庆皇帝的震动何其大。以上是嘉庆皇帝对紫禁城、圆明园官员轮班轮值上朝制的调整完善，继之，嘉庆皇帝需要整治的是官员进署的散漫问题。

二、嘉庆皇帝对大员入署的制度约束

嘉庆朝"一官多职"情况很多，尤其是兼任宫职枢职者。然而，如果没有兼任宫职枢职者，皇帝会成为真正的"孤家寡人"。但是，有兼职必会出现官员入原署办公时间的紧迫，尤其当皇帝驻跸圆明园时，更会出现兼职大员入署少的问题，这是嘉庆皇帝亟须要解决的现实问题。

1. 对内阁大学士的入署到阁要求

内阁"掌议天下之政，宣布丝纶，厘治宪典，总均衡之任，以赞上理庶务。"[4]设有大学士满二人，汉二人，凡补授大学士由内阁开列请旨，大学士沿袭明代职掌本章之票签。嘉庆七年（1802），针对存在的问题："内阁为丝纶重地，大学士均应常川到阁阅看本章。其中有在军机处行走者，每年春

---

[1]　中国第一历史档案馆编：《嘉庆朝上谕档》第 20 册，广西师范大学出版社 2000 年版，第 278 页。

[2]　中国第一历史档案馆编：《嘉庆帝起居注》第 15 册，广西师范大学出版社 2006 年版，第 457 页。

[3]　中国第一历史档案馆编：《嘉庆朝上谕档》第 20 册，广西师范大学出版社 2000 年版，第 279 页。

[4]　（光绪朝）《钦定大清会典》卷二《内阁》，载《续修四库全书》第 794 册，上海古籍出版社 1996 年版，第 31 页。

夏在圆明园之日居多，散直后势难再令赴阁视事。至在城之日，偶值枢务稍简，朕仍令其赴衙门办事，即应阁部兼到。若不在内廷行走之大学士，则票拟纶音是其专责，岂可稍涉闲旷。"①嘉庆皇帝根据大学士的兼部与否，调整为"嗣后在军机处行走之大学士值朕进城谕令到衙门办事时，著先赴内阁再赴所管之部院衙门。其不在内廷行走之大学士，俱著常川到阁阅本，以重纶扉而符体制。"②以保证内阁票拟的正常出签。

2.兼摄他职王大臣的入署规定

嘉庆九年（1804），针对内廷及乾清门行走兼管部院旗营的满汉大臣"托故偷闲，竟不赴署办事"的问题，颁旨敦促其早朝退后尽快入署办公。"嗣后内廷及乾清门行走兼管旗营之王大臣等，务于每日退直后，各赴公署查办一切，慎毋恣意养安，致负委任，特此通行晓谕。永远遵行。"③不得"以内廷行走为词，优游园囿。"④

3.对内务府大臣兼管部院旗务的轮班入署要求

嘉庆九年，皇帝针对存在的问题："总管内务府大臣等多系部院堂官兼辖旗务，近来每以驻园预备召见为词，概不进城赴署，况散直甚早，又不进城入署办事，在寓所坐待司官回稿，殊属非是。"并以军机大臣每日承旨书谕后，"犹必谕令到署办事"为例，要求"嗣后朕在园时，内务府大臣内，除并不管理部旗事务者仍应每日伺候外，其管理部院旗务各堂官著每日轮流一人，进城到署办事，并赴紫禁城内，将宫内及各太监、饭房一切事务就近办理，常川稽查，毋得稍有旷误。"不准再"相率驻彼（圆明园），致旷职任。"⑤

4.对南书房尚书房行走各员兼职入署要求

"上书房总师傅以贵臣为之，或一人，或二、三人，无定制。有事则至，

---

① 中国第一历史档案馆编：《嘉庆帝起居注》第 7 册，广西师范大学出版社 2006 年版，第 294 页。

② 中国第一历史档案馆编：《嘉庆帝起居注》第 7 册，广西师范大学出版社 2006 年版，第 295 页。

③ 《清仁宗实录》第 2 册，中华书局 1986 年版，第 752 页。

④ 《清仁宗实录》第 2 册，中华书局 1986 年版，第 753 页。

⑤ 中国第一历史档案馆编：《嘉庆帝起居注》第 9 册，广西师范大学出版社 2006 年版，第 128 页。

或月日一至，非日日入直也。"①嘉庆九年（1804），针对南书房尚书房行走兼管各部院堂官存在的问题，嘉庆皇帝摆出事实：在圆明园时，这些官员"每日散直甚早，亦衹安坐寓所，并不到署办公，惟待司官回稿画诺。每于召见时询及部务，多不能详晰奏陈，殊非敬事恪恭之道。"②并指出这些大员不必常随侍的原因，"南书房尚有翰林等常川住园，笔墨之事本属无多，足可办理。尚书房师傅有专课之责者，遇因公赴署日期，尽可将功课交与同直代为检理。至总师傅并无专课之责，不过旬日一到书房，又何必藉此在园，转置本任于不问。"从而要求"嗣后遇朕驻园时，南书房尚书房行走各员除职务本简，及翰林等仍每日入直毋庸到署外，其管理部院之堂官均著轮流进城赴署。至冬月朕进宫后，即著每日于散直后入署办事，以期无旷职守"。③

5. 对巡城御史及九卿入署的要求

嘉庆九年（1804），嘉庆皇帝回应给事中汪镛所奏，"现在五城御史坐城之期大率五日一次，核计每月办事只有六日"的说法，"所奏甚是"，"殊觉过疏"，并通查之，发现不仅"巡城御史有坐城之期，即京堂官除六部外其余各衙门亦俱设有堂期名目，每隔三五日始一进署。"如此必会造成"事有旷废"，"案牍压积"。因此规定"嗣后巡城御史除另有他事准其间日到署，其无事日期俱著常川到署办事。至九卿各衙门非遇值日奏事之期，均应按日进署，毋许再有堂期名目，以重职守而儆怠惰。"④由此取消堂期、坐城之期，要求官员日日进署。从巡城御史的"坐城之期"到九卿衙门的"堂期"，曾为官场中默认的规则。可见当时官僚懈怠弥漫浸染各处，嘉庆皇帝的区区数条谕旨，又何能制止住这股因循散漫之风！

同年九月，御史邱勋再次上奏严定各堂官按日到本衙门办事。可见官员们只将上谕视为具文，嘉庆皇帝再度严颁谕旨："嗣后各该堂官除赴圆明园

①　（清）吴振棫：《养吉斋丛录》卷四，载《清代史料笔记丛刊》，中华书局第2005年版，第63页。

②　中国第一历史档案馆编：《嘉庆帝起居注》第9册，广西师范大学出版社2006年版，第129页。

③　中国第一历史档案馆编：《嘉庆帝起居注》第9册，广西师范大学出版社2006年版，第130页。

④　中国第一历史档案馆编：《嘉庆帝起居注》第9册，广西师范大学出版社2006年版，第433页。

直日奏事之期往返稽时，不及再到衙门办事外，若在城无事自应到署，率同各该司员将应办事件悉心核办。倘无故不到，经朕查出必当照例惩处。"[1]除敦促之外，嘉庆皇帝终于将不到署的问题纳入到处分约束的范围之内。

6. 对吏部堂官九卿进署时刻的严限

在前期严谕之下，因循之风似乎有所转缓，但官员只是以应付为主。嘉庆十年（1805），皇帝在召见六部堂官九卿官员时，得知官员们"于午时始行进署，并称午前因司员皆未到署，即进署亦未能办事阅稿等语。"可见所谓的转缓是由先前的不入署，改为现在的午时入署，官员们明显地在绞尽脑汁应付皇帝。嘉庆皇帝急也无奈，只能批评大员们"实属迟缓"，还一板一眼地劝谕臣僚："凡人精神振作全在晨兴，六部等衙门事务纷繁，堂司各官即不能平旦进署，亦当于辰刻齐集办理事件，庶可从容讲论。若迟至午刻，则案牍当前，神气将已倦怠，安能悉心办事。且天寒暑短之时，更形匆促，殊非急公趋事之道。"[2]这些道理大臣们岂能不知！此后嘉庆皇帝降旨："嗣后内阁、六部等衙门堂司官均著以辰刻进署，如该司员等有无故到署过迟者，该堂官即应指参。如各该堂官进署迟延，经朕查出亦当一律惩处。御史若有见闻，即行参奏。"[3]

进一步把入署时刻限定，将官员入署迟延的问题纳入到处分约束的范围之内，强化堂官对司官的监察参劾和御史对堂司官员的监察参劾，以及嘉庆本人对官员的监察处分。在嘉庆皇帝的内心，只能靠层层的监察来维护谕旨的尊严，维护皇权的尊严，维护国体事体的尊严，此外别无他法。但是，如若最后的一道防线，由皇帝在不经意间破坏，那么后果可想而知。

嘉庆十一年（1806），距离谕旨颁布为时不久，出现的情形是："近来京中部院各衙门办事亦觉迟缓积压，司员等到署不早。""大小臣工于入内递事之日，尚知起早进朝，而寻常进署办事，辄迟至巳刻以后，是岂急公趋事

---

① 中国第一历史档案馆编：《嘉庆帝起居注》第 9 册，广西师范大学出版社 2006 年版，第 378 页。

② 中国第一历史档案馆编：《嘉庆帝起居注》第 10 册，广西师范大学出版社 2006 年版，第 625 页。

③ 中国第一历史档案馆编：《嘉庆帝起居注》第 10 册，广西师范大学出版社 2006 年版，第 626 页。

之道？"① 可见积习未改！官场政风的松弛，入署与否、散漫与否，仅靠几条简单条例，如"不按例定时刻散值过早者罚俸六个月"②；"员役旷班失于查出申报者罚俸三个月"③ 来处置，处分少之又少，根本不可能扭转。它需要"铁腕"的统治，然而，"铁腕"正是嘉庆皇帝所缺失的，吏治民生由此何能裨益！

三、嘉庆皇帝对官员上朝的督责与处分

1. 嘉庆帝对留京王大臣的督责及参劾设置

在清前期诸帝之中，外出巡幸巡视居第一位的是康熙，第二位的是乾隆，第三位的是嘉庆，之后是雍正和顺治出巡都比较少。嘉庆皇帝在二十五年的统治时间里，经常性举行的有秋狝木兰、东巡谒陵等，无特殊大事几乎一年一举，每次时间至少在一月以上，此外还有西巡五台等。外出虽不及康熙、乾隆之频繁，但时间累积也会形成一定的量。每当外出巡视期间，京中政务就托付于留京王大臣和皇子们来处置。留京王大臣由 4 人构成，一般由嘉庆皇帝特简。如嘉庆十年（1805），由于白莲教起义被镇压下去，嘉庆皇帝遂率众赴盛京祭三陵，命成亲王永瑆、大学士保宁、协办大学士尚书费淳、尚书长麟留京办事，从嘉庆十年七月十八日到九月二十三日临时主政。

嘉庆八年（1803），为提高留京王大臣的处理政事效率避免旷误，御史茅豫上"敬陈留京王大臣事宜"折，指出："王大臣等留京办事，自应共在一处公同商酌，方符体制。"嘉庆皇帝认可茅豫提议，规定："嗣后王大臣等每日进内著在文华门门房会齐，每次行在本报发回时，著王大臣等在文华门会同开拆，遇有交办事件即在彼商办。"④ 文华门及其门房成为钦定的留京王

---

① 中国第一历史档案馆编：《嘉庆帝起居注》第 11 册，广西师范大学出版社 2006 年版，第 577 页。

② （清）文孚纂修：《钦定六部处分则例》卷十四《上书房散值时刻》，载《近代中国史料丛刊》第 34 辑第 332 册，文海出版社 1966 年版，第 331 页。

③ （清）文孚纂修：《钦定六部处分则例》卷十四《当月官公事错误》，载《近代中国史料丛刊》第 34 辑第 332 册，文海出版社 1966 年版，第 337 页。

④ 中国第一历史档案馆编：《嘉庆帝起居注》第 8 册，广西师范大学出版社 2006 年版，第 360 页。

大臣公同商酌政务之所。

嘉庆十三年（1808），又针对留京王大臣赴文华门办事后无留值的情况。内阁侍读学士德祥指出，"向来留京办事王大臣每日辰刻即全行散去，令属员代看合符，俟西刻始行到班。"建议"请照六班之例，责令轮流昼夜在班，以符体制"。此前嘉庆皇帝一旦外巡，对于留京王大臣的具体上下班问题并没有太多关注。德祥的建议皇帝立即接受，"所奏是"。着手新规的制定，并在八月十五日颁旨于内阁，曰："留京王大臣四人每日赴文华门办事，如值事务简少，辰刻原可散出。但轮应值班者有看守合符之责，关系紧要。若一同早散，只将合符派人看守，直俟至西时始行到班，殊非慎重责守之道。姑念系相沿陋习，此时亦不必交议。"嘉庆皇帝以"相沿陋习"为说辞，没有处分留京王大臣。然而，规定"嗣后留京王大臣著于文华门办事毕后，其非值班者著于公事完竣后散出。其应于是日值班者不得同散，著竟日在内看守合符，俟次早交代合符，方准散出。著为令"①。确立了留京王大臣文华门办事后的留值问题，避免了政务的旷误。

此后，嘉庆十八年"紫禁城之变"对嘉庆皇帝的触动非常大，他认为是上下因循"祸积有日"。因而对各官衙机构再次展开整治，对居于顶层的留京王大臣自然也不例外。嘉庆十九年（1814），再次恭谒东陵。派令肃亲王永锡、大学士曹振镛、吏部尚书英和、工部尚书苏楞额为王大臣留京办事。为振作朝纲，去除因循，出台几项更新规定：

（1）"自此次为始，凡遇谒陵巡幸之期，派出留京王大臣俱一体恭请合符，轮流直宿。每日卯时四人公同进内，一人留直，余三人申初，方准散归。"严格四位王大臣的轮流直宿制度，无例外。（2）"所有留京王大臣出入时刻及轮应直宿日期，著派阿哥等公同稽查。如有迟误旷班者，具折附报参奏，不可稍迟时日。"②确立了在京阿哥负责稽查参劾留京王大臣的制度。（3）针对其余紫禁城内各该班王大臣等，"著留京王大臣每日开列名单呈送阿哥等抽查，或将直班之人传至乾清门面见，或派谙达等赴各直班处所查看。倘有迟误旷班，及未见接班之人先散去者，亦著阿哥等具折附报

---

① 中国第一历史档案馆编：《嘉庆朝上谕档》第13册，广西师范大学出版社2000年版，第511页。

② 《清仁宗实录》第4册，中华书局1986年版，第1005页。

参奏。"①确立了留京王大臣与阿哥对王大臣的公查单参制度。由此，所有紫禁城内的王大臣和留京王大臣都置于皇权监督之下，他们被纳入到对国家职官考核的一体化议处体系之中。可见，嘉庆朝对官员的处分层面有所扩大，吏部、兵部、都察院、宗人府、内务府的议处愈趋向于合一。

对留京王大臣和王大臣参劾制度的完善是嘉庆朝在官员处分方面的深入。但是政风的因循不会立即革除，对于王大臣的因循散漫推诿同样要予以处分。如查仓是王大臣的职责之一。当时京师有十三仓"曰禄米、南新、旧太、富新、兴平，在朝阳门内；曰海运、北新，在东直门内；曰太平，在朝阳门外；均国初建"。②嘉庆二十四年（1819），英和把本年王大臣查仓次数列单汇奏呈览，嘉庆皇帝根据各王大臣查仓次数进行比对，对不勤之王公予以了处分。"明亮年逾八旬查仓至四十六次之多，景安、崇禄俱年逾七旬亦各查仓二三十次。惟和世泰、奕绍各查仓五次，和世泰系本年十月续派，为期仅及两月，计算次数亦不为少。"只有"奕绍一年内止查仓五次，于公事实属疏懈，疲怠性成，太无出息。著退去查仓差使，仍罚职任俸一年。"③这次处分其实比较重，但是对于那些懒散的有着特权有着优厚待遇的宗室而言也是小事一桩。

嘉庆二十五年（1820），兵部失印案审案期间也出现了留京王大臣处理特旨交议事件的散漫。嘉庆曾言特派王大臣留京办事，"其责任与在京军机大臣相同，凡有交办事件亦与特交军机大臣者无异。"然而，此案自交留京王大臣等审办，却不能及时结案。嘉庆皇帝斥责他们，"无如疲懈成性，互相推委，竟迟至十五日始将案犯集讯，以致各犯从容串供，情伪百出，实属因循疲玩，怠惰极矣。"④这八字定性"因循疲玩，怠惰极矣"已非常重。嘉庆皇帝命令"著自此次为始，留京王大臣等除寻常事件仍照旧办理外，如有特旨交办之事，接到谕旨立即会同查办，不准片刻稽迟。倘有仍前延玩

---

①　《清仁宗实录》第 4 册，中华书局 1986 年版，第 1005 页。

②　（清）吴振棫：《养吉斋丛录》卷二，载《清代史料笔记丛刊》，中华书局第 2005 年版，第 31 页。

③　中国第一历史档案馆编：《嘉庆帝起居注》第 21 册，广西师范大学出版社 2006 年版，第 597 页。

④　中国第一历史档案馆编：《嘉庆帝起居注》第 22 册，广西师范大学出版社 2006 年版，第 267 页。

者，经朕查出，定行从重惩治不稍宽贷"①。留京王大臣及王大臣的散漫尚且如此，何况其他官员机构。

2.嘉庆帝对散秩大臣的督责与参劾

清代宫内不设宦官二十四衙门，惟设内务府衙门和侍卫处，散秩大臣属于侍卫中的一类。张德泽认为："散秩大臣（从二品）无定员。"②会典亦记载："散秩大臣无定员，由特恩补授。如员少，于宗室镇国公、辅国公、镇国将军、辅国将军、宗室一等侍卫及公侯伯子男内拣选引见，或授散秩大臣或署散秩大臣，均候钦定。"其职责有"掌率侍卫亲军以宿卫扈从。"③内大臣6人，亦要于散秩大臣、都统、前锋统领、护军统领内特简，任其职者均得戴孔雀翎，穿黄马褂，去任则否。散秩大臣因其地位尊崇，初期对散秩大臣没有稽察监督之人。嘉庆七年（1802），因有散秩大臣庆寿、巴尔桑阿患病，各散秩大臣等私议将其二人令常在静安庄值班，静安庄属清代皇家棺椁暂安之地。这个事件及其所论成为对散秩大臣实施管理稽察的契机。嘉庆皇帝为此特降谕旨，将散秩大臣的勤惰等问题交予领侍卫内大臣监督管理并参劾。但是领侍卫内大臣惧于散秩大臣"秩列头品"，无法监管，更无法参劾，不愿承担监督之责。但是嘉庆皇帝还是强令领侍卫内大臣管理，不许"推诿"。我们可以看到当时高层内部的一些情况，以下则为这条史料，谕旨曰：

> 嗣后散秩大臣等值班并各项差使，俱交领侍卫内大臣等指派稽察，原因散秩大臣等于值班并各项差使，若无稽察之人，伊等任意行走，日久不免有所空误，并非将散秩大臣作为领侍卫内大臣之属员也。今领侍卫内大臣等奏称，散秩大臣俱系秩列头品，非如侍卫等可以申饬教戒者可比。请嗣后散秩大臣内遇有报病者，于年终汇奏等语，显系推诿。著领侍卫内大臣等仍遵奉昨降谕旨，于散秩大臣等值班并各项差使，俱由领侍卫内大臣等指派稽察外，至伊等勤惰，若于年终汇奏，为日过多，

---

① 中国第一历史档案馆编：《嘉庆帝起居注》第22册，广西师范大学出版社2006年版，第267页。

② 张德泽：《清代国家机关考略》，中国人民大学出版社1981年版，第86页。

③ （光绪朝）《钦定大清会典》卷八十二《侍卫处》，载《续修四库全书》第794册，上海古籍出版社1996年版，第760页。

著领侍卫内大臣按季汇奏。此内倘有误差旷班者，领侍卫内大臣即随时查参。①

对散秩大臣监察的按年汇奏改为按季汇奏，即时参劾也改为了按季汇报，间隔时长其意义就不大了。而且从最初内大臣所具有的顾虑，嘉庆皇帝的这条上谕更是没有多大的意义，徒增一些无谓的汇报。嘉庆十五年（1810），皇帝对散秩大臣进宫时间予以规定，可从中判断当时散秩大臣疏于进署的状况。故而才又有明确的规定："朕在宫内之日，散秩大臣向例每日进内，该员等亦有兼管旗分营务者，日日入直，并有分管事务未免积压，又以不能上衙门办事藉口躲避。"因此以各衙门"劳逸不均"为由，定"嗣后散秩大臣除并未兼管旗营及仅兼管一处之员，仍照旧每日入直，如有兼管二三处事务者，俱著于奏事之日进内，余日上衙门办事，无庸进内。"②进一步明确了散秩大臣的进宫与进署如何兼顾的问题，希冀避免因循散漫。对于侍卫制的研究，学界近年出有一些成果，见注释。③

3.嘉庆帝对上书房师傅的督责及处分

吴振棫记载上书房之名始见于康熙三十二年（1693），康熙帝"命徐元梦入直上书房。"上书房师傅"曩时由掌院学士拣选，会同内阁带领引见。乾隆五十五年（1790），命大学士公同拣选。近亦有由总师傅保荐，或圣意特简者"。④可见，其为士林之首。

清制，"儒臣入直尚书房，职司训课，责任綦重，理应克勤克慎，无旷厥官。"⑤如规定"师傅入直，率以卯课。幼稚课简，午前即退直，退迟者，

---

① 中国第一历史档案馆编：《嘉庆帝起居注》第 7 册，广西师范大学出版社 2006 年版，第529—530 页。

② 中国第一历史档案馆编：《嘉庆帝起居注》第 15 册，广西师范大学出版社 2006 年版，第457 页。

③ 中国第一历史档案馆档案：《嘉庆朝随扈翊卫档案》，《历史档案》2013 年第 4 期。陈章：《顶戴羽翎与清代侍卫研究三题》，《历史档案》2022 年第 2 期。常江：《清代侍卫制度》，《社会科学辑刊》1988 年第 3 期。曹连明：《清代大内侍卫谈略》，《紫禁城》1994 年第 4 期。陈章：清代侍卫职能考述》，《清史论丛》，社会科学文献出版社 2018 年版。陈文石：《清代的侍卫》，《食货月刊》1977年复刊第七卷第 6 期。

④ （清）吴振棫：《养吉斋丛录》卷四，载《清代史料笔记丛刊》，中华书局 2005 年版，第61 页。

⑤ 中国第一历史档案馆编：《嘉庆朝上谕档》第 15 册，广西师范大学出版社 2000 年版，第312 页。

至未正二刻，或至申刻。惟元旦免入直，除夕及前一日，巳刻准散直。"①

嘉庆十一年（1806）十一月初八日，嘉庆皇帝进一步规定上书房师傅散值的时刻及处分。"嗣后上书房师傅著遵照向例，春分后于申正散值，秋分后于申初散值。并将散值时刻告知管门太监按日登记。其管理部院在上书房行走大臣，如遇有部院应办事务及奉旨特派事件应早散值者，亦著将因何早散缘由告知管门太监随时登记，以备查核。倘经此次申谕之后，仍有任意疏懈情事，一经查出必行严惩不贷。"②上书房师傅贵为皇子的老师，地位尊崇，"王公大臣见皇子，皆双膝跪，惟上书房师傅，则以捧手为礼而不跪。"③然而对上书房师傅的管理也没有松懈，同样被纳入到官员的参劾处分系统当中，而且上书房师傅的入值受到皇帝和皇子阿哥们的监督。

嘉庆十五年（1810），尚书房师傅因天气原因旷职，当时嘉庆皇帝例行查阅内左门人员名单，发现师傅周系英、果齐斯欢、秦承业三人均没有到岗。当即询问二阿哥和三阿哥，阿哥们"以师傅等均不进内"为由回护。后在嘉庆皇帝逼问下，阿哥们回复："是日俱早至书房，循例至午刻散归，久候师傅等未到，不知何故。"只此一事，嘉庆皇帝大动干戈命军机大臣严查。周系英被传询，辩称"澄怀园门内外积雨，水深未能趋直"。被嘉庆皇帝驳斥："尚书房翰林寓居澄怀园距宫门咫尺，何至不能入直，明系伊等怠惰偷安，有旷职守。"最后这一干师傅被以"藉端旷误"论。"周系英著降一级调用再罚俸一年。果齐斯欢念系宗室免其责处，赏留宗室顶戴，降补法式善所出左庶子缺，再罚俸一年。伊二人均仍令在尚书房行走。秦承业系训课，伴读，绵檀、载铨责任较轻，免其降调，著罚俸一年。伊年老衰颓，著退出尚书房。……王懿修系属总师傅，本应议处，念其年力已迈，著加恩宽免处分，不必在尚书房行走。"④并命"此旨应载入

---

① （清）吴振棫：《养吉斋丛录》卷四，载《清代史料笔记丛刊》，中华书局第2005年版，第61页。

② 《钦定吏部则例·吏部处分则例》卷十四《旷职》，成文出版社1966年版，第193页。

③ （清）吴振棫：《养吉斋丛录》卷四，载《清代史料笔记丛刊》，中华书局第2005年版，第62页。

④ 中国第一历史档案馆编：《嘉庆朝上谕档》第15册，广西师范大学出版社2000年版，第312—313页。

宫史，仍抄录一道交尚书房存记"①，以此警示尚书房师傅不能以任何理由出现旷职。

4.嘉庆帝对官员上朝散漫的督责与处分

当时规定各部院衙门带领允准引见官员召见后，由皇帝直接决定该官员的调补升迁。皇帝在降旨时，为体现国体，通常"降清字谕旨"，即满文谕旨，因此需懂满文官员陪值。嘉庆元年（1796），兵部带领官员引见，在值的官员有阿桂，但却"年老重听"；有胡季堂，却系"汉员不晓清语"。而够资格满足条件的只有满洲尚书庆桂，却未在场。嘉庆皇帝埋怨这位亲臣："虽系伊值六班，亦当与他人更换前来，即下班赶来亦无不可，竟推诿进班不到，甚属不晓事体"②，最后将庆桂交部议处。庆桂被处分有些不当，这不是真正的旷误，却被按进班推诿例处分。

嘉庆五年（1800）某日，轮吏兵二部呈递述旨，吏部尚书刘权之，侍郎文宁、曹城，兵部尚书汪承霈，侍郎平恕，作为本部堂官却均未进内。嘉庆皇帝认为"向来文武各衙门呈递无事奏片，该堂官尚俱全到。即各旗述旨，该都统、副都统等亦俱全到"，岂有数员同时未到，"殊属非是"③，5位堂官均交都察院察议。嘉庆十五年（1810），内务府掌仪司御茶膳房给皇帝呈递月折，和世泰、征瑞是专管之员，都没有前去奏递。嘉庆皇帝对此不满，"伊二人前派查库，谕令不必来圆明园奏事，原指内务府公同具奏事件而言。至专管事件伊二人或分一人来园，或于明日朕进宫时奏递，均无不可。乃误会前旨，将月折仅令司员前来呈递，设有应行查问之处将令何人登答。"虽是"误会前旨"，但是嘉庆皇帝还是将和世泰、征瑞以"不晓事体"④交部察议。

内阁批本处职掌进本的收发与批本事务。每日当进本时，由满票签处中书送交批本处，由批本处送内奏事处进呈。嘉庆二十三年（1818），皇帝升

---

① 中国第一历史档案馆编：《嘉庆朝上谕档》第15册，广西师范大学出版社2000年版，第313页。

② 中国第一历史档案馆编：《嘉庆帝起居注》第1册，广西师范大学出版社2006年版，第15页。

③ 中国第一历史档案馆编：《嘉庆朝上谕档》第5册，广西师范大学出版社2000年版，第534页。

④ 中国第一历史档案馆编：《嘉庆朝上谕档》第15册，广西师范大学出版社2000年版，第37页。

殿，批本处官员赞善宝瑛，主事恒龄，中书八十五却一同迟到。"宝瑛系应每日早至预备召见之人，今日幸未召见。设若召见必然空误，宝瑛之咎比伊等较重，著罚俸二年。恒龄、八十五著罚俸一年。"[1]上朝散漫只要迟到或不到，轻重都会被处分。虽然这些处分有的是合理的，有的是不尽情理的，但是只要由皇帝交议，至少也得被罚俸。

四、官员递送膳牌散漫的处分

1.嘉庆时期官员递送膳牌的三次调整

膳牌是什么？礼亲王昭梿言："凡王公大臣有入朝奏事者，皆书名粉牌以进，待上召见。于用膳时呈进，名曰膳牌。"[2]清人吴振棫亦记载："膳牌，以极薄木片为之，涂以白油粉，阔一寸，长不及尺，其上寸许绿色，中间书某官某人。凡内官奏事，外省文武大员入觐，皆递牌。是日召见者，即将牌子留下。奏事处人传知进见先后起数，或一、二起，或十余起，预备宣召，俗谓叫起儿。余则散出。入觐大员有连日召见者，下殿时，命次日再递牌子。及陛辞，则不复递矣。牌至御前，在用膳之顷，故曰膳牌。"[3]递膳牌的目的要么是皇帝需要召见臣僚，要么是臣僚需要觐见皇帝，它是皇帝和臣僚之间见面与否的保证。

这个保证对于递送者的要求起初没有太明确规定，到嘉庆五年（1800）有所变化，是为第一次调整。朝廷根据臣僚年龄大小确定代递膳牌和亲递膳牌，且有了违例递送膳牌的处置规定。"嗣后满汉大臣年至六十以上者，其膳牌著加恩准令笔帖式代递。倘是日未能进朝，须先期告知笔帖式勿令呈递。如膳牌已递，经朕召见而本人有未到者，与奏事官员及代递之笔帖式俱无干涉，惟当治本人以应得之咎。其余六十岁以下之满

---

① 中国第一历史档案馆编:《嘉庆帝起居注》第 20 册，广西师范大学出版社 2006 年版，第 335 页。

② （清）昭梿:《啸亭杂录》卷九《膳牌》，载《清代史料笔记丛刊》，中华书局 2006 年版，第 286 页。

③ （清）吴振棫:《养吉斋丛录》卷二十三，载《清代史料笔记丛刊》，中华书局 2005 年版，第 298 页。

汉大臣仍著照例亲递膳牌，以符体制。"① 按嘉庆皇帝之意是"体恤"满汉老臣，因为按照惯例官员应于五鼓先向奏事官员恭递膳牌，然后再入朝，时间是非常早的。

嘉庆十二年（1807），第二次调整。规定一，代递膳牌可遣人不必非笔帖式。规定二，亲王、郡王也可遣人代递不限年龄。规定三，也是加意强调，只要入朝奏事必须亲递膳牌。"前经降旨令文武大臣年在六十以上者，准其遣人代递膳牌，其六十以下者，俱亲至宫门呈递。因思亲王、郡王爵秩较崇，著加恩无论年岁，俱准其遣人代递膳牌。如亲王、郡王及年逾六十之大臣有自行陈奏事件，仍应亲递膳牌，以昭敬慎。"② 总之，扩大了代递膳牌人员的范围。

嘉庆二十年（1815），第三次调整，进一步放宽条件允许官员奏折可令司员代递，膳牌可令笔帖式来代递。当年六月十五日的谕旨曰：

> 朕御制勤政爱民论宣示廷臣，以心勤身勤区别诚伪。盖国家简用大臣，或以德举，或以才选，原责以赞襄庶政经国治民，非若侍卫羽林庶司小臣，但以奔走为劳也。因思朕驻跸御园，诸臣来园奏事，每询及时刻，多于子初兴起，自城内趋直，究其夜间过早之故，则因奏折、膳牌皆须亲诣宫门呈递，因而不敢稍迟。夫人之精神只有此数，当亥子之交正安神休息之时，乃已颠倒衣裳巫巫就道。虽身勤于外，未免心怨于内，因怨生息，转致因循庶政矣。况散直回城已届午刻，再至衙署办事，以疲惫之心神，欲其遇事寻原究委，昭晰靡遗，盖亦难矣。部院各衙门事务动关朝廷之得失，民生之利害，若不悉心考究，草草画诺，此虽终夜不寝待漏，禁门闲谈寻常无谓之事，于国事奚裨乎。嗣后部院旗营文武各衙门奏折，俱准令司官代递，应递膳牌大臣，准令笔帖式代递。朕每日召见廷臣，本在卯正以后，诸臣俱于卯初到园不致迟误。屏虚文，崇实政，宽其筋骸之劳瘁，正以养其心志之敬诚。朕恕以待下，推君臣一体之怀，恐诸大臣蒙犯霜露宵寐不遑，俾得休养心神任重致

---

①　中国第一历史档案馆编：《嘉庆朝上谕档》第 5 册，广西师范大学出版社 2000 年版，第507 页。

②　中国第一历史档案馆编：《嘉庆朝上谕档》第 12 册，广西师范大学出版社 2000 年版，第264 页。

远。钦此。①

这份上谕声情并茂地允许奏折和膳牌可分别由司员和笔帖式来代递。嘉庆皇帝希冀用自己的"诚"与"实"换得大臣的"实"与"诚",共同达到"庶事不虞丛脞"之效。

2.嘉庆时期官员呈递膳牌错误的处分

(1)处分错递膳牌官员。嘉庆七年(1802),因节届端阳,王公大臣等呈递膳牌预备嘉庆皇帝召见,皇帝一拨拨地接见,"早膳前先召见两起,膳后复召见十起"。迨到德瑛、祖之望、初彭龄、蒋曰纶时,却未等召见就先回城了。这令皇帝大为恼怒,"其时尚未交辰刻,即纷纷早散,殊属疏懒"。"该大臣等呈进膳牌原系豫备召对,即与陈奏事件无异,岂有不候膳牌发下,辄先行散归之理。"正如皇帝所言:"伊等如此刻不能待,又何必来递膳牌耶。"②德瑛等因此早归和无视皇帝被交部议处。这是亲自递送膳牌却不等召见带来的处分。

嘉庆十一年(1806),大臣姜晟已年逾65岁,委派工部笔帖式福松代递膳牌,自己却未能赶到致误召见。嘉庆皇帝怒其前后做事不一,"姜晟患病日久,赏假令其在家调理,如果病痊销假,理应呈递请安黄折,原可不必呈递膳牌。伊既已告知笔贴式来园代递,必自揣能亲赴宫门豫备召见。倘又病发难以前来,亦当迅速遣人将膳牌停止呈递,乃前后歧误,殊失恪慎之义。"③被交部议处。

与姜晟相反的则是鸿禄寺寺卿恭阿拉的呈递膳牌。嘉庆十二年(1807),鸿胪寺衙门轮应值班,恭阿拉系兼管官员,提前几天令家人告知鸿胪寺鸣赞主簿,派笔帖式清魁代其奏递膳牌。后恭阿拉因当日在紫禁城出班,后又查看宁寿宫工程,不能再赴园轮值接受召见。但是没有及时通知到鸣赞等人,以致"笔帖式清魁误为代递,奏事官桂昌并未亲见恭阿拉,即将膳牌接收",而当嘉庆皇帝令奏事官传旨召见恭阿拉的时候,才发现是虚递膳牌。

---

① 《钦定吏部则例·吏部处分则例》卷三十一《仪制》,成文出版社1966年版,第410—411页。
② 《清仁宗实录》第2册,中华书局1986年版,第307页。
③ 中国第一历史档案馆编:《嘉庆帝起居注》第11册,广西师范大学出版社2006年版,第339页。

嘉庆皇帝亲自质问恭阿拉，恭阿拉的回复揭示出更多的因循散漫问题。第一，"伊向日呈递膳牌，皆系所管何衙门奏事，即令本衙门备办名牌，笔帖式先为代递。迨伊亲身到园后，再向奏事官面为关白，相沿已久。且在廷臣工大率如此，不独伊一人为然。"第二，谕旨明确年在六十以内者必须亲递膳牌。但是恭阿拉年岁不及，"竟仍擅自遣代"，先前制度及谕旨可见形同虚设。第三，外廷官员与奏事官的联手欺蒙。"奏事官于接收呈递事件后即进内侍直，外廷臣工非召对不能径入禁门，又乌从觌面照会。此明系先向奏事官嘱托，令其含糊接收，大率相沿积习。"嘉庆皇帝最后指出："朕谆谆训饬，严戒偷安之谕，不啻至再至三。今甫隔一半年，怠惰之习复萌，因循之弊更甚。"[①]

无奈之下作出处分决定："恭阿拉文饰其词大属非是，著交部议处。奏事官桂昌并未亲见恭阿拉，辄将膳牌接收，咎无可辞，著退出奏事处回原衙门行走，仍交内务府议处。笔帖式清魁未经问明恭阿拉到园与否，即代递膳牌亦有不合，著交部议处。"[②]嘉庆皇帝本可以借恭阿拉之事，刹住这股相沿积习，但是却轻易带过，只革退了奏事处的桂昌，对恭阿拉及笔帖式清魁只予以议处。此种处置导致政风愈来愈坏，"紫禁城之变"的出现真是"祸积有日"。

（2）处分接膳牌和递膳牌官员。会典记载奏事处以"御前大臣兼管"，其职"掌接清字汉字之奏折。""凡接折于宫门，皆以昧爽。惟邮递者接无时。凡奏折，辨其应递者而接焉。膳牌亦如之。国有大庆，若万寿圣节，若元旦，递如意亦如之。递贡亦如之。"[③]如果奏事处官员接收错误或呈递错误，会受到相应处分。嘉庆初年胡季堂和胡高望的名字常常被混淆。嘉庆元年（1796），本是胡高望因吏部上奏要求验看月官折子，为此到圆明园递过膳牌，而胡季堂因不奏事不需到园。奏事处将二人混淆，把胡高望误写成了胡季堂。奏事处行走郎中扎拉芬、员外郎苏章阿因此被各罚俸三个月。[④]嘉庆二年（1797），类似情况再现。这次是吏部开列验看月选官员的满汉九卿

①《清仁宗实录》第 3 册，中华书局 1986 年版，第 383—384 页。

②《清仁宗实录》第 3 册，中华书局 1986 年版，第 384 页。

③（光绪朝）《钦定大清会典》卷八十二《奏事处》，载《续修四库全书》第 794 册，上海古籍出版社 1996 年版，第 763—764 页。

④ 中国第一历史档案馆编：《嘉庆朝上谕档》第 1 册，广西师范大学出版社 2000 年版，第 34 页。

职名，也是在单内将吏部左侍郎胡高望误写成胡季堂。吏部堂官被交都察院察议，承办司员亦被议处。①

嘉庆七年（1802），皇帝某日在园，奏事处员外郎阿尔绷阿呈递膳牌，"将昨日所写之膳牌姓名未经擦去，径行呈递"，把已被派去担任殿试读卷官的朱珪、彭元瑞之名错列，嘉庆皇帝知道此二人"现在紫禁城内，本日自不应复行赴园，或系笔帖式等误为呈递"。遂令军机大臣查询得知是奏事处之错。嘉庆皇帝批评道："殊属疏率。膳牌系每日递奏之件，该班官员自应按日缮写敬谨查对，何得漫不经心，率将昨日缮就膳牌，辄行恭写进呈，非寻常疏忽可比。"从而将内务府员外郎阿尔绷阿逐出奏事处，并拔去十五善射花翎，让其仍归本衙门以主事降补，其上司奏事处领班孟住，因没有留心查看递奏事件，亦交部察议。② 看似轻松的一个错移，结果阿尔绷阿被逐出奏事处降调，给奏事处官员以警醒。

还有其他代递膳牌官员被处分。如嘉庆十二年（1807），内阁满票签中书遗漏知会费淳的跟班中书常山，不需给费淳代递膳牌，结果造成常山"代递"的错误。这是属于中书"知会错误"，满票签该班中书因此被交部察议。奉旨："依议。"③

以上不论是奏事处官员还是内阁票签中书所犯都是无心之过，以下则是有意为之。嘉庆十三年（1808），礼部右侍郎戴联奎从跟班笔帖式巴宁阿手里取过清书膳牌亲递，奏事处员外郎法丰阿照例接收后，却未将戴联奎名牌登记列入，将旧存刘镮之之名牌误行照写缮入膳牌。结果是刘镮之出差不需召见，而戴联奎在京需要奏事，引发一系列混乱。法丰阿不仅有"缮写疏忽"，更主要的是其人品有问题，对事支吾不承担，"所言不足凭信，显系错误于前，遂尔支饰于后"，④ 这是嘉庆皇帝不愿再用法丰阿的主要原因。法

---

① 中国第一历史档案馆编：《嘉庆朝上谕档》第 2 册，广西师范大学出版社 2000 年版，第 101 页。

② 中国第一历史档案馆编：《嘉庆帝起居注》第 7 册，广西师范大学出版社 2006 年版，第 176—177 页。

③ 中国第一历史档案馆编：《嘉庆朝上谕档》第 12 册，广西师范大学出版社 2000 年版，第 12 页。

④ 中国第一历史档案馆编：《嘉庆朝上谕档》第 13 册，广西师范大学出版社 2000 年版，第 641 页。

丰阿被撤退奏事处仍交部议处，这类有心之过处分就比较重了。

五、官员御门听政散漫的处分

1. 御门听政概识

有学者认为清代的朝议相沿于明代，分为大朝和常朝。其实在后金政权建立之后已经有了朝议的概念，到皇太极时期盛京崇正殿更成为朝议之所。顺治入关，随着统治疆域的扩大，官员人数的扩展，政务数量的激增，朝议等制度就更行规范了。大朝成为国家形式的体现，常朝是朝廷治政的实质体现。对清代常朝的关注，学界研究颇为详细。

周良霄、白钢认为常朝有"逢五视朝与御门听政两种形式。"[1]"一是每月逢五逢十，皇帝在太和殿理政。一切官员觐见、升迁谢恩、任前辞朝、外藩王公台吉等来朝，以及接见国外使臣、颁敕赏赐等，都在此时进行。另一种就是御门听政，地点在乾清门，偶尔也安排在瀛台东门等处，在圆明园则定于勤政殿。"白钢强调："只要不属大朝、常朝太和殿理政，或遇斋戒、祭祀、婚丧大事，或遇皇帝有病，（御门听政）一般都定时举行。"[2]郭松义另认为："常朝是为处理日常政务而设立的一种例行制度，又称作'御殿听政'。……太祖努尔哈赤建元天命后，五日一视朝，处理政务。……太宗皇太极规定，每月初五、十五、二十五日御殿听政。……福临亲政后，勤于政事……每月初五、十五、二十五日行朝参礼。……光绪九年，清廷制定了常朝坐班章程：每月初五、十五、二十五日为常朝之期。"[3]郭松义的研究只谈一种常朝形式，而周良霄、白钢认为是两种，且认为逢五视朝和御门听政两种常朝方式截然不同，御门听政更重于逢五视朝。笔者认为常朝应该包括两种方式，且此两种方式在政务的处理方面起到互为补充的作用。

御门听政奏事程序，康熙时刑部尚书王士祯记载："御门听政，冬春辰初三刻，夏秋辰正三刻，内阁部院官率以昧爽齐集午门。次至中左门稍憩，乃入候于乾清门外。驾出，升御座。六部都察院等衙门，以次奏事。如初一

---

① 周良霄：《皇帝与皇权》，上海古籍出版社 2006 年版，第 90 页。

② 白钢主编：《中国政治制度史》，天津人民出版社 2016 年版，第 815 页。

③ 郭松义：《清朝典制》，吉林文史出版社 1993 年版，第 83—85 页。

日首吏部,则初二日首户部,周而复始。若宗人府奏事,则恒居部院之首。三法司例居第三。部院奏事毕,然后台省官。奏事既毕,然后内阁大学士、学士至御前承旨。翰詹起居注官满汉各一员,轮直立西楹下。"①李世愉有同样研究。②

至于御门听政的内容,《养吉斋丛录》记载:"部院题本,未奉旨而折角者,谓之折本。下内阁,积若干件,奏请御门日期,得旨于某日御门听政。宫内御乾清门,圆明园御勤政殿。若有大故,则于期年后,礼臣奏请举行。凡启奏吏部题员缺折本,满阁学司之须豫日熟记,否则易以讹误被议。"③朱金甫亦谈到御门听政折本的形成,"凡皇帝饬令改签之本,即折一角发下,称为'折本'。内阁接到折本后,于皇帝御门听政之日,由内阁大学士、学士捧至御前,当面请旨。然后再回内阁遵旨票拟,再送皇帝阅定后发下批本处。"④可见御门听政的核心要义,"主要是君臣共同切磋折本的票签内容,即对折本研究和拟定最后处理意见。"⑤

因此御门听政在有清一代是非常重要的朝事活动。御门听政"朝会中,群臣的班次、奏事的先后、行止举措都有严格而繁复的规定"⑥。群臣如有不当会受到各种处分,"若读本生疏,及进本阁部诸臣入班迟延,以及行走班次错误者,乾隆嘉庆年中叠奉圣谕,谕旨训饬綦严。"⑦

2. 御门听政时官员处分

会典记载内阁学士满洲六人,掌"章奏本章"。御门听政的折本,朝审秋审的勾到本,"皆由学士奉至御前宣奏。"⑧嘉庆皇帝亦明言:"内阁学士并无别项差使,惟逢朕御门理事时应行跪奏本章。"而内阁学士观诚自补授以

---

① (清)王士禛:《居易录》卷十八,载《钦定四库全书》影印本第869册,第524页。

② 李世愉等:《中国古代官制概论》,中国社会科学出版社2009年版。

③ (清)吴振棫:《养吉斋丛录》卷五,载《清代史料笔记丛刊》本,中华书局2005年版,第71页。

④ 朱金甫:《清代题奏本章与奏折文书制度论略》,载《明清史论丛》,辽宁大学出版社2004年版,第230页。

⑤ 郭松义:《清朝典制》,吉林文史出版社1993年版,第87页。

⑥ 周良霄:《皇帝与皇权》,上海古籍出版社2006年版,第90页。

⑦ 《国朝宫史续编》第3册卷三十一《勤政》,故宫博物院编:《故宫珍本丛刊》第313册,海南出版社2000年版,第263页。

⑧ (光绪朝)《钦定大清会典》卷二《内阁》,载《续修四库全书》第794册,上海古籍出版社1996年版,第39页。

来，不断以告病请假回避御门听政读本。嘉庆十年（1805），当再次请假适逢其值班奏事时，被嘉庆皇帝发觉其告假的真正目的将其处分。"实不成话。……观诚曾经读本一次，本属平常。因见近日折本已有十三件，心知御门在即，自揣不能读本，又心存恋职，故尔具折恳假。欲俟朕初间御门后，再行销假，彼时已将届启銮，伊可得优闲数月，巧为规避，大属非是。观诚著交部严加议处。"①寻议革职。旨下，准其加恩以五品衔休致。②此次严加议处是最重的处分，但嘉庆皇帝旨下没有革职，准其以五品衔休致。观诚这是规避差事的处分。

嘉庆十六年（1811），皇帝再次御门办事，内阁学士常英负责读本，结果在读到"盐政苏楞额期满更换一本"的时候没有背读出来。嘉庆皇帝令继续往下奏读其他本子，"常英即接读兵部、刑部各本，最后始将苏楞额一本补读。"但是嘉庆还是不满意，认为常英"人本庸碌、清语生疏，屡经考试学问亦属平常，不胜内阁学士之任。"③最后将其实降二级调用。这是内阁学士背读奏本错误的处分，实降二级。但是嘉庆二十二年（1817）十一月初六日，嘉庆皇帝御门办事之时，内阁学士同麟同样出现读本错误，交部议处。皇帝降旨仅将其"著实罚俸一年不准抵销"。这样的处分差别太大，这样的处分因人而异。嘉庆皇帝也承认："从前皇考高宗纯皇帝御门办事，遇有内阁学士读本错误者，立即降革示惩。"④可见处分的皇权专制性。某些时候皇权对处分制度的介入，不仅会损害某些官员的利益，而且会损害处分制度的公正性。

嘉庆十年（1805）的御门办事，轮由兵部堂官跪呈本章，结果出现了兵部侍郎和尚书同跪一班的景象。一众侍郎被参奏请旨议处。嘉庆皇帝在区分清谁先跪错后，将侍郎明志交部议处，又将随后阻止不及随同跪入的戴联奎、广兴、刘跃云交部察议。⑤这是以侍郎明志为首跪错班的处分。

---

① 中国第一历史档案馆编：《嘉庆朝上谕档》第 10 册，广西师范大学出版社 2000 年版，第 412 页。

② 《清仁宗实录》第 2 册，中华书局 1986 年版，第 1015 页。

③ 中国第一历史档案馆编：《嘉庆朝上谕档》第 16 册，广西师范大学出版社 2000 年版，第 624 页。

④ 《钦定吏部则例·吏部处分则例》卷三十一《仪制》，成文出版社 1966 年版，第 410 页。

⑤ 中国第一历史档案馆编：《嘉庆帝起居注》第 10 册，广西师范大学出版社 2006 年版，第 65 页。

嘉庆十九年（1814）三月的皇帝御门办事，乾清门出现好几种情况的错误和散漫，官员被议处且涉及人数较多。第一，内阁学士齐步森因重读折本错误，以"不胜内阁侍读学士之任"，由皇帝直接降二级调用。第二，兵部尚书明亮因迟到没有将本匣捧递，以"典礼攸关非寻常疏忽可比"，被严加议处。第三，刑部尚书崇禄、韩崶，侍郎成格因误班未到，交部议处。第四，署刑部右侍郎礼部右侍郎穆克登额因找寻崇禄等未跟随刑部上班，随后进到礼部堂官班上，亦交部察议。吏部按照三个等级引例议处。所引用定例有 4 条："查律载违制者杖一百。又定例官员犯公罪杖一百者降四级调用。又定例官员议处有奉旨交部严加议处者，查照本例加等核议。又定例恭遇皇上御门，该大臣官员等如有班次错误者罚俸六个月，未到班者罚俸一年。"议处结果：兵部尚书、镶蓝旗汉军都统明亮照第一条、第二条、第三条降五级调用。刑部尚书崇禄、韩崶，左侍郎成格均照例罚俸一年。署刑部右侍郎礼部右侍郎穆克登额照例罚俸六个月。因系钦奉特旨交议之件均不能查级议抵。[1] 旨下，重者减轻，轻者不变。

嘉庆二十四年（1819）的御门办事，礼部堂官因捧本上步迟延亦被处分，所有礼部堂官被罚俸三个月。[2]

这些在朝臣看来的不经意行为，在皇帝看来都是有违体制，有损皇威，甚至触犯皇权。在朝臣看来能影响其仕途、经济水准的处分，在皇帝看来却是可以以任何理由或加重或减轻。所以处分具有皇权专制性，不具有制度的规范性。

六、御史戒"因循"之议的被否与轻处分

"大臣为小臣之表率，若属员失职者多，即系上司失职。"[3] 大臣的表率

---

[1] 中国第一历史档案馆档案：录副奏折《英和奏为遵旨将误班之兵部尚书明亮等分别议处事》，档号：03-1556-049。

[2] 中国第一历史档案馆编：《嘉庆朝上谕档》第 24 册，广西师范大学出版社 2000 年版，第 587 页。

[3] （清）文孚纂修：《钦定六部处分则例》卷十四《表率失职》，载《近代中国史料丛刊》第 34 辑第 332 册，文海出版社 1966 年版，第 339 页。

又是谁？所以皇帝可以揭自己的伤疤，臣僚却万万不可，否则被处分，这类处分往往也不会予以从宽，嘉庆皇帝的"铁腕"政策没有用到位。

1. 英纶"敬陈司衙承办稿件应定有时限"被驳斥

嘉庆十一年（1806），福建道监察御史英纶敬陈司衙承办稿件应定有时限管见。其文曰：

奴才查定例，京外大小各衙门办理一切事件俱有一定期限，倘有逾限迟延者，由六部查核题参，六部事件迟者，由都察院六科查核题参，互相稽察定例綦严。近日在京各部衙门事件多有违误，屡蒙圣谕谆谆伤戒，而玩延积习仍复不免。各堂官仰蒙召见垂训时，多以行查需时入奏莩查，往返行查极端沉搁。耽延者例内原有参奏之专条，奴才推原其故，其由各处行查耽延者故所不免，亦由该大臣等不能常川进署悉心任事，即至署中又不能耐心久坐三四时辰，公同商酌详阅例案。且将各司呈堂稿件每日派令书吏，送至各私宅次第阅画，而该吏等又不亲身封送，另雇私人轮流转递。每日稿件出署后，甚至经旬累月，不能画回分司，其中难保无送稿之人在外泄露撞骗等弊。再该大臣等每逢奏事日期，往往于入内散出之后，不复照常进署，即至署中亦不过随到随散。因此稿件延搁，此近日因循积习迟延之缘由也。请旨敕下各大臣等，嗣后每日进署散署，俱应定有一准时刻，一切稿件不得仍令书吏等送至各私宅阅画，以免辗转迟延之弊。如此定有章程，则各堂官每日俱可安心在署公同办事，和衷共济，遇事即可依限完结，不致仍有迟延矣。至在内廷行走军机大臣兼理部务者，恭遇圣驾在圆明园时，势不能常川到署。及至恭逢圣驾入宫后，该大臣等皆系承述谕旨之人，每日散直早晚不能先期拟定，所有一切照例稿件，自应责令满档房行走之委署主事笔帖式等，每日轮流封送，画回时仍令该笔帖式等分交承办各司收领，以昭慎重，庶不致有耽延。如有紧要面商事件，即著掌印司员会同各该承办司员等，亲往面回面商，自于公事无误。至该大臣等凡遇入内赴园奏事日期，除承办各司随从前往，恭候谕旨外，其余司员等各有专司承办事件，俱应在署敬谨办公，静候各大臣进署时，满洲司员汉司员会齐公同上堂面回面商，不得任令一人独见，并入内在灯下画稿回事，或滋弊混。①

英纶此折首先分析了各部院"稿件延搁，近日因循积习迟延"的三个成因。第一，因"该大臣等不能常川进署悉心任事，即至署中又不能耐心久坐三四时辰公同商酌详阅例案"。第二，个别大臣等将各司呈堂稿件每日派令书吏，送至各私宅次第阅画，每日稿件出署后甚至经旬累月不能画回分司。第三，大臣等每逢奏事日期往往于入内散出之后，不复照常进署，即至署中亦不过随到随散。同时，英纶针对性地提出了三条相应建议。第一，规定进署散署具体时刻；第二，不得仍令书吏等将稿件送至各私宅阅画。第三，对于内廷行走军机大臣兼理部务者如何画稿的问题，建议以司员主事笔帖式等主动找大臣去画稿。

分析嘉庆七年到十年所颁谕旨，英纶的分析与建议有陈旧之处亦有新的建议。原因和建议中的第一条和第三条属于陈旧之处，嘉庆皇帝在先前的谕旨中已就此类问题有所陈述规定。原因和建议中的第二条属于新的问题，也是需要重视关注的问题。嘉庆十一年（1806），英纶上奏有了回复，嘉庆皇帝以谕旨形式肯定英纶的同时也予以了婉转驳斥。

> 近日朕屡降谕旨训饬各部院衙门办事迟缓，以防怠玩积压之弊。本日御史英纶因有请定进署画稿章程之奏，所言亦是。但此事惟在各部院大臣恪遵谕旨实力奉公。若如折内所称将各大臣进署散署，俱定立一准时刻，殊觉于事无益。各衙门事务繁简不同，即稿件之多寡不一，该大臣等果能每日早进公署，将应办事件一一清厘完结，即为无旷厥官。若定以时刻，在不实心任事之人终日在署端坐，而于事理概不置可否。其事务较简衙门，公事早毕，二三僚友静坐燕谈，又于政事奚裨乎？至谓各衙门送画稿件经旬累月不能画回，此则实无其事。部院事件本有限期，其书画题奏咨行，亦俱有月日可凭。朕勤求治理时加考察，该大臣等亦何敢将稿件存留私宅任意耽延。设有一二怠惰之人，御史应指名参奏，不得笼统声叙。总之，国家庶事繁多，各部院堂官身膺显秩董正庶僚，惟当勤以莅事公以率属，自能赞襄国是，百度修明，原不在更定科

---

① 中国第一历史档案馆档案：录副奏折《英纶奏为敬陈司衙承办稿件应定有时限管见事》，档号：03-1629-025。

条务名鲜实。所谓治事不如治官，身为大臣者仰体朕日理万几孜孜求治之意，无致言事者有旷官之诮，实所厚望。①

嘉庆谕旨对英纶之奏逐条驳斥：第一条，进署散署俱定立一准时刻，"殊觉于事无益"。第二条，各衙门送画稿件经旬累月不能画回，"此则实无其事"。嘉庆皇帝直接否认有此事的存在，这言外之意英纶有道听途说不实之词了。在第一、二条的基础上，第三条自然更不能听信英纶之言了。整篇谕旨纯粹站在部院堂官的视角，"身为大臣者仰体朕日理万几孜孜求治之意，何致言事者有旷官之诮。"此外，对于英纶，嘉庆皇帝给了其一个提醒，"设有一二怠惰之人，御史应指名参奏，不得笼统声叙。"在此情况之下，英纶何敢再进言，不处分就不错了。

2. 周廷森"奏请定顺天府尹到署办事堂期"被否定

也有御史不怕处分的。嘉庆十一年（1806），给事中周廷森上奏请定顺天府尹到署办事堂期。他指出"顺天府府尹在署办事，每月逢三八日放告接收呈词"，其兼尹如何会同办理之处没有议立章程。周廷森"请嗣后每月三八放告之日作为堂期，兼尹到署会同办理公事。"可是他不知道邹炳泰刚刚兼管顺天府尹，赴任后即给嘉庆皇帝上奏，"称将放告日期每月改为三六九。"皇帝已经批示"应即照该兼尹所请行。"周廷森的折子晚于邹炳泰之折，更晚于朱批。其所奏没有新意，且欲令嘉庆皇帝由三天改回两天？这根本是不可能的事情，原折自然被发还。嘉庆皇帝也告诉周廷森，"兼尹职司总理，于该管衙门事务自应进署会商办理"。"至于稽核案牍听理讼词，只须权其缓急轻重"，"是总在该兼尹随时斟酌。"②这不是御史该建议的事情，更不必"沾沾设立科条"。

3. 甘家斌"条奏各部院宜多留堂官在署核办稿案"被处分

此后御史类似进言也没有被允准，甚至还被处分。嘉庆十五年（1810），御史甘家斌条奏各折结果"多不可行"。嘉庆皇帝针对甘家斌提出的"各部院宜多留堂官在署核办稿案，奏事日期可否只须满汉堂官各一员预

---

① 中国第一历史档案馆编：《嘉庆帝起居注》第 11 册，广西师范大学出版社 2006 年版，第585—586 页。

② 中国第一历史档案馆编：《嘉庆帝起居注》第 11 册，广西师范大学出版社 2006 年版，第471 页。

备召对，其余堂官俱令逐日进署以免公事稽滞。"怒斥其曰："此其最谬者。"甘家斌的进言很多既无视嘉庆皇帝先前颁布的谕旨，又将官员不能入署办事之因归为进宫奏事，从而把上朝与进署对立起来看待，既失职又糊涂。失职之处在于对皇帝的谕旨没有好好学习领会；糊涂之处在于将大臣的上朝与进署对立起来。嘉庆皇帝自然会予以驳斥："向来朕在宫时，各部院堂官进内奏事，于召对后不过巳刻，侭可赴署办事。即军机大臣偶遇退直稍早，亦仍令各赴该管衙门画稿办事。迨朕赴园，各部院衙门有值日奏事之例，每届九日始一轮班，其插班奏事系属偶然，此外俱可常川到署……若如该御史所奏，则各堂官值日赴园者少，不特进见日疏，转可藉以偷安，显开怠惰之萌矣。此一节名为急公，实系疲玩，断不能准行。以上二条俱属不合，著交部察议。"① 该御史已经涉及一定的处分。

4. 谭瑞东"奏请饬部院堂司各官公署画稿"被驳回

嘉庆二十二年（1817），御史谭瑞东奏请饬部院堂司各官公署画稿，嘉庆皇帝也未同意。诠释曰："国家董正治官，设公署以理公务，部院堂司各官理应日常进署各勤职业。除军机大臣常川入直不能到署外，其南书房、上书房、内务府大臣，御前、乾清门兼管部院事务者，朕常谕令入署办事，务各勤至公廨，详核稿案。不得藉口内直，自耽安逸，以期毋旷庶官。至朝房不准画稿，则事不可行。朝房同系公所，各部院遇有紧要事件，该司员势不能安坐衙署静候各堂官到齐画诺，以致延误限期转多积压。所有乾清门外及圆明园朝房回事画稿，著仍其旧。"② 嘉庆皇帝此条，部分地回应了英纶当初提出的第三条建议，虽然英纶只针对军机大臣兼部务者，实际上适用于所有兼职大臣的画稿问题。当时英纶被指斥，现在谭瑞东从相反的方面去建议却被驳回，反映出经历一定的时间之后，嘉庆皇帝最终认可了英纶提议。

由各位御史的关注提议，可见当时因循散漫之风收效甚微。总之，在嘉庆皇帝这辆狂奔的马车后边，大臣小臣被一根无形的绳索硬拽着前行。只要官员思想上的因循散漫解决不了，其他只能是难见成效徒劳无功。

到嘉庆朝，就已出台的处分条例研判，有三个问题：第一，相关直接的

---

① 中国第一历史档案馆编：《嘉庆帝起居注》第 15 册，广西师范大学出版社 2006 年版，第 82—83 页。

② 《清仁宗实录》第 5 册，中华书局 1986 年版，第 436 页。

处分条例呈薄弱状态，面对这种凸显的不良风气时朝廷无法有效应对，即缺乏更好更有效的应对条例；第二，相关间接的处分条例是以违反各种例限和稽查时限等为主，并不能从根本上解决官员思想上的因循问题；第三，嘉庆皇帝治理因循偏重于对"特旨"交办交议事件的敦促，并没有对因循风气全盘考虑作出整体规划治理；第四，因循之风形成的责任主要在上层，而嘉庆皇帝对部院督抚等官员的处分往往从宽或仅予察议申饬，起不到惩罚警示作用，这也就是因循之风经嘉庆朝又延至道光朝的原因所在。赵立波亦指出，"然而，一切都来得太晚，官员懈怠和集体沉沦已经深入骨髓，靠着他一个人惩治，已经没有太大意义。"①

---

① 赵立波：《"守成法祖、有限反腐"的嘉庆皇帝》，《文史天地》2016 年第 11 期。

第七章　亏空与官员处分

　　曾小萍认为:"亏空是专指政府仓库现有经费与依据政府规章支出后应有数目不相吻合。"[1] 吴吉远概括"'亏空'也就是地方官吏挪用、贪污公款、公粮。"[2] 他们点出了亏空的含义。从亏空时期来看,刘凤云指出,"至嘉道年间,伴随官场风气的恶化,地方州县侵欺挪移钱粮以致亏空成越演越烈的态势。"[3] 虽然"因公挪移尚干例禁"[4],但挪用公帑的行为从未停止。

　　学界就嘉庆朝"越演越烈"的亏空研究成果颇丰。有对亏空形成原因的分析,"亏空主要是由州县官员自身原因所导致。"[5] 也有客观认为:"一些出现亏空的官员并非侵蚀官帑的贪官,而是他们在履行为官职责的过程中产生了必要经费支出。"[6]"督抚作为监察责任人既需要查核揭报,又要承担赔补的连带责任,其监管体制的自身矛盾,也是亏空难以控制与遏止的原因所在。"[7] 有对亏空后果的研判,李尚英认为"地方钱粮严重亏空的现象,导致国家征收钱粮数额不断减少。"[8] 有就亏空中的腐败问题予以研究,陈连营

---

　　① ［美］曾小萍:《州县官的银两:18世纪中国的合理化财政改革》,董建中译,中国人民大学出版社2005年版,第70页。

　　② 吴吉远:《清代地方政府司法职能研究》,故宫出版社2014年版,第181页。

　　③ 刘凤云:《钱粮亏空:清朝盛世的隐忧》,中国社会科学出版社2021年版,第479页。

　　④ 《清仁宗实录》第3册,中华书局1986年版,第750页。

　　⑤ 魏光奇:《有法与无法——清代的州县制度及其运作》,商务印书馆2010年版,第359页。

　　⑥ 刘凤云:《钱粮亏空:清朝盛世的隐忧》,中国社会科学出版社2021年版,第499页。

　　⑦ 刘凤云:《权力运行的轨迹:17—18世纪中国的官僚政治》,党建读物出版社2013年版,第301页。

　　⑧ 李尚英:《"紫禁城之变"与嘉道两朝政治》,载《明清论丛》第16辑,故宫出版社2016年版,第349页。

指出，"当时不少官吏还明目张胆地'作亏空'，以达到贪污官帑的目的。"[1]
有对亏空分赔的研究。"州县力不能完，则上司有分赔之例。"[2] 吴吉远在此
方面持论，"若所属钱粮有亏空，著令知府、知州与州县均米分赔。这是清
代处理亏空贪污案惯用的办法。"[3] 而"这些规定表明，虽然并不能搞清真正
亏空的责任人，但是分赔的原则可以将所有任职的官员都变成亏空责任者，
以共同责任人的身份承担着各种分赔的处罚。这种做法在使那些既得利益者
得到保护并减少了赔付压力的同时，也将大多数人圈进一个利益及官运相同
的集团内。"[4] 有对亏空摊赔的研究，"除了督抚藩司大员之外，地方州县府
道等各级官员亦无不陷入摊扣赔累之中。"[5] 有对以耗羡弥补亏空的研究，"以
耗羡弥补大量无着亏空，体现了国家与官僚之间的利益均衡。"[6] 还有其他对
嘉庆朝亏空予以的研究，详见注释。[7]

　　本章试从官员处分视角，探讨嘉庆一朝在治理亏空方面曾做的努力。在
这二十五年期间，嘉庆帝既有对亏空官员的革职和交刑部治罪，也有对官员
处分与完缴亏项之间的极力兼顾。既有对亏空官员群体的处分，也有对上层
督抚的革职。既有对亏空官员本人的处分，也有对其失察上司的处分。既有
对亏空官员处分予以不限年的完项即开复，又有八年和十二年的限年开复。
这些因亏空而致的处分，从嘉庆二年持续到嘉庆二十四年，地方道府州县官
员成为被处分的主体，督抚成为扣缴养廉银的主体，中层官员则成为摊赔分
赔的主体。在嘉庆皇帝的治理亏空理念中，一直没有放弃对官员的处分，而
且还把处分作为强制方式，强制官员尽早完缴亏项，否则革职降调，影响其
仕宦生涯。

① 陈连营：《关于清中期的吏治腐败问题》，载《清史论丛》第 15 辑，中国广播电视出版社 2001 年版，第 93 页。
② 《清世宗实录》第 1 册，中华书局 1985 年版，第 706 页。
③ 吴吉远：《清代地方政府司法职能研究》，故宫出版社 2014 年版，第 181 页。
④ 刘凤云：《权力运行的轨迹：17—18 世纪中国的官僚政治》，党建读物出版社 2013 年版，第 328 页。
⑤ 刘凤云：《钱粮亏空：清朝盛世的隐忧》，中国社会科学出版社 2021 年版，第 489 页。
⑥ 刘凤云：《权力运行的轨迹：17—18 世纪中国的官僚政治》，党建读物出版社 2013 年版，第 343 页。
⑦ 贾允河：《嘉庆朝钱粮亏空的原因》，《西北师大学报》1993 年第 5 期。贾允河：《清朝钱粮亏空的财政制度根源初探》，《西北师大学报》1998 年第 1 期。朱诚如、陈力：《嘉庆朝整顿钱粮亏空述论》，载《明清论丛》第 2 辑，紫禁城出版社 2001 年版。

第一节　嘉庆二年到九年官员旧亏与处分

王杰，陕西韩城人。嘉庆元年因腿疾，退上书房、南书房、军机处及兼管各职任。"专在内阁看章疏。"嘉庆七年（1802），以病请致仕。嘉庆帝谕曰："王杰因病具折乞休，著不必开缺，如调理就痊，照旧供职。"[1]后王杰再请开缺准其致仕，加太子太傅衔在籍食俸。正是在此颐养期间，面对遍及各省的亏空及清查问题，王杰在嘉庆八年上"请核实亏空变通驿站疏"，彻论嘉庆朝前期的亏空情形，号称亏空"一县如此，通省皆然，一省如此，天下皆然，于是大县有亏空至十余万者"。继而他评议前期的治理亏空结果是"清查之数，一次多于一次；完缴之银，一限不如一限"[2]。此折反映出至少到嘉庆八年，地方亏空情况是层出不穷，旧亏完补不及。

刘凤云认为这种情况的出现，原因在于嘉庆时期"与雍乾时期不同，嘉庆帝自即位伊始便将清理钱粮的重点放到钱粮的归补上，令各省督抚'徐徐办理'，以不收之陋规、耗羡之盈余，达到缓缓归款的目的"[3]。也就是认为嘉庆并没有把"打击亏空"放在首位，而是以"归补亏项"为首要目的，战略定位上发生了问题。关文发也认为嘉庆"在这个问题上的表现却是犹豫不决、缩手缩脚"，[4]似乎有诸多的顾虑存在。两位学人指向同一个问题，那就是这一时期对于亏空官员，朝廷有没有作出处置处分的问题。

据嘉庆二年的广西常平仓谷亏缺案、嘉庆七年的亏空完缴与处分条例和嘉庆八年的贵州贵东道亏短常平谷石案，证实嘉庆前期既存在打击亏空官员的事实，又制定有打击亏空官员的处分条例。

---

[1]　王锺翰点校：《清史列传》第7册，中华书局1987年版，第1994页。

[2]　（清）贺长龄辑：《清经世文编》卷十六《王杰〈请核实亏空变通驿站疏〉》，中华书局1992年版，第389页。

[3]　刘凤云：《钱粮亏空：清朝盛世的隐忧》，中国社会科学出版社2021年版，第461页。

[4]　关文发：《嘉庆帝》，吉林文史出版社1993年版，第260页。

一、广西常平仓谷亏缺案及官员处分

广西常平仓谷亏缺案的主要责任人是两广总督吉庆。吉庆系觉罗，隶正白旗。嘉庆元年（1796），擢两广总督。嘉庆二年（1797），因镇压粤西苗民起义，"以功加太子太保，赐双眼花翎。"六年（1801），令协办大学士、总督如故。《清史稿》评价曰："吉庆居官廉而察吏疏。"[1]嘉庆七年（1802），地方有乱，吉庆多次上奏平定情况。然而，嘉庆皇帝"以吉庆奏报前后不符，措置失当，罢协办大学士，留总督任，命那彦成往按"。吉庆复奏"永安降匪多，请留兵防范，诏斥颟顸结局，解任听勘"。因当时官僚之间的倾轧，"巡抚瑚图礼素与有隙，既奉密谕诇察，遂疏劾其疲软不职，那彦成犹未至，独鞫之，据高坐，设囚具，隶卒故加诃辱。"吉庆怒曰："某虽不肖，曾备位政府，不可受辱伤国体！"愤而自杀。嘉庆皇帝听闻，命那彦成到后奏报，后嘉庆"以吉庆素廉洁，治匪有功，无故轻生，诏免追论"。[2]此事不了了之。史料中对吉庆评价还是比较中肯的，"察吏疏"而至仓谷亏缺。

1.广西常平仓谷亏缺案发官员遭参劾

历代所设常平仓，其仓谷常会按照州县大小定额分贮，目的以备民间缓急之需，其关键在于额贮常盈。嘉庆二年五六月，粤西因军事急需米粮，运输却出现"军需米石迟缓不前"的现象。两广总督吉庆上奏朝廷，嘉庆皇帝凭直觉指出广西省"系产米之区，何至无米碾运？自系仓贮多有亏缺。"特令吉庆同署理广西巡抚台布一起会同查办广西各仓米谷状况，由此揭开此案序幕。

吉庆调查广西省各州县，属员上报是"因近年谷价较昂，多有未经买补之处，将仓谷短缺"。"州县现有谷价银四十一万三千余两存贮司库。"吉庆据此核算存贮谷价，由此奏报"均属无亏"。嘉庆皇帝斥责吉庆是听信"属员一面之词"，明显"瞻顾回避"。并怒责："州县仓储原以预备急需，颗粒不容短缺。若平日并不实贮在仓，需用时虽有谷价，岂可以银代谷！"[3]他直

---

[1] 《清史稿》第37册，中华书局1977年版，第11128页。

[2] 《清史稿》第37册，中华书局1977年版，第11129页。

[3] 中国第一历史档案馆编:《嘉庆朝上谕档》第2册，广西师范大学出版社2000年版，第326页。

指问题的实质，这也说明广西常平仓谷存贮谷物确实出现了众多亏缺。

吉庆意识到问题后，遂以广西省官员并不随时买补仓谷为由，奏请将历任督抚、司道、府厅州县交部议处。如此贸然，被皇帝指斥，是"为广西大小各官开脱。"因此，一方面将吉庆和台布以"含糊徇庇"，"通融了事"① 为由，严加议处。另一方面命吉庆继续秉公查核广西通省州县亏缺仓谷之事。嘉庆皇帝于此不放心，又详细指示吉庆，"此次查办总当以各该州县实贮谷石为凭，如仓谷实有八成以内，其余未经买补，所存谷价无几，其咎尚可从宽，只须交部议处。若仓谷只有六七成，其余一半皆系谷价，即当交部严加议处。倘所管仓谷颗粒全无，惟以谷价藉词抵饰，竟应照亏空参办治罪。"② 嘉庆皇帝定调分了三个层次，把亏缺谷石数量之多少和处分程度挂钩，亏缺多处分则严议，亏缺少处分则议处。可见，这个案子一直是由皇帝牵着往前发展。

嘉庆三年（1798）二月，吉庆详细查核后奏报通省所存实谷状况："止九成以上者一处，八成以上者三处，其余各属俱止五六成二三成以上。"可见，短缺情况很严重，正如嘉庆皇帝所判断。皇帝据吉庆此数，明令军机大臣和吏部议处仓谷缺贮各州县及其历任上司。同时，执意认为广西常平仓谷亏缺的原因是由于历任督抚藩司、道府等失察因循不办。由此，将这些官员交军机大臣和吏部议处。

2.嘉庆皇帝对历任督抚藩司道府失察的从宽处分

军机大臣和吏部会议历任督抚藩司和道府的失察处分。嘉庆在吏议基础上降旨从宽，将吏议降调改为了各类留任。

> 所有历任失察之督抚究属统辖之员，长麟著改为降三级从宽留任。朱珪、吉庆、陈用敷俱著从宽免其革任仍注册。姚棻业已告病，其降调之处仍注册。其历任失察之司道英善、孙玉庭、永慧、杨长桂、余有勋，俱著改为革职从宽留任。闻嘉言著从宽免其革任仍注册。宋文型业经另案降调，所有此次应行降调之处亦著注册。成林自该省道员擢任藩司、巡抚，历任较多，非寻常失察可比，著从宽免其革任，八年无过方

---

① 中国第一历史档案馆编：《嘉庆朝上谕档》第 2 册，广西师范大学出版社 2000 年版，第 326 页。

② 中国第一历史档案馆编：《嘉庆朝上谕档》第 2 册，广西师范大学出版社 2000 年版，第 327 页。

准开复。①

对于军机大臣和吏部会议的缺贮各州县，以及其历任上司处分结果，有嘉庆皇帝定议的，有保留不确定的。对于存仓九成、八成、七成的陈松等 15 员州县官属于定议，在吏议降二级调用基础上，"俱著降二级准其抵销"，这是非常大的施恩了，官员如果有加级的话，可以直接抵销此次降调。对于无级可抵以及级不敷抵官员，属于保留，"俱著送部引见"，由嘉庆皇帝召见后决定其降留。对于存仓六成以下议以降革的各州县及该管各知府直隶州，亦属于保留状态，"饬令该督抚另行查办"②，要由督抚吉庆和台布另行查办甄别。

3. 吉庆和台布的奉旨甄别

嘉庆之所以要对六成以下受处分官员甄别，是因为"至知府以下应行降革者共有一百余员"。按照嘉庆皇帝的说法，"若概行褫革，则该省地方势必乏人差委，而部中亦一时不能铨选多员发往，于地方事务必至贻误。"③可见，法不责众。

如何甄别？嘉庆皇帝又有详细的区别指示，对于"本任亏缺严重只存谷价的"应行降革；对于"人太平庸的"应行降革。对于"系前任辗转相因未及买补"导致本任亏绌的官员，对于"曾经帮办军务奋勉出力"的官员，对于"在本任实心办事民情爱戴"的官员，则可以在甄别后具奏，再由皇帝施恩。嘉庆皇帝再次提醒，"务须秉公确核"，把处分权予以了适当下放，这一段的甄别之权在于督抚。

督抚二人遵旨甄别，除去已经升任别省和因事故回籍官员另查外。前此部议降革的 100 余官员中，有现任广西官员 70 位，通过此次甄别，不用再予以降革。"议以降调之知府直隶州共十一员，又部议降革之州县共五十五员"不用降革，"帮办西隆军务，丁忧未及回籍之和绷额、蒋学干、王方维三员均属奋勉出力；又史书笏一员实心办事，民情爱戴，以上四员"④也不用

①　中国第一历史档案馆编：《嘉庆帝起居注》第 3 册，广西师范大学出版社 2006 年版，第 59 页。
②　中国第一历史档案馆编：《嘉庆帝起居注》第 3 册，广西师范大学出版社 2006 年版，第 59 页。
③　中国第一历史档案馆编：《嘉庆朝上谕档》第 3 册，广西师范大学出版社 2000 年版，第 37 页。
④　中国第一历史档案馆档案：录副奏折《吉庆奏为查明桂省仓谷案内部议降职革职人员事》，档号：03-1474-102。

降革。实际最后照部议降革的只有 7 员。

同时，吉庆等附上了相应的考语清单。一份为原部议降三级调用的知府直隶州等 11 员的考语，曰："均属居官明练、办事实心，或办理西隆军务奋勉出力。"[1]第二份为原部议降革现任州县的 59 名官员的清单：有存谷六成五成部议降二级调用不准抵销的永宁州袁镛等 12 员；存谷四成三成部议降三级调用不准抵销的荔浦县等 12 员；存谷二成部议革职现任广西的 29 员；广东者 2 员；现在丁忧因帮办军务尚未回籍的 4 员。考语，曰："或居官勤慎、办事实心，或在军营出力，地方民情爱戴。其未买仓谷，查系辗转相因，并非自行亏缺。"[2]吉庆等人按照皇帝所定原则标准予以具体查核，其实是偷梁换柱，脱离了原来按照"存谷多少"予以的处分，把一众州县从降革边缘拉了回来。吉庆把最终的处分权还给了皇帝，皇帝以此为说辞予以定议。

4. 嘉庆皇帝对亏缺州县及其上司的处分定议

仓储关系民食，理宜实贮在仓。"乃该州县等在任时任意亏短，而该管府州并不核查揭报。"这是嘉庆皇帝认定州县官处分轻重的一条原则。其从宽理由有两条。第一条，"念此项亏短仓谷尚非起自近年，多系辗转相因。"也就是此次亏缺是历史的问题。第二条，涉事之员"官非一任，事阅多年。"也就是此次亏缺者众。因而定议：

> 所有此案应行降革各员内，除霍时茂等七员既据该督等奏称才具俱属平常，著即照部议降革外。其议以降三级调用之知府直隶州涂日焕等十一员，议以降三级调用不准抵销之州县程如岳等十二员，又议以降调之丁忧留办军务知县史书笏等四员，俱著从宽改为革职留任，俟八年无过方准开复。议以降二级调用不准抵销之州县袁镛等十二员，亦著从宽改为革职留任，俟四年无过方准开复。议以革职之州县王千骥等三十一员，著从宽免其革任，俟十二年无过方准开复。[3]

嘉庆皇帝将以上 70 名官员的降革处分改为革职留任，并规定了四年、八年、

① 中国第一历史档案馆档案：单《吉庆呈清查仓谷案内部议降三级调用知府直隶州现在广西者分别考语清单》，档号：04-01-12-0255-123。

② 中国第一历史档案馆档案：单《吉庆呈粤西清查仓谷案内部议降革现任州县各员名单》，档号：04-01-12-0255-122。

③ 中国第一历史档案馆编：《嘉庆帝起居注》第 3 册，广西师范大学出版社 2006 年版，第 147 页。

十二年的不同开复期限，限年以后按例止准调补不准升用，皇帝做出了一定的处分，这是对主体官员的整体处分，此后陆续对其他外任各省或回籍官员进行了补参处分。可见，广西仓谷亏缺案牵涉之广。

经济案件不同于其他案件，除按照例规予以行政处分外，还要对亏缺之项予以归补和弥补。起初，吉庆奏请"于清查案内应行议处之历任各官名下罚缴银二十万两"。嘉庆起初批示"览"，[①] 很快便转为同意罚缴，"此项银两即著留于粤西以抵军需项下之用"[②]，吉庆随后按照处分员数和议处等第分别均摊。最后，在粤省的有 94 员，共缴银 77843 两。其升迁事故现任别省，以及已归旗回籍的有 141 员，缴银 122156 两。此次均摊的标准是按照"议处等第"予以均摊，可见，处分始终是此案的核心所在，贯穿始终。

5. 广西常平仓谷亏缺案的意义和直接影响

嘉庆皇帝以此案为契机，通谕全国："此等积弊不独广西一省为然，各直省皆所不免。著通饬各该督抚随时留心，严行查核，遇有此等流弊累民之劣员，即据实严参示惩。"[③]以一案之发告谕各省督抚，避免仓谷之亏缺积弊再度发生，否则严参并处分。

其影响：

（1）开启因处分人多，从而一概从宽留任的从宽模式。嘉庆八年（1803），贵州巡抚初彭龄呈报，贵州仅贵东一道所属仓谷亏空就达 8 万余石，谷价银亏缺 43000 余两。为此吏部将历任蒙混接收各员并徇情失察之各上司分别革职降级。嘉庆皇帝认为："但念人数过多，若概予降革未免尽易生手。"从而将应行革职的思南府知府袁纯德等 54 名官员从宽，其中袁纯德、周有声、富坤、程卓樑改为革职留任，十二年无过方准开复；其余 50 员，改为革职留任，八年无过准其开复；吏议应行降三级调用的贵东道周纬等 10 员，改为革职留任照例开复；前任云贵总督勒保和前任贵州巡抚琅玕以失察，从宽照例降一级留任准其抵销。[④]大部分的实降实革，改为革职留

---

① 中国第一历史档案馆档案：附片《台布奏为将清查案内议处各官罚缴银两归入军需项下抵用事》，档号：04-01-01-0472-008。

② 中国第一历史档案馆编：《嘉庆朝上谕档》第 3 册，广西师范大学出版社 2000 年版，第 20 页。

③ 中国第一历史档案馆编：《嘉庆帝起居注》第 3 册，广西师范大学出版社 2006 年版，第 31 页。

④ 中国第一历史档案馆编：《嘉庆帝起居注》第 8 册，广西师范大学出版社 2006 年版，第 211 页。

任和降级留任。开复时限为四年到十二年之间，此后这种人多从宽的模式多有沿用，从宽也是对处分效用的侵蚀。曾小萍持论："尽管政府的职责就是要防止短缺的发生以及惩治不法分子，但从指控和弹劾案件的实际情况来看，存在大量对这种不法行为的宽容。"①

（2）广西仓谷亏缺案发，直揭直隶亏空诸问题。当时，嘉庆皇帝意识到此类情况"各省俱所不免"，在各省中直接考虑到的就是直隶省。因此，命担任直隶总督不久的胡季堂和藩司吴熊光进行清查，其办理原则是"固不可存欲速之见，然亦不可稍事因循。"②从而揭开了直隶省延续近十年的三次大清查，出现了清查与弥补、弥补与清查的死循环，遭遇了旧亏、新亏、续亏等叠加重累问题，嘉庆皇帝确实了解到了直隶"通省亏空仓库共银一百九十四万三千余两"③的严重问题。可能没有嘉庆即位以来的广西仓谷亏缺案的即时发现，困扰嘉庆一朝的亏空问题也不会立时发作。

嘉庆三年（1798），胡季堂覆奏查办各属仓谷，证实了直隶省的仓谷亏短问题。但是嘉庆皇帝比较乐观，"直隶仓谷各州县因循日久辗转相沿，以致未能一律实贮在仓，自应核实查办。今据该督将实系亏缺者勒限买补，并分别著追，其因公动用者于秋成后买补还仓，亦只可如此办理。但通省谷石为数甚多，且官非一人，事阅多年。所有仓储亏缺之处，朕不即将该管上司及州县等按例治罪，已属格外从宽。且直隶连岁收成丰稔，经此次勒限分查，自可如数补足不致虚悬。"④但是直隶省的情况非如嘉庆所料能够很快完补。

（3）直隶问题没有解决之前，各省亦陆续在清理、清厘、清查的谕旨下发现了亏缺问题。"江苏通省共原亏银一百九十六万三千余两。"⑤"东省亏

---

① ［美］曾小萍：《州县官的银两：18世纪中国的合理化财政改革》，董建中译，中国人民大学出版社2005年版，第71页。

② 中国第一历史档案馆编：《嘉庆朝上谕档》第3册，广西师范大学出版社2000年版，第20页。

③ 中国第一历史档案馆档案：单《呈直隶三次清查仓库案内已未完银数清单》，档号：03-1832-043。

④ 中国第一历史档案馆编：《嘉庆朝上谕档》第3册，广西师范大学出版社2000年版，第23—24页。

⑤ 中国第一历史档案馆档案：单《呈江苏省仓库亏缺已未补银数清单》，档号：03-1832-036。

空从前清查时有二百四十余万，彼时笼统计算并未能彻底清查。"① 嘉庆五年（1800），御史张鹏展说："前闻福建查办亏空至数百万之多。"② 山西省的情况亦如是。山西巡抚张师诚和藩司成格多次奏报："十九厅州县共缺银八千余两，缺粮二万六千余石。"③ 平定州、阳曲县、左云县、右玉县，共"实在未完银一万九千余两"④。亏缺原籍各员咨追分赔各款银两，"统共未完银二十五万五千余两。"⑤ 现任各员咨追分赔代赔银两，"共未完银二万三千余两零"，籍隶晋省出仕外省各员借支亏缺，"共未完银二十六万一千余两。"⑥ 由此统计山西省的亏缺也已在 50 万两以上。可见各省亏缺情况不一，总的说都存在亏缺问题。

二、嘉庆五年到七年以弥补为主转以处分为主

以仓储亏缺为主的亏空愈报愈多，地方弥补却迟迟未见有报。其原因，有分析认为首在于州县种种作弊，如嘉庆四年（1799），御史周枕上"严禁交代私立议单并严定咨追章程"中反映，"地方官前后交代于限内未能清楚，则以限期已届，权为出结。而当同监交之员私立议单，以俟徐为补偿"。"议单"问题成为外省通弊，其影响至大。"若听其私立议单设法通融，将前任亏短之银又复带至新任借银赔补，是旧任之亏欠甫完而新任之亏欠又增，成何事体。"⑦ 这是"以国家仓库作为交易，实属从来未有之创举"⑧。其次，有

---

① 中国第一历史档案馆档案：附片《铁保奏报办理弥补东省亏空钱粮事》，档号：04-01-35-0761-050。

② 贺长龄辑：《清经世文编》卷八十九《张鹏展〈练乡勇核军需疏〉》，中华书局1992年版，第2204页。

③ 中国第一历史档案馆档案：单《张师诚呈山西省亏缺仓库已补完数目清单》，档号：03-1832-037。

④ 中国第一历史档案馆档案：单《伯麟呈山西省查出仓库亏缺已未完清单》，档号：03-1832-041。

⑤ 中国第一历史档案馆档案：单《成格呈山西省原籍各员咨追分赔各款银两清单》，档号：03-1832-039。

⑥ 中国第一历史档案馆档案：单《成格呈山西省现任各员咨追分赔代赔银两清单》，档号：03-1832-038。

⑦ 中国第一历史档案馆编：《嘉庆帝起居注》第4册，广西师范大学出版社2006年版，第703页。

⑧ 中国第一历史档案馆编：《嘉庆朝上谕档》第5册，广西师范大学出版社2000年版，第7页。

分析认为，"州县亏空仓库，挪新掩旧，各省积习皆然。近年间有督抚实力稽查设法补缀一二，而一转手又已荡然。"①这是属于认真的督抚，但碍于积习也无济于事。再有分析认为因督抚有所顾忌而因循，"近来各省亏空俱未办出，一人独办反或招刻薄之名，遂至习为固然而恬不知怪。"②这也是嘉庆皇帝所言的，"其损阴功大矣"③。复次，有分析认为："避处分，属员亏空上司有失察之咎，且有摊赔之责，所以欲图趋避，遂成徇隐。"④这是地方的处分顾虑与无效。那么作为最高统治者的嘉庆皇帝如何考虑的呢？

1.嘉庆五年的"以弥补为主不敢处分"

早在嘉庆四年（1799），嘉庆帝曾针对直隶问题指出："仓库必须弥补，然须行之以渐。"否则"激成别事，所费益大矣，缓急轻重可不详思乎"⑤。嘉庆五年（1800），嘉庆君臣就亏空的弥补问题再三讨论，而不是如何有效制止亏空。在此讨论中反映了嘉庆皇帝以"弥补"为要，忌"处分触动国体"的治理亏空理念。

嘉庆五年，广西巡抚谢启昆提出弥补亏空办法。其弥补之法建立在三个事实之上。第一，"近年诸大吏共相濯磨，各州县亦争先弥补。但原亏之员大半死亡遭戍，现任者历年赔补未免囊橐空虚。"第二，"弥补之法，宽则人心生玩，而胥吏夤缘为奸，急则众志惊惶，而百姓先受其累。"第三，"各省多寡不同，难易迥别。"他提出相应的解决办法，有"因地制宜"之法，"多分年限使后任量力补苴，不必辗转诛求亦不必程功旦夕。"有"倡节俭爱民以培元气"之法，主要在于督抚革除陋规。嘉庆皇帝评价："所论甚是。"

说者无意，听者有心。谢启昆对"大吏的共相濯磨""各州县亦争先弥补"的肯定，坚定了嘉庆的以弥补为要的思想，既然官员都乐于弥补，何乐而不为呢？既然官员乐于弥补，又何至于急于一时呢？还有谢启昆的"培

① （清）贺长龄辑：《清经世文编》卷二十《张鹏展〈清厘吏治五事疏〉》，中华书局1992年版，第495页。

② （清）贺长龄辑：《清经世文编》卷二十《张鹏展〈清厘吏治五事疏〉》，中华书局1992年版，第496页。

③ 中国第一历史档案馆编：《嘉庆朝上谕档》第5册，广西师范大学出版社2000年版，第7页。

④ （清）贺长龄辑：《清经世文编》卷二十《张鹏展〈清厘吏治五事疏〉》，中华书局1992年版，第496页。

⑤ 《清仁宗实录》第1册，中华书局1986年版，第587页。

元气"之说，与嘉庆皇帝的治政理念相契合。嘉庆皇帝遂降旨："三年有成，亦不为缓。总之仓库原不应有亏必须实贮，然亏损之由非一朝一夕，则补助之道岂可骤施。况应酬交接之人存亡离散无可著追，忍令现任之人倾家荡产乎？况亦必不肯倾家荡产，反借此以剥削小民肥家入己。此事朕见得清，知得透！然则任其亏缺耶，自应熟筹善法弥补，全在上司培养元气躬行节俭，以不收之陋规，耗羡之盈余，缓缓归款，上行下效，未有不能完之理。"① 然而我们从后期的档案中可见，谢启昆所说的"争先弥补"水分太大，拖补现象却是非常严重，"徒有弥补之名并无弥补之实"。②

但是嘉庆皇帝起初不知，随后冷静下来结合御史及其他臣僚的上奏，再次降旨："其如何从容弥补之法，则在督抚悉心讲求，无欺无隐，密奏章程，候朕酌定，亦不拘年限也。"③ 落脚点改为从容和密奏弥补。除谢启昆之外，臣僚对嘉庆皇帝的思路基本都不赞同"徐徐办理"。

如江苏巡抚岳起。鄂济氏，满洲镶白旗人。乾隆三十六年（1771）举人，乾隆五十六年（1791）迁奉天府尹。嘉庆四年（1799），授山东布政使。未几，擢江苏巡抚，时称"清介自矢"。五年，署两江总督。《清史稿》载："无子，诏问其家产，仅屋四间、田七十六亩。……及至京，居无邸舍，病殁于僧寺，妻纺绩以终。吴民尤思其德，呼曰岳青天，演为歌谣，谓可继汤斌云。"④

嘉庆五年（1800），岳起在密查东省各州县官亏约有 70 余万的情况后，上折奏报指出几个点：第一论断，"有亏空者不尽劣员，无亏空者亦不尽能吏。"第二指出，"大吏不能洁己率属，费用奢靡取给无度"，弊端皆由于此。故提出"惟有按限勒令完交"。此奏其实把嘉庆对亏空官员的看法有所颠覆，到底如何定议处分亏空官员，不就成了一个问题吗？另外，按限"勒令"完交也和嘉庆皇帝想法不一致。嘉庆旨意并没有随着岳起的思路而变，朱批依然曰："徐徐办理，自有成效。百姓足，君孰与不足，培养元气，胜于仓

---

① 《清仁宗实录》第 1 册，中华书局 1986 年版，第 839 页。

② 中国第一历史档案馆档案：附片《铁保奏报办理弥补东省亏空钱粮事》，档号：04-01-35-0761-050。

③ 中国第一历史档案馆编：《嘉庆朝上谕档》第 5 册，广西师范大学出版社 2000 年版，第 7 页。

④ 《清史稿》第 37 册，中华书局 1977 年版，第 11353—11355 页。

库实贮，奚啻万倍。至于大吏洁己率属，各员裁革陋规，皆为善政，以此弥补足矣。捐廉罚银等事，朕必不为。"① 婉转驳斥岳起的六字，"按限"不必，"勒令完交"不可能，依旧是"徐徐办理"的四字主张。"徐徐办理"意味深长，"徐徐"到什么时候，未来将会出现怎样的亏空局面，这应该是嘉庆皇帝没有考虑到的后果。

同年，岳起不甘心，再次奏报弥补亏空钱粮办法，被嘉庆皇帝严斥。第一斥他，"将原奏咨部并将密批一并抄送"，意味着公开化，违反了嘉庆皇帝的"密谕"原则。第二斥他，"将挂欠数目于目下奏销册内遽行开报户部"，违反密办弥补原则。"各省亏空一事朕既责成各该督抚密行查办，自当仰体朕意实心经理。著传谕各该督抚通盘查核，赶紧弥补，据实密奏。"并进一步强调："仓库岂可缺欠，必应弥补。能不病民，斯为尽善，缓急之间，卿等妥商章程办理，总不宜太骤。"② 嘉庆皇帝的想法没有变，依旧先强调密奏密办，将亏空及其弥补限定在一定的范围之内；后强调缓慢不宜太骤。

不仅江苏巡抚岳起如此行事被斥责，安徽巡抚荆道乾同样在嘉庆五年（1800），因声张此事被训饬。荆道乾，山西临晋人。乾隆二十四年（1759）举人。"所至有惠政，屏陋规，平冤狱。""大学士刘墉曾官湖南巡抚，称之曰：'第一清官也'……朱珪为巡抚，尤信任之。"嘉庆二年（1797），荆道乾迁山东按察使。四年，迁江苏布政使。"以巡抚岳起及道乾皆有清名，责其肃清诸弊。"四年，擢安徽巡抚。《清史稿》记曰："道乾由监司不三年擢至巡抚，求治益急，不避嫌怨，自处刻苦。"③

荆道乾亦将原奏咨部，直接告知户部因本省各属仓库有亏，奏请将奏销展参，也将清查亏空之事公开化。嘉庆皇帝再次诠释密行弥补之由，"原因各省人数众多，若将亏缺各员一体参革治罪，不成事体"。"况一经报部，即当按例参办，又岂能姑容不肖之员，使之无所畏忌？"皇帝"委屈矜全"的良苦用心并未被臣僚理解。荆道乾被传旨申饬，嘉庆皇帝同时指示："奏销与弥补不可牵混者，因直省亏空众多，焉能尽行治罪，况诛之不可胜诛，

---

① 《清仁宗实录》第 1 册，中华书局 1986 年版，第 502 页。

② 中国第一历史档案馆档案：朱批奏折《岳起奏报弥补亏空钱粮办法事》，档号：04-01-35-0761-011。

③ 《清史稿》第 37 册，中华书局 1977 年版，第 11355—11356 页。

即或严刑峻法而亏缺反归无著，谁代弥补耶？以数十年之积弊，岂独罪及现在之官吏，情法亦不得其平。惟有徐徐弥补，恺切化导，俟全清之后再有亏缺者必置于法，方为正办。密谕卿知，勉力遵循可也。"①

再如山东巡抚惠龄。萨尔图克氏，蒙古正白旗人。父纳延泰，乾隆中，官理藩院尚书、军机大臣，加太子太保。惠龄由翻译官补户部笔帖式，充军机章京。乾隆五十六年（1791），擢四川总督。嘉庆四年（1799），授山东巡抚。惠龄的错在于请将山东省未完州县处分暂缓吏议。这是明确向吏部公开亏空问题，结果亦被嘉庆皇帝否定，"均属非是"。皇帝依然坚持弥补在先，惩处在后。不仅和广西常平仓谷亏缺案的从宽处理不一样，甚至连起码的处分现在也不愿及早提及，更无法奢论"从宽"。

为警示其他督抚，嘉庆五年（1800），皇帝命军机处承旨颁谕：

> 各省仓库亏缺经朕密谕各该督抚逐一清查，设法弥补，以归实贮，原以亏空之案，官非一任，事阅多年。若概行查办则经手亏缺及接任虚报各员，皆当按例治罪，人数未免众多。或尚有贤员亦觉可惜，是以宽其既往之愆，予以弥补之限，此系朕格外施恩。各该督抚惟当实力查核，将该省实在亏缺若干，其离任各员如何追缴，现任各员如何弥补，并作何分别年限，一律清厘之处，一面查办，一面据实密奏，方为实心任事之道。……著传谕各该督抚，惟当通盘查核赶紧弥补，据实密奏。所有报销钱粮，仍当按限题达，其经征不力之州县亦当按照未完分数，循例参处，不得将亏缺数目辄行咨部，并为属员开脱处分。如设法清厘，实有一二州县不能弥补，必须奏明严办者，自当据实参奏，按律治罪。若能全数弥补，则尤所深愿也。②

此谕旨有三层含义：第一，顾虑处分官员多，希冀官员主动弥补。第二，希望各督抚作出弥补规划尽快密奏。第三，建议清厘弥补过程中不妨抓典型予以警示。由谕旨可见处分的分量，不管是实处还是虚处，毕竟都是处分，于"国体""事体"会无颜面。嘉庆皇帝的训令一再颁布，奈何"外省弥补一事，

---

① 中国第一历史档案馆档案：朱批奏折《荆道乾奏报办理弥补亏空银两事》，档号：04-01-35-0761-012。

② 《清仁宗实录》第 1 册，中华书局 1986 年版，第 941—942 页。

旷日持久任意徇延。"①

2.嘉庆七年"以处分为器促完缴"规定

会典记载嘉庆五年(1800),奏准"官员亏空,该督抚务宜秉公确审,如有以侵为挪,该督抚扶同徇庇,巧为开脱,降三级调用。"②这条史料针对的是亏空中有私罪,有意营私要被治罪,督抚要以徇庇私罪例降三级调用。亏空中大多数是因公挪垫,如直隶"系畿辅近地,差务殷繁,各州县辗转垫挪,以致仓库亏缺。"③"此皆因直隶一省差务繁多,数倍他省。地方官平日经理不善,或有借垫等项不能及时归款,以致日久拖延人数过多。"④

直隶一省自乾隆三十二年以后,未清银款至144万余两,历任各官至139员,户部为此核议直隶通省亏欠摊赔各款,分限完交之事。嘉庆四年(1799),皇帝降旨:"所有现在亏欠各员,其银数在一千两以下者限半年追完,一千两以上至五千两者限一年追完,一万两者限二年追完,二万两者限三年追完,三万两者限四年追完,三万两以上者限五年追完。此内亏欠不及一万两之员著革职从宽留任,已回旗籍者著革职暂留顶带,若限内全完准其开复。其数逾一万两之员著革职即离任,已回旗籍者亦著革职按限著追,如限内全完奏明请旨。"⑤对原亏人员的处分予以了革职留任。

嘉庆六年(1801),当直隶护总督颜检题请开复本省现任各员时,嘉庆皇帝进一步从宽,"姑照所请将经征现任各员处分概行宽免。"将原亏官员从宽施恩,而于接收官员亦未加深究处分。嘉庆皇帝一再指出这是"俯念直隶一省情形格外施恩。"⑥其实主要是这项亏缺早在乾隆朝就已发生,属于旧亏

① 中国第一历史档案馆档案:录副奏折《卢炳涛奏请饬令认真弥补亏空事》,档号:03-1828-065。

② (光绪朝)《钦定大清会典事例》卷一百一《吏部》,载《续修四库全书》第799册,上海古籍出版社1996年版,第616页。

③ 中国第一历史档案馆编:《嘉庆帝起居注》第6册,广西师范大学出版社2006年版,第282页。

④ 中国第一历史档案馆编:《嘉庆帝起居注》第4册,广西师范大学出版社2006年版,第702页。

⑤ 中国第一历史档案馆编:《嘉庆帝起居注》第4册,广西师范大学出版社2006年版,第702页。

⑥ 中国第一历史档案馆编:《嘉庆帝起居注》第6册,广西师范大学出版社2006年版,第283页。

问题。

由此可知皇帝外出巡察之时，直隶所承担的种种供应任务，也是亏空形成之一因，直隶的亏空问题乾隆和嘉庆也是负有一定的责任。此次直隶的处置方式令嘉庆皇帝有所担心，"若他省并无差务……不得援照直隶之例，妄希宽办也。"①"但恐各直省因见直隶现任各员处分免其开参，亦欲仿照办理。将现任各州县亏项移归前任名下查追，而现任者转置身事外。甚至有旧日之亏欠未补，而新任之亏缺又增。"因此嘉庆皇帝再度强调，旧亏现象已经过去，凡有亏缺必为新亏，也就是要追查现任之员。"倘于一二年后，经朕特派大臣分往实力盘查。如有亏挪情弊，惟现任接收之员是问，必当按律治罪，著落赔缴。断不因其诿过前任，将现任者即予宽宥。"②

在此背景下，面对地方各省的旧亏，嘉庆七年（1802），制定了因公核减及分赔代赔、亏空侵盗赃罚银两的完缴年限和相应处分，试图以处分为器促使官员完缴旧有亏项和赔项。

（1）针对现任官员本身应完因公核减及分赔代赔等项银两的完限及处分。嘉庆七年（1802）奏准：

> 现任官员本身应完户属项下一切因公核减，及分赔代赔等项银两，为数不多者，准其在应领养廉内坐扣完结。其有养廉在本处耗羡内自行留支者，责令该管上司催追清结。其有详请分限完缴，数在三百两以下者，于文到日起限六个月完交；逾限不完，初参降俸一级，戴罪再限六个月完交；若再不完罚俸六月，仍令完纳另行起限。三百两以上至一千两限一年完交；逾限不完，罚俸六月，戴罪限一年完纳；再限不完，罚俸一年，仍戴罪限一年完纳；再限不完，本员降一级留任，仍令完纳；完日开复。一千两至五千两，以十分为率，勒限四年完交；每年每案完不及二分五厘者，初参降俸一级，二参罚俸六月，三参罚俸一年，四年限满不完降一级留任，仍令戴罪完纳另行起限；完日开复。五千两以上之案，亦以十分为率，勒限五年；每年每案完不及二分，初限不完降俸

① 中国第一历史档案馆编：《嘉庆帝起居注》第4册，广西师范大学出版社2006年版，第703页。
② 中国第一历史档案馆编：《嘉庆帝起居注》第6册，广西师范大学出版社2006年版，第283页。

321

一级，二参罚俸六月，三参罚俸一年，四参降一级留任仍令戴罪完纳；五年限满能完至七分者，将所降之级准其开复，另行按年起限；如完不足七分者，照所降之级调用，仍勒限严追。其督催不力各上司悉照承追上司处分。①

这条规定，根据数额下限三百两和上限五千两以上，规定了不同的完纳期限。按限完纳不存在处分的问题，按限不完则根据逾限长短予以相应处分，处分从罚俸六月到降级调用程度不等。从处分的程度看，处分其实并不重，这是因为这些赔项基本属于因公核减、分赔代赔事项。但是，毕竟按限不完纳就会受到相应处分。

（2）针对追缴因公核减及分赔代赔等项银两的追限及处分。嘉庆七年（1802）议定：

> 凡追赔因公核减，及分赔代赔等项银两，数在三百两以下者，于文到日限六个月追完，限内不完，将承追官降俸一级，再限六个月催追；若再不完，罚俸六月，另行起限承追。三百两以上至一千两者，限一年追完，限内不完，将承追官罚俸六月，督催知府直隶州知州各罚俸三月，司道督抚暂行免议，俱戴罪再限一年督催；限内不完，承追官罚俸一年，知府直隶州知州罚俸六月，司道督抚俱罚俸三月，再限一年督催；若再不完，承追官降一级留任，完日开复，知府直隶州知州俱罚俸一年，司道督抚俱罚俸六月。②

嘉庆七年议定：

> 凡追赔因公核减，及分赔代赔等项银两，一千两至五千两者，以十分为率，勒限四年。每年每案追完二分五厘，四年十分全完，免其处分仍予纪录一次；递年每案完不及二分五厘，承追官初参降俸一级，二参罚俸六月，三参罚俸一年，四年限满不完降一级留任，仍令戴罪催追，完日开复；督催知府直隶州知州初参罚俸三月，二参罚俸六月，三参罚俸九月，四参罚俸一年，督抚司道初参免议。二参罚俸三月，三参罚俸

---

① （光绪朝）《钦定大清会典事例》卷一百一《吏部》，载《续修四库全书》第799册，上海古籍出版社1996年版，第616—617页。
② （光绪朝）《钦定大清会典事例》卷一百九《吏部》，载《续修四库全书》第799册，上海古籍出版社1996年版，第725页。

六月，四参罚俸九月。①

嘉庆七年（1802）议定：

> 凡追赔因公核减，及分赔代赔等项银两，五千两以上之案，以十分为率，勒限五年。承追官每年每案追完二分，初参不完降俸一级，二参不完罚俸六月，三参不完罚俸一年，四参不完降一级留任，俱戴罪承追；五年限满能完至七分者，将所降之级准其开复，另照未完银数按年起限。如承追完不及七分者，照所降之级调用，督催知府直隶州知州初参罚俸三月，二参罚俸六月，三参罚俸九月，四参罚俸一年，俱戴罪督催；五年限满不完降一级留任，戴罪督催完日开复。督抚司道每案初参免议，二参罚俸三月，三参罚俸六月，四参罚俸九月，五年限满不完罚俸一年。②

以上三条规定，属于对亏缺因公核减及分赔代赔等项银两官员的追赔。按照原亏官员的亏缺数额上限五千两以上和下限三百两，分为若干档次。每一档次规定完纳年限和相应处分，处分从罚俸三月到降一级留任不等。这类追赔及处分不具有独立性，它是和原亏官员的亏缺轻重有关，会随着原亏官员的亏缺少而转轻，随着原亏官员的亏缺多而转重。整体而言，其处分程度要减轻一等。

（3）针对追缴亏空侵盗赃罚银两的追限及处分。嘉庆七年奏准：

> 凡追赔亏空侵盗赃罚等项银两，数在三百两以下者，于文到日限六个月追完，限内不完，将承追官降俸二级，再限六个月催追；若再不完，罚俸一年，另行起限。三百两以上至一千两者，于文到日限一年追完，限内不完，将承追官罚俸一年，督催知府直隶州知州各罚俸六月，司道督抚各罚俸三月，俱戴罪再限一年督催；限内不完，将承追官降一级留任，督催知府直隶州知州各罚俸一年，司道督抚各罚俸六月，再限一年督催，全完开复；若不完，将承追官照所降之级调用，督催知府直隶州知州各降一级留任，司道督抚各罚俸一年。③

---

① （光绪朝）《钦定大清会典事例》卷一百九《吏部》，载《续修四库全书》第799册，上海古籍出版社1996年版，第725页。

② （光绪朝）《钦定大清会典事例》卷一百九《吏部》，载《续修四库全书》第799册，上海古籍出版社1996年版，第725—726页。

③ （光绪朝）《钦定大清会典事例》卷一百九《吏部》，载《续修四库全书》第799册，上海古籍出版社1996年版，第724页。

嘉庆七年（1802）议定：

> 凡追赔亏空侵盗赃罚等项银两，一千两至五千两者，以十分为率，勒限四年。每年每案追完二分五厘，四年十分全完免其处分，仍予纪录一次。递年每案完不及二分五厘，初参降俸二级，二参罚俸一年，三参降一级留任戴罪承追，四年限满全完开复。如不完照所降之级调用，知府直隶州知州初参降俸一级，二参罚俸六月，三参罚俸一年，俱令戴罪督催，四参降一级留任，仍令戴罪督催，完日开复。督抚司道初参罚俸三月，二参罚俸六月，三参罚俸九月，四参罚俸一年。①

嘉庆七年议定：

> 凡追赔亏空侵盗赃罚等项银两，五千两以上之案，以十分为率，勒限五年。每年每案追完二分，初限不完降俸二级，二限不完罚俸一年，三限不完降一级，四限不完再降一级，俱留任戴罪承追。五年限满，能完至七分者，照所降之级准其开复，另照未完银数按年起限。承追如完不及七分者，照所降二级调用，知府直隶州知州初参降俸一级，二参罚俸六月，三参罚俸一年，四参降一级留任，俱令戴罪督催，五年限满，全完开复。如不完再降一级留任，戴罪督催完日开复。督抚司道每案初参罚俸三月，二参罚俸六月，三参罚俸九月，四参罚俸一年，五年限满无完，各降一级留任，仍另行按年起限督催，全完开复。②

以上三条规定，针对追缴亏空侵盗赃罚银两的追限及处分。其数额也是下起三百两上至五千两以上，分为四个层次。每个层次按照实际的完缴程度予以不同处分。这些处分从罚俸三月到降二级调用，程度比因公核减亏缺要减轻一级。

综上，从对原亏官员的完缴处分到承追督催官员的追缴处分，有若干问题：

第一，处分不重。第二，行政层级越高，所担的处分越轻甚至免议。第三，对因公核减及代赔分赔情况亏缺的处分要轻于对亏空侵盗赃罚银两的处

---

① （光绪朝）《钦定大清会典事例》卷一百九《吏部》，载《续修四库全书》第799册，上海古籍出版社1996年版，第724—725页。

② （光绪朝）《钦定大清会典事例》卷一百九《吏部》，载《续修四库全书》第799册，上海古籍出版社1996年版，第725页。

分。第四，处分规定比较繁复，既存在不同的数额，又存在不同的年限；既存在一二三四限的情况，又存在不同的处分类别，更存在完补与不完补的不同背景下的处分。第五，不论何种性质的归补，最终规定只有全完才能开复，开复以完缴年限为限年。从这些完缴与处分之间的关联，可以看到嘉庆皇帝欲在归补与处分之间寻求二者的兼顾，既想实现全额的归补，又不想予以重处更换官员。但是，在官员的利与名之间要想寻求二者的兼顾，实在是件难事。

"此种制度设计逻辑中，连带责任不可避免，失察官员承担无限责任，动辄被处分的境况成为常态。清代法律规定官员亏空或者侵盗钱粮通常依据赔偿的情况确定本人的刑罚，同时，负有监察、举报、担保等责任的官员也会视情况受到从罚俸到革职并分赔的处分。每一个制度中的人都要为自己身处的部门中出现的问题负责，承担连带责任。"[1]但是，往往这种处分会因顾及"国体""政体"而作罢。

（4）对接任接追承追督催等官的处分与议叙。嘉庆七年（1802），定接任承追督催等官，"俱以到任之日扣限追完，不完照承追官例一体处分"。可见不仅追查前任，也在追查现任官员的责任。为更好地敦促承追接追官员的追缴工作，同年确立了对以上官员的奖励政策，以此推动追缴工作的顺利进行。

> 承追接追各官能于一年限内，一任追完三百两以上之案者，每一案纪录一次，督催知府直隶州知州每三案纪录一次，该管道员每五案纪录一次，督抚每十案纪录一次。追完一千两以上之案者，州县官加一级，督催之该管道员知府直隶州知州纪录二次，督抚布按纪录一次。追完五千两以上之案者，州县加二级，道员知府直隶州知州加一级，督抚布按纪录二次。追完一万两以上之案者，州县加三级，道员知府直隶州知州加一级纪录二次，督抚布按纪录三次。追完一万五千两以上之案者，州县以应升之缺即用，道员知府直隶州知州加二级，督抚布按加一级。[2]

---

① 王旭：《则例沿革稽考》，中国民主法制出版社 2016 年版，第 295 页。
② （光绪朝）《钦定大清会典事例》卷一百九《吏部》，载《续修四库全书》第 799 册，上海古籍出版社 1996 年版，第 726 页。

此次奖励的特点在于，第一，幅度较大，最低纪录一次，最高不仅是加三级，而是"以应升之缺即用"。第二，行政层级越高奖励越少，行政层级越低奖励越多，这恰恰和处分的情况相反。第三，这些奖励不亚于军功奖励，反映出嘉庆皇帝对承追督催官员所抱有的希冀。"黜陟赏罚操之在上"，皇帝希望以"大棒加糖果"的政策换取亏缺的全额迅速弥补，实现无亏无欠。

（5）从"捐廉罚银等事朕必不为"到"文武官员每年坐扣一半廉俸"的变化。早在嘉庆五年（1800）就亏空的如何弥补，嘉庆曾自信地讲道"捐廉罚银等事朕必不为"。但是，随着亏空形势的逐渐严峻，亏缺数额的暴涨，弥补成了一个现实的问题，官员的银两从何而来？从以下嘉庆七年（1802）所颁布的两条上谕，皆"著为令"，可以看到当时亏空形势的严峻，令嘉庆皇帝不得不走向自我否定的道路，允许"扣缴廉俸"。

嘉庆七年，第一道旨："文武官员赔项有应扣缴廉俸者，此后每年止须坐扣一半，不必全行扣缴，免其藉口索取，转遂其私，著为令。"同年，第二道旨："现任官员有应追未完银两，查明委无产业不能依限完缴者，将俸工养廉，按年止须坐扣一半，其一半留为办公之需，不必全行扣缴。如本系有力完缴，徒借坐扣之名为延宕之计，一经查出，将本人革职，承追之员照徇情例降二级调用。"[①]再次声明如须坐扣，止须坐扣一半。同时不鼓励以坐扣廉俸作为完缴的首选，如有违反，处分是实降，比较严重的了。

第二节　嘉庆十年到十八年官员新亏与处分

嘉庆中期的安徽是"旧亏未补，新亏又起。通省仓库，几无完善之区。"[②]不仅是安徽，有人认为："嘉庆中期以后，又因钱粮亏空态势的加剧，实施了严厉的追缴措施，并以嘉庆以来的新亏为追缴的重点，加大了分

---

① （光绪朝）《钦定大清会典事例》卷一百九《吏部》，载《续修四库全书》第799册，上海古籍出版社1996年版，第724页。

② （清）贺长龄辑：《清经世文编》卷二十七《张师诚〈杜州县交代积弊议〉》，中华书局1992年版，第681页。

赔、代赔的处罚力度。"① 这一时期不仅追缴、分赔、代赔力度加大，对于官员的处分也多实革，如直隶之清查和易州陈渼亏空案，不仅本人被革职治罪，其上司督抚藩司等亦被严加议处。此外，这一时期嘉庆皇帝继续延续密补，不轻易将官员交部，更强调完交即开复，未完即革职监追的政策，专门出台针对挪移钱粮的徇隐失察处分。

一、嘉庆十年直隶易州陈渼亏缺案及官员处分

1. 直隶亏空大清查——陈渼案发的背景

直隶的亏空清查是各省中历时最久且规模最大的。直隶亏空清查始于前文所述之直隶总督胡季堂，止于署督裘行简。嘉庆十年（1805），嘉庆帝曾降旨："嗣后不准复有清查名目，违者以违制论。"② 继而，嘉庆十四年（1809），给事中赵佩湘上奏各省亏空辗转清查多致悬宕。嘉庆皇帝赞成："所奏俱是"，"各省州县经管仓库钱粮例应年清年款，申明该管各上司随时核实查察，一有亏空即当严行参办，原不应有清查名目。近年以来各州县交代不清，监交各员，相为容隐，遂做成亏空，公然禀明上司设法弥补。该管督抚竟奏明立局清查，至有二次三次，并每隔数年又复奏请一次者。其于穷源截流之要，仍属空言无补，辗转相因，伊于何底……嗣后各省清查名目务当永远革除。"③ 从而，宣布各省清查名目彻底取消，但是，喧闹于嘉庆前期和中期的清查，并未在历史上真正消失。安徽巡抚李鸿宾曾言："臣查安省办理清查前此已有五次。自嘉庆五年初次清查后，至九年而二次清查，嗣于十四、十六、十九等年，复有三次四次五次清查。"④ 可见，嘉庆皇帝谕旨取消的仅仅是直隶地区的清查。

由上析之，直隶清查的被取消是和勒限追缴未见成效有关。先从嘉庆十

---

① 刘凤云：《钱粮亏空：清朝盛世的隐忧》，中国社会科学出版社 2021 年版，第 461 页。

② 中国第一历史档案馆编：《嘉庆帝起居注》第 10 册，广西师范大学出版社 2006 年版，第 329 页。

③ 中国第一历史档案馆编：《嘉庆帝起居注》第 14 册，广西师范大学出版社 2006 年版，第 607—608 页。

④ （清）贺长龄辑：《清经世文编》卷二十七《李鸿宾〈厘剔安徽亏空疏〉》，中华书局 1992 年版，第 675 页。

年（1805），嘉庆帝朱批保宁议奏直隶省办理清查事宜一折可知，"直隶州县仓库亏缺，前经胡季堂奏准初、二次清查，原期帑项及早补足。乃接任之总督藩司等办理不善，转以清查一局为州县官影射挪移地步。即初、二两次勒限追缴之项，至今亦尚多虚悬无著者。"①再据宗室禄康所奏，"臣等更有请者，直隶一省经此两次清查，仓储库项均宜实贮各州县，不得复有借口。惟是所完欠项皆有应归原款，若不详查，窃恐应归之款未清，挪移之弊又启，应一并请旨令直隶督臣督同藩司，将收存各省完解银二十八万余两，除遵照臣部奏案，先归旗租项下一十七万两零，此外系归补何款，即查照臣部叠次行查原案咨覆，以凭稽核。"由此可知，初、二次完补只有 28 万两左右，而"统计初、二两次清查应追亏欠，摊赔共银一百七十九万八千余两"，②差之太远。

就官员弥补而言，禄康陈述："今二次清查一案，自嘉庆四年十一月二十日钦奉恩旨之日起，扣至嘉庆九年十一月二十日，通限五年已满。初次清查一案，自嘉庆五年七月十三日经臣部奏奉恩旨立限之日起，除亏欠已故之成邦直等五员，应扣至嘉庆十年七月内原限五年始满，其余各员定限亦经逾违。……乃迄今通限五年已满，祗有刘墉等八十八员依限如数全完。德楞额等四员应缴银两，据该都统奏准在于伊等子孙应得俸廉内减半坐扣，其余王澜等一百二员有完缴五分以上者，有完缴不及五分至一二分者，并有分厘无完者。"③可见，涉及亏空官员几百人，完交却是小数。

其结果是 5 年限至，嘉庆皇帝不得已再予以宽限。然而，此番旧亏还未完补，"至初二次清查以后截至嘉庆九年为止，原不应复有亏欠之事，乃经裘行简查出亏缺数目已有二百六十四万余两之多。"④新亏又不适宜地出现了。面对旧亏与新亏，嘉庆皇帝的解决措施：

①　中国第一历史档案馆编：《嘉庆帝起居注》第 10 册，广西师范大学出版社 2006 年版，第 328 页。

②　中国第一历史档案馆档案：录副奏折《禄康奏为议处直隶历任各员亏欠银两事》，档号：03-1814-077。

③　中国第一历史档案馆档案：录副奏折《禄康奏为议处直隶历任各员亏欠银两事》，档号：03-1814-077。

④　中国第一历史档案馆编：《嘉庆帝起居注》第 10 册，广西师范大学出版社 2006 年版，第 329 页。

（1）旧亏未补的完缴和处分。嘉庆皇帝要求总督藩司将初二两次勒限完缴各员再予以延限完缴。"俟该督等查明确数后，即照初二两次清查之例，按银数多寡定年限远近，并查明现任及离任各员分别革职、革去顶戴及革职留任，勒限着追。如限满不完，再将各员监追治罪，着落该上司赔补。"①后直隶省议定，"所有现在亏欠各员，其银数在一千两以下者限半年追完，一千两以上至五千两者限一年追完，一万两者限二年追完，二万两者限三年追完，三万两者限四年追完，三万两以上者限五年追完。此内亏欠不及一万两之员着革职从宽留任，已回旗籍者革职暂留顶戴，限内全完准其开复。其数逾一万两之员着革职即令离任，已回旗籍者亦着革职按限着追。如限内全完奏明请旨。"②可见对于旧亏人员免其罪，但不免除其处分，据亏缺数额明定处分。

（2）对于新亏的处理。主要针对裘行简第三次查出的190多万两。嘉庆十年（1805），裘行简奏报核查结果："至亏空各员应照从前部议分别办理。内为数在一万两以上应革职离任限三年完缴者二员，在五千两以上应革职留任限二年完缴者二十四员，一千两以上应革职留任限一年完缴者二十八员，一千两以内应革职留任限半年完缴者十二员。在直隶候补人员未清银数在一万两以内应照已回旗籍之例革职暂留顶戴者十五员，外省现任人员应由任所按照银数多寡分别革任留任着追者十七员，又子孙在外作官应行代赔者五员，缘事离任尚在本省应行追提者三十三员，内有子孙在直作官应照例着追者四员，事故人员应由旗籍原籍咨追者一百三十一员，事故人员无可着追应摊归上司名下完缴者二十八员。"③可见，人数又是几百人。嘉庆已经免除对亏空官员的治罪，否则正如熊枚所言："其余亏款自千余数至万两以内者，若逐一陆续参办，窃恐不可胜诛，有关政体。"④处分则不可再免，根据官员亏缺数额议以革职留任、革职暂留顶戴、革任等不同处分。

---

① 中国第一历史档案馆编：《嘉庆帝起居注》第10册，广西师范大学出版社2006年版，第329页。

② 中国第一历史档案馆档案：录副奏折《禄康奏为议处直隶历任各员亏欠银两事》，档号：03-1814-077。

③ 中国第一历史档案馆档案：朱批奏折《裘行简奏报查明州县亏缺银两数目等事》，档号：04-01-35-0765-013。

④ 中国第一历史档案馆档案：录副奏片《奏报办理直隶清查亏空事》，档号：03-1832-045。

嘉庆皇帝不以自己宽免亏空官员刑罪自责，反而批评官员办理不善，连批裘行简折："从前清查银款，即因各上司因循姑息，以致日久未能完缴。今该署督甫经清厘，此时发令之始，自当执法无私，庶使知所儆畏。"然而，"裘行简所办失之过软。"①"嗣后倘再有不肖州县敢于续亏，该督惟当据实严参按律承办，不得稍存姑息之见。"②"倘各州县等经此次截明亏缺数目后，再有侵挪情事，该总督藩司即随时参革治罪。"③可见，嘉庆皇帝把不治罪的责任推到了督抚头上，同时也警告督抚不得再有新亏。

2. 直隶易州陈溪案

陈溪亏空就是发生在以上清查期间。嘉庆十年（1805），署直隶总督熊枚实指"直隶官场习气，浮靡苍滑，兼之胆大，视仓库若私囊，置民事于膜外，实较他省为尤甚，总缘二十余年以来渐染已深，并未严加惩创，以致毫无忌惮……且恃有清查，遂不知慎重仓库。甚至捏报亏缺，私为子弟捐官，冀图归入清查案内咨追了事，实堪痛恨。"④"浮靡苍滑""胆大"，概括了当时直隶官场的情况，陈溪亏空案的发生也是必然的。

陈溪亏空案的发现是由裘行简时任藩司稽查库项时查出。嘉庆十年（1805），总督颜检参奏"升任直隶易州知州陈溪亏空累累，请旨革职拿问，并请将先隐后揭之本管清河道蔡齐明，一并革职审拟，及自请交部严议"，揭开了对陈溪亏空案的整治。陈溪在直隶易州任竟至8年，亏空仓库正杂钱粮银90800余两，又在外捐杂各款银21500余两，共计11万余两，包括"原有应行解部之项，亦有应归司库、州库之款。"⑤嘉庆九年（1804），陈溪之所以能升任广东运同顺利离任，是由于接任知州徐用书和清河道蔡齐明俱给"出具仓库无亏印结。"因此，颜检将此3人一并参劾。嘉庆皇帝认为："地

---

① 中国第一历史档案馆档案：朱批奏折《裘行简奏报遵旨查明亏欠银两严加追缴事》，档号：04-01-35-0765-024。

② 中国第一历史档案馆编：《嘉庆朝上谕档》第11册，广西师范大学出版社2000年版，第33页。

③ 中国第一历史档案馆编：《嘉庆帝起居注》第10册，广西师范大学出版社2006年版，第329页。

④ 中国第一历史档案馆档案：附片《奏为密陈直隶州县官员亏缺仓库钱粮事》，档号：04-01-13-0166-047。

⑤ 中国第一历史档案馆档案：朱批奏折《裘行简奏报查明易州亏项分别归款事》，档号：04-01-35-0765-029。

方官于帑项任意侵挪，该管上司扶同徇隐，若不严行惩办，何以清帑项而饬官方。"命将陈溁革职解京交刑部严审定拟。徐用书、蔡齐明亦革职解京，交刑部审讯治罪。

对于历任督抚藩臬则予以不同程度的处分。前任藩司瞻柱、臬司傅修从前均"由清河道加恩擢用"，8 年来却对本道所辖易州陈溁亏空，"毫无闻见，咎实难辞"，不仅交部严加议处，嘉庆直接认为"瞻柱平日办事本觉软弱，傅修亦已年老，均难胜两司之任，即著开缺"。至于颜检，由本省藩司升任总督，嘉庆皇帝认为错在"于属员仓库亏短并不早为参办"，[1]亦交部严加议处。还有山西巡抚同兴奏："奴才在直隶臬司任内，于嘉庆五年十月蒙恩署理藩司印务，六年四月复蒙恩调补，在任年余，未能豫为查出……将奴才交部严加议处。朱批：'何消说！已交部严议矣。'"[2]

这是初次交议，部议后嘉庆定议。第一，颜检。吏部议将颜检议以降四级调用，因其本身有革职留任之案无级可降应行革任。嘉庆认为："此专指易州一案而言，合之通省续亏之数，该督获咎更重，本应革职治罪。姑念颜检平日尚能办事，操守亦尚谨饬，破格施恩赏给主事衔，在吉地工程处效力，仍带革职留任，八年无过方准其开复。"第二，瞻柱，以易州一案部议革职。嘉庆认为："瞻柱在藩司任最久，钱粮是其专责，乃于通省亏空并不详晰核明从前亏空实数严切查追，又不截留撤局，年复一年，徒以清查名目转启属员亏空之门，而款项亦缭辘不清，诸多牵混，实属庸劣无能废弛已极"，被革职发往伊犁效力赎罪。第三，傅修。本应部议革职，嘉庆皇帝认为他"久任清河道，易州系其所属，乃于陈溁亏空至十余万并不早行揭报，著照部议革职，亦令在吉地工程处效力赎罪"。第四，总督陈大文和藩司同兴，时任直隶"均在半年以上，于通省仓库钱粮并不随时查办，亦难辞咎，著交部严加议处。"第五，总督姜晟和署督熊枚，"为期均不过数月"，[3]交部议处。

① 中国第一历史档案馆编：《嘉庆朝上谕档》第 10 册，广西师范大学出版社 2000 年版，第 279 页。

② 中国第一历史档案馆档案：朱批奏折《同兴奏报陈明直隶臬司任内失察亏空钱粮请交部严议事》，档号：04-01-35-0764-018。

③ 中国第一历史档案馆编：《嘉庆帝起居注》第 10 册，广西师范大学出版社 2006 年版，第 242—243 页。

嘉庆十年（1805），对这一波吏议嘉庆定议："陈大文、同兴身任总督藩司，于直隶通省仓库亏短之处并不随时认真查办，本应即照部议褫革。姑念陈大文、同兴在任时，该省亏缺之项尚未至二百余万之多，稍有可原。陈大文、同兴均著加恩改为革职留任。至姜晟、熊枚在任时，正值直隶被水较重未及查办，尚属有因。姜晟、熊枚本有革职留任处分，均著加恩免其革职仍注册。"① 这4位处分较之前3位处分轻了很多，但也承担了一定的责任。嘉庆十一年（1806）以来，陆续对相关官员予以开复：

（1）复还颜检和傅修顶戴。嘉庆皇帝指出颜检、傅修"均经先后降旨革职，令其在吉地工程处效力。该员等在工效力已阅年余，其才具尚不至终于废弃，其罪亦非必不可恕。现在南河要工林立，颜检著赏给五品顶带，傅修著赏给六品顶带，俱著发往江南，交与铁保、戴均元、徐端差遣委用"②。并没有真正等待8年无过开复其处分。

（2）开复方其昀、张麟书处分。嘉庆十年，刑部奏审拟前任易州知州陈渼亏空库项一案的分赔情况，择要如下："将接任知州徐用书，该管道员蔡齐明，监盘官方其昀、张麟书先行著落分赔并勒限完缴。陈渼前在易州任内亏空库项至十一万余两之多，接任知州及该管道员监盘官并不据实详揭，实属罪无可辞。但其中情节稍有等差。……至监盘之方其昀、张麟书二员，虽曾扶同加结，姑念该二员于奉委监盘后，一系前赴山海关一带查勘差务，一系考试文武童生，未能亲往核算，嗣闻徐用书先已接收出结，亦即加结详报，情尚可原，著各令分赔银五千两。……方其昀、张麟书二员前据熊枚奏称均系该省得力之员，仍发该省差委按限追赔，俟赔项何时缴清，即于何时奏请开复。"③ 嘉庆十年（1805），吴熊光奏请开复方其昀和张麟书处分。奉旨："该二员应赔银两俱已陆续完缴，方其昀、张麟书著加恩准其开复。该二员在直隶年久，俱系该省得力之员，且均有经手事件，即令其仍回大名府

① 中国第一历史档案馆编：《嘉庆帝起居注》第10册，广西师范大学出版社2006年版，第260页。
② 《清仁宗实录》第3册，中华书局1986年版，第127—128页。
③ 中国第一历史档案馆编：《嘉庆朝上谕档》第10册，广西师范大学出版社2000年版，第338页。

定州本任。"①同年，陕西巡抚方维甸为开复堂弟方其畇官职谢恩。陈渼亏空案也是大员处分力度较大的一次了。

另，案中的接任知州徐用书是在涿州任期被查出亏空，由钦差侍郎景安负责亲查，此案又涉及总督颜检。嘉庆十七年（1812），嘉庆曰："总督颜检被属员朦混，据详率奏，实属愦愦。伊历任封圻毫无振作，岂复能胜京堂之任，著于到京后以六部郎中降补，无庸再交部议。"②颜检的处分是接二连三。

刘凤云认为："由嘉庆而道光，几乎没有督抚大员以钱粮亏空涉案受到重惩，直隶、安徽、江苏、山东等巨案亏发的四省，自嘉庆元年至二十五年四省督抚任期一年以上者约计 46 人，无一人因亏空钱粮而去职。"③就陈渼案而言，此说有待商榷。

二、嘉庆十年到十八年官员亏空的若干治理

1. 针对挪移钱粮者的完交及处分上司

陈渼案发以后，嘉庆十一年（1806），出台相应的完交处分与开复，其规定如下：

> 奏准州县挪移钱粮革职拟罪，知府直隶州知州如系扶同徇隐者革职。如本犯挪移二万两以上，于一年限内全完者，本犯照例释免，府州准其开复。本犯挪移未至二万两，于一年限内全完者，本犯及府州俱一体准其开复。若二限三限内完者，本犯照例分别发落，府州亦准其开复。若三年限满不能完足，将本犯治罪。查系实在家产全无，无力完帑，将挪移之项尽数著落徇隐之府州勒限一年赔补。如能于一年限内全完者准其开复，二限内全完者照依原职降一级调用，三限内全完者照依原职降二级调用。三限内不完，即将徇隐之府州搜查家产赔补，不准开复。如系失于觉察者革职留任，如本犯于限内全完，准其开复，初限不

---

① 中国第一历史档案馆编：《嘉庆朝上谕档》第 10 册，广西师范大学出版社 2000 年版，第 389 页。

② 《清仁宗实录》第 4 册，中华书局 1986 年版，第 522 页。

③ 刘凤云：《钱粮亏空：清朝盛世的隐忧》，中国社会科学出版社 2021 年版，第 470 页。

完照例革职。如能于二三限全完者，准其开复。若三年限满不完，查系本犯无力完帑，将挪移之项著落府州分赔一半，其余一半入于无著项下完结。其分赔一半银两勒限一年完补，一年内全完者准其开复，二限内全完者准其开复，于补官日罚俸一年，三限内全完者照依原职降一级调用。如三限内不完，不准开复，未完银两仍著落追赔，该管道员照不豫行揭参降一级留任。①

此条规定，第一，针对本官挪移钱粮，上司官员分别按照徇隐和失察予以不同程度的处分，失察的处分要轻于徇隐的处分。第二，以挪移数额二万两为限确定完补时限。第三，处置次序，先革职或革职留任，然后按照完交时间予以开复或再定处分。这条规定总的原则是早完交早开复，完交越迟，处分越重，可实降可实革。

2.完交即开复的湖南事例

徐用书案的钦差侍郎景安。钮祜禄氏，满洲镶红旗人，和珅族孙也。由官学生授内阁中书，乾隆六十年（1795），授河南巡抚。嘉庆三年（1798），擢湖广总督。后罪，七年后渐擢山西按察使、陕西布政使，直至十一年授江西巡抚，召为内阁学士，累迁户部尚书，加太子少保。史载，"景安初附和珅，懵于军事，然居官廉。当其逮京，值朱珪入见，帝曰：'景安至矣！军事久不定，欲去一人以警众，如何？'珪曰：'臣闻景安不要钱。'帝曰：'若乃知操守耶。'竟以是获免。后复用之。"②

当时，景安由江西任湖南巡抚。因户部曾在嘉庆十二年（1807）核议，"亏欠银数不及一万两者，著革职暂留顶戴限二年完缴，准其开复；其数在一万两以上者，应革职离任限三年完缴，如限内全完奏明请旨。"③嘉庆十三年（1808），景安为此参应追亏赔银两逾限不完各员，请分别革职监追议处。折内指出："湖南省应追亏赔银两，经该抚分别在省、离省勒限著追，乃现届汇奏二限之期，各该员尚有久逾例限，延不完解，自应照例严追分别

_____

① （光绪朝）《钦定大清会典事例》卷一百一《吏部》，载《续修四库全书》第799册，上海古籍出版社1996年版，第617页。

② 《清史稿》第37册，中华书局1977年版，第11177页。

③ 中国第一历史档案馆档案：朱批奏折《温承惠奏报改追亏欠银两以归核实事》，档号：04-01-35-0767-035。

惩办。所有本身亏缺，原咨外省复行起用回楚之候补知县莫镰，著即革职监追，照例办理，并查抄寓所原籍资财变抵。……现任广西知县石方川，原任安仁县降调知县李棠均著革职，行咨各该省提禁监追，照例治罪，并查抄原籍任所赀财变抵。"①这是弥补未完的处分治罪，以下则是景安题请的完交开复。

同年，景安奏清查案内未完亏缺人员，现于参后全完可否免罪开复。皇帝降旨："著照所请，前任常宁县告病知县莫镰著免其治罪，仍准开复原官留于湖南补用。"②嘉庆十五年（1810），景安再奏迟逾完交项赔官员请开复革职处分。即指清查案内，广西迁江县降调知县石方川，前在湖南新化县任内亏缺谷价银 1500 余两，又应完分赔银 34 两多。湖南曾巡抚景安在嘉庆十三年查办二限时，因逾限不完将之参奏革职，当时并移咨广西省提禁监追查抄治罪。景安现奏"准广西抚臣咨覆，该员亏赔二项共银一千五百五十七两多已全数追缴"③，请求免其治罪并开复革职。嘉庆皇帝允准。

嘉庆十七年（1812），朝廷对完交即开复做了进一步明确。第一，"奏准欠帑降罚及暂行革职勒限催交，俟完竣后仍行开复各员，外省汇咨报部者，于各本员限内完交咨报到部之日，即先予开复，不得俟通案各员统行交齐，始准开复。"④第二，"奏准应追赔项之降革解任人员，例准完日开复者，该督抚于完缴清楚后，核实咨报到部之日，即将该员先予开复，不得以同案人多驳令俟各官统行交齐，方准开复。"⑤保证了完交官员的顺利及时开复，也有利于亏项和赔项的完交。这是在前期弥补无望之下作出的及时调整。

---

①　中国第一历史档案馆编：《嘉庆朝上谕档》第 13 册，广西师范大学出版社 2000 年版，第 192—193 页。

②　中国第一历史档案馆编：《嘉庆朝上谕档》第 13 册，广西师范大学出版社 2000 年版，第 239 页。

③　中国第一历史档案馆档案：朱批奏折《景安奏报迟逾完交项赔有因之员请开复革职处分事》，档号：04-01-35-0769-005。

④　（光绪朝）《钦定大清会典事例》卷一百一《吏部》，载《续修四库全书》第 799 册，上海古籍出版社 1996 年版，第 617—618 页。

⑤　（光绪朝）《钦定大清会典事例》卷一百九《吏部》，载《续修四库全书》第 799 册，上海古籍出版社 1996 年版，第 727 页。

3. 未完即革职监追的政策

"州县亏短仓库，法禁綦严，自应革职监追查抄严办。"[①] 早在雍正元年 （1723）就有非常严厉的规定："亏空钱粮各官若革职留任催追，必致贻累百姓。伊等既已获罪革职，岂可复留原任。嗣后亏空钱粮各官即行革职，著落伊身勒限追还。"[②] 圣谕凿凿予以革职，嘉庆前期执行还较弱，中期及后期有所变化。嘉庆十三年（1808），闽浙总督阿林保等奏清查案内在福建著追银两，年久未清分别参奏勒追，折中提到在福建省清查中，著追各员未完银14000 余两，当年节次催缴仅据完银 1500 余两，仍未完银 12500 余两。请将盐大使刘嘉德等 5 员分别革职监追，已故知府冯国柄等 2 员提属催追。嘉庆皇帝旨下："各员疲玩不交，殊属延宕。"[③] 因此将盐大使刘嘉德，五虎门巡检韩兴业，建宁府经历汪德先，丁忧典史卢膘，府经历彭思本，"著照该督抚所请均著革职。其在闽省者提省监追，离闽省者由原籍监追，以清欠款。其已故知府冯国柄，县丞岳守恬二员，并著查明家属在闽在籍分别催追。"[④] 贯彻了未完即革职并监追的政策。

但也进一步客观指出，"州县之亏缺多在平时，并非专在去任之际，则上司之查察贵于先事，不应直至其交代之际。"要求"嗣后各督抚务当于各州县在任时加意查察，一遇有亏短，州县即随时纠劾办理，毋稍假借。如此则仓库既可及早筹补，而遇有丁忧去任之员，又可遂其私情，不致办理两妨矣"。[⑤] 这也是防患于未然的规定。

4. 延续密补不轻易将官员交部议处

嘉庆十四年（1809），新亏续亏问题持续存在，如陕西道监察御史张源

---

① （光绪朝）《钦定大清会典事例》卷一百九《吏部》，载《续修四库全书》第 799 册，上海古籍出版社 1996 年版，第 727 页。

② （光绪朝）《钦定大清会典事例》卷一百一《吏部》，载《续修四库全书》第 799 册，上海古籍出版社 1996 年版，第 613 页。

③ 中国第一历史档案馆编:《嘉庆帝起居注》第 13 册，广西师范大学出版社 2006 年版，第 13 页。

④ 中国第一历史档案馆编:《嘉庆帝起居注》第 13 册，广西师范大学出版社 2006 年版，第 14 页。

⑤ （光绪朝）《钦定大清会典事例》卷一百九《吏部》，载《续修四库全书》第 799 册，上海古籍出版社 1996 年版，第 727 页。

长所言："清查之后，继以弥补，弥补之后先防续亏。"① 当陕西巡抚方维甸密奏，初限弥补银数并拟将各员分别劝惩请交吏部查办，以防续亏时，嘉庆皇帝批示："所奏不可行"。并进一步重申以前的观点，"弥补亏空原系交该督抚自行密办之事，其原亏数目及弥补章程并不咨报户部。"曾经为此也斥责过几位督抚，其原因之一在于，"此时设交吏部查办，其已完未完，部中凭何查核，议处、议叙部中如何措词。"意思是提交吏议尚早。原因之二在于，"限年弥补系朕法外施恩，若弥补不完亏缺破露，仅止交部议处，各省州县又复何所畏惧，名为从严实属疏纵。"意及此时交部后再治罪就比较难了。因此，嘉庆皇帝鼓励方维甸等督抚，此时正在勒限弥补，"一切劝惩之道惟在该抚秉公酌核，或量加奖擢，或迟其升转，随时存记办理，行之以实，自有成效，不必请交吏议也。"② 从而将弥补归补重任，交付予督抚，可见，督抚担当的责任是比较重的。

这个时期对亏空官员的完缴处分和前期不同。前期是未完缴再处分；中期是先革职再完缴，不完缴再处分。不论何时始终没有脱离处分这把"器"。

第三节　嘉庆十九年到二十五年官员续亏与处分

一、嘉庆十九年到二十五年官员续亏的整体态势

有人认为嘉庆十九年（1814），"是嘉庆第一次明确表示，要对亏空官员按罪情轻重绳之以法。经过了长达十九年的犹豫和徘徊，嘉庆终于在严酷的现实面前艰难地迈出了这第一步。"③ 这也是形势所逼。这一时期亏空之特点：

1. 亏空势头不减续亏不断

首先如掌贵州道监察御史卢炳涛在"奏请饬令认真弥补亏空并杜新亏以

---

① 中国第一历史档案馆档案：录副奏折《张源长奏为各省清查积欠敬陈管见事》，档号：03-1823-039。

② 《清仁宗实录》第 3 册，中华书局 1986 年版，第 805 页。

③ 关文发：《嘉庆帝》，吉林文史出版社 1993 年版，第 263 页。

重国帑事"折中指出："近年山东、江苏、安徽等省清查案内，各亏空银数百万两。……查各省原报亏项，山东三百三十四万余两，江苏三百六十三万余两，安徽二百四十万余两。"① 其中的江苏省更如军机大臣九卿会议所论，"江苏向为财赋阜繁之区，近年查有亏缺省分乃以江苏为最。"具体的"江宁藩司截至十八年十月止，追完银五万三百余两。苏州藩司截至十八年十一月止，追完银四十一万九千余两，计十八年分共追完银四十六万余两，尚有未完亏缺银三百十六万一千余两。现在十九年追补之数，初彭龄及百龄等折内均未叙入，无从察核"。② 安徽巡抚李鸿宾则指出安省"十九年以后至今，又阅五年有余，续亏谅复不少。"③ 山东省状况随后可见，这是此三省的大致续亏情况。

其次甘肃僻居偏远，新旧亏数亦达二百万两之多。嘉庆二十一年（1816），钦差大臣景安奏报甘省旧亏新亏各款银两数目。具体呈报数字，甘省旧亏现在实未完银1020400余两；自嘉庆十六年以后，由陕甘总督先福十九年三月到任后，查出新亏仓库以银粮二项并计，共银100万两有零；新旧共亏银2020400余两。嘉庆皇帝在其折上朱批曰："实属可恶，放肆极矣。"④

最后如直隶省三次清查后，亏项亦在增加。嘉庆二十二年（1817），直隶总督方受畴奏直隶各州县，仅奏销册内亏空银款一项，有"二十万四千余两。"⑤ 其他亏项可想而知。

各省在嘉庆前期和中期，"节次清查筹补，此减彼增，迄无成效。"⑥ 可见嘉庆时期先是弥漫全国的亏空，之后又是弥漫全国的续亏，不仅事繁之

---

① 中国第一历史档案馆档案：录副奏折《卢炳涛奏请饬令认真弥补亏空事》，档号：03-1828-065。

② 中国第一历史档案馆档案：录副奏折《托津奏报遵旨会议江苏亏空追补章程事》，档号：03-1825-053。

③ （清）贺长龄辑：《清经世文编》卷二十七《李鸿宾〈厘剔安徽亏空疏〉》，中华书局1992年版，第675页。

④ 中国第一历史档案馆档案：附片《景安奏报甘省旧亏新亏各款银两数目事》，档号：04-01-35-0777-009。

⑤ 中国第一历史档案馆编：《嘉庆帝起居注》第19册，广西师范大学出版社2006年版，第101页。

⑥ 中国第一历史档案馆档案：录副奏折《托津奏报遵旨会议江苏亏空追补章程事》，档号：03-1825-053。

直隶存在，偏僻之甘肃存在，安徽、江苏、山东在在皆有，亏空似乎竟成常态。

2. 以摊扣养廉银弥补亏空成常态

这一时期对于亏空的赔补，有以省为单位集体扣除养廉。如嘉庆二十一年（1816），直隶总督方受畴奏请，"每年于通省养廉办公项下捐出银五万两，拨补无著亏空"，嘉庆皇帝认为："本系从前奏定章程，著于二十二年春季为始，仍照旧办理。"[1] 旧例是只扣除一半，或高于五万两或低于五万两，每省具体数额不一，但是从通省养廉办公项下扣出还未见。

这一时期对于亏空的赔补，中层官员也趋向于坐扣养廉，坐扣养廉成为一种常态。嘉庆二十三年（1818），山西巡抚成格奏请山西按察使邱树棠应赔银两恳请扣廉完缴。因邱树棠前在江宁府知府并护巡道任内有代属员分赔亏空银33000余两，除已缴外，尚有未完银30000两，请扣廉完缴。嘉庆皇帝旨下："著加恩准其于臬司养廉内自本年六月为始，每年坐扣银四千两，其余三千两仍令支食，以资办公。"[2] 嘉庆二十五年（1820），陕西巡抚朱勋奏甘肃甘州府知府图勒炳阿前在镇迪道任内有摊赔银两，亦请于养廉内坐扣完缴。旨下："著照所请，准其于该员应得养廉内每年坐扣一半。"[3] 同年，署理河南巡抚那彦宝奏河南按察使德奎应交前在巩秦阶道任内赔项，恳请扣廉完缴。圣旨："著准其在于现任养廉内每年坐扣一半。其本省应扣三成军需等款，俟前项分赔银两扣完后，再行接扣。"[4] 此类情况不胜枚举，在此方面曾小萍认为，"到了嘉庆末年，摊扣养廉弥补亏空似乎已经制度化。"[5] 刘凤云亦认定，"嘉庆朝二十五年期间，是摊扣官员养廉银的一个高峰期。"[6]

---

① 中国第一历史档案馆编：《嘉庆帝起居注》第18册，广西师范大学出版社2006年版，第499—500页。

② 中国第一历史档案馆编：《嘉庆帝起居注》第20册，广西师范大学出版社2006年版，第214页。

③ 中国第一历史档案馆编：《嘉庆朝上谕档》第25册，广西师范大学出版社2000年版，第59页。

④ 中国第一历史档案馆编：《嘉庆朝上谕档》第25册，广西师范大学出版社2000年版，第205页。

⑤ ［美］曾小萍：《州县官的银两：18世纪中国的合理化财政改革》，董建中译，中国人民大学出版社2005年版，第280页。

⑥ 刘凤云：《钱粮亏空：清朝盛世的隐忧》，中国社会科学出版社2021年版，第457页。

二、旧例兼新例实践下山东官员亏空处分与治罪

1. 章煦掌省政时期

《清代职官年表·巡抚表》中记载，章煦在嘉庆十九年七月由吏部尚书署理山东省巡抚，同月离开，掌山东省政为期最短。而在这短短的不到一个月的时间里，则发生了两起大员因失察亏空被罚扣养廉和革职处分的事件。

（1）山东巡抚同兴、藩司朱锡爵因亏空被扣养廉银事件。署理山东巡抚章煦到任，上奏严查藩库属库勒限交代算明实数再行汇核定议。折内交代山东省 107 个州县中，交代逾限未经出结的共有 65 州县，涉及前后 186 任，这个比率占通省州县的十分之六。嘉庆皇帝得奏后，饬问："各州县接收交代，最为仓库虚实关键，该州县等既逾限未经出结，何以不行查办，辄听新旧官接任，辗转耽延。巡抚藩司所司何事？"[①] 遂令刑部传讯同兴、朱锡爵回答，并令二人自行拟罪。同兴、朱锡爵自认"在山东时于州县交代，不能实力催办，以致延不结报者甚多，罪无可辞，情愿各将抚藩任内养廉全数罚缴。"这也是嘉庆皇帝令其自议的目的，否则交部，就不仅仅是罚养廉银的问题了。嘉庆皇帝最后批示："同兴、朱锡爵以抚藩大员乃于各属交代任意宕延，实属因循疲玩，尚有何颜坐享厚廉。同兴支过山东巡抚养廉四万五千两，朱锡爵支过藩司养廉四万两，均著照数赶紧呈缴户部，毋许迟延。"[②] 这个比例不一定就是一半了，也再次否认了嘉庆皇帝的"捐廉罚银等事朕必不为"。

（2）事发在章煦任，但处置则在陈预之任。山东通省前因州县积亏银数至 600 余万两之多，嘉庆皇帝认为，"皆由抚藩大吏旷职玩纵所致"。从而，降旨令军机大臣详查嘉庆元年以后山东省历任巡抚和藩司，酌量罚赔。嘉庆二十年（1815），管理户部事务托津列举山东省积亏案内罚赔银两的历任抚藩清单呈奏。军机大臣据此清单将该省无著银约十七万八千两，按照年月均摊，由在任已逾半年之巡抚藩司罚赔。嘉庆皇帝降旨同意："著照所拟，在

---

① 中国第一历史档案馆编:《嘉庆帝起居注》第 17 册，广西师范大学出版社 2006 年版，第 719 页。

② 中国第一历史档案馆编:《嘉庆帝起居注》第 17 册，广西师范大学出版社 2006 年版，第 726 页。

各该员本身及故员子弟名下照数著赔。""未完各员著该部行文各旗籍，在于各该员及家属名下，一并催追完缴。"并详细指示："银数在二万两以上者限三年完缴，一万两以上者限二年完缴，不及一万两者限一年完缴。如逾限不完，定当重治其罪。"①

至于名单内所列铁保、吉纶、同兴，均曾任山东巡抚，罚赔银数皆在一万两以上。但铁保、吉纶俱曾发遣，其赔项均已全完。只有同兴不仅未完，且仅完银二百两。嘉庆认为："同兴在巡抚任内所得养廉不为不厚，离任年分最近，又现任新疆办事大臣，非力不能完者，实属任意迁延。"因此革去同兴阿克苏办事大臣之职，令押解来京。并以到京之日起，勒限半年将赔项如数完缴，并警告其曰："若逾限不完，即行监追治罪。"②同兴的处分也是革职押京，而此时仅仅是因失察分赔的不及时。

2. 陈预掌省政时期

陈预从嘉庆十九年七月由浙江巡抚调任山东巡抚，到嘉庆二十三年四月回京署理兵部左侍郎。在山东巡抚之任时间最久，故其理事也较多，其中比较显著的是对泰安、兖州、沂州、登州四府属及济南等六府二直隶州所属州县亏缺的清厘追缴，以及参劾处分官员并治罪。

（1）四府涉案官员完缴开复和不完治罪。嘉庆二十一年（1816），陈预查明泰安、兖州、沂州、登州四府属亏缺银数请旨。嘉庆皇帝见折后，谕令"陈预即亲赴藩库查明实系缴存在库情况"。可见，嘉庆皇帝对官员的信任度是多么低，没问题后才降旨。

> 所有全完之原任知县朱奕勋、张京、吴璋、周崇礼、宋铭、陈醇、陈淦、周景严、蒋因培，原任通判钱日炤、原任知州胡道垠，俱著准其开复原官留于东省，各照原缺繁简酌量补用。其现经完缴抵除，核计实亏银数，已在五千两上下之杨希贤、袁洁、徐霖、陈锡龄、张会、彭骥、曾冠英、善宝八员，内除善宝另归参奏亏缺之案审办外，其余七员仍著按限勒追，如果全完该抚再行奏明请旨。其完缴抵除外亏，数尚在

---

① 中国第一历史档案馆档案：录副奏折《托津奏报查明山东省积欠亏空案内已未完罚赔银数事》，档号：03-1828-036。

② 中国第一历史档案馆档案：录副奏折《托津奏报查明山东省积欠亏空案内已未完罚赔银数事》，档号：03-1828-036。

> 一万两以上之朱安国、喻春林、张孚远、徐秉谦、张煦、周履端六员，内除周履端另有参奏亏空之案现应审办外，其余五员亦著照该抚所请暂缓解部，先在东省监追。如不能依限完交，俟六府二州清查完竣时，有应行解部之员一并解交刑部监追。[①]

嘉庆皇帝旨意，基本按照陈预所题予以允准。对这些官员分别处置：开复原官的、按限勒追再请旨的、暂缓解部东省监追的，以上官员凡有续交完毕的可题请开复。如嘉庆二十三年（1818），和舜武奏革职知县杨希贤在东阿县任内原亏银16000余两，"已全数完缴解存司库"恳请开复。和舜武比较乖巧，不仅奏明全数完缴，而且强调已经解存司库。嘉庆皇帝旨下："杨希贤著准其开复原官，留于山东照原缺繁简补用。"[②]

（2）六府二直隶州所属亏缺官员的不准革职留任完缴。嘉庆二十二年（1817），陈预再奏济南等六府二直隶州所属亏缺恳请展限勒追。他详报济南等六府并济宁临清二州所属亏缺数目，涉及77个州县，自十四年清查以后至十九年九月底止，原亏银约24500余两。除续完及准销应行抵扣并另案参革监追各款外，山东省现任候补人员应勒追银486000余两，现任外省及已回旗籍并事故人员应勒追银829000余两，亦即还有130000两需要勒追。鉴于此压力，陈预"恳请将亏数在一万两二万两以上之现任各员革职留任，同原任候补及参革各员俱赏限一年勒追"。陈预之意，是请将所有未完官员革职留任勒追，并请宽限一年。嘉庆皇帝予以否定，不准走革职留任勒追的模式："此案亏空在一二万两以上各员，俱系罪应拟辟之人，准予宽限完缴，已属格外恩施，岂可令仍行戴用顶戴。"[③]可见顶戴之重要，没有顶戴就没有了官威。嘉庆皇帝降旨：

> 所有亏缺一万两以上之现任堂邑县知县汪春熙，益都县知县刘均，广西昭平县知县张建瓴；二万两以上之现任潍县知县孙世栋，莘县知县杨廷桂，莒州知州王湘六员，俱著革去顶戴暂留本任。其一万两以上之

① 中国第一历史档案馆编：《嘉庆帝起居注》第18册，广西师范大学出版社2006年版，第456页。

② 中国第一历史档案馆编：《嘉庆帝起居注》第20册，广西师范大学出版社2006年版，第221页。

③ 中国第一历史档案馆编：《嘉庆帝起居注》第19册，广西师范大学出版社2006年版，第355页。

原任惠民县丁忧知县兴昌，原任昌邑县丁忧知县徐秉鉴、原任临朐县丁忧知县吴超，降调鱼台县知县俞士元，已革德州知州徐霖，已革城武县知县杨攀龙，参革昌邑县知县孙瑞谷，参革历城县知县刘加封；二万两以上之试用知县李应曾，开复候补知县张京，开复候选知县丁芳达，原任平原县丁忧知县张庭楠，原任郓城县告病知县张鹏程，原任蒲台县勒休知县陈玥，参革澜山县知县汪德润，参革堂邑县知县王廷元十六员，除已经革职者，余俱革去顶戴，均予限一年勒追，如限满仍亏在一万两以上者，即革职拿问，按名解部，照新例办理；其一万两以下者各员，仍照原定年限著追。①

嘉庆皇帝的处分模式主要是革去顶戴暂留本任和革职，其勒追时间依旧一年。嘉庆二十四年（1819），藩司广庆参奏济南等府州亏缺各州县数在一万两以上及二万两以上者，前经降旨革去顶戴予限一年勒追，今限满仍未全数措缴，请求参处。嘉庆降旨：“所有限满仍亏在一万两以上之原任惠民县知县兴昌，原任昌邑县知县徐秉鉴，候选知县张庭楠、丁芳达，候补知县张京，告病知县张鹏程，勒休知县陈玥，著一并革职。同已革知县刘加封，俱即拿问监追。该员等寓所及原籍资产并著查封备抵，其续经完缴亏在一万两以下之吴超、俞士元等五员，仍照原定章程分限勒追，如限满无完再行监追。”② 这样，亏在一万两以上的官员由革去顶戴转为革职并拿问监追，由行政处分并追刑罪。

（3）江南道监察御史王允辉对陈预做法的质疑。嘉庆二十二年（1817），陈预奏报山东各府州县亏缺情况后，王允辉奏请禁在任弥补，直指革去顶戴和革职留任模式下的勒追，以及陈预两次办理的不公之处。“臣思泰兖沂登四府与济南六府等属亏缺各员事同一律，乃前案罪科大辟之员，后案遽请留任办理，未免悬殊。”他认为：“泰兖沂登四府之员在本省监追免其解部，业已仰邀殊恩，今济南六府等属亏缺之员复据奏请留任”，此事极为不妥，请旨敕下各省督抚，“如查有亏缺各员数在一万两及二万两以上者，

---

① 中国第一历史档案馆编:《嘉庆帝起居注》第19册，广西师范大学出版社2006年版，第355页。

② 中国第一历史档案馆编:《嘉庆帝起居注》第21册，广西师范大学出版社2006年版，第127—128页。

概不得奏请留任，以为劣员取巧地步"。① 王允辉指出了问题的实质，没有处分没有治罪的治理又谈何治理。

（4）嘉庆皇帝对王允辉的答复。嘉庆二十二年，王允辉奏"恐该员等一经留任巧为挪掩，甚至借弥补为名倚官婪索。"嘉庆皇帝予以采纳，"嗣后如有亏空数逾万两以上之案，概不得援此为例奏请留任。"并且令陈预查明汪春熙等6员，在这几个月之内完缴若干。"如该员等已经上紧完缴，仍照前旨暂予留任，勒令限内全完。若迟延观望仍不完解，不必俟至限满，即著革职监追，照刑部原议章程办理。"② 王允辉的上奏质疑起到了关键作用。

（5）陈预给嘉庆皇帝的答复。嘉庆二十三年，嘉庆皇帝依据陈预上奏批示，"除堂邑县知县汪春熙，益都县知县刘均，潍县知县孙世栋，及现任广西昭平县前临淄县知县张建瓴，现经陆续报解，仍准暂留本任依限勒追外。华县知县杨廷桂、莒州知州王湘勒追已逾半年，延不完解，著即革职。交该抚提省监追，照刑部原议章程办理。"③ 汪春熙等人的半完缴状态给了嘉庆皇帝面子，其他官员则按新例即行革职并治罪。陈预的奏请和皇帝的适当宽处可能对官员的尽快完缴起到了一定的敦促作用。

（6）济南六府汪春熙等的完缴开复。嘉庆二十三年（1818），和舜武奏汪春熙前于盘查案内原报亏银19900余两，除先已解司并应行抵除各款外，其余亏项均已全数完缴解存司库，汪春熙"著准其开复顶戴"④。随即，和舜武再奏留任勒追的知县刘均和孙世栋，原亏银两也已如数全完解交司库请开复，刘均、孙世栋"著准其开复原衔顶戴"⑤。

（7）刑部治罪的开始。吴吉远认为"仍有很多府、州县官在追赔的定限内往往因亏空太大而无法弥补，除受到行政革职处分外，还受到刑惩"⑥。随

① 中国第一历史档案馆档案：录副奏折《王允辉奏请饬下各直省督抚办理亏缺案应禁在任弥补事》，档号：03-2176-015。

② 《清仁宗实录》第5册，中华书局1986年版，第440—441页。

③ 中国第一历史档案馆编：《嘉庆朝上谕档》第23册，广西师范大学出版社2000年版，第53页。

④ 中国第一历史档案馆编：《嘉庆帝起居注》第20册，广西师范大学出版社2006年版，第258页。

⑤ 中国第一历史档案馆编：《嘉庆朝上谕档》第23册，广西师范大学出版社2000年版，第449页。

⑥ 吴吉远：《清代地方政府司法职能研究》，故宫出版社2014年版，第181—182页。

着亏空日多，弥补无望，嘉庆皇帝不再免其罪责，开始刑追。"州县亏空屡经明降谕旨，嗣后该管上司一经察出即据实参办，照侵盗挪移定例革职拿问，按限监追治罪。"[1]嘉庆二十一年（1816），当陈预查办亏缺各府州后遵照谕旨，"将十四年以后亏空各员银数在一万两、二万两以上者，分别予以实犯死罪。"[2]在这样的治罪情况下，当时在一定程度上加快了亏缺的完缴。

3. 和舜武掌省政时期

和舜武于嘉庆二十三年四月由河南巡抚调任山东，二十四年三月去世离职，在山东省将近一年。其间，基本执行的是新的亏空政策："东省自嘉庆十九年办理清查截数后，除随时查察，并责成新任即以交代为盘查，已经查有新亏立行参办。"[3]重视厘清新旧交盘的责任问题。

和舜武在山东任职期间查出报亏官员中，有部分官员于嘉庆十九年以前解过节省银两，他认为这部分人与全数亏缺人员"情罪有间"，题请准其查明司库档册照数划出，作为该员赔项暂免监追，仍分别定限追缴。这使得山东省一部分官员从监追的命运下被解脱出来。此后奉旨这部分官员，"著其数在二万两以上者并准其勒限五年，一万两以上者勒限四年，五千两以上者勒限三年，一千两以上者勒限二年，一千两以下者勒限一年，全行完缴。现任各员以此次奉旨之日起限，升迁他省及回籍者以接到东省咨会之日起限，按限严追以清帑项。如初限不完，现任者革去顶戴，候补候选者停其补选，在籍各员咨提来东，严行追缴。……倘逾统限完不足数，仍按其亏额照新例参办，并著落当日在任道府分赔归款。"[4]此为和舜武在任时期负责的较大一次追缴活动。

4. 程国仁掌省政时期

程国仁于嘉庆二十四年三月由浙江巡抚调任，二十五年三月病免，基本

---

① 中国第一历史档案馆编：《嘉庆朝上谕档》第20册，广西师范大学出版社2000年版，第68页。

② 中国第一历史档案馆编：《嘉庆帝起居注》第18册，广西师范大学出版社2006年版，第38页。

③ 中国第一历史档案馆档案：朱批奏折《和舜武奏参短钱粮之知县请革职严审事》，档号：04-01-35-0947-029。

④ 中国第一历史档案馆编：《嘉庆帝起居注》第20册，广西师范大学出版社2006年版，第243—244页。

是一年的时间。藩司广庆在山东比较久，嘉庆二十二年七月由云南按察使升迁，到嘉庆二十四年二月解任被议处。程国仁是嘉庆比较信任的山东巡抚，他在任期间就亏空问题提出了非常好的建议。

程国仁到任后，嘉庆皇帝针对广庆所报官亏630余万的情况，命程国仁深入调查。程国仁调查清楚"广庆率将官亏列入民欠，至数百万两之多"的实情，嘉庆皇帝认为和舜武、广庆"朦混具详，背谬已极"。[1] 将广庆解其藩司任并交部严加议处，和舜武病故不议。嘉庆皇帝指示程国仁，曰："东省仓库当清厘之后，全在杜截新亏。惟于交代时认真盘查，有亏即参，庶州县共知畏惧。乃该省交代有三四任，以致十余任，缪辒不清者，该管上司一味徇隐，旧亏未补，新亏又续，更复何所底止。著程国仁大破情面实力整顿，督率知府以及州县殚心尽职。州县应征钱粮各令随时报解，严查交代，杜绝续亏。"[2] 赋予程国仁一定的担当，"大破情面实力整顿"。

随后程国仁奏报整饬东省事宜事，折内提出严交代以杜盘查一条。"东省亏空若再通查，不但无此政体，实亦并非良法。请遇州县交代，如有前任亏缺，但短一款即揭一款。每发一案即办一案。"获得嘉庆皇帝赞许，"所论甚是。"嘉庆亦随之激昂批曰："前任亏缺后任知之最真，若短一款即揭一款。该管上司于揭报到日，有一案即参一案，何难水落石出！"皇帝唯一的顾虑是，"既如此办理，则必须执定不移，不可高下其手。"[3] 程国仁的此项提法是继军机大臣提出"年补年结年报"后较为可行的办法。这些办法为后来道光朝治理亏空提供了一些有益的经验。

二十五年三月，程国仁因病免山东巡抚一职，钱臻于二十五年三月由江西巡抚调任山东巡抚，基本是嘉庆朝末期了，道光元年六月钱臻也因事降为湖南布政使。嘉庆二十四年（1819）二月，广庆被议处后，山东布政使由直隶按察使岳龄安升任，但半年后又调往陕西担任布政使。可见，山东省级大员调任之频繁。但这也是难以解决的问题，省级大员的长任于皇权不利，短任于省政不力，这也是令清统治者比较纠结的问题。

---

① 中国第一历史档案馆编：《嘉庆帝起居注》第21册，广西师范大学出版社2006年版，第189页。

② 《清仁宗实录》第5册，中华书局1986年版，第854—855页。

③ 《清仁宗实录》第5册，中华书局1986年版，第711页。

清人亦言"无如升调太骤，各员履任未几，旋即更往他处。"①卜健非常明确地讲到官不久任，尤其是大员的不久任问题，是一个通病。"进入嘉庆朝，因海疆不宁和治理不力，两广总督的更换真如走马灯一般。在任较长的吉庆悲愤自尽，继任的礼部尚书书麟根本没有到任，广东巡抚瑚图礼署理了三个月督篆，交到倭什布手中。……九年十一月，倭什布受命与陕甘总督那彦成对调。嘉庆时期的广东巡抚也是频频更换：元年为张诚基；二年为陈大文；四年为陆有仁；五年为瑚图礼；七年先由那彦成署理，而后是铁保（未到任）；八年为祖之望，又是一个未到任，换为孙玉庭；九年为百龄；十年六月再换回孙玉庭；十三年先是永保，接着是韩崶。"②大员不久任也是大员处分居多的原因之一。

三、朝廷大员和御史的多项建议与应对亏空

1. 直隶安徽等省的以革职催完交和完交即开复

对亏空官员治罪的同时，对其处分也在如火如荼地进行。早在嘉庆十八年（1813），两江总督百龄和初彭龄上奏，请将不实力剔除新亏弊端的藩司先行革去顶戴。折内所指就是革去江宁藩司陈桂生和江苏藩司常格顶戴。嘉庆皇帝降旨："陈桂生、常格俱著革职，留于该省戴罪督催。如能如数完解，该督抚奏明另行施恩赏给差使。倘逾限不完，即奏请严议，分别著赔。"③这样的处分较之前期和中期都趋严了，这也是省级大员的直接被革职勒追。嘉庆十九年（1814）起，各省进入到了各自不同的弥补续亏与处分状况之中。

嘉庆二十二年（1817），直隶总督方受畴和藩司姚祖同就直隶各州县奏销册内亏空银款未归补的处分情况，呈报后奉旨："现任无极县知县金伟，候补知县陈楷、何志清、王德芬、柯映伊、傅以纳，并改选贵州龙里县知县钱鸿诰，均著先行革去顶戴。现任者停其升转，候补者停其补缺。数在

---

① 王树敏、王延熙辑：《皇朝道咸同光奏议》卷二十《张鉴〈官宜久任疏〉》，载《近代中国史料丛刊》第 34 辑第 331 册，文海出版社 1966 年版，第 1067 页。

② 卜健：《国之大臣：王鼎与嘉道两朝政治》，陕西人民出版社 2015 年版，第 146 页。

③ 中国第一历史档案馆编：《嘉庆帝起居注》第 17 册，广西师范大学出版社 2006 年版，第 663 页。

五千两以上者限一年完缴，一千两以上者限半年完缴，一千两以下者限三月完缴，逾限不完分别参处治罪。遵限完缴给还顶戴，照常补缺升转。"①这种革去顶戴兼之停升停补的处分，是以前不曾出现过的。嘉庆二十四年（1819），更将此推向全国，通谕各省督抚，"嗣后凡查有亏空之员，现任者俱停其升调候补，试用者俱停其署事补缺，仍随时咨部以备查考，勿得稍有徇隐。"②

嘉庆二十三年（1818），遵照"逾限不完分别参处治罪"的规定，户部奏将直隶省亏空限满未完官员勒令速即查参。嘉庆皇帝批示："上年三月内降旨将知县金伟等七员，革去顶戴停其升补，交该督各按银数勒限追缴，逾限不完分别议处治罪。现在俱已逾限，乃仅将追完地粮旗租银九千余两报部，未完银仍有十九万余两。"③方受畴、姚祖同并没有将这些逾限未补革员参办，嘉庆皇帝以"实属玩延"④，将此二人交部予以察议，被参官员交部予以治罪。

至于安徽省嘉庆皇帝指示安徽巡抚康绍镛，要"将新亏在一二万两以上知县，均革去顶戴暂留本任本省，均赏限一年勒追，限内全完奏请开复。如限满仍亏在一万两以上，即照例严参，革职拿问查抄治罪。……将亏数在五千两上下之现任知县等四十三员，分别降革留任，定限勒追。限满无完，查产作抵监追治罪。"⑤嘉庆二十二年（1817），唐绍镛遵照指示，查明安徽定远县知县任铨，试用知县赵由植，原任凤阳县知县林泰增，新亏在一二万两以上。嘉庆皇帝立即降旨："岂可复留本任，俱著革职。"⑥比其指示的"革去顶戴暂留本任"还要严厉。

---

① 中国第一历史档案馆编：《嘉庆帝起居注》第19册，广西师范大学出版社2006年版，第101页。

② 中国第一历史档案馆编：《嘉庆帝起居注》第21册，广西师范大学出版社2006年版，第538页。

③ 中国第一历史档案馆编：《嘉庆帝起居注》第20册，广西师范大学出版社2006年版，第199页。

④ 中国第一历史档案馆编：《嘉庆帝起居注》第20册，广西师范大学出版社2006年版，第200页。

⑤ （清）贺长龄辑：《清经世文编》卷二十七《康绍镛〈筹补安省历年亏空疏〉》，中华书局1992年版，第678页。

⑥ 中国第一历史档案馆编：《嘉庆帝起居注》第19册，广西师范大学出版社2006年版，第612页。

在处分的同时，依然鼓励完交即开复，这条从嘉庆初期以来一直奉行不变。安徽省安河等州县仓库新旧亏缺各数前经奏定章程，核明亏数多寡议以降革留任，分别现任及试用、候补立限著追。到二十四年，现任人员、试用、候补人员初限一年届满。嘉庆二十四年（1819），姚祖同查明限内全完及限满续完并逾限未完各员，分别开单具奏。嘉庆皇帝览后批示，处理曰：

> 所有限内全完各员，除寿州知州沈南春尚有未完旧亏银两仍带革职留任外。巢县知县牛映奎，合肥县知县长庚，亳州知州陶琛，阜阳县知县吴甸华，霍山县知县潘际云，来安县知县杨炘，太平府知府张丕昌，宿州知州刘用锡，原议降革留任处分俱著准其开复。其限外续行完缴各员内，绩溪县知县清恺，旌德县知县沈廷枚，原欠摊赔银两本无处分，凤颖同知陈斌，安庆府同知陈其松，霍邱县知县李潜，贵池县知县卢元琭，泗州州同王敬猷，原议降级留任处分，亦准其同限内全完各员一体开复。怀宁县知县董梁，桐城县知县吕荣，潜山县知县朱炳南，宿松县知县陈国相，黟县知县徐正琳，太平府同知马尚禹，五河县知县李洪霈，合肥县县丞彭良辀，建平县知县韩宝锷，尚有应完续限新旧亏银两，著仍带降革留任处分，各留本任按限著追，逾限不完之婺源县县丞丁劭经著即革职监追，原籍及任所赀财一并查封备抵。[①]

从这份批示可见，当时处分官员达25员，在亏项完成后，随即开复其革职留任降级处分。这是朝廷以经济上的完补换取其仕途的继续，而仕途的诱惑在官员眼中大于经济的损失，故而以处分促弥补渐有成效。

2.完善亏空未完处分与杜绝续亏

这一时期曾围绕两江总督百龄、江苏巡抚张师诚、署理江苏巡抚初彭龄等所制定的章程，朝廷进行讨论并部分认可。此三人分别就这一时期江苏省的续亏问题和旧亏追补问题各自提出了十条建议，嘉庆皇帝指定军机大臣及大学士九卿等进行论议，军机等肯定部分条款。

关于强化追补旧亏处分、防止续亏处分，大致有以下几条：

---

① 中国第一历史档案馆编：《嘉庆帝起居注》第21册，广西师范大学出版社2006年版，第321—322页。

（1）嘉庆十九年（1814）十月二十九日，初彭龄奏到"江省亏缺分别情罪重轻酌拟章程十条"。其中一款提到：

> 分别革职监追留任勒补一条。据称贪黩之员既应置之重典，等而下之应分别革职监追留任勒补，以便次第追清。请将接收历任亏缺数至五万两以上者，先行革去顶戴，限一年如数完缴。一万两以上者，革职留任限六个月完缴，均准其开复。如逾限不完俱应革职监追，查封原籍任所赀财备抵，仍照限定一年六个月之期，分别展限著追。倘二限不完，查系实在无力措缴者，除将本人按律治罪外，未完银数，即于该管历任司道府州名下摊赔。①

这条追补之法，在前期基础上有所调整。首先，将贪黩者直接治罪，因公者或革职或留任勒补。其次，以处分方式勒补的再据亏空数额区别为革去顶戴和革职留任。再次，对于以处分方式完缴的依然执行完缴即开复政策。处分在此扮演着敦促的作用。

（2）嘉庆十九年十月二十九日，百龄、张师诚亦奏到"章程十条"。其中"已入清查旧亏之项分别追赔勒限惩处一条"，百龄、张师诚意见为：

> 已入清查旧亏之项，分别追赔勒限惩处一条。据称旧亏各员虽经前抚臣节次查明，非因公挪垫，即系虚出通关，但恐有以亏作挪之弊，应请于各州县交代时，责成该府州督同接手之员逐一严查，如有营私侵蚀之员，即行参革拿问抄产作抵。抵不足数，所亏在一千两以下者，照例定拟流徒即行发配，一千两以上者拟斩监候，一万两以上者，请旨即行正法，所欠之项仍照侵欺定例分赔归款。其因公挪移确有可据者，除垫完民欠，及书役欠并应行变抵分年摊捐各项，现在另议专条追补外。其余挪移之数，朱理原奏五千两以下者限一年，五千两以上者限两年，一万两以上者限三年，二万两以上者限四年，为期过宽。请将原挪人员先行革职留任，欠数在五千两以下者限六个月，一万两以下者限一年，一万两以上者限二年，二万两以上者限三年，全完开复，完不足数，即行革任监追，查产作抵，不敷银两勒限

---

① 中国第一历史档案馆编:《嘉庆朝上谕档》第19册，广西师范大学出版社2000年版，第876页。

一年全完，即免治罪。如再无完，除将本人照例治罪外，所有欠项，亦照挪移定例分赔归款，其赔补限期一万两以下者限一年，一万两以上者限二年，二万两以上者限三年全完，完不足数，即行参革，按例办理。①

百龄、张师诚此条建议，主要有四点。第一，将"营私侵帑"与"因公挪移"区分开，前者直接按照五等刑名治罪；后者由革职留任追缴到监追刑事治罪。第二，革职留任追缴的统限时间由过去朱理的四年缩短为三年。第三，制定前项不完的他官分赔原则和限年完缴及处分。第四，免罪和开复的条件规定。

（3）军机大学士九卿在两个"十条"基础上酌议，提出调整意见，为嘉庆皇帝所肯定。第一项：

> 臣等查旧亏各款皆系从前该抚等声明，或因公挪移或虚出通关，与侵亏入己者有间，是以量予宽典，准入清查案内办理。……此外旧亏各员内，查明有侵帑入己者，即应革职监追，照侵盗例治罪，不得稍有宽纵。其只系因公挪移者，仍照原定章程，将此项原挪人员先行革职留任分限勒追。其追缴限期，现在百龄等请照朱理原定各限酌改加紧。臣等酌议此项人员追缴限期，朱理原定银数至多者，统限不过四年，尚不为缓。惟当分定缴银之限，除五千两以下原限一年者，无庸再行分限外，其五千两以上限二年者，每年各缴一半，一万两以上限三年者，每年各缴三分之一，二万两以上限四年者，每年各缴四分之一。如每限内应缴银数不清，即为限满交不足数，不必俟届满统限先予离任。如此分限著交，则完缴既不迫促，亦不致统限届期，仍归为有于亏项弥补之法较为有益。其统限届满，全完者准予开复，倘能于一限内将全数统限应交之银一并缴完，并即予开复。其限满交不足数，革任监追，查封备抵，并将不敷银两勒限著追，分别完欠治罪免罪，以及著追不足责令分赔，分赔不足参革，按例办理之处，均应如百龄等所议。至上司分赔限期，应于本员著追无完治罪之日为始，亦将五千两以下者限一年，五千两以上

---

① 中国第一历史档案馆编：《嘉庆朝上谕档》第19册，广西师范大学出版社2000年版，第881—882页。

者限二年，一万两以上者限三年，二万两以上者限四年，并各分小限按限完交。①

军机此款在肯定伯麟建议的基础上予以细化。细化一，将侵帑入己者定为侵盗治罪。细化二，军机等人员没有纠结于朱理的四年和伯龄的三年，而是提出了"分限著交"和"统限届满完交"的概念。由"分限著交"情况可知"统限完交"的可能。细化三，鼓励"一限"缴完及予开复。细化四，确定上司分赔的起始时间，以本员著追无完"治罪之日"为始。细化五，提出"大限"和"小限"之说。

军机大臣等肯定初彭龄和百龄等各拟的章程十条，"是虽两议具奏，其大指未尝不合。"在此基础上提出第二项：

> 臣等查江省亏空积弊已久，此时清厘整顿，自当力除怠玩，以速为功。惟亏项为数尚多，追赔过紧，势不能如数清完，必致仍归无著，是立法虽峻而于事无裨，必须斟酌缓急之中俾就现在势所能为，要之以实，法在必行，自可冀有成效。敕交该省督抚，先将本年追补各款实数查明具奏。嗣后每年将该省现已追补若干，尚有亏空若干，于年终具奏一次，至全完之日为止。②

此款军机大臣提出追赔的原则应该是："现在势所能为，要之以实，法在必行。"其具体实施意见为，"年补年结年报"制，每年一报追补实数和亏缺实数。这条在乾隆三十二年（1767）所规定的"著各督抚于年终将属员有无亏空之处汇奏一次，以重责成，著为令"③的基础上前进了一步。可见，当时的军机大臣等还是有一些高屋建瓴的看法。

第三项：军机大臣从吏治风俗角度，作出呼吁。"臣等思江省亏缺之数所以多于他省，而弥补难效之故，良因各州县钱粮本多，挪掩较易。又物力素丰，大率奢靡相尚，久成积习。应请旨敕下该督抚躬行节俭，并饬司道府

---

① 中国第一历史档案馆编：《嘉庆朝上谕档》第 19 册，广西师范大学出版社 2000 年版，第 882—883 页。

② 中国第一历史档案馆档案：录副奏折《托津奏报遵旨会议江苏亏空追补章程事》，档号：03-1825-053。

③ （光绪朝）《钦定大清会典事例》卷一百一《吏部》，载《续修四库全书》第 799 册，上海古籍出版社 1996 年版，第 616 页。

各皆正己率属，摒除一切应酬烦费。"① 这也是当时的情弊。

嘉庆皇帝在弥补不见效、续亏不断的背景下，先由各省提交意见，再由军机大臣等集议的治政模式，较之皇权操持一切是非常可取的。只可惜行之太晚。以上不论何种酌议方式，必有革职或革职留任处分。因为官员的任何亏挪都源自于其职位和职权，一旦没有职位，没有职权，亏挪也就没有了。

3. 御史解决亏空建议

（1）严交代。嘉庆十九年（1814），御史王嘉栋奏清厘州县交代以杜侵亏。嘉庆皇帝采纳，朱批曰："嗣后州县官交代，务严饬前后任及监盘之员，按限结算，毋得迟逾。前任一有亏缺，即令后任据实揭报参处。若前任所亏后任已经查出，并未揭报，监盘官亦扶同徇隐。出结之后别经查出，即将后任及监盘官严行参办。"② 明确落实交代中，后任和监盘官的揭报参劾制度。

（2）饬离任。嘉庆二十年（1815），京畿道监察御史孙汶上奏州县查有亏空应即饬令离任。孙汶指出："臣以为与其待亏空之多而弥补于后，不如乘亏空之少而举发于先。"孙汶进一步建议，"应请旨敕下该管大吏，自此次清厘之后，州县查有亏空即为数无多，立即撤回听从参办。"③ 认为一旦有亏空事实，无论数额多少，其行为已有问题，必须予以参办，不能以数额之多少来确定参与不参的问题。

（3）除官亏。嘉庆二十四年（1819），吏科掌印给事中周鸣銮上奏敬陈官亏积弊请旨严禁。他认为："必洞悉州县所以亏空之由，全行革除而后法度可遵。"周鸣銮从吏治不清和经济舞弊两个角度建议，责成督抚随时查禁4条，暨衙署宜肃清也，昏庸宜甄别也，委署宜慎重也，摊捐宜酌减也，这4条"皆历来官亏积弊"，各省督抚大吏若能随时革除，正本清源，"则仓库实而州县无亏空之虞"。④

（4）重处分。道光元年（1821）那彦成敏锐指出："至于宽减钱粮处分

---

① 中国第一历史档案馆档案：录副奏折《托津奏报遵旨会议江苏亏空追补章程事》，档号：03-1825-053。

② 《清仁宗实录》第4册，中华书局1986年版，第1050页。

③ 中国第一历史档案馆档案：录副奏折《御史孙汶奏议州县查有亏空应即饬令离任以杜弊端事》，档号：03-1566-080。

④ 中国第一历史档案馆档案：录副奏折《周鸣銮奏为请旨严禁官亏积弊事》，档号：03-1828-066。

目前不见有害，而直省各州县恃处分既宽，升调不违，以已征作为未完，每年亏缺二三分，十年之后即亏缺数千万，于国家经费大有关系。"①虽然为道光元年所提，但是那彦成仕居嘉庆朝已有 20 多年，看到了当时情况，此说反映处分只能严不能松。

（5）严整吏治。另有御史奏请，其折内容略曰："请严治官之刑，以儆有位也。我朝养士百有余年，在名臣循吏固不乏人，而阘冗偾事者亦复不少，比至亏空帑项酿成事端，非一朝一夕之故，其所由来者渐矣。幸而不致大坏者，圣明在上培植者深也。按其贪玩之罪十死不足以赎，而国家之法止于如此。臣愚以为与其治之于一败涂地后，不如绳之于私意乍萌之先。"②反映出亏空的问题是一个长久问题，须提前防范。总之，亏空的形成是特定时代的特定产物，不仅仅是经济问题、财政问题，它还涉及吏治问题、社会问题、民风习俗、官场习气等，是一个综合性的问题，是嘉庆朝难以彻底解决的一个问题。

---

① 中国第一历史档案馆档案：朱批奏折《毛式郇奏为军机大臣等率议将吏兵二部则例改重就轻罔顾废弛致流弊事》，档号：04-01-01-0612-010。

② 中国第一历史档案馆档案：朱批奏折《奏为严整吏治敬陈管见事》，档号：04-01-13-0218-022。

第八章　司法与官员处分

第一节　刑部官员与地方督抚的司法处分

嘉庆皇帝曾言:"国家设官分职,原以天下之大,万民之众,一人不能独理。是以自督抚司道府州县,使之递相统属,以分寄治民之责。地方大小狱讼先由州县听之,州县审断不公,方准控诉于本管知府直隶州知州,府州复不为申理,再由道司以至督抚,定例不准越诉。其有案情重大历控本省衙门屈抑无申者,准其来京控诉,由都察院、步军统领等衙门奏闻办理,以达穷民之隐。"[①]这是清制清晰的司法程序,此外,有关五等刑名的审转权责分配也较为明朗。

如魏光奇总结,"清代州县衙门对笞杖案件可以自行结案,而徒罪以上案件,不论被告是否不服,均须解送上级衙门复审,称审转。其审转管辖范围如下:1.府、直隶州、直隶厅:对直接辖境为第一审;审转所属州县解审案件。2.道:审转所属府、直隶州、直隶厅对其直接辖境的一审案件。3.按察司:府、道审转案件,须由按察司复审,然后详报督抚。4.督抚:无关人命的徒罪案件,督抚可予批结,然后由按察司按季造册详报督抚,督抚咨部。有关人命的徒刑案件及流刑案件,由督抚专案咨部核复,年终汇题。死罪案件由督抚审拟具奏或具题。"[②]阐明了当时每一层级司法部门的审转权限。

清代在此基础上针对司法错误的处分规定也相当全面。如郑小悠据史料

---

① 中国第一历史档案馆编:《嘉庆帝起居注》第 19 册,广西师范大学出版社 2006 年版,第 170 页。

② 魏光奇:《有法与无法——清代的州县制度及其运作》,商务印书馆 2010 年版,第 232 页。

归纳，"清代官员的考绩，涉及刑名方面的专条极多。据《吏部处分则例》记载，刑名类的处分共分盗贼、人命、杂犯、提解、审断、禁狱、用刑七大类，264项，每项包含一款到多款不等。……与部驳关系最紧密的是承审处分，包括定案阶段的议处条款，及'承问失入'、'承问失出'、'部驳改正'、'固执原题'、'删改招供'、'援免错误'等24条；秋审阶段议处条款即'秋审实缓错误'、'秋审后尾迟延'、'写远府州由道核办'共3条。"[1] 相关处分专条较多，且各有侧重点，在司法实践中此类处分也较多。

一、中央刑部官员之错误与处分

有清一代，"外省刑案，统由刑部核覆。不会法者，院寺无由过问，应会法者，亦由刑部主稿。在京讼狱，无论奏咨，俱由刑部审理，而部权特重。"[2] 刑部设有尚书，左、右侍郎，俱满、汉一人。"尚书掌折狱审刑，简核法律，各省谳疑，处当具报，以肃邦纪。侍郎贰之。"其属有"十七司各掌其分省所属刑名。"[3] 17司官员的数量设置非常有限。

此外有刑部秋审处，"主核秋录大典。初以四川、广西二司分理。雍正十二年，始别遣满、汉司员各二人，曰总办秋审处。寻佐以协办者四人。录各省囚，谓之秋审；录本部囚，谓之朝审。岁八月，会九卿、詹事、科道公阅爰书，核定情实。"[4] 秋审处的职责相比更重更多，每年各省死刑案件的审核都由其负责，错误难以避免。

如嘉庆五年（1800），刑部奉天司候补员外郎盛时彦在收文画到时，因不懂清文，将文稿遗漏未交与满员阅看，自行检举交部议处。吏部就此次承办秋审遗漏事件，将盛时彦照批审事件不随时稽查例降二级调用，其有随带加一级应销去加一级抵降一级仍降一级调用。嘉庆皇帝以汉员不懂清文为由，旨下"改为降一级准其抵销。"[5] 盛时彦因此没有遭受实际处分。

① 郑小悠：《"部驳议处"制度下的清代刑部与地方法司》，《文史》2019年第4期。
② 《清史稿》第15册，中华书局1977年版，第4206页。
③ 《清史稿》第12册，中华书局1977年版，第3288页。
④ 《清史稿》第12册，中华书局1977年版，第3290页。
⑤ 中国第一历史档案馆编：《嘉庆帝起居注》第5册，广西师范大学出版社2006年版，第667页。

再如《啸亭杂录》记载的刑部官员金光悌，号称"以天子之刑部而金光悌一人专擅二十余年，其余司官皆出门下。故使比昵为奸，无阻之者，良可慨也。"①嘉庆六年（1801），御史张鹏展参劾金光悌，刚任光禄寺少卿仍留刑部帮办秋审事务，错至 90 余案。令嘉庆皇帝深感意外，当即降旨令刑部堂官明白回奏。管理刑部事务董诰解释，"本年秋审案件并无错误，惟总办处看出广东省黄册疏漏、错落 90 余处，俱经签改缮正。"既如此，皇帝认为"今既查明系原办司员字画错误，经总办处看出，业经该堂官将承办各员记大过一次，已足示儆"。而金光悌终也承担一定责任，皇帝谕令："光禄寺少卿金光悌著回本衙门供职，不必兼部行走。"②

又如清制，"刑部按期进呈黄册。至日，素服御殿，大学士三法司侍，上秉朱笔，或命大学士按单予勾。"③嘉庆十四年（1809），刑部在进呈秋审黄册时，其中有一起四川省由情实拟改缓决绞犯王厚成的案子，另有一起直隶省由情实改缓决绞犯梁二小的案子。刑部在清单后尾"接扣时，误将梁二小清单后尾粘接于王厚成清单三扣之后，以致歧误"④。负责刑部事务的董诰为此请旨将自身与承办司员俱交部严加议处。嘉庆皇帝指出，"该衙门专办刑名，于陈奏要件更当如何慎重。况此件清单只有人犯一起，篇页不繁，现在三扣之后所余不过两行。如果略加翻阅其误立见，又何能递至朕前？"遂令刑部堂司官查明接扣舛误的书吏自行责处革退。同时以"大学士董诰在内廷行走，于本衙门奏章不及详校，其咎稍轻。著加恩改为交部议处。此外，各堂官及承办司官著交部分别严加议处"⑤。堂官中被议处的还有金光悌。嘉庆皇帝借此事件同时警告刑部堂司各官，"嗣后各衙门进呈之件，均著该堂官等自行敬谨详阅。即各堂官不能遍阅，亦应轮出一二人检阅无误，然后恭递。设将来进呈之后看出错误，询明堂官中无人阅看，朕必从重惩处，不稍

---

① （清）昭梿：《啸亭杂录》卷十《嘉庆初年谏臣》，载《清代史料笔记丛刊》，中华书局 2006 年版，第 351 页。

② 中国第一历史档案馆编：《嘉庆帝起居注》第 6 册，广西师范大学出版社 2006 年版，第 530 页。

③ 《清史稿》第 15 册，中华书局 1977 年版，第 4209 页。

④ 中国第一历史档案馆档案：录副奏折《董诰奏为办理秋审黄册出错自请交部议处事》，档号：03-2213-047。

⑤ 中国第一历史档案馆编：《嘉庆帝起居注》第 14 册，广西师范大学出版社 2006 年版，第 633 页。

宽贷。"① 但是类似错误依然还有。

嘉庆二十四年（1819），湖广道监察御史邱煌参奏刑部将会稿粘连揭帖错误，其折曰：

> 兹有刑部核覆湖北省江夏县民人彭元中戳死程上畛按律拟绞一案，阅其揭帖，乃系监利县民人薛遇梅殴死张兴裕一案，姓名与案情迥异，显有错误。当即细查各卷，于薛遇梅案后翻阅揭帖，当系彭元中一案。似此二案首尾颠倒位置，自系率意粘连。伏思，揭帖所关系全案情节原委，法司定谳必先据揭帖细核案情。若揭帖与本稿案犯相左，何由据实核议？且既于姓名案由之显而易见者尚未寓目，又安望于案情之畸轻畸重者细为经心。此二案业由刑部办稿会题，其错误之处未经改正，殊非详慎之道。除已移会该部自行厘正外，相应请旨奏请。②

御史指出刑部司法官员工作的不认真，刑部官员处分自然不可避免。但是处分重者主要是直接的承办官员，堂司等官因失察会受到一定处分，但其处分往往能从宽减轻，也就影响不大了。

此外，刑部还有其他错误频频。正如嘉庆皇帝所指，"近日该部自请议处之案不一而足。如曲朱氏系应拟绞监候永远监禁之犯，误写为秋后处决，又本年秋审册内遗漏二案，又题本内十九年误写为二十年，又安徽省处决人犯行文迟逾例限，种种错误即予黜革，亦属咎所应得。"③ 可见，刑部因其职位的特殊性处分很多。

二、地方以督抚为核心的司法处分

在地方司法中更多的至关重要的错误就是案件的失出失入问题，失出指的是拟罪由重到轻，失入指的是拟罪由轻到重。有关失出失入的研究比较

---

① 中国第一历史档案馆编：《嘉庆帝起居注》第14册，广西师范大学出版社2006年版，第638页。

② 中国第一历史档案馆档案：录副奏折《邱煌奏为刑部会稿粘连揭帖错误事》，档号：03-2486-016。

③ 中国第一历史档案馆编：《嘉庆朝上谕档》第20册，广西师范大学出版社2000年版，第689页。

多，详见注释。① 官员因此身罗处分较多，一般府州县官员因失出失入处分较重，基本是实革实降。督抚因失入失出处分较多，然而由嘉庆皇帝从宽留任者亦居多。失出失入之外，亦有因为逾限和文书错误的诸种处分。

1. 因失入而处分

嘉庆二年（1797），贵州省署黄平州事八寨同知张善保等因错拟罪名失入，奉旨张善保、署平越府事大定府知府孙鉴、郎岱，同知曹廷奎，"于承问命案罪名失入，殊属错缪"②，照部议降三级调用。嘉庆四年（1799），直隶沙河县知县蔡本谦亦因承问命案错拟失入，奉旨"著照部议降三级调用。"③嘉庆二年，调任山西布政使谢启昆等于应行杖流罪犯错拟绞候。奉旨："谢启昆、和明俱著降三级从宽留任，蒋兆奎著免其革任，其再降一级调用之处仍注册。"④嘉庆五年（1800），马慧裕前在河南按察使任内于汪元错拟绞候一案率行转详，错在失入。嘉庆皇帝降旨："但念马慧裕平日官声尚好，若予镌级，其员缺另行简用，一时不得其人。马慧裕著加恩改为降三级从宽留任。"⑤嘉庆十三年（1808），吏部上奏两江总督铁保将应拟流罪之主使罢考者孙馨祖错拟斩候，请照例降三级调用不准查抵，任内有革职留任及革任之案无级可降应行革任。此案是铁保判决孙馨祖罪名定拟过重，然而，嘉庆皇帝旨下，"现在铁保无级可降本应照部议革任，若改为革职留任，恐该督将来办理案件又至有意从轻，致干咎戾，铁保著加恩改为降四级从宽留任。"⑥

---

① 白阳：《清代错案追责制度运行中的困境及原因探析》，《浙江社会科学》2019 年第 7 期。郑小悠：《"部驳议处"制度下的清代刑部与地方法司》，《文史》2019 年第 4 期。赵进华：《循吏司法中的"失出"现象初探》，《中西法律传统》2018 年第 14 期。李凤鸣：《清代州县官吏的司法责任》，博士学位论文，中国政法大学，2006 年。苏天生：《"失入"与"失出"》，《学习月刊》1997 年第 5 期。高若辰：《清代秋审与当代中国死刑复核程序的比较研究》，《法治研究》2016 年第 4 期。巩富文：《中国古代法官出入人罪的责任制度》，《政法论坛》1990 年第 1 期。李玉：《"出入人罪"》，《河北法学》1983 年第 1 期。

② 中国第一历史档案馆编：《嘉庆帝起居注》第 2 册，广西师范大学出版社 2006 年版，第 62 页。

③ 中国第一历史档案馆编：《嘉庆帝起居注》第 4 册，广西师范大学出版社 2006 年版，第 309 页。

④ 中国第一历史档案馆编：《嘉庆帝起居注》第 2 册，广西师范大学出版社 2006 年版，第 35 页。

⑤ 中国第一历史档案馆编：《嘉庆帝起居注》第 5 册，广西师范大学出版社 2006 年版，第 223 页。

⑥ 中国第一历史档案馆编：《嘉庆帝起居注》第 13 册，广西师范大学出版社 2006 年版，第 284 页。

从以上 5 个事例可见，因拟罪失入，直接承办官员要被实降三级调用。府州县官员甚至同知等之处分会依部议予以实降。然而，臬司、总督身为上级官员，仅止降调一级，或者虽降调三级却可以从宽留于本任。此类事例，比比皆是。因此，虽然督抚臬司会成为因失入失出议处的重点，但是他们的处分往往不会很重。嘉庆十三年（1808），署安徽布政使事杨护因嘉庆十二年分秋审失入陈序儿案子一起。按照定例各省秋审人犯，如有一案原拟情实改入缓决者，实降一级调用，虽有加级纪录不准抵销。吏议杨护据此降一级调用，毋庸查级议抵。① 然而旨下又是降二级从宽留任。可见道府州县等往往直接承担着审案的主要责任和惩处的主体责任。

2.因失出而处分

嘉庆四年（1799），甘肃兰州府知府后升湖南衡永郴桂道海昌因承审马建陇拒奸扎死尚正义一案错拟罪名，照部议降三级调用。然而，同案按察使广厚经刑部议驳也没立即改正，却是"姑念该臬司带兵堵剿贼匪尚属奋勉，著改为降三级从宽留任"②。这是非常明显的对比，知府降三级调用和按察使降三级留任。

嘉庆四年，安徽巡抚陈用敷具题缓决案件，经刑部改入情实者共有 9 案，"著交部议处"③。奉旨："陈用敷著改为革职留任仍注册。"④ 嘉庆四年，直隶按察使全保，顺德府知府于德裕，因属员承审命案错行照拟率转，结果全保被革职留任，于德裕降三级留任。⑤ 此次顺德府知府的处分是比较轻了。

嘉庆十三年（1808），安徽省问拟刑名重案失出 10 余起，是前护理巡抚鄂云布任内之事，但事涉当年的督抚藩臬一干人。嘉庆皇帝认为鄂云布

① 中国第一历史档案馆档案：录副奏折《庆桂奏闻安徽按察使承办秋审案件失误请照例降级调用等情事》，档号：03-2210-042。
② 中国第一历史档案馆编：《嘉庆朝上谕档》第 4 册，广西师范大学出版社 2000 年版，第170 页。
③ 中国第一历史档案馆编：《嘉庆帝起居注》第 4 册，广西师范大学出版社 2006 年版，第568 页。
④ 中国第一历史档案馆编：《嘉庆朝上谕档》第 4 册，广西师范大学出版社 2000 年版，第361 页。
⑤ 中国第一历史档案馆编：《嘉庆帝起居注》第 4 册，广西师范大学出版社 2006 年版，第525 页。

等之拟罪，"实属有心宽纵凶徒，不矜良善，非寻常失出可比"①。遂将鄂云布及承办之臬司杨懋恬传旨严饬，又交部加等议处。吏部议将鄂云布、杨懋恬、铁保、杨护降一级调用。嘉庆皇帝旨下改为"鄂云布降二级从宽留任，八年无过方准开复，杨懋恬著降一级准其查抵，铁保、杨护均著降一级留任，六年无过方准开复。"②嘉庆十六年（1811），四川总督常发祥亦因十五年四川秋审人犯有失出失入二案，奉旨："其一案著各销去加一级免其降调，又一案俱著改为降二级留任。"均予从宽，且嘉庆皇帝朱批其谢恩折："明慎用刑，毋枉毋纵，勉之。"③嘉庆十七年（1812），常明又因在四川总督任内办理当年秋审失出至17案之多，部议降调。嘉庆皇帝同样指出，"姑念伊前在军营著有微劳，现在一时简用乏人，著加恩改为降三级留任"④。这是在不同时期都存在的大员处分因皇帝的信任从宽情况。

嘉庆十四年（1809），刑部进呈贵州等5省由缓决改入情实招册，嘉庆皇帝指责，"刑部改拟之案俱系应行情实，各省所办未免失之太宽。"因此，5省中贵州、奉天、陕西应议各员均照例议处。而广东、四川失出各多至16案，嘉庆认为，"该二省，一为濒海要区，一为教匪甫经平定之地，风俗素称刁悍，刻下正应力加整顿。"结果大员们没有"失入"，反而是失出之案更多于他省，皇帝不悦，遂令将"所有四川、广东督抚臬司等著加等议处。"⑤同年，刑部具奏浙江等其他6省的由缓决改入情实招册情况。其中，直隶省改实8起，山东省在8起以上，河南省改实亦有8起。这三省"较他省失出之案为多"，嘉庆皇帝将这几省的督抚臬司等亦"加等议处"。后补查出安徽册内失出尚有9起，亦由议处升格为加等议处。而浙江、山西虽只

①　中国第一历史档案馆编：《嘉庆帝起居注》第13册，广西师范大学出版社2006年版，第546页。

②　中国第一历史档案馆编：《嘉庆帝起居注》第13册，广西师范大学出版社2006年版，第571页。

③　中国第一历史档案馆档案：朱批奏折《常发祥奏为前因四川秋审人犯失出失入议处蒙恩留任谢恩事》，档号：04-01-01-0529-009。

④　中国第一历史档案馆编：《嘉庆帝起居注》第17册，广西师范大学出版社2006年版，第715页。

⑤　中国第一历史档案馆编：《嘉庆帝起居注》第14册，广西师范大学出版社2006年版，第634页。

有5起，也予以"照例议处"①。嘉庆十四年是嘉庆五十寿辰，结果至少有11省的大员因失出而被处分，嘉庆皇帝也没有在自己的寿辰之年对这些处分予以免除。

综上秋审失出失入鉴于案情的复杂性，本身是较难把握的，各省上报后还存在刑部的由轻到重，由重到轻的驳改，嘉庆皇帝在权衡督抚和刑部意见下作出最终的裁决。秋审本上，"间有初次入缓，后复改实者，权操自上，非常例也。"②所以，嘉庆皇帝的理念想法是非常关键的，直接决定各省的判决到底是失出还是失入，抑或判决无误。但是，各省画一的拟判，如果不符合皇帝的思路，也会招致问题。如嘉庆十年（1805），"朕阅各直省本年秋审人犯册内，由刑部改实为缓者三起。而改缓为实者共有八十三起之多。数省如出一律，其故殊不可解。"这起不经意的"一致失出"，却让嘉庆皇帝顾虑重重，"向例秋审失入一案及失出五案者，督抚臬司均有处分，嗣经降旨宽贷。各省大吏自因吏议既宽，更无瞻顾考成之虑。遂尔遇事从轻，欲博宽厚之名，而不思辟以止辟之道，于明刑弼教大有关系。"在此顾虑下，颁布上谕恢复了旧例处分。"嗣后著该部将办理秋审失入一案及失出五案者，仍前定立处分。俾职司刑谳者各知儆惕，遇事庶加详慎。……此后如有定拟错误者，均照定例议处。"③所以，很多官员处分也会随着嘉庆政策的不断调整而发生变化。

3. 因题报迟延而处分

《清史稿》记载，"秋审则直省各督抚于应勘时，将人犯提解省城，率同在省司道公同会勘，定拟具题。刑部俟定限五月中旬以前，各省后尾到齐，查阅外勘与部拟不符者，别列一册。"④嘉庆十七年（1812），因各省秋审后尾到部迟延刑部请旨催促。嘉庆皇帝担心各省官员"恐不免有意观望，私向部中书吏探听实缓情节，再行改合具题，冀免将来失入失出处分，不可不

---

① 中国第一历史档案馆编：《嘉庆帝起居注》第14册，广西师范大学出版社2006年版，第639页。

② 《清史稿》第15册，中华书局1977年版，第4209页。

③ 《钦定吏部则例·吏部处分则例》卷四十八《审断下》，成文出版社1966年版，第613页。

④ 《清史稿》第15册，中华书局1977年版，第4208页。

严防流弊"①。遂将这年办理迟延的山东、山西、直隶各督抚及臬司并热河都统，均交部议处，贵州、广西、广东、福建、湖南、湖北、浙江各督抚及臬司，均减等交部察议。

4.因司法舞弊而处分

以上诸类基本属于无心之过，此外还有有意篡改承审时间致文书错误的。嘉庆九年（1804），湖南衡州府知府凤鸣在审办湖南省来阳县民徐显森被殴身毙一案，案结时，为当年八月底，已逾限期，凤鸣为规避迟延处分，于是在详文上倒填七月二十二日日期予以蒙混，湖南按察使韩尃没有发现，后被御史赓音发觉参奏。最后凤鸣以"有心蒙混"私罪被交部严加议处，臬司韩尃"咎止失察"，②交部察议。

学界对于以上这些方面亦有一定研究。③下文主要针对嘉庆时期司法中的积案问题与官员因之所受处分进行进一步探讨。

三、有关积案研究状况

积案问题始终困惑于清代，如乾隆朝湖北巡抚陈宏谋所指出："有司官场习气，不耐烦劳，办理案件，惟事拖延，事之小者，以为无关考成，任意拖延，事之大者，又畏难苟安，止图借故拖延，不顾案久难结。至于自理词讼、外结之件，则又恃为上司无案，一时查察不及，益得经年悬宕。"④陈宏谋是广西临桂人，历任浙江道御史、扬州知府、江南驿盐道、云南布政司、直隶天津道、江苏按察使、江苏江宁布政司等官职；后又历任甘肃、江西、陕西、湖北、河南、福建、湖南、江苏等省巡抚和陕甘、两广、两江、湖广等地总督。据其阅历所言深为可信，积案问题对嘉庆朝而言，也是一个历史

---

① 《钦定吏部则例·吏部处分则例》卷四十八《审断下》，成文出版社1966年版，第615—616页。

② 中国第一历史档案馆编：《嘉庆帝起居注》第9册，广西师范大学出版社2006年版，第27页。

③ 李燕：《清代审判纠错机制研究》，博士学位论文，中国政法大学，2008年。高振远：《平冤饬吏：清代司法错案责任追究制度评析——以道光年间榆次县赵添中京控案谳狱为例》，《新疆警察学院学报》2017年第4期。缪大军：《清代一起错案的启示》，《人民法院报》2020年7月3日。田也异：《立法太严而难行——清代司法官错案责任追究制度研究》，硕士学位论文，南京大学，2015年。

④ 中国第一历史档案馆档案：朱批奏折《陈宏谋奏为据实奏明地方摒除疲玩习气清理陈年积案等情形事》，档号：04-01-11-0003-001。

问题。

至于道光朝的积案问题，道光十五年（1835），裕谦曾上"清厘积案檄"①，马相如上"请勒限清理积案疏"②，皆反映出道光朝的积案问题。龚汝富亦认为："这种积案现象在清代道光年以后，已成为全国地方吏治中的通病。"③不仅如此，道光朝四川按察使张集馨更以其亲身经历，证明当时"首府衙门案件积压甚多，屡催不结。因在臬署西院设发审局，予于判稿、见官之暇，终日督率委员审理各案，既可得其真实情节，又可不致拖延。"④嘉道相承，嘉庆朝的积案问题，对道光朝亦有一定的影响。

目前就积案问题学界有一些成果提出一定观点。如在积案形成原因方面的研究，郭成伟认为与基层官员的勤惰有关，怠则积案出现，而且会形成愈积愈难，愈难愈积。他指出"从司法的角度来看，州县是整个司法体系的基层组织，绝大多数案件都由州县处理，州县案件繁多，及时处理确有难度，所以，州县官是否勤于理讼对州县政治具有重大的影响。……州县官在审理中的懈怠，只能使案件大量积压，日久案件模糊，会带来更大的审理难度。"⑤魏光奇认为从主观讲，"州县官疲玩导致案件积压。"⑥陈兆肆则认为："清朝积案问题，更多是与吏治败坏、承审官'因循疲顽'等主观因素有关。"⑦龚汝富从诉讼实践视角，认为诉讼本身复杂性的存在和地方官的种种顾虑也是积案形成的主要原因。"有些地方官甚至畏惧讼案处理不慎带来的负面影响，又造成新的诉讼问题出现了，地方衙门普遍存在受理案件大量积压，经年难结，常常受到上司的严遣，讼师徒棍乘机把问题复杂化，使得诉讼形势越发不明朗。……诉讼形势变幻莫测，官吏不敢轻易了断，案件积压成为地方司法中的一个

---

① （清）裕谦：《裕忠节公遗书》卷二《察吏类》，载《近代中国史料丛刊》第43辑第423册，文海出版社1966年版，第183页。

② （清）何良栋辑：《皇朝经世文四编》卷四十一《刑政》，载《近代中国史料丛刊》第77辑第761册，文海出版社1966年版，第750页。

③ 龚汝富：《明清讼学研究》，商务印书馆2008年版，第259页。

④ （清）张集馨：《道咸宦海见闻录》，载《清代史料笔记丛刊》，中华书局1999年版，第96页。

⑤ 郭成伟、关志国：《清代官箴理念对州县司法的影响》，中国人民大学出版社2009年版，第81、83页。

⑥ 魏光奇：《有法与无法——清代的州县制度及其运作》，商务印书馆2010年版，第237页。

⑦ 陈兆肆：《清代私牢研究》，人民出版社2015年版，第98页。

普遍现象。"① 另有学者则将积案问题的发生指向督抚，"所以积案的买单往往由督抚来承担。"此论值得商榷，究竟是督抚造成的积案还是督抚为替代品，对此问题未明。总之，积案形成原因是非常复杂的问题，正如陈兆肆总结，是"由于客观和主观等多方面的因素。"②

还有从地方州县自理词讼及其权力视角的研究考虑积案发生之因。那思陆认为，"以今日术语言之，州县官是'行政与司法合一，审判与监察合一。'"③ 瞿同祖概括地方官之职责无所不包，"法官、检察官、警长、验尸官的职责。"④ 陈兆肆认为"无论何种看法，大致皆谓地方官'集司法与行政职责于一身。'"⑤ 郭成伟指出，"清代州县处于整个国家机构的基层，几乎所有的案件最初都由州县受理，州县司法可以说是整个司法体制的基础，也是理解中国古代司法的关键。州县官的司法理念直接决定着州县司法的基本目的。"⑥ 嘉庆朝州县治理状况如何，官员状况如何，很多研究中都涉及这一县域和群体，但是得出的结论多为对州县之诟病，只有极个别学者客观评价了州县的勤政。

> 官为一县之主，凡起居动静，伺察者多，不可不慎也。冬春辰初、夏秋卯初必发二梆，然后至签押房阅视上日所送片稿及批词，公文禀信稿件。饭后看审案卷籍。未刻发二梆，审理堂事。晚则查核账簿，标记刑名钱谷簿，查看门簿，或无堂事，则与幕友酌商地方事宜，或考订律例，或检阅史传，或赴市廛村野以查民风。至朔望拈香必宜早起，期会出入必有定时。与民约者，尤在必信，习以为常，历久不息，则内外人等，皆知官之所专心者在于公事，而诸务就理矣。⑦

基于这样的情况，州县怠惰在案件积压方面当然会被认为是始作俑者，大部分的积案都是先从基层开始，然后往上一点点延展。对积案后果的研究，有

---

① 龚汝富：《明清讼学研究》，商务印书馆2008年版，第257页。
② 陈兆肆：《清代私牢研究》，人民出版社2015年版，第99页。
③ 那思陆：《清代州县衙门审判制度》，中国文史出版社1982年版，第228页。
④ 瞿同祖：《清代地方政府》，法律出版社2003年版，第193页。
⑤ 陈兆肆：《清代私牢研究》，人民出版社2015年版，第22页。
⑥ 郭成伟、关志国：《清代官箴理念对州县司法的影响》，中国人民大学出版社2009年版，第186页。
⑦ （清）徐栋辑：《牧令书》卷二《政略》，载《官箴书集成》第7册，黄山书社1997年版，第47页。

陈兆肆认为"嘉道以后积案问题日益严重，这是导致正式监狱负荷不断加重而不得不另寻私牢以为替代的一大原因"①。

以上是关于积案研究的一些观点。嘉庆时期，亏空和积案是其两大问题，一则事关国家的财政经济命脉，一则事关民生统治问题，都属于王朝的重心，亏空问题前章已述。鉴于已有更多的对积案原因、州县积案问题、积案后果的研究，下文主要探讨嘉庆时期省级各衙门机构积案问题的一度常态化和朝廷对积案官员的处分。

第二节　省一级衙门积案清查常态化与大员因积案之处分

清时钱塘人陈文述是嘉庆年间的举人，曾为官江苏昭文县、安徽省全椒等县。他在文章中披露："今之地方积案多者以万计，次者六七千，少者亦不下三四千；久则有阅二三十年未结者，近者亦二三年。"② 当是其为官见闻所知。嘉庆十三年的进士贺长龄，湖南善化人，为官40年。在其"整吏治以清政本札"中，亦探讨了积案问题的积重难返，当时地方案件中"旧案改为新案，一案添为数案，小案变为大案，愈大则愈难结，遂有拖至十余年者"③。反映出积案问题的严重存在。嘉庆朝对省级衙门积案的披露及对大员因积案的处分开始于江西省积案大清厘，随后嘉庆皇帝下令开始全国性的省一级积案清厘，在嘉庆朝前中期积案清厘一度常态化，在不少省份大员因积案被追查处分。

一、江西省积案清厘与官员处分

卜健研究指出："嘉庆十一年末，多年任职刑部的金光悌出任江西巡抚，

---

① 陈兆肆：《清代私牢研究》，人民出版社2015年版，第97页。
② （清）盛康辑：《皇朝经世文续编》卷二五《吏政》，陈文述：《答人问作令第二书》，载《近代中国史料丛刊》第84辑第831册，文海出版社1966年版，第2617页。
③ （清）盛康辑：《皇朝经世文续编》卷二五《吏政》，（清）贺长龄：《整吏治以清政本札》，载《近代中国史料丛刊》第84辑第831册，文海出版社1966年版，第2656页。

职业习惯所致，很快就发现积年悬而不决的案件甚多。巡抚衙门 695 起，布政使衙门 268 起，按察使衙门 582 起，盐粮各巡道 65 起。……这么多的案件久久不结，小民有冤无处伸，健讼之徒操纵把控，社会矛盾必然激化。"①卜健所指即为此次江西省积案及被清厘。

金光悌，安徽英山人。由举人授内阁中书，乾隆四十五年（1780）中进士。嘉庆六年（1801）后，兼任内阁侍读学士。嘉庆七年（1802），授山东按察使后升任布政使。嘉庆十年（1805），"召授刑部侍郎，数奉使赴山东、直隶、天津、热河勘狱。"②嘉庆十一年（1806），授江西巡抚，疏言江西积案繁多请设局清厘，即指此案。

（一）江西省积案清厘与官员处分

1. 江西巡抚秦承恩和藩司先福为首的抚藩被处分

《清史稿》论金光悌曰："有清一代，于刑部用人最慎。凡总办秋审，必择司员明慎习故事者为之。或出为监司数年，稍回翔疆圻，入掌邦宪，辄终其身，故多能尽职。仁宗尤留意刑狱，往往亲裁，所用部臣，斯其选也。……金光悌、韩崶，皆筦部务最久，光悌治事尤厉锋锷，号刻深云。"③

嘉庆十一年十月，金光悌由刑部左侍郎授江西巡抚，到任不久发现并查出本省省级各衙门的积案问题。随即，金光悌奏报省级各衙门的积案数量。"查未结词讼共计六百九十五起。窃思臣衙门职司综核，积案尚如此之多，则司道等衙门及自理州县积压更不知凡几。当即严行饬查，据藩司册报自理词讼未结二百六十八起，臬司册报自理词讼未结五百八十二起，盐粮各巡道册报自理词讼未结六十五起。共计未结词讼已有一千六百一十起。"上千案中最长有"悬宕十余年之久尚未结案"④的。按照金光悌在刑部之久，及其自身的司法工作经验，加之从未历任过江西省无需回护，因此他的报告是非常可信的。

嘉庆皇帝阅折后恼怒："巡抚两司大员受朕委任，今吏治疲玩若此，不

---

① 卜健：《国之大臣：王鼎与嘉道两朝政治》，陕西人民出版社 2015 年版，第 92 页。
② 《清史稿》第 37 册，中华书局 1977 年版，第 11273 页。
③ 《清史稿》第 37 册，中华书局 1977 年版，第 11278 页。
④ 中国第一历史档案馆档案：录副奏折《金光悌奏报设法清厘历代未结积案情形事》，档号：03-2446-013。

可不示以惩儆！"① 遂一方面命金光悌尽快清厘历任未结积案。另一方面就承担责任方面发声，"秦承恩在该省巡抚任内最久，先福久任藩司又屡护巡抚，此等积案繁多，伊二人无可辞咎，均著交部议处。"②

《清史稿》载秦承恩在嘉庆四年（1799）以后，曾因战失利，朝廷"褫承恩职，逮京论大辟。"嘉庆开恩颁"诏以承恩书生，未娴军事，宥归。寻遣戍伊犁，七年，释还。"③ 嘉庆七年（1802）十一月，秦承恩才擢任江西巡抚，后迁左都御史仍署巡抚事。嘉庆十年（1805）十月，因召授工部尚书离江西巡抚之任。秦承恩一生坎坷，在江西巡抚之任近三年。与秦承恩同期的布政使先福，是嘉庆八年七月由宁夏布政使改任，十三年十月调任广东布政使离开江西，在江西藩司之任较秦承恩更久。

嘉庆十二年（1807），吏部遵旨议处秦承恩和先福。然处分定例中并没有专门针对省级衙门大员积案之多的处分，吏部只能遵照定例，"州县自理户婚田土等项案件，定限二十日完结，仍设立号簿开明已未完结缘由。如有弊混不造入号簿，或未结捏报已结，巡道不随时查催者降二级调用"④ 予以议处。

> 此案江西省巡抚、藩臬等衙门未结词讼共有一千六百余件之多。前任巡抚秦承恩在任最久，先福久任藩司屡护巡抚，乃于地方词讼并不随时查办依限完结，以致控案悬宕狱讼繁多，钦奉谕旨交部议处。应将前任江西巡抚升任刑部尚书秦承恩，江西布政使先福均照不随时查催例降二级调用。查先福任内有加三级，系特旨交议之件毋庸议抵。秦承恩任内并无加级，有革职留任并革任注册之案无级可降应行革任。⑤

由吏议可知，秦承恩被议革任，先福降二级调用。吏议之后，嘉庆皇帝裁定秦承恩和先福的最后处分，予以了从宽。从先福三月份所上谢恩折中可

---

① 中国第一历史档案馆档案：录副奏折《庆桂奏为江西积案太多议处任官最久者秦承恩及先福事》，档号：03-1506-076。

② 中国第一历史档案馆档案：录副奏折《金光悌奏为遵旨查照积案最多之历任按察使事》，档号：03-1507-064。

③ 《清史稿》第37册，中华书局1977年版，第11178页。

④ 中国第一历史档案馆档案：录副奏折《庆桂奏为江西积案太多议处任官最久者秦承恩及先福事》，档号：03-1506-076。

⑤ 中国第一历史档案馆档案：录副奏折《庆桂奏为江西积案太多议处任官最久者秦承恩及先福事》，档号：03-1506-076。

见，"秦承恩著加恩改为革职留任仍注册，先福著加恩准其销去加二级抵降二级。"嘉庆皇帝推翻自己先前规定的凡奉旨议处之案不许抵销，此次却令先福以加级抵销，从而消除了此次处分。这也是先福继续留任江西藩司，很快改任广东布政使的原因。嘉庆皇帝在先福谢恩折上批曰："为政不勤，必致积压，勉力办理，切勿懒惰。"[1]他认为造成积案的原因在于大吏之"为政不勤"。

2. 按察使衡龄和刘沄为首的臬司亦被处分

继巡抚藩司之后，被议处的是江西历任按察使。嘉庆皇帝曾指示："臬司任内系属何人最久积案最多，并著金光悌查明奏闻一并议处。"嘉庆十二年（1807）三月，金光悌奏报积案最多的历任按察使。"据臬司陈预详称该司衙门未结词讼五百八十二件，除现据详结外，实在未结五百六十六案。查历任臬司在任日期及案内未结案数造册详送到臣，逐加查核。内惟升任臬司衡龄及前署臬司现任江西盐道刘沄各有未结词讼二百余件。该二员在任较久未结案件较多，其余各臬司自数十案至数案不等。"[2]这两位官员，衡龄是于嘉庆六年七月由盐道升任江西按察使，九年十月升任贵州布政使离开江西。刘沄恰相反是由江西臬司降为盐道，在任时间不久但积案很多。

金光悌开报了更为详细的积案清单进呈。四月，嘉庆皇帝据此清单降旨，"内惟署臬司衡龄任内未结词讼二百十一案，署臬司刘沄任内未结词讼二百三案，为数最多。其余各臬司未结词讼自数案至数十案不等。"因此，"衡龄、刘沄著交部严加议处，余俱著交部议处。"[3]这是以官员积案数量之多少决定处分之轻重。

同月，吏部予以议处，同样按照处分州县的条款处分这些省级大员。定例，"州县自理户婚田土等项案件，定限二十日完结，仍设立号簿开明已未完结缘由。如有心弊混不造入号簿，或未结捏报已结，巡道不随时查催者降二级调用。"又定例，"官员议处有奉旨交部严加议处者，查照本例酌量

---

[1]　中国第一历史档案馆档案：朱批奏折《先福奏为积案繁多无可辞咎蒙恩准销去加二级抵降二级谢恩事》，档号：04-01-12-0277-008。

[2]　中国第一历史档案馆档案：录副奏折《金光悌奏为遵旨查照积案最多之历任按察使事》，档号：03-1507-064。

[3]　中国第一历史档案馆编：《嘉庆帝起居注》第12册，广西师范大学出版社2006年版，第158页。

加等。"① 由此议定官员处分为：

> 应将前任江西按察使今升广西布政使衡龄，前署按察使事盐法道刘
> 沄，均比照不随时查催降二级调用本例上酌加一等，议以各降三级调
> 用。至未结词讼自数案至数十案各员，钦奉谕旨俱著交部议处。应将前
> 任江西按察使今升湖广总督汪志伊，前任江西按察使颜检，前任江西按
> 察使今升闽浙总督阿林保，前署江西按察使事今升云南布政使蒋攸铦，
> 前任江西按察使今升江宁布政使许兆椿，前任江西按察使今升福建布政
> 使景敏，均比照不随时查催例降二级调用。查刘沄任内有加六级，蒋攸
> 铦有加一级，景敏有军功加一级又寻常加一级，系特旨交议之件无庸议
> 抵。衡龄、汪志伊、阿林保、许兆椿任内俱无加级纪录，汪志伊任内有
> 革职留任并革任注册之案，衡龄任内有革职留任之案，俱无级可降应行
> 革任。颜检已另案革职应降二级调用注册。景敏任内有革职留任之案合
> 并声明。②

吏部议处的实际结果归为两种，重的降三级调用和轻的降二级调用。但是，
因为存在着加级可议抵处分，存在着处分注册等情况，所以看似比较复杂，
实际是为皇帝的定议提供详细资料。

　　嘉庆十二年（1807），嘉庆皇帝对各位按察使的处分形成定议："江西省
臬司衙门衡龄、刘沄任内积案即多至数百件，其余亦不下数十件。历任臬司
疲玩因循本应即照部议予以实降，姑念官非一任量予从宽。所有折内议以降
三级调用之前任臬司衡龄、署臬司刘沄，著从宽改为革职留任。议以降二级
调用之前任臬司汪志伊、颜检、阿林保、许兆椿、景敏，前署臬司蒋攸铦，
俱从宽改为降三级留任分别注册。"③ 嘉庆皇帝将降三级调用的改为革职留
任，降二级调用的改为降三级留任。一般对于这些处分结果，经过多年的磨
砺，大员还是较为清楚结果和流程的。各员随后具折谢恩，同年六月，闽浙
总督阿林保因从宽留任谢恩，得朱批："朕不咎既往，汝慎勉，将来明敏清

　　① 中国第一历史档案馆档案：录副奏折《庆桂奏请积案最多原江西按察使衡龄等严加议处事》，
档号：03-1507-073。
　　② 中国第一历史档案馆档案：录副奏折《庆桂奏请积案最多原江西按察使衡龄等严加议处事》，
档号：03-1507-073。
　　③ 中国第一历史档案馆编：《嘉庆帝起居注》第12册，广西师范大学出版社2006年版，第
179—180页。

勤，切勿怠惰。"①七月，广东布政使衡龄因从宽改为革职留任谢恩。②九月，云南布政使蒋攸铦因从宽降级留任谢恩，"臣于嘉庆六年署理江西臬司，任内经手呈控词讼未能全数完结，彼时查催不力咎无可宽。"亦得朱批："宽汝既往，勉汝现任，切不可因循怠惰，贻误公事。"③嘉庆皇帝屡屡强调的是一个"勤"字。

（二）江西省积案清厘与处分的意义

1.江西省级层面积案问题反映出嘉庆初期令出不行

在金光悌此次清查之前，据龚汝富研究："清代嘉庆初年，鉴于江西地方普遍存在积案弊端，江西省按察使司根据各地诉讼繁简情况，责令各府州县每月审判和详结案件数量，以此消化历史积案。"④可见，江西积案问题早已存在，当时针对的是府州县的基层自理积案。

又嘉庆五年（1800），漕运总督铁保上奏，"检查历年饬发各省粮道及府卫审讯词讼未结者共有六百六十余案，请分别注销起限以清积案。"嘉庆皇帝借此批评，"漕督衙门发审各件积压年久，皆因管幹珍、富纲、梁肯堂等废弛所致。"⑤并降旨："嗣后各直省凡遇地方案件，除审办命盗本有定限外，其余自理词讼著各督抚分别立限，饬令有司按期完结逐件注销，若有任意迟延逾限不结者，立即参奏。"⑥嘉庆五年（1800），嘉庆皇帝针对直隶省地方积案阐发，"一省如此，则他省可知"⑦，颇似无奈。

此后，嘉庆六年（1801），署湖南粮储道张映汉提出各省积案的清厘问题，从侧面反映出嘉庆五年的训谕并没有得到很好的贯彻。张映汉呈请

---

① 中国第一历史档案馆档案：朱批奏折《阿林保奏蒙恩从宽留任谢恩事》，档号：04-01-12-0278-097。

② 中国第一历史档案馆档案：朱批奏折《衡龄奏为前在江西臬司任内积案繁多部议降调蒙恩从宽改为革职留任谢恩事》，档号：04-01-12-0278-104。

③ 中国第一历史档案馆档案：朱批奏折《蒋攸铦奏为积压词讼奉旨从宽降级留任谢恩事》，档号：04-01-13-0182-007。

④ 龚汝富：《明清讼学研究》，商务印书馆2008年版，第258页。

⑤ 中国第一历史档案馆编：《嘉庆帝起居注》第5册，广西师范大学出版社2006年版，第117页。

⑥ 中国第一历史档案馆编：《嘉庆帝起居注》第5册，广西师范大学出版社2006年版，第118页。

⑦ 中国第一历史档案馆编：《嘉庆帝起居注》第5册，广西师范大学出版社2006年版，第267页。

"嗣后凡州县自理之案统照命盗案通报之例，将所收一切民词令摘叙所控事由，并该州县如何批示之处汇造简明清册，按每月一次通报督抚及各该管上司衙门先行备查。……统俟年终，臬司会同各该道督率各府将通省州县自理之案……查明起数分晰造册详明督抚，按照分数题参议处。如一年之内未结之案至过十分之五者，其怠玩已可概见，即照溺职例严参"①，以严处解决积案，然而同样无效。嘉庆九年（1803），京畿道御史多福奏称各省赴京控案日渐增多，其原因在于"地方官不为审理"。嘉庆皇帝回应，"该御史等所奏实为近日通弊。"②因此降旨："嗣后各督抚当严饬属员于地方词讼申详事件，务须依限审结不得迟逾，即自理词讼亦须迅速完结，设有久延不结之案在本省上控，该督抚等尤当迅速催结，将延玩之地方官照例参处。"③

综上，从嘉庆五年到九年，臣僚对地方积案事实的反馈，诏谕叠发以期治理地方积案问题，但是，不仅未见成效，反而愈演愈烈，从地方府州县一点一点延展到省级衙门，反映出嘉庆皇权的弱化令出不行。其一次次压实督抚监察责任的参处规定，也因无人参劾而屡告失败。督抚对地方积案的重视不到位与朝廷监察不力，必然会影响到其省级衙门的案件处理，省级衙门积案的出现也在所难免。

2. 清查积案总局的设立与裁撤

嘉庆十一年（1806）十月，金光悌因江省积案甚多，奏请设局清查。嘉庆皇帝曾降旨，"所有江西省积案著即照金光悌所请，在于省城设立总局，督同藩臬两司遴派明干委员赶紧清查，分别核办勒限完结，无再逾缓。"④总局的设立在一定程度上加速了江西积案的集中审理，避免了新案和旧案的叠垒。

---

① 中国第一历史档案馆档案：朱批奏折《张映汉奏为条陈整顿外省吏治事》，档号：04-01-01-0485-001。

② 中国第一历史档案馆编：《嘉庆帝起居注》第8册，广西师范大学出版社2006年版，第298页。

③ 中国第一历史档案馆编：《嘉庆帝起居注》第8册，广西师范大学出版社2006年版，第299页。

④ 中国第一历史档案馆档案：录副奏折《庆桂奏为江西积案太多议处任官最久者秦承恩及先福事》，档号：03-1506-076。

吴吉远持论，"这种发审局最初为清理积案所设，随办随撤，所以嘉庆说，各省'无庸设立总局'，督抚应饬令地方官'随时速为审理，勉至积压拖延'。可是，后来发审局不但未废除，反而发展成为'常设性的临时机构了'，各省均设。"[1] 吴吉远所言嘉庆朝发审局成为常设性的临时机构，当始于此次金光悌之提议与实践。

金光悌提议设立省内清查总局，当时朝廷有人出现反对意见。御史邹家燮就奏请各省清厘积案请归各衙门亲查核办，无庸设立"总局名目"。嘉庆皇帝批复"所奏尚是"，并规定今后不必另设"总局名目"。其谕旨曰：

> 著通谕各督抚嗣后清厘案件务遵照节次谕旨，将特交事件与自理词讼及从前未结之案，均及早亲提审理奏结。其藩臬两司及巡道衙门案件归各衙门亲自提讯，随时详明督抚勒限清结。至府厅州县自理之案，应严饬各亲临之道员依限查催，迅速听断，督抚仍不时饬催。至省中清厘积案只可派员分司稽核，随时督催，不必另设总局名目，致滋弊端。[2]

可见，嘉庆朝清查总局的设立当始于金光悌，亦止于江西清查案，并没有成为常设机构，道光即位才重新始设清查总局。

3. 学政衙门案件发审及积案处理制度的完善

金光悌刚到任将江西学政衙门积案予以奏报，"臣清查积案询问学臣汪廷珍，其衙门有无积案查明咨覆。汪廷珍咨称溯查学政衙门前任批查批审之案，各州县延久未结者，不下数百起，其有迟至十余年尚未审结者。"[3] 反映出学政衙门亦有积案问题。

嘉庆十二年（1807），金光悌在清理积案时指出一个实际问题，"伏思学政衙门批发事件关系士风民隐，自应赶紧办理，岂容置诸延宕。臣推原其故，各府州县以学政批发事件向不报明院司，巡抚衙门无案可稽。而学政三年任满即须更换，其平时按临各府考试不能常川在署，无暇稽察，以致各属

---

① 吴吉远：《清代地方政府司法职能研究》，故宫出版社 2014 年版，第 325 页。

② 中国第一历史档案馆编：《嘉庆帝起居注》第 12 册，广西师范大学出版社 2006 年版，第 116—117 页。

③ 中国第一历史档案馆档案：附片《金光悌奏为通饬各府厅州县赶办积案事》，档号：04-01-01-0512-026。

任意延搁愈积愈多。"① 有鉴于此，金光悌与汪廷珍酌议更改章程，其内容大致为："嗣后凡有在学政衙门控告事件，学臣一面批发一面咨会巡抚衙门知照，仍通饬各该府厅州县于奉到批词亦即先行报明院司，并于审详后将查讯定拟缘由录详院司查核。"② 其实这是增加了程序上的上报制，赋予了督抚衙门更多监察权，也使得省级衙门的积案汇报更为集中统一，不再各自为政。嘉庆皇帝允准，"著照该抚所请，凡有在学政衙门控告事件，一面批发，一面咨会督抚衙门，仍令该府厅州县等于奉到批词及审结后，随时详报院司认真查核。"③ 从而更防止了学政衙门案件的遗漏和积案的再度出现，此制通行全国各省。

4.嘉庆皇帝处理积案理念的不当

"外省词讼案件，如果大小各衙门悉皆认真经理，各自清厘，自可无虞压积。乃州县官狃于积习，一味怠惰偷安，置民事于不问，以致小民冤愤莫申，层层上控，而上司衙门又不过以批发了事，日久宕延，前任付之后任，尘案堆积漠不经心。是以近来京中控案日多，都察院及步军统领衙门具奏发审之件几至每日皆有。""积案不清，有以启之。"④ 这是嘉庆皇帝的总结，皇帝对于积案形成原因始终认为是官员的怠惰造成，其实还有很多客观原因。

如嘉庆二十年（1815），四川总督常明具题逾限各案事，折内反映他因"遵旨前赴川北川东查阅营伍，于九月初一日自省起程十月初四日回省，所有应审案件自回省之后，期限因离省已一月有余，积压甚多。"⑤ 可见积案的形成还有其他原因。嘉庆皇帝对于积案的第一认识来自于京控案的日增。其实京控案的发生，有积案悬而不审的因素在内，但更多的则是案件审而有

---

① 中国第一历史档案馆档案：附片《金光悌奏为通饬各府厅州县赶办积案事》，档号：04-01-01-0512-026。

② 中国第一历史档案馆档案：附片《金光悌奏为通饬各府厅州县赶办积案事》，档号：04-01-01-0512-026。

③ 中国第一历史档案馆档案：录副奏折《庆桂奏为江西积案太多议处任官最久者秦承恩及先福事》，档号：03-1506-076。

④ 中国第一历史档案馆编：《嘉庆帝起居注》第12册，广西师范大学出版社2006年版，第179页。

⑤ 中国第一历史档案馆档案：朱批奏折《常明奏为据实陈明具题逾限各案事》，档号：04-01-01-0558-018。

错，审而不公，才会导致百姓京控不断。嘉庆皇帝也只是借此再次督促大小官员莫要"阘冗因循"，要"以勤政为本"。但是长期的官场积习，不是嘉庆皇帝的数次训谕就能轻易解决，几千年官场的恶性积淀也不是嘉庆皇帝所能尽快扭转过来的。

（三）江西省积案清厘与处分的后影响

确立积案清厘与处分的查报制。在金光悌的披露下，嘉庆皇帝终于完成了对江西积案历任省级大员的处分。嘉庆十四年（1809），金光悌回京擢任刑部尚书。此后，"光悌自居郎曹，为长官所倚，至是益自力。"[1] 可见，江西积案清厘对金光悌自身而言是有助益的。然而，有一利即有一弊，金光悌因此案亦得罪多人，此后"屡被弹劾，时论亦不尽以为平允。"[2] 嘉庆十七年（1812），金光悌卒于官。金光悌虽然去世，他于十二年所掀起的这股清查积案之风却没有过去。

江西积案的清厘受到了嘉庆皇帝的格外关注，他认为"试思省城附近已有一千六百余起未结之案，则其余府厅州县未结词讼当有若干，殆不下万余起。""至江西一省如此，其余各省情形大率相同。"[3] 有鉴于此出台了相应的积案查报制度。"每督抚莅任伊始，即将该省未结之案通行详细查明究有若干起，一面设法赶办及早清厘，据实具奏以便酌核办理。"[4] 制定了"督抚莅任伊始"清查前任积案并予以汇报的制度，这也是嘉庆十二年以来各省积案清查出现并常态化的缘故。此后，从嘉庆十二年初开始，各省新到任的督抚陆续展开了对本省前任督抚在任期间的积案清厘，积案清厘与处分在嘉庆中后期由此常态化。这项制度在当时对于敦促案件的及时审理，避免积案，起到了一定的效果，致使积案数量在嘉庆后期的大部分省份中得到一定控制，积案有减少的走势。而后任监察前任、查核前任的监察模式，在一定程度上防止了官场的回护，完善了对案件从速审理的监察。

---

① 《清史稿》第 37 册，中华书局 1977 年版，第 11273 页。

② 《清史稿》第 37 册，中华书局 1977 年版，第 11274 页。

③ 中国第一历史档案馆档案：录副奏折《庆桂奏为江西积案太多议处任官最久者秦承恩及先福事》，档号：03-1506-076。

④ 中国第一历史档案馆档案：朱批奏折《温承惠奏为遵旨清厘积案饬令藩臬两司及各道府厅州县迅速审结办理事》，档号：04-01-01-0512-043。

二、嘉庆时期省级积案清厘与处分的常态化

（一）湖南省积案清厘和大员处分常态化

1.景安到任清查湖南省积案与大员处分

据钱实甫记载，嘉庆十一年（1806）五月，景安由江西巡抚改任湖南巡抚，景安自述是八月初三日到任。在江西积案清查开始后，景安曾接到上谕："江西一省如此，其余各直省情形大率相同，各督抚屡经朕训诫谆谆，岂得仍前泄泄，各将自理及批发词讼一一清厘审结，不得再有积压"。但是景安报告，他于当月到任后，"见湖南讼牍繁多递年积压，必须赶紧清厘。随于是月札行两司迅速办理，并饬查明案件数目禀覆。"[1]也就是景安的自行清查早于嘉庆所降谕旨。

景安奏报，"查自嘉庆元年大赦后起，至奴才到任之日止。巡抚衙门批审未结讼案一千二百一十七件，藩司衙门自行批审未结讼案三百二十七件，臬司衙门自行批审未结讼案一千一百五十一件，当即督饬两司酌定章程催提审办。现在奴才衙门已催审完结一百九十三件，又现据道府州县审详批司核议者九十件，藩司衙门已催审完结一十一件，臬司衙门已催审完结一百四十三件。又查粮道衙门自理批审未结讼案一百三十五件。又盐道衙门原有自理批审未结讼案三百九十八件。奴才到任后已催审完结四十八件。"[2]这是景安六月报告的湖南五大衙门的积案情况，和江西不同之处有两点。第一点，积案数额远远超出江西。第二点，此次积案追查时间明确地说开始于嘉庆元年嘉庆即位大赦天下后，从时间判断这些积案可见都属于嘉庆朝的积案，并不是历史的积案。那么此失职究竟由谁来承担？

在同份报告中，景安又指出了湖南省的民风问题。"惟是民情好讼，近因省城各衙门经奴才催提审办较速，来省在奴才衙门控告之案愈觉增繁。每遇告期及朔望出署之日，赴奴才衙门递词者每次不下三四十起。奴

---

[1] 中国第一历史档案馆档案：朱批奏折《景安奏为遵旨清厘积案严督各州县勒限审办事》，档号：04-01-01-0512-014。

[2] 中国第一历史档案馆档案：朱批奏折《景安奏为遵旨清厘积案严督各州县勒限审办事》，档号：04-01-01-0512-014。

才到任后新准之案，除批审完结并现据道府州审详批司核议各案外，续有未结三百四十三件，行查藩司衙门又有六十三件，臬司衙门一百四十八件，粮道衙门一十件，盐道衙门二十六件。奴才十月以来虽尽力催办，而完结之案总不及新控之多，以是旧案未清新案踵集。湖南积习相沿，类多因循怠忽。"[1] 景安此说将积案的原因都归结在了湖南的民风恶劣方面，"完结之案总不及新控之多"，同时列举五大衙门新控案的数量，以此来说明积案的不得不有的原因和事实，这种说法将嘉庆和众官的责任一推了事。

嘉庆十二年（1807），嘉庆皇帝谕令如江西积案一样追查前任各官责任，令景安列举核实十多年来五大衙门的历任官员和历任时间及积案数目，这又是一批官员，其中有的去世，有的升任，有的休致，结果现任的被予以议处，部议大部分官员降二级调用，嘉庆皇帝按照惯例予以了从宽留任。如湖南现任布政使史积容因前在湖南按察使暨现任布政使任内积案繁多，部议降二级调用又革职留任之案无级可降应行革任，嘉庆改为革职留任仍注册。[2] 河南巡抚马慧裕亦因前任湖南巡抚任内，"湖南讼牍繁多递年积压，应将未结讼案之前任湖南巡抚马慧裕降二级调用，现调河南巡抚，任内并无级纪抵销应实降二级调用。"旨下："改为降三级留任。"不仅宽免马慧裕予以留任，嘉庆皇帝在其谢恩折上若有所指地朱批："汝总以颜检为戒，以初彭龄为法，必能永承恩眷，为大员者非一'清'字所能赅括，勉思。整饬吏治为要，'姑息'二字，切须痛改勉之。"[3] 嘉庆皇帝仍然认为积案是由于惰政造成。

可见，大部分官员在处分后又被从宽留任这也是嘉庆皇帝处分官员的一种模式，几近常态化。在湖南省的这起积案中，令人惊异的是景安，他并没有因为查核清厘积案被赞许，反而因为新控之案居多未审，"案多积滞"而被处分。部议景安革职留任应行革任，嘉庆皇帝旨下改为革职留任注册。并

---

[1]　中国第一历史档案馆档案：朱批奏折《景安奏为遵旨清厘积案严督各州县勒限审办事》，档号：04-01-01-0512-014。

[2]　中国历史第一档案馆档案：朱批奏折《积容奏为蒙恩从宽留任谢恩事》，档号：04-01-12-0279-047。

[3]　中国第一历史档案馆档案：朱批奏折《马慧裕奏为前任湖南巡抚任内积案繁多部议降调蒙恩改为降三级留任谢恩事》，档号：04-01-12-0278-087。

在景安折上朱批："实力办理，自能了结，勉一'清'字为要。"①景安因早年党附和珅，嘉庆皇帝对他还是有一定的成见的。此外，他未遵圣谕擅自从嘉庆元年开始清查，也是令嘉庆不悦的。

但是，景安在湖南之任确实是实心实力解决积案问题的。嘉庆十六年（1811）七月，景安因病离巡抚之任回京任内阁学士，离任时上折一道，"任内积案全完并未结新案数目事"，其折内曰：

> 奴才衙门积案业已全数完结，并将未结新案悉数恭折奏闻。奴才补授湖南巡抚，自嘉庆十一年八月内接印任事后，节次钦奉谕旨饬将自理及批发词讼一一清厘审结等因。奴才莅任以来，于各军民所具呈词无不迅速查办，是以每遇告期及朔望出署，赴奴才处递词者较多，并于嘉庆十三年奉命查阅通省营伍周历各属，小民等就近具呈，因而控牍益增。奴才凡于词状，从未拘定状式及代书戳记，致滋勒索阻抑之弊。惟各词内实有毫无情理架捏款绩者。……奴才因疾奏蒙圣恩授任内阁学士，现值交卸，检查原档前任移交积案一千二百一十七件，业已全数完结。至奴才任内共准案二千零五十五件，现据详结详销者一千六百五十五件，又据道府州县审明具详，现在批交两司核议者有六十一件。统计奴才任内催解完结及审详新旧案共二千九百三十三件，尚有未结新案三百三十九件。其中有因甫经准理道路遥远行提人证未到，有因被告要证外出未归无从审定，有因审断未协及两造翻控批饬覆审，并非无故迟延不办。又藩司朱绍曾两次护理巡抚，共批准控案六十八件，已结四十五件，除将未结各案俱移交新任抚臣广厚严催赶办外，所有奴才任内积案业已全完，并无未结新案。十一月奉朱批：览。②

此"离任折"反映出景安从十一年八月到任至十六年七月离任，五年的时间内所审过的积案和新案数量，几近三千件，相当某些省份之总和。再和四川总督常明所说的"每日审定四五案或七八案不等"③相比，其量是比较大的

---

① 中国第一历史档案馆档案：朱批奏折《景安奏为案多积滞部议革任蒙恩改为革职留任谢恩事》，档号：04-01-12-0279-020。

② 中国第一历史档案馆档案：录副奏折《景安奏为任内积案全完并未结新案数目事》，档号：03-2466-020。

③ 中国第一历史档案馆档案：朱批奏折《常明奏为据实陈明具题逾限各案事》，档号：04-01-01-0558-018。

了。至于因种种原因导致的未结新案 339 件，景安自信不是他的问题，而是一些客观原因所造成。所以，最后他问心无愧地说："奴才任内积案业已全完，并无未结新案。"如此内容的奏折，嘉庆皇帝最后以一"览"字盖棺论定。毕竟，景安的全部审清树立了榜样，但是仅就湖南巡抚一衙门而言，清厘也持续了几年的时间。所以，对于积案问题可能真的是重在清厘，不在处分。

湖南省积案作为从嘉庆元年开始的彻查，其对官员的处分条例调整，反映在嘉庆十二年所颁谕旨中："吏部议处湖南省积案各员，将未结词讼五十一案至数百案之历任巡抚司道，均议以降二级调用。"①这是以案件数量为标准处分官员，但是将五十一案到数百案划在同一档次之内，统一予以降二级调用，这对官员凸显的是不公，但是也释放了嘉庆对积案态度的一个信号，积案超过 50 就会遭受实降二级的处分。如果在 51 案以内就是一个正常的积案数值，刁滑的官员怎么想怎么做就不得而知了。此后的积案处分就是按照这个标准来执行。

2. 嘉庆后期湖南省的积案清厘和无处分

景安于嘉庆十六年七月离任后，接任者是广厚，由安徽巡抚改任一直到嘉庆二十年八月去世。巴哈布于同月，由湖北布政使升任，一直到嘉庆二十三年九月因事解任议处。巴哈布，伍弥特氏，蒙古正黄旗人。道光九年（1829），授塔尔巴哈台参赞大臣。道光十二年（1832），擢江宁将军，时论"治军有声"②，可见多为武职之任。巴哈布之后是吴邦庆、李尧栋、左辅，在任时间都比较短。

嘉庆皇帝曾谕"督抚莅任伊始，即将该省未结之案详细查明究有若干起，设法赶办据实具奏"③。巴哈布上任即遵制开始清查积案，于嘉庆二十一年（1816）正月，奏明前任未结积案数目并催办各案情形。"前抚臣任内批发未结各案逐细确查，共计二百九十四起。"他保证："现在赶紧饬催分别解

---

① 中国第一历史档案馆档案：朱批奏折《景安奏为案多积滞部议革任蒙恩改为革职留任谢恩事》，档号：04-01-12-0279-020。

② 《清史稿》第 38 册，中华书局 1977 年版，第 11479 页。

③ 中国第一历史档案馆档案：录副奏折《巴哈布奏为查明前任未结积案数目分别催办事》，档号：03-2480-017。

审详办，勒限两个月扫数完结。"①

当年二月，巴哈布奏积案现在催办缘由。折称："岭南民风向称好讼，然亦由各地方官平日延案不结，以致小民纷纷上控，苟能勤于审理剖断，指年架词诬告早即治以应得之咎。"此说既回证了景安之说，又迎合了嘉庆皇帝的勤政说。巴哈布再次保证："奴才现将前抚臣任内批发未结各案逐细确查，共计二百九十四起。其中有系甫经办理及原勘未协，又行翻控批饬交审，或因恶证远出无法审结，或因道路遥远行提需时，均无无辜迟延。奴才现在赶紧饬催分别解审详办，勒限两个月扫数完结。如州县不速审解即行撤回，另委干员署理，督拘解审。倘有任催罔应因循玩延等，即据实覆参。"②巴哈布的不断声明两个月要办妥，在二月份却尚未实报已结案数，而嘉庆皇帝也没有指责。

因为不久，即有了嘉庆皇帝的新指示，"巴哈布奏查明前任未结积案共有二百九十四起，现在饬催审办勒限两个月完结，尚有玩延者即据实严参等语。湖南巡抚衙门控案批发未结者积至二百九十余起，自应速为审结。著巴哈布即将该省各积案督饬上紧审办，即照山东省清理京控积案之法，于每月奏事之便，将上月审结若干案具奏一次，俟积案全行审竣奏明停止，总期逐一清厘，不必勒限太促也。"③皇帝的指示不同以往，规定"每月奏事之便将上月审结若干起具奏一次"，更强调"逐一清厘""不必勒限太促"，这也是前此为什么没有责备巴哈布的原因所在。

嘉庆皇帝的两份上谕为湖南巴哈布时期积案清厘奠定了基调，这一基调的奠定也是和巴哈布到任后清查出的积案数目有关，积案数目并不为多。同时也是和当时全国的司法情事有关，京控的审理逐渐成为了各省审案的中心，对积案的清厘退居其次。从二十一年三月份起，巴哈布开始了积案审结月报制。

---

① 中国第一历史档案馆档案：朱批奏折《巴哈布奏为查明前任未结积案数目并催办各案情形事》，档号：04-01-16-0108-045。

② 中国第一历史档案馆档案：录副奏折《巴哈布奏为查明前任未结积案数目分别催办事》，档号：03-2480-017。

③ 中国第一历史档案馆档案：朱批奏折《巴哈布奏报查明湖南省审结前任积案数目事》，档号：04-01-01-0565-039。

三月，巴哈布奏报陆续审结详请销案 102 起，未结 192 起。① 四月，奏报两司及各属审详完结案 42 起，连前共结案 144 起。② 五月上半月，奏报"其五月分审结积案，现在尚止半月，查已结二十六起，统俟下月核明五月内共结案若干起，再行截数具奏"③。六月，奏报五月内据两司及各属审详完结案 54 起，连前共结过案 198 起，其余未结案 96 起。④ 七月，奏报六月闰六月分审结积案起数，审详完结积案 17 起，连前共结过 264 起，尚有未结案 30 起。⑤ 八月，奏报七月分审结积案起数，审详完结积案 14 起，连前共结过 278 起，尚有未结积案 16 起，现在为数无多。⑥ 九月，湖南巡抚巴哈布全数审清积案。历经 8 个月 294 起案子被清厘，官员也没有任何处分。湖南省中后期的积案处分，随着积案数量的前后实质性悬殊，造成了官员的处分与无处分。

（二）福建、直隶、浙豫、贵州等省级衙门积案与官员处分

1. 福建省巡抚衙门十一年来的积案及处分

嘉庆十一年（1807）十月，张师诚由江西巡抚改任福建巡抚，到任后按照"督抚莅任伊始，即将该省未结之案详细查明核实具奏"。遂将福建省自嘉庆元年起至嘉庆十一年十二月止，未结词讼清查奏报，有巡抚衙门未结词讼 2977 件，又是高于他省。嘉庆皇帝指示："可见该省吏治废弛已成积习，历任各巡抚均有应得之咎，自应加以惩处。但其在任年月久暂不同，而其任内积案亦多少互异，且有在任久而积案少者，亦有在任未久而积案转多者，必须详细查明方能分别核办。所有历任巡抚，除姚棻、田凤仪二人已经身故毋庸议外，其费淳、汪志伊、李殿图、温承惠四人，著张师诚即查明伊等在

---

① 中国第一历史档案馆档案：朱批奏折《巴哈布奏报查明湖南省审结前任积案数目事》，档号：04-01-01-0565-039。

② 中国第一历史档案馆档案：朱批奏折《巴哈布奏报湖南省审结积案起数事》，档号：04-01-01-0565-025。

③ 中国第一历史档案馆档案：录副奏片《巴哈布奏报审办湖南省陈年积案数目事》，档号：03-1639-026。

④ 中国第一历史档案馆档案：朱批奏折《巴哈布奏报嘉庆二十一年五月湖南省审结积案起数事》，档号：04-01-01-0566-020。

⑤ 中国第一历史档案馆档案：朱批奏折《巴哈布奏报湖南省审结积案起数事》，档号：04-01-01-0566-025。

⑥ 中国第一历史档案馆档案：朱批奏折《巴哈布奏报嘉庆二十一年七月审结积案起数事》，档号：04-01-01-0569-035。

任各年月并其在任之时，未结案各若干起，即行分晰开单奏闻，候朕降旨分别议处。"①

随后张师诚查出历任巡抚任内具体未结词讼起数事。"姚棻任内三百九十八件，田凤仪任内一百九十五件，前署巡抚魁伦任内一百八十九件，前署巡抚玉德任内一百七十九件，以上各员或已身故或已获咎发遣毋庸议以外。"②具体清单如下：

> 前任巡抚费淳系嘉庆二年八月二十一日到任，是年十月十二日卸事，在任一月零二十一日，未结词讼三件。前任巡抚汪志伊系嘉庆二年十月十二日到任，五年八月二十五日进京卸事，六年正月十三日回任，七年二月初六日卸事，在任连闰共计四年零六日，未结词讼共八百九十四件。前任巡抚李殿图系嘉庆七年二月初六日到任，十一年三月十六日卸事，在任连两闰共计四年三个月零十日，未结词讼共三百一十七件。前任巡抚温承惠系嘉庆十一年三月十六日到任，是年十一月初六日卸事，在任七个月零二十日，未结词讼共三百六十三件。③

嘉庆皇帝根据清单所载于十二年颁布谕旨："所有闽省巡抚衙门未结词讼起数，汪志伊在任四年未结案八百余件，茬任久而积案最多。温承惠在任七月有余未结案三百余件，茬任未久而积案亦多。伊二人俱著交部议处。李殿图在任四年有余未结案三百余件，核计年分未结之案较少，著交部察议。费淳在任未久积案无多，著无庸议。"④4位巡抚的处分分别为议处、察议和免议。汪志伊最重，吏部议以"降二级调用，任内无级可降应行革任"。旨下："改为革职留任仍注册。"⑤可见，处分很轻。

① 中国第一历史档案馆编：《嘉庆朝上谕档》第12册，广西师范大学出版社2000年版，第321页。

② 中国第一历史档案馆档案：录副奏折《张师诚奏报遵旨查明历任巡抚任内未结词讼起数事》，档号：03-2207-001。

③ 中国第一历史档案馆档案：单《张师诚呈为历任福建巡抚任内未结词讼起数清单》，档号：03-2207-002。

④ 中国第一历史档案馆编：《嘉庆帝起居注》第12册，广西师范大学出版社2006年版，第481页。

⑤ 中国第一历史档案馆编：《嘉庆帝起居注》第12册，广西师范大学出版社2006年版，第498页。

汪志伊，安徽桐城人。史论其"矫廉好名，自峻崖岸。仁宗初甚向用，时论毁誉参半焉。卒以偏执获咎"①。乾隆三十六年（1771）举人，后授山西灵石知县。五十八年，迁甘肃布政使。嘉庆元年（1796），因事被劾降二级调用。嘉庆皇帝评价其："平日操守尚好"②。嘉庆二年，已擢巡抚。六年，因病请解职。八年，起授江苏巡抚。十一年，授湖广总督。十六年，调闽浙总督。二十二年，因布政使李赓芸之案，"诏斥志伊衰迈谬误，褫职永不叙用。"③嘉庆二十三年（1818），卒。汪志伊一生处分很多，终以褫职归家。

2.直隶藩臬两司衙门积案及处分

温承惠嘉庆十年（1805）擢江西巡抚。十一年，调福建兼署总督。十月到任遵旨清厘前任总督巡抚藩臬衙门积案。嘉庆十二年（1807）五月，奏报"臣本衙门自理词讼旧案未结者五十七起，臣莅任两月以来上紧催提勘讯，业经审明奏咨者共十八起，其余各案现在陆续严提随到随审。又查得藩司衙门自理词讼未结者二百九十四起，臬司衙门自理词讼未结者二百三十一起。"④嘉庆皇帝根据奏报颁旨："直隶省积案总督衙门自理词讼未结者五十七起，多有前督任内之事。温承惠到任未久，其催提讯明奏咨者已有十八起，温承惠著加恩免其议处。至藩臬两司两衙门自理词讼，现在未结者均积到二百数十起之多，实属疲玩。藩司庆格、前臬司杨志信在任有年，不能辞咎，均著交部议处。"⑤吏议后，六月奉旨："庆格、杨志信于衙门自理词讼不随时查办，积压至二百三十一起之多，实难辞咎，本应照部议予以降革。姑念此系外省相沿积习，此次降旨饬将积案过多者交部议处，以儆将来。若遽予降革，一时简放乏人，庆格著加恩改为降三级留任，杨志信著加恩改为革职留任。"⑥这些处分大同小异，但是嘉庆的说辞或以"外省积习"，或以"任非一任"而论，其本意已经将官员的处分从宽。

① 《清史稿》第37册，中华书局1977年版，第11327页。
② 《清史稿》第37册，中华书局1977年版，第11325页。
③ 《清史稿》第37册，中华书局1977年版，第11327页。
④ 中国第一历史档案馆档案：朱批奏折《温承惠奏为遵旨清厘积案饬令藩臬两司及各道府厅州县迅速审结办理事》，档号：04-01-01-0512-043。
⑤ 中国第一历史档案馆编：《嘉庆帝起居注》第12册，广西师范大学出版社2006年版，第250页。
⑥ 中国第一历史档案馆档案：朱批奏折《杨志信奏为积压词讼案件奉旨革职留任谢恩事》，档号：04-01-13-0182-024。

3. 浙江巡抚藩臬两司积案及处分

嘉庆十二年（1807）十二月，阮元由兵部右侍郎外任浙江巡抚，到任后清厘浙江省积案。嘉庆十三年（1808），查出巡抚衙门、藩臬两司衙门各自的积案请旨议处。六月奉上谕："（前任浙江巡抚）清安泰任内查有批发未结词讼三百二十二案，阮元抵任未久已提审催结一百五十七案外，尚有未结一百六十五案。又藩司衙门批准未结者八十六案，臬司衙门批准未结者一百八十五案。调任巡抚清安泰前在浙江未将积案速为清厘，崇禄在藩司任内已久且曾监护抚篆，亦未提审催结。（按察使）朱理于本衙门未结之案多至一百八十五件，其平日所办何事？清安泰、崇禄、朱理俱著交部议处。"吏部随后按照前例，"查嘉庆十二年八月湖南省具奏未结讼案经臣部核议，将未结词讼自五十一案以上至数百案者，照例议以降二级调用，奏准在案。"因清安泰任内未结词讼 322 案，藩司崇禄任内未结词讼 86 案，臬司朱理任内未结词讼 185 案，钦奉谕旨交部议处。浙江的巡抚及藩臬两司未结词讼均在 51 案以上，遂将前任浙江巡抚今调河南巡抚清安泰，前任浙江布政使今授盛京刑部侍郎崇禄，浙江按察使朱理，均照例降二级调用。[1] 积案本属无多，嘉庆皇帝既准了议抵，也进行了常规留任。

4. 河南藩司衙门积案及处分

清安泰，费莫氏，满洲镶黄旗人。乾隆四十六年（1781）进士。嘉庆元年（1796），擢按察使，迁广西布政使。七年，署巡抚。八年，调浙江布政使。十年，擢江西巡抚，调浙江。在浙期间，总督阿林保弹劾提督李长庚因循玩寇，下清安泰密察，清安泰曾上一疏，所言文采斐然，多有见地。现节录之，曰："是故海上之兵，无风不战，大风不战，大雨不战，逆风逆潮不战，阴云蒙雾不战，日晚夜黑不战，飓期将至，沙路不熟，贼众我寡，前无泊地，皆不战。……且船在大海之中，浪起如升天，落如坠地，一物不固，即有覆溺之虞。每遇大风，一舟折舵，全军失色。……船者，官兵之城郭、营垒、车马也。船诚得力，以战则勇，以守则固，以追则速，以冲则坚。……非尽矫从前之失，不能收将来之效；非使贼尽失其所长，亦无由攻

---

[1]　中国第一历史档案馆档案：录副奏折《庆桂奏为河南巡抚清安泰等任内查有未结词讼积案遵旨议处事》，档号：03-1515-009。

其所短。"①嘉庆皇帝因此疏，"由是益向用长庚，清安泰之力也。"②可见其为人。清安泰十二年调河南巡抚，因积案参劾齐步森。十四年，卒。

嘉庆十二年（1808）十二月，清安泰由浙江巡抚改任河南巡抚，十三年三月到任后清查前任并奏明，"数月以来奴才亲提讯结并据各司道州县暨委员等详结新旧词讼共一百三十四案，现查奴才衙门未结二案，藩司衙门未结一百八十案，臬司衙门未结六十二案。"③闰五月十二日奉朱批，"另有旨"，曰：

> 朕披阅单内，该省各衙门未清各案惟藩司衙门最多，计有一百八十案。而藩司齐布森任内即有一百十七案。该司不但未能清理旧案，而本任又复积压累累，实属阘冗，不可不惩处示儆。齐步森著交部议处。其余巡抚司道等衙门自二三十案以至一二案不等，尚不为多，均著加恩免其议处。④

此后，吏部按照51案以上的议处标准，只将齐步森议以降二级调用。旨曰："河南布政使齐布森人本平庸，自简任后于藩司衙门旧案既未能清理，而本任积压案件又有一百余案之多，实属阘冗，齐布森著照部议降二级调用。"⑤齐步森是在十二、十三年这拨积案处分中，省级大员中仅有的被实降的一名，也是在此次积案中被抓了典型。

5.贵州"十余案"积案的处分

嘉庆十三年（1809）十月，孙玉庭由广东巡抚改任贵州巡抚，十二月到任后遵旨查明未结积案。嘉庆十四年（1809）五月奏报，"臣衙门历任批发未结积案，自嘉庆十年三月起至十三年十二月止，共计五十八起，藩司衙门自嘉庆七年十二月起至十三年十二月止，未结讼案共计九十三起，臬司衙门自嘉庆十二年六月起至十三年十二月止，未结讼案共计五十九起，粮储道衙

---

①　《清史稿》第37册，中华书局1977年版，第11344页。

②　《清史稿》第37册，中华书局1977年版，第11345页。

③　中国第一历史档案馆档案：录副奏折《清安泰奏为查明词讼积案酌拟办理事》，档号：03-2451-017。

④　中国第一历史档案馆编：《嘉庆朝上谕档》第13册，广西师范大学出版社2000年版，第279页。

⑤　中国第一历史档案馆编：《嘉庆朝上谕档》第13册，广西师范大学出版社2000年版，第293页。

门自嘉庆十年三月起至十三年十二月止，未结讼案共计十五起，贵东道衙门自嘉庆十一年十一月起至十三年十二月止，未结讼案共计十一起，贵西道衙门自嘉庆十年六月起至十三年十二月止，未结讼案共计四十一起。"①在各衙门中，藩司衙门自嘉庆七年至十三年止，共有积案九十三起，是为最多。

在历任藩司中，据查核"嘉庆七年百龄任内未结仅止一案，且距伊卸事之期不及一月，尚非积压不办，自可不必议处。其八、九两年未结三案，系已故藩司公羧任内之事。十年衡龄任内未结仅止一案。十一、十二、十三等年，李长森任内未结四十八案，李长森先经另案革职，均无庸置议。"只是"所有十三年翁元圻任内未结十三案办理迟延，著交部议处。其不行查催之前任巡抚福庆，著交部察议。"②此次贵州省的积案处分，从案件数目来看，翁元圻仅有十三案，却也被交部议处。福庆是察议，虽然后来是留任，但是按照前几省的积案数量，其处分本该是宽免的。贵州省此次处分发生在嘉庆十四年，也是在嘉庆五十寿辰之年被加重。

（三）嘉庆后期山东积案清厘的处分与议叙迭变反弹

1. 山东省嘉庆十九年积案清厘和处分及议叙

嘉庆十九年（1814）七月前，山东省级班子为巡抚同兴、藩司朱锡爵、臬司刘大懿。同兴，于嘉庆十六年闰三月由贵州巡抚改任山东巡抚，嘉庆十九年七月解任革职。朱锡爵，于嘉庆十四年七月由山东按察使升任布政使，嘉庆十九年五月解任革职。刘大懿，于嘉庆十六年十月由福建按察使改任，嘉庆十九年五月解任听勘。此三人都是因十九年的积案清厘革职离任。

嘉庆十九年五月，程国仁由光禄寺少卿外任山东按察使，到任清查完毕后上奏山东积案未结情况，请将布政使朱锡爵等降三级调用。嘉庆皇帝颁布上谕："山东省积案逾限未结者几及百件，皆由巡抚藩臬因循疲玩，不认真清理所致，厥咎维均。此内同兴上年带兵防堵离省数月，兼有查河催漕等事未能专心鞫讯，其咎尚有可原。至藩司整饬吏治，臬司综核刑名，朱锡爵、

① 中国第一历史档案馆档案：录副奏折《孙玉庭奏为查明未结积案分别办理事》，档号：03-2213-016。

② 中国第一历史档案馆编：《嘉庆帝起居注》第14册，广西师范大学出版社2006年版，第434页。

刘大懿终年安坐省城，一任地方要务延搁废弛，咎无可辞。朱锡爵、刘大懿均著交部加等议处，即开缺，听候部议。"嘉庆皇帝直接将二人予以革职，同时交吏部议处。吏部按照"定例各省督抚司道各衙门遇有自理及批发词讼案件，如有迟延自五十一案以上至数百案者降二级调用等语。……应将山东布政使朱锡爵、按察使刘大懿均照降二级调用本例上加等议以降三级调用，系钦奉特旨交议之件，毋庸查级议抵，所有奉旨加等议处上奏。"① 据钱实甫表中记载，刘大懿系嘉庆十九年五月解职听勘；朱锡爵系十九年五月解任革职。此次处分由嘉庆皇帝直接开缺没有留任，处分比较重。

山东省伴随对本省积案问题的清厘，同时有对京控积案的分审。"查嘉庆十九年因东省控案积件较多，钦奉谕旨责成抚藩臬三人分提审办，勒限一年全数完结。"② 此时有一关键人员。和舜武，伊拉里氏，满洲镶蓝旗人。官学生，考授太常寺笔帖式。累迁步军统领衙门员外郎。曾"以治狱明获议叙"③，又迁兵部郎中。嘉庆十五年（1810），出为江苏盐法道。在这样的清查背景下，嘉庆二十年（1815）二月，和舜武因其特长奉命由广东按察使升任山东布政使，其前任为庆炆改任陕西布政使，庆炆前面为朱锡爵，朱锡爵已被解任革职。和舜武到任后和按察使程国仁共同清厘积案，按限完成。"从前山东吏治废弛以致积案繁多，京控不绝，嗣和舜武与程国仁将积压未交之案按起分办奏结，自此以后该省京控之案遂少，曾降旨将伊二人分别甄叙。"④ 其甄叙旨意曰：

> 东省积案繁多，前经降旨令巡抚及藩臬两司赶紧分审，仍将审结起数随时具奏。兹据和舜武奏前后共分案五十六起，程国仁奏前后共分案六十一起，现已全行审结。……今该司等认真整顿一载有余，已将积案全清，实属可嘉。近日京控之案较之从前不过十之二三，和舜武、程国仁实心任事，程国仁到任在前，结案亦多，尤属可嘉。程国仁著加恩赏

① 中国第一历史档案馆档案：录副奏折《英和奏为山东积案未结请将布政使朱锡爵等降三级调用事》，档号：03-1558-011。

② 中国第一历史档案馆档案：朱批奏折《和舜武奏为遵旨勒限清厘积案并酌议分提审办京控案件事》，档号：04-01-01-0581-007。

③ 《清史稿》第37册，中华书局1977年版，第11365页。

④ 中国第一历史档案馆编：《嘉庆朝上谕档》第23册，广西师范大学出版社2000年版，第184页。

加一级，和舜武赏加纪录二次。[①]

山东积案问题对大员有赏有惩，形成鲜明对比，议叙也为先前所未有。和舜武因此于嘉庆二十二年（1817）七月升任山西巡抚，程国仁于嘉庆二十一年七月升任甘肃布政使。

2. 嘉庆二十三年积案清厘议叙与处分

程国仁升任，张五纬于嘉庆二十一年（1816）七月由天津道升任山东臬司；同兴解职。陈预十九年七月由浙江巡抚改任山东巡抚，其间曾有章煦短暂署理；和舜武升任，广庆于嘉庆二十二年七月由云南按察使升任山东布政使。此次二十三年的积案清厘主要针对巡抚陈预和臬司张五纬，予以处分；针对和舜武、温承惠予以议叙。

温承惠也和山东有关。于嘉庆二十三年二月由刑部郎中授山东按察使，到任清厘上报，"到任未及两月，接收呈词已有四百余件，尚有历任未结之案四千余件。其弊由于州县疲玩及该管之府州推诿，现在勒限审讯分别惩处。"[②] 而和舜武曾"累迁山东布政使，整饬吏治，舆论归之。"[③] 因此政声再调山东，嘉庆二十三年（1818）四月，由河南巡抚改任山东巡抚。嘉庆皇帝降旨："近日以来山东控案又络绎踵至，并据温承惠奏称该臬司衙门即有未结积案四千余件之多。臬司如此，则巡抚衙门积案自亦不少。……著和舜武于到任后，即督率臬司温承惠，将该省从前积案勒限清厘。"[④] 和舜武当年到任后奏报，"山东巡抚衙门积案一千三百七十四起"[⑤]，奏请勒限清厘积案，并提出具体方案：

> 东省讼案繁多，虽系民情刁健，亦由于地方官怠于听断，日积月多愈久愈难审结，以致激成赴京越诉。奴才到任后，即与藩臬两司查核各属循环月报，计案件之多寡分别定立限期，以期实效。今酌议，每属如

---

① 《清仁宗实录》第 5 册，中华书局 1986 年版，第 170 页。

② 中国第一历史档案馆编：《嘉庆帝起居注》第 20 册，广西师范大学出版社 2006 年版，第 138 页。

③ 《清史稿》第 37 册，中华书局 1977 年版，第 11365 页。

④ 中国第一历史档案馆编：《嘉庆朝上谕档》第 23 册，广西师范大学出版社 2000 年版，第 184 页。

⑤ 中国第一历史档案馆编：《嘉庆帝起居注》第 20 册，广西师范大学出版社 2006 年版，第 551 页。

上司批词数在五百起以下者，限以六个月全行审结。四百起以下者，限以五个月全玩。三百起以下者，限以四个月全完。二百起以下者，限以三个月全完。一百起以下者，限以两个月全完。其又府批饬各州县审讯之案以及各属自理词讼，亦分别定限。其有现控之案随时审理。……如再有因循泄玩，不知振作之员，即以易结不结严行参奏。此内如有实在勤理词讼，结案最多者亦量加奖励，明定功过，以示劝惩。①

这份方案，将案数和限期有效结合，奖惩并重，促进了积案的快速审理。嘉庆皇帝认可朱批曰："山东讼案纷繁，皆由地方官平日怠于听断，以致日久延搁，愈积愈多，亟应上紧清厘。著即照所请按起数之多寡分别勒限审结。该抚仍随时查察，其因循玩泄之州县即照易结不结例参处。"②

此后，和舜武和温承惠奏报清厘情况。嘉庆二十三年（1818）十二月，和舜武奏审结积案起数。山东巡抚衙门积案自到任后，"先后审结一千一百二十起。臬司衙门积案六千八十余起，温承惠到任后审结五千四百余起。"嘉庆皇帝据此批复："该省前此盗风甚炽，现在匪徒敛戢，行旅安然。和舜武、温承惠办事认真，著有成效，俱著加恩交部议叙。"③

至于陈预、张五纬则是处分了。嘉庆二十三年的陈预是连连获咎，因"缉拿逆犯亦无戈获"，被吏部议革任；因步军统领衙门番役赴东访缉拿获祝现之戚谢毓孟一犯，陈预冒奏"为自行拿获"，被吏部再议降二级调用无级可降应行革任。嘉庆皇帝降旨："姑念一时简用乏人，陈预著改为革职留任。"④后又因"本省案件屡干吏议"，令去京署理兵部侍郎。不久皇帝又以其"才具短浅，不能整顿地方"，署理兵部侍郎亦觉"过优"，遂命陈预"来京以三品京堂补用"。⑤然而，还未至京，随着温承惠、和舜武先后到任，

---

① 中国第一历史档案馆档案：朱批奏折《和舜武奏为遵旨勒限清厘积案并酌议分提审办京控案件事》，档号：04-01-01-0581-007。

② 中国第一历史档案馆编：《嘉庆帝起居注》第20册，广西师范大学出版社2006年版，第196页。

③ 中国第一历史档案馆编：《嘉庆帝起居注》第20册，广西师范大学出版社2006年版，第551页。

④ 中国第一历史档案馆编：《嘉庆朝上谕档》第23册，广西师范大学出版社2000年版，第144页。

⑤ 中国第一历史档案馆编：《嘉庆帝起居注》第20册，广西师范大学出版社2006年版，第148页。

陈预、张五纬因积案的"逾千"问题被深入处分。嘉庆二十三年，皇帝颁布谕旨，"从前和舜武、程国仁分任藩臬时，地方积案渐清，京控亦少。迨伊二人升任后，臬司张五纬不能称职，陈预亦毫无振作，吏治日形疲玩。温承惠接任臬司，积案已有四千余件之多，而来京控诉者仍络绎不绝。……东省地方废弛至于如此，巡抚何所辞咎，陈预岂能复胜京堂之任。……姑念其由刑部司员出身，于刑名尚为熟习，陈预著以刑部郎中降补。"[1]然而，随着和舜武、温承惠的议叙，积案问题的再升级，从四千到六千的变化，陈预、张五纬的处分再次升级："前任巡抚陈预、臬司张五纬，因循废弛实难辞咎。陈预著降补刑部主事，非奉特旨不准保升。张五纬现发往军台效力，期满之日不准即行奏请释回，候旨办理，以示惩儆。"[2]对于山东的积案问题，嘉庆皇帝并没有姑息，此番处分远远重于中期处分。尤其是陈预面对的处分，一议接着一议，连续降调，堂堂省级大员被降革为一个小小的主事。

3. 山东藩司广庆到任审结积案及议叙

嘉庆二十二年（1817）七月，和舜武又因审案功劳升任山西巡抚。广庆于同月由云南按察使升任山东布政使，其前任藩司就是和舜武，在和舜武解决前任积案基础上，本任也有了积案。嘉庆二十三年（1818）十二月，和舜武奏报审结积案起数，"藩司衙门未结词讼三千六百余起，广庆具报详结一千八百四十余起"。嘉庆皇帝对广庆的审案非常满意，"该藩司清厘积案虽不及巡抚臬司之多，其所结者亦已及半。"[3]"办理尚属认真，广庆著加恩赏还二品顶戴，仍交部议叙。"[4]这是山东清厘案中的又一次议叙。

同时，藩司衙门的积案问题引起嘉庆皇帝的关注，"著和舜武查明前项未结词讼是否全系广庆接自前任，抑此内仍有该藩司本任自行尘积者，详细

① 中国第一历史档案馆编：《嘉庆帝起居注》第20册，广西师范大学出版社2006年版，第159—160页。

② 中国第一历史档案馆编：《嘉庆帝起居注》第20册，广西师范大学出版社2006年版，第551页。

③ 中国第一历史档案馆编：《嘉庆朝上谕档》第23册，广西师范大学出版社2000年版，第616页。

④ 中国第一历史档案馆编：《嘉庆帝起居注》第21册，广西师范大学出版社2006年版，第11页。

查明数目据实覆奏"①。嘉庆二十四年（1819）正月，和舜武遵旨查报藩司衙门积案情况。"兹据该司广庆禀称，前稽查档册统计历前司任内批发各属审办未据详结之案，共有三千六百四十起。自上年六月间承准檄行奏明勒限清厘，严饬各府州县赶紧审办陆续具详。即于上年六月初一日起至十二月十五日止，共据详明销结者实共一千八百四十四起，今又于上年十二月十六日起至封印日止，又据详结一百三十二起，连前共已结积案一千九百七十六起，未结尚有一千六百六十四起。奴才因该司衙门自行接收批发呈词向不详报，奴才衙门随面询该藩司广庆，据称前报积案三千六百余起，实均系接收历前司任内移交之案，至该司任内批发新案均未列入此数内。"②

此时，不知嘉庆皇帝是有意还是无意，前任藩司是谁，为何不马上追查积案的责任？因此，对于和舜武在藩司任内的积案及处分，在其故去后才揭举出来，有意延误了一段时间。二十四年（1819）三月，和舜武在任去世，距离汇报广庆结案为时不久。"上甚惜之，优诏赐恤，赠总督衔，谥恭慎。"③迟来的处分，既顾全了嘉庆皇帝的面子，也回护了和舜武。

积案处分和亏空有很大的不同，亏空是官员的集体作弊，人数庞大的集体是共同的责任者；积案则不然，官员个人是责任的主要承担者，不存在责任的集体共担性。所以，亏空有官员愿意去隐讳，但是积案却是无法隐讳的。再加上官场错综复杂的关系和多重的利益链条，导致积案有时成为整治对手的一个有力场域。《清史稿》论曰："和舜武课最簿书，遂邀易名旷典；王绍兰一眚坐废，晚成经学：殆有幸有不幸哉？"④

4. 嘉庆二十四年积案清厘温承惠和舜武因故未处分

《清史稿》记载："承惠前官畿辅，不孚众望，及复起，颇思晚盖。……期年积案一清。……吏治为之一变，特诏褒奖，然卒不安其位。……时国仁已擢巡抚，旧与承惠有嫌，且护前，不欲承惠竟是狱，檄勘堤工，承惠辞，乃劾承惠自以曾官总督，横肆不受节制，褫职，荐前兖沂道童槐继为按察

---

①　中国第一历史档案馆编：《嘉庆朝上谕档》第 23 册，广西师范大学出版社 2000 年版，第 616 页。

②　中国第一历史档案馆档案：朱批奏折《和舜武奏为遵旨查明藩司衙门已未结词讼情形据实复奏事》，档号：04-01-01-0594-042。

③　《清史稿》第 37 册，中华书局 1977 年版，第 11365 页。

④　《清史稿》第 37 册，中华书局 1977 年版，第 11366 页。

使。槐复劾承惠滥禁无辜，以罪人充捕扰民，遣成伊犁，其去也，国仁送于候馆，居民汹汹詈之，不及送而归。既而文诰诉于京，命尚书文孚往鞫，未至，槐仓卒定谳，释文诰。二十五年，起承惠为湖北布政使。"[1]逾年，卒于家。可见，官场的借机倾轧。

嘉庆二十四年（1819）八月，温承惠在山东按察使任被程国仁暗告褫革，童槐由江西按察使改任山东按察使，嘉庆皇帝朱批"童槐奏恭报到任日期"折，指出"童槐由江西按察使简调山东，该省案牍繁多，前任臬司温承惠在东一载有余，其任内经手案件有无积压，审结各案有无任性枉断之事，著童槐确加查访。如查有款绩即行据实参奏，不可因其业经罢斥代为隐讳。若查无款绩亦即据实奏闻。"在嘉庆皇帝的密谕下，童槐查明温承惠积案，"本年三月间温承惠奏明前此历任臬司积案尚剩七十六起，数月来照旧未结。又温承惠本任内由抚臣分交审讯京控案积存四十一起，各属招解命盗案积存一百六十五起，提审及批发案牍存八百起，共计积案一千零八十二起。"[2]童槐之奏一告即准，嘉庆皇帝痛斥："温承惠前任直隶总督身受厚恩，十八年逆匪滋事漫无觉察，其罪甚重。经朕弃瑕录用复擢任臬司，及不知感奋，于历任交代积案并伊本任内交审乃招解提审批发各案，积有一千余起之多，以无辜牵连羁押者共有一千三百余人，已属因循疲玩。……前经革职实不足蔽辜，温承惠著发往伊犁效力赎罪。"[3]历史离我们太远，其真相我们无法揣测。但是从温承惠一年时间审案数量来看达五千近六千的数额，已是一个天文数字，而此时拿一千案来断其罪，由官僚的倾轧掺和，可见当时仕途之凶险及皇权之翻脸无情。

5.山东积案中其他官员的处分及积案处分制度的明确

嘉庆二十三年（1818）五月，嘉庆皇帝曾谕："和舜武到任后须大加整顿，查明州县中怠玩尤甚者指实参革数员，以警其余。"[4]在这样的背景下，嘉庆二十三年，和舜武特参延不清理积案之滨州知州王龙图，其任内未结积

---

① 《清史稿》第37册，中华书局1977年版，第11349页。

② 中国第一历史档案馆档案：朱批奏折《童槐奏为遵旨查明前任臬司温承惠积案枉断事》，档号：04-01-12-0338-001。

③ 中国第一历史档案馆编：《嘉庆帝起居注》第21册，广西师范大学出版社2006年版，第419页。

④ 《清仁宗实录》第5册，中华书局1986年版，第526页。

案至一百十余起之多，皇帝降旨："王龙图著即革职，发往军台效力赎罪。"[①]
并规定"嗣后州县官任内积案延不讯结，至一百案及四十案以上者，即照此
例查明参奏，将该员革职发往军台。其积压四十案以下者，奏请革职，以惩
积玩"[②]。对于州县官的处分要远远重于处分大员。

　　与此同时，嘉庆二十四年（1819），山东巡抚程国仁、童槐制定整饬地
方章程，其中有针对积案清厘的审限和处分规定，大致如下：

　　　　各属积案责令该府州按月清厘严定积压处分各款，均为弭盗宁民因
　　时制宜起见。……原奏内称臬司衙门批发该州县审办积案起数，每府每
　　直隶州各为一册，饬交该府州按起督办。限定此次通札到日为始，一月
　　内将久逾例限旧案先行详结十分之五。如有违逾，该州县摘去顶戴，本
　　管府州详请咨部查议。嗣后旧发新发各案合总计算，按月比较。若下月
　　所报起数较上月不能减去十分之二三，该州县撤回府州，按月记过。其
　　有积压本多，始终疲玩，三月内毫无起色者，州县革职，府州一并详
　　参。所有巡抚及藩司批发之案均归一律办理。臣等查州县官承审及上司
　　发审案件例有定限，其延迟处分亦各例有专条。该抚因近日东省积案过
　　多，恐照常例考核不足以资清理，业经通札饬属，限一月内将久逾例限
　　案件，先行详结十分之五，有逾违者分别惩处，系为因地制宜起见。其
　　所请嗣后院司批交各州县审办旧发新发各案，合总计算，按月比较，不
　　能减少者，分别将该州县撤任革职，府州分别记过详参之处，亦期共知
　　儆畏，力挽颓风，均应如所奏办理。[③]

嘉庆二十五年（1820），山东巡抚钱臻按照新定章程，对下属官员进行了参
劾。特参寿光县知县宋铭等延误积案事。"该司通限三月二十日为始，至四
月二十日限满，分核该衙门批发旧案，各属详销间皆不足数，间有详结新案
者，因恐误会章程，复造册明晰谕饬，并宽限半月在案。迄今逾限已久，查
得各属内尚有寿光等八县所销旧案仍未及十分之五，详请参办前来。朱批：

---

　　① 中国第一历史档案馆编：《嘉庆朝上谕档》第23册，广西师范大学出版社2000年版，第
323页。

　　② 中国第一历史档案馆档案：附片《和舜武奏为遵旨饬令各属赶审积案情形事》，档号：04-01-
01-0579-040。

　　③ 中国第一历史档案馆编：《嘉庆朝上谕档》第25册，广西师范大学出版社2000年版，第
25、29页。

所参甚是。依议。"① 可见，对积案的清厘，从对大员的追查追责，转移到了对府州县的追责，此后对大员的议处则更少。

嘉庆二十五年（1820）八月，山东按察使童槐又奏报审理积案数目，"臬司衙门向来积案，臣于上年到任后查悉奏明，统计一千零八十二起赶紧督办，现在办结八百十三起，尚剩二百六十九起。"② 基本处理了温承惠所留积案。《清史稿》论曰："温承惠治畿辅无异绩，陈臬山东，则治盗清狱有声，卒以平反冤狱遭倾陷，可谓能晚盖矣。"③

第三节　各省积案并处分的锐减

一、漕运衙门有积案却不予处分

嘉庆十二年（1807），萨彬图于五月由仓场侍郎外任漕运总督，到任清查前任总督吉纶积案。他指出总漕衙门积年未结控案有三百余起之多。虽然已算不少，但嘉庆皇帝认为："本应照例议处。但漕务案件与地方不同，漕运总督及各粮道卫弁每年押运往来，在署之日无多。而旗丁南北转输，原被人证不能勒限传齐质讯，亦属实在情形。且吉纶任漕督数年，办事尚属认真，非任意延搁不行清理。所有漕务积案各官员处分均著加恩宽免。"④ 皇帝对积案处分的不能划一，这也是其很多失败之由。

嘉庆十四年（1809），马慧裕奏清查未结各案。嘉庆皇帝朱批："嗣后各督抚务饬道府州县于交审案件妥速赶办，即漕督批发之案亦一律悉心研讯，速为完结，不得仍前延缓。"⑤ 仅仅是训谕嘱咐。到嘉庆二十五年（1820），

①　中国第一历史档案馆档案：朱批奏折《钱臻奏为特参寿光县知县宋铭等员延误积案等情请分别惩处事》，档号：04-01-12-0345-023。

②　中国第一历史档案馆档案：附片《童槐奏报审理积案事》，档号：04-01-01-0607-014。

③　《清史稿》第 37 册，中华书局 1977 年版，第 11352 页。

④　中国第一历史档案馆编：《嘉庆帝起居注》第 12 册，广西师范大学出版社 2006 年版，第 392 页。

⑤　中国第一历史档案馆编：《嘉庆帝起居注》第 14 册，广西师范大学出版社 2006 年版，第 602 页。

漕运总督成宁奏清查未结控案，"奴才上年莅任后，当查漕督衙门未结控案，经前漕臣李鸿宾截数具奏，共四百六十一起，嗣详销十八案……兹陆续审结详销九十一案，尚有未结旧案三百五十二起。"皇帝更未提处分之事，朱批："随批随审随结，切勿草率。"[①] 嘉庆皇帝认为漕运衙门有其特殊性，从而导致处分的不能划一。

二、陕西省河南省积案不多无处分

1. 陕西省积案少无处分

嘉庆十五年（1810）七月，陕西巡抚董教增到任后清查陕省词讼积案报告，"于到任后即将臣衙门批发词讼案件逐细查明，现在未结者尚有三案……藩司衙门未结词讼十一案，臬司衙门未结词讼二十七案。"可见省级衙门积案很少，董教增认为是由于"陕省民风淳朴，上控之案较之四川、湖北、安徽等省不及十之二三。"但其比较谨慎地指出："但查其具控月日近年亦系节次加多。"[②]

2. 江西省积案的锐减无处分

嘉庆十三年（1808）十二月，巡抚金光悌调回京吉纶任江西巡抚，嘉庆十四年正月吉纶调走先福任，直至十九年三月升任。嘉庆十七年（1812）八月，先福奏报江省词讼积案，这些积案包括前抚臣金光悌移交的，及先福到任与前护抚臣藩司袁秉直准理的，统计前后任新旧案共784件，尚有未结229件，之后详结200件，尚有未完29件。又"自奏后至今准理词讼四百六十九件，已催据各属审结三百零三件，尚有未结一百六十六件。统计新旧案共六百九十八件，业已办结五百零三件，尚有未结一百九十五件。"[③] 江西三大衙门合计不到两百件，相比前几年已经大幅度锐减，官员因而也无处分。

---

① 中国第一历史档案馆档案：录副奏折《成宁奏为清查未结控案严催速讯事》，档号：03-2488-015。

② 中国第一历史档案馆档案：朱批奏折《董教增奏为清查陕省词讼积案事》，档号：04-01-01-0521-002。

③ 中国第一历史档案馆档案：附片《奏报江省诉案已未结各案数目事》，档号：04-01-01-0539-013。

3. 河南省从嘉庆十四年到二十三年积案少无处分

嘉庆十四年（1809）十月，河南巡抚恩长于六月到任后，奏清理词讼查明新旧控案件数分别督饬完结情况。"查自前抚臣清安泰于嘉庆十四年闰五月内截数，共有未结二百七十八起，具奏后，截至本年五月底止，巡抚司道衙门共有新旧控案九百二十起陆续审详，至九月底已结过七百四十八起，未结一百七十二起。"①嘉庆十六年（1811），河南巡抚长麟于十一月到任，又奏为清厘词讼各案件。"查两司衙门奉批自理案件至十四年前抚臣恩长具奏至今，藩司共已办结三百九十起，臬司共已办结二百五十二起，现在藩司止有未结二十九起，臬司止有未结三十一起，其余各道册报未结事件仅止一二起及十余起不等。"嘉庆皇帝朱批其折："词讼早清，民免拖累，吏胥无从作奸，勉力办理。"②嘉庆十九年（1814）二月，河南巡抚方受畴于嘉庆十八年十月到任清查积案奏报清厘词讼积案，"臣查两司衙门奉批自理案件，自十六年十一月前抚臣长麟具奏至今，藩司陆续办结亦止有未结三十八起，臬司陆续办结亦止有未结三十三起，其余各道造册自四五起至十余起不等。奉朱批：览。"③嘉庆二十三年（1818）十一月，河南巡抚陈若霖于本年四月到任，奏报清厘词讼案件，"臣调任河南巡抚，豫省近年以来岁稔民恬，讼狱简少，积案本属无多。"④河南巡抚历任情况，清安泰十四年四月去世恩长任，恩长十六年五月解任长麟任，长麟十八年七月改任方受畴任，方受畴二十一年六月升任阮元任，阮元二十一年十一月升任文宁任，文宁二十二年十二月革职和舜武任，和舜武二十三年四月转任陈若霖任，陈若霖二十四年三月改任。从嘉庆十四年到二十四年，10 年的时间内有 7 任巡抚，在职时间长短不一，最长的方受畴任职三年，最短的和舜武只有四个月。但是，省级几大衙门积案基本每次平均不到一百件，其相应处分也就没有了。

---

① 中国第一历史档案馆档案：朱批奏折《恩长奏为清理词讼查明新旧控案件数分别督饬赶紧完结事》，档号：04-01-01-0517-001。

② 中国第一历史档案馆档案：朱批奏折《长麟奏为清厘词讼各案件事》，档号：04-01-01-0531-020。

③ 中国第一历史档案馆档案：录副奏折《方受畴奏报清厘词讼积案情形事》，档号：03-2229-021。

④ 中国第一历史档案馆档案：朱批奏折《陈若霖奏报清厘词讼案件情形事》，档号：04-01-01-0583-002。

三、江省积案一直太少亦无处分

1.江苏巡抚汪日章清查积案

嘉庆十二年（1807）七月，汪日章到任奏报通省未结积案。他指出："江苏省户口殷繁，民情好讼，地方官又不能勤于审断，以致案件日积日多。向来责令府县州自理词讼分别已未完结按月据报稽查，又于交代时将前任经手词讼登记造册具详，内有积压日久者，即随时督催勒限审结，章程颇为周密。"他认为虽然江苏地区民风好讼，但是有稽查章程，所以积案不严重，"江宁藩司经历任督抚批提审讯之案共未结十四案，自理未结六案。苏州藩司经历任督抚批提审讯之案共未结三十三案，自理未结五案。臬司经历任督抚批提审讯之案共未结四十八案，查系自理未结之案其转饬府县审办之案自二百余案至十余案不等。"①

在经历了前几省的几千大案后，嘉庆皇帝竟有些怀疑："前此江西、直隶、福建各督抚查奏未结案件多者二千余件，少亦不下数百件，是以降旨均令查取职名交部议处。今汪日章奏江苏未结积案尚不过多，或该省官员因恐干吏议故意以多报少，甚或将案件草率完结，希图少报得免处分。"由怀疑而警告，"将来别经查出，其获咎更重矣。"②但是，此次毕竟积案很少，只能下旨："藩臬两衙门经历任督抚批提审讯未结之案及自理未结案件，均不过数十件及数件。其转饬府州审办之案未结者，自二百余案至十余案不等，尚不至积压过多，均可不必予以处分。"③

2.江苏巡抚章煦清查积案

嘉庆十五年（1810）七月，章煦奏报清厘积案并酌议章程。"臣于本年二月回任，钦奉谕旨交审案件逐一亲自提讯……尚有历任抚臣及臣莅任以来批交江宁藩司亲提者九起，江苏藩司二十三起，臬司十三起，并转饬各府州审办自十余起至二百余起不等，饬催查办。"积案亦少，嘉庆皇帝只能朱批：

---

① 中国第一历史档案馆档案：录副奏折《汪日章奏报查明通省未结积案事》，档号：03-2448-014。

② 中国第一历史档案馆编：《嘉庆帝起居注》第12册，广西师范大学出版社2006年版，第328页。

③ 中国第一历史档案馆编：《嘉庆帝起居注》第12册，广西师范大学出版社2006年版，第327页。

"临事毋怠，存心宜慎，勉力整饬。"① 章煦同时提出清厘积案章程。其立意为："积案既立法清厘，其新控之案亦当严定章程随时审办。"故而章程主要针对新控之案规定，"如遇有向臣衙门具控，情节重大者即行提讯速结，其余批交各衙门审办者，每一案奉文之日起，扣除提解往返月日，总勒限一月内审结出详。如有迟逾随时记过，新案迟至三月以外全不审办，查系易结不结者立即参奏。"② 这份简易章程一者说明了积案的减少，另外反映了对新控转积案的担忧。

3. 两江总督到任报告两江积案

嘉庆十七年（1812）六月，百龄奏为查明三省新旧未结控案勒限清厘。"奴才于嘉庆十六年六月内奉命简任两江，即会同河臣等督办（河工），于三月中旬旋省。……旋赴苏松一带校阅营伍，于五月二十一日回省。检查新旧档案，历任督臣批发三省各属未结积案计有一千余件，臣履任后批发词讼又有一百余件，……现据各属陆续详结者已有一百五十余案。较奴才批发之新案尚为有盈无绌，此外未结历年积案一千二百余件。……臣现又通饬三省藩臬两司督率各属勒限四个月，赶紧催提审详。"朱批："时加督催不可怠忽，外省疲玩风气，实堪痛恨，全赖汝等挽回勉之！"③ 百龄对三省六大衙门积案的汇总，令嘉庆觉得数字可信，朱批中透露着对百龄的信任，"全赖汝等挽回"。此千余件分属六大衙门或者八大衙门后也就为数不多了。嘉庆二十一年（1816）十一月，孙玉庭由湖广总督改任两江总督奏报三省未结词讼件数。"臣调任两江，检查档案历任督臣批发三省各属未结词讼积案，计有一千三百九十三件。"④ 同百龄所报数字不相上下。可见，两江的积案问题或者正如总督所言，或者就是嘉庆所怀疑的情况。总之，两江地区也未再掀起大的积案与处分。

---

① 中国第一历史档案馆档案：朱批奏折《章煦奏为设法清厘积案并酌议章程事》，档号：04-01-01-0521-007。

② 中国第一历史档案馆档案：朱批奏折《章煦呈酌议清厘积案章程各款清单》，档号：04-01-01-0521-008。

③ 中国第一历史档案馆档案：朱批奏折《百龄奏为查明三省新旧未结控案勒限清厘事》，档号：04-01-08-0029-001。

④ 中国第一历史档案馆档案：朱批奏折《孙玉庭奏为查明三省未结词讼件数严饬清厘事》，档号：04-01-02-0142-026。

四、非积案清查状态下大员积案处分

（1）福建巡抚李殿图积案与处分。嘉庆十一年（1806），福建巡抚温承惠到任后查办漳泉府属未结积案，发现积案颇多，"竟有命盗案内人犯禁押十余年或六七年未经审结者。"嘉庆皇帝批示："殊出情理之外。此皆玉德、李殿图因循废弛所致。"尤其认为李殿图身任巡抚，"所有整饬吏治、审理狱讼是其专责，乃于所属命盗案犯任令羁禁多年至今未结，所司何事？"①因此将李殿图由四五品京堂又降以中允赞善补用。

（2）云南李銮宣积案与处分。嘉庆十一年（1806），云南巡抚永保奏原任云南臬司李銮宣审转案件耽延违限。"据粮储道钱汝丰开单禀报，计李銮宣积压未经审转各案竟有四十起之多，内有上年十月至十二月各州县已解司人犯十三起，本年正二两月解司者十五起，三月内解司者九起，四月初间解司者三起，除三四月解司之案，有尚在例限之内，有迟逾不过数日者。饬令署司钱汝丰迅速逐案提升招解外，其余各案俱已违限，其违限之处均照例于各本内声明。"②嘉庆皇帝批示，李銮宣身任臬司大员，"将招解各案延搁积压至四十起之多，且不出署见面。其情节甚为可恶。"③"著拿交刑部审问，所有积案四十起据原奏内声明三四两月解到之十二起尚在例限以内，其自上年十月至本年二月解到之二十八起，均已逾限。著该督抚查明系何案件，每案逾期若干日，详细开单咨部覆办。"④嘉庆皇帝定议，李銮宣竟敢"将解司案件耽延积压，逾限至二十余案之多"。"著照部议发往乌鲁木齐效力赎罪，以为玩误公事者戒。"⑤这也是未在积案清查期被处分，而是在非清查时期被处分的少有的大员，这和当时官场的倾轧有关。

---

① 中国第一历史档案馆编：《嘉庆帝起居注》第 11 册，广西师范大学出版社 2006 年版，第 357 页。

② 中国第一历史档案馆档案：朱批奏折《永保奏为原任臬司李銮宣审转案件耽延违限事》，档号：04-01-01-0500-024。

③ 中国第一历史档案馆编：《嘉庆帝起居注》第 11 册，广西师范大学出版社 2006 年版，第 367 页。

④ 中国第一历史档案馆编：《嘉庆帝起居注》第 11 册，广西师范大学出版社 2006 年版，第 367 页。

⑤ 中国第一历史档案馆编：《嘉庆帝起居注》第 11 册，广西师范大学出版社 2006 年版，第 572 页。

以上是嘉庆时期对各省级衙门积案的处分处置，但是从后期御史的不断上奏建言来判断，积案之风并没有被刹住。如嘉庆二十年（1815）五月，御史苏绎奏请饬吏治而清庶狱。① 嘉庆二十二年（1817），御史周鸣銮奏严禁积压讼案。② 嘉庆二十四年（1819），御史盛唐奏请除直省州县积弊，"近日地方案件竟有迟至十余年不结者，因循疲玩，莫此为甚。③ 嘉庆二十五年（1820），御史沈学廉奏请除州县延压控案积弊以清狱讼。④

嘉庆皇帝虽然知晓："我国家之大弊，实在州县之因循，州县之因循，实在大吏之怠玩。"⑤ 但是，在具体实践中，嘉庆皇帝的屡屡从宽处分模式，并不能真正地压实督抚的监察责任，不仅仅于积案如此。督抚的失职失察带来的影响是比较大的，正如包世臣所言："至自理词讼各件，则从无遵例按月册报各上司者。州县交代之时，虽造交代案册申送，然皆仿照前届交代原册略增数案，各上司收受文册从不核对驳回，绝不闻有无隐匿遗漏案件揭参之事，及民人上控亦不提交代案件册查核此案曾否造入。即州县审结自理各案，亦从不遵例申报，各上司无凭查核其卷宗除奉文提审之案，从不粘连用印，是以日积月累，词讼积压积千累百，恬不为怪。视民瘼如儿戏，玩条例如弁髦，相习成风，牢不可破。今若以数十年积弊而一旦绳以一切之法，则外省大小各官无不被议，势必仍前朦混，不肯使真情显露。"⑥ 虽然直指州县利弊，但是各省皆如此。嘉庆朝整个的司法积案问题并不乐观，也并没有得到很好的解决，只不过被暂时掩盖罢了。即使完案，匆匆地审结，"恐不免有草率完结之弊。"⑦ 这样的弊端还须督抚实力的监察，但是这样的监察往往是缺失的。

---

① 《清仁宗实录》第 5 册，中华书局 1986 年版，第 67 页。

② 中国第一历史档案馆编：《嘉庆帝起居注》第 19 册，广西师范大学出版社 2006 年版，第 215 页。

③ 中国第一历史档案馆编：《嘉庆帝起居注》第 21 册，广西师范大学出版社 2006 年版，第 161 页。

④ 中国第一历史档案馆编：《嘉庆帝起居注》第 22 册，广西师范大学出版社 2006 年版，第 55 页。

⑤ 《清仁宗实录》第 5 册，中华书局 1986 年版，第 67 页。

⑥ （清）包世臣：《安吴四种》卷三一下《齐民四术》，同治十一年刻本。

⑦ 中国第一历史档案馆编：《嘉庆帝起居注》第 21 册，广西师范大学出版社 2006 年版，第 583 页。

第九章　嘉庆朝官员参劾处分之普遍和奇多

第一节　清代参劾制

一、朝廷定期考核的缺失

定期考核与不定期参劾是清代两种主要的对官员的约束管理模式。孔飞力亦言："官僚体制的这种自我监督有两种形式：一种是对渎职和犯罪就事论事的弹劾；另一种是对所有官僚三年一次的定期考绩。"[①] 其中文官定期考核的主要方式是京察与大计。织田万评价，"凡清国官吏之治绩，于一定期间，必考察之。明功过行黜陟，是为通例。称曰定期监督，唯对文官。……文官之定期监督，对京官，则谓之京察，对外官，则谓之大计，皆三年举行一次。"[②] 对于京察与大计的研究，多数学者认为清代京察与大计"流于形式""沦为形式""徒具形式"，属于"具文""虚应故事"，"起不到应有作用"等。

清代的有关史料记载就此更为直接，如《清史稿》记曰："六法处分綦严，长官往往博宽大之名，每届京察，祗黜退数人，虚应故事，余概优容，而被劾者又不免屈抑。"[③] 何刚德的《春明梦录》亦记历次考核"奉行日久，举者多而劾者少。"[④] 钟琦在《皇朝琐屑录》亦言"得卓异者多属世谊，而纠

---

① ［美］孔飞力：《叫魂：1768 年中国妖术大恐慌》，上海三联书店 1999 年版，第 253 页。

② ［日］织田万：《清国行政法》，中国政法大学 2002 年版，第 153 页。

③ 《清史稿》第 12 册，中华书局 1977 年版，第 3224 页。

④ （清）何刚德：《春明梦录》卷下，载《民国笔记小说大观》第 3 辑，山西古籍出版社 1997 年版，第 95 页。

劼惟以三四佐贰、五六佐杂敷衍塞责而已。"① 以上数条史料反映出当时京察大计中确实存在着劼退少的问题。

除以上记载外，现代人曾小华批评清代是"有考课而无黜陟，与不考课同"②。张金鉴等持论，"清代虽有京察与大计之典，然其实际运用，亦只徒有其名，未必有甚功效。……足见察计大典亦成瞻徇与敷衍之具文矣。"③常越男从另外视角分析，"这种三年或五年定期考察的制度缺乏一定的灵活性，无法单独完成激浊扬清的任务。"④ 此方面的研究成果可详见注释。⑤

除否定的看法外，对京察大计处分亦有持肯定的观点。李世愉肯定考核制的规范化，"以考课而论，历代制度不尽相同，但考课标准、办法、程序、奖罚等，大都做到了制度化、法律化。"⑥ 陈一容研判，"清朝定期行政处分实施虽然比较乏力，但它大致坚持到清廷覆亡。……但是，大计处分在整个清代得到了一定程度的落实则是一个毋庸置疑的历史事实。"他详细统计，得出至少在"嘉庆朝大计官员处分人数为 1287 人。"⑦

综上，正因为定期考核中的有举无劼，以及定期考核中行政处分的乏力，愈加彰显出不定期参劼及其处分之必要和重要。古鸿廷讲得很透彻，"参劼的运用是清代维护官僚组织完整及提升行政效率的一项有效的利器。"⑧ 因而，本章主要叙录不同档案中反映的清代嘉庆朝不定期参劼之下各级官员处分之普遍和奇多。

---

① （清）钟琦辑录:《皇朝琐屑录》卷三，载《近代中国史料丛刊》第54辑第532册，文海出版社1966年版，第115页。

② 转引自曾小华:《中国古代任官资格制度与官僚政治》，杭州大学出版社1997年版，第264页。

③ 张金鉴:《中国文官制度史》，华冈出版有限公司1977年版，第178页。

④ 常越男:《清代考课制度研究》，北京大学出版社2010年版，第355页。

⑤ 马钊:《清代政治史:皇权与官僚——1990年以来以英语发表的清史著作综述之五》，《清史译丛》第3辑，中国人民大学出版社2005年版。魏光奇:《有法与无法——清代的州县制度及其运作》，商务印书馆2010年版。薛刚:《清代文官考核研究》，中国社会科学出版社2020年版。张金鉴:《中国文官制度史》，华冈出版有限公司1977年版。艾永明:《清朝文官制度》，商务印书馆2005年版。瞿同祖:《清代地方政府》，法律出版社2003年。古鸿廷:《清代官职研究》，五南图书出版公司1999年版。孙季萍、冯勇:《中国传统官僚政治中的权力制约机制》，北京大学出版社2010年版。杨树藩:《中国文官制度史》（下），黎明文化事业公司出版1982年版。

⑥ 李世愉:《中国古代官制概论》，中国社会科学出版社2009年版，第8页。

⑦ 陈一容:《清代官吏惩戒制度及其失败原因初探》，《西南师范大学学报》2006年第3期。

⑧ 古鸿廷:《清代官制研究》，五南图书出版公司2005年版，第45页。

二、清代的参劾制与参劾权

就参劾概念而言，古鸿廷指出："特参者，因事及时纠劾之谓也。前述对文官之大计，及对武官之军政，将各员之成绩功过，依四格大法定，转达吏部或兵部核办，乃总督定期之监察权。然遇贪酷、贻误等情，若而待以定期而后劾之，则恐缓不济急，难收整饬吏治之效，故有特参之法，责成总督随时参劾失职之文武百官。……对于总督之特参，能以最快、最有效的方法处理，使特参达到及时成就之功。"[1]他进一步认为："参劾是为维护清代官僚体系的清廉与效率的一种有效的机制，各级臣工经常都在参劾的威胁之下。"[2]魏淑民亦简论，"所谓题参，即以题本参劾。在各省，题参多由督抚、提镇为之。在中央，题参多由科道为之。文职官员题参案多数由吏部办理。"[3]孔飞力从另一个视角阐释，乾隆帝"拒绝将省布政使和按察使归入大计考核的建议，因为他知道，要对这种敏感职守上的错误予以惩罚就不能等待三年一次的常规考绩"[4]。那么同样地，对于其他官员的错误，也不能等待定期考核予以处分，必须进行随时性的特参。

（一）清代参劾制

据会典所载，清代参劾制主要有两个环节，其一是有关"参劾"；其二是有关"行取职名"，这两个环节从雍正朝始历乾隆朝到嘉庆朝逐渐完备。

1. 雍正乾隆时期有关参劾规定

雍正时期，就参劾初步规定，"凡督抚纠参属官，必将应参之事备列款迹，或无款可列，必将所参情由一一据实指出具奏。如有不列款迹，不据实情含糊具题，将督抚照含糊具题例降一级留任。所参之官仍行令该督抚秉公确访，或列款迹，或将应参情由据实指出，题覆到日交部照例分别议处。"[5]雍正朝的规定强调督抚参劾下属须有"实据"，有"实款"，否则督抚要承担含糊参奏之责，处分为降一级留任，这条规定意在避免滥参和错参。

---

[1] 古鸿廷:《清代官制研究》，五南图书出版公司 2005 年版，第 178 页。

[2] 古鸿廷:《清代官制研究》，五南图书出版公司 2005 年版，第 54 页。

[3] 魏淑民:《清代乾隆朝省级司法实践研究》，中国人民大学出版社 2013 年版，第 18 页。

[4] ［美］孔飞力:《叫魂:1768 年中国妖术大恐慌》，上海三联书店 1999 年版，第 271 页。

[5] （光绪朝）《钦定大清会典事例》卷八十一《吏部》，载《续修四库全书》第 799 册，上海古籍出版社 1996 年版，第 373 页。

乾隆时期，有关这两方面的条款增多。就参劾而言，乾隆十五年（1750）颁布上谕：

> 各省督抚参劾不职属员，或请革职休致或请降补改教，皆地方公务，并非应行密办之事，理当缮本具题，方合体制。……著通行各省督抚凡遇此等参奏概用题本，以昭慎重。再向例各省参案，除特参贪酷拿问质审等犯，一面具题一面摘印看守，至其余降革休致改教之员必俟部覆允准方令离任。此等人员既昏惰无能，多留一日即误一日之事，理应即令离任，另委贤员速为整顿，方于地方有益。……嗣后各督抚于属员有题请革职或勒令休致，另行降补改用教职，以及丁忧告病之类离任者，俱一面具题，一面即行委员收取印信署事，并将任内经手钱粮一一清查，毋得瞻徇。著为令。①

乾隆十五年奏本还未废除，这条上谕强调督抚参劾属员准用题本禁用奏本，进一步将对官员的参劾规范化。督抚参劾属员经由各部、通政司、内阁再上奏皇帝，从而将官员的参劾公开地置于行政系统、国家制度之下，避免出现督抚的讦告，确保了参劾的公开公正。艾永明指出："行政处分是官员承担行政责任的主要方式。行政处分的正确行使与否，不仅直接决定着官员的切身利益，而且也影响着朝廷能否真正做到赏罚分明。……清朝的行政处分一般多由参劾引起，参劾的准确与否对行政处分具有重要的作用。"②

2. 雍正乾隆时期有关行取职名的规定

乾隆时期，有关"行取职名"出台4条规定。

第一条，颁布于乾隆四年（1739），内容为："凡属员应行参处事件，该专管上司如并无情节应行查询者，即当依限揭参。若专管上司揭报迟延，皆照事件迟延例议处，不得藉本人自行开送职名迟延名色，希图推卸。"③

第二条，亦颁布于乾隆四年（1739），内容为："事件迟延该管府州遗漏不行查参者，于揭报迟延处分之外再罚俸六月，明知迟延不行查参者降二级

① （光绪朝）《钦定大清会典事例》卷八十一《吏部》，载《续修四库全书》第799册，上海古籍出版社1996年版，第374页。
② 艾永明：《清朝文官制度》，商务印书馆2005年版，第206页。
③ （嘉庆朝）《钦定大清会典事例》卷六十八《吏部》，载《近代中国史料丛刊三编》第65辑，文海出版社1993年版，第3196页。

调用，已经查参或司道遗漏揭报或明知不参，亦照府州例议处。"①

第三条，颁布于乾隆三十三年（1768），内容为：

> 著吏兵二部将在京各衙门咨送议处职名日期另行定议。嗣后并于议处本内将何日查取职名，何日覆到之处，详晰声明。至在外各省分均按其道里远近以次定议，倘各省有应在所属地方转查，不能于定限日期开送者，即令该督抚将转查展限若干日之处咨部核查，该部亦于本内将行查覆到日期一并声明，并知照应行稽查之内阁科道等衙门。如有逾限即著据实参奏。钦此。遵旨议定。在京各衙门议处事件，该衙门自行参奏者，将应议职名列入折内，奉旨后即咨部议处，毋庸另文立限。如有不列职名，笼统参奏者，将该管大臣罚俸三月，不由本衙门参奏必待查取职名者，定限五日开送。若有关历任处分必须详查，定限十日开送，俱于文内声明，吏部即将查取开送月日于议处本内声叙。如有迟延请旨交议，将咨送逾违之员，照部院衙门事件迟延例议处。②

第四条，颁布于乾隆四十七年（1782），内容为：

> 官员承办案件有应议降俸降职降级革职留任，当补送职名时，事未完结尚有展参者，照例议处，俟结案之日开复。如补送职名时其案已结，不便一面议处一面开复，将降俸降职等案俱以罚俸一年完结，降革留任等案俱以罚俸二年完结。③

四条有关上谕的出台历经乾隆前期、中期和后期，反映出条例的逐步推进完备。从"依限揭参"到不许"有意不参"、再到不许"遗漏揭参"；从及时开送"应议职名"，到补送"应议职名"，皆设定了违反谕令的处分，从罚俸三月到降二级调用。从而，为防止官场回护模式下的漏参，避免政事因循下的惰参，进行了事先预防处置。

3. 嘉庆时期在参劾和行取职名方面再度完备

正如古鸿廷所言："嘉庆以降，渐依皇上对都察院人员之建言或参劾的

① （嘉庆朝）《钦定大清会典事例》卷六十八《吏部》，载《近代中国史料丛刊三编》第65辑，文海出版社1993年版，第3196页。
② （嘉庆朝）《钦定大清会典事例》卷六十八《吏部》，载《近代中国史料丛刊三编》第65辑，文海出版社1993年版，第3197—3199页。
③ （嘉庆朝）《钦定大清会典事例》卷六十八《吏部》，载《近代中国史料丛刊三编》第65辑，文海出版社1993年版，第3199—3200页。

批核为事例，列入会典之中，以为日后言官行动的依据。或有人以为体制的建立应以朝代草创之时居多，然依《钦定大清会典事例》之资料，科道职责的运作规则，似至嘉庆朝时体制才建立完备。"①此论甚恰。

此时有关参劾规定的完备。第一条，出台于嘉庆四年（1799），"督抚随时参劾阘茸懈弛平庸怠玩老病等事，并未叙列案由实迹者，未经奉旨引见。如有情愿赴部引见者，照大计六法之例，给咨送部引见。"第二条，亦出自嘉庆四年，"各督抚参劾属员不得用严加议处字样，违者照误揭属员例处分。"②第三条，于嘉庆七年（1802）颁布："各直省设立督抚原以纠察属吏，惟在见闻周密，有弊必除，庶属员知所儆惧，吏治自臻整肃。"③第四条，于嘉庆八年（1803），议：

> 外省参劾属员定例固有不应奏请严加议处之条，但既有此请经朕阅看，其中或有不应严议者，朕必即行更改，若既发交部议即同奉旨严议，岂可不遵？该部如以严议一节，惟特旨交部之员照例加等，若系臣工奏请者仍照常例办理，即当随案声明，或将违例参劾之大员据实参奏，方为正办。……嗣后除特旨交部严议之案仍加等核议外，其各省参劾属员如有情节本轻而上司遽请严议，或情节较重仅请议处者，著该部即将奏请处分未协之原参督抚等随折声明，候朕定夺。④

此4条在参劾方面的完备，体现了皇权对参劾官员的重重把控。第一，通过皇权引见复查督抚参劾的得当与否，第二，禁止督抚使用"严加议处"，严加议处之权只能属于皇帝。第三，对于督抚的参劾，吏部如发现与"情节"有"不协"之处，具体处分仍要"请旨定夺"，议轻议重的督抚要上奏皇帝，令其承担参劾不确的责任。这些反映出嘉庆时期，皇帝事事躬亲，唯恐大权旁落致有闪失。

再，有关行取职名迟延的完备。嘉庆十一年（1806），"官员议处职名

---

① 古鸿廷:《清代官制研究》，五南图书出版公司1999年版，第103页。
② （光绪朝）《钦定大清会典事例》卷八十一《吏部》，载《续修四库全书》第799册，上海古籍出版社1996年版，第375页。
③ （光绪朝）《钦定大清会典事例》卷八十二《吏部》，载《续修四库全书》第799册，上海古籍出版社1996年版，第381页。
④ （光绪朝）《钦定大清会典事例》卷八十一《吏部》，载《续修四库全书》第799册，上海古籍出版社1996年版，第375页。

开报迟延，十日以内者免议，十日以外未及一月者罚俸三月，一月以上者罚俸一年，半年以上者罚俸二年，一年以上者降一级留任，二年以上者降一级调用。再有迟延，按年以次递加。倘实系有意延挨，经督抚参奏即照规避例革职，该上司转报迟延亦按其在任月日，照所属开揭迟延例议处。"①行取职名迟延的处分，在这一时期不再笼统，更为精确，按照具体迟延时间确定处分轻重。其实，有的时候精确固然会体现公平，但是在另一个层面却造成了公务的烦琐，因事件迟延而议处，又因开报迟延而处分，再因转报迟延而处分，一拨处分接着一拨处分，呈现出此一链条无穷尽的状态。

（二）负有参劾权的官员

1. 都察院、六科的参劾权

《清文献通考》记载监察御史"掌纠察内外百司之官邪。在内，刷卷，巡视京营，监文武乡会试，稽查部院诸司；在外，巡盐、巡漕、巡仓等，及提督学政。各以其事专纠察，朝会纠仪，祭祀监礼，有大事集阙廷预议焉"②。《清史稿》记载监察御史职掌："弹举官邪，敷陈治道，各核本省刑名。其祭祀、监礼、侍班纠仪，科道同之。"③会典记载，科道官员"掌司风纪，察中外百司之职，辨其治之得失与其人之邪正"④。可见，科道因其法定职掌而具有的参劾权。

邱永明认为："弹劾官吏违失，历来是监察官的一项最基本权职。按《钦定台规》规定，清都察院的监察权限、范围、内容等方面比前代有不同程度的拓展。权限'上至诸侯王，下至诸臣'，皆可纠参。弹劾内容方面，不仅可以弹劾官吏违法行为，而且可以弹劾官吏的不道德行为，还把官员是否忠于职守、勤于政事作为监察的重要内容。"⑤古鸿廷亦言，"在奏折中上奏者对不适任、腐败、无能、怠职及行为不检的官员提出参劾。"⑥织田万进

---

① （嘉庆朝）《钦定大清会典事例》卷六十八《吏部》，载《近代中国史料丛刊三编》第65辑，文海出版社1993年版，第3200页。

② 《清文献通考》卷八十二《职官考·都察院》，浙江古籍出版社2000年版，第761页。

③ 《清史稿》第12册，中华书局1977年版，第3302页。

④ （光绪朝）《钦定大清会典》卷六十九《都察院》，载《续修四库全书》第794册，上海古籍出版社1996年版，第654页。

⑤ 邱永明：《中国古代监察制度史》，上海人民出版社2006年版，第437页。

⑥ 古鸿廷：《清代官制研究》，五南图书出版公司2005年版，第46页。

一步指出，欲"实行其监督权之作用，唯有弹劾官吏之一事耳。……凡弹劾，不用都察院之名，而专用御史之名。御史者，各有独立弹劾之权，其权限之范围最广。政治之得失、民生之利弊、官吏之良否，事无巨细，皆可陈奏之。又，上自王大臣，下至知府知县，不独弹劾无所忌惮，其弹劾之原因，虽未探知确实与否，亦无妨"①。古鸿廷在某种程度上持有同论，"科道各官虽隶属于都察院，为左都御史之属僚，然各科道官员皆可以各员之官衔单独行使监察权，各员皆有单独的参劾上奏权，无须经都察院堂官之批准。"② 二人皆阐明了当时科道参劾权之大和内容之广。刘凤云亦简论，"科道，向称朝廷'耳目'，以'言'为职，主官场风宪，对官僚有纠劾的权力。督抚对地方吏治的监察得当与否，亦在科道纠劾的范围内。"③ 古鸿廷更深刻指出，"都察院作为清代之监察机关，中央与地方各级官员均在其监察范围之内，其权力的行使并不受官员阶级的限制。"④ 这点体现了封建社会朝廷一贯的以小治大、以卑治尊的原则。

六科的参劾权。徐明一论述较为详细，"应该承认，六科在注销各部院事件的过程中，可以了解对各部院的行政事务执行情况，这种注销功能与言官功能相结合，便有了督促与监督功能，一方面，通过注销以督促各部院严格依照期限及典章制度规定办理事件；另一方面，通过注销了解各部院执行情况，对违限、违制的问题提出弹劾，将问题及时传递到皇帝及中枢机构，对于中枢决策及全局工作的部署提供参考。"⑤

2. 督抚的参劾权

吴吉远认为，"清代地方三级政府实行长官负责制，长官对下级职官和同级僚属官不仅有三年政绩注考之权，而且有揭报题参之权。督抚之权尤重，……不肖则请求革职，违纪、违法则随时题参、议处。"⑥ 督抚的监察权其一是"对所属文官布按两司、学政以下，武官提督以下的各级官吏行使考

---

① ［日］织田万:《清国行政法》，中国政法大学出版社 2003 年版，第 210 页。

② 古鸿廷:《清代官制研究》，五南图书出版公司 1999 年版，第 102 页。

③ 刘凤云:《权力运行的轨迹：17—18 世纪中国的官僚政治》，党建读物出版社 2013 年版，第 21 页。

④ 古鸿廷:《清代官制研究》，五南图书出版公司 1999 年版，第 101 页。

⑤ 徐明一:《清代六科行政监控机制研究》，中国社会科学出版社 2012 年版，第 110 页。

⑥ 吴吉远:《清代地方政府司法职能研究》，故宫出版社 2014 年版，第 326 页。

核权，对其所属文武官员缘事独具具本题参之权。……可见，地方各级官吏升迁黜贬的命运在很大程度上操于督抚之手。"①魏光奇亦言："官员因受到督抚参劾或因钱粮盗案限满而议降议革。"②织田万论述作为封疆大吏的总督有监督文武官吏之权，"有定期行之者，又有不定期行之者。……不定期监督，则随时施行，又可批答札饬及参劾。督抚不独对部下官吏有监督权，又以其有都察院右都御史兼衔，虽在同等，及同等以上地位之文武官，亦可随时参劾之。"③

可见，督抚之所以具有参劾权，是因其具有都察院的兼衔。古鸿廷指出："总督、巡抚分别以都察院右都御史、右副都御史为兼衔，故无论总督或巡抚，皆具单独之参劾权。"④刘凤云亦言："清军入关后，满洲皇帝出于统治的需要，确定了督抚为地方封疆大吏，而不再是中央官员，并赋予了督抚对地方官吏的全权监察权。所以总督例兼都察院右都御史、巡抚例兼都察院右副都御史。"⑤正因此，巡抚"若遇总督施政有非违不法之事，巡抚不但不同意，且得弹劾之。是为清国制度特有之例，要皆出于使官吏互相牵制，不滥用权力之趣旨。"⑥

此外，督抚之所以具有参劾权，是因督抚具有具折权。奏折的出现及利用，便利了督抚的言事与参劾。"在地方，督抚不但以奏折'参劾'其下属，也以奏折向皇上呈奏同僚以及中央苍省巡视官员的不是。"⑦"虽然御史之参劾或建白每每不为皇上接受，受到'毋庸议'，或'原件掷还'，甚至'交部议处'之待遇，但仍不断上奏。"⑧因此缘故，在科道、督抚参劾之下，处分的数量在持续上升，嘉庆朝不可避免地出现了官员处分奇多的景态。

3. 其他臣僚的密奏参劾权

"凡臣工具有陈奏密奏之权者，可以参劾上司，可以参劾同僚、属员，

---

① 吴吉远：《清代地方政府司法职能研究》，故宫出版社 2014 年版，第 237 页。
② 魏光奇：《有法与无法——清代的州县制度及其运作》，商务印书馆 2010 年版，第 54 页。
③ ［日］织田万：《清国行政法》，中国政法大学出版社 2003 年版，第 236 页。
④ 古鸿廷：《清代官制研究》，五南图书出版公司 2005 年版，第 182 页。
⑤ 刘凤云：《权力运行的轨迹：17—18 世纪中国的官僚政治》，党建读物出版社 2013 年版，第 19 页。
⑥ ［日］织田万：《清国行政法》，中国政法大学出版社 2003 年版，第 241 页。
⑦ 古鸿廷：《清代官制研究》，五南图书出版公司 2005 年版，第 43 页。
⑧ 古鸿廷：《清代官制研究》，五南图书出版公司 1999 年版，第 126 页。

甚至辖境以外之人，在此情形下，官员间相互牵制，彼此监视。"①《清世宗实录》中亦载，"总督参劾知府例由司道揭报，参劾州县例由两司道府揭报。"②孔飞力认为，"官员的上司则有责任对下属的失职加以弹劾，失于弹劾又会构成更上级官员弹劾失察者的理由。"③可见，众多的官员都被纳入了参劾体系之中，整个的官僚集团都置于了参劾制下，这种体系与制度必然会导致官员处分的普遍奇多。

（三）皇权对参劾权的把控

皇帝对参劾权的把控，邱永明研究较为透彻，"整个监察过程，从纠参到议复到复劾，都必须请旨进行，最后由皇帝权衡裁决，'生杀予夺，操之自上'"④。古鸿廷亦持论，"都察院作为监察机关，有监察各级机关行政，参劾百官之权，但仅止于陈述弊端所在，科道虽可言事，但对于赏罚则无权过问。……科道在建白、参劾时皆仅能就事情本身陈述清楚，裁夺之权则操诸皇上，因为赏罚乃是朝廷的大权，绝不容许科道诸官加予干预。"⑤在实际的运作中也可概见，如果御史干预参劾，皇帝不但不认可，还可将御史交部议处。嘉庆二十一年（1816），巡视东漕御史苏绎奏将东省续亏案内的六府二州请饬本省巡抚酌展限期，结果遭到嘉庆皇帝的批驳，认为亏缺仓库钱粮，"如何分别核办，系巡抚陈预本任之事，乃该御史率行陈奏，此事既与漕务无干，又非关系民瘼，似此越职妄言，变乱是非，明系袒护贪官，甚属多事。"⑥该御史被立即撤回并交部议处。苏绎建议展限实质是对官员处分的干预，一旦宽限意味着先前所处分的官员面临宽免的问题，这显然是在干涉皇权的黜陟之权，嘉庆皇帝必然会对其处分，但是从指责中我们看到皇帝仅仅是就事论事地对"越职妄言"者予以指责，没有重罚，帝王的心性是很难揣测的。就官员问责参劾制度的研究，详见孟姝芳《雍正朝官员行政问责与

① 古鸿廷：《清代官制研究》，五南图书出版公司 2005 年版，第 16 页。

② 《清世宗实录》第 1 册，中华书局 1985 年版，第 68 页。

③ ［美］孔飞力：《叫魂：1768 年中国妖术大恐慌》，上海三联书店 1999 年版，第 164 页。

④ 邱永明：《中国古代监察制度史》，上海人民出版社 2006 年版，第 457 页。

⑤ 古鸿廷：《清代官制研究》，五南图书出版公司 2005 年版，第 100—101 页。

⑥ （光绪朝）《钦定大清会典事例》卷一千六《都察院》，载《续修四库全书》第 812 册，上海古籍出版社 1996 年版，第 91 页。

处分研究》某章论述。①

三、清人眼中清代官员参劾处分之多

在清代相关文献史料中，多有对清代官员参劾处分繁多的记载。如康熙朝魏象枢的上疏，疏中曾举一例，"原任江南镇江府知府刘鼎者，溺职之官也。知府任内全无才能，参罚至五十余案，其停升及戴罪督催者三十余案，降俸四十余级。"②李之芳亦反映当时参罚处分事实，"故常有在任三两年而罚俸至二三十年或十余年不等者。"③《清圣祖实录》中也有类似记载："外官参罚处分，降级革职条例甚多，即罚俸一项，常有莅官一二载，罚俸至五六年，有至十余年者。"④清末龚自珍概言："约束之，羁縻之，朝廷一二品之大臣，朝见而免冠，夕见而免冠，议处、察议之谕不绝于邸钞。部臣工于综核，吏部之议群臣，都察院之议吏部也，靡月不有。府州县官，左顾则罚俸至，右顾则降级至，左右顾则革职至。"⑤这些代表性的史料反映出有清一代官员参罚处分多是一个显著的事实，是有清一代官僚制度的一大特点，亦是其政策的一大失误。而嘉庆朝又是最为典型的时期，这一时期官员处分越来越多，不仅中下级官员参劾处分奇多，而且大员参劾也处分奇多。这些奇多的参劾处分对嘉庆朝的行政制度、任官制度产生了意想不到的影响。

在文献史料中，亦有对官员参劾处分奇多的原因分析，官私两方史料都认为科条太繁是官员参劾处分奇多的主要原因。如康熙四年（1665），广东总督卢崇峻奏请"政归简易以端治原"疏。其疏中略曰："臣窃以为国之大利，在于政治简易；国之弊，在法令繁多。何也？夫法令一多，则内外衙

---

① 孟姝芳：《雍正朝官员行政问责与处分研究》，内蒙古大学出版社 2016 年版。

② （清）仁和琴川居士编：《皇清奏议》卷二十《魏象枢〈清吏治以彰公道疏〉》，1936 年库籍整理处印本。

③ （清）李之芳：《李文襄公奏议》卷二《请省外官过当处分疏》，载《近代中国史料丛刊》第 32 辑第 311 册，文海出版社 1966 年版，第 127 页。

④ 《清圣祖实录》第 1 册，中华书局 1985 年版，第 441 页。

⑤ 夏田蓝编：《龚定盦全集类编》卷六《论辨类下·明良论四》，载《近代中国史料丛刊》第 72 辑第 713 册，文海出版社 1966 年版，第 155 页。

门，在大官惟成例是遵，每多查驳之烦。在有司惟功令是畏，有不遑救过之虑，岂能计及民生之休戚，而施抚字之仁耶？"①陆陇其则指出："本朝大弊，只三字，曰例、吏、利。"②康熙谕旨中反映，"向来各部院衙门俱定处分条例，业已颁行。但其中款项太多过于繁密，以致奉行者或以胶执为守法，或以苛索为详明，或例所未载，援引比附轻重失宜，徒据成规，罔原情理。大小各官稍有过误，动触文网，虽具才能弗克展布，深为可惜。著部院各衙门将见行处分条例重加订正，斟酌情法，删繁从简应去应留，逐一分别详议具奏。"③道咸时期大员胡林翼曾言："大清律易遵，例难尽悉；刑律易悉，吏部处分律难尽悉，此不过专为吏部生财耳，于实政无丝毫之益。"④龚自珍的分析更鞭辟入里，"天下无巨细，一束之于不可破之例，则虽以总督之尊，而实不能以行一谋，专一事。"⑤贺长龄更进一步指出处分条例繁多的深层危害，"今则科条繁多，惟簿书期会之为急，少有龃龉，即干吏议，虽有愿治之心不能自行其意，亦莫不苟且其心思，为自全之计。"⑥

就如何减少处分的对策。李之芳认为："题为参罚烦密太甚，外官难于奉行，请敕议省过当之处分以裨吏治事。今日吏治之弊在于文法太密，而尤密者在于方面有司等官。"⑦孙廷铨针对性地提出要"宽考成。有司牧民之官也，上关国计，下保民生，最为紧要。自钱粮考成头绪繁杂，以致降级革职者一岁不可胜纪，人材摧残，催科酷烈。为吏者止以考成为虑，安问百姓之卖儿鬻女耶？……但四部银米物料款项不一，每件分为十分考成，则处分头绪太多，顾此失彼终日救过不暇，今莫若将考成则例敕下户部，再详加考订，酌量宽减，上不至于亏国课，下亦不至于诎人才，加惠百姓仰答天和，

① （清）贺长龄辑：《清经世文编》卷十二《卢崇峻〈法令应归简易疏〉》，载《近代中国史料丛刊》第 74 辑第 731 册，文海出版社 1966 年版，第 455—456 页。

② （清）徐珂：《清稗类钞·胥役类·例吏利》，商务印书馆 1917 年版。

③ （清）章梫纂：《康熙政要》卷二《论政体》，中共中央党校出版社 1994 年版，第 26 页。

④ （清）徐珂：《清稗类钞·胥役类·胡文忠论部吏》，商务印书馆 1917 年版。

⑤ 夏田蓝编：《龚定盦全集类编》卷六《论辨类下·明良论四》，载《近代中国史料丛刊》第 72 辑第 713 册，文海出版社 1966 年版，第 155 页。

⑥ （清）贺长龄辑：《清经世文编》卷十六《杨于果〈上王观察书〉》，中华书局 1992 年版，第 400 页。

⑦ （清）李之芳：《李文襄公奏议》卷二《请省外官过当处分疏》，载《近代中国史料丛刊》第 32 辑第 311 册，文海出版社 1966 年版，第 127 页。

其于吏治亦有裨益。"①

四、今人眼中清代官员参劾处分之多

近代以来学界对处分奇多陆续有所研究，孔飞力指出，"君主控制的核心是对官员的考绩。……没有哪个官员的考绩单是没有处分记录的。"② 王锺翰持论："有清一代，二百数十年间，各部署无虑数十，各有则例，即各有处分。"③ 他具体指出，"百司执事升降黜革，其权尤在吏部；若考功司专司处分，又吏部权任所寄之最者也。……且处分则例之设，最为严厉，一切惩戒以此为准则。……处分则例，最关百司执事之降罚黜革，偶一不慎，即落法网，故不得不谨之于前，分别酌议条款，亦最为精审详明也。而吏部每拘泥成例，轻重倒置，以致处分失平者日多。"④ 王思治亦论，"清廷所制定的参罚条例之多，实在不胜枚举。"⑤

诸家之论与史料记载同样主张处分则例苛繁是处分奇多的根本原因。此外对处分影响的研究，有人认为，"因清朝官吏实行低俸制，罚俸的惩罚力度不大，而降级革职的惩罚事关官员的政治、经济利益，其震慑力不可谓不大。"⑥ 卜健从另外视角评价，"实际上，以微过处以重咎，是嘉庆帝的施政大弊。"⑦

第二节　中下级官员和微员参劾处分之奇多

清代，中下级基层官员指道府州县的正印官；微员则指州同以下在府厅

① （清）仁和琴川居士编：《皇清奏议》卷十五《孙廷铨〈敬抒管见四条〉》，1936 年库籍整理处印本。

② ［美］孔飞力：《叫魂：1768 年中国妖术大恐慌》，上海三联书店 1999 年版，第 251 页。

③ 王锺翰：《清史补考》，辽宁大学出版社 2003 年版，第 68 页。

④ 王锺翰：《清史补考》，辽宁大学出版社 2003 年版，第 70—71 页。

⑤ 王思治：《从清初的吏治看封建官僚政治》，《历史研究》1980 年第 1 期。

⑥ 陈兆肆：《清代私牢研究》，人民出版社 2015 年版，第 145 页。

⑦ 卜健：《国之大臣：王鼎与嘉道两朝政治》，陕西人民出版社 2015 年版，第 197 页。

州县衙门中的管事吏员。庄吉发认为"州县是直省地方行政的基础，有清一代，因地制宜，州县省析合并后，统计全国直隶州七十有六，属州四十有八，各州除知州掌一州治理外，还有州同、州判，分掌粮务、水利、防海、管河诸务，其属员吏目，掌司奸盗，察狱囚，典簿录。全国设县凡一千三百五十有八，知县掌一县治理，决讼断辟，劝农赈贫，讨滑除奸，兴养立教，知县以下县丞、主簿，分掌粮马、征税、户籍、缉捕诸职，典史掌稽检狱囚。清初以来，朝廷整饬地方吏治，不遗余力，州县失职人员，因被参革职解任者，屡见不鲜。"①

正印官的范围争议基本不存在，对于州同以下微员的范围说法较多，本文认为瞿同祖的总结较为合理全面，"在知州（从五品）和知县（首府知县，六品；一般知县，七品）即'正印官'或'正堂'之下；还有三种属官：助理知事（'佐贰'），书吏首领（'首领官'）和杂务官（'杂职'）。……上述三类总称为'佐杂'，我们可以将其称为'僚属官员'"②。清代题本和奏折中留下了大量有关官员和微员群体的参劾处分数量报告和处分清单，通过这些大量的珍贵具题资料和参劾处分清单，能够了解到嘉庆时期官员参劾处分普遍奇多的客观事实。

一、中下级官员和微员参劾处分之普遍和奇多

清代有关处分专题和汇题定例规定：

> 京官三品以上议叙议处及开复事件俱专案具题；京官四品以下议降议革专案具题，其议叙开复以及革留降留罚俸等案俱入于十日汇题；外官三品以上议叙开复以及议降议革事件俱专案具题；外官道府议降议革及开复降革抵销降调俱专案具题，其革留降留罚俸处分并开复革留降留以及议叙事件，又数案实降实革止开复一二案者俱入于十日汇题；外官丞倅州县议降议革及开复原官俱专案具题，其革留降留罚俸处分并抵销降调开复革留降留以及议叙事件，又数案实降实革止开复一二案者俱入

---

① 庄吉发：《故宫档案与清代地方行政研究以幕友胥役为例》，载《清史论集二》，文史哲出版社 1997 年版，第 480 页。

② 瞿同祖：《清代地方政府》，法律出版社 2003 年版，第 17—18 页。

于十日汇题；外官州县以上降官未补革职未复，其原任内处分俱入于十日汇题；外官州县以上议降议革之案有奉旨送部引见者，若原任内复有降革处分悉照现任之例分别专题汇题；外官教职首领佐杂等官议叙议处及开复事件俱入于一月汇题；盗案处分另为一本于每月汇题一次；领凭赴任及分发各省领照人员其违限不及四月者，应照吏科摘参之例于每年六月十二月汇题二次；汇题之本数在六百件以内者仍为一本具题，如在六百件以外即分为两本具题。①

从这些定例来看，具题的方式包括专题和汇题，专题和汇题处分的区别在于：第一，与官员品级高低有关；第二，与处分的实降实革、虚处有关；第三，与处分事由的内容轻重有关；第四，从时间判断，专题没有限定，汇题则有十日、半月、一月、半年等不同的期限；第五，与处分的轻重性质有关，专题中的处分相对比较重，汇题中的处分相对比较轻。关于汇题制的具体研究，详见文章《处分汇题制与雍正朝官员处分》②。

下文选取嘉庆朝二十多年内，中国第一历史档案馆所藏内阁吏科的一百件处分题本，按照时间顺序排列，这 100 件题本中，包括各种情况下对官员处分的汇题，由这些短期内的处分数量可见官员参劾处分之多。

（一）嘉庆元年到二十二年 100 件官员参劾处分汇题时间与数目

嘉庆二年二月初一到初十日，各省官员议叙议处等案汇题事 175 件。

嘉庆二年四月初一日至初十日，各省官员议叙议处等案汇题事 201 件。

嘉庆二年五月初一日至初十日，官员议叙议处等案汇题事 84 件。

嘉庆二年八月十一日至二十日，官员议叙议处等案汇题事 153 件。

嘉庆二年九月初一日至初十日，官员议叙议处等案汇题事 104 件。

嘉庆二年九月十一日至二十日，官员议叙议处等案汇题事 173 件。

嘉庆二年十月十一日至二十日，官员议叙议处等案汇题事 128 件。

嘉庆二年十二月初一日至初十日，官员承审案件议叙议处汇题事 119 件。

---

① （清）文孚纂修：《钦定六部处分则例》卷九《专题汇题定例》，载《近代中国史料丛刊》第 34 辑第 332 册，文海出版社 1966 年版，第 241—242 页。

② 孟姝芳：《处分汇题制与雍正朝官员处分》，载《明清论丛》第 16 辑，故宫出版社 2016 年版，第 290 页。

嘉庆二年十二月十一日至二十日，官员承审案件议叙议处汇题事271件。

嘉庆二年十二月，官员承审迟延罚俸各案议叙议处等案汇题事82件。

嘉庆三年三月初一日至三十日，官员承审案件议叙议处汇题事84件。

嘉庆三年三月十一日至二十日，官员承审案件议叙议处汇题事124件。

嘉庆三年四月二十一日至三十日，官员承审案件议叙议处汇题事91件。

嘉庆三年五月初一日至初十日，官员承审案件议叙议处各案汇题事103件。

嘉庆三年五月十一日至二十日，官员承审案件议叙议处汇题事131件。

嘉庆三年六月初一日至十日，官员承审案件议叙议处汇题事112件。

嘉庆三年八月初一日至十日，官员承审案件议叙议处汇题事133件。

嘉庆三年十月初一日至二十九日，官员承审案件议叙议处各案汇题事88件。

嘉庆三年十月二十一日至二十九日，官员承审案件议叙议处汇题事126件。

嘉庆三年十一月十一日至二十日，官员承审案件议叙议处汇题事90件。

嘉庆四年二月，所有官员承审迟延及拿获军犯议叙议处汇题事92件。

嘉庆四年十月，官员承缉不力疏防盗贼罚俸等案件事162件。

嘉庆四年十一月中旬，官员承审迟延并拿获邻境军流议处议叙案件事118件。

嘉庆五年四月初一日至初十，所有官员承审迟延事件迟延议处议叙案件汇题事173件。

嘉庆五年四月十一日至二十日，所有官员议处议叙案件汇题事167件。

嘉庆五年闰四月二十一日至三十日，各省官员议处议叙案件汇题事125件。

嘉庆五年四月二十一日至三十日，官员议处议叙等案汇题事162件。

嘉庆五年五月初一日至初十日，各省官员议处议叙案件汇题事115件。

嘉庆五年五月十一日至二十日，各省官员议处议叙案件汇题事156件。

嘉庆五年五月下旬，各省官员承审案件迟延并事件迟延罚俸等事168件。

嘉庆五年六月初一日至初十日，各省官员议处议叙案件汇题事 154 件。

嘉庆五年七月十一日至二十日，各省官员议处议叙案件汇题事 140 件。

嘉庆五年八月十一日至二十日，各省官员议处议叙案件汇题事 103 件。

嘉庆五年八月二十一日至二十九日，各省官员议处议叙案件汇题事 134 件。

嘉庆五年九月初一日至初十日，各省官员议处议叙案件汇题事 171 件。

嘉庆五年九月十一日至二十日，各省官员议处议叙案件汇题事 100 件。

嘉庆五年九月二十一日至三十日，各省官员议处议叙案件汇题事 109 件。

嘉庆五年十月上旬，各省官员承审迟延并事件迟延罚俸等案件汇题事 122 件。

嘉庆五年十月，各省承缉接缉盗案未获开报迟延议处议叙案件汇题事 119 件。

嘉庆五年十一月上旬，各省官员承审迟延并事件迟延罚俸等案事 165 件。

嘉庆五年十一月中旬，各省官员承审迟延并事件迟延罚俸等案事 150 件。

嘉庆六年三月中旬，所有官员承审迟延并事件迟延处分事 158 件。

嘉庆六年五月，题参未获及开报迟延案件事 150 件。

嘉庆六年六月下旬，承审迟延事件迟延罚俸处分事 153 件。

嘉庆六年七月上旬，所有官员承审迟延事件迟延罚俸处分事 105 件。

嘉庆六年十一月下旬，各省州县以上官员议处议叙各案汇题请旨事 170 件。

嘉庆六年十二月上旬，各省州县以上官员承审事件议处议叙等案汇题事 140 件。

嘉庆六年十二月中旬，各省官员承审事件议处议叙各案汇题请旨事 611 件。

嘉庆六年十二月各省，官员未获盗犯议处议叙各案汇题请旨事 174 件。

嘉庆七年十二月上旬，官员议处议叙等案事 241 件。

嘉庆八年二月下旬，各省官员议处议叙等案事 192 件。

嘉庆八年七月，官员议处盗案事 224 件。

嘉庆八年九月，议处官员承缉盗案事 112 件。

嘉庆八年十月中旬，州县以上官员承审迟延等各案议处议叙事 160 件。

嘉庆八年十一月上旬，各省官员承审迟延等案分别议处议叙各员事 185 件。

嘉庆九年三月上旬，官员承审迟延事件迟延罚俸拿获邻境流遣各犯议处案汇题事 411 件。

嘉庆九年四月下旬，官员承审迟延事件迟延罚俸拿获邻境流遣各犯议处案汇题事 201 件。

嘉庆九年四月，官员疏防盗案等件数汇题事 97 件。

嘉庆九年九月上旬，官员承审迟延并事件迟延罚俸议处议叙等案汇题事 104 件。

嘉庆十年三月初一至初十日，各省官员因承审案件议处议叙开列汇题事 195 件。

嘉庆十年三月中旬，各省官员因承审案件被议处议叙开列汇题事 156 件。

嘉庆十年十月初一日至三十日，各省官员因承审案件等议处议叙开列汇题事 236 件。

嘉庆十年十二月，各省官员因承审案件被议处议叙开列汇题事 293 件。

嘉庆十年十二月，各省官员承缉盗案未获应行议处各案汇题请旨事 211 件。

嘉庆十一年八月中旬，各省官员应议处议叙等案事 397 件。

嘉庆十一年九月初一日至初十日，州县以上官员遇有议叙议处等案汇题事 203 件。

嘉庆十二年五月上旬，各省官员承审迟延罚俸等案事 134 件。

嘉庆十二年十一月，汇题官员议处盗案事 180 件。

嘉庆十二年十二月，各省官员议处议叙等案件汇题事 577 件。

嘉庆十三年闰五月，汇题官员议处盗案事 256 件。

嘉庆十三年六月一日至十日，汇题官员议处议叙等案件事 219 件。

嘉庆十三年六月二十一日至三十日，汇题州县以上官员议处议叙等案件事 273 件。

嘉庆十三年九月初一日至十日，汇题州县以上各官议处议叙等案事 295 件。

嘉庆十四年二月二十一日至三十日，所有官员遇有议叙议处等案汇题事 201 件。

嘉庆十四年五月初一至十日，所有州县以上等官遇有议处议叙各案汇题事 254 件。

嘉庆十四年五月十一日至二十日，所有州县以上等官遇有议叙议处各案汇题事 199 件。

嘉庆十四年十二月上旬，各省州县以上等官议叙议处等案事 327 件。

嘉庆十四年十二月，各省承缉盗案官员议处事 348 件。

嘉庆十五年十一月上旬，各省州县以上官员议叙议处各案事 219 件。

嘉庆十五年十一月中旬，各省官员议叙议处各案事 230 件。

嘉庆十六年六月上旬，官员议处议叙等案事 163 件。

嘉庆十六年十一月上旬，官员议处议叙案件事 340 件。

嘉庆十七年二月初一日至二十九日，官员承审迟延罚俸等案事 222 件。

嘉庆十七年七月二十一日至二十九日，官员承审迟延罚俸议处议叙等案事 467 件。

嘉庆十七年九月二十一日至三十日，官员承审迟延罚俸等议处议叙案事 210 件。

嘉庆十七年十月十一日至二十日，官员承审迟延罚俸等案事 201 件。

嘉庆十八年八月初一日至初十日，州县以上等官议叙议处之案汇题事 446 件。

嘉庆十八年十一月，各省初参未获议处各案汇题请旨事 188 件。

嘉庆十九年十月，所有议处官员承缉盗案汇题事 382 件。

嘉庆二十年三月，各省汇题官员疏防未获赃贼各案内处分事 168 件。

嘉庆二十年三月中旬，官员议叙议处等案事 259 件。

嘉庆二十年八月下旬，州县以上等官议叙议处等案事 495 件。

嘉庆二十年九月下旬，州县以上官员议叙议处各案事 272 件。

嘉庆二十一年十月上旬，官员议处议叙等案事 220 件。

嘉庆二十一年十一月，官员议叙议处等案汇题事 192 件。

嘉庆二十二年三月，官员未获查参案件汇题事 120 件。

嘉庆二十三年三月上旬，所有官员承审迟延并事件迟延议处议叙等案事 80 件。

嘉庆二十三年九月上旬，所有官员承审迟延并事件迟延议处议叙等案事 305 件。

嘉庆二十四年三月初一日至十日，官员议处议叙各案汇题请旨事 183 件。

嘉庆二十四年三月二十一日至二十九日，官员议处议叙各案事 157 件。

（二）嘉庆元年到二十四年 30 件微员处分汇题时间与件数

下文选取嘉庆朝二十多年内，内阁吏科 30 件处分题本，按照时间顺序排列，由此长时段内处分数量可见微员处分之多。

嘉庆二年四月，微员遇有议叙议处等案汇题事 102 件。

嘉庆四年七月，所有微员承审迟延并事件迟延罚俸等案件事 139 件。

嘉庆四年九月，所有微员承审迟延并拿获邻境逃流议叙议处案件事 108 件。

嘉庆四年十一月，各省微员承审迟延并事件迟延罚俸等案事 93 件。

嘉庆四年十一月，所有微员承审迟延及拿获邻境盗犯议叙议处案件事 111 件。

嘉庆五年四月，州同以下各省微员议处议叙案件汇题事 103 件。

嘉庆五年七月，州同以下各省微员议处议叙案件汇题事 106 件。

嘉庆五年十月，州同以下各省微员承审迟延并事件迟延罚俸等案事 104 件。

嘉庆五年十一月，各省州同县丞以下官员承审迟延并事件迟延罚俸处分事 123 件。

嘉庆六年九月，所有微员承审迟延并事件迟延罚俸处分事 95 件。

嘉庆六年十二月，各省州同以下微员承缉事件议处议叙各案汇题请旨事 143 件。

嘉庆七年十二月，微员议处议叙各案汇题请旨事 196 件。

嘉庆八年七月，微员议处议叙各案汇题请旨事 186 件。

嘉庆八年十一月，微员承缉接缉不力及拿获邻境流遣各犯议处议叙各案汇题 133 件。

嘉庆九年四月，微员承缉接缉不力罚俸拿获邻境流遣各犯议处议叙各案汇题 120 件。

嘉庆九年七月，微员承审迟延并事件迟延罚俸拿获逃军议处议叙等案汇题事 181 件。

嘉庆九年八月，微员承审迟延并事件迟延罚俸拿获逃军议处议叙等案汇题事 150 件。

嘉庆十一年八月，微员议处议叙等案事 253 件。

嘉庆十三年二月，汇题微员议处议叙等案事 192 件。

嘉庆十三年闰五月，州同以下各员议叙议处各案件事 118 件。

嘉庆十四年十月，所有微员遇有议处议叙等案汇题事 181 件。

嘉庆十五年四月，各省州同以下微员议处议叙各案事 143 件。

嘉庆十六年三月上旬，州同以下微员议叙议处案件事 123 件。

嘉庆十九年十二月，汇题州同以下各官承审迟延并事件迟延罚俸等案事 319 件。

嘉庆二十年二月，各省汇题微员承审事件迟延罚俸议处议叙等案事 157 件。

嘉庆二十年七月，州同以下微员议处议叙各案事 214 件。

嘉庆二十年八月，州同以下微员议叙议处等案事 312 件。

嘉庆二十一年五月上旬，州同以下微员议处议叙等案事 145 件。

嘉庆二十一年十二月上旬，州同以下微员议叙议处等案事 399 件。

嘉庆二十四年二月，州同以下微员议处议叙各案事 223 件。

（三）选取的一份完整的参劾处分汇题本

嘉庆十七年（1812），吏部尚书松筠为会议嘉庆十七年十二月中下旬官员议处议叙等案汇题请旨。[①] 这份题本非常典型，字数近万字，作为文职官员的处分汇题专题机构，吏部每月要处理这样的题本至少达 6 次，多者不

---

① 中国第一历史档案馆档案：题本《题为会议嘉庆十七年十二月中下旬官员议处议叙等案汇题请旨事》，档号：02-01-07-09439-019。档案内残缺损坏较多，此份题本基本完整。

计，在当时的书写条件下，这是非常大的工作量了。且看这份处分汇题本的结构和内容。

1. 吏部尚书松筠负责详报

详报内容包括此次汇题的处分官员类别、处分事由、处分单类件数、这一时期处分的总件数，详细内容见下：

> 先经臣部题明，凡州县以上等官遇有议处议叙等案归于十日汇题一次等因在案。该臣等议得嘉庆十七年十二月中下分，所有官员承审迟延并将事件迟延罚俸降留之案八十一件，承缉接缉不力住俸罚俸降留之案一百九十五件，疏脱军流等犯罚俸之案二百三十八件，交代迟延罚俸之案二十五件，造册迟延并造册舛错罚俸降留之案三十三件，佥差不慎并监毙斩绞等犯罚俸之案三十八件，失察赌博失察库刀竹铳罚俸之案十八件，失察私雕假印并失察衙役滋事罚俸降留之案四件，失察私和人命并失察贩卖妇女降留降抵之案三件，失察遣犯逃回在境并失察拐犯潜匿在境罚俸降留之案五件，失察凶徒滋事并失察会匪聚众滋事降留降抵之案二件，失察贩私并失防漕船罚俸之案三件，承审不实并拟罪错误罚俸降抵之案七件，报丁迟延并遗漏供结罚俸之案四件，违例率行出结并违例改委降留之案二件，失防盗犯越狱并失防绞犯在监自尽降留降抵之案二件，遗漏行文并递送公文错误罚俸之案三件，承缉凶首盗首并协缉为奴人犯罚俸之案四件，讳窃不报并失察属员擅受酿命罚俸降留之案二件，未完河银并未完杂项钱粮罚俸降俸之案六件，抵销降留之案一件，查销限缉之案并查销原议之案三件，查销降俸之案二件，年限开复并捐复降留之案三件，办差开复并续报全完开复罚俸降俸之案八件，经征钱粮全完额铸钱文并拿获军流等犯议叙加级纪录之案十二件。共七百零四件相应开列汇题。

呈报中详列了嘉庆十七年十二月二十天的时间内，官员各类情况的罚俸降留处分案件共 704 件。记载有 26 类议处事由，在每类议处事由中，处分件数多少不等，其中疏脱军流等犯罚俸之案有 238 件，是所有类别中处分官员最多的一类，凶案盗案等较少只有两三件。汇题中所涉及的官员处分属于较轻的处分，以罚俸降留为主。总体而言，可见当时处分数量之多。

2.吏部议处官员引用的相关处分例条

处分例条供嘉庆皇帝参考，依次为："定例内官员承审命盗案件迟延逾限不及一月及历限一月以上卸事者俱罚俸三个月，逾限一月以上者罚俸一年。又定例邻封关提人犯，文到限二十日拿解，如逾限不发照事件迟延例议处。又定例官员将事件迟延逾限不及一月罚俸三个月，逾限一月以上罚俸一年，逾限半年以上罚俸二年，逾限一年以上降一级留任。又定例官员承问引律不当，将应拟军流等犯错拟徒杖者，承问官罚俸一年。又定例督抚具题事件内，有案情不确律例不符部驳再审，各官遵驳改正，照失出失入例减等议处，例应罚俸一年者减为六个月，例应罚俸六个月者减为罚俸三个月。又定例诱拐人犯潜住在境，不行查拿之地方官降一级留任。又定例官员讳窃不报者罚俸六个月。又定例斩绞人犯监毙一名者，管狱官罚俸一个月，军流人犯监毙一名者管狱官罚俸三个月，徒杖人犯监毙一名者管狱官罚俸六个月等。"① 此次各项议处引用的处分条例，共有7条，每条中按照不同的违犯程度又有具体规定。

3.题本中罗列各省题参到部的具体官员及吏议处分

（1）直隶及周边地区题参官员及处分。

山东题参：一件为呈究事准刑部咨称山东巡抚同兴疏称将承审命案迟延逾限一月以上之胶州告病知州刘文典照例于补官日罚俸一年；委审迟延一月以上之署济南府事泰安府知府五泰照例于现任内罚俸一年；审转迟延不及一月之济南府知府凝图照例罚俸三个月。一件为禀明事将承审命案迟延逾限不及一月之曹县知县姚国栋、审转迟延不及一月之曹州府知府洪范，均照例罚俸三个月；委审迟延一月以上之济南府知府凝图照例罚俸一年；洪范已升运河道应于现任内罚俸三个月。一件为报明事将承审命案迟延逾限不及一月之宁海州知州胡道垠照例罚俸三个月；委审迟延不及一月之署蓬莱县事潍县县丞李经广照例于现任内罚俸三个月。一件为禀讯事将承审事件迟延逾限不及一月之前署费县事试知县已经丁忧之刘东里、接审迟延不及一月之署费县事试用知县黄援，均照例于补官日各罚俸三个月。一件为委验事将承审及委审

① 中国第一历史档案馆档案：题本《松筠题为会议嘉庆十七年十二月中下分官员议处议叙等案汇题请旨事》，档号：02-01-07-09439-019。

423

命案迟延逾限不及一月之济东县知县王殊渥、历城县知县周履端，均照例罚俸三个月；审转迟延不及一月之前署济南府事泰安府知府五泰照例罚俸三个月。一件为呈首事将承审命案迟延逾限不及一月署莱阳县事候补知县张京照例于补官日罚俸三个月。一件为报明事将承审迟延逾限不及一月之前署福山县事试用知县又经革职之卢文干照例罚俸三个月注册。一件为禀报事将承审盗犯迟延逾限一月以上之新泰县知县甄逢原、传解迟延一月以上之峄县知县钱日焘均照例罚俸一年；审转迟延不及一月之前任泰安府知府降调开复今补曹州府知府柏岁照例于现任内罚俸三个月；钱日焘已升东昌府下河通判应于现任内罚俸一年。一件为报明事将承审盗案迟延逾限一月以上之博山县知县张聊奎照例罚俸一年；审转迟延逾限不及一月之青州府知府钱俊照例罚俸三个月。一件为禀报事将承审命案迟延逾限一月以上之高苑县知县邱音越照例罚俸一年；审转迟延不及一月之青州府知府钱俊、委审迟延不及以一月之济南府知府凝图照例罚俸三个月。一件为密禀事将承审事件迟延逾限一月以上之前署莱阳县事候补知县张京照例于补官日罚俸一年。一件为咨行事将承审事件迟延逾限一月以上之前署济南府事泰安府知府五泰照例于现任内罚俸一年。一件为获贼事将承审迟延逾限一月以上之临邑县知县谭彝照例罚俸一年；审转迟延不及一月之署济南府事泰安府知府五泰、济南府知府凝图均照例罚俸三个月。一件为禀讯事将承审事件迟延逾限一月以上之济阳县知县王汝弼照例罚俸一年；审转迟延不及一月之济南府知府凝图照例罚俸三个月。一件为呈首事将承审命案迟延逾限一月以上之诸城县知县戚祖茂照例罚俸一年。一件为移咨事将承审迟延逾限不及一月之聊城县丁忧知县王德修照例于补官日罚俸三个月；逾限一月以上之署聊城县事候补知州李冈照例于补官日罚俸一年。一件为访闻事将承审及审转命案迟延逾限一月以上之历城县知县周履瑞、前任济南府知府徐日智、前署济南府事登州府知府五泰均照例罚俸一年；审转迟延不及一月之济南府知府凝图照例罚俸三个月；徐日智已经告病，应于补官日罚俸一年；五泰已调泰安府知府应于现任内罚俸一年。一件为呈明事将申送贡监清白册结迟延逾限不及一月之代理单县事试用知县谭之遂照例于补官日罚俸三个月；逾限一月以上之济阳县知县王汝弼、章邱县知县王嵩、前任单县知县孙立方、前任菏泽县知县杨新兰、署菏泽县事试用知县王朝凤、馆陶县知县赖鉴辉、前署单县事试用通判觉罗奕禄、福山县知张佑均照例罚俸一年；逾限半年以上之前署福山县事试用知县朱钟、前署馆陶县事试用知县李应曾均照例于补官日罚俸二年；孙立方、张佑俱经告病，王朝凤、觉罗名禄俱系试用署事之员，均应于补官日各罚俸一年；杨新兰已升东平州知州，应于现任内罚俸一年；查李应曾有纪录一次应销去纪录一次抵罚俸六个月，仍罚俸六个月。

直隶题参：一件为禀明事准刑部咨称直隶总督温承惠称将承审接审迟延逾限一月以上之前署静海县事永清县知县宋齐运、署静海县事雄县县丞姜臣斌均照例罚俸一年；姜臣斌有纪录二次应销去纪录二次抵罚俸一年免其罚俸。

河南题参：一件为禀报事准刑部咨称河南巡抚长龄称将承审展限一月以上卸事之邓州知州周安邵、接审迟延违限不及一月之兼理邓州事新野县知县袁成烈均照例罚俸三个月，袁成烈应于现任内罚俸三个月；一件为咨送事将承审迟延违限一月以上之睢州知州汪如潮照例罚俸一年。

山西题参：一件为禀明事准刑部咨称山西巡抚衡龄称将承审盗案迟延逾限不及一月之右玉县知县广善照例罚俸三个月。一件为报明事将承审盗案迟延逾限一月上之前任偏关县调任榆次县知县杨栋秀照例于现任内罚俸一年。

（2）两江地区题参官员及处分。

安徽题参：一件为拐逃事准刑部咨称安徽巡抚胡克家称将承审事件迟延违限不及一月之广德州知州徐傅一照例罚俸三个月。一件为报明事将转详迟延违限不及一月之颍州府知府章廷枫照例罚俸三个月。一件为移交事准刑部咨称安徽巡抚胡克家称将承审迟延违限不及一月之蒙城县知县周鹤立照例罚俸三个月。一件为禀明事将承审迟延违限不及一月之颍上县降调知县朱炳南照例于补官日罚俸三个月。一件为拿获事应将承审迟延逾限不及一月之灵璧县知县王景云照例罚俸三个月。一件夥折事将承审审转迟延违限不及一月之铜陵县知县林汝谟、池州府知府何裕均，均照例罚俸三个月。一件为据投事将承审及审转迟延违限不及一月之凤阳县知县赵芝、署凤阳府事试用知府张丕昌，均照例罚俸三个月，张丕昌应于补官日罚俸三个月。一件为札谕事准刑部咨称护理安徽巡抚印务布政使李奕畤称将迟延逾限不及一月之署安庆府事凤阳府知府倪思淳、试用知县李晓林，均照例罚俸三个月。一件为被抢等事将承审迟延违限一月以上之署祁门县事试用知县张进南照例于补官日罚俸一年;审转迟延违限不及一月之徽州府知府龚丽正照例罚俸三个月。一件为禀报事准刑部咨称护理安徽巡抚印务布政使李奕畴称将承审事件迟延违限一月以上之灵璧县知县汪景云罚俸一年。一件为获贼事称将承审事件迟延违限一月以上之前任南昌县知县升任莲花厅同知沈礼意照例罚俸一年。

江苏题参:一件为咨送事准刑部咨称两江总督百龄称将前任颍上县降调知县朱炳南照例于补官日罚俸二年。一件为咨送事准兵部咨称江苏巡抚朱理称将接递本章差使造册迟延违限一月以上之署吴江县事试用知县张友柏照例于补官日罚俸一年。一件为报明事准刑部咨称江苏巡抚朱理称将承审迟延违限不及一月之宝山县丁忧知县田钧照例于补官日罚俸三个月。一件为获解事将承审迟延违限不及一月之无锡县知县韩履宠照例罚俸三个月。一件为禀候等事将承审事件迟延违限不及一月之嘉定县知县吴桓照例罚俸三个月。一件为详覆事将承审迟延不及一月之署武进县事候补知州李绍洛照例于补官日罚俸三个月。一件为禀报事将承审命案迟延违限不及一月之阜阳县知县宋宜福照例罚俸三个月。一件为咨送事将承审盗案迟延违限一月以上之通州知州唐仲冕照例罚俸一年;委审迟延逾限不及一月之丹徒县知县周以勋照例罚俸三个月;唐仲冕又提解迟延一月以上应照例再罚俸一年。

江西题参:一件为移会事准刑部咨称护理江西巡抚印务调任布政使陈预称将承审迟延违限一月以上之署南昌府事吉安府知府张敦仁、南昌县知县升任遵化厅同知沈礼意、署新建县事雩都县事雩都县知县雷学淦,均照例于现任内罚俸一年,雷学淦有纪录一次应销去纪录一次抵罚俸六个月仍前罚俸六个月。一件为获贼等事将承审事件迟延违限一月以上之前任南昌县知县升任莲花厅同知沈礼意照例罚俸一年。一件为咨送事将承审盗案迟延违限一月以上之龙泉县知县汤煦照例罚俸一年,有纪录一次应销去纪录一次抵罚俸六个月仍罚俸六个月。一件为拐逃事将承审迟延违限一月以上之署赣县事试用知县邱安校照例于补官日罚俸一年;失察拐犯潜住在境不行查拿之安遴县知县丁奇琯照例降一级留任,有嘉庆十六年十月捐加一级十一月捐加一级,应请销去十六年十月捐加一级抵降一级免其降级。

(3)两广地区题参官员及处分。

一件为通行事准刑部咨称广东巡抚韩崶称将承审迟延逾限不及一月之南海县知县谢涛、署钦州事候补知州田文焘、高明县知县余保纯、署广州府事理事同知英吉、花县知县阎抡闻、署花县事惠来县知县杨星耀、钦州知州刘光晖、番禺县知县吉安、署南海县事候补知州刘廷楠，均照例罚俸三个月；逾限一月以上之四会县知县吴自求、高要县知县王承熙、清远县知县蔡梦麟，均照例罚俸一年；转详迟延逾限不及一月之署廉州府事佛山同知官德照例罚俸三个月；查详迟延逾限一月以上之归善县知县刘士菜照例罚俸一年；监毙斩犯一名之高要县丁忧典史高作霖照例于补官日罚俸一个月；讳窃不报之代理钦州事合浦县县丞谢治河照例罚俸六个月；查英言已另案降调，吉安已升南雄州知州，又经另案降调捐复知县补用；田文焘、刘廷楠俱系候补之员，均应于补官日罚俸三个月；刘光晖已另案革职应罚俸三个月注册；王承熙已另案降调应于补官日罚俸一年；田文焘又署钦州任内承审贼犯龙瑞才等迟延逾限一月以上，刘廷楠又署南海县任内接审匪徒陈亚科迟延逾限一月以上，王承熙又承审贼犯卢亚居迟延逾限一月以上，均照例于补官日再各罚俸一年；刘廷楠又署南海县任内查详迟延逾限一月以上，吉安又前在番禺县任内查详迟延逾限一月以上，均照例于补官日再各罚俸一年；蔡梦麟又查详迟延逾限一月以上，照例再罚俸一年；田文焘又署钦州任内查详迟延一年以上，照例于补官日再降一级留任；刘光晖又查详迟延一年以上照例再降一级留任注册；刘廷楠又署南海县任内接审贼犯卢亚成迟延逾限一月以上照例于补官日再罚俸一年，田文焘并无级纪抵销。

广西题参：一件为报乞事准刑部咨称广西巡抚成林称将承审迟延逾限一月以上之署藤县事隆安县知县夏继衡照例罚俸一年注册，接审迟延逾限一月以上之署藤县事思恩府通判董邦本照例罚俸一年。

（4）两湖地区题参官员与处分。

湖北题参：一件为报验事准刑部咨称湖北巡抚张映汉称应将承审命案迟延逾限一月以上之黄冈县知县郑家凭照例罚俸一年；一件为禀明事将承审事件迟延逾限不及一月之署汉阳县事试用知县方策照例于补官日罚俸三个月。一件为报明事准刑部咨称湖广总督兼署湖北巡抚马慧裕称将承审命案迟延逾限不及一月之武昌县知县王余菖照例罚俸三个月；一件为将承审命案迟延逾限不及一月之署江夏县事试用知县王希琮照例于补官日罚俸三个月；一件为将承审迟延逾限不及一月之通山县知县田稼照例罚俸三个月；一件为将承审命案迟延逾限不及一月之德安府知府李世治、云梦县知县石城均照例罚俸三

427

个月；一件为报明事湖北巡抚马慧裕咨称将承审历限一月以上离任之署谷城县事试用知州郑伟照例于补官日罚俸三个月。一件为报明事将承审展限一月以上离任之前署蒲圻县事试用知县已另案降调之张增龄照例于补官日罚俸三个月。逾限一月以上之蒲圻县调任黄冈县知县郑家屏照例于现任内罚俸一年。审转军罪人犯错拟徒罪遵驳改正武昌府知府纪兰照例罚俸三个月；郑家屏又承审应拟军罪人犯错拟徒罪部驳更正应照例于现任内罚俸六个月。一件为报恳事将承审展限一月以上卸事之代办恩施县事来凤县知县朱鸣凤照例于现任内罚俸三个月；承审迟延逾限一月以上之署恩施事利川县丁忧县丞钮豹鳌、代办来凤县事试用知县刘成章均照例于补官日罚俸一年。一件为报明事将承审盗案迟延逾限一月以上之黄陂县知县敬惇典照例罚俸一年；审转迟延不及一月之汉阳府知府多容安照例罚俸三个月。

湖南题参：一件为报垦事准刑部咨称湖南巡抚广厚称将承审命案迟延逾限不及一月之代理湘乡县事试用知县杨辉宁照例于补官日罚俸三个月。一件为禀报事将关揭职名迟延逾限一月以上之巴陵县知县严钟球照例罚俸一年。一件为题明事将详参迟延半年以上之桃源县知县李英照例罚俸二年；有纪录二次应销去纪录二次抵罚俸一年仍罚俸一年。一件为报验事将承审盗案迟延逾限不及一月之署芷江县事试用知县李克恒照例于补官日罚俸三个月；审转迟延不及一月之沅州府知府蓝嘉瓒照例罚俸三个月。一件为报验事将承审命案迟延逾限一月以上之署永定县事试用知县韩凤仪、委审迟延逾限一月以上之安福县知县刘天培，均照例罚俸一年；韩凤仪系试用之员于补官日罚俸一年。一件为申请事将承审命案迟延逾限一月以上之新田县降调知县张厚郙照例于补官日罚俸一年；审转迟延一月以上之永州府知府锡龄照例罚俸一年。一件为报恳等事将承审命案迟延逾限一月以上之署湘乡县事永明县知县顾烺圻照例于现任内罚俸一年。一件为报验事。一件为报明事将承审事件迟延逾限一月以上之永顺县知县庄心简照例罚俸一年。一件为委审事将承审盗案迟延逾限一月以上之长沙府知府张凤枝、郴州知州朱偓桂、阳县知县常庆均照例罚俸一年；张凤枝、常庆具有纪录一次应各销去纪录一次抵罚俸六个月仍各罚俸六个月，朱偓桂有纪录二次应销去纪录二次抵罚俸一年免其罚俸。

（5）云贵川地区题参官员与处分。

云南题参：一件为审办事准刑部咨称云南巡抚孙玉庭称将承审迟延违限

不及一月之寻甸州知州牛暹照例罚俸三个月。一件为报明事将承审迟延违限不及一月之署马龙州事试用知县魏襄高照例于补官日罚俸三个月；接审迟延违限一月以上之马龙州知州刘启元照例罚俸一年。一件为咨送事将承审迟延违限一月以上之署文山县事噜嘉州判已经革职李辑玉照例罚俸一年注册。

四川题参：一件为报明事准刑部咨称四川总督常明称将承审命案展限一月以上之卸事之前署蒲江县事候补知县徐士林照例于补官日罚俸三个月；接署迟延逾限不及一月之浦江县知县魏守诚照例罚俸三个月。

（6）闽浙地区题参官员与处分。

浙江题参：一件为呈报事准刑部咨称浙江升任巡抚高杞称将承审迟延逾限一月以上之前署武义县事试用知县丁愈嘉照例于补官日罚俸一年；逾限不及一月之武义县知县满秋石照例罚俸三个月。一件为禀究事将承审迟延逾限一月以上之镇海县知县傅秀漳照例罚俸一年。一件为请严事将造送兵饷印结迟延逾限不及一月之署瑞安县事试用西乡苏梦棠平阳县知县黄元规均照例罚俸三个月；苏梦棠系试用之员应予补官日罚俸三个月。

（7）陕甘地区题参官员与处分。

一件为详明事准刑部咨称陕甘总督那彦成称将承审迟延逾限一月以上之礼县知县秦琼照例罚俸一年有纪录一次应销去纪录一次抵罚俸六个月仍前罚俸六个月。

从以上各省上报的题参到部，处分官员的处分件数可见有几个问题：一是每个省参劾官员数量悬殊，在这个时段山东省处分件数最多，山西、四川、陕甘地区最少。二是各省督抚在参劾本属官员的时候，每件中参劾官员数量不等，有的只参一位官员，有的达到五六位。三是在十二月中下旬二十天的时间里，有的省份巡抚已经更换，题参者不同。四是这些处分基本都属于罚俸处分。五是被参者基本上是各地的知州、知府、知县。六是在这同一个时段内，有的省官员被参劾的处分不止一案，例如山东省济南府知府凝图、泰安府知府五泰被参达到五六案，罚俸总计四五年。七是从这个时段受处分的官员总体人数来看，也是一个不小的数字，而这仅仅是汇题处分，还有专题处分未统计在内，这一切都说明官员处分在当时各省中的普遍性和奇多。

4.有关命盗案承缉迟延等议处引用的相关处分条例

命盗等案所引处分例条依次为："定例内直隶、蒙古地方遇有盗劫案件照命案缉凶例查议。又定例地方遇有发冢开棺见尸案照命案缉凶议处。又定例私铸首犯匠人脱逃者照命案缉凶例议处。又定例命案凶犯在逃承缉官初参住俸勒限一年缉拿,二参罚俸一年再限一年缉拿,三参罚俸二年仍限一年缉拿,四参降一级留任凶犯照案缉拿。又定例承缉凶犯官于初参限内离任,接缉官限满不获罚俸一年限一年缉拿,再限不获罚俸一年。如承缉官于初参限外离任,接参限内被邻境别讯及原籍拿获者,承缉官限满不获罚俸一年。又定例承缉重罪凶犯官未届三参离任,接缉官限满不获罚俸一年限一年缉拿。又定例各项限缉人犯,参限内被邻境别讯及原籍拿获者,各按本例酌减议处。如限满例应罚俸二年者以罚俸一年完结,例应罚俸一年者以九个月完结,应罚俸九个月者以六个月完结,例应罚俸六个月者以三个月完结,例应罚俸三个月者以一个月完结。又定例民人私藏竹铳,失察之地方官罚俸六个月;如习铁铳,失察之地方官罚俸九个月。又定例官员任内有承督未完事件,于未经限满之先离任者,以罚俸一年完结。"①统计议处命盗案处分条款有9条,主要涉及地方的命案、盗案和承缉之案,在当时这些都属于重案。但是可以看到,罚俸规定最重是二年,清代的原则还是以罚促缉为主。

5.各省题参到部的命盗案与官员处分

(1)四川题参案与官员处分。

一件为报明事准刑部咨称四川总督常明称将引见署璧山县事试用知县李大经原议初参住俸限一年缉拿,复参再议之案查销改照离任官例于补官日罚俸一年。一件为报明事将承缉不力之前任开县知县马鸣銮照例住俸勒限一年缉拿,初参限内接缉不力之前署开县事试用知县宋大中照例罚俸再限一年缉拿,马鸣銮已经丁忧,宋大中系试用署事之员,俱于未经限满之先卸事,均应照离任官例于补官日罚俸一年;凶犯交与接任官照案缉拿,马鸣銮有纪录一次应销去纪录一次抵罚俸六个月,仍罚俸六个月。一件为报恩事将初参承缉不力之前署大竹县事候补知州石钧照例住俸勒限一年缉拿,系署事官已于

---

① 中国第一历史档案馆档案:题本《松筠题为会议嘉庆十七年十二月中下分官员议处议叙等案汇题请旨事》,档号:02-01-07-09439-019。

未经限满之先卸事，应照离任官例于补官日罚俸一年，有纪录一次应销去纪录一次抵罚俸六个月仍于补官日罚俸六个月。一件为报勘事应将前署璧山县事试用知县李大经原议初参住俸限缉，复参再议之案查销，改照离任官例于补官日罚俸一年有纪录一次应销去纪录一次抵罚俸六个月仍于补官日罚俸六个月。一件为报明事将初参承缉不力之前任阆中县知县黄泰照例住俸勒限一年缉拿，已于未经限满之先患病调理卸事，应照离任官例于补官日罚俸一年；凶犯交与接任官照案缉拿，有纪录一次应销去纪录一次抵罚俸六个月仍前罚俸六个月。

（2）直隶题参案与官员处分。

一件为报明事准刑部咨称直隶总督温承惠称应将初参承缉不力之前任平泉州知州莫安照例住俸勒限一年缉拿，已于未经限满之先升任泰东陵员外郎卸事，应照离任官例于现任内罚俸一年。一件为报明事将初参承缉不力之前任平泉州知州莫安照例住俸勒限一年缉拿，已于未经限满之先升任泰东陵员外郎卸事，应照离任官例于现任内罚俸一年。一件为报明事将初参承缉不力之前任平泉州知州莫安照例住俸勒限一年缉拿，已于未经限满之先推升泰东陵员外郎卸事，应照离任官例于现任内罚俸一年完结。一件为呈请事应将初参承缉不力之前任朝阳县患病调理知县福勒栋安照例住俸勒限一年缉拿。一件为报明事将初参承缉不力之前任平泉州知州莫安照例住俸勒限一年缉拿，已于未经限满之先推升泰东陵员外郎卸事，应照离任官例于现任内罚俸一年。一件为报明事将初参承缉不力之前任建昌县知县那斯辉照例住俸勒限一年缉拿，初参限内接缉不力之前署建昌县事试用同知重宁照例罚俸一年再限一年缉拿，那斯辉已另案降调，重宁系试用署事之员，俱于未经限满之先卸事，应照离任官例于补官日各罚俸一年完结。重宁有纪录三次应销去纪录二次抵罚俸一年免其罚俸。一件为迟误事准刑部咨称热河都统毓秀称将初参承缉不力之赤峰县知县强议照例住俸勒限一年缉拿。

（3）湖北题参案与官员处分。

一件为详参等事准刑部咨称湖北巡抚张映汉称将初参缉凶不力之署孝感县事候补知县王进祖照例住俸勒限一年缉拿，系署事官尚未声明卸事日期，其应照例议结之处俟复参到日再议。一件为报明事将初参缉凶不力之前署沔阳州事候补知州张琴照例住俸勒限一年缉拿，系署事官已于未经限满之先卸事，应照离任官例于补官日罚俸一年完结；凶犯交与接任官限一年缉拿。一件为详参等事准刑部咨称湖广总督兼署湖北巡抚马慧裕称将初参承缉凶犯不力之署随州事襄阳府同知萧兴洁照例住俸勒限一年缉拿，系署事之员尚未声明卸事日期，其应照例议结之处俟复参到日再议。一件为详参等事将初参缉凶不力之钟祥县知县张家萧照例住俸勒限一年缉拿。

（4）广东题参案与官员处分。

一件为报验事准刑部咨称广东巡抚韩崶称将初参承缉不力之署普宁县事海阳县知县徐一麟照例住俸勒限一年缉拿，系署事官已于未经限满之先卸事，应照离任官例于现任内罚俸一年；开报职名迟延逾限一月以上之署普宁县事候补知县冯线照例于补官日罚俸一年；查徐一麟有纪录二次应销去纪录二次抵罚俸一年免其罚俸。

（5）湖南题参案与官员处分。

一件为校验事准刑部咨称湖南巡抚广厚称将初参缉凶不力之署湘潭县事安仁县知县贾策良照例住俸勒限一年缉拿，系署事官已于未经限满之先卸事，应照离任官例于现任内罚俸一年；凶犯交与接任官限一年缉拿，有纪录一次应销去纪录一次抵罚俸六个月仍罚俸六个月。

（6）浙江题参案与官员处分。

一件为详参事准刑部咨称浙江升任巡抚高杞称将初参承缉不力之署秀水县事淳安县知县曹壁照例住俸勒限一年缉拿，系署事官，其应照例议结之处俟复参到日再议。

（7）江苏题参案与官员处分。

一件为咨行事准刑部咨称江苏巡抚朱理称应将初参承缉私铸人犯不力之署无锡县事昆山县知县陈玉篇照例住俸勒限一年缉拿；初参限内接缉不力之无锡县知县韩履宠照例罚俸一年再限一年缉拿；陈玉篇已于未经限满之先革职卸事，应照离任官例罚俸一年注册；韩履宠接缉二参不力应照例再罚俸一年；人犯照案缉拿，韩履宠有纪录一次应销去纪录一次抵罚俸六个月，仍罚俸二年六个月。

以上事关四川、直隶、湖北、广东、江苏、湖南、浙江等七省命盗案的缉捕处分，其中四川和直隶省所参劾官员最多，浙江省参劾此类官员最少。此外，从被参劾的官员对象，处分的轻重等比较和非命盗案大致相同，总体的处分件数要少于其他事项的处分件数。从参劾可见，涉及官员较少，一旦涉及官员案数也会较多，如四川署璧山县事试用知县李大经和直隶平泉州知州莫安在任被参劾案件增多。以上是就这件典型处分题本做的一些粗浅分析。下文，选取档案中提供给嘉庆皇帝的官员处分清单，再次反映官员个体处分数量之多。

二、中下级官员处分清单与参劾处分奇多

庄吉发据台北故宫博物院所藏《上谕档》中的参奏案件，曾作《嘉庆六年至十一年文武职被参案件简表》，此表可见庄吉发原文。[①] 由此表作者得出几点结论：第一，所列参奏案件共 251 件，"虽然以山东、广东、直隶、安徽、湖南等省所占比例较高，但直省参奏案件的分布，相当普遍，各省州县被参案件，层见叠出。"第二，所列参奏案件共 251 件，被参人员共计292 人。"在文职人员内，知县、署理知县共一六七人，占百分之五七，比例最高，其余知府、道员、知州、大使、盐运司、县丞、典史、训导、巡检、州判、通判、教谕、学正、司狱等人数都很少，所占比例很低。"第三，所列奏参案件被参文武职共 292 人，"其中奉旨革职者共二四二人，占总人数的百分之八三，其余奉旨接任及休致者共五〇人，占百分之一七。"[②] 这是庄吉发对这 5 年内文武官员被参状况的实革实降的研究，本节将选列档案中记载的嘉庆朝部分单个文职官员的处分清单，以此反映以府州县行政层面官员为代表的中下层官员处分之奇多。

（一）知县及微员处分清单与参劾处分情状

1. 浙江省正八品县丞王恩注 29 案参劾处分清单

嘉庆二十五年（1820），浙江巡抚陈若霖上奏仁和县县丞王恩注任内参罚案件三任 29 件处分案。[③]

---

① 庄吉发：《故宫档案与清代地方行政研究以幕友胥役为例》，载《清史论集二》，文史哲出版社 1997 年版，第 480—491 页。

② 庄吉发：《故宫档案与清代地方行政研究以幕友胥役为例》，载《清史论集二》，文史哲出版社 1997 年版，第 491—493 页。

③ 中国第一历史档案馆档案：单《陈若霖呈仁和县县丞王恩注任内参罚案件清单》，档号：04-01-12-0341-002。

一件代武义县任造送十九年分地丁奏册迟延罚俸三个月。

一件代武义县任造送十九年役食册迟延罚俸三个月。

一件代武义县任造送保甲烟户册迟延罚俸三个月。

一件代武义县任造送十九年经征地丁册迟延罚俸三个月。

一件代武义县任造送十九年分官役册迟延罚俸三个月。

一件代新城县任徒犯何秋秋脱逃罚俸一年。

一件代新城县任二十三年分漕截未完不及一分罚俸一年。

一件署临海县任徒犯林亚三脱逃限内他人捕获罚俸三个月。

一件署临海县任造送二十二年棚民户口册迟延罚俸一年。

一件署临海县任陈仁发与包世桐互控抢夺承审迟延罚俸一年。

一件署临海县任减徒流犯杨全德流犯陈添茂同逃。

一件署临海县任金王氏被杨显富殴伤身死凶犯无获四参代开职揭迟延半年以上。

一件署临海县任减徒军犯高玉阶脱逃。

一件署临海县任僧永超被殴受伤身死凶犯无获四参代开职揭迟延半年以上。

一件署临海县任徒犯林亚三脱逃。

一件署临海县任流犯张盛清脱逃。

一件署临海县任胡显河等殴伤罗汝传身死凶犯脱逃二参限内接缉。

一件署临海县任造送二十四年官役册迟延。

一件服满迟延降二级留任带于新任限年开复现在年限已满尚未开复。

一件署临海县任二十三年分月廪等银初参未完三分以上。

一件署临海县任造送二十四年分保甲烟户册迟延一月以上。

一件署临海县任二十四年地丁未完一分以上。

一件署临海县任二十四年南米未完一分以上。

一件署临海县任彭小毛殴伤彭士兰身死委审迟延。

一件署临海县任造送二十四年分种山棚民册迟延一月以上。

一件署临海县任戴尚珍被劫二参。

一件署临海县任失察金仲修夹带私盐。

一件署临海县任船户张元利在内河被劫钱洋等物疏防。

一件署临海县任俞万源在内洋被抢树木疏防。

以上 29 案为县丞王恩注曾在武义县任、新城县任、临海县任共三任期间的命盗、劫案、经征、委审、私盐、军犯等具体事务方面的处分，时间从嘉庆十九年到二十四年，处分为降留和罚俸为主，罚俸将近二十年，可见处分之量多。

2. 广东海阳县知县徐一麟 17 案参劾处分清单

嘉庆十七年（1812），广东巡抚韩崶上奏广东海阳县知县徐一麟，前在大埔县一任内参罚 17 案清单。[1] 除已完解开复者列册咨部查核外。其未完参罚及命盗展参各案有：

一件县民萧廷干货店被劫疏防专管照例住俸；又开报迟延再罚俸一年；二参限满降一级留原任所有应缴住俸罚俸降级银两俱已完解；三参限满咨参未准议覆。

一件贼犯陈阿吐听从李招麟等行劫张联升家疏防专管开参未准议覆；二参限满降一级留原任所有应缴降级银两业已完解；三参限满咨参未准议覆。

一件县民蔡赠魁被无名凶犯致伤身死初参承缉不力照例住俸；又开报迟延再罚俸一年；二参限满罚俸一年所有应缴住俸罚俸银两俱已完解；三参限满咨参未准议覆。

一件县民杨笃生等致伤管阿壬身死初参承缉不力照例住俸；又开报迟延再罚俸三个月；二参限满罚俸一年；又开报迟延再罚俸三个月所有应缴住俸罚俸银两俱已完解；三参限满咨参未准议覆。

一件该县经征未完嘉庆十一年至十五等年备支经费银两降俸二级戴罪督催所有应缴各年降俸银两俱已完解。

3. 山东巨野县知县王朝恩二任参罚 42 案处分清单

嘉庆十九年（1814），山东巡抚同兴呈山东巨野县知县王朝恩二任参罚 42 案处分清单。[2]

① 中国第一历史档案馆档案：单《蒋攸铦呈请调海阳县知县徐一麟前在大埔县任内参罚各案清单》，档号：03-1546-070。

② 中国第一历史档案馆档案：单《同兴呈山东巨野县知县王朝恩参罚各案清单》，档号：03-1565-019。

一该员巨野县任内因嘉庆十六年钱粮未完降职一级。

一该员巨野县任内因嘉庆十六年杂项银两未完降俸二级。

一该员巨野县任内因嘉庆十三十四十五等年漕耗初参未完每案降俸二级。

一该员巨野县任内因嘉庆十一年二限苏米初参未完；又十二年三限苏米初参未完均降俸二级。

一该员巨野县任内因嘉庆四年六年八年河银初参未完均停升督催。

一该员巨野县任内因嘉庆十七年杂项银两未完降俸二级。

一该员因县民郝清太等殴毙四命、孙双扎伤郝运太旋即脱逃开揭迟延罚俸二年；又接缉不力罚俸一年。

一该员署朝城县任内因获贼孙三等审解迟延罚俸一年。

一该员因傅解毕凤竹呈控宋中昌等一案犯证迟延罚俸一年。

一该员因傅解渠希哲呈控渠浚溪等一案犯证迟延罚俸一年。

一该员巨野县任内因嘉庆八年十一年十三年杂项银两未完每案罚俸一年。

一该员巨野县任内因嘉庆十五年钱粮未完一案罚俸一年。

一该员巨野县任内因嘉庆十五年杂项银两未完罚俸一年。

一该员巨野县任内因嘉庆十五年河银未完罚俸一年。

一该员因县民李文范等殴伤李文斗身死一案承审迟延罚俸一年。

一该员巨野县任内因嘉庆十五年河银未完罚俸一年。

一该员因贼犯王廷玉扎伤捕役孟振、平复一案开揭迟延罚俸一年。

一该员因县民丁泳修家被窃逾贯承缉不力罚俸一年。

一该员因县民邹东木地内无名男子受伤身死一案接缉不力罚俸一年。

一该员因县民欧龙甲等地界边有无名不全尸骸一案接缉不力罚俸一年。

一该员署朝城县任内因监生江沅家被盗一案接缉不力罚俸一年。

一该员因县民王朝栋井地无名男子淹死一案接缉不力罚俸一年。

一该员巨野县任内因失察赌博一次罚俸一年。

一该员巨野县任内因嘉庆十四年钱粮印结迟延一案罚俸一年。

一该员因县民张思宽被窃拒伤二参不力罚俸一年。

一该员因黄王氏坟墓被刨初参住俸。

一该员因县民李台占被扎身死一案初参住俸。

一该员因县民王三等轮奸郝为姐一案傅解迟延罚俸一年。

一该员因县民李又纯被窃拒伤一案开揭迟延罚俸二年。

一该员因县民王翠凤被窃一案初参住俸。

一该员因刘姬氏被抢一案初参住俸。

一该员因县民戴承亮被窃一案初参住俸。

一该员署朝城县任内因嘉庆十七年钱粮未完不及一分罚俸一年。

一该员署朝城县任内因嘉庆十七年契税未解罚俸一年。

一该员因县民陶鸿砍伤胞侄陶守诸身死一案承审迟延罚俸一年。

一该员巨野县任内因嘉庆七年当税印结申送迟延一案罚俸二年。

一该员因县民武城双被窃拒伤一案初参疏防照例住俸；又开揭迟延罚俸一年。

一该员因县民姚学夏被劫一案初参疏防照例住俸。

一因县民李逢润被贼吓抢一案初参疏防照例住俸；其余已参未议之案例不计入合并陈明。

山东巡抚同兴所呈王朝恩的二任参罚 42 案，这些参罚处分不仅仅是罚俸，而且有降级处分。其罚俸不仅仅是三月、六月，而是大部分为罚俸一年、二年，累计罚俸三十多年，还有降俸八级，以及若干的住俸等。

4. 安徽蒙城县知县任寿世历任累积 70 案参劾处分

嘉庆二十五年（1820），安徽蒙城县知县任寿世历任蒙城、安庆府首县、署首县任内参罚累积 70 案，[①]由安徽巡抚上奏。而其中近 50 案处分在恩诏之下开复，对于官员而言，这是皇帝的恩赏，也是皇权对官员处分的调节。

计开蒙城县任内：

一件奏销等事因嘉庆二十二年分地丁未完不及一分停其升转罚俸一年戴罪征收。

---

① 中国第一历史档案馆档案：单《呈蒙城县任寿世历任内参罚清单》，档号：03-2491-023。

一件咨送事因嘉庆二十二年分降罚银两未完降俸二级戴罪督催。

一件钱粮等事因与署蒙城县沈廷枚交代迟延一案罚俸一年。

一件呈明事因借支养廉银两未完罚俸一年戴罪完交现。

署安庆府首县任内：

一件咨送事因委审六安州民黄武踢伤胞兄黄文身死一案迟延罚俸三个月。

一件鸣报事因委审怀远县民妇何赵氏等灭口一案迟延罚俸一年。

一件报明事因委审宿州民王怀礼听纠王四等共殴吴登才身死一案迟延罚俸一年。

一件咨送事因委审霍邱县盗犯赵大等行劫事主叶金染店一案迟延罚俸一年有纪录抵销仍罚俸六个月。

一件委审事因委审寿州、颍上等州县拿获盗犯边四等认劫一案迟延罚俸三个月。

一件禀报事因委审宿州民人赵奉扬等与赵申氏通奸拒伤赵士平一案迟延罚俸一年。

一件札委事因委审颍上县盗犯赵小靠孜等伙窃临时行窃一案迟延罚俸三个月。

一件委审事因委审阜阳县匪犯乔秃孜等行窃事主竹连瑞家逾贯并拒伤雇工身死一案迟延罚俸一年；又委审乔秃孜结捻纠抢事主曹均相等船上衣物一案迟延罚俸一年；又委审乔秃孜等纠抢事主庞名江家拒伤事主一案迟延罚俸一年。

一件访拿事因接审民人何佩应等私雕假印伪造监照骗钱一案迟延罚俸三个月。

一件禀报事因船户何志堂船泊被劫拒伤平复疏防一案住俸限一年缉拿，系署事官复参再议。

一件咨送事因委审宿州盗犯张秃孜等行劫张昭梅家一案迟延罚俸一年。

一件委审事因委审宿州拿获匪犯王惊心窝贼行窃一案迟延罚俸一年。

一件喊禀事因委审亳州民陈广照等抢夺周录买休之妻金氏一案迟延

罚俸一年。

一件移会事因委审蒙城县民张学礼在途被劫殴伤身死一案迟延罚俸一年。

一件咨送事因委审亳州盗犯周学孟等行劫事主燕瑶家衣物一案迟延罚俸一年。

一件委审事因委审歙县民徐允高等听从刨尸图诈吕汪氏钱文并何汝谦畏罪投塘身死一案迟延罚俸一年。

一件札谕事因委审阜阳县续获铳伤杨坤身死案内余犯张会然持棍拒捕一案迟延罚俸一年。

一件札委事因委审寿州盗犯涂凌现等纠窃临时行强一案迟延罚俸一年。

一件禀获事因委审亳州盗犯张虎等纠劫一案迟延罚俸一年。

一件委审事因委审天长县拿获匪犯刘惊同在泗州略卖岳易氏一案迟延罚俸一年。

一件札委事因委审宿州盗犯丁占魁等听纠行劫一案迟延罚俸三个月。

一件报明事因委审黟县民人吴成家等共殴吴景鸾身死一案迟延罚俸一年。

一件钱粮事因署首县任内交代造册舛错一案罚俸三个月。

一件禀明事因安置军犯蒋清洪在配脱逃一案罚俸六个月。

一件禀究事因委审灵璧县民刘得明被劫案内伙盗陈二在省监病故一案迟延罚俸三个月。

一件被劫等事因船户洪时春等装载客民卖货钱文被劫疏防一案住俸限一年缉拿，系署事官复参再议。

一件禀验事因委审宿州民陆文杰因陆彭高偷窃钱文殴打致死一案迟延罚俸一年。

一件遵旨等事因委审宿松县民人王金秀京控鲁大毛等强劫强奸获犯不为究办一案迟延罚俸三个月。

一件兵饷等事因嘉庆二十三年分契杂等款银两未完一案降俸二级戴罪督催，系属事官复参再议。

一件族恶等事因委署凤台县民刘华教唆捏供刘景伊等挟妓饮酒污人名节一案迟延罚俸一年。

一件奏销等事因嘉庆二十三年分地丁银两未完不及一分一案停其升转罚俸一年戴罪征收，系署事官复参再议。

一件咨送事因蒙城县任内嘉庆二十三年分降罚银两未完一案降俸二级戴罪督催；又署首县任内未完再降俸二级戴罪督催其应议结复参再议。

一件札谕事委审怀远县民陶中得京控监生汤扶万等诬伊叔占地犁坟率众殴伤并差役索诈一案迟延罚俸三个月。

一件禀究事因委审旌德县人汪有宝行窃事主汪承章家一案迟延罚俸一年有纪录抵销仍罚俸六个月。

一件奏销等事因蒙城县任内嘉庆二十三年分凤阳仓项下经征未完不及一分停升督催罚俸三个月；又署首县任内未完一分以上再罚俸三个月。

一件禀报事因委审蒙城县民人张有幅扎伤无服族叔张继惊身死一案迟延罚俸一年。

一件呈报事因委审铜陵县贼犯吴明中行窃事主孙文镛银物逾贯一案迟延罚俸三个月。

一件据投等事因委审绩溪县民人曹大池砍伤程万顺身死一案迟延罚俸三个月。

一件报明事因疏脱军犯冀学让在配脱逃罚俸六个月限一年缉拿，系署事官复参再议。

一件禀报事因承审贼犯崔二伙窃并独窃安庆卫衙署一案迟延逾限不及一月罚俸三个月。

一件禀报事因事主杨崐家被窃银钱衣物初参承缉不力一案罚俸一年再限一年缉拿，系署事官复参再议。

一件钦奉等事因船户何志堂泊船被劫拒伤平复二参承缉不力降一级留任一年缉拿，系署事官复参再议。

一件特参等事因船户洪时春被劫二参承缉不力降二级留任限一年缉拿，系署事官复参再议。

以上各件降俸停升住俸罚俸一切处分现在钦奉恩诏例得开复，另行汇册咨部核销有展参者另行起限。

署安庆府州县任内现参例不并计事件：

一件委审亳州民人蒋流砍伤小功服兄蒋峻岭身死一案迟延。

一件事主徐坤家被窃逾贯初参承缉不力。

一件委审太湖县民人郝玡等谋溺胡老八身死一案迟延。

一件嘉庆二十四年分降罚银两未完。

一件经征嘉庆二十四年分契杂税银未完。

一件嘉庆二十四年压征二十三年分芦课未完二分以上。

一件经征嘉庆二十四年分地丁未完二分以上。

一件委审亳州拿获凶犯杨四郎脱逃潜回结捻伙窃纠抢一案迟延。

一件承审逃徒陈小随伙窃事主陈效良家一案迟延。

一件委审听从拒捕致伤地保身死案内逸犯周维义一案迟延。

一件委审寿州回民陶二汗扎伤张柏槐身死一案迟延。

一件委审颍上县人刘如一等殴伤调奸伊妻之马得禄身死一案迟延。

一件委审寿州人杜宝林听从纠殴铳伤仇王身死一案迟延。

一件疏脱安置军犯何发申在配脱逃初参。

一件疏脱安置军犯贾谟在配脱逃初参。

一件疏脱安置军犯蒋清洪在配脱逃二参承缉不力。

一件委审宿州民田三即田思可贩私拒捕被铜山县盐捕格杀尸妻田马氏讹得银钱复遣人赴京抱赃首告一案迟延。

一件委审宿州人陶鬒山听从夺犯殴伤差役并陶东鲁等殴伤罗惊身死在逃淹毙一案迟延。

一件委审灵璧县人王全听从胡有谋勒王景了身死移尸图诈一案迟延。

一件委审当涂县贼犯吴山沅子等行窃事主王作梅等船上银物一案迟延。

一件委审颍上县人徐思淋等奸所获奸登时杀死奸夫王见奉一案迟延。

5. 甘肃平罗县知县王楚堂历任参罚 30 案

嘉庆十六年（1811），甘肃平罗县知县王楚堂历任参罚 30 案上报。① 此份清单比较典型，仅仅因为同一经征事由，知县王楚堂不断地身罗处分，达25 案，其处分基本是降俸两级戴罪督催，可见当时经征处分之重。

一件据情等事平罗县民王宠等偷窃蒙古干都札布牛只承审迟延罚俸一年。

一件清查等事张掖县任内接收交代迟延罚俸一年。

一件禀明事张掖县任内详审大通县徒犯陈廷侯逃后复窃承审迟延罚俸一年。

以上三案俸银已经完结咨销。

一件奏销等事平罗县任内嘉庆十二年地丁未完降职二级戴罪征收。

一件奏销等事平罗县任内嘉庆四年地丁年限未完停升罚俸一年戴罪征收。

一件奏销等事平罗县任内嘉庆十年地丁年限未完降职二级戴罪征收。

一件奏销等事平罗县任内嘉庆十四年地丁未完降职二级戴罪征收。

以上四案现经咨部改议。

一件奏销等事平罗县任内嘉庆十二年马厂租银未完降俸二级戴罪督催。

一件汇报等事平罗县任内嘉庆十二年催征三年借粮未完降俸二级戴罪督催。

一件汇报等事平罗县任内嘉庆十二年催征五年借粮未完降俸二级戴罪督催。

一件报明事张掖县任内嘉庆十四年催征十年借粮未完降俸二级戴罪督催。

一件报明事张掖县任内嘉庆十四年催征九年借粮未完降俸二级戴罪督催。

---

① 中国第一历史档案馆档案：单《呈为甘肃平罗县知县王楚堂历任参罚案件清单》，档号：03-2310-024。

一件汇报事平罗县任内嘉庆十四年催征三年借粮未完降俸二级戴罪督催。

一件报明事平罗县任内嘉庆十四年借粮未完降俸二级戴罪督催。

一件汇报等事张掖县任内接征嘉庆十四年借粮未完降俸二级戴罪督催。

一件报明事张掖县任内嘉庆十四年催征十一年借粮未完降俸二级戴罪督催。

一件汇报事平罗县任内嘉庆十四年催征五年借粮未完降俸二级戴罪督催。

一件汇报事张掖县任内嘉庆十四年催征十三年借粮未完降俸二级戴罪督催。

以上十一案俸银未完。

一件汇报等事平罗县任内嘉庆十二年借粮未完降俸二级戴罪督催。

一件汇报等事平罗县任内嘉庆十二年催征元年借粮未完降俸二级戴罪督催。

一件汇报等事平罗县任内嘉庆十二年催征十一年借粮未完降俸二级戴罪督催。

一件汇报等事平罗县任内嘉庆十二年催征九年借粮未完降俸二级戴罪督催。

一件汇报等事平罗县任内嘉庆十二年催征八年借粮未完降俸二级戴罪督催。

一件汇报等事平罗县任内嘉庆十二年催征六年借粮未完降俸二级戴罪督催。

一件汇报等事平罗县任内嘉庆十二年催征二年借粮未完降俸二级戴罪督催。

一件汇报等事平罗县任内嘉庆十二年催征十年借粮未完降俸二级戴罪督催。

一件报明事张掖县任内嘉庆十四年催征六年借粮未完罚俸一年。

以上九案业已奉旨开复俸银现在催完。

一件饬知事平罗县任内嘉庆十二年催征元年起至六年止地丁正杂银

粮催征不力一案。

一件饬知事平罗县任内嘉庆十四年催征元年起至六年止地丁正杂银粮催征不力一案。

一件奏销等事平罗县任内嘉庆十三年地丁年限未完不及一分一案。

以上三案已经咨参未奉部覆。

（二）通判同知府道处分清单与参劾处分

1. 正六品江宁府南捕通判张桂林 20 案参罚清单

嘉庆五年（1800），两江总督费淳呈报正六品江宁府南捕通判张桂林有 20 案处分。[①] 张桂林的处分也比较特殊，以民人棺椁被刨失察处分为主，有近 15 案反映这个问题，其他是失窃问题，亦可见江宁此处之民风民俗。

一南汇县任内王景坤停舟被窃罚俸一年。

一俞圣祥之妻厝棺被窃罚俸一年。

一华凤岗被窃逾贯罚俸一年。

一金以连被窃估赃及贯罚俸六个月。

一蒋春晖妻棺被窃罚俸一年。

以上五案现据完缴咨销。

一朱鸣铎之父厝棺被刨初参住俸。

一叶沾儒之父厝棺被刨初参住俸。

一汤焕廷母棺被刨初参住俸。

已参未议：

一南汇县任内泰京伯尸棺被窃初参。

一姚凤山被窃逾贯初参。

一朱鸣铎之父厝棺被刨二参。

一丁维新妻棺被窃初参。

一汤焕廷母棺被刨二参。

一蒋春晖妻棺被窃三参。

一蔡勇刚妻棺被刨初参。

---

① 中国第一历史档案馆档案：单《费淳呈江宁府南捕通判张桂林参罚清单》，档号：03-1480-084。

一俞圣祥妻棺被窃接缉二参。

一叶沾儒父棺被刨二参。

一徐御廷被窃逾贯初参。

一奚秀洲被窃估赃及贯初参。

一宋澜妻棺被窃初参。

署松江府川沙同知任内上海县杨公顺等行舟被盗兼辖疏防。

一川沙同知任内南汇县胡宾观被贼戮死兼辖疏防。

2. 贵州五品同知俞日灯罚俸 8 案

嘉庆二十五年（1820），贵州长寨五品同知俞日灯共罚俸 8 案上报。[①]贵州地处偏僻，但是官员的处分依然不少，其处分多与军犯脱逃有关。

一件到任接收交代造册舛错罚俸三个月。

一件署普安直隶同知任内嘉庆二十二年分督缉所属窃案获不及十之三四罚俸六个月。

又参限已满盗案获不及十之三四罚俸六个月。

一件厅民任怀坤被贼砍毙开参迟延罚俸一年除纪录一次抵罚俸六个月仍罚俸六个月。

一件厅民任怀坤被贼砍毙二参罚俸一年。

一件军犯龚二在配脱逃二参罚俸一年。

一件军犯张沅在配脱逃二参罚俸一年。

一件军犯黄保儿在配脱逃照离任官例罚俸一年销去纪录一次抵罚俸六个月仍罚俸六个月。

3. 甘肃四品候补知府富常泰 105 案参罚清单

嘉庆九年（1804），署陕甘总督那彦成呈甘肃候补知府富常泰 105 案参罚案件。[②]其中包括经征民欠和失察逃兵两大类处分。经征处分为最多，有近 80 案，逃兵有近 20 案，当时规定只要有一名逃脱就被处分。其处分类型有罚俸，有降职数级。但是，富常泰的官职还在逐渐地上升。

---

① 中国第一历史档案馆档案：单《呈贵州普安直隶同知许云霄平越直隶州知州赵宜霈等员罚俸案清单》，档号：03-2256-024。

② 中国第一历史档案馆档案：单《那彦成呈候补知府富常泰参罚案件清单》，档号：03-1493-070。

一件乾隆五十四年带征项下租银未完不及一分罚俸六个月。

一件乾隆五十七年租银未完一分以上罚俸一年。

一件乾隆五十九年租银未完不及一分罚俸六个月。

一件嘉庆二年分带征过拨补地亩租银未完三分以上罚俸六个月。

一件嘉庆二年另案租银督催未完二分以上降职一级。

一件刘云程家被劫督缉不力罚俸六个月。

一件嘉庆元年缓征项下无正耗银初参督催未完二分以上降职一级。

一件嘉庆二年地丁初参未完二分以上降职一级。

一件嘉庆二年粮改折初参督催未完二分以上降职二级。

一件乾隆六十年地丁钱粮督催初参未完不及一分罚俸六个月。

一件任邱县交代迟延督催不力罚俸六个月。

一件杜梓被窃拒伤杜杞平复督缉不力罚俸六个月。

一件嘉庆二年分经征四次旗地租银未完三分以上降职二级。

一件接征乾隆五十八年缓征租银接催未完不计分数降俸二级。

一件接征乾隆六十年缓征租银接催未完不计分数降俸二级。

一件接征嘉庆元年民欠租银接催未完不计分数降俸二级。

一件嘉庆二年分公产租银未完二分以上降职一级。

一件带征乾隆五十八年缓征租银接征未完不计分数降俸二级。

一件乾隆六十年缓征租银未完不计分数降俸二级。

一件嘉庆元年民欠租银原欠一分以上督催接催未完不计分数降俸二级。

一件李文皋被劫疏防罚俸六个月。

一件嘉庆二年分房地租银未完二分以上罚俸三个月。

一件嘉庆二年分旗地租银未完四分以上降职二级。

一件接催乾隆五十八年缓征租银未完不计分数降俸二级。

一件接催乾隆六十年缓征租银未完不计分数降俸二级。

一件接催嘉庆元年民欠租银未完不计分数降俸二级。

一件嘉庆二年分督催三次民典旗地租银未完三分以上降职二级。

一件嘉庆三年分承缉凶盗获不及半罚俸六个月。

一件杜梓被窃拒伤督缉不力罚俸一年。

一件刘云程被劫督缉不力罚俸一年。

一件嘉庆三年分庄头退交房地租银督催未完三分以上罚俸六个月。

一件嘉庆三年带征民地租银未完二分以上罚俸三个月。

一件嘉庆三年奴典租银未完四分以上降职三级。

一件嘉庆三年分经征接征另案租银初参督催未完二分以上降职一级。

一件经征接征乾隆五十九年缓征租银督催未完一分以上罚俸一年。

一件经征接征嘉庆二年原参民欠租银督催未完二分以上二参不全完降职二级。

一件嘉庆三年分存退租银督催未完二分以上降职一级。

一件接征乾隆五十七年分作二年带征租银督催未完不及一分罚俸六个月。

一件经征接征乾隆五十七年分作三年带征租银督催未完不及一分罚俸六个月。

一件经征接征乾隆五十九年分作三年带征租银督催未完不及一分罚俸六个月。

一件李文皋被劫督缉卸事罚俸一年。

一件经征接征乾隆五十九年缓征租银督催接催未完一分以上罚俸一年。

一件嘉庆二年原参民欠租银原欠四分以上年限内不全完降职四级。

一件经征接征嘉庆三年分地丁督催未完三分以上降职二级。

一件经征接征嘉庆三年分粮石督催未完三分以上降职二级。

一件经征接征嘉庆二年缓征地粮银两督催未完不及一分罚俸六个月。

一件缓征项下嘉庆二年粮石督催未完不及一分罚俸六个月。

一件经征接征嘉庆三年分三次民典租银督催未完三分以上降职二级。

一件带征嘉庆二年民欠租银原欠三分以上二参不全完降职三级。

一件嘉庆四年分未获凶盗督催所属获不及半罚俸六个月。

一件嘉庆三年分公产租银未完三分以上降职二级。

一件接征乾隆五十九年缓征租银未完一分以上罚俸一年。

一件经征接征嘉庆二年原参民欠租银原欠二分以上年限内不全完降职二级。

一件嘉庆三年四次民典租银督催未完四分以上降职三级。

一件带征乾隆五十九年缓征租银督催未完三分以上降职二级。

一件接征嘉庆二年民欠租银原欠三分以上二参不全完降职三级。

一件嘉庆三年分地租未完三分以上罚俸六个月。

一件乾隆五十九年分作三年带征租银未完二分以上罚俸三个月。

一件傅永龄等殴伤赵太宁等审转迟延罚俸一年。

一件请定等事直省嘉庆四年节年地丁等项造册题销案未完嘉庆三年编俸银一百五两余俸银二百余两。

一件钱粮等事直省嘉庆四年地丁奏销册造题销案未完编俸银九十七两七钱八厘余俸银五百余两。

一件督催接催嘉庆四年地丁未完一分以上于补官日罚俸一年。

一件督催接催嘉庆四年分粮石未完一分以上于补官日罚俸一年。

一件钱粮等事督催嘉庆四年存退租银未完不及一分补官日罚俸一年。

一件钦奉等事直属嘉庆四年分另案租银未完不及一分停其升转罚俸六个月戴罪督催。

一件乾隆五十九年分缓征租银督催接催未完不及一分停升罚俸六个月戴罪督催。

一件嘉庆二年分原参民欠租银原欠二分以上三参不全完照例降职三级停升戴罪督催。

一件敬陈等事直属经征接征嘉庆四年分回赎奴典旗地租银奏销案内未完一案。

又督催嘉庆三年带征原参民欠租银未完一案照例于此二案每案于补官日罚俸一年。

一件遵旨等事直属嘉庆四年分三次民典租银奏销案内督催接催未完不及一分一案；又嘉庆三年带征原参民欠租银督催原欠三分以上一案照例于此二案每案各罚俸一年。

一件移咨事直属嘉庆四年分公产租银接催未完不及一分一案；又接催嘉庆三年分原参民欠租银原欠三分以上二参不全完一案于此二案每案罚俸一年。

一件遵旨详议事经征直属嘉庆四年分四次回赎民典旗地租银未完不及一分一案；又经征嘉庆三年分原参民欠租银原欠四分以上一案于此二案每案罚俸一年。

一件乾隆五十九年回赎奴典缓征租银未完三分以上罚俸一年。

一件嘉庆二年民欠租银原欠四分以上二参不全完罚俸一年。

一件乾隆五十九年公产缓征租银督催接催初参未完不及一分罚俸一年。

一件嘉庆二年民欠租银原欠二分以上三参不全完罚俸一年。

一件饬取事乾隆五十九年缓征租银督催初参未完不及一分罚俸一年。

一件嘉庆二年民欠租银督催原欠三分以上三参不全完罚俸一年。

一件饬取事乾隆五十九年四次回赎民典缓征租银督催初参未完不及一分罚俸一年。

一件嘉庆二年民欠租银原欠三分以上三参不全完罚俸一年。

一件通行事大通县逃兵黄友禄初参未获于补官日罚俸一年。

一件通行事西宁县逃兵王统邦、薛伏等初参未获于此四案每案于补官日罚俸一年。

一件通行事西宁县逃兵王泰顺未获罚俸一年。

一件通行事西宁县逃兵陈彦明等未获罚俸一年。

一件通行事西宁县逃兵王广元未获罚俸一年。

一件通行事西宁县逃兵董全未获罚俸一年。

一件通行事西宁县逃兵韩仓得未获罚俸一年。

一件通行事西宁县逃兵贺得伏未获罚俸一年。

一件通行事大通县逃兵白成友未获罚俸一年。

一件通行事西宁县逃兵邵文成未获罚俸一年。

一件通行事西宁县逃兵王进祥未获于补官日罚俸一年。

一件通行事西宁县逃兵晁大才未获于补官日罚俸一年。

一件通行事西宁县逃兵申天锡、闫得禄初参未获于补官日罚俸一年。

一件通行事西宁县逃兵陈有才、马才初参未获于补官日罚俸一年。

一件通行事西宁县逃兵孙要顺初参未获于补官日罚俸一年。

一件通行事西宁县逃兵马玉未获于补官日罚俸一年。

以上一百零二案俸银未完。

一件通行事西宁逃兵杨兆顺初参未获一案。

一件通行事碾伯县逃兵萧得初参未获一案。

一件通行事碾伯县逃兵杨正初参未获一案。

以上三案已经咨参未准部覆。

4. 云贵总督鄂辉奏安顺府程国玺护贵西道任内7案参罚

嘉庆三年（1798），云贵总督鄂辉奏安顺府程国玺护贵西道任内7案参罚①，基本为命盗案，罚俸在六个月到一年之间。

一件报明事护贵西道任内大定府民刘秉礼被不知姓名凶贼殴伤身死一案初参罚俸六个月。

一件通行事因嘉庆元年汇参新旧盗窃各案及参限已满盗案缉获不及十之三四将督缉职名各议罚俸六个月。

一件报明事护贵西道任内安南县民张桂被盗截去银物一案二参督缉不力罚俸一年。

一件报明事护贵西道任内遵义县民严仕位被贼拒捕殴伤伊妻张氏伤轻平复一案初参督缉不力罚俸六个月。

一件报明事护贵西道任内绥阳县民吴源清在途被贼抢夺银两并砍伤顶凶一案二参承缉不力罚俸一年。

一件白书等事护贵西道任内普安州属湖广客民李大受被贼抢去银物逾贯一案二参承缉不力罚俸一年。

一件钦奉上谕事护贵西道任内大定府民刘秉礼被不知姓名凶贼殴伤身死一案二参督缉一月以上卸事罚俸一年。

以上仅罗列9份不同级别具有代表性官员的处分清单。类此者不胜枚举。如

---

① 中国第一历史档案馆档案：单《呈安顺府程国玺参罚清单》，档号：03-1474-070。

直隶总督方受畴曾"以参罚六十余案之玉田县知县黄克昌奏请升署大兴县知县"①。闽浙总督汪志伊奏请将闽县知县言尚焜升署永春直隶州知州，"该员参罚单内现有降级留任及降职降俸者共计四十余级，罚俸之案共计一百九十余件"②，两类共计两百多案。安徽巡抚康绍镛题请将全椒县知县杨国棠调补宣城县知县，但杨国棠处分"单开参罚处分共有一百余案。"③两广总督阮元奏请调任海疆要缺的从化县知县赵俊，其"正署各任内参罚案件至一百二十余件之多。"④由此可知嘉庆朝基层官员处分之多。

（三）嘉庆四年福建通省丞倅州县等升调人员参劾处分

嘉庆四年（1799），福建巡抚汪志伊奏报福建通省丞倅州县等升调人员处分，⑤此份报告曾带来轩然大波，也是嘉庆朝比较早的涉及官员处分多对官员题补制度的影响。以下为福建地区通省官员的详细处分情况，从福建一省可见当时官员参劾处分之普遍和部分官员参劾处分的奇多，未有参劾处分的官员凤毛麟角，官员参劾处分多的达到近百案，全省平均二三十案。

1.福州府属官员处分件数

海防同知张采五降级留任一案罚俸二十六案。

分驻平潭同知汪楠到任未满二年。

理事同知嵩秀历俸已满三年现在尚无违碍处分。

粮捕通判富永疏防停升二案又罚俸十三案。

闽县王绍兰地丁粮米米耗等项未完停升降级降职共八案又罚俸三十四案。

侯官县必所谱地丁米耗盐课未完降职四案罚俸十六案。

长乐县李锷罚俸三十一案。

福清县朱勋调任未满二年。

---

①　《清仁宗实录》第5册，中华书局1986年版，第429页。

②　《清仁宗实录》第5册，中华书局1986年版，第27页。

③　中国第一历史档案馆编：《嘉庆朝上谕档》第22册，广西师范大学出版社2000年版，第121页。

④　中国第一历史档案馆编：《嘉庆朝上谕档》第24册，广西师范大学出版社2000年版，第421页。

⑤　中国第一历史档案馆档案：单《呈福建通省丞倅州县等升调处分人员清单》，档号：03-1480-077。

连江县李奉粮米米耗未完戴罪征收一案降职一案。

罗源县崔述地丁盐课未完停升降职降俸六案又降级留任二案。

古田县完智地丁未完停升二案罚俸十六案。

屏南县杨发知地丁未完停升一案又降级留任二案。

闽清县居允敬地丁未完降职三案。

永福县廖瑸地丁未完降职一案又降级留任三案又罚俸三十三案。

2.兴华府属官员处分件数

粮捕通判王介福粮米米耗未完降职戴罪征收三案又降级留任一案。

莆田县周载章罚俸十二案。

仙游县叶绍菜甫经请补未准部覆。

3.泉州府属官员处分件数

厦门同知裘增寿罚俸降俸停升十八案。

蚶江通判延青云已奏升台湾府海防同知。

马家巷通判冯国柄地丁粮米未完降职降级三案又降级留任四案罚俸九十二案。

晋江县萨恒安调任未及半年。

惠安县吴裕仁调任未及一年。

南安县谭抡地丁未完革职留任一案罚俸十三案。

同安县张灏调任未及一年。

安溪县黄炳地丁粮米盐课等项未完降职降级停升共五案罚俸三十案。

4.漳州府属官员处分件数

云霄同知嵩安停升罚俸共十四案。

石码通判善宝到任未及半年。

龙溪县盛本甫经奉部准调尚未到任。

南靖县沈谦地丁米耗盐课等项未完停升降级降职共七案罚俸三十二案。

漳浦县姚杰甫经奉部准调尚未到任。

长泰县白凤降级留任三案罚俸七十一案。

诏安县现候部选。

海澄县杨绅世甫经到任。

平和县张士昱人不妥现在撤回查办。

5. 延平府属官员处分件数

上洋通判普祥准有部覆尚未到任。

南平县陈普由盐大使准升现在赴部引见。

顺昌县丁成章地丁粮米盐课未完停升戴罪征收降职四案罚俸十一案。

将乐县赵文熊部选未到。

沙县刁思卓盐课粮米未完停升戴罪征收二案又罚俸二十二案。

尤溪县陈煌地丁未完停升二案。

永安县觉罗吉泰地丁粮米盐课未完降职四案。

6. 建宁府属官员处分件数

建安县刘瑞麟地丁盐课未完停升降职二案罚俸二十四案。

瓯宁县欧阳立焌到任甫及一年。

建阳县赵廷翰粮米米耗未完停升降级降职三案。

崇安县王鸿运地丁米耗未完停升降职共三案又降级留任三案罚俸十案。

浦城县现在拣员请补。

松溪县牛峻德地丁未完降职停升四案。

政和县王宗薇甫经请补未准部覆。

7. 邵武府属官员处分件数

同知曾中立罚俸十二案。

邵武县房永清甫经请补未准部覆。

光泽县周牧地丁盐课未完降职三案。

泰宁县现候部选。

建宁县曾选遇降级留任二案罚俸二十三案。

8. 汀州府属官员处分件数

同知陈鸿渐到任未满三年。

长汀县高若越尚未到任。

宁化县郭祚炳地丁未完降职三案罚俸十四案。

清流县杨中迪甫经请补未准部覆。

归化县张曾太地丁未完停升一案。

连城县孙廷锦地丁未完降职一案罚俸四十四案。

上杭县夏埙甫经请补未准部覆。

武平县许元淮到任甫及一年。

永定县现在拣员请补。

9.福宁府属官员处分件数

霞浦县吴冲到任未及一年。

福鼎县岳廷元甫经请补未准部覆。

寿宁县萧颖甫经请补未准部覆。

福安县张锦江到任未及半年。

宁德县现在拣员请补。

10.台湾府属官员处分件数

海防同知延青云甫经题升未准部覆。

淡水同知李明心罚俸十二案。

鹿港同知吉寿停升罚俸二十二案。

澎湖通判黄嘉训尚未到任。

台湾县周作洵因人地未宜现在奏请另办。

凤山县吴兆麟尚未到任。

嘉义县郭恭尚未到任。

彰化县胡应魁罚俸二十三案。

11.永春龙岩直隶州官员处分件数

永春直隶州并属知州陈邦泰地丁盐课等项未完停升降职共十一案。

德化县李宗澍地丁盐课未完停升降级降职共四案。

大田县贺祥甫经到任。

龙岩直隶州并属知州承炷地丁盐课未完停升降职三案罚俸十三案。

漳平县徐汝澜罚俸二十七案。

宁洋县张于恭降级留任二案罚俸二十一案。

以上为时任福建巡抚的汪志伊题报，他总结福建省地方官状况："闽省知县一官，共六十二缺，除降革离任外，现在以钱粮处分应停升转，及命盗盐课杂项处分在十案以上者，共三十九员；其甫经到任历俸未满者十三员，又部选题补等项尚未到任者十员。往往出一应调应升之要缺，臣会同督臣及两司公同拣选，拟以守洁才优，官声最著者升调。迨查核处分，辄以降级停升碍难办理。"①"实无一合例之人"的说法缘此而来。嘉庆八年（1803），山东巡抚铁保亦奏报，"但查东省一百五州县中，非年限不符即有处分，实无一人合例……臣现在升调各缺祇好就不合例之中拣选出色人员，明知与例不符，实无办法，将来即奉部驳，亦再无人可换。"吏部庆桂等为此议将"山东巡抚铁保照不应重私罪例降三级调用，毋庸查级议抵。"②可见，当时处分之多直接对选任官员的影响。

为保证正常的官员升转，嘉庆朝制定新条例，调整处分的罚俸案数要求，从 10 案调整为 50 案，并制定了 50 案以外的处分规定。"嗣后各督抚奏请升调人员，如罚俸案件在五十案以内者仍准专折奏请，其罚俸在五十案以外者概不准奏请升调。若违例渎请，吏部径行议驳，仍将该督抚参处。"③中下级官员处分如此之多，朝廷的政策也在不断调整之中。此外，大员参劾处分也不在少数。

第三节　大员参劾处分之普遍与奇多

乾隆年间屡颁上谕指出："向来内外文武大臣遇有应得处分，该部议以降调、革职、革任，经朕从宽留任及免其革任者甚多，竟有一人而累至十余案者。盖因该大臣等屡经简擢，任事有年。朕念人才难得，且因其尚系公过，是以每遇议处之案酌量案情，从宽留任者不一而足。"④这是乾隆朝曾存在的大员参劾处分之多的景况。美国学者白彬菊研究清代军机处，曾从军机处分探讨军机处地位的微妙变化，具体言及军机处官的处分。其文略曰：

---

① 贺长龄辑：《清经世文编》卷十六《汪志伊〈敬陈吏治三事疏〉》，中华书局 1992 年版，第 393 页。

② 中国第一历史档案馆档案：录副奏折《庆桂奏请山东巡抚铁保降三级调用事》，档号：03-1488-037。

③ 《清仁宗实录》第 5 册，中华书局 1986 年版，第 611 页。

④ 《清高宗实录》第 17 册，中华书局 1985 年版，第 170 页。

嘉庆改革所带来军机处地位改变的一个极不寻常的证据是三份长长的处分清单，这是嘉庆二十三年军机处、内务府、南书房的内廷人员的处分累积情况。这中间，该年五位军机大臣有七十多起小失察和过失。有的因此受到了一个月至两年不等的罚俸，有的是降级。一些过错包括未能看出刑部议覆题本中的错误、撰拟谕旨中的小错误、交发咨文迟误、绿头牌出错，以及未能在一些上呈皇帝的诗句中加黄签。尽管惩处或斥责军机大臣在过去并非没有，但这样一种吹毛求疵的抱怨清单还是新的做法。当然，惩处自身并不重，没有解职，罚俸或降级也很有限。……这种新的做法很难解释。它显示出军机大臣与皇帝以及其他在京官僚的关系有了变化。因为服从于常规的官僚惩处规定，军机大臣会远离皇帝而更接近外朝官僚。这样的一个举措本会减少军机大臣内廷处置的独特性，并缓解了如下的批评，说他们是皇帝心腹，享有特殊优免权利。常规的行政处罚使得他们更像是外朝的人，因此更少招致抱怨，说他们是凌驾于法律之上的法外组织的成员。①

白彬菊的研究中，从侧面反映了中枢机构军机处官员虽身为近臣处分亦奇多的状况，白彬菊提出的"这种新的做法很难解释"的问题值得深思。古鸿廷在其研究中曾把清代从"雍正四年至嘉庆二十五年"视为第一段时期，"道光元年到宣统三年"视为第二段时期。他根据傅宗懋《清代督抚制度》②一书中的附表，统计认为"雍、乾、嘉三朝时，共任命了两百三十八位督抚，其中五十四位，日后因故被降职或免职；而道光元年以后的九十年间，有一百七十五位官员成为总督或巡抚，则其中只有三十位日后被降职或免职。""在第一段时期的八十六年间，共有六十五位满汉官员入值军机处兼任军机大臣，其中十位遭到降、免职处分。"③这反映出高层官员的处分情况。卜健亦指出："清朝制度，对大吏处分极严，不大点儿事就会革职流放，大臣之升沉不定，如坐过山车一般。"④事实亦如此，从嘉庆皇帝两次寿诞，

---

① ［美］白彬菊：《君主与大臣：清中期的军机处》，董建中译，中国人民大学出版社 2018 年版，第 426—427 页。

② 傅宗懋著，张金鉴主编：《清代督抚制度》，载《台湾政治大学政治研究丛刊》第四种，1963 年版。

③ 古鸿廷：《清代官制研究》，五南图书出版公司 1999 年版，第 82 页。

④ 卜健：《国之大臣：王鼎与嘉道两朝政治》，陕西人民出版社 2015 年版，第 186 页。

吏部尚书奉旨所呈报的左右近臣、一二品文职大员的处分清单，可见当时大员参劾处分的普遍奇多。

一、嘉庆五旬万寿吏部所呈报大员参劾处分的普遍和奇多

嘉庆十四年（1809）九月二十日，嘉庆皇帝曾颁布上谕解决大员处分多的问题："本年朕五旬万寿，……庆桂等将京外文职一品各大员先行查明开单呈览，朕详加披阅。其处分多寡不齐，自应量为区别。其在五案以内者应予开复一案，十案以内者应予开复两案，过此案数递加，用昭公允。"[1] 在这样的背景下，吏部尚书奉旨将一品和二品大员参劾处分开单进呈。

1.京外文职一品大员任内降革留任处分

大学士庆桂任内有会典抬头缮写错误革职留任一案，失察库缎被窃降一级留任一案。

大学士董诰任内有审拟宗室敏学罪名轻纵降三级留任一案。

大学士禄康任内有请准番役子弟出仕革职留任一案，失察宗室敏学滋事降二级留任一案，承修清夏斋工程渗漏降四级留任一案，失察宗室弼兴酗酒降一级留任一案。

大学士费淳有在山西臬司任内秋审失出降四级留任一案，两江总督任内失察属员勒派同官革职留任一案，审拟同知李焜拷讯生员降三级留任一案，徐州飞蝗入境未经具奏降一级留任一案，管理三库失窃革职留任一案，失察工部制造库失窃降一级留任一案。

协办大学士尚书长麟有在山东巡抚任内题估牵混革职注册一案，失察疏纵盗犯革职注册一案，失察所属获盗不即审办革任注册一案，浙江巡抚任内秋审误拟情实革任注册一案，两江总督任内办理洋盗未善革职留任一案，陕甘总督任内未能督率剿贼革任注册一案，兵部尚书任内题本错误革职留任一案，会典抬头缮写错误革职留任一案，失察宝泉局亏短铜斤革职留任一案，审拟宗室敏学轻纵降三级留任一案。

---

① 中国第一历史档案馆编：《嘉庆朝上谕档》第24册，广西师范大学出版社2000年版，第471页。

协办大学士尚书戴衢亨任内有会典抬头缮写错误革职留任一案，查追商欠令司员在圆明园办稿降一级留任一案。

尚书瑚图礼有在广东巡抚任内失察臬司收受陋规及博罗县重犯越狱匿案不报革职留任一案，又失察博罗会匪滋事降一级留任一案，又失察农耐贡船私带违禁物件革职留任一案，湖广总督任内请修堤工毋庸保固革职留任一案，又违例题升同知革任注册一案，又失察盐商抬价降二级留任一案，又失察私铸炮位降二级留任一案，误开编修汤金钊俸次降四级留任一案，天坛斋宫失火失于防守降四级留任一案，失察奎明偷窃库银革职留任一案，又滥保银库笔帖式玉柱伙窃库银革职留任一案。

尚书邹炳泰任内有单衔奏事降一级留任一案，误开编修汤金钊俸次降四级留任一案，办理乡试试卷不善降二级留任一案，承缉马谭氏凶犯未获降一级留任，又逾限未获降二级留任，又限满未获降三级留任共三案，仓案失察降为二品顶戴革职留任八年无过方准开复一案，曾加太子少保衔本年六月革去。

尚书德瑛任内有陈奏粗忽降一级留任一案，奏事日期错谬降五级留任一案。

尚书曹振镛任内有失察制造库被窃降一级留任一案。

尚书恭阿拉任内有失察袁锡斗鹑革职留任一案，奏事日期错谬降四级留任一案，失察天坛神乐观开设茶馆降一级留任一案，行礼唱赞错误降二级留任一案。

尚书王懿修任内有失察缎库失窃降一级留任一案，滥保银库笔帖式玉柱伙窃库银降三级留任一案。

尚书明亮任内有推情保送钱局监督图明阿降四级留任一案，前于乾隆年间曾封一等伯世袭罔替，又于四十一年、六十年、嘉庆二年三次赏戴双眼花翎，并赏过黑狐端罩、紫缰，均先后缘事撤革。

尚书刘权之任内有失察书吏舞弊革职留任一案，会典抬头缮写错误革职留任一案，又军机处拟办保奏章京案内降为编修仍带革职留任一案，又保送钱局监督图明阿案内降三级留任一案，又保送御史英纶革任注册一案，曾加太子少保衔于嘉庆十年革去。

尚书金光悌有前在山东按察司任内失察捕役诬良降二级留任二案，

又审案迟延降一级留任一案，江西巡抚任内错拟罪名降二级留任一案，山东藩司任内失察书吏伪造监照降三级留任一案。

尚书苏楞额任内有失察马甲滋事降一级留任一案，不能管教匠役降二级留任一案，议处阿明阿并未声叙严议字样降一级留任一案，李如枚之子所捐官职未经奏请革去降四级留任一案，承修清夏斋工程渗漏降五级留任一案，失察盛住贪冒革职留任一案，广兴克减绸缎不行阻止降四级留任一案，失察工程残料未交降一级留任一案。

左都御史特克慎于塔尔巴哈台领队任内失察偷挖金沙降四级留任一案。

左都御史周兴岱任内有保送钱局监督图明阿案内降三级留任一案。

总督温承惠任内有失察偷砍禁木降二级留任一案，保送知县不会商府尹降四级留任一案，失察单幅昌冒赈降为二品顶戴仍带革职留任一案，曾赏带花翎、黄马褂，本年五月革去。

总督阿林保于江苏按察使任内查覆盗案迟延降一级留任一案，湖南巡抚任内参折遗漏声叙降一级留任一案，江西按察使任内积案未结降三级留任一案，河南巡抚任内积案未结降三级留任一案，闽浙总督任内提督贻误捕务并不参奏降二级留任一案，为学政代办如意降二级留任一案，违例调补知县降一级留任一案。

总督方维甸于陕西巡抚任内违例题升知府降二级留任一案，错拟罪名降二级留任二案，题报军需迟延降三级留任一案，又失察匪犯降一级留任一案，又秋审失入七起降一级留任六年无过开复一案。

总督汪志伊于浙江布政使任内发给满营养赡钱文迟延革职留任一案，又违例委署县丞降一级留任一案，福建巡抚任内办理盗案拘泥革任留任一案，琉球难番被劫未能查察革任注册一案，又失察知府家人娄索革任注册一案，又失察县丞借捕扰民降一级留任一案，又积案未结革职留任一案，又福建布政使任内采办铜斤缺额降二级留任一案，又前在江西按察使任内积案未结降三级留任一案，江苏巡抚任内失察棍徒纠抢降一级留任一案，又失察盐城棍徒扰害降一级留任一案，又违例题升知县革职留任一案，又湖广总督任内错拟罪名革职留任一案，江陵等州县堤工率请加价降二级留任一案，又误将捐监银两动拨兵粮革职留任一案，又错拟罪名降一级留任一案，又违例奏补道员降二级留任一案，又兴山县民控案并不亲讯降一级留任一案。

总督松筠于伊犁将军任内有领催段打骁骑校私行完结革职留任一案，又拟哈萨克罪名轻纵革职留任一案，又派员照料自养马圈革职留任一案，又违例奏补佐领降一级留任一案，又议奏安设哈萨克卡伦未协革任注册一案，又协领衰老不据实陈奏降一级留任一案，又请给哈萨克翎顶革职留任注册一案，又错拟罪名革职留任一案，曾赏黄马褂加太子少保衔，御前侍卫缘事撤革现系二品顶戴。

总督勒保于陕甘总督任内失察邪教人犯出口革任注册一案，违例奏留属员降一级留任一案，秋审失入降二级留任一案，失察庆惠家人收受站规及送给庆惠物件革职留任一案，曾封侯爵缘事撤革。

总督百龄湖南按察使任内积案未结革职留任一案，山东按察使任内命案不能审出实情降一级留任一案，又广东巡抚任内错拟罪名降一级留任一案，又失察所属设立班馆降一级留任一案，又前在贵州布政使任内清理仓库未经据实参奏降三级留任一案，又广西巡抚任内错拟罪名降一级留任一案，又于湖广总督任内革职后补授汀漳龙道仍带革职留任一案，曾赏花翎加太子少保衔，十年缘事革去，现系二品顶戴。

总督百麟于兼管奉天府尹秋审失入降三级留任一案，山西巡抚任内失察总兵冒饷降五级留任一案，命案未能审出实情又不具奏请罪降五级留任一案，违例调补提举降一级留任一案，派委运员不慎降三级留任一案。

河道总督兼尚书吴璥于河南布政使任内奏请河工摊征运费降三级留任一案，河东河道总督任内奏请摊征河工帮价降三级留任一案，仓场侍郎任内仓案失察革职留任八年无过开复一案，曾赏戴花翎，加太子少保衔本年革去现系二品顶戴。[①]

以上所开列处分清单，包括大学士和协办大学士6位，尚书10位，左都御史2位，总督9位，基本囊括当时的一品大员。在27位一品大员中，其处

---

① 中国第一历史档案馆编：《嘉庆朝上谕档》第14册，广西师范大学出版社2000年版，第555—559页。

分如嘉庆皇帝所言"多寡不齐"，处分最多者是总督汪志伊有18案，处分达10案者有3位。其处分性质所开列者或为降留之案，或为革留之案，或为嘉庆皇帝直接处分的革宫保衔降顶戴等。罚俸处分还不在其内。

2. 京外文职二品大员任内降革留任处分

侍郎江苏学政玉麟任内有误开编修汤金钊俸次降四级留任一案。

侍郎桂芳任内有误开编修汤金钊俸次降四级留任一案，保送银库笔帖式不慎降三级留任一案。

侍郎托津任内有同广兴审案失于觉察降三级留任一案，仓案失察革职留任一案。

侍郎英和任内有失察提调办事奸错降一级留任一案，议处阿明阿遗漏声叙降一级留任一案，容隐同官降四级留任一案，李如枚之子捐职不奏请革退降四级留任一案，不阻止广兴短发绸缎降四级留任一案，总兵任内失察香山盗案降一级留任一案，马谭氏母女命案督缉不获降二级留任一案，曾加一品补服太子少保衔紫禁城骑马缘事革去。

侍郎刘镮之任内本内抬写错误革职留任一案，错开编修俸次降四级留任一案。

侍郎邵洪任内有送给考官赆仪革职留任一案，委审逆犯遗漏供词革职注册一案，委审案犯不即讯结降二级留任一案，盐道任内积案未结降二级留任一案，晚膳递折降一级留任一案，臬司任内积案未结降一级留任一案，失察书吏犯赃降一级留任一案。

侍郎普恭任内保送钱局监督图明阿降三级留任一案，保送银库笔帖式不慎降三级留任一案。

侍郎邵自昌任内保送钱局监督图明阿降三级留任一案，保送银库笔帖式不慎降三级留任一案。

侍郎成书任内押犯未解率由驿奏降二级留任一案，保送钱局监督图明阿降三级留任一案，保送御史英纶降三级留任一案。

侍郎秦瀛于浙江杭嘉湖道任内失察地保豢窃分赃降一级留任一案，又关税短少盈余银两降一级留任一案，又疏忽禁犯降二级留任一案，又湖南臬司任内错拟罪名降一级留任一案，又湖南臬司任内承审命案任意展限降一级留任二案，又顺天府尹任内同官私宅讯供不行参奏降二级留任一案，又因前在湖南臬司任内积案未结降三级留任一案，又在广东臬司任内失察私铸炮位降二级留任一案，又错拟罪名降二级留任一案。

侍郎穆克登额任内因问拟宗室敏学罪名轻纵降五级留任一案，副都统任内误请坐扣侍卫恩明俸银降一级留任一案。

侍郎朱理于浙江衢州知府任内审拟命案律例不符降三级留任一案。

侍郎署山西巡抚初彭龄任内有失察书吏舞弊革职留任一案，又率用驿递奏事降一级留任一案，又失察家人串通受贿降一级留任一案，又安徽巡抚任内秋审失入革职留任一案。

侍郎阿明阿任内失察官物被窃降二级留任一案，不能管教匠役降一级留任一案，李如枚之子捐职不奏请革退降三级留任一案，膳房事务办理未能妥协降五级留任一案，又承奏不实匿不参奏降四级留任一案，于广兴克减绸缎不行阻止降四级留任一案，又工部制造库失窃降四级留任一案。

侍郎陈希曾任内工部制造库银被窃降一级留任一案。

侍郎福庆于安徽布政使任内因盐课误参致令本员降调降一级留任一案，于甘肃镇迪道任内失察属员勒派短发降四级留任一案。

侍郎顾德庆于工部制造库银被窃降一级留任一案。

仓场侍郎戴均元于刑部侍郎任内奏事日期错谬降二级留任一案，又承办工程经理不善未能查出降二级留任一案，于河道总督任内曾戴花翎加太子少保衔，上年工程案内降为正三品时拔去花翎。

理藩院侍郎策丹于河南按察使任内改拟罪名错误降二级留任一案，又承审命案任意展限降一级留任一案，又山东布政使任内失察书吏伪造监照降三级留任一案，又因属员征银未解率请豁免降一级留任一案。

理藩院额外侍郎鄂勒哲依图于王世德自行扎伤案内降一级留任一案。

盛京侍郎崇禄于陕西凤翔府知府任内滥应军需革职留任一案，又于按察使任内失察传教匪徒降一级留任一案。

总管内务府大臣常福任内不能教管匠役降二级留任一案，又于议处事未经声明严议降一级留任一案，又因容隐同官降四级留任一案，又未参奏盛住贪冒革职留任一案，又清夏斋渗漏降五级留任一案，又李如枚之子捐职不奏请革退降四级留任一案，又广兴克减缎匹不行阻止降三级留任一案，又失察司员承办工程经理不善未能查出降二级留任一案。

内阁学士和世泰因李如枚之子捐职不奏请革退降三级留任一案，于广兴克减绸缎不行阻止降四级留任一案。

内阁学士哈宁阿任内因天坛斋官疏防降三级留任一案，又神乐观开设茶馆降二级留任一案。

内阁学士明志任内天坛斋官疏防革职留任一案，又神乐观开设茶馆降二级留任一案，又陈奏错谬革职留任一案，又副都统任内失察放米车夫得受钱文降二级留任一案。

内阁学士万承风于江苏学政任内奏请开缺来京降四级留任一案。

内阁学士王绥于礼部侍郎任内保送银库笔帖式不慎降三级留任一案。

漕运总督马慧裕于河南巡抚任内议奏摊征河工帮价未协降三级留任一案，又控案不行审办降三级留任一案，又违例奏留知府降二级留任一案，又致送广兴盘费银两革职留任一案，又湖南巡抚任内积案未结降三级留任一案，又河东河道总督任内未经参奏英纶降二级留任一案，又审办命案草率革职留任一案，又张裕庆购办料物未能详查革职留任一案，现系三品顶戴。

江南副总河徐端违例题升知县降二级留任一案，又洪湖异涨不为筹画降三级留任一案，又荷花塅漫口复蛰降三级留任一案，曾戴花翎加太子少保衔，上年革去翎顶补授副总河，现系三品顶戴。

山东巡抚吉纶于漕运总督任内有失察凶徒扰害降一级留任一案，又不能催偿开运降三级留任一案，又未将英纶参奏及失察所属馈送革职留任一案，又前在仓场任内失察仓书降二级留任一案。

山西巡抚金应琦于湖南按察使任内有参折遗漏声叙降一级留任一案，又积案未结降三级留任一案，又失察知州招商索贿降一级留任一案，又藩署被窃降一级留任一案。

河南巡抚恩长于湖南按察使任内有承审迟延革职留任一案，又承审未将实情审出降一级留任一案，又广西巡抚任内错拟罪名降三级留任一案。

江苏巡抚章煦于大理寺少卿任内进本日期错误降四级留任一案，湖北巡抚任内堤工率请加价降二级留任一案。

安徽巡抚董教增于四川藩司任内未将搭解藏库银两禀奏降二级留任一案，又重案不行亲审降二级留任一案。

江西巡抚先福于四川按察使任内秋审失入降二级留任一案，又江西布政使任内条陈捐纳事宜未协降二级留任一案，又误揭属员降三级留任一案。

浙江巡抚蒋攸铦于江西按察使任内积案未结降三级留任一案。

湖北巡抚常明于贵州布政使任内雇备乡勇未经声叙及办理军需代为洒销革职留任一案，又军需黑铅销价浮多革职留任一案，又委解铅运不慎降三级留任一案，又陕西布政使任内秋审失入降一级留任一案，又署湖北按察使任内催审不力降一级留任一案，又取中武举宽滥降二级留任一案，又违例奏补道员降二级留任一案，曾加志勇巴图鲁名号，并戴花翎缘事革去。

湖南巡抚景安于河南布政使任内命案不能审出实情革职留任一案，又率转赴选文结革职留任一案，又河工率请加价革任注册一案，又户部侍郎任内审办寿阳控案未能审出实情革任注册一案，又湖广总督任内率请知州起复降一级留任一案，又失察藩司侵扣平余降一级留任一案，又河南巡抚任内捕盗不力降一级留任一案，又直隶按察使任内秋审失出革职留任一案，又因湖南积案未结革职留任一案，又揭参藩司不实革职留任一案，曾戴双眼花翎加太子少保衔封伯爵，缘事革去。

山西巡抚成宁于贵州布政使任内失察属员亏空革职留任一案，又属员承办军需牵混及领用银两代为洒销革任注册一案，又军需黑铅销价浮多革任注册一案，又前署辰永道任内文报迟延降一级留任一案，又属员办铜迟延革职留任一案，又湖南布政使任内失察属员侵亏降一级留任一案，又参折遗漏声叙降一级留任一案，又护湖南巡抚任内积案未结革职留任一案，又湖北按察使任内失察奸徒扰害降一级留任一案，又催审不力降一级留任一案，又安徽巡抚任内审拟案犯不得实情革职留任一案，又山西巡抚任内失察州县应付站规并致送庆惠车骡革职留任一案。

广东巡抚韩崶于湖南按察使任内办案迟延降二级留任一案，又湖南布政使任内请补巡检错误降一级留任一案，又失察属员亏空降一级留任一案，又保荐属员不实革职留任一案，又报拨耗银错误降一级留任一案，又积案未结革职留任一案，又失察书役冒领银两革职留任一案，又福建布政使任内采办滇铜缺额降一级留任一案，又岳常沣道任内失察属员侵亏降一级留任一案。

广西巡抚许兆椿于江西按察使任内积案未结降三级留任一案。

云南巡抚同兴于直隶布政使任内失察匿蝗不报降二级留任一案，又查办回赎民典地亩草率降一级留任一案，又查勘决口迟延降三级留任一案，又山西巡抚任内不揭参总兵侵冒饷银降四级留任一案，又湖北布政使任内失察贼犯扰害降一级留任一案，又失察银匠侵用钱粮降一级留任一案，失察银匠侵用钱粮降一级留任一案。

贵州巡抚鄂云布于安徽布政使任内失察邪教降三级留任一案，又江苏按察使任内失察凶徒扰害降三级留任一案，又署甘肃按察使失察邪教降一级留任一案，又安徽按察使任内命案不能究出实情降一级留任一案，又安徽布政使任内秋审失入降一级留任一案，又护安徽巡抚任内秋审失出降二级留任八年无过方准开复一案。

直隶布政使方受畴在直隶清河道任内有失察属员亏空降二级留任，又失察属员冒赈革职，奉旨降为三品顶戴革职留任一案，曾戴花翎，本年五月革去。

浙江布政使广厚在甘肃按察使任内有错拟绞罪降三级留任一案，又在广东布政使任内失察民人私铸炮位降二级留任一案，又前在甘肃按察使任内失察知州勒派粮价例应降一级调用，因在新疆办事须俟回京后请旨尚未议结。

四川布政使方积因前在按察使任内秋审失入降二级留任一案。

陕西布政使朱勋因前在按察使任内审拟失入二犯降五级留任一案，又失察匪徒降三级留任一案。

甘肃布政使蔡廷衡在兰州道任内有失察传教匪徒降一级留任一案，又护总督任内营务废弛降一级留任一案，现在解任。

河南布政使钱楷在护巡抚任内因未将已革道员张裕庆购备河工料物

银两查明确实降四级留任一案。

江宁布政使史积容因在湖南道员任内不亲往查办匪徒革职留任一案，又在臬司任内积案未结革职留任一案，又在藩司任内失察司书舞弊革职注册一案，又互揭属员钻营署缺革职留任一案，又失察匪徒降一级留任一案。

安徽布政使素纳在陕西道员任内赏项迟延降一级留任一案，又在直隶按察使任内因失察顶凶人犯降一级留任一案。

江西布政使袁秉直因在福建知府任内不能筹补鼓铸降一级留任一案，又在湖北按察使任内误拟罪名降四级留任一案，又承催审案不力降一级留任一案。

湖北布政使张映汉在山西臬司任内失察州县滥应降一级留任一案。

山西布政使刘清因前在四川建昌道任内贼匪潜窜渡江革职留任一案。

贵州布政使陈预因在江西按察使任内失察属员误拟罪名降三级留任一案。

广东布政使衡龄因在江西按察使任内送给主考赆仪革职留任一案，又积案未结革职留任一案

福建布政使景敏前在道员任内兼摄知府错拟罪名降三级留任一案，又在直隶知府任内失察州县串通司书舞弊革职留任一案，在江西臬司任内积案未结降二级留任一案[1]

这份处分清单共列有侍郎 20 位，总管内务府大臣 1 位，内阁学士 5 位，漕运总督 1 位，江南副总河 1 位，巡抚 13 位，布政使 14 位，共 55 位二品大员。其处分清单反映几个问题：第一，处分在二品大员中同样具有普遍性，基本覆盖二品官员之数。第二，二品大员中处分多少亦参差不齐，最多者有成宁 12 案，七、八、九案处分的官员相对多些。第三，处分的类别同样以革职留任和降级留任居多，总体处分与一品大员相比，略低一些。

---

① 中国第一历史档案馆编：《嘉庆朝上谕档》第 14 册，广西师范大学出版社 2000 年版，第 563—569 页。

二、嘉庆六旬万寿吏部所呈报大员和左右近臣参劾处分的普遍和奇多

1. 京外文职一品大员降革留任参劾处分

嘉庆二十四年（1819）九月二十四日，嘉庆再次颁谕解决大员处分："朕本年六旬万寿……因思内外一二品文武大臣，其任内均有身罗降革留任处分未经开复，并有优加旌异后缘事黜退，及未复原品顶戴者，特交军机大臣查明具奏。兹据将京外文职一品各大员先行开单呈览，朕详加披阅。"[1]

大学士明亮降级留任四案：一因皇上御门到迟未将本匣捧递降五级留任，一仪亲王迟误祭期并不奏明辄写字帖知照永琤代祭降二级留任，一率请赏给随从官兵马干银两降二级留任，一因乌里雅苏台来文并不奏办即行咨覆降二级留任

大学士曹振镛降级留任八案：一失察书吏冒领银两降一级留任，一管理三库失察冒领物料降一级留任，一不查参司务沈震降一级留任，一查办吏部铨选唯诺附和降一级留任，一承修栅栏朽坏降一级留任，一保举不谙文理司员降二级留任，一纂辑明鉴体例未协降三级留任，一续估工程失察司员得赃并书吏舞弊降三级留任。

大学士章煦降级留任三案：一因绅民团练乡勇率请官给口粮等项降一级留任，一滥保笔帖式拟陪主事降一级留任，一查办发遣官犯将在配未满者列入单内降二级留任。

协办大学士总督伯麟降级留任五案：一失察总兵贪纵营私降五级留任，一臬司私刑逼诬认正凶并未究出实情又未将原奏错误具折请罪降五级留任，一失察滇省运员盗卖京铜私押执照降三级留任，一秋审人犯错拟情实降一级留任六年无过开复，一参革知府应追分赔银两登覆迟延降一级留任。

尚书景安降级革职留任共十七案：一审办白如金控案未能究出实情降一级留任，一失察藩司侵扣平余银两降一级留任，一失察盗犯降一级

---

① 中国第一历史档案馆编：《嘉庆朝上谕档》第24册，广西师范大学出版社2000年版，第469页。

留任，一秋审失出并违例声请留养革职留任，一委署县缺不与藩司面商革职留任，一未结词讼积压至数百案革职留任，一失察李孙等传教降一级留任，一同噜苏布呈报蒙古地方定立界址并未驳回降二级留任，一秋祀社稷坛误将春祀祝文交内阁缮写降二级留任，一各坛役革价任令拖延率以虚款具题降一级留任，一失察凤台县民人传教降一级留任，一失察阳城县民人入教降一级留任，一与礼亲王昭梿争论隐忍不奏降二级留任，一滥给借支银两降二级留任，一郎中钱学彬截取知府率行保送繁缺降二级留任，一将查封米铺一案错拟罪名降一级留任，一失察道士双阳降二级留任，查该员曾加太子少保衔，因在军营获咎革职销去。

尚书崇禄降级革职留任共九案：一审理词讼未结多案降三级留任，一将枷杖人犯错拟流罪降一级留任，一具题本章因循积压革职留任，一司员听嘱得赃保举不实降二级留任，一题覆本内字句不行酌换降一级留任，一失察司员裁改稿件革职留任，一司员舞弊原保不慎降三级留任，一接到乌里雅苏台来文并不奏办降二级留任，一致祭夕月坛种种愆仪，又致祭文庙赞礼郎持重赞礼错误革职留任仍带降三级留任。

尚书汪廷珍降级留任二案：一吏目封禁米铺舞弊婪赃不即揭参降三级留任，一题请入祀乡贤祠人员不遵旨核定准驳降二级留任。

尚书戴联奎降级留任五案：一失察书吏配签弊混降一级留任，一办理博士奎处分错误降一级留任，一办理邱安校处分错误降一级留任，一纂辑明鉴体例不协降三级留任，一接到乌里雅苏台来文并不奏办降二级留任。

尚书韩封降级革职留任共二十二案：一失察周宁远侵亏仓库降一级留任，一失察董如冈侵亏仓库复将该员保荐卓异革职留任，一所属采买滇铜成色不足降一级留任，一失察董如冈侵用堤工银两降一级留任，一误将县属缓征耗银入拨降一级留任，一审理积案未结五十一案以上革职留任，一失察司书冒领库银革职留任，一秋审失出十六案销去加一级仍降二级留任，一秋审失入革职留任，一违例将徐一麟请调海阳令降一级留任，一违例将谢涛请升嘉应牧革职留任，一错拟罪犯李亚长降一级留任，一失察县令擅用非刑降一级留任，一失察书吏印用字轴降一级留任，一徒犯遇赦属员详报迟延不行揭参降一级留任，一具题本章因循积压革职留任，一藩库支借银两未经奏咨有案降二级留任，一题覆本内字句不行酌换降一级留任，一司员听嘱得赃保举不实降二级留任，一失察同知李青云交代逾限并不揭参降一级留任，一查办发遣官犯时在配未满者列入单内降二级留任，一失察在监官犯革职留任。

尚书茹棻降级留任四案：一具奏指挥衙署被贼失实降一级留任，一民妇冀刘氏擅递封章率行入奏降二级留任，一保举不谙文理司员降二级留任，一续估工程失察司员得赃并书吏舞弊降三级留任。

尚书赛冲阿降级留任二案：一保奏休致协领安平不将案由声叙降二级留任，一审办宗室罪名拘泥请旨降四级留任。

候补尚书吴璥降级留任六案：一摊征秸料运费银两不据实查办降三级留任，一运河水小回空阻滞降二级留任，一挑挖盐河未经奏明降二级留任，一违例奏给官兵马干降二级留任，一失察司员裁稿舞弊降一级留任，一滥保司员降三级留任，查该员曾加太子少保衔因河督任内各项工程未能认真降调销去。

左都御史史普恭降级留任一案：一违例奏署通判常山降一级留任。

左都御史刘镮之降级留任七案：一失察书吏冒领库银降二级留任，一查办编修俸次误会例降一级留任，一所辖地方失察匪徒潜匿降四级留任，一于皇上躬耕耤田牛只不加演习降三级留任，一错拟王二等罪名降一级留任，一郎中钱学彬截取知府率行保送繁缺降二级留任，一失察属员得受牙帖钱文销去加一级仍降一级留任。

总督方受畴降级革职留任共十四案：一旗租奏销牵混降一级留任，一失察传习大乘教降一级留任，一失察滦州匪徒传教降一级留任，一徐用书亏缺一案核算迟延革职留任，一审办韩自兴一案草率定拟降三级留任，一河南被灾地方办理不能周妥革职留任，一失察滑县知县孟𡑞瞻声名狼藉革职留任八年无过方准开复，一办理赵三一案错拟情实革职留任，一已革通判竹腾霄诬告藩司未能先时查察降三级留任，一三河等县上忙钱粮征解迟逾并不指参降一级留任，一州县交代迟延援案请免处分降二级留任，一秋审失出五案以上降一级留任六年无过开复，一延请属员入幕降四级留任，一地丁奏销登覆迟延降一级留任。

总督孙玉庭降级革职留任共二十案：一滥给军犯书德书信革职留任

八年无过方准开复，一于所属知县孙廷标审办黄鸾翔一案意为出入未能平反率据具题降三级留任，一饬拿洋匪并不慎密致令审逸降二级留任，一前任广东巡抚时总督那彦成饮酒看戏不行查参降三级留任，一擅准噼咽国商船卸货降一级留任又降二级留任，一审办林五接济洋匪一案未与总督会审单衔具奏降二级留任，一错拟匪徒赖阿仁罪名革职留任，一查办恩赦迟延半年以上降一级留任，一失察书役犯赃降一级留任，一失察银匠侵用钱粮降一级留任，一夷船擅入澳门不将总督吴熊光劾参降四级留任，一失察司书索讨喜银两案各降一级留任，一秋审失出降一级留任六年无过开复，一普安州改为直隶州同知并未详查率行奏请降一级留任，一失察书吏伙用假印革职留任，一奏事擅用驿递降一级留任，一审办革令杨超铎一案不严刑讯究复奏请拿问降一级留任，一民堰工程率请改为官堤降一级留任，查该员曾赏花翎，因在广东巡抚任内嘆咕喇入澳门不奏一案革职销去。

总督董教增降级留任七案：一杨涵等控案不行亲审降二级留任，一十四年秋审失出降一级留任，一十九年秋审失出降一级留任六年无过开复，一武职借支养廉造报迟延降一级留任，一盱眙县被水成灾误将知县奏参降一级留任，一于黎定麟控案历久不结降二级留任，一兵丁冯日升等扭辱典史案内错拟罪名降二级留任。

总督阮元降级留任七案：一因馈送公帮银两降四级留任开复降二级仍带降二级留任，一秋审失出降一级留任，一叶华卿控案审转不实降一级留任，一添设海州等处官兵辄奏请令商人捐给俸饷降二级留任，一引湖水入运固执己见降二级留任，一二十一年分秋审失入降一级留任，一失察临桂县六塘墟盗案降一级留任。

总督庆保降级革职留任共六案：一十七年秋审失出五案以上降一级留任，一十八年秋审失出五案以上降一级留任六年无过开复，一准引行销地界辄请更改旧章降一级留任，一将有处分之捐升直隶牧衷行恕奏请留省补用降二级留任，一将奏准捐复尚未引见之降调通判俞克振奏署实缺降一级留任，一失察武陵令顾烺炘藉案得赃荐举卓异不实革职留任。

总督长龄降级留任四案：一河工岁修帮价率请摊征降二级留任，一秋审失入降二级留任，一因馈公帮银两降四级留任，一乌里雅苏台参赞大臣任内收受馈送马匹降二级留任。

　　总督蒋攸铦降级留任六案：一失察陈老么纠众滋事一案降一级留任，一南海令谢涛违例请升知州降二级留任，一黎定麟控案历久未结降二级留任，一州判蔡湘交代逾限不行揭参降一级留任，一失察兵丁冯日升等扭辱典史降二级留任，一秋审失出五案以上降一级留任六年无过开复。

　　漕运总督成宁降级革职留任共九案：一于所属采买滇铜详委不慎革职留任，一审理积案未结五十案以上革职留任，一审案不能究出实情革职留任，一庆惠出差各属私给站规未能先事查出革职留任，一失察逆犯降二级留任，一司员老迈不早甄别降二级留任，一滥保属员革职留任，一桂芬读祝错误降一级留任，一新正筵宴带乐过早降二级留任，查该员曾赏花翎，因前在礼部尚书任内任意互易贤良位次，革退尚书销去。[①]
嘉庆二十四年吏部所开列的一品大员处分清单，共有大学士和协办大学士四位，尚书八位，左都御史二位，总督八位，人数共有22位，少于嘉庆十四年的27位，减少二位大学士、二位尚书和一位总督。处分情况，虽然是各员之间多寡悬殊，但整体比十四年的官员处分有所增加。最多的是尚书韩对降级革职留任共22案，其次是总督孙玉庭降级革职留任共20案，再次是尚书景安降级革职留任共17案，最后较多的是总督方受畴降级革职留任共14案。处分类别依然为降级留任和革职留任，所降之级累积非常多，有的达30级，处分面非常普遍且奇多。

　　2. 嘉庆二十四年京外文职二品大员降革留任处分

　　侍郎顾德庆降级留任六案：一失察书吏冒领银两除开复外仍降一级留任，一失察三库冒领银两降一级留任，一不行查参司务沈震降一级留任，一笔帖式历俸未满滥行拟陪降一级留任，一保举不谙文理司员降二级留任，一违例请给官兵马干银两降二级留任。

　　侍郎吴芳培降级留任二案：一钱学彬截取知府未经详查率行保送降二级留任，一接到乌里雅苏台来文率行咨覆降二级留任。

[①]　中国第一历史档案馆编：《嘉庆朝上谕档》第24册，广西师范大学出版社2000年版，第473—479页。

侍郎和桂降级留任一案：一将已劾六法定员札行改列供职降二级留任。

侍郎王引之降级留任一案：一题请入祀乡贤人员并不核定准驳降二级留任。

侍郎同麟降级留任一案：一题请入祀乡贤人员并不核定准驳降二级留任。

侍郎王宗诚降级留任一案：一题请入祀乡贤人员并不核定准驳降二级留任。

侍郎常英降级留任一案：一应行扣除之年老举人未经查扣降一级留任。

侍郎曹师曾降级留任一案：一接到乌里雅苏台来文率行咨覆降二级留任。

侍郎廉善降级留任二案：一查办吉林官犯开单错误降二级留任，一失察在监官犯降一级留任。

侍郎帅承瀛降级留任五案：一保举不谙文理司员降二级留任，一标写片文未经详查降一级留任，一司员舞弊原保不慎降三级留任，一查办吉林官犯开单错误降二级留任，一失察在监官犯降一级留任。

侍郎文孚降级留任一案：一查办吉林官犯开单错误降二级留任。

侍郎王鼎降级留任二案：一钱学彬截取知府未经详查率行保送降二级留任，一查办吉林官犯开单错误降二级留任。

侍郎王以衔降级留任一案：一续估工程失察司员得赃并书吏舞弊降三级留任。

侍郎陆以庄降级留任二案：一民妇呈递封章率行入奏降二级留任，一续估工程失察司员得赃并书吏舞弊降三级留任。

仓场侍郎那彦成降级留任九案：一滥保孟岯瞻降三级留任，一缉捕情形未经陈奏降三级留任，一民妇达孙氏控案仅批饬委员办理又不附奏缉匪情形降三级留任，一降革官奏请捐复未叙缘事案由降四级留任，一寻常案犯奏交刑部推诿取巧降二级留任，一年班伯克进京不派道府护送降二级留任，一秋审失出五案降一级留任，一题本字句不加敬慎降三级留任，一秋审失出五案降一级留任，查该员曾赏太子少保衔双眼花翎，因在陕甘总督任内任听浮销赈银革去。

理藩院侍郎博启图降级留任三案：一误将章京奏请议处降一级留任，一该管官兵中箭人少降二级留任，一笔帖式探听外衙门事件并不阻止降三级留任。

盛京侍郎明兴阿降级留任三案：一失察巡城御史舞弊并不自请处分降二级留任，一错拟罪名又奏折专写汉字降三级留任，一审办宗室罪名拘泥请旨降四级留任。

盛京侍郎书敏降级留任一案：一审办宗室罪名拘泥请旨降四级留任。

盛京侍郎瑞麟降级留任三案：一错拟罪名又奏折专写汉字降四级留任，一审办宗室罪名拘泥请旨降四级留任，一豁除银米造册迟延降一级留任。

内阁学士阿隆阿降级留任一案：一该管官兵中箭人少降二级留任。

内阁学士色克精额降级革职留任共六案：一不应保列一等人员复行保荐降二级留任，一办理京察司员具呈参办不行参办降二级留任，一桂芬读祝错误降三级留任，一派礼仪生疏之员承充赞引革职留任，一导引等官愆仪又裁撤汉官未派满官代引，又赞礼郎赞引错误部议共降九级调用，奉旨降为三品顶戴改为革职留任仍带降三级留任。查该员曾赏花翎，因派充赞引不慎，奉旨拔去花翎。

内务府大臣阿克当阿降级留任二案：一前在粤海关监督任内因率准喀咂国夷船赴关卸货降二级留任除开复外仍降一级留任，一请添设海州扬州官兵率请令商人捐给俸饷降二级留任。

河道总督黎世序降级留任五案：一鼓铸钱文造册迟延降一级留任，一总河放坝错误不能力争匡正降一级留任，一失察命案详报迟延降一级留任，一委查荡柴草率结案降四级留任，一违例请将民堰改为官堤降二级留任。

巡抚陈桂生降级留任五案：一失出秋审降一级留任六年无过开复，一失察所属刑逼取供降二级留任，一失察凤台县民人入教降一级留任，一失察阳城县民人入教降一级留任，一滥举属员降一级留任。

巡抚姚祖同降级留任三案：一州县征解迟延并不指参降一级留任，一奏销案登覆迟延降一级留任，一题本声叙错误降四级留任。

巡抚程国仁降级留任一案：一逆犯潜住属县未能查拿降二级留任。

巡抚成格降级留任四案：一保举不谙文理司员降二级留任，一率听钱局匠役求分料价降二级留任，一该管护军无人中箭降一级留任，一司员舞弊原保不慎降三级留任。

巡抚琦善降级留任一案：一秋审人犯由实改缓降一级留任。

巡抚朱勋降级留任五案：一匪徒伙众纠谋不亲身往拿降三级留任，一年班伯克进京不派大员护送降二级留任，一秋审人犯由实改缓降二级留任，一秋审人犯由实改缓降一级留任，一情实人犯册尾预拟改缓降二级留任。

巡抚吴邦庆降级留任一案，一秋审失入一案降一级留任。

巡抚陈若霖降级留任五案：一失察属县私给庆惠等家人饭钱降三级留任，一所属错拟罪名率行审转降二级留任，一秋审会衔失入三案降三级留任六年无过开复，一失察习教敛钱降一级留任，一奉旨交审案件并不亲提降四级留任。

巡抚钱臻降级留任九案：一秋审失出降一级留任三年无过开复，一所属刑逼取供率行核转降三级留任，一失察凤台县民人入教降一级留任，一失察阳城县民人入教降一级留任，一滥举属员降一级留任，一承审案件率行转详降一级留任，一秋审失出降一级留任三年无过开复，一秋审失出降一级留任三年无过开复，一失察司书冒领库银降二级留任。

巡抚张映汉降级留任十二案：一失察书吏割洗旧文朦混给照降二级留任，一秋审失出降一级留任三年无过开复，一王树勋在楚多年不行参办降三级留任，一失察凤台县民人入教降一级留任，一失察阳城县民人入教降一级留任，一王树勋由通判洊升知府并不早行参奏降三级留任，一捐升离任人员未将承缉盗案声叙降四级留任，一秋审人犯由实改缓降一级留任，一遗漏减等降一级留任，一违例请改行盐地界降二级留任，一失察长随听嘱得赃降二级留任，一捐升分发人员未将承缉盗案处分声叙降二级留任。

巡抚康绍镛降级留任一案：一失察逆犯潜匿境内降二级留任。

巡抚史致光降级留任一案：一失察匪犯纠谋不法降三级留任。

布政使祝庆承降级留任二案：一失察民人传教降一级留任，一在永平府任内失察传教降一级留任。

布政使恒敏降级留任一案：一秋审人犯由实改缓降一级留任。

布政使邱树棠降级留任一案：一运弁具禀米色低杂不行揭参降一级留任。

布政使徐炘降级留任一案：一秋审人犯由实改缓降一级留任六年无过开复。

布政使翁元圻降级革职留任共三案：一秋审人犯由实改缓降二级留任，一上忙钱粮逾限不奏降二级留任，一滥举劣员卓异革职留任。

布政使曹六兴降级留任一案：一错拟罪名降二级留任。

布政使继昌降级留任一案：一秋审失入降二级留任。

布政使玉辂降级留任一案：一秋审人犯由实改缓降一级留任。

布政使毓岱降级留任一案：一失察讳盗不报降一级留任。[①]

嘉庆二十四年（1819）二品大员处分清单，包括侍郎19位，内阁学士2位，内务府大臣1位，河道总督1位，巡抚12位，布政使9位，共44位。与十四年相比，侍郎减少1位，内阁学士减少3位，巡抚减少1位，布政使减少4位。在二十四年的这些官缺中，处分官员极其普遍。官员处分中最多的是巡抚张映汉降级留任有12案，仓场侍郎那彦成降级留任有九案。处分同样的和一品大员相比少。降级留任和革职留任也是处分这部分官员的主流。综上，通过两次大典可见当时从近臣到一二品大员的处分覆盖面非常广，其处分的数额也不在少数，面对这样的问题应该是嘉庆朝要着力解决的问题。

3.嘉庆皇帝左右近臣参劾处分清单

嘉庆二十四年（1819）九月二十四日，就近臣处分颁旨："朕本年六旬万寿，渥沛恩施，覃敷中外，曾于元旦降旨，先将左右近臣分别宽免处分。"[②]在这样的万寿庆典背景下，吏部尚书奉旨将左右近臣处分开单进呈，未列任何官衔直书名讳。

托津罚俸四案：一因被参复带一等人员率行保送罚俸三个月，一因

---

　　①　中国第一历史档案馆编:《嘉庆朝上谕档》第24册，广西师范大学出版社2000年版，第494—499页。

　　②　中国第一历史档案馆编:《嘉庆朝上谕档》第24册，广西师范大学出版社2000年版，第469页。

带领运官排数错误罚俸三个月，一因失察马甲李成明偷窃仓米罚俸三个月，一因行营西北两面少搭账房罚俸二年。

戴均元革职留任三案降级留任二案罚俸十三案：一因南河工程未能认真查办革职留任，一因纂辑明鉴体例未协革职留任，一因科场条例刊刻庙号错误颁发后始行校出革职留任，一因失察花户刘邦祥等亏短米石降一级留任，一因钱学彬截取知府未经详查降二级留任，一因广春嘱托领米不能觉察罚俸六个月，一因车户豆石加价罚俸九个月，一因失察花户方世德勒赃罚俸一年，一因海运富新二仓米石被窃罚俸六个月，一因考取附生何景运诗句失粘罚俸三个月，一因德宗额得受甲米参奏迟延罚俸一年，一因月折错误罚俸一个月，一因秦锡畴捐复原官率行议准罚俸三个月，一因带领引见即日述旨罚俸三个月，一因呈递绿头牌错误罚俸三个月，一因会奏日期有误召见罚俸一个月，一因清书则例告成行文迟延罚俸六个月，一因拟写拦黄埝谕旨错误罚俸一个月。

卢荫溥降级留任四案：一因刑部本章积压除抵销外仍降一级留任，一因杨四案内失察刑部司员听嘱得赃降二级留任，一因刑部议覆本内秽语未能改正降一级留任，一因钱学彬截取知府率行保送降二级留任。

和宁革职留任三案降级留任四案罚俸二十四案：一因失察堂子神幪被窃革职留任，一因失察王士青等潜习邪教革职留任，一因张观澜一案失察属员滥刑诬枉革职留任，一因不应补修叶尔羌城垣降二级留任，一因养息牧河牧厂试垦率行查勘降一级留任，一因失察崇文门弁役等讹索银钱降一级留任，一因秋审失出降一级留任，一因失察番人将生息作为垦课罚俸六个月，一因督征带缓银两不力罚俸一年，一因拐犯拟绞未能详查罚俸三个月，一因失察孙世俭干犯伦纪罚俸一年，一因督征地丁等项不力罚俸一年，一因陈观成交代造册舛错罚俸三个月，一因督催核追银两不力罚俸一年，一因摘征耗羡未完罚俸一年，一因失察奎敏等习西洋教罚俸六个月，一因灾缓钱粮督催不力罚俸一年，一因失查偷挖金沙罚俸六个月，一因贼犯脱逃罚俸六个月，一因五年地丁未完罚俸一年，一因六年地丁未完罚俸一年，一因八年地丁未完罚俸一年，一因九年地丁未完罚俸一年，一因十一年地丁未完罚俸一年，一因十二年地丁未完罚俸一年，一因失察杨德坡散放符袋罚俸九个月，一因短放参票不行查催罚俸六个月，一因失察李士忠因赌逞凶毙命罚俸三个月，一因失察兵丁雇替该班罚俸两个月，一因督征正耗钱粮不力罚俸一年，一因官兵射中布靶较少罚俸六个月。

英和降级留任一案罚俸四十四案：一因失察司员等承审张锜一案刑伤致毙降二级留任，一因月折内抬写错误罚俸四年，一因失察售买珠串罚俸一年，一因呈递绿头牌错误罚俸三个月，一因总督文昌保借支俸银不行批驳罚俸一年，一因失察宝泉局亏短铜斤罚俸一年，一因办理官史错误罚俸六个月，一因失察南苑牧放驼马罚俸六个月，一因失察书吏陈和等撞骗银两罚俸一年，一因失察王得等贿嘱承审官吏罚俸一年，一因失察正阳门门领开放迟延罚俸一年，一因不行开送读卷罚俸九个月，一因查抄鹤龄等家产辄先具奏罚俸六个月，一因审办范重棨一案具奏迟延罚俸六个月，一因天坛内租开茶肆罚俸一年，一因盗犯苏赛德系养育兵未经审出罚俸六个月，一因罗丰宾中式卷内抬写脱误未经看出罚俸一年，一因失察东安门劫案罚俸一年，一因营造木器被劫罚俸六个月，一因失察宝泉局匠役滋事罚俸六个月，一因官史续编错讹罚俸一个月，一因失察致和私砍坟树罚都统俸六个月，一因失察偷窃仓米罚俸六个月，一因实录内字画错误罚俸一个月，一因实录内恭录谕旨未经抬写罚俸一个月，一因实录内字画错误罚俸一个月，一因东安门内草垛失火罚俸三个月，一因失察巨盗江二等在京潜匿罚俸六个月，一因失察马甲祥奎聚赌除抵销外罚俸一个月，一因恭校御制诗章笔误未经看出罚俸六个月，一因误谕回民挑选步军罚俸九个月，一因心镜轩陈设被窃罚俸三个月，一因失察瑞明扎伤堂兄除抵销外罚俸两个月，一因秦锡畴捐复原官率行议准罚俸三个月，一因饬驳通永道木税未经详查罚俸三个月，一因带领引见即日述旨罚俸三个月，一因失察私煎焰硝罚俸一年，一因奏派人员开列错误罚俸一个月，一因会议折内误将近春园平抬罚俸二年，一因补放陕西粮道行文迟延除抵销外罚俸两个月，一因失察石禄纠约太监等入会进香罚俸一年，一因清书则例告成行文迟延罚俸六个月，一因倚虹堂附近居民点放炮竹不先禁约罚俸一年，一因失察伊兴都之女为尼罚俸六个月。

苏楞额革职留任一案降级留任一案罚俸三案：一因带领暎咭唎贡使来京舛错革职留任，一因原保伊绵泰不慎降二级留任，一因筵宴尚茶迟延罚俸六个月，一因率请另修恭送玉牒道路罚俸一年。

和世泰降级留任十三案罚俸七案。一因任听广兴克减例支绸缎除开复抵销外仍降一级留任，一因抵补越南赏件降二级留任，一因失察王书常私雕冒领降三级留任，一因月折内误写回避字样降四级留任，一因失察轿夫开局聚赌降一级留任，一因限满赌犯未获降一级留任，一因奏派查验金银器未将阿那保等开入降二级留任，一因又届限满赌犯未获降一级留任，一因秀清村窃表正贼未能审出降一级留任，一因员外郎德浩伺候差使失仪仅以迟误参奏降一级留任，一因教演舁辇旗尉未能娴熟降一级留任，一因蒙古地方驿站界址未即驳回更定降一级留任，一因特旨交办事件议奏迟缓降一级留任，一因失察偷窃仓米罚俸六个月，一因尽意轩被窃罚俸一年六个月，一因心镜轩陈设被窃罚俸三个月，一因旗校尉行走迟缓罚俸三个月，一因太监崔成逃走未获罚俸三个月，一因带领嘆咕喇贡使来京舛错罚公俸五年，一因尚茶仪节错误罚俸六个月。

禧恩降级留任二案罚俸一案：一因蒙古地方驿站界址未即驳回更定降一级留任，一因率请赏给随从官兵马干银两降二级留任，一因失察宗室那斯浑图等移居城外罚职任俸九个月。

那彦宝降级留任二案罚俸三案：一因阿兰保在营房住宿并未参奏除抵销外仍降二级留任，一因钱学彬截取知府率行保送降二级留任，一因备带银牌在途被窃罚俸三个月，一因失察富森布冒支赏银罚俸三个月，一因失察伊兴都之女为尼罚俸六个月。

常福革职留任四案降级留任九案罚俸十四案：一因失察王书常私雕冒领革职留任，一因月折内书写错误革职留任，一因海甸寓园议奏迟缓革职留任，一因滥保福海外任革职留任，一因文宁指斥同官不行参奏除开复外仍降一级留任，一因清夏斋工程渗漏降五级留任，一因嵩俊等所捐员外不行奏革降四级留任，一因广兴克减例支绸缎不行参奏降三级留任，一因石象石狮等工粘接降二级留任，一因司务沈震素有疯疾率行奏留降一级留任，一因秀清村窃表正贼未能审出降一级留任，一因率请赏给随从官兵马干银两降二级留任，一因阿兰保住宿营房并未参奏降二级留任，一因工部与内务府月折同日呈递罚俸三个月，一因失察德林在禁城投井罚俸一年，一因失察偷窃仓米罚俸六个月，一因窃表一案审讯迟延罚俸三个月，一因尽意轩被窃罚俸一年，一因跳步札时未谙照料罚俸一年，一因心镜轩陈设被窃罚俸六个月，一因陈设被窃赃贼未获罚俸六个月，一因太监崔成逃走未获罚俸三个月，一因拿获太监刘吉生具奏迟延罚俸六个月，一因九江粤海等处贡物同日呈递罚俸六个月，一因办理采子等项未能驳减罚俸三个月，一因圈马膘分不足罚职任俸九个月，一因倚虹堂附近居民点放爆竹不先禁约罚俸一年。

黄钺降级留任一案：一因失察宝泉局匠役滋事降二级留任。

姚文田降级留任二案：一因钱学彬截取知府率行保送降二级留任，一因科场条例刊刻庙号错误颁发后始行校出降四级留任。[①]

吏部开列处分清单，共有 12 位近臣，托津、戴均元、卢荫溥、和宁、英和、苏楞额、和世泰、禧恩、那彦宝、常福、黄钺、姚文田。所列处分有罚俸三个月到罚俸四年、有降一级留任到降五级留任、有革留。虽然贵为近臣，但是他们的处分仍然普遍，依然很多。托津和卢荫溥均有 4 案，戴均元 18 案，和宁有 31 案，英和 45 案，苏楞额有五案，和世泰 20 案，禧恩 3 案，那彦宝 5 案，常福 27 案，黄钺 1 案，姚文田 2 案。可见，嘉庆时期处分的对象不仅有一二品大员，还有近臣重臣，这也是清前期少有的情况。依据处分件数看，黄钺的处分最少有一案，英和的处分最多，有 45 案。兹以英和、那彦成为例，知大员处分之奇多。

4. 英和与那彦成参劾处分之多

（1）英和，索绰络氏，满洲正白旗人，尚书德保子。乾隆五十八年（1793）成进士。嘉庆三年（1798），擢侍读学士。嘉庆亲政，累迁内阁学士。五年，授礼部侍郎兼副都统。六年，充内务府大臣，调户部。曾因不到旗署为仪亲王所纠，罢副都统。七年，值南书房，授翰林院掌院学士。九年，命在军机大臣上学习行走。寻自请独对，论大学士刘权之徇情欲保荐军机章京袁煦，嘉庆皇帝不悦斥之。遂罢值书房、军机，降太仆寺卿。十二年，复值南书房。十三年，命暂在军机大臣上行走，调户部、武英殿。后进高宗圣训庙号有误，降调内阁学士。寻迁礼部侍郎。十八年，实授步军统

---

① 中国第一历史档案馆编：《嘉庆朝上谕档》第 23 册，广西师范大学出版社 2000 年版，第 607—614 页。

领、工部尚书。嘉庆十九年（1814）调吏部，复命暂在军机大臣上行走。道光二十年（1840）卒。

《清史稿》论曰："英和通达政体，遇事有为，而数以罪黜。"[①]"数以罪黜"这是非常如实的评价了，英和不仅仅是"数以"而是"百数"矣。除《清史稿》中记载的这几例处分外，嘉庆八年（1803）二月二十一日，内阁奉上谕："本日吏部将文职三品以上大员从前所得降革处分摘叙案由开单具奏。经朕一一详核，将圈出各案准予开复。……侍郎英和降级留任一案。"[②]嘉庆十四年（1809）万寿庆典，前述曾开列英和有 7 案降留革留处分。嘉庆二十二年（1817）九月二十四日，因"英和近日督缉认真，拿获各案邪教匪犯多名……所有吏部查开英和任内处分，除二十年以后未满年限降级留任二案及罚俸各案外，其十九年以前革职留任三案，降级留任十七案处分，俱著加恩开复。"[③] 这是已经开复的 20 案处分。

嘉庆二十三年（1818）正月初六日，吏部又奉旨开列英和在嘉庆八年到二十二年之间的 68 案罚俸处分和前所提嘉庆二十年到二十二年之间的 2 案降留处分清单，如下：

> 二十年四月因笔帖式平庆历俸未满拟陪主事降一级留任毋庸查抵，二十一年二月因福勒洪阿移交之案并不奏闻仅咨刑部办理降二级留任毋庸查抵（连闰应扣至二十四年正月限满），以上降级留任共二案。

> 八年七月因失察户部失火罚俸六个月。

> 八年九月因失察售买珠串罚俸一年。

> 八年十月因呈递绿头牌错误罚俸三个月。

> 九年九月因总管文昌保在部借支俸银辄行具奏罚俸一年。

> 九年九月因失察宝泉局亏短铜斤罚俸一年。

> 九年十一月因入班迟延罚俸六个月。

> 九年十二月因蕴端、多尔济所进物件将其原折遗漏罚俸三个月。

> 十年正月因失察笔帖式咨送文册加增年岁罚俸六个月。

① 《清史稿》第 38 册，中华书局 1977 年版，第 11412 页。

② 中国第一历史档案馆编：《嘉庆朝上谕档》第 8 册，广西师范大学出版社 2000 年版，第 56 页。

③ 中国第一历史档案馆编：《嘉庆朝上谕档》第 22 册，广西师范大学出版社 2000 年版，第 355 页。

十年五月因属员请安并未查参罚俸六个月连前注抵共罚俸八个月销纪录一次抵罚俸六个月仍罚俸两个月。

十一年四月因马甲违例典地罚俸六个月。

十一年十一月因办理宫史错误罚俸六个月毋庸查抵。

十一年十二月因失察南苑牧放驼马罚俸六个月。

十二年四月因失察马甲偷窃仓禾罚俸三个月。

十二年八月因斛斗参差未能查出罚俸三个月。

十二年十二月因失察书吏撞骗罚俸一年。

十二年十二月因兵丁殴毙人命贿嘱承审官吏未能审出实情罚俸一年。

十二年十二月因马林家母女被杀限满凶犯未获罚俸六个月。

十三年二月因为马林家母女被杀限满凶犯未获罚俸六个月。

十三年因题本内错字罚俸一个月。

十三年三月因昭忠祠列传脱误三处罚俸一个月。

十三年四月因失察正阳门领开放迟延罚俸一年。

十三年五月因殿试读卷官不行开送罚俸九个月。

十三年五月因马林家母女被杀限满凶犯未获罚俸六个月。

十三年七月因工部与内务府同日呈递月折罚俸六个月。

十三年八月因查抄鹤龄等家产辄先具奏罚俸半年。

十三年八月因承写谕旨错误罚俸一个月。

十三年十月因马林家母女被杀限满凶犯未获罚俸六个月。

十三年十一月因热河添设堆拨兵丁旷班罚俸三个月。

十三年十一月因审办范重荣揣去牌文具奏迟延罚俸六个月毋庸查抵。

十三年十二月因笔帖式噶尔杭阿踢伤家奴不专折奏请革职罚俸三个月。

十四年正月因天坛北廊租开茶肆不早查办罚俸一年。

十四年二月因未预备托床罚俸三个月。

十四年四月因承审之盗犯系养育兵脱逃未经讯出罚俸六个月。

十四年四月因失察拉麻里私放鸟枪罚俸三个月。

十四年六月因承办通永道征收木税未查原奏将该道原册饬驳罚俸三个月。

十四年七月因会试中式贡士朱墨卷抬写脱误未经看出罚俸一年。

十四年十一月因失察民人李十儿在东安门内被杀罚俸一年。

十四年十二月因营造司木器被窃罚俸六个月。

十四年十二月因应行枷号之披甲逃走罚俸三个月。

十四年十二月因失察宝泉局匠役滋事罚俸六个月。

十四年十二月因官史续编错讹罚俸一个月毋庸查抵。

十五年六月因失察闲散隆喜在步甲虎儿门口抹脖罚俸六个月。

十五年六月因失察太监之侄于德林在禁城投井罚俸一年。

十五年十二月因失察已革恩骑尉私砍坟树罚俸六个月。

十六年因世管佐领踢毙雇工家人罚俸三个月。

十六年七月因失察贼犯偷窃仓米罚俸六个月毋庸查抵。

十六年七月因实录内俯字误写附字罚俸一个月。

十六年九月因实录内谕旨未经抬写罚俸一个月。

十六年九月因实录内岭字误写陵字罚俸一个月。

十六年十月因东安门内草垛失火罚俸三个月。

十六年十二月因失察盗犯在京城窝匿罚俸六个月。

十七年六月因失察马甲聚赌罚俸三个月连前注抵共罚俸七个月销纪录一次抵罚俸六个月仍罚俸一个月。

十七年七月因恭校御制诗章笔误未经看出罚俸六个月毋庸查抵。

十八年十一月因刊刻告示误谕回民挑选步军罚俸九个月毋庸查抵。

十九年三月因绮春园心镜轩失去陈设玉器查讯未即究出赃贼先罚俸三个月。

十九年五月因绮春园心镜轩失去陈设玉器赃贼未获罚俸三个月。

十九年十一月因太监逃走五日未获罚俸三个月。

二十年四月因马甲扎伤堂兄并失察冒入旗籍罚俸六个月连前注抵共罚俸八个月销纪录一次罚俸六个月仍罚俸两个月。

二十年四月因秦锡畴降调业经奉旨以县丞降补率行议准捐复原官罚俸三个月毋庸查抵。

二十年九月因拿获逃走太监具奏迟延罚俸三个月毋庸查抵。

二十一年三月因在静宜园带领引见随即述旨罚俸三个月不准抵销。

二十一年七月因失察私煎烟硝罚俸一年毋庸查抵。

二十一年十月因顺天乡试将赴围场副都统吉勒通阿开列奏派罚俸八个月毋庸查抵。

二十二年五月因会议折内误将近春园单抬罚俸二年不准抵销。

二十二年六月因粮道费浚行文迟延罚俸三个月连前注抵共罚俸八个月销纪录一次抵罚俸六个月仍罚俸两个月。

二十二年七月因失察石禄纠约太监人等入会进香罚俸一年。

二十二年七月因清书则例告成行文迟延罚俸六个月。

二十二年十一月因遵义门误写遵仪门罚俸三个月。

以上罚俸共六十八案。①

(2)那彦成，阿桂之孙子，家世显赫。《清史稿》论曰："那彦成遇事有为，工文翰，好士，虽屡起屡踬，中外想望风采。"②那彦成一生屡起屡踬，处分亦不少。根据两份档案可见那彦成在嘉庆朝后期的处分。

第一份，嘉庆十九年（1814），吏部奉旨呈报那彦成各案处分清单，有降留之案11，罚俸之案73：

淮安三铺地纤道陡蛰不能先时防范议以降一级调用奉旨改为降二级留任，南河各项工程未能认真查办议以降三级调用奉旨改为降四级留任，奏升不合例知县王楚堂、王世焯二员降一级调用奉旨改为降二级留任，秋审人犯原拟情实经刑部改入缓决一案议以实降一级调用奉旨改为降二级留任，兴业县免罪绞犯张潮辉未经释放不行详查揭参部议降一级留任，保奏滑县知县孟屺瞻不行续参议以降三级调用奉旨改为降三级留任，奏事折内不将缉捕情形附片声叙议以降二级留任奉旨依议著再降一级留任，迟孙氏呈控强奸幼女重案并不亲提审讯议以降一级调用，又不将缉捕情形附奏再降二级留任奉旨二案著合并改为降三级留任，保奏永定河工出力人员不将缘事原案声叙朦混具奏议以降三级调用奉旨改为降

① 中国第一历史档案馆编:《嘉庆朝上谕档》第23册，广西师范大学出版社2000年版，第2—6页。

② 《清史稿》第38册，中华书局1977年版，第11462页。

四级留任，审讯张洛焦一案因供词不符率请交部部议降二级留任各案。罚俸计七十三案；罚世职俸者五年；罚职任俸者四十一年零八个月。[①]

第二份，嘉庆二十一年（1816）二月，军机处再次开列那彦成任内的各案处分，在上份档案基础之上，又增加"回子伯克过境并不派委道府大员护送议降二级留任，二十年秋审失出议降一级留任"[②]。其他罚俸等案数量未变。这是那彦成从嘉庆十五年到嘉庆二十年初的各类处分案子，降调罚俸近90案，非常多。

以上所有档案反映出嘉庆时期官员从上至下参劾处分的普遍奇多，这成为当时官场中存在的普遍问题。面对失误问题，嘉庆皇帝需要作出各种应对调整。

---

① 中国第一历史档案馆档案：单《呈那彦成各案处分清单》，档号：04-01-13-0204-013。
② 中国第一历史档案馆档案：单《呈那彦成任内各案处分清单》，档号：04-01-13-0221-125。

第十章　嘉庆皇帝对官员处分普遍和奇多的疏通调整

　　钱穆曾言，"制度总是要变，并无千古不变，亦无十全十美的制度。"①刘凤云则讲道，"制度在运行过程中是有变异的，是会不断发生改变的，甚至会出现与制定的初衷、初态不大一样的情况。"②参劾问责处分制度即是如此。虽然在清代"人情畏处分甚于得纪录"③，但还是出现了官员参劾处奇多普遍的情况。官员处分太多会导致行政上的失调，因此为维护正常的行政运转，需要对官员处分奇多的状态进行疏通调整。李之芳早曾提议，"直省督抚部议罚俸者，每奉旨宽免，是地方官参罚烦密久蒙皇上洞鉴，但事务烦剧之地，不止江南一省，品卑禄薄之官较之督抚倍难，与其暂宽暂免为一时之权宜，何如去泰去甚，定经久之良法。"④

　　"经久之良法"在当时的时代背景和条件下主要是进行疏通调整。就疏通、变通理念，"А.Д.华可胜在其专著《俄罗斯与中国——理论与国家关系史》中提出'多因素平衡'的研究方法"⑤。曾小华提出由失调到变通的理念，"在中国政治制度的发展过程中，经常发生制度结构的失调状况。……当这种失调的现象发生的时候，结构内应有的调节转换就会立即作出相应的反应，对结构中某个失调部位进行调整，使其协调运转……在这样一种政治

---

　　①　钱穆：《国史新论》，生活·读书·新知三联书店 2018 年版，第 298 页。

　　②　刘凤云：《权力运行的轨迹：17—18 世纪中国的官僚政治》，党建读物出版社 2013 年版，自序第 2 页。

　　③　《清高宗实录》第 6 册，中华书局 1985 年版，第 1171 页。

　　④　（清）李之芳：《李文襄公奏议》卷二《请省外官过当处分疏》，载《近代中国史料丛刊》第 32 辑第 311 册，文海出版社 1966 年版，第 128 页。

　　⑤　［美］盖尔·斯托克斯：《国外宏观历史学发展情况综述》，杨松华编译，载《清史译丛》第 2 辑，中国人民大学出版社 2005 年版，第 52 页。

制度的结构体内，矛盾和失调时时刻刻都在发生着，结构体只能采用均衡、变通的方式，维系、加强结构体本身的稳固。所有的均衡和变通，都是为了使高度集中的权力更趋巩固，更加长久。因此，均衡或变通的调节转换行为，几乎都是由上到下实行的。由上到下的均衡和变通，可能暂时改变结构运行的状况，但是却很难一劳永逸。由于冲突—均衡，失调—变通是由上到下的行为，所以具有较强的调节转换的能力。……流弊—补拙的调节转换，也是一种普遍的行为。"①

嘉庆朝官员参劾处分普遍和奇多，导致对行政的影响，因此有调控的必要，需要进行积极的变通，这变通在嘉庆时期就是在现有平衡因素之上加大力度疏通调整，即由嘉庆皇帝自上而下予以均衡调整和疏通。陈一容就此指出，"清官吏惩戒制度规定，官员各类惩戒，根据其犯过性质、程度等情况的不同，予以不同程度的减免。完赃、纳赎、捐纳、级纪、恩赦、恩旨等等都是官吏减、免惩处，甚至重新起用的途径或机会。"②嘉庆皇帝为维护长久统治，维护行政的正常运转，必然会采取策略与手段。这些策略手段主要体现在三方面：一是以加级纪录抵销官员因公处分，二是以皇权主导开复大员处分，三是行捐纳开复中下层官员处分。三种方式各有侧重，成为疏通调整不同级别官员处分普遍和奇多的方式，成为嘉庆时期应对失误的主要方式。

第一节　以加级纪录抵销官员因公处分

"清朝统治者认为，以加级、记录抵销行政处分，是一项赏罚分明之良法。"③许大龄则指出，"清制：内外官员在位有功，著吏部加级纪录。凡加级纪录者，皆可抵消降罚之处分。"④在本文看来，以加级纪录抵销降罚不仅是一项奖赏制度，更是嘉庆时期针对官员处分普遍和奇多的一种制度性疏通方式，这种疏通既平衡了奖赏制度，又平衡了官员处分过量的问题。

①　曾小华：《中国政治制度史论简编》，中国广播电视出版社1991年版，第24—25页。
②　陈一容：《清代官吏惩戒制度及其失败原因初探》，《西南师范大学学报》2006年第3期。
③　艾永明：《清朝文官制度》，商务印书馆2005年版，第191页。
④　许大龄：《清代捐纳制度》，载《明清史论集》，北京大学出版社2000年版，第80页。

一、官员加级纪录

加级纪录是抵销处分的前提，没有加级纪录，议抵处分则无从谈起。有清一代到嘉庆朝，加级纪录的获得方式主要有四种：第一，官员可通过议叙得加级纪录；第二，官员可藉恩诏恩旨得加级纪录；第三，官员可通过捐纳得加级纪录；第四，官员可凭军功得加级纪录。

（一）议叙加级纪录

议叙，即官员因考核成绩优良或有各种功绩，交吏部核议按照等级次第给予奖励，它是清代对官员的一项奖励制度。学界有个别针对具体某类官员或某类事项的议叙研究，相对较薄弱，见注释。[①] 在嘉庆朝《大清会典》中记载"议叙"曰：

> 凡议叙之法二，一曰纪录，其等三。计以次，有纪录一次、纪录二次、纪录三次之别。二曰加级，其等三。计以级，有加一级、加二级、加三级之别。合之，其等有十有二。自纪录一次至纪录三次，其上为加一级，又自加一级纪录一次至加一级纪录三次，其上为加二级。加二级以上纪录如之，至加三级而止。凡二十等。[②]

由史料可知，清朝给予官员议叙奖励的方式主要有加级和纪录，加级高于纪录，纪录累加可为加级。这两种议叙方法组合运用，共有 12 等。杨立红在其文章中曾谈及议叙方式，有纪录加级，加衔，荫叙，赏赐顶戴、花翎、御用袍、紫缰等，赏食全俸，开复处分，赐祭一坛与入祀贤良祠，升职一级或半级，赏加品衔等，非常广泛。但也肯定，"纪录加级为实录议叙的两种主要形式。官员遇有升迁，纪录和加级可以随带，以示荣誉。"[③] 杨立红提到的随带问题是官员议叙之后的一个关键问题，另一个关键问题则是议叙注册的问题。在当时"官不久任"的常态下，朝廷亦考虑到了官员所得议叙加级和

---

① 牛润珍：《清代史官议叙制度考略》，《史学史研究》2021 年第 1 期。王彦章：《清代的奖赏制度研究》，博士学位论文，浙江大学，2005 年。万朝林：《清代的军功议叙奖赏制度研究》，《塔里木大学学报》2019 年第 1 期等。［日］神谷秀二：《清初"纪录"小考》，《吉林师范大学学报》2015 年第 4 期。

② （嘉庆朝）《钦定大清会典》卷八《吏部》，载《近代中国史料丛刊三编》第 64 辑，文海出版社 1992 年版，第 360 页。

③ 杨立红：《〈清实录〉议叙机制研究》，《史学史研究》2013 年第 1 期。

纪录如何注册、如何随带的问题。会典中就此详细记载：

> 顺治年间定，凡官员因劳绩加级纪录，不论俸满即升各官，除已经病故、革职者不叙外，现任官员准于现任注册，降调、终养、丁忧候补者准于补授新任注册，休致者准于原任注册。如有解任议处等官，俟事结之日再行议叙。其已经升任各官，应叙加级纪录亦准于升任注册。如前任之功应准即升者，于升任内纪录四次。如前经议叙即升尚未升任，后复有前任之功应准即升者，亦于升任内改为纪录四次。①

艾永明的研究肯定议叙注册的重要性，"官员议叙得记录、加级者，皆应注册在案，以备查考给奖。由于注册于何时、何任，即为该官员该时、该任所有之奖励。所以，注册的时间十分重要。"②可见议叙注册重在维护官员已有加级纪录的有效性，它不因时间的推移而失效，却会与官员的升迁降调病忧等有所关联。至于议叙随带，则要取决于制度的规定和圣意的适时允准，"其加级随带者，凡议叙加级有指明随带者，与兵部所叙军功之级，遇升任皆准随带。"③在议叙方式中先要得加级纪录，其后是解决加级纪录的时效和实操问题，这是嘉庆朝之前的惯例。到嘉庆时期，在前朝基础之上，既有承袭，又有调整。

1. 嘉庆朝议叙加级纪录事由的宽泛

（1）因经济事项得议叙。

钱粮议叙。嘉庆四年（1799），朝廷经征议叙规定，"州县官经征一应起运，本年有分数钱粮不及三百两者，毋庸议叙。其三百两以上不及一万两于奏销前全完者纪录一次，一万两以上全完者纪录二次，三万两以上全完者纪录三次，五万两以上全完者加一级，十万两以上全完者加二级。果能三载全完，毋论钱粮多寡，于每年照例议叙之外，再准加一级。督催知府直隶州知州及经管钱粮道员不及五万两全完者纪录一次，五万两以上全完者纪录二次，十万两以上全完者纪录三次，二十万两以上全完者加一级，督催布政使

---

① （光绪朝）《钦定大清会典事例》卷六十九《吏部》，载《续修四库全书》第799册，上海古籍出版社1996年版，第213页。

② 艾永明：《清朝文官制度》，商务印书馆2005年版，第173页。

③ （嘉庆朝）《钦定大清会典》卷八《吏部》，载《近代中国史料丛刊三编》第64辑，文海出版社1992年版，第360页。

不及五十万全完者纪录一次，五十万两以上全完者纪录二次，一百万两以上全完者加一级。"①嘉庆十五年（1810），安徽布政使李奕畴题请议叙舒城县知县杜茂材，按照嘉庆四年定例，杜茂材于嘉庆十一年八月初七日到任后，自嘉庆十二年起至十四年止，"每年应征钱粮三万两以上，经征三载全完，照常例每年议叙纪录三次之外，再准加一级。"②

　　嘉庆七年（1802），增加各级官员催征可议叙的规定。"承追接追各官能于一年限内追完三百两以上之案者，每一案准其纪录一次，督催知府直隶州知州每三案纪录一次，该管道员每五案纪录一次，督抚每十案纪录一次。追完一千两以上之案者，州县官准加一级，督催之该管道员知府直隶州知州纪录二次，督抚布按纪录一次。追完五千两以上之案者，州县准加二级，道员知府直隶州知州加一级，督抚布按纪录二次。追完一万两以上之案者，州县准加三级，道员知府直隶州知州加一级纪录二次，督抚布按纪录三次。追完一万五千两以上之案者，州县准以应升之缺即用，道员知府直隶州知州加二级，督抚布按加一级。"③嘉庆八年（1803），巡抚江宁等处事务汪志伊、苏州布政使汪日章、苏松督粮道许兆椿，公同题请将阳湖县知县高伯扬议叙。因例定"江苏省赋繁，州县如果三载全完准其议叙"。高伯扬于嘉庆三年三月到任后，所有嘉庆五六七年额征地漕等项银米均在 5 万以上，且都能在奏销前按年按款征收全完，分别造册奏报，其耗羡银两亦俱随正征收全完。因其"平日催科有方，粮户争先完纳，得以年清年款，实与议叙之例相符。"④因而应得议叙。钱粮是国家财政主要来源，处分虽严，议叙也较多，其议叙对象多为一线的知县和知州知府。此类事例不胜枚举。

　　漕政议叙。嘉庆皇帝曾朱批戴均元上折，"矢工矢慎，为国安民。为督抚者关系一省，为河督者关系数省，况我朝建都北京，漕运尤要，卿之

　　①　（嘉庆朝）《钦定大清会典事例》卷八十五《吏部》，载《近代中国史料丛刊三编》第 65 辑，文海出版社 1993 年版，第 4020—4022 页。

　　②　中国第一历史档案馆档案：题本《广厚题为舒城县知县杜茂材照额全完上年地丁钱粮请议叙加级事》，档号：02-01-04-19024-011。

　　③　（嘉庆朝）《钦定大清会典事例》卷八十七《吏部》，载《近代中国史料丛刊三编》第 65 辑，文海出版社 1993 年版，第 4089—4091 页。

　　④　中国第一历史档案馆档案：题本《高伯扬题为查明江省阳湖县知县高伯扬经征嘉庆五年起额赋三年全完例请议叙事》，档号：02-01-04-18508-027。

责任重几倍于督抚，漕运不可不勉，不可不慎也。"① 嘉庆皇帝朱批反映了漕政的重要性，相关官员因此得议叙者自然很多。如济南府通判保德因粮船全完无欠议叙；南河总督铁保因重运漕船全数渡黄议叙；山东粮道孙星衍因催征漕粮全完议叙；漕运总督许兆椿因筹催回空漕船妥速议叙；同知杨护因催漕出力议叙；漕运总督许兆椿因粮船全数渡黄议叙；河南粮道张觏因督押漕粮全完议叙；山东粮道福泰因全完正耗漕粮议叙。其议叙幅度如何？嘉庆十七年（1812），河南粮道诸以谦上报，"河南省嘉庆十七年起运十六年分漕粮……均于嘉庆十六年四月二十二日开帮督押抵通，支卸全完，并无挂欠。"漕运总督阮元遂向户部题请议叙，户部命仓场侍郎查明造册核验属实，遂进一步向吏部题请议叙。吏部将漕粮十分全完的诸以谦照例准其加一级。嘉庆皇帝允准"诸以谦著加一级"②。漕政涉及省份多，介入官员也多，议叙上至总督下至各粮道通判同知等官，其奖励对象面很广。

因盐政议叙。嘉庆九年（1804），朝廷规定"两淮各场产盐额数以十分计算。……如能于正额之外，溢额一分以上者纪录一次，二分以上者纪录二次，三分以上者纪录三次，四分以上者加一级，五分以上者加二级，遇有数多者以次递加。"③ 此外，稽察私盐同样能得议叙，"定例江西南昌等十府微员巡缉私盐，果能实力缉私，地方正引畅销，溢额五分以上者加二级。"嘉庆十三年（1808），因江西建昌、饶州二府之新城、泸溪、浮梁、安仁、德兴5县为闽浙私贩咽喉之所，前署巡抚书麟奏准于水路两途分设官员巡缉，半年更换一次，分别获私多寡销引溢缺，由巡抚会同盐政核实咨部议叙。江西巡抚金光悌到任后，亦派文武员弁巡缉此5县之私盐，半年限满分别议叙。浮梁县丞李澜因半年达到"溢销五分以上"，金光悌为之题请议叙，嘉庆皇帝降旨："县丞李澜照例准其加二级。"④ 诸多地方知县因销引全完和查缉

---

① 中国第一历史档案馆档案：录副奏折《戴均元奏为奉旨议叙谢恩事》，档号：03-1503-030。

② 中国第一历史档案馆档案：题本《庆桂题为遵议河南粮道诸以谦督押嘉庆十六年漕粮全完议叙事》，档号：02-01-04-19361-001。

③ （嘉庆朝）《钦定大清会典事例》卷八十三《吏部》，载《近代中国史料丛刊三编》第65辑，文海出版社1993年版，第3926—3927页。

④ 中国第一历史档案馆档案：题本《德瑛题为江西所属新城等县派委文武员弁巡缉私盐半年期满分别议叙议处》，档号：02-01-04-18820-027。

私盐得议叙。

赋税盐课漕粮事关国家经济命脉，其处分虽严议叙也较高，在当时的寻常加级中奖励最高为加二级，最少是纪录一次，而且因属于日常性政务，累次获得概率较多，在议叙中占有比例较大。因其他经济事项议叙者亦有。如随办木植出力议叙；南河捐输料价议叙；催办料物出力议叙；劝捐义仓谷石议叙；办理开垦屯田议叙等。在经济方面的议叙范围可见是比较宽泛的。

（2）因民生问题得议叙。

嘉庆皇帝常自言："事事遵圣训以力行，刻刻念民生而求理，不敢稍存懈忽致滋贻误，总以实力实心，矢公矢慎。"①并以此劝诫臣僚亦要"实心勉力，培养百姓元气，不可怠忽。"②可见嘉庆皇帝对民生的关注，对重视民生官员同样予以鼓励奖励。

因办理军需得当议叙官员。嘉庆五年，贵州军需报销完竣出力官吏议叙；嘉庆十年（1805），川省出力台站官员得议叙。同年，湖北省办理军需，曾令湖广总督吴熊光等清查，因查后款目尚为详晰，"该督抚藩司均著交部议叙。"③奉旨："吴熊光、全保、孙玉庭、同兴俱著纪录二次。"④嘉庆二十一年，山东省承办兵差无误，各州县亦赏予议叙。

因抓获匪盗得议叙。嘉庆十八年，山东官员杰恩因拿获窃马要犯议叙；嘉庆十九年，东省办理逆匪案出力，各文员议叙；嘉庆二十四年，山东按察使童槐因办理盗案议叙；嘉庆二十五年，安徽无为州知州吴甸华因拿获教匪要犯议叙。拿获匪盗议叙要按照军功议叙。如嘉庆元年（1796），湖北巡抚升署工部尚书惠龄因剿办匪患机宜"并不拘泥"，奉旨："惠龄著军功加一级。"⑤嘉庆二年（1797），广东巡抚陈大文因督率官兵巡洋拿获多盗，奉

---

① 中国第一历史档案馆档案：朱批奏折《吉纶奏为叩谢钦点交部议叙天恩事》，档号：04-01-35-0214-028。

② 中国第一历史档案馆档案：朱批奏折《朱勋奏为奉旨交部议叙谢恩事》，档号：04-01-17-0046-006。

③ 中国第一历史档案馆档案：朱批奏折《吴熊光奏为清查军需用款详晰奉旨交部议叙谢恩事》，档号：04-01-30-0429-024。

④ 中国第一历史档案馆档案：朱批奏折《同兴奏为奉旨纪录二次》，档号：04-01-13-0166-030。

⑤ 中国第一历史档案馆编：《嘉庆帝起居注》第1册，广西师范大学出版社2006年版，第418页。

旨："陈大文著将加一级抵前降一级仍降一级留任。"① 嘉庆三年（1798），大学士王杰等因办理生擒王三槐有功，奉旨："王杰著将军功加一级抵前降二级仍给与军功加二级，董诰、沈初、戴衢亨、那彦成俱著军功加三级。"②

因河政得议叙。"河工最要，以料石为本，不可惜小费转致大费。查弊务去其甚，过严必生他变，汝密记之。"③ 这是嘉庆皇帝朱批河东河道总督李亨特之折，字里行间透露着对河政的关注。因河政问题议叙者非常多，仅举10例。嘉庆四年，河南巡抚倭什布因大坝合龙议叙；嘉庆五年，直隶总督胡季堂因秋汛安澜议叙；嘉庆七年，永定河大工告竣李诚安等员议叙；嘉庆十一年，黄河伏汛出力各员议叙；嘉庆十一年，河南巡抚马慧裕因河工稳固议叙；嘉庆十一年，南河总督戴均元因筹办河工出力议叙；嘉庆十三年，候补道裴世璘、候补知县李敷文因筹堵邳宿运河议叙；嘉庆十七年，南河总督陈凤翔因办理筑坝济运无误议叙；嘉庆二十四年，再次议叙永定河在工出力员弁。其议叙幅度由以下事例可见。嘉庆元年（1796），河东河道总督李奉翰因照料各路官兵渡河无误。奉旨："李奉翰著加一级随带。"④ 嘉庆五年（1800），广东省捐廉修造米艇巡缉得力之历任各官遵旨议叙。奉旨："吴俊著加三级，吉庆著加二级。"⑤ 嘉庆九年（1804），河南封汛大工合龙，奉旨："温承惠著加一级。"⑥ 嘉庆二十四年（1819），那彦宝等奏永定河北上头工大坝合龙，"全河复归故道。……那彦宝始终其事，甚为出力，亦交部从优议叙。"⑦

因军政、河政、匪政事关国家稳定、民生安稳，清朝统治者极为重视，

---

① 中国第一历史档案馆编：《嘉庆帝起居注》第2册，广西师范大学出版社2006年版，第398页。

② 中国第一历史档案馆编：《嘉庆帝起居注》第3册，广西师范大学出版社2006年版，第225页。

③ 中国第一历史档案馆档案：朱批奏折《李亨特奏为奉旨交部议叙谢恩事》，档号：04-01-05-0129-013。

④ 中国第一历史档案馆编：《嘉庆帝起居注》第1册，广西师范大学出版社2006年版，第402页。

⑤ 中国第一历史档案馆编：《嘉庆帝起居注》第5册，广西师范大学出版社2006年版，第610页。

⑥ 中国第一历史档案馆档案：朱批奏折《温承惠奏为奉旨加级谢恩事》，档号：04-01-13-0158-028。

⑦ 中国第一历史档案馆档案：朱批奏折《那彦宝奏为奉旨交部从优议叙谢恩事》，档号：04-01-12-0334-070。

对此方面的议叙幅度非常大，甚至达军功三级，或寻常三级，较之经济事项议叙实高出很多。且此三政的议叙不仅针对大员，还有很多基层官员受益。

（3）因定期考核得加级。

三品京堂以上京察议叙。

"三载考绩为朝廷激扬大典。每届京察之期，择其勤奋供职者，施恩予以甄叙。"①"统计三年功过，以示甄别。"②"其有年老而精力尚不至衰颓者，仍可留任供职。"③这是嘉庆朝8次京察，朝廷的大致评定导向。京察时依据官品不同采取不同的考核方式，三品京堂以上由吏部列举事实，具题请旨裁定；四五品官员由特简王大臣会核，分别等第具奏引见；其余官员分别由上司考察。以下为8次京察所议叙的三品以上大员名单。

表 10—1　嘉庆时期八次京察议叙三品以上大员

京察	议叙三品以上部院大臣及各省督抚	仁宗实录
嘉庆三年	军机处大学士和珅尚书福长安沈初侍郎傅森朱珪尚书署理巡抚尚书胡季堂总督勒保吉庆魁伦鄂辉巡抚费淳汪新姜晟	1 册第 323 页
嘉庆六年	大学士保宁桂董诰王杰刘墉尚书彭元瑞侍郎戴衢亨仓场侍郎达庆邹炳泰协办大学士总督书麟总督吉庆吴璥漕运总督铁保巡抚岳起河南巡抚吴熊光	2 册第 20 页
嘉庆九年	大学士保宁庆桂刘墉董诰协办大学士琳宁朱珪尚书刘权之德瑛戴衢亨禄康内阁学士曹振镛直隶总督颜检山西巡抚伯麟浙江巡抚阮元闽浙总督玉德著赏还花翎江西巡抚秦承恩著赏给二品顶戴	2 册第 698 页
嘉庆十二年	大学士庆桂董诰禄康费淳协办大学士刑部尚书长麟协办大学士户部尚书戴衢亨兵部尚书明亮户部侍郎托津四川总督勒保闽浙总督阿林保	3 册第 282 页
嘉庆十五年	在京各大员均未议叙兵部尚书明亮赏戴双眼花翎大学士四川总督勒保两广总督百龄福建巡抚张师诚	4 册第 21 页
嘉庆十八年	大学士庆桂董诰勒保刘权之协办大学士松筠邹炳泰户部尚书托津内阁学士卢荫溥直省总督巡抚此三年内均系循分供职无可甄叙之员	4 册第 606 页
嘉庆二十一年	大学士董诰托津曹振镛协办大学士兵部尚书明亮协办大学士吏部尚书章煦兵部尚书吴璥户部侍郎卢荫溥两江总督百龄江南河道总督黎世序河南巡抚方受畴山东巡抚陈预	5 册第 190 页
嘉庆二十四年	大学士托津章煦协办大学士吏部尚书戴均元吏部尚书英和户部尚书卢荫溥协办大学士云贵总督伯麟山东巡抚和舜武	5 册第 663 页

由表 10—1 所知，每次议叙大员数量不等，有多有少，甚或京中大员没有，或者外省督抚全没有得议叙者。有的大员属于叠次议叙，有的大员则没

---

① 《清仁宗实录》第 4 册，中华书局 1986 年版，第 21 页。
② 《清仁宗实录》第 5 册，中华书局 1986 年版，第 189 页。
③ 《清仁宗实录》第 5 册，中华书局 1986 年版，第 663 页。

得过议叙。整体议叙比例在每次的大员总数中不到一半。可见，在大员层面的议叙是非常明朗的。大员对于皇帝的考核议叙，往往要表达感激之情，如直隶总督颜检所言："供职未及三年，考察适逢六计，方以才疏识陋展布无能，得与在廷出力大臣并外疆一二循吏，一体议叙。"①

京察一等官员可得加级。

清制，京察标准为守、才、政、年四格。根据四格定称职、勤职、供职等第。早在乾隆二年（1737），议准"列为一等缮册进呈吏部引见，将奉旨准为一等人员加一级注册。"②嘉庆九年（1804），补充"京察为考绩大典，各部院衙门堂官就所属中数年以来供职勤慎者保列一等，经吏部带领引见，奉旨准其一等加一级。"③嘉庆十二年（1807），谕"司官等经各该衙门甄别等第后，内保荐一等者亦皆引见，各予加级。"同年予以拓展，"因思三品以下京堂，其才具优劣不同，且三年内勤惰各异，若有惩无劝，既与内外大臣办理两歧，并不得与各部院司官保列一等者同邀加级，未免偏祜。"④因而规定，"所有此项京察引见三品以下京堂各官，太常寺少卿色克精额差使勤奋读祝娴熟，太常寺少卿钱楷，内阁侍读学士文孚，在军机处行走有年供职勤慎，著加恩交部议叙。……嗣后京察三四品京堂引见，均即照此办理。"⑤从而，在京察时增加了三四品京堂及其下属的议叙，给予了更多上层京官议叙加级的机会。

大计保荐卓异可得加级。

大计是清代考核地方官的制度和方法，亦每三年举行一次。大计标准亦是才、守、政、年四格，才守俱优者称为卓异。乾隆二十六年（1761），曾谕："工部奏各省卓异官引见后，向例文职赏给朝衣，武职赏给蟒袍，由工

---

① 中国第一历史档案馆档案：朱批奏折《颜检奏为交部议叙谢恩事》，档号：04-01-13-0143-026。

② （嘉庆朝）《钦定大清会典事例》卷六十一《吏部》，载《近代中国史料丛刊三编》第65辑，文海出版社1993年版，第2808页。

③ （嘉庆朝）《钦定大清会典事例》卷六十《吏部》，载《近代中国史料丛刊三编》第65辑，文海出版社1993年版，第2786页。

④ （嘉庆朝）《钦定大清会典事例》卷六十《吏部》，载《近代中国史料丛刊三编》第65辑，文海出版社1993年版，第2802页。

⑤ （嘉庆朝）《钦定大清会典事例》卷六十《吏部》，载《近代中国史料丛刊三编》第65辑，文海出版社1993年版，第2803页。

部领银制造转发。该员等不能久候亲领，易致书役等冒领隐匿诸弊，嗣后请停止赏给一折。……但遽请议裁，伊等循绩既昭，虽回任候升，自应即示奖劝。嗣后著加恩循照内官京察一等者，令于引见准其卓异时，各准加一级仍注册回任候升。著为例。"① 这是大计卓异官员加级的由来。嘉庆十年（1805），奏准"道府以下州县以上官员，本省历俸已满三年，任内并无正项钱粮参罚及革职留任处分，准其荐举卓异，引见奉旨后，吏部将准其卓异加一级之处注册。……首领佐杂内，果有才能杰出操守卓越者，该督抚亦开列事实具题，吏部查明与例相符，准其保荐卓异，……俟奉旨后准其卓异加一级注册。"② 这是荐举卓异加级注册的由来。

以上三类不同级别官员属于因定期考核得加级并注册，是嘉庆朝在前朝的基础之上，又拓展了京中三四品京堂及其下属的议叙和地方道府以下知县以上及首领佐杂官员的卓异注册，这种增加调整，鼓舞了这部分官员的士气，鼓励了其治政。

2.修书议叙之流变

嘉庆秉承前朝修书议叙给予官员加级纪录。清代官修史书甚多，既有关涉本朝的，也有涉及前朝的。内容丰富多彩，包罗万象。为提高修书质量，从入关伊始，清代就形成了对参与修书工作官员的议叙奖励。譬如早在康熙十一年（1672），"世祖章皇帝实录告成，……监修总裁官加宫保，副总裁、纂修、誊录、翻译、收掌各官加一级照加一级食俸。"③ 继之，康熙四十九年（1710），《平定朔漠方略》完成，"议叙监修总裁加二级，副总裁以下各官加一级。"④ 雍正朝沿袭，雍正四年（1726），修成《古今图书集成》"现任官员各加二级。"⑤ 嘉庆朝秉承前朝传统，亦规定"各馆书成议叙时，应照例给

① （嘉庆朝）《钦定大清会典事例》卷六十二《吏部》，载《近代中国史料丛刊三编》第65辑，文海出版社1993年版，第2893—2894页。

② （嘉庆朝）《钦定大清会典事例》卷六十二《吏部》，载《近代中国史料丛刊三编》第65辑，文海出版社1993年版，第2916—2917页。

③ （嘉庆朝）《钦定大清会典事例》卷五十九《吏部》，载《近代中国史料丛刊三编》第65辑，文海出版社1993年版，第2715—2716页。

④ （嘉庆朝）《钦定大清会典事例》卷五十九《吏部》，载《近代中国史料丛刊三编》第65辑，文海出版社1993年版，第2716页。

⑤ （嘉庆朝）《钦定大清会典事例》卷五十九《吏部》，载《近代中国史料丛刊三编》第65辑，文海出版社1993年版，第2721页。

予议叙。"①嘉庆十七年（1812），明确"钦奉特旨开设之馆及常开各馆，有特交书籍纂办者，书成时，其编纂人员内如有格外出力者，该馆臣择其年久出力之员酌量保奏，请旨遵行。"②在嘉庆皇帝的重视下，嘉庆一朝因修书议叙事例非常多，见下表：

表10—2　部分修书议叙

嘉庆元年	军机大臣阿桂奏为抄录军机处各项档案人员照例议叙事
嘉庆四年	吏部议国史馆臣工列传等书告成纂修等官议叙事
嘉庆九年	监修总裁大学士庆桂请议叙纂辑高宗皇帝实录人员事
嘉庆十二年	玉牒馆总裁永璇等奏为玉牒告成议叙各员事
嘉庆十二年	大学士庆桂奏为实录圣训告成议叙恩辞事
嘉庆十三年	大学士董诰奏为缮写嘉庆八年至十二年军机处清档已竣请议叙事
嘉庆十四年	呈原翰林院侍读学士延弼休致留实录馆效力告成后议叙加二级
嘉庆十五年	奏为文颖续编告成议叙现任前任总裁等员事
嘉庆十六年	庆桂奏为军机处整理嘉庆十年秋至十五年冬旧档告竣请照例议叙承办各员事
嘉庆十七年	仪亲王永璇等奏为圣训校刻告成请议叙有功人员等
嘉庆十七年	文颖馆总裁董诰等奏为续编清凉山志恭纂西巡盛典二书告成请议叙编纂人员事
嘉庆十七年	正总裁董诰等奏为会典清书告成请议叙编纂有功人员事
嘉庆二十年	广西学政朱方增奏为参与续纂秘殿珠林石渠宝籍奉旨交部议叙谢恩事
嘉庆二十二年	军机大臣托津奏请议叙编纂平定教匪纪略有功人员事

京中官员因为修书有功得议叙，这些议叙全在于皇权的重视与认可，但这较之通过其他方式得加级纪录容易很多。在嘉庆时期修书议叙在前朝基础上，出现了三个方面的流变。

（1）议叙程度不划一轻重悬殊。

议叙程度不划一，不仅在同次修书中程度不一，而且在不同次修书中程度亦不一，议叙从纪录到加一级、加二级不等，更有皇帝径自开复官员降留处分。嘉庆二十二年（1817），托津等进呈《平定教匪纪略》完成，提调王凤翰、程同文及纂修、协修、收掌官等因缮写刊印各本办理"尚为妥协"③，

①　（嘉庆朝）《钦定大清会典事例》卷五十九《吏部》，载《近代中国史料丛刊三编》第65辑，文海出版社1993年版，第2733页。

②　（嘉庆朝）《钦定大清会典事例》卷五十九《吏部》，载《近代中国史料丛刊三编》第65辑，文海出版社1993年版，第2735—2736页。

③　中国第一历史档案馆编:《嘉庆帝起居注》第19册，广西师范大学出版社2006年版，第562页。

各赏加一级。嘉庆元年（1796），吏部议国史馆《蒙古回部王公表传》三体字告竣，总纂各员照例议叙。当时，邵晋涵、戴联奎是加一级纪录二次，广泰、多隆武、钱杜、罗国俊、刘镮之、梁上国是加一级。① 嘉庆十年（1805），山西学政陈希曾因实录四十年书成，吏部具题议叙加二级。② 嘉庆十六年（1811），贵州学政胡枚亦因方略馆纂修《剿平三省邪匪纪略》全书告成，于现任内加二级。③ 这是从加一级到加二级的不画一。

"剿捕邪匪一事始于嘉庆元年，迨七年大局裁定之后，搜捕零匪经理善后，至十年始克办竣。"朝廷为表功绩，命庆桂等纂辑《剿平三省邪匪方略》，嘉庆十五年（1810），完成四百卷的修纂。嘉庆皇帝评价此书，"前后卷帙繁多，尚为详悉赅备。"皇帝内心高兴之余，议叙面更广，所有大小纂办出力各员普加优奖。"庆桂任内并无应行开复处分，著加恩赏给加一级纪录二次。董诰任内有未能究出刘贵儿等伙窃谋命一案降一级留任处分著加恩开复，仍赏给加一级。戴衢亨任内有失察书吏冒领三库银物一案降一级留任处分著加恩开复，仍赏给加一级。托津任内有失察书吏冒领三库银物，及未能究出刘贵儿等伙窃谋命降一级留任二案处分均著加恩开复。"④ 此次出现直接以加一级抵销降一级留任仍再加一级，或直接以加二级抵销降二级留任处分，对于没有直接抵销处分的，其加级纪录则被注册于档。

（2）议叙方式趋于统一　一律更改为加级纪录。

嘉庆二十三年（1818），皇家玉牒修成，其议叙方式发生变化。先前玉牒修成，朝廷分别赏给官员缎匹银两，此次更改为加级纪录。因"总裁、督促各官王及大学士、尚书、侍郎等，俱职分较大，无庸赏给银两，著于例赏缎匹表里外，应赏银二百两者改为加二级，系王爵改照一品职任例赏给纪录八次，应赏银一百五十两及一百两者改为加一级，应赏银八十两者改为纪录

---

① 中国第一历史档案馆编：《嘉庆帝起居注》第1册，广西师范大学出版社2006年版，第154页。

② 中国第一历史档案馆档案：朱批奏折《陈希曾奏为蒙恩加级谢恩事》，档号：04-01-13-0159-008。

③ 中国第一历史档案馆档案：朱批奏折《胡枚奏为奉旨于现任内加二级谢恩事》，档号：04-01-12-0292-085。

④ 中国第一历史档案馆编：《嘉庆帝起居注》第15册，广西师范大学出版社2006年版，第630页。

二次。"①这样朝廷的议叙方式在文武官员、王公大臣中统一起来，均为加级纪录。

（3）修书议叙不当问题凸显。

清朝定例，后任皇帝为前任皇帝纂修实录，属于有清一代的例行大事。实录完成以后，都要对纂修人员进行议叙，嘉庆时期同样如此。然而在纂修完高宗实录时，不仅按定例议叙，且"'较他馆为优'，故进入实录馆谋差成为时人趋之若鹜的进阶之选"②。因此出现就议叙过优问题的争议也是必然之事。嘉庆八年（1803），高宗实录完成二十年书稿予以议叙之时，掌浙江道监察御史秦维岳首先上奏"为实录馆议叙有碍铨法请旨仍交部遵奉前旨照例议叙以昭平允事"，指出不妥并提出他的担忧，随后引发后续争议。其折内容节略曰：

> 臣伏以恭纂高宗纯皇帝实录，曾奉谕旨每遇纂成二十年之书奏请议叙一次，较之圣祖仁皇帝实录于纂成后议叙一次者，已为殊恩逾格。嘉庆七年十二月呈进实录二十年书，奉旨所有在馆官员及誉录供事等均著交部照例议叙。钦此。该总裁等自应静听部议恭候钦定，乃该总裁竟不遵旨交部，辄自行将本馆馆员、誉录、供事等议叙奏请，殊属不合。且其所议各条更较旧例加优，于铨法不无妨碍。……纂修等官议叙系初一次，似不应遽照书成之例办理，然尚属援引旧例，未请开列在前。至于内阁各部院派出校对、主事、中书、助教等官，并在馆效力之同知、通判、举人等既议予以升选，又复先行补用，似觉过优。供事议叙分发较他馆得议叙三四次始有铨期者，已属极优，未便复令其到省先补。伏思朝廷升叙大典自有定制，翰林以修书为职，除编修并无别事在馆，检书人员亦不过校对字画，其事亦甚易易。今初次议叙过优，至下届两次议叙列入超等者渐多，各衙门资俸较深人员俱为所压，一时难望升补，似未平允。而人以到馆为捷径，又恐开奔竞营求之渐，复恳皇上仍敕部照例议叙，以符定制而昭平允。将来全书告成，其议叙从优之处出自皇上

① 中国第一历史档案馆编:《嘉庆朝上谕档》第 23 册，广西师范大学出版社 2000 年版，第 246 页。

② 杨立红:《〈清实录〉议叙机制研究》，《史学史研究》2013 年第 1 期。

天恩。不揣冒昧，谨陈管见。①

秦维岳的奏折指出了嘉庆八年实录馆议叙的几个问题，第一，实录馆总裁的自行议叙问题。第二，实录馆人员议叙条件太优。第三，此次议叙对铨法的冲击。第四，易开启奔竞之风。根据杨立红统计，"综计在馆人员绩勤八载，应得议叙者约一千一百余员。"②秦维岳的奏折无疑是对上千人仕途的公然挑战。随后，总裁庆桂自然代表实录馆官员进行了强烈辩驳，其驳词曰：

> 查嘉庆七年十二月二十日恭纂高宗纯皇帝实录进至乾隆二十年，本日奉旨将在馆人员交部照例议叙，二十六日臣等以阃馆人员勤慎妥速，因恭照圣祖仁皇帝实录议叙旧例，参酌损益量加甄叙，列单请旨，当蒙恩准下部知之。……伏查雍正十年恭纂圣祖仁皇帝实录议叙内官员照加级食俸，革职学士准其复还职衔，誊录举人以知县应升之缺升用，清字誊录官翻译官俱入于现任笔帖式之末以应升之缺，不论双单月即行升用，未升之先遇缺即补，未补之先照常升用，供事各以应升之缺即用，似此不次殊恩，臣等皆未敢援照。惟就各员现在职分应升者酌令先升，应补应选者酌令补选，并未越阶超擢，其有虽令先选而得缺较难者，则必照分发之例分发各省，约每省不过数人，于铨法原未有碍即升选者或有压别班之处。然既出自皇上特旨，并揆诸事体，亦应较他馆不同。缘本馆差使既重，人数又多，诚如圣谕原与他馆修书有别。……所有吏部核办题稿，臣庆桂以本馆总裁例应回避，未敢参赞一辞。今于题本送阁时见其逐条改削，竟与他馆视同一例，且较他馆有相形见绌者，在部臣自因慎重名器起见，但恭纂实录系万年不遇之事，即邀恩稍优，亦属在事人员一时遭际。若核办过严，恐不足以示鼓励。部本于今日进呈，可否如馆所请饬部臣遵照前旨办理，出自皇上天恩。本年纂进十年之书比往年加至四年功课几多一倍。俾臣等得收臂指之效，实出至幸。③

庆桂的辩驳：第一，以雍正年间旧例为依据，指出此次议叙不仅没有太优而

---

① 中国第一历史档案馆档案：录副奏折《秦维岳奏为实录馆议叙有碍铨法请仍交部照例议叙事》，档号：03-1464-073。

② 杨立红：《〈清实录〉议叙机制研究》，《史学史研究》2013年第1期。

③ 中国第一历史档案馆档案：录副奏折《庆桂奏为请旨纂修实录人员饬部议叙事》，档号：03-1487-075。

且还逊于雍正年间的旧例，更不会对铨选"有碍"。第二，他重申此次议叙完全是奉旨议叙并不是自行议叙，有时间为证。第三，庆桂指出高宗实录有其特殊之处，这是"万年不遇之事"，纂修人员理应特殊对待。因此他坚持优叙，并婉转地指出："若核办过严，恐不足以示鼓励。"庆桂的辩驳既撇清了自己的擅自议叙，又维护了实录馆官员的利益。

此后，代表非实录馆官员的御史不断就实录馆议叙太优问题发表看法，情事愈演愈烈。代表性的有嘉庆十一年（1806），江南道监察御史牟昌裕奏为请罢部臣议叙新班之事。嘉庆十二年（1807），宗人府府丞陈崇本奏请简派大臣查办实录馆议叙之弊端事。然而这一时期臣僚间的争议并没有影响嘉庆皇帝的决定。

嘉庆十二年，高宗实录修成，嘉庆皇帝颁布上谕指出，"于亲政之初，命大学士等督率官员敬谨纂修实录，比年纪事一归简质，共成书至一千五百卷，又续经恭辑圣训三百卷。典谟宏富，实为邃古之所未有。兹全书告成……馆臣等八载以来，悉心编勘，妥速竣功，允宜优加甄叙，以彰巨典而奖勤劳。监修总裁官、副总裁官，暨提调、纂校、收掌、翻译、誊录等官，与执事人等作何议叙之处，著该部查照旧例妥议具奏。"[①]皇帝肯定了对实录馆人员要"优加甄叙"，"全书告藏，实为迅速，允宜渥沛恩施，优加甄叙，以彰巨典而奖勤劳……其提调、纂修、协修、校对、收掌、翻译、誊录各员及供事人等，俱著照禄康等所定等第查照该馆旧例，分别给予议叙。"[②]而且特别开复庆桂任内革职留任一案，[③]显见嘉庆皇帝对庆桂及其辩驳的认可。

嘉庆皇帝在实录议叙中的从优放宽，使得后期在其他馆修书议叙中出现更大流变，议叙方式由加级纪录升格为补缺题升，自议自叙问题不断出现。"查各馆议叙其始原不过有加级纪录，嗣遂请补缺升官。……至议叙乃吏部事也，今各馆辄自议自叙。"皆回证了秦维岳先前的担忧。嘉庆十七年（1812），御史盛惇大在此基调下奏请，"嗣后凡各馆议叙祇许有交部议叙、

① （嘉庆朝）《钦定大清会典事例》卷五十九《吏部》，载《近代中国史料丛刊三编》第65辑，文海出版社1993年版，第2726—2727页。

② （嘉庆朝）《钦定大清会典事例》卷五十九《吏部》，载《近代中国史料丛刊三编》第65辑，文海出版社1993年版，第2732页。

③ （嘉庆朝）《钦定大清会典事例》卷五十九《吏部》，载《近代中国史料丛刊三编》第65辑，文海出版社1993年版，第2730页。

交部从优议叙字样，其如何叙用之法，应听吏部照例核议，不得擅列名目开单声请。"① 在所有馆中最大的是会典馆议叙的超前超高问题。嘉庆十七年，监察御史杨怿曾为此奏请重定各馆议叙章程事，其折内容：

> 臣伏思各馆人员皆由翰林院及六部各衙门送馆效用，其在馆奋勉出力者自当加以甄叙。而各衙门办事勤慎，历俸多年限于成例，不能即行升补者正复不少。若仅于在馆人员格外从优，不为通行核计，则只顾一馆之升迁，而不计各班之积压，不惟于铨例有碍，将致各衙门素能办事之员不以本衙门政务为急，皆以送馆办书为捷径，实足开奔竞之门，而阻贤能之路。……乃近闻会典馆奏请议叙总纂官、候补员外郎俟补缺后遇有本部应升题选缺出先行升用，候补主事遇有各该部题选主事缺出先行补用，覆校官现任主事以应升之员外郎即行升用，候补主事于补缺后以应升之员外郎缺即行升用，是该官等无论题缺、选缺概予即行升补，较之实录馆从优议叙更属从优，为从来各馆所未有，实于铨政有碍。臣请敕下吏部大臣秉公悉心妥议通行核计，酌定升补章程，以昭画一。嗣后各馆奏请议叙，该总裁祇将官员等功课之勤慎，书卷之多少，在馆之久近，分别等第核实注明具奏，恭候恩旨饬交吏部照例议叙。庶各馆较有区别，而甄叙不致冒滥，于铨法亦无积压之虞。②

杨怿曾指出会典馆优叙"较之实录馆从优议叙更属从优，为从来各馆所未有，实于铨政有碍。"直指问题的核心，实录的地位高于会典，会典的议叙怎么能超越实录。嘉庆皇帝朱批："所奏甚是。近日诸大臣市恩者多，任怨者无，于政治大有关碍，著留京王大臣会同吏部驳改原奏章程具奏。"③ 对修书议叙优叙问题进行了限制。然而，到嘉庆十七年，大型的修书工作基本告一段落，此后的修书逐渐减少，这些改定的章程在嘉庆时期也没有起到多大效用。

　　由上可见，一项制度在施行过程中，总会突然出现对这一制度的质疑，

---

①　中国第一历史档案馆档案：录副奏折《盛惇大奏为有关吏部议叙等项上陈己见事》，档号：03-1572-038。

②　中国第一历史档案馆档案：朱批奏折《杨怿曾奏请定各馆议叙章程事》，档号：04-01-12-0298-001。

③　中国第一历史档案馆档案：朱批奏折《杨怿曾奏请定各馆议叙章程事》，档号：04-01-12-0298-001。

而一旦有质疑出现，又会引发很多人予以围观议论，继而质疑变成为事实被肯定，再之后就是对先前质疑之处的更改。嘉庆朝各馆议叙制就经历了这么一个过程。事后，随着庆桂等权要总裁的去世，这些争论才淡化下去。公正而论，嘉庆朝涌现出如此多卷数庞大的史书是与这项议叙制密切攸关的。"在官本位的封建社会，因议叙与仕途密切攸关，故有力调动了纂修人员的纂修积极性，是实录馆高效运作的重要保证。"[1]这可能也是高宗实录修完二十年，嘉庆皇帝听从庆桂之意优叙的原因所在。

3.皇权专制下的劳绩特旨加赏

（1）皇权专制下军机处官员得议叙。

军机处的成立使得皇权专制进一步强化。嘉庆朝军机章京因职掌承旨书谕，受议叙机会较多。嘉庆七年（1802），嘉庆皇帝以军机处满汉章京玉宁、文孚、富绵、兴科、钱楷、黄跃之、卢荫溥等"办事较为奋勉"[2]交部议叙。嘉庆十八年（1813），以"尤为勤奋出力"[3]为由，将军机处行走满汉章京鸿禄寺少卿唐绍镛、兵部郎中程同文、内阁侍读重伦、礼部主事王凤翰、起居注主事吴书城、工部库使穆馨阿等6员，从优议叙。嘉庆十九年（1814），陕西省军务告竣，以军机章京办事"尤为出力"[4]，将内阁侍读学士姚祖同、刑部郎中王厚庆、刑部主事秦绳、理藩院候补主事昌炽等交部议叙。

（2）皇权专制下封疆大吏得议叙。

因政绩得议叙。嘉庆二年（1797），广东巡抚陈大文从简任巡抚以来，嘉庆皇帝认为他既"于缉捕事宜颇属留心"，又"能将地方案件秉公严查"，评价其"诸事认真可嘉"[5]交部议叙。嘉庆二十年（1815），山东藩司和舜武亦因"简任山东藩司后，于钱粮事宜认真综核，本年新赋已收

① 杨立红：《〈清实录〉议叙机制研究》，《史学史研究》2013年第1期。

② 中国第一历史档案馆档案：录副奏折《庆桂奏为军机处出力满汉章京玉宁等交部议叙事》，档号：03-1464-046。

③ 中国第一历史档案馆档案：录副奏折《勒保奏请将奋勉效力之军机章京唐绍镛等交部议叙事》，档号：03-1553-088。

④ 中国第一历史档案馆档案：录副奏折《董诰奏为内阁侍读学士姚祖同等尤为出力请分别议叙事》，档号：03-1555-022。

⑤ 中国第一历史档案馆编：《嘉庆朝上谕档》第2册，广西师范大学出版社2000年版，第335页。

一百八十八万余两，计在六分以上"[1] 加一级。嘉庆九年（1804），嘉庆皇帝以广西巡抚百龄平反重谳，赏其戴花翎并交部议叙，因司法政绩得议叙。嘉庆十年（1805），广东南海、番禺二县，出现"蠹役私设班馆，多处滥羁人犯。""甚至将各案女犯发交官媒收管，设立女馆致有逼令卖奸之事"，[2] 令人憎恶。嘉庆皇帝褒奖那彦成、百龄到任后查出此案参办，议叙加一级。安徽巡抚初彭龄则因秉公查办并平反寿州三命冤狱，交部议叙。[3] 嘉庆十七年（1812），两江总督百龄和其下属陈凤翔，因李家楼大工合龙。嘉庆皇帝高度评价，"百龄督率有方，蒇功妥速，著交部从优议叙。……陈凤翔在工奋勉出力，著加恩赏给三品顶戴仍交部议叙。"[4] 吏部遂议将百龄加一级纪录二次，陈凤翔加一级。嘉庆皇帝改为："百龄著加恩改为加二级，陈凤翔著加恩改为加一级纪录二次。"[5] 这是因河务治绩得议叙，皇权加大了议叙力度。

因办理工程认真得议叙。嘉庆六年（1801），嘉庆皇帝至圆明园见各处殿座修理整齐，遂将负责圆明园工程的绵恩、永来恩加一级，经常在工照料的苏楞额恩加二级，其余在工各官员加恩纪录二次。[6] 嘉庆八年（1803），因"万年吉地工程坚固宏整"[7]，管理工程大臣尚书缊布，侍郎明德，巡抚铁保均交部议叙。嘉庆九年，文渊阁大学士庆桂等奏议叙万年吉地工程处各员。其中"藩司张映汉虽到任未久，一切事件皆系该藩司接办，知府讷福亦有专办工程。该二员著查明如有前项处分除开复外，仍交部议叙。如无处分

---

① 中国第一历史档案馆编：《嘉庆朝上谕档》第20册，广西师范大学出版社2000年版，第710页。

② 中国第一历史档案馆档案：朱批奏折《百龄奏为蒙恩加级奖励谢恩事》，档号：04-01-13-0170-015。

③ 中国第一历史档案馆档案：朱批奏折《初彭龄奏为奉旨交部议叙谢恩事》，档号：04-01-26-0020-084。

④ 中国第一历史档案馆档案：附片《奏为李家楼大工合龙百龄陈凤翔交部议叙并恩赏出力文武银牌缎匹各员欢呼谢恩事》，档号：04-01-05-0131-022。

⑤ 中国第一历史档案馆档案：朱批奏折《百龄奏为遵旨加二级谢恩事》，档号：04-01-13-0199-019。

⑥ 中国第一历史档案馆编：《嘉庆朝上谕档》第6册，广西师范大学出版社2000年版，第117页。

⑦ 中国第一历史档案馆档案：朱批奏折《铁保奏为交部议叙谢恩事》，档号：04-01-13-0142-016。

著交部量予优叙。"① 嘉庆十七年（1812），嘉庆皇帝看到"普陀宗乘庙工修理甚为坚固"，奖励承办官员，所有管理工程的总管内务府大臣常福、征瑞并前任热河总管祥绍、阿明阿等，"无降级处分者赏加一级。"承修监督郎中达林，员外郎永庆，苑丞石良功、杨廷佐等，"如任内有降级处分，著加恩开复一级，其无降级处分者赏给纪录二次。"② 官员勤政与否全在皇帝的认可，议叙的加级纪录其实也建立在皇帝的认可之上。

（3）皇权对题奏议叙权的把控。

皇帝可以以丰富的理由给予各级官员们各种议叙。但是，其他官员和吏部则不能随意申请议叙，必要申请时则须遵守成规成例，不能"创新"而侵犯皇权，否则会以擅权受到皇帝的处分。嘉庆十七年（1812），文颖馆续编《清凉山志》和《西巡盛典》完成，总裁申请将提调、纂修及誊录供事等"分别超一、二等给予优叙"。被嘉庆皇帝驳斥，此两书"只须编次缮录即可成书，且卷帙无多，校雠较易。若遽加之优叙，则各馆编辑无论卷数多寡，皆思滥邀恩奖，殊非所以示限制"③。进而规定，"嗣后各馆纂办书籍至一百数十卷以上者，方准其奏请优叙，分别超一二等。其不及一百卷者，止准分别一二等照例议叙。"④ 在此基础上规范了今后修书的议叙原则，"如有钦奉特旨开设之馆，纂办书籍告成，按其卷数分别奏请议叙。"⑤ 但是大臣们还有无视谕令的。嘉庆二十五年（1820），河南巡抚河东河道总督吴璥为河南省河工人员申请议叙，要将这些官员"分别超等、特等造册，咨送吏部议叙。"惹怒皇帝，嘉庆以"违例"将吴璥降一级留任。并以此次事件作为典型案例，再次颁旨声明议叙人员不准用"超等"。

吏部作为议处议叙机构，也不能滥行议叙。嘉庆二十四年（1819）十一

---

① 中国第一历史档案馆编：《嘉庆帝起居注》第 16 册，广西师范大学出版社 2006 年版，第 139 页。

② 中国第一历史档案馆编：《嘉庆朝上谕档》第 17 册，广西师范大学出版社 2000 年版，第 284 页。

③ （嘉庆朝）《钦定大清会典事例》卷五十九《吏部》，载《近代中国史料丛刊三编》第 65 辑，文海出版社 1993 年版，第 2733 页。

④ （嘉庆朝）《钦定大清会典事例》卷五十九《吏部》，载《近代中国史料丛刊三编》第 65 辑，文海出版社 1993 年版，第 2734 页。

⑤ （嘉庆朝）《钦定大清会典事例》卷五十九《吏部》，载《近代中国史料丛刊三编》第 65 辑，文海出版社 1993 年版，第 2735 页。

月十九日，紫禁城内文颖馆失火，吏部议叙救火之王大臣。嘉庆皇帝降旨此议"过于优厚"，遂将当时在紫禁城值班的庄亲王绵课、托津等，以"不遵谕旨，开门迟而关门早"，"撤回议叙"，礼亲王麟趾的"给予纪录八次"和英和的"加二级"都被取消。但是，嘉庆皇帝最终还是给予了这些大臣嘉奖，"王公等各赏给尚书纪录四次，大臣等各赏加一级。"① 细思之，吏部议叙或许是对的，只不过议叙太过优厚，让皇权无以再施恩罢了。在皇权的旨意下，吏部的很多工作都趋于形式化和走过场。吏部考功司地位的降低，反衬了皇权的强化。

（二）恩诏加级纪录

1.嘉庆朝恩诏加级纪录制之变化

嘉庆朝恩诏颁布大致有两类，一类是遇国家有吉庆大典，由皇帝颁布诏旨加恩官民之举，如万寿庆典、皇后千秋等。另一类是皇帝出巡颁布恩诏。凡恩诏颁下，可予官员以加级亦可予官员以纪录，恩诏在清前期历朝皆有。到嘉庆时期秉承的同时，实行过程中发现了一些新问题。嘉庆十四年（1809），兵部尚书明亮就此问题指出：

> 嘉庆十四年正月初一日恩诏内开内外满汉文武各官俱加一级。臣部先将实任官员并恩诏以前钦奉特旨升授各员，俱给予加一级注入官册外。惟查推升、题升、拣补、拔补及部选各员虽带领引见及具题奉旨均在恩诏以前，臣部向来行查该员等到任日期分别造册。凡升任官员到任在恩诏以前者，准其于现任内加级。到任在恩诏以后者，祗准于前任内加一级，现任内改为纪录一次。至部选人员到任在恩诏以前，亦准于现任内加级。其到任在恩诏以后者，即不准予加级，节经办理在案。臣等伏思官员赴任有迟速远近之不同，而引见及题准奉旨日期自有一定。若以到任日期为断，则推升、题升、拣补、拔补、部选各员内，有同时引见人员，其程途较近行走较速，到任在恩诏以前者得邀加级，其到任在后者即不能得有加级，似未允协。况此项人员如遇因公诖误参案到部，臣等详查该员等引见及题准奉旨日期，即可将所得加级照例抵销，于办

① 中国第一历史档案馆编：《嘉庆帝起居注》第 21 册，广西师范大学出版社 2006 年版，第483 页。

理案件实为简捷。若复行查到任日期再行核议,既不免往返需时,且以部中可凭之日期不为核计,转以行查各省到任为凭,其中先后参差本无一定。不惟外省易于取巧含混,且恐启部中书吏招摇撞骗之弊。臣等公同酌议,请将推升、题升、拣补、拔补、部选应行引见人员俱以引见奉旨之日为断,其毋庸引见人员俱以臣部具题奉旨之日为断,凡引见及题准奉旨日期在恩诏以前者,无论到任先后均于新任内给予加一级。其拔补外委一项系由各该督抚咨部核覆,应以咨文到部之日为断,给予加级。①

兵部尚书明亮就恩诏加级的奉旨时间、注册时间因客观情况带来的不合理问题,提出了调整方案。嘉庆十四年(1809),皇帝对此回复认可并及时颁旨纠正。"兵部奏酌议恩诏加级章程一折,所办是。向来恩诏加级均须俟各员到任后分别注册,但官员赴任有迟速远近之不同,若以到任为断,则同时引见之人,其程途较近者自必行走较速,到任可以在恩诏之前获邀加级,其到任在后者即不得加级,殊未公允。而部中遇有参罚核议之案必须行查到任日期,不但辗转稽迟,案多尘积,而其中先后参差含混捏报,易滋弊端。今兵部请将应行引见人员,以引见奉旨之日为断,毋庸引见人员以具题奉旨之日为断,其各省拔补外委亦以咨文到部之日为断,俱于新任内给予加级,自应如此办理。至文武事同一例,所有本年恩诏内文员加级者,著吏部亦即照兵部此次所定章程办理以昭画一。"②嘉庆意旨非常明确地提出了引见奉旨、具题奉旨和咨文到部之日三个重要时间节点。与此同时命吏部亦照兵部办理,从而统一了吏部和兵部的恩诏加级诸问题。

2. 皇权独尊下的恩诏加级

(1) 乾隆丧仪诸事颁布恩诏加级。

嘉庆四年(1799)正月初三日,乾隆皇帝去世,随后围绕着有关乾隆皇帝的丧仪、上庙号和谥号,嘉庆颁布恩诏数道,给予官员加级纪录。嘉庆四年四月,给乾隆皇帝上庙号"高宗"谥号"法天隆运至诚先觉体元立极

---

① 中国第一历史档案馆档案:录副奏折《明亮奏为酌议恩诏加级章程事》,档号:03-1521-026。
② 中国第一历史档案馆编:《嘉庆帝起居注》第 14 册,广西师范大学出版社 2006 年版,第 151 页。

敷文奋武钦明孝慈神圣纯皇帝"，为"用慰群情，宣昭盛典"，[①] 颁布两次恩诏，均为"在京满汉文武大小官员俱各加一级"[②]。升祔太庙礼成，同样颁布恩诏，给予"恭送高宗纯皇帝梓宫及护从执事大臣官员俱加一级，直隶办差之地方文武官员俱加一级"[③]。

嘉庆四年（1799）九月，乾隆安葬裕陵颁布数道恩诏。第 1 道，"所有总理丧仪之王大臣、承办裕陵钦工之王大臣官员，管理裕陵之王大臣官员等，均能恪恭将事敬慎无误。礼工二部堂司官员暨内务府办理丧仪之堂司各官，均属妥协整齐……俱著各加二级。……其恭送梓宫及随从御营之王公文武大小各官侍卫章京等均著各加一级。"[④] 第 2 道，"至太常寺随从堂司各官承办事务较多，亦皆妥慎。……扎郎阿、明志及满汉司官三十一员，俱著于前加一级外再各加一级。"[⑤] 第 3 道，"直隶大小官员办理一切俱能妥协，总督胡季堂暨藩臬道府并办差之文武大小员弁，著加恩各加一级。"[⑥] 第 4 道，从睿亲王淳颖、仪亲王永璇、成亲王永瑆等的谢恩可见，因"恭理高宗纯皇帝丧仪，兹当护送梓宫奉诣裕陵，蒙圣恩将臣等各加二级"[⑦]。可见围绕太上皇乾隆的丧仪，许多官员享受到了皇权的恩惠或加一级或加二级，受恩惠官员主要为在京官员、直隶沿途官员，以及礼部工部等部门的官员及王公大臣。

（2）嘉庆谒陵颁布恩诏加级。

清代历帝不仅奉行"遵祖制"，而且重视对祖先陵寝的祭拜。每逢祭拜，便会颁布恩诏。嘉庆时期，大型谒陵有两次，分别在十年和二十三年，都曾颁布恩诏予以加级纪录。嘉庆十年（1805）九月，嘉庆皇帝第一次谒陵，颁

① 《清仁宗实录》第 1 册，中华书局 1986 年版，第 514 页。

② 中国第一历史档案馆编：《嘉庆朝上谕档》第 4 册，广西师范大学出版社 2000 年版，第 116 页。

③ 中国第一历史档案馆编：《嘉庆朝上谕档》第 4 册，广西师范大学出版社 2000 年版，第 316 页。

④ 中国第一历史档案馆编：《嘉庆朝上谕档》第 4 册，广西师范大学出版社 2000 年版，第 321—322 页。

⑤ 中国第一历史档案馆编：《嘉庆朝上谕档》第 4 册，广西师范大学出版社 2000 年版，第 334 页。

⑥ 中国第一历史档案馆编：《嘉庆朝上谕档》第 4 册，广西师范大学出版社 2000 年版，第 322 页。

⑦ 中国第一历史档案馆档案：朱批奏折《淳颖奏为奉旨加级谢恩事》，档号：03-1477-057。

布恩诏："朕此次恭谒祖陵，跸路经过直隶地方所有办差文武各官俱属奋勉，著加恩各加一级。"① 嘉庆二十三年（1818），第二次谒陵，颁布数道恩诏。"朕此次恭谒祖陵礼成。军机大臣随扈以来承旨书谕，悉臻妥协。内务府大臣管理内外执事人等亦俱整肃。所有随从王公等除奕绍加恩给予纪录四次外，余俱著纪录三次。文武大臣官员除托津、戴均元、卢荫溥、和世泰、禧恩、那彦宝俱加恩赏加二级外，余俱著各加一级。"②"朕此次恭谒祖陵，跸路经过直隶地方办差文武各员俱属奋勉，著加恩各加一级。"③"朕此次再莅陪都，恭谒永陵大飨礼成。所有守卫官员著加恩各加一级。"④"予奉天、吉林办差官员各加一级。"⑤ 这是嘉庆皇帝拜谒祖陵，扈从官员及沿路官员所得加级或纪录。

（3）嘉庆庆寿颁布恩诏。

嘉庆皇帝在位庆寿有两次。嘉庆十四年（1813），颁布恩诏"内外满汉文武各官俱加一级。"⑥ 嘉庆十五年（1810），正月初一日的续恩诏，"是日酉刻立春，瑞应恰在春前，昊苍眷佑，仍为朕五旬庆节元正。……所有在京文武大小百官，如任内无降革留任处分者，俱著加恩各纪录二次。其有革职留任处分数次者著宽免一次，革职留任一次者著改为降四级留任，降级留任有降数级者著开复一级，仅降一级者即予开复。"⑦ 嘉庆二十四年的庆寿恩诏同上。庆寿恩诏所涉及官员范围比较广，有内外满汉文武各官、有在京文武大小百官，其幅度从纪录到加级不等。以上三种情况下的恩诏毕竟比较少，所以加级纪录主要还是议叙加级纪录为主。

---

① 中国第一历史档案馆编：《嘉庆朝上谕档》第 10 册，广西师范大学出版社 2000 年版，第 556 页。

② 中国第一历史档案馆编：《嘉庆朝上谕档》第 23 册，广西师范大学出版社 2000 年版，第 384 页。

③ 中国第一历史档案馆编：《嘉庆朝上谕档》第 23 册，广西师范大学出版社 2000 年版，第 446 页。

④ 中国第一历史档案馆编：《嘉庆帝起居注》第 20 册，广西师范大学出版社 2006 年版，第 312 页。

⑤ 《清仁宗实录》第 5 册，中华书局 1986 年版，第 580 页。

⑥ 中国第一历史档案馆编：《嘉庆朝上谕档》第 22 册，广西师范大学出版社 2000 年版，第 234 页。

⑦ 中国第一历史档案馆编：《嘉庆帝起居注》第 15 册，广西师范大学出版社 2006 年版，第 1 页。

3.嘉庆皇帝出巡颁布恩诏加级

"有处分则咸予更新，无参罚则优加爵秩，过可捐而功必录。"[1] 这是朝廷一贯政策。嘉庆皇帝在出巡之时也往往颁布恩诏。嘉庆十年（1805），第一次出巡盛京颁布恩诏加级。"直隶、奉天等处办差文武官员著加一级"。[2]二十日奉旨奉天办差官员再行加级。"此次恩诏内随从大臣官员俱加一级。"[3]嘉庆十六年（1811），第二次出巡五台颁布恩诏纪录。嘉庆皇帝巡幸五台，先见所经直隶省一应营盘道路，承办各官经理"尚为妥协"，"加恩将直隶省办差文武各员，文职自知县以上武职自千总以上……如无处分者给予纪录一次。"[4]后见所有山西省庙宇行宫道路，承办各官经理亦"尚为妥协"，又"加恩将派出办差各员，文职自知县以上武职自千总以上……如无处分者给予纪录一次"[5]。以上是嘉庆皇帝因自身巡幸所到，对办差官员给予的议叙奖励。嘉庆二十三年（1818），第三次出巡盛京，颁布恩诏加级。"朕此次再莅陪都，吉林将军松宁、副都统色尔滚随同扈跸，著加恩各加一级；其吉林办差官员亦著一体各加一级。……明兴阿、常起著仍于随从人员内赏加一级，文孚亦著于随从人员内赏加一级，俱准其抵降一级。"[6]"恩诏内随从大臣官员俱加一级。……直隶办差文武官员俱加一级。"[7]

嘉庆皇帝巡视河工亦会颁布恩诏。嘉庆十三年（1808），嘉庆外出巡阅河堤各工。"本日自赵北口乘舟至秦堡庄，沿途阅千里长堤，俱经增筑整齐巩固。……且连日銮辂经由各地方，陆路水程俱各修治平适。百姓夹道欢迎，诚心爱戴。其派出办差之官员及兵丁等整齐严肃，殊堪嘉奖。……所有直隶

---

① （清）高晋等辑：《南巡盛典》卷七十二《褒赏》，北京古籍出版社 2010 年版，第 17 页。

② 中国第一历史档案馆编：《嘉庆朝上谕档》第 10 册，广西师范大学出版社 2000 年版，第484 页。

③ 中国第一历史档案馆编：《嘉庆朝上谕档》第 10 册，广西师范大学出版社 2000 年版，第527 页。

④ 中国第一历史档案馆编：《嘉庆帝起居注》第 16 册，广西师范大学出版社 2006 年版，第153 页。

⑤ 中国第一历史档案馆编：《嘉庆朝上谕档》第 16 册，广西师范大学出版社 2000 年版，第131 页。

⑥ 中国第一历史档案馆编：《嘉庆朝上谕档》第 23 册，广西师范大学出版社 2000 年版，第391 页。

⑦ 中国第一历史档案馆编：《嘉庆朝上谕档》第 23 册，广西师范大学出版社 2000 年版，第274 页。

此次办差文武各员著查明，……如无此等处分者，著加恩各加一级。"① 以上出巡恩诏的颁布特点亦和嘉庆皇帝所到之处有关，受益的是沿途、办差大小官员，对于其他无差之地的官员是无法享受此项殊荣的。

（三）捐纳和军功加级纪录

1. 嘉庆朝捐纳加级纪录

相比议叙和恩诏加级纪录，捐纳加级纪录没有那么频繁普遍，且受到很多限制。康熙朝规定官员已可捐加级、纪录。当时江南总督阿席熙的咨文中对此有所记载："现任文武各官、乡绅捐银 200 两或米 400 石，准记录一次；捐银 300 两或米 600 石，准记录二次；捐银 400 两或米 800 石，准记录三次；捐银 500 两或米 1000 石，准加一级。"② 此捐纳加级纪录直接和银米相挂钩，且成正比。康熙朝曾有一段时间，不准官员捐加级纪录，不准直接凭加级获取实职，但是带来的非议较多，康熙帝因此谕令取消。"向来文武各官捐助银米，各部议定有纪录加级授官之例。今思捐助急公虽应激劝，但大小臣工各有职业，必实著劳绩方可加级授官。若止以捐助银米，遽行加级授官，非慎重名器之意。嗣后凡捐助银米者，俱不必加级授官，仍与纪录。"③ 取消授官，降低力度仅予纪录。与此同时，吏部尚书孙廷铨也提出要"慎名器"，直接指出："总督巡抚除军功考满应行加衔之外，余如捐助等项止应酌量纪录，其加级加衔应一概停止，庶名器不滥。"④

尽管康熙朝君臣都力图将捐纳加级纪录控制在一定范围之内，以免弊端丛生。但是乾隆中叶以后，加级纪录还是入于常捐，且银数按九品核算，每品为百两，可见捐纳加级纪录已成惯例。嘉庆朝在前朝已有情况之下又出现了一些新情况。

（1）京官捐纳加级请封的出现。嘉庆十三年（1808），山西道监察御史陈中孚奏请定京官捐纳加级请封章程事：

会典开载京官加级请封仍限以制七品以下不得逾五品，五品不得逾

① 中国第一历史档案馆编：《嘉庆帝起居注》第 13 册，广西师范大学出版社 2006 年版，第 121 页。

② 转引自陈锋：《清代军费研究》，武汉大学出版社 2013 年版，第 329 页。

③ 《清圣祖实录》第 1 册，中华书局 1985 年版，第 89 页。

④ （清）贺长龄辑：《清经世文编》卷十三《孙廷铨〈用人四事疏〉》，中华书局 1992 年版，第 338 页。

四品，三四品不得逾二品，外任官员有加级者不论新旧，不准照加级请封等语。嗣于乾隆五十年吏部奏定捐纳各级概不准计算请封，历经呈办在案。敬绎例意各员任内遇有降级处分，本有以捐级抵销之条。若复令计算请封未免过优，是以定例綦严。伏思现行捐纳常例候补候选以及捐职人员俱准照本职加级捐纳，所以遂顾亲之私情，亦以昭急公之大义。其现任各员虽亦准予带例捐纳，究系常行事例。及恭逢覃恩盛典，转致于成例不准计算捐纳加级请封。臣愚以为现任各员概不准计算捐级请封之例，似宜稍为通融。其旧捐各级仍照旧不准计算，俟恭奉恩诏颁行之日，准其捐纳新级计算请封，并令呈明捐级专留请封而设，吏部注册。统邀封赠之后不准于任内抵销，仍予以定限。如七品不得逾五品之款，其捐纳银数，京官与现行捐级常例，外官照捐随带加级之例加倍报捐。俾得显见急公情义留尽而于成例亦无格碍难行之处。①

陈中孚的上折实际上拓宽了捐级的用途，旧之捐级依旧可以议抵处分，新捐之级可以计算请封，只是需要将新旧捐级注册区别。

（2）对外官捐级请封的倍捐提出反对意见。嘉庆十四年（1809），山西道监察御史甘家斌上奏为推广皇恩外官捐级请封仍照常例留抵等事。其折曰：

> 部臣因外任官员向例不准加级请封，议令加倍捐级准其邀请，原以宏推恩施并可少佐经费。惟查近来外官捐级本已倍于向例，兹复议令增加，则较常例捐级请封为数更多，又于请封之后所捐之级即行注销，是已业将一载，此例几成虚设。臣查请封限期尚有一年，所有捐级成数与其增至数倍有名无实，不如仍照常例准其留抵，庶人情易于踊跃，合无仰恳皇恩，饬部核议施行。……可否仍照从前实缺官衔准其请封并准其捐级，邀请出自皇上天恩。②

甘家斌对陈中孚提出的外官加倍捐级请封之说不予赞同，建议请封仍照常例进行留抵，不赞成不准于任内抵销，甘家斌的上折实际在某种程度上也认可

---

① 中国第一历史档案馆档案：录副奏折《陈中孚奏请定京官加级请封章程事》，档号：03-1519-017。

② 中国第一历史档案馆档案：朱批奏折《甘家斌奏为推广皇恩外官捐级请封仍照常例留抵等事》，档号：04-01-12-0283-086。

了外官可以捐级请封，亦可以留抵。

（3）建议官员加捐随带数级。嘉庆十五年（1810），山东道监察御史世昌奏为外省道府以下各员请准捐纳加级事。

> 嗣后外省道府以下等官捐级暂准于任所报捐并请准加捐随带数级管见事。现在南河漫工需费浩繁，虽库贮充盈运筹得算，而国家经费有常，不可不量加调剂。向例外省各员欲行捐级，往往专遣人到京呈办，或托亲友代捐。其在旗员及近京省分办理尚易，而在汉员及省分较远者，每费周章辗转稽迟，耗费滋多，自系实在情形。嗣后外省道府以下等官捐级照各省捐监之例，暂准在各省任所报捐，其银两由本省藩司按季起运，或解京交部，或解交南河总督，仍以该员捐银已交藩库及该省督抚咨文到部之日，方准加级注册，以防弊混。其捐级应给执照亦照捐监之例办理，如蒙俞允，则报捐较易，而于河工需用亦便于转移，各该员感激，似于国家经费不无裨益。再查向例凡官员议叙，题明加级随带者准其随带。奴才愚昧所及，倘外省各员如有情切急公另外报效者，可否敕交户部酌定如何加捐章程，准令各员于捐纳寻常数级之外，并准再捐随带数级之处出自圣恩。[①]

世昌之折提出两项建议：一是捐银的捐办情况，由到京捐办改为在各省任所报捐；二是准令各员于捐纳寻常数级之外，再捐随带数级。

以上御史针对新情况的三条建议，嘉庆后期都允准。由此可见，嘉庆朝捐级内容和捐级作用的拓展，不仅是捐寻常数级，亦可捐随带加级；捐级不仅可以抵销处分，还可予以请封，捐级由少数走向多数，发生了实质性的变化。

嘉庆十九年（1814），豫东开捐，以户部左侍郎卢荫溥为主的户部官员拟定加捐银两事宜。针对捐加级纪录，规定"京官正途每百加二十两，捐班每百加四十两。外官正途每百加三十两，捐班每百加六十两。"[②]捐纳加级纪录的银数增加，也回证了捐纳加级的逐渐频繁。

---

① 中国第一历史档案馆档案：朱批奏折《世昌奏为敬陈嗣后外省道府以下等官捐级暂准于任所报捐并请准加捐随带数级管见事》，档号：04-01-13-0191-002。

② 中国第一历史档案馆档案：《嘉庆年间请开捐例史料》，《户部左侍郎卢荫溥等为遵旨核议开捐并酌加捐银事奏折》，《历史档案》2003年第4期。

2. 嘉庆朝军功加级纪录

军功议叙是清朝原本奖励武官的传统。乾隆二十四年（1759），补充了针对文职官员的军功议叙。"八旗出征立功人员……文职出众效力者加一级纪录五次，一等者加一级纪录二次，二等者加一级纪录一次，三等者纪录三次，四等者纪录二次，五等者纪录一次。至奉旨从优议叙……其文职官员列为一等者准加三级，二等者准加二级，三等者准加一级。"[①]绿营出征立功人员，奉旨从优议叙人员，其文职列为一二三等者，加级与八旗文职同。嘉庆九年（1804），进一步拓宽军功议叙范围，"各省文武官办理本省地方事务妥协，奉旨照军功议叙者即照军功之例办理。若奉旨议叙并无照军功字样者，应照寻常议叙之例予以加级纪录，从优者酌量加等给予。文职归吏部，武职归兵部核办。"[②]军功议叙对于武职官员而言，机会较多；对于文职官员而言，机会比较少。

嘉庆六年（1801），降旨："庆桂、董诰、戴衢亨俱著军功加三级，成德著军功加一级纪录三次，至章煦祗系军机章京，虽缮办一切尚能明晰，但与庆桂等一体优叙，同加军功三级，未免无所区别，章煦著改为军功加二级。"[③]嘉庆十五年（1810），因剿办洋匪以来，军机大臣承旨书谕勤慎，"庆桂、董诰、戴衢亨、托津所有降革罚俸处分，著加恩择其较重者各予开复一次，仍各赏给军功加一级。"[④]军机处官员不仅受到奖励，其奖励程度还较其他官员要高，因军功加一级可抵普通加两级。此外，在随带加级方面，军功加级也有优势。艾永明认为："官员于前任内所得之议叙，均可随带之新任，但随带的方法因具体情况而有所不同。……对品补用之官员，其前任内之记录、加级均可随带于新任；升任之官员，其记录均可随带，其加级则依有无吏部题明'随带'字样而定，但因军功加级者除外。"[⑤]

---

① （嘉庆朝）《钦定大清会典事例》卷四百八十《兵部》，载《近代中国史料丛刊三编》第68辑，文海出版社1993年版，第2493—2494页。

② （嘉庆朝）《钦定大清会典事例》卷四百八十《兵部》，载《近代中国史料丛刊三编》第68辑，文海出版社1993年版，第2507—2508页。

③ 中国第一历史档案馆编：《嘉庆朝上谕档》第6册，广西师范大学出版社2000年版，第474页。

④ 中国第一历史档案馆编：《嘉庆朝上谕档》第15册，广西师范大学出版社2000年版，第301页。

⑤ 艾永明：《清朝文官制度》，商务印书馆2005年版，第174页。

综上，四种得加级纪录的方式中，相对而言，议叙加级纪录比较容易得到，其他加级纪录很难得到。官员每次所得加级纪录数量不均等，不同官员所得加级纪录次数也是不等。官员以各种方式取得的加级纪录可以累加、纪录在册。这些加级纪录起到两种作用，一种用于抵销处分；另一种作为升迁的资历储备，在当时抵销处分中占大宗。官员加级纪录的存在在一定程度上体现了"奖惩并重"的理念，随后的抵销处分制度又体现了朝廷对官员处分奇多的疏通变通。但是，凡事有一利即有一弊，官员会"恃有加级纪录可以抵销，往往不肯认真勉力办事"①，也有官员会无视处分的多少，进而降低处分的效能，更增加处分的频发性。

二、加级纪录抵销处分制

（一）公罪处分乃抵销之前提

清代议抵制度的实行还有一个前提则是因公才可以实行议抵，因私处分是不能够以级纪议抵的，这是一条基本原则。艾永明认为："官员因公罪而获处分，才能以级记抵销，这是级记抵销处分的前提和原则，也是保证这项制度发挥良好作用的关键。"②

1. 学界有关公私罪研究成果

（1）从法学角度对公罪私罪概念予以剖析。柏桦认为："所谓公罪'处分以励官职'，私罪'处分以儆官邪'。由于公私罪的区别，在处分上也存在着明显的差异。原则上是公罪以行政处分来惩处，其具体事宜由吏部考功司负责，实际执行和定罪则由各上级主管官员来决定。私罪以刑事处分来惩处，其具体事宜由刑部负责，实际执行和拟定罪名也是上级主管官员。"③

（2）从公罪和私罪来源视角探讨。杨玉明认为："由于我国古代并没有独立意义上的行政法，也不存在独立的行政处罚手段，对行政违法行为亦用

---

① （嘉庆朝）《钦定大清会典事例》卷五十九《吏部》，载《近代中国史料丛刊三编》第65辑，文海出版社1993年版，第2748页。
② 艾永明：《清朝文官制度》，商务印书馆2005年版，第191页。
③ 柏桦、葛荃：《从公罪私罪区分看明代官场政治》，载《中西法律传统》第七卷，北京大学出版社2009年版，第95页。

刑罚手段来惩治。而行政违法行为又根据其行为之时的主观不同，分为了'公罪'与部分'私罪。'①柏桦则认为："汉代实际上已经有了公罪和私罪之分，唐代首次在法典中提出'公罪'和'私罪'概念，明代首次将'文武官犯公罪'和'文武官犯私罪'确定为律，并增加了相关的例。"②王锺翰总结《吏部处分则例》一书，"专言文职考成，其间权衡轻重，斟酌宽严，同一事也，而有承督之分；同一罪也，而有公私之别。"③他更确切指出乾隆三十三年十一月初一日"是文武各官处分，分别公罪私罪，即自此始。"④

（3）从清代公私罪施行角度研究。瞿同祖认为"通常，公罪之罚轻于私罪之罚。同时，在公罪情形中，一个官员可以用他的'记录'或'加级'来抵消其应受的罚没或降级，但此种特权不适用于私罪情形。因为私罪表明道德堕落，而公罪则由于《吏部处分则例》的行政规章繁多复杂而难以避免。有的州县官曾表达这样的观点：虽然一个人永远不应犯私罪，但也许谁也无法避免犯公罪。"⑤艾永明亦称"为了切实执行上述原则，便于吏部官员议处，《六部处分则例》中有关应予行政处分的每一条下，都一一注明了'公罪'或'私罪'的字样。"⑥

（4）有关公私罪的史料记载同样反映出清代公罪和私罪的处罚界限分明。"'作官者，私罪不可有，公罪不可无'。盖求免公罪，即是私罪矣。……'一行作吏，已置升沉于度外矣！而不知失盗其责轻，讳盗其咎重？我宁就公罪耳。……级虽降而心无愧，乃愈于不降级者。'"⑦

2. 嘉庆朝之前级纪议抵制的沉淀

乾隆三十三年（1768）为划分公罪和私罪处分的时间，"内外文武各官遇有承办事务，如失察迟延之类，其错误本属因公，自应将加级纪录准其抵销。若意涉营私，于政事官箴皆有关系，而该员得藉加级纪录为护符，吏议

---

① 杨玉明：《明代公罪制度研究》，法律出版社 2014 年版，引言第 3 页。
② 柏桦、葛荃：《从公罪私罪区分看明代官场政治》，载《中西法律传统》第七卷，北京大学出版社 2009 年版，第 91 页。
③ 王锺翰：《清史补考》，辽宁大学出版社 2003 年版，第 65 页。
④ 王锺翰：《清史补考》，辽宁大学出版社 2003 年版，第 65 页。
⑤ 瞿同祖：《清代地方政府》，法律出版社 2003 年版，第 58 页。
⑥ 艾永明：《清朝文官制度》，商务印书馆 2005 年版，第 186 页。
⑦ （清）陈其元：《庸闲斋笔记》卷七《作官须明公罪私罪》，载《清代史料笔记丛刊》，中华书局 1997 年版，第 166 页。

不能持其后，殊非黜陟本义。吏兵二部所定准抵条例，未能明晰周备。嗣后吏部、兵部议处文武各员，以公罪、私罪为断，其被议之事本属因公者，仍照例准抵外，其因犯私罪交部议处者，一概不准抵销。"①之后进一步拓宽公罪范围，"其私事中止系失于觉察者，亦以公罪处分。"②

嘉庆朝《大清会典》记载公罪抵销处分规定，"凡官罪有二，曰公罪，谓因公事获罪，及虽私事获罪而出于无心者，如失察家人之类，有处分以励官职。曰私罪，谓因私事获罪，及虽公事获罪而出于有心者，如徇庇属员之类，有处分以儆官邪。凡处分，惟公罪罚俸者、降级者准销其级纪抵焉。私罪罚俸者皆实罚，降级调用者皆实降，虽有纪录加级不准抵销。"③

嘉庆朝《大清会典》记载加级议抵方法，"凡抵降罚，有加级则当其级，有纪录则当其俸。处分降级罚俸准抵者，有加一级销去抵降一级，有纪录四次销去亦抵降一级。如有兵部所叙之军功加一级，销去抵降二级。如销去军功加一级给还加一级亦抵降一级。有即升注册一次销去亦抵降一级，有卓异注册一次销去亦抵降一级。有纪录一次者，销去抵罚俸六月。如有兵部所叙军功纪录一次者，销去抵罚俸一年。如销去军功纪录一次，给还纪录一次，亦抵罚俸六月。罚俸不及六月者，京官则注册，合计至六月准抵。外官不准合计，有加一级欲抵罚俸者，如以劳绩议叙及特旨加赏之级，每一级准改为纪录四次按次抵销罚俸。惟覃恩所得及捐级不准改抵，凡官升者存其纪录，有级则改以纪录而存之，惟随带者不改。"④

由上可知，"能以级记抵销的处分是降级和罚俸，革职不能抵销。级记抵降罚有明确的办法。级记分为军功和寻常两种，在抵销处分时，军功级记的效力是寻常级记的两倍。"⑤艾永明指出加级议抵顺序。"官员任内有加数级，如遇降级处分，先将捐纳加级按上库年月先后抵完，再将恩诏加级、议

① （嘉庆朝）《钦定大清会典事例》卷六十八《吏部》，载《近代中国史料丛刊三编》第65辑，文海出版社1993年版，第3158—3159页。

② （清）庆桂等奉敕修：《钦定吏部处分则例》卷首《公式·官员议处级纪抵销分别公私》，嘉庆十六年木署藏版。

③ （嘉庆朝）《钦定大清会典》卷八《吏部》，载《近代中国史料丛刊三编》第64辑，文海出版社1992年版，第364页。

④ （嘉庆朝）《钦定大清会典》卷八《吏部》，载《近代中国史料丛刊三编》第64辑，文海出版社1992年版，第361—362页。

⑤ 艾永明：《清朝文官制度》，商务印书馆2005年版，第191页。

叙加级、随带加级及钱粮军功加级挨次查抵，或军功纪录二次及寻常纪录四次，亦各准抵降一级。若降调之员级不敷抵，方以不论俸满即升一次，或俸满即升一次，或卓异保题一次，或俸满保荐一次议抵。"①

3.嘉庆朝之前加级纪录抵销处分发展脉络

（1）康熙朝议抵的基本规定。

康熙元年（1662），先有纪录议抵规定："凡纪录四次抵销降一级，纪录二次抵销罚俸一年，纪录一次抵销罚俸半年，若纪录浮于降罚之数者，除抵销外所余仍留注册。如应罚俸一年止有纪录一次者，准其抵销罚俸半年仍罚俸半年。"康熙二年（1663），进展为加级议抵规定："官员有不论俸满即升及卓异一次或加一级者皆准抵销降一级。"康熙十五年（1676），拓展为"至处分拖欠钱粮官员，有军功及钱粮全完加级纪录者方准抵销"。康熙二十三年（1684），拓展为捐级准抵。"定例内外大小各官有降级留任者，后因有功准其抵销前降之级。嗣后开有捐纳事例亦照此例，准其抵销在案。"②

康熙朝基本上有了纪录和加级议抵的初步雏形，纪录议抵的规定尚较全面，加级议抵中涉及了即升和卓异加级、军功加级、捐纳加级、钱粮全完加级的议抵初步规定。

（2）雍正朝加级议抵的拓展。

雍正朝在康熙朝的基础上，予以拓展并详细完善。雍正三年（1725），规定"夫一人之身有功有过，一官之级有降有加，旧例官员降革留任停其升转，必三年无过方准开复。……嗣后降级留任官员遇有恩诏及议叙加级，皆准以加一级抵销降一级。"③加级中拓展了恩诏加级和议叙加级的议抵，并且规定议抵之先例为加一级抵降一级。雍正八年（1730），对恩诏和议叙加级的议抵再次予以强调，对康熙朝的捐纳加级却有所否定。"其因公诖误降级留任者，如有加级纪录均准其抵销，除捐纳加级不准抵销，遇有恩诏加级及

---

① （清）文孚纂修：《钦定六部处分则例》卷二《级纪抵销次第》，载《近代中国史料丛刊》第34辑第332册，文海出版社1966年版，第58—59页。

② （嘉庆朝）《钦定大清会典事例》卷六十八《吏部》，载《近代中国史料丛刊三编》第65辑，文海出版社1993年版，第3147—3150页。

③ （嘉庆朝）《钦定大清会典事例》卷六十八《吏部》，载《近代中国史料丛刊三编》第65辑，文海出版社1993年版，第3149—3150页。

议叙加级皆准抵销。"① 雍正十二年（1734），在康熙朝基础之上，对军功加级纪录议抵予以补充。"军功纪录二次准抵降一级，军功加一级准抵降二级。如遇降一级调用之案，将加一级抵销免其降调，仍给还军功纪录二次。其军功纪录一次抵销罚俸一年。"② 可见对军功的极大认可。雍正年间开始，放松了可以议抵条件，基本是除捐纳加级以外的所有加级纪录均可抵销处分。

（3）乾隆朝议抵制度的4个方面拓展。

针对级数多的议抵顺序。须按照加级年月先后次第挨顺抵销。乾隆四年（1739），"至官员处分降级案件应将加级抵销，其有一人而加数级者无论是否随带，均照加级年月先后次第挨顺抵销。"③

对议抵的保证。乾隆十八年（1753），"凡司官遗漏抵销之案，除罚俸降级留任之案，及虽经议以降调尚未至开缺离任者，仍照旧例处分外。至降调之案本有加级纪录不查明议抵以致本员离任者，从重议以降一级留任。"④

对重抵的打击。乾隆四十三年（1778），"谕吏部于议处降调之案不查加级抵销，其事与刑部失入相似而实不同。……若吏部办理议处疏忽，失入固有应得之咎。但事后尚可自行检举或可查明更正，不至终于枉屈，其议处可以从轻。至失出，辄以应行议降之人妄为拟抵，安知非徇情受贿高下其手，久之易滋流弊，不可不重其处分，俾知儆惕。钦此。遵旨议定，官员有加级纪录卓异即升等项，先经抵销，后遇降罚事件重复抵销，查系徇情受贿，严参究办。若一时失检，罚俸两月。"⑤

对捐级议抵的控制有了时间限制。乾隆五十九年（1794），定"官员有议处降级之案，其捐纳加级纪录上库日期，京官在该部院题参之前者准其抵销，出本之后者不准抵销。外官在督抚题奏出咨之前者准其抵销，在题奏出

---

① （嘉庆朝）《钦定大清会典事例》卷六十八《吏部》，载《近代中国史料丛刊三编》第65辑，文海出版社1993年版，第3151页。

② （嘉庆朝）《钦定大清会典事例》卷六十八《吏部》，载《近代中国史料丛刊三编》第65辑，文海出版社1993年版，第3152页。

③ （嘉庆朝）《钦定大清会典事例》卷五十三《吏部》，载《近代中国史料丛刊三编》第65辑，文海出版社1993年版，第2484页。

④ （嘉庆朝）《钦定大清会典事例》卷六十八《吏部》，载《近代中国史料丛刊三编》第65辑，文海出版社1993年版，第3158页。

⑤ （嘉庆朝）《钦定大清会典事例》卷六十八《吏部》，载《近代中国史料丛刊三编》第65辑，文海出版社1993年版，第3159—3160页。

咨之后并吏部查取职名之后者不准抵销。"①如艾永明概括："以捐纳所得之加级，其上库日期须在处分之案参奏或题参之前，方能用作抵销。"②由此可以判断捐级议抵雍正后实际上并没有被取消。

（二）嘉庆时期级纪议抵制的趋宽趋松

1. 级纪议抵制度更显明确

嘉庆十二年（1807），调整级纪议抵：

> 凡官员降罚事件，准以级纪抵销。军功纪录二次准抵降一级，军功加一级准抵降二级，如遇降一级之案，将加一级抵销免其降调，仍给还军功纪录二次。军功纪录一次准抵罚俸一年，其寻常纪录四次抵销降一级，纪录二次抵销罚俸一年，纪录一次抵罚俸半年。或不论俸满即升或加一级或卓异一次，俱准抵销降一级。若级纪次数浮于降罚之数，除抵销外余仍留注册。应罚俸一年止有纪录一次，准抵销罚俸半年仍罚俸半年，即于议降议罚时查明议抵。如京官任内有纪录四次本有罚俸注抵，又遇降级留任之案，查明准其抵销，仍将原议罚俸之案补行罚俸。③

可见加级纪议抵顺序更趋明朗。嘉庆十一年（1806），又定京外大小各官"任内有加数级，遇处分降级俱照加级年分先后抵销。先将寻常加级挨次抵完后，再将随带及军功加级抵销。"④明确了寻常加级和随带、军功加级的抵销顺序。

再，加级改抵纪录抵销问题的明确。嘉庆十一年，定京外大小各官"任内议叙加级，并著有微劳钦奉特旨赏加之级，情愿改为纪录四次抵销罚俸者准其改抵。"⑤明确议叙加级和恩诏加级可以改为纪录存抵，体现了议抵制的灵活性，方便了官员议抵各类罚俸。

---

① （嘉庆朝）《钦定大清会典事例》卷六十八《吏部》，载《近代中国史料丛刊三编》第 65 辑，文海出版社 1993 年版，第 3160—3161 页。

② 艾永明：《清朝文官制度》，商务印书馆 2005 年版，第 192 页。

③ （清）庆桂等奉敕修：《钦定吏部处分则例》卷首《公式·级纪抵销降罚》，嘉庆十六年木署藏版。

④ （嘉庆朝）《钦定大清会典事例》卷五十三《吏部》，载《近代中国史料丛刊三编》第 65 辑，文海出版社 1993 年版，第 2489 页。

⑤ （嘉庆朝）《钦定大清会典事例》卷五十三《吏部》，载《近代中国史料丛刊三编》第 65 辑，文海出版社 1993 年版，第 2488 页。

2. 捐纳加级议抵更趋公认化

嘉庆十五年（1810），御史世昌呈奏"外省道府以下等官，因地方事务殷繁不能无因公错误，准其各捐纳加级以备遇有因公降级处分，酌准抵销。"①可见以捐纳加级议抵处分已为臣僚所公认。在此基础上，嘉庆二十年（1815），御史盛惇大奏"公过准抵因无级可抵与级不敷抵人员应请准其捐抵并捐免离任也"，其折内容曰：

> 查官员处分重在分别公私，如实犯私罪，此虽有加级纪录不准抵销。至公过，则但有级纪皆准抵销。然其中或有因甫经莅任未及捐级无级可抵，此或有现带之级不敷所降之数，遂有获咎本轻而至于实降离任者，此项人员若与实犯私罪者相较，其轻重本属悬殊，而准抵与不准抵其究同归于降调，则未免咎浅责深。若与同犯公过者相比，则吏议均属诖抵。而有级与级不敷抵，其究遂相去天渊，则疑罪均异罚，故常有同案之人，其议抵本同，而有级者安然无事。其无级与级不敷抵者遂至于实降离任，捐复候补历久而不得复职，揆诸情法似宜量予变通。查此项人员其所得处分，本皆捐级可以作抵，不过因未捐在事前，以致不能抵于事后。应请敕下部议，凡此等公过准抵之员，其捐在事前而有级可抵者固即准其抵销，其未能在事前捐级而被议时无级可抵或级不敷抵者，亦准其将所降之级于事后加一倍银数报捐核抵，并再捐免离任免其离任。……至定立赴部报捐限期，应按各省程途远近，近以数月，远亦不得过半年，吏部于议处时即随本声明，将该员准抵不敷之级行知各该督抚，准该员遣人依限赴部加倍报捐，并捐免离任免其离任。倘有逾限自误不行报捐者，吏部即随时开缺饬令离任。至因任内有革职留任处分无级可抵者，若从前获咎本重，即现案虽属准抵，不得援此例捐免。②

盛惇大建议官员遇因公降留处分后应准其加倍报捐，并可以捐免离任，这样进一步放宽捐级议抵的范畴，改变了先前"无级与级不敷抵者实降离任"的规定。捐级议抵除革职留任仍然规定不准捐免外，至此捐级议抵降留达到峰

---

① 中国第一历史档案馆档案：朱批奏折《世昌奏为敬陈嗣后外省道府以下等官捐级暂准于任所报捐并请准加捐带数款管见事》，档号：04-01-13-0191-002。

② 中国第一历史档案馆档案：录副奏折《盛惇大奏为有关吏部议叙等项上陈己见事》，档号：03-1572-038。

值，因公降留在任何情况下都可予以捐级议抵。嘉庆朝的处分本来虚降虚革和降留者多，能够以捐级抵销先前之降留处分和随后之降留处分，从而为很多官员解决了处分过量仕途升迁的问题。

3. 特旨交议事件的请旨议抵凸显

针对特旨议处事件的拖延迟慢。嘉庆十一年和十三年，嘉庆皇帝颁布数道具有针对性的谕旨，以此解决特旨交议事件的办理效率问题。

嘉庆十一年（1806），第1道旨规定，"嗣后吏兵等衙门遇有特旨交议之件，该堂官等只须将该员应得降级罚俸处分查核例案定议具奏，并于折内声明系奉特旨交议之件无庸查取加级纪录议抵，俟奏上时，朕核其情节轻重量予区分。其加恩准抵者，于奉旨后再将该员有无加级纪录详核汇题。该堂官等不得仍以咨查为词藉端迟滞。倘复任意延搁，必将该堂官惩处不贷。"① 可见，嘉庆命令吏部只可先行定议，不用先行查级议抵，待嘉庆准抵后再行咨查。第2道旨规定，"奉特旨交议事件……各部院以及各省大小官员向有册档可稽者，仍将该员有无加级纪录、革职留任之处随折声叙，俟奉旨后将准抵者即行注册，其不准抵者即行开缺。"② 指出奉特旨交议事件要将加级纪录革职留任情况随折注明，待嘉庆皇帝裁决。这两道谕旨都突出了皇权在议抵方面的决断权。

嘉庆十三年（1808），主要连颁3道旨。第1道指出"嗣后遇有特旨交议之件，该部祇须将该员应得降级罚俸处分查核例案，除例不应抵外，若系公罪，仍将应否准抵之处声明请旨，候朕核其案情量予区分。其加恩准抵者于奉旨后，再将该员有无纪级行查各该衙门亦著速行咨覆，毋得任意延缓。"③ 特旨交议事件公罪降罚要请旨准抵后再报告级纪，强调了即使是公罪处分，其准抵与否仍要先行请旨准后再予报告。第2道，"嗣后吏兵二部于议处罪案，除私罪不准查抵外，如有实系公罪经特旨交议者，其应否准抵

① 中国第一历史档案馆编：《嘉庆帝起居注》第11册，广西师范大学出版社2006年版，第561页。

② （清）庆桂等奉敕修：《钦定吏部处分则例》卷首《公式·奉旨交议事件随时具奏》，嘉庆十六年木署藏版。

③ 中国第一历史档案馆编：《嘉庆朝上谕档》第13册，广西师范大学出版社2000年版，第620页。

之处著于折内声明请旨，候朕裁夺。"①强调特旨交议之件系公罪请旨抵销的问题。第3道，针对"王公文武大员遇有应得处分交部院衙门核议，其有加级纪录可抵者，该部院因系特交之件应否准抵奏明请旨，朕核其案情准令抵销，原以咎属因公。其从前既有级纪准令功过相抵以昭平允，并非特予恩施。此内或于召对时经朕面谕，在诸臣咫尺钦承自应免冠叩首以申感谢之忱。其未奉面谕者，得旨后例不具折谢恩，无庸再行碰头，以省繁文。"②反映出即使贵为王公文武大员处分准抵之处也要请旨，明确了特旨交议事件公罪准抵后取消具折谢恩和碰头之礼。

嘉庆十四年（1809），有一份请示档案"查定例督抚纠参属员必将应参之事备列款绩，如有不列款绩含糊参奏者降一级留任等语。……应将广西巡抚恩长比照纠参属员不列款绩含糊参奏例降一级留任，此案系属公罪例准抵销。惟系钦奉特旨交部议处之件，其应否查级议抵之处，恭候钦定，所有臣等核议缘由恭折请候。"③这是一份标准的特旨交议查级议抵请示档案。

4. 官员一般处分案的议抵请旨制并凸显

档案资料反映，雍正和乾隆朝基本遵从制度规定，按照公私界限进行处分。到了嘉庆朝更加在意官员处分的议抵，而且特别强调官员处分的议抵在吏部议定之后，即使是公罪也要请旨裁决，这条规定亦一步步地旨意化和法律化。

（1）嘉庆十四年（1809），山西道监察御史甘家斌奏"查一二品现任大臣降革留任等案开复，以及革职废员钦奉恩命分别案情量加录用，洵属旷典。其三四品以下降革留任限年开复之员，所犯公罪较之废员情节稍轻，可否一并敕部量将各该员所有加级准其抵销之处，均出自皇恩。"④嘉庆十四年为嘉庆五十庆典，甘家斌奏请将三四品以下系公罪降革留任官员的处分准予

---

① （嘉庆朝）《钦定大清会典事例》卷六十八《吏部》，载《近代中国史料丛刊三编》第65辑，文海出版社1993年版，第3165页。

② 中国第一历史档案馆编：《嘉庆帝起居注》第13册，广西师范大学出版社2006年版，第569页。

③ 中国第一历史档案馆档案：录副奏折《庆桂奏为遵旨议处广西巡抚恩长降一级留任事》，档号：03-1520-005。

④ 中国第一历史档案馆档案：朱批奏折《甘家斌奏为推广皇恩外官捐级请封仍照常例留抵等事》，档号：04-01-12-0283-086。

抵销。

（2）嘉庆十五年（1810），嘉庆皇帝针对大员议处，强调"嗣后大员议处由该衙门核议，业经降旨依议者，该部即毋庸查抵。"①针对特殊官员群体，议抵予以请旨裁决。

（3）嘉庆十八年（1813），定"嗣后各衙门办理议处议叙皆著依限赶办，毋得藉口详查级纪展缓时日。其应行议抵与否，不妨于折内先行声叙请旨，再行查明办理，以免延搁。"②此条谕旨进而扩展到对所有案子议抵的请旨。

（4）嘉庆二十二年（1817），针对部院议处事件的抵销状况连颁3旨。

第1道谕：

> 向来部院遇有议处事件，每因查被议之员有无加级纪录，以致议奏迟延。嗣后著于奉旨五日之内即行议上，其例不准抵者于折尾声明，即系应以级纪议抵者，亦毋庸先行查计著于折尾声叙。例系应行议抵之案，可否准其抵销请旨遵行。如奉旨不准抵销，毋庸查计。若准其抵销，再行查明核办。③

第2道谕：

> 前因各部院遇有议处事件，每因行查加级纪录以致议奏迟延，限五日内具奏。其应以级纪议抵者，毋庸先行查计，于折尾声明请旨遵行，前降谕旨甚明。……嗣后遇有议处事件应以级纪议抵者遵照前旨，将可否准抵之处声叙请旨。如奉旨准抵，再行查明级纪，分别核办。若不准抵销，即毋庸查计。④

第3道谕：

> 前经降旨各部院遇有议处事件，被议之员有应以级纪议抵者，毋庸

---

① （嘉庆朝）《钦定大清会典事例》卷六十八《吏部》，载《近代中国史料丛刊三编》第65辑，文海出版社1993年版，第3167页。

② 中国第一历史档案馆编：《嘉庆帝起居注》第17册，广西师范大学出版社2006年版，第251页。

③ 中国第一历史档案馆编：《嘉庆帝起居注》第19册，广西师范大学出版社2006年版，第128页。

④ 中国第一历史档案馆编：《嘉庆朝上谕档》第22册，广西师范大学出版社2000年版，第186—187页。

先行查计，于折尾声明可否准抵请旨遵行。……嗣后议处事件该部照例定议，分别公罪私罪。其应以级纪议抵者，俱于折内声明请旨，经朕降旨准其抵销，该部再行查核。其有级纪可抵者分别查销注册，无庸再行具奏，不得光查级纪径行抵销，以归画一。[①]

3 道谕旨的核心在于对被议官员有应以级纪议抵的，不准吏部先行查处级纪议抵，只准于折内请旨抵销，然后再视旨意准抵与否进行查销注册。三道谕旨深刻反映了当时吏部只是负责查抵的一个机械式机构，对于官员处分的议抵则需全权请旨裁决。请旨议抵是皇权的专制体现，亦是制度之外皇权对处分的控制与调节。

5. 变通议抵的双请制及漏抵处分请旨补正

嘉庆十一年（1806），规定吏部兵部议处官员降调抵销，双请下不得采用"请旨定夺"字样，其谕意曰：

> 近来吏兵二部于议处文武官员事件例应降调者，往往有援引定例，仍于折尾声叙应否准抵请旨定夺。其意不过以部臣原系声明双请，凡从严处分者系属出自上裁，归怨于朕。……若将例应严议之案，动以请旨定夺为词，是部臣欲博宽厚之名，而转以严刻归之于上，殊非大臣实心任事之道。嗣后吏兵二部办理议处案件务当屏除积习，详细核例公同悉心定议，不得辄用请旨定夺字样，为调停两可之说。[②]

以上是针对官员议处虽可双请，但不得采用"请旨定夺"四字。嘉庆十五年（1810），针对特旨交议之件的抵销，旨下取消双请制。当时因吏部上奏议处钦天监堂官折，将绵恩等罚俸处分应否抵销之处请旨。嘉庆皇帝予以批示"所办非是"，并指出："向来各官自行检举及寻常处分是否准抵，自应照例双请。若系特旨交议之件，只宜将该员等应得处分奏上候朕酌夺。嗣后毋庸再行双请。"[③] 从而把普通议处与特旨交议区分开来，普通议处依然需要双请，特旨交议不需双请。

---

① 中国第一历史档案馆编：《嘉庆朝上谕档》第 22 册，广西师范大学出版社 2000 年版，第 437 页。

② （清）庆桂等奉敕修：《钦定吏部处分则例》卷首《公式·议处官员降调抵销不得双请》，嘉庆十六年木署藏版。

③ 中国第一历史档案馆编：《嘉庆朝上谕档》第 15 册，广西师范大学出版社 2000 年版，第 520 页。

为维护议抵制，对于遗漏议抵官员有一定的处分规定。此外，对于遗漏议抵情况，要及时上报皇帝请旨更正。嘉庆十二年（1807），两广总督吴熊光奏为误将无级可抵之知县咨参离任据实具奏请旨敕部更正事。其折曰：

> 窃照定例印捕官承缉盗案四参限满不获降一级调用，任内有加级亦准抵销，如无级纪于查参之日先行离任。前据署臬司吴俊会同藩司衡龄详称，遂溪县知县章延桦于县民彭昌元家被劫银物一案四参限满赃贼未获。查开专责承缉不力职名详请咨参，并声明该县任内并无应行加级之案，祗有嘉庆八年及九年征收地丁钱粮全完纪录二次不足抵销。照例饬令章延桦先行离任，咨部在案。兹据章延桦禀称，前在山东肥乡县任内有加四级，嗣选授遂溪县，因赴任违限部议抵销一级，尚有三级并无别案抵销，恳请查抵等情。臣当即批司覆查，兹据藩司衡龄与署臬司蔡艺武详称，遍查旧卷，有嘉庆八年三月由奉准吏部咨行广东道遂溪县之档，章延桦赴任违限三月以上照例降一级调用。查章延桦有加四级应销去加一级免其降调等因，是章延桦尚有加三级可抵四参之案。该知县在山东任内亦无加级之处，若咨准东省咨行查办，即该县到任开报履历，及此次开参文内亦系东省声明，是以前次详参未及查出，此外现查无另有抵销之案，详请奏咨照例查办等因。臣查遂溪县知县章延桦现在山东任内有加三级，于盗案四参限满时例得查抵，免其离任。前此办理殊属错误，相应据实具奏，请旨敕部更正，应将章延桦先回本任。布政使衡龄、署按察使吴俊未经细查，遽行详参离任，究属疏漏，应请交部议处。臣据详咨参未经覆核更正，亦请一并交部察议。除咨部外仅恭折具奏，伏乞皇上睿鉴。奉朱批：吏部议奏。①

吴熊光此奏在当时应该不为多数，但也反映出当时议抵中的漏抵情况，对于被漏官员的影响极大，而遗漏之官因此也受到处分。总之，用加级纪录议抵处分，其调节疏通关键在于两个方面，一是尽可能地给予官员各种加级纪

---

①　中国第一历史档案馆档案：录副奏折《吴熊光奏为误将有级可抵之知县咨参离任奏请更正等事》，档号：03-1510-060。

录，二是尽可能地允准议抵。

嘉庆时期级纪议抵的趋宽趋松以及议抵请旨制的突显，一方面重申皇权的权威和至尊，另一方面也是为了调节例规下处分的普遍与奇多，将官员处分的议抵权控制在皇帝手中便于疏通官员处分的失误之处。这是嘉庆时期在加级纪录议抵处分方面的重大变化。

三、嘉庆时期级纪抵销降罚的实践

1. 以议叙直接抵销处分

嘉庆二十一年（1816），为嘉庆朝第 7 次京察之年，山东巡抚陈预因"在山东巡抚任内二年，办事认真"被交部议叙。随后，陈预因失察"所属乐陵县境内窝留逆犯"刘玉潍一年之久，被交部议处。嘉庆皇帝降旨，"姑念陈预平日办理本省地方事务尚无贻误，著将京察议叙之处注销，免其交议。"[1]

2. 以加级抵销降级

（1）以加一级抵销降一级。

嘉庆四年（1799），山东学政胡长龄，因"平日不能管束生员"，致有戕官劫狱之事，部议降二级调用，"著准其抵销一级仍降一级调用。"[2] 定例规定"江南河道不详报挑浚以致淤浅者，将专管官降一级调用。"嘉庆九年（1804），江南河道总督吴璥负责河工，因于封神庙至新开河头一带没有预行疏通以致河道淤浅粮艘不能通过，终以"办理不善"，照专管河员本例议以降一级调用。两江总督陈大文亦因"兼管河防不能及时妥办"，于专管本例降一级调用例上减为降一级留任。因二人皆有加级，"陈大文有加一级应销去加一级抵降一级免其降级，吴璥有加三级应销去加一级抵降一级免其降调。"[3] 嘉庆十二年（1807），庆桂、董诰、德瑛、曹振镛、刘凤诰等身为

---

① 《清仁宗实录》第 5 册，中华书局 1986 年版，第 197 页。

② 中国第一历史档案馆编：《嘉庆帝起居注》第 4 册，广西师范大学出版社 2006 年版，第 674 页。

③ 中国第一历史档案馆档案：录副奏折《奏为遵旨议处南河督臣吴璥等办事不力事》，档号：03-1493-068。

总裁、副总裁，"于提调官办事朦混舛错"失于查察，部议降一级调用。因均有加级纪录，且"尚系公罪。所有部议降一级之处俱著加恩准其抵销。"①嘉庆十一年（1806），山东巡抚长龄因上报文书没有认真检查，致干例议。奉旨："长龄著照部议降一级留任，加恩准其以军功加级抵销。"②这是以加一级抵销降一级。

（2）以加二级抵销降二级。

嘉庆元年（1796），田凤仪因案内差役需索饭钱致民人抗粮拘捕一事，"不能查出"应降级。"念其系上司且事属因公"有级可抵，"田凤仪著销去加二级免其降调。"③嘉庆四年（1799），济南府知府金荣于所属浮收漕粮没有先事觉察以致酿成重案，因属专辖之员，"著准其抵销二级仍降一级调用。"④嘉庆六年（1801），直隶布政使颜检因喂养号马需用料豆违例派令地方购买部议降三级调用，又因失察差役恐吓致出人命照例议以再降二级调用，因"有加二级抵降二级仍降三级调用"。⑤嘉庆八年（1803），庆徕因办理军需不善部议降五级调用，且"人本平常，居官声名甚劣"，不准五级均抵。嘉庆"准其抵降二级仍实降三级"。⑥嘉庆十一年，淮扬海道阎学淳因失察所属地方捆溺多命被议以降三级调用，旨下："阎学淳部议降三级调用之处，著加恩准其抵销二级仍降一级调用。"⑦嘉庆十二年（1807），吏部议处福庆因失察属员那灵阿贪婪不行揭报，议以降三级调用。其任内并无加级纪录抵销，后加恩改为降四级留任。前任镇迪道巴龄阿亦议以降三级调用，

① 中国第一历史档案馆编：《嘉庆朝上谕档》第 12 册，广西师范大学出版社 2000 年版，第 37 页。

② 中国第一历史档案馆档案：朱批奏折《长麟奏为奉旨恩准查级抵销原处分谢恩事》，档号：04-01-12-0273-088。

③ 中国第一历史档案馆编：《嘉庆朝上谕档》第 1 册，广西师范大学出版社 2000 年版，第 200 页。

④ 中国第一历史档案馆编：《嘉庆帝起居注》第 4 册，广西师范大学出版社 2006 年版，第 674 页。

⑤ 中国第一历史档案馆编：《嘉庆帝起居注》第 6 册，广西师范大学出版社 2006 年版，第 669 页。

⑥ 中国第一历史档案馆编：《嘉庆帝起居注》第 8 册，广西师范大学出版社 2006 年版，第 359 页。

⑦ 中国第一历史档案馆编：《嘉庆帝起居注》第 11 册，广西师范大学出版社 2006 年版，第 166 页。

销去加二级抵降二级仍降一级调用。①

（3）以加三级抵销降三级。

嘉庆元年（1796），因山西汾州府革职知府张力行与伊子张经田婪赃侵帑，太原府知府高灿、张曾谊等因委审不实被议降三级调用，奉旨："张曾谊著销去加三级，免其降调。"②高灿改为革职从宽留任。

（4）以加四级抵销降四级。

嘉庆十三年（1808），江西布政使先福因误参知县刘笃胜、刘焜、王赓炜造册迟延，以致此三人被议处革职并革去顶戴，吏部照例议以每案降二级调用，共降六级。奉旨："先福著准其销去四级抵降四级，其仍应降二级调用之处著加恩改为降三级从宽留任。"③

3. 以纪录抵销罚俸

（1）纪录抵罚俸三月。嘉庆五年（1800），刑部堂司各官于审断汉军张德存等控争房产契据，情节不明没有详查被议处罚俸三个月。奉旨："庆桂、董诰连前罚俸四个月之处，成德、汪承霈罚俸三个月之处，俱著注于纪录抵销。范鏊著销去寻常纪录一次免其罚俸。"④嘉庆七年（1802），吏部承办堂司各官于议处湖南湘阴县县丞张其瀚共降四级之处，没有将该员借补档册详细查明，导致该县丞无四级可降被议革职，都察院被议官员罚俸三个月。奉旨："庆桂连前罚俸五个月之处著注于军功纪录抵销，刘权之连前罚俸四个月之处著注于纪录抵销，戴衢亨著销去寻常纪录一次，其罚俸两个月之处仍注于纪录抵销。英和著销去纪录一次免其罚俸。"⑤

（2）纪录抵罚俸六月。嘉庆六年（1801），兵部堂司各官因失察册档被窃，议处罚俸六个月。奉旨："傅森、汪承霈、蕴布俱著销去寻常纪录一次，

---

① 中国第一历史档案馆编：《嘉庆朝上谕档》第 12 册，广西师范大学出版社 2000 年版，第650 页。

② 中国第一历史档案馆编：《嘉庆帝起居注》第 1 册，广西师范大学出版社 2006 年版，第361 页。

③ 中国第一历史档案馆编：《嘉庆朝上谕档》第 13 册，广西师范大学出版社 2000 年版，第634 页。

④ 中国第一历史档案馆编：《嘉庆帝起居注》第 5 册，广西师范大学出版社 2006 年版，第204 页。

⑤ 中国第一历史档案馆编：《嘉庆帝起居注》第 7 册，广西师范大学出版社 2006 年版，第331 页。

其罚俸三个月之处仍注于纪录抵销。陈万全、那彦宝俱著销去纪录一次免其罚俸。"①嘉庆八年（1803），内阁学士萨彬图等于户部贮稿楼房失火并未前往救护被察议罚俸六个月。奉旨萨彬图、瑚图灵阿、哈宁阿、观诚、佟政、长琇"俱著销去纪录一次，其从前罚俸一个月之处仍各注于纪录抵销。庆岱、荣麟俱著销去纪录一次，其从前罚俸三个月之处仍各注于纪录抵销。舒聘著销去纪录一次，其从前罚俸四个月之处仍各注于纪录抵销。恭阿拉、善宝、诚存、广兴、窝星额、广敏、恒福、恩治俱著销去纪录一次免其罚俸。"同年，工部堂司官于书吏遗失稿件失于觉察议处罚俸六个月。奉旨："缊布著销去纪录一次仍罚俸三个月。彭元瑞著销去军功纪录一次仍给还寻常纪录一次。苏楞额、戴均元著各销去纪录一次俱免其罚俸。"②

（3）纪录抵罚俸一年。嘉庆八年，吏部堂司各官因会同兵部处理文书时，没有详加阅看被分别议处，刑部左侍郎署吏部左侍郎瑚图灵阿和户部右侍郎署吏部左侍郎钱樾，均照不行详察罚俸一年例各罚俸一年。"查瑚图灵阿有纪录二次罚俸一个月注抵，今议罚俸一年，连前共罚俸一年一个月应销去纪录二次抵罚俸一年仍应罚俸一个月，钱樾有纪录一次罚俸一个月注抵，今议罚俸一年连前共罚俸一年一个月，应销去纪录一次，抵罚俸六个月仍应罚俸七个月。"③

（4）综合议抵罚俸。嘉庆十三年（1808），刑部堂司官因科抄房淋雨坍塌，失于防范，"以致缮就本章悉被压烂，至一百余件之多。"定例规定："官员将表文计册致水火盗失者罚俸一年。"④因此承办司员刑部堂主事清柱、文勇、善庆均照表文计册水火盗失例罚俸一年，右侍郎穆克登额于司员清柱等罚俸一年上减为罚俸六个月，大学士管理刑部事务董诰在军机行走不能常川到署，钦奉谕旨交部察议，应于觉罗长麟等罚俸六个月上减为罚俸三个月。旨下准议抵："清柱有纪录三次，文勇有纪录六次，善庆有纪录四次，穆克

---

①　中国第一历史档案馆编：《嘉庆帝起居注》第6册，广西师范大学出版社2006年版，第44页。

②　中国第一历史档案馆编：《嘉庆帝起居注》第8册，广西师范大学出版社2006年版，第330页。

③　中国第一历史档案馆档案：录副奏折《恭阿拉奏为遵旨议处吏部各官员会稿疏忽事》，档号：03-1488-079。

④　中国第一历史档案馆档案：录副奏折《庆桂奏为遵旨议处刑部堂司官事》，档号：03-2451-039。

登额有纪录一次罚俸五个月注抵,董诰有军功纪录四次寻常纪录五次罚俸五个月注抵,此案事属因公例准议抵。"①

4. 纪录四次改抵降调

嘉庆六年(1801),吏部议处御史王苏照例降一级调用,查有纪录四次,遂题请能否抵销。嘉庆皇帝认为"御史究属言官,若因言事失当即行镌职,又恐科道等相率缄默,殊属非广开言路之意"。因准"王苏著加恩准其将此纪录四次抵销降一级"。②嘉庆六年,礼科给事中谷际岐因纠参官员不实议处降二级调用,奉旨:"谷际岐著销去纪录四次抵降一级仍降一级调用。"③嘉庆七年(1802),达庆参奏通州知州潘仁于应修拨船并不及早修好致误拨运,部议降二级调用。嘉庆皇帝准其"以降二级调用销去纪录四次抵降一级仍降一级调用"④。

嘉庆七年,宝坻县知县王铠,荣城县知县章德溥因办理赈务疏漏舛错照例降二级调用,香河县知县沈封忱,永清县知县李光绪各降一级调用。"王铠、章德溥俱有加四级,应各销去加二级抵降二级。李光绪有纪录十一次,应销去纪录四次抵降一级。沈封忱任内并无加级纪录声明请旨。奉旨:依议。"⑤

嘉庆十一年(1806),陕西巡抚方维甸因办事每多迟延部议降三级调用。嘉庆皇帝降旨:"姑念一时简用乏人,著销去军功纪录二次抵降一级,其仍应降二级调用之处著改为降三级从宽留任。"⑥嘉庆二十一年(1816),四川省二十年秋审失出6案,虽例有应得处分降一级调用,但嘉庆皇帝认为:"较之上届办理尚为详慎",降旨"所有(四川总督)常明、(按察使)

① 中国第一历史档案馆档案:录副奏折《庆桂奏为遵旨议处刑部堂司官事》,档号:03-2451-039。

② 中国第一历史档案馆编:《嘉庆朝上谕档》第6册,广西师范大学出版社2000年版,第354页。

③ 中国第一历史档案馆编:《嘉庆帝起居注》第6册,广西师范大学出版社2006年版,第726页。

④ 中国第一历史档案馆编:《嘉庆帝起居注》第7册,广西师范大学出版社2006年版,第111页。

⑤ 中国第一历史档案馆编:《嘉庆帝起居注》第7册,广西师范大学出版社2006年版,第282页。

⑥ 中国第一历史档案馆编:《嘉庆朝上谕档》第11册,广西师范大学出版社2000年版,第272页。

曹六兴部议销去加一级之处，俱著加恩宽免，庆炆著销去军功加一级仍给还军功纪录二次，陈若霖著销去军功纪录二次，俱免其降级"①。

5.谕令直接抵销处分和同案抵销

（1）嘉庆皇帝谕令直抵处分。皇帝两谒祖陵均路经直隶地方，针对文武各员办差"俱属奋勉"颁布恩诏，内容基本为："此内如旧有降级留任处分在降三级以下者，准其以所加之级抵降一级。"②嘉庆二十三年（1818），巡幸盛京山海关时，和世泰等人因未经奏准私给太监换马被皇帝处分。"内务府大臣缊布等奏请将太监等车辆马匹内有疲乏者量予更换。本年进关后和世泰等私行付给众太监，经朕查出始知其故，付给车辆之先并未查照向例具奏，实属应奏不奏。伊等前因随扈勤勉特赏加二级，兹渐形疏懈，和世泰、禧恩、那彦宝俱著将前加二级内销去一级。"③这样也免去了部议的来回反复议抵，但是这种情况不是很多，最多还是请旨之下的议抵。

（2）陕西滥应军需案抵销。嘉庆八年（1803），陕西巡抚方维甸劾参陕西省军需前有开报滥应情况，后朝廷又派钦差侍郎额勒布等清查，遂将前任陕西巡抚秦承恩等59员粮员交部议处。吏部核其情节"均属滥支滥应，办理不善"，便将秦承恩等比照军需钱粮擅自动用例均降五级调用，"加级纪录可否抵销，恭候钦定。"④嘉庆皇帝认为："秦承恩等只因一时恐误军需滥行支应，以致与例不符，均属办理不善，本应照部议降调。姑念伊等从前承办军务亦稍有微劳，且所用银两并未入己。"裁定秦承恩等59员内，"其有级可抵者，均著从宽照所降之级准其抵销。其级不敷抵者，除将原有加级准其抵销外，仍查照不敷之级改为降级留任。"⑤嘉庆十年（1805），吏部再次议奏陕西省滥应军需各粮员降调处分，明确请旨可否将加级纪录抵销。旨下意同嘉庆八年说法。"该员等承办军需擅行滥应，本应照例降调，姑念人数较

① 中国第一历史档案馆编：《嘉庆朝上谕档》第21册，广西师范大学出版社2000年版，第56页。

② 中国第一历史档案馆编：《嘉庆朝上谕档》第23册，广西师范大学出版社2000年版，第447页。

③ 中国第一历史档案馆编：《嘉庆朝上谕档》第23册，广西师范大学出版社2000年版，第443页。

④ 中国第一历史档案馆档案：录副奏折《庆桂奏遵旨议处前任陕西巡抚秦承恩等员滥应军需事》，档号：03-1815-016。

⑤ 中国第一历史档案馆编：《嘉庆帝起居注》第8册，广西师范大学出版社2006年版，第426页。

多。且从前秦承恩等五十九员滥支滥应，部议降调之处俱经加恩准抵。此次丁贵兴等十六员降调处分事同一例。"所有部议三级调用之丁贵兴等六员，"俱有加级可抵，著加恩准其抵销。"① 这些属于集体性的议抵处分。

（3）失察道士双阳居住不当案的议抵。嘉庆二十二年（1817），道士双阳"藏有符咒邪书"居住于龙泉洞、娘娘庙、朝阳洞三处，该三处距红白椿及青椿距离不远，触犯皇室禁忌。嘉庆皇帝降旨将该三处专管兼管各员俱交部严加议处。吏部遂议，首先，"将失察道士双阳在龙泉洞及娘娘庙居住之前任承德府知府补授兵部郎中图明阿，前任承德府知府革职捐复补授广东韶州府知府景璋，前任承德府知府今升户部尚书景安，前任承德府知府喜步昌阿，前任密云县知县沈仁沛，前任密云县知县今升祁州知州秦承需，均应于降一级调用本例上加等议以降二级调用。"其次，"将失察道士双阳在朝阳洞居住之前署密云县事宝坻县知县李武曾均照例降一级调用，该管之前兼护北路同知事昌平州知州冯绩熙，前署北路同知事正定府通判江德沛，前任北路同知蒋士镕，前署北路同知事山海关通判阮炳，北路同知陈世相，前任霸昌道今候补内阁侍读学士成宁，前任霸昌道士俊，前任霸昌道今调云南粮储道诚端，霸昌道龄住均照例罚俸一年。再失察各员系属公罪，应否准将加级纪录抵销之处，恭候钦定。"具奏本日即奉旨：此案失察道士双阳在洞庙居住各员均准其查明加级纪录抵销。具体抵销如下：

> 查前任承德府知府调补广东韶州府知府又经另案降调景璋任内有加三级，前任密云县知县今升补祁州之州秦承需任内有加四级，应各销去加二级抵降二级均免其降调。前任承德府知府补授兵部郎中又经休致图明阿原任内有加二级应销去加二级抵降二级免其降去顶戴。前署密云县事候补知县陈楷，前署密云县事宝坻县知县李武曾，任内有军功加一级应各销去军功加一级抵降一级免其降调，仍给还军功纪录二次。前署北路同知事正定府通判又经丁忧江德沛任内有纪录三次。前任北路同知告病病愈候补蒋士镕任内有纪录四次，应各销去纪录二次抵罚俸一年，均免其罚俸。②

---

① 中国第一历史档案馆编：《嘉庆朝上谕档》第 10 册，广西师范大学出版社 2000 年版，第 63 页。

② 中国第一历史档案馆档案：录副奏折《英和奏为查议失察洞庙居住道士之承德府专管兼管各员有无加级纪录抵销其罪事》，档号：03-1577-005。

此中无加级纪录的官员，则面临着罚俸和降调。"前兼护北路同知事昌平州知州冯绩熙，前任霸昌道士俊俱已另案革职，应罚俸一年注册。前任霸昌道今候补内阁侍读学士成宁任内并无纪录抵销，应于补官日罚俸一年。前署北路同知事山海关通判阮炳、北路同知陈世相、前任霸昌道今调云南粮储道诚端、霸昌道龄住任内均无纪录抵销，应于现任内各罚俸一年。前任密云县知县沈仁沛已另案革职，应降二级调用注册。至前任承德府另案降调知府喜步昌阿，前任承德府知府今升户部尚书景安，均现议降二级调用，任内俱无加级纪录抵销，有革职留任之案无级可降均应革任。"① 可见，加级纪录之重要，没有加级纪录则面临着直接降调和罚俸。

（4）失察官犯乘间自缢案的议抵。嘉庆二十四年（1819），朝审官犯陈溥属于应入当年情实重犯，却因管狱官不小心防范自缢身死，大学士管理刑部事务章煦等因失察被"交部议处"。吏部议将章煦，尚书和宁、韩崶，左侍郎廉善、帅承瀛，内阁署右侍郎吏部左侍郎恩宁和署右侍郎兵部右侍郎曹师曾，均照例降二级调用，并声明系属公罪例准抵销，应否准将加级纪录抵销之处，俟命下之日臣部再行查明办理。奉旨："准其抵销"，吏部查报：

> 大学士管理刑部事务章煦有军功加八级，恩诏加一级应销去恩诏加一级军功加一级抵降二级仍给还军功纪录二次；署右侍郎吏部左侍郎恩宁有议叙加二级恩诏加一级应销去恩诏加一级，议叙加一级抵降二级；署右侍郎兵部右侍郎曹师曾有恩诏加一级纪录四次罚俸一个月注抵应销去加一级纪录四次抵降二级仍罚俸一个月，均免其降调；尚书和宁、左侍郎廉善、帅承瀛俱有恩诏加一级应各销去加一级抵降一级仍各降一级调用。尚书韩崶任内并无加级纪录抵销应降二级调用，再查和宁、韩崶俱有革职留任之案无级可降均应留任。②

奉旨："章煦著销去加一级又军功加一级抵降二级，仍给还军功纪录二次。恩宁著销去加二级抵降二级。曹师曾著销去加一级纪录四次抵降二级仍罚俸

---

① 中国第一历史档案馆档案：录副奏折《英和奏为查议失察洞庙居住道士之承德府专管兼管各员有无加级纪录抵销其罪事》，档号：03-1577-005。

② 中国第一历史档案馆档案：录副奏折《英和奏为查明刑部堂官章煦等纪录加级抵销降二级事》，档号：03-1585-012。

一个月，俱免其降调。廉善、帅承瀛著销去恩诏加一级抵降一级。"①

从以上章节来看，官员本身有各种加级纪录，一般情况按照制度规定都可议抵因公处分，嘉庆朝议抵处分的情况非常多，成为疏通官员处分奇多的一种方式。但是，加级纪录的获得和处分的议抵，不仅有制度的约束，还会受到皇帝的把控，因此皇权也就成为了调节官员处分多少的关键所在。

第二节　皇权制外主导开复大员处分

"出于同样的道理，清代君主不得不小心翼翼地在常规方式和专制方式的统治这两者之间作出选择。当规则失去效用时，补救的方法不仅包括制订更多的规则，也包括诉诸于依赖专制权力的手段。"② 嘉庆皇帝对官员处分普遍和奇多的疏通，第二种方式则是以皇权在制度之外主导开复官员处分，本章主要探讨开复大员普遍和奇多处分。

一、庆寿庆典下一二品大员之开复

关文发指出："嘉庆自嗣位后，逢十的大寿有过三次：一次是嘉庆四年的四十大寿，刚巧是遇上了皇考大丧之年。……第二次是嘉庆十四年的五十大寿，此时白莲教其虽已被镇压下去，'海事'亦已接近尾声，但南河、东河工程却连连告急，漕运不畅，吏治未肃，帑藏亦不充裕，总体上还没有摆脱困境，因而嘉庆不得不处处小心谨慎，对待自己的五旬大寿更是如此……未有铺陈之举。第三次就是二十四年的六十大寿了，这是嘉庆朝统治相对稳定的时期，动乱较少，国力、财力均渐有恢复。"③ 在三次大寿中，后两次大寿庆典嘉庆皇帝对官员处分均予以一定开复，大员处分开复尤为明显。

---

① 中国第一历史档案馆编：《嘉庆帝起居注》第 21 册，广西师范大学出版社 2006 年版，第 356 页。

② ［美］孔飞力：《叫魂：1768 年中国妖术大恐慌》，上海三联书店 1999 年版，第 251 页。

③ 关文发：《嘉庆帝》，吉林文史出版社 1993 年版，第 547 页。

（一）嘉庆十四年五旬庆典下大员开复

嘉庆十四年（1809）九月二十日，嘉庆皇帝颁布开复意旨，其上谕曰：

> 本年朕五旬万寿，庆洽寰区，臣工等祝嘏胪欢，允宜沛之渥泽。因思内外一二品文武大臣任内，均有身罹降革留任处分未经开复，并有曾邀异数缘事斥革及未复原品顶戴者，特降旨交军机大臣查明奏闻。兹据庆桂等将京外文职一品各大员，先行查明开单呈览朕详加披阅，其处分多寡不齐，自应量为区别。其在五案以内者应予开复一案，十案以内者应予开复两案，过此按数递加，用昭公允。[①]

《清仁宗实录》亦记载此次颁旨，在此意旨之下，大员处分按量相继开复。"凡降革留任处分，在五案以内者开复一案，十案以内者开复两案，过此按数递加。并晋封尚书明亮三等伯，赏还尚书邹炳泰，总督温承惠、松筠、百龄一品顶带，漕运总督马慧裕、布政使方受畴二品顶带，将军晋昌双眼花翎。"[②]

1.开复京外一品文职大员处分

大学士庆桂：著开复会典抬写错误革职留任一案。

大学士董诰：著开复审拟宗室敏学罪名轻纵降三级留任一案。

大学士禄康：著开复请准番役子弟出仕革职留任一案。

大学士费淳：著开复前在山西臬司任内秋审失出降四级留任及在两江总督任内失察属员勒派同官革职留任共二案。

协办大学士尚书长麟：著开复在山东巡抚任内题估牟混革任注册及失察疏纵盗犯革任注册共二案。

协办大学士尚书戴衢亨：著开复会典抬写错误革职留任一案。

尚书瑚图礼：著开复在广东巡抚任内失察收受陋规重犯越狱匿案不报革职留任，又失察博罗会匪滋事降一级留任，又失察农耐贡船私带禁物革职留任共三案。

尚书邹炳泰：著开复单衔奏事降一级留任，又误开编修俸次降四级留任共二案。

尚书德瑛：著开复陈奏粗忽降一级留任一案。

---

① 中国第一历史档案馆编：《嘉庆朝上谕档》第14册，广西师范大学出版社2000年版，第553页。

② 《清仁宗实录》第3册，中华书局1986年版，第938页。

尚书曹振镛：著开复失察制造库被窃降一级留任一案。

尚书恭阿拉：著开复失察袁锡斗鹑革职留任一案。

尚书王懿修：著开复失察缎库失窃降一级留任一案。

尚书明亮：著开复推情保送钱局监督图明阿降四级留任一案。

尚书刘权之：著开复失察书吏舞弊革职留任一案。

尚书金光悌：著开复前在山东臬司任内失察捕役诬良降二级留任一案。

尚书苏楞额：著开复失察马甲滋事降一级留任，又不能管教匠役降二级留任共二案。

左都御史特开慎：著开复前在塔尔巴哈台失察偷挖金砂降四级留任一案。

左都御史周兴岱：著开复保送钱局监督图明阿案内降三级留任一案。

总督温承惠：著开复失察偷砍禁木降二级留任一案。

总督阿林保：著开复前在江苏臬司任内查覆盗案迟延降一级留任，又湖南巡抚任内参折遗漏声叙降一级留任共二案。

总督方维甸：著开复在陕西巡抚任内违例题升知县降二级留任，又错拟罪名降二级留任二案。

总督汪志伊：著开复前在浙江藩司任内给发满营养赡钱文迟延革职留任，又违例委署县丞降一级留任，又福建巡抚任内办理盗案拘泥革职留任，又失察琉球难番被劫革任注册共四案。

总督松筠：著开复失察伊犁将军任内领催殴打骁骑校私行完结革职留任，又拟哈萨克罪名轻纵革职留任共二案。

总督勒保：著开复前在陕甘总督任内失察邪教犯人出口革任注册一案。

总督百龄：著开复前在湖南臬司任内积案未结革职留任，又在山东臬司任内命案不能审出实情降一级留任共二案。

总督伯麟：著开复前在奉天府尹任内秋审失入降三级留任一案。

河道总督吴璥：著开复前在河南藩司任内奏请河工摊征运费降三级

留任一案。①

以上开复由一案到四案不等，它和官员处分的多少有关，处分情况见前章。汪志伊开复最多，当时吏部曾报告，"查汪志伊任内共有处分十八案，已逾十五案之外，是以于谕旨内拟写开复处分四案。"②此次开复27位一品大员处分，一则彰显皇恩，二则调节疏通了大员处分。

2. 开复京外二品文职大员处分

侍郎江苏学政玉麟、侍郎桂芳：著开复误开编修俸次降四级留任一案。

侍郎托津：著开复同广兴审案失于觉察降三级留任一案。

侍郎英和：著开复失察提调办事舛错降一级留任，议处阿明阿遗漏声叙降一级留任共二案。

侍郎刘镮之：著开复本内抬写错误革职留任一案。

侍郎邵洪：著开复送给考官赆仪革职留任，委审逆犯遗漏供词革职留任共二案。

侍郎普恭、邵自昌：著各开复保送图明阿钱局监督降三级留任一案。

侍郎成书：著开复押犯未解率由驿奏降二级留任一案。

侍郎秦瀛：著开复失察地保橐窃分赃降一级留任，关税短少盈余银两降一级留任二案。

侍郎穆克登额：著开复问拟宗室敏学罪名轻纵降五级留任一案。

侍郎朱理：著开复审拟命案律例不符降三级留任一案。

侍郎署山西巡抚初彭龄：著开复失察书吏舞弊革职留任一案。

侍郎阿明阿：著开复失察官物被窃降二级留任，不能管教匠役降一级留任共二案。

侍郎陈希曾：著开复制造库银被窃降一级留任一案。

侍郎福庆：著开复误谒属员降一级留任一案。

---

① 中国第一历史档案馆编：《嘉庆朝上谕档》第24册，广西师范大学出版社2000年版，第471—472页。

② 中国第一历史档案馆编：《嘉庆朝上谕档》第14册，广西师范大学出版社2000年版，第559页。

侍郎顾德庆：著开复制造库被窃降一级留任一案。

仓场侍郎戴均元：著开复奏事日期错谬降二级留任一案。

理藩院侍郎策丹：著开复改拟罪名错误降二级留任一案。

额外侍郎鄂勒哲依图：著开复失察王世德自行扎伤降一级留任一案

盛京侍郎崇禄：著开复滥应军需革职留任一案。

总管内务府大臣常福：著开复不能管教匠役降二级留任，议处事件未经声明严议降一级留任共二案。

内阁学士和世泰：著开复李如枚之子捐职不奏请革退降三级留任一案。

内阁学士哈宁阿：著开复斋宫疏防降三级留任一案。

内阁学士明志：著开复斋宫疏防革职留任一案。

内阁学士万承风：著开复奏请开缺来京降四级留任一案。

内阁学士王绶：著开复保送银库笔帖式不慎降三级留任一案。

漕运总督马慧裕：著开复议奏摊征帮价未协降三级留任，控案不行审办降二级留任共二案，伊现系三品顶戴，并著加恩赏还二品顶戴。

江南副总河徐端：著开复违例题升知县降级留任一案。

巡抚吉纶：著开复失察凶徒扰害降一级留任一案。

巡抚金应琦：著开复参折遗漏声叙降一级留任一案。

巡抚恩长：著开复承审迟延革职留任一案。

巡抚章煦：著开复进本日期错误降四级留任一案。

巡抚董教增：著开复未将搭解银两参奏降二级留任一案。

巡抚先福：著开复秋审失入降二级留任一案。

巡抚蒋悠钴：著开复积案未结降三级留任一案。

巡抚常明：著开复雇备乡勇洒销军需革职留任，黑铅销价浮多革职留任共二案。伊从前曾赏给志勇巴图鲁名号戴用花翎，后缘事斥革，并著加恩赏还。

巡抚景安：著开复命案不能审出实情革职留任，率转赴选文结革职留任共二案。伊从前曾经赏戴双眼花翎，并著加恩赏给单眼花翎。

巡抚成宁：著开复失察属员亏空革职留任，军需洒销革任注册，黑铅销价浮多革任注册共三案。

巡抚韩崶：著开复办案迟延降二任留任，请补巡检错误降一级留任共二案。

巡抚许兆椿：著开复积案未结降三级留任一案。

巡抚同兴：著开复失察所属匿蝗不报降二级留任，查办回赎民典地亩草率降一级留任共二案。

巡抚鄂云布：著开复失察邪匪降三级留任，失察凶徒降三级留任共二案。

布政使方受畴：著开复失察属员亏空降二级留任一案，伊现系三品顶戴并著加恩赏还二品顶戴。

布政使广厚：著开复错拟罪名降三级留任一案。

布政使方积：著开复秋审失入降二级留任一案。

布政使朱勋：著开复审拟失入二犯降五级留任一案。

布政使钱楷：著开复未将购备河工料物银两查明降四级留任一案。

布政使史积容：著开复不亲往查办匪徒革职留任一案。

布政使素纳：著开复赏项迟延降一级留任一案。

布政使袁秉直：著开复不能筹补鼓铸降一级留任一案。

布政使张映汉：著开复失察州县滥应降一级留任一案。

布政使刘清：著开复贼匪潜窜渡江革职留任一案。

布政使陈预：著开复失察属员误拟罪名降三级留任一案。

布政使衡龄：著开复送给主考赆仪革职留任一案。

布政使景敏：著开复错拟罪名降三级留任一案。[1]

开复 56 位二品大员处分，基本是一到二案，可见其处分要稍低于一品大员之处分。

（二）嘉庆二十四年六旬庆典下大员开复

嘉庆二十三年（1818），嘉庆东巡大礼庆成，回京途中因秋雨嘉庆万寿节适驻跸兴隆寺行宫。嘉庆皇帝声称，"朕临御以来庆节皆在宫内及御园受贺，兹于行殿称庆，川原爽朗，民物恬熙，诸事吉祥，朕心甚为愉悦。允宜特

---

[1]　中国第一历史档案馆编：《嘉庆朝上谕档》第 14 册，广西师范大学出版社 2000 年版，第561—563 页。

敷阖惠，以志嘉征，行宫左旁兴隆寺著赐名万寿。兴隆寺其小泉河著赐名荣辉河。"并开复总督方受畴和藩司姚祖同处分。方受畴开单任内降革留任处分15案，"著开复前秋审失实降一级留任，公捐棉衣市惠降一级留任，委估水师兵房迟延降二级留任处分三案。"姚祖同任内降革留任处分4案，开复"公捐棉衣市惠降二级留任处分一案。"[①] 此次开复拉开二十四年庆典开复序幕。

1. 开复左右枢机近臣处分

嘉庆二十四年（1819）正月初一日，内阁奉上谕："朕本年六旬正寿，业经颁发恩诏普惠臣民。比年岁稔时和，河流顺轨，中外同庆乂安，左右近臣允宜再加恩泽。托津襄赞枢廷多年，办事老成，承旨书谕，综理部旗事务，从无错误，即偶有小愆亦系寻常事件，著加恩赏戴双眼花翎，并赏用紫缰。明亮前在军营著有劳绩，旧用紫缰著加恩仍行赏还。章煦已擢用大学士，著加恩晋加太子太保。"[②] 以下为详细的处分开复：

托津：任内旧有处分，除复带京察一等人员率行保送罚俸三个月一案不予宽免外，其余罚俸三案俱著加恩开复。

戴均元：任内旧有处分，除纂辑明鉴体例未协革职留任，科场条例刊刻庙号错误革职留任，钱学彬截取知府未经详查降二级留任，秦锡畴捐复原官率行议准罚俸三个月四案不予宽免外。其余革职留任一案，降级留任一案，罚俸十二案，俱著加恩开复。

卢荫溥：任内旧有处分，除钱学彬截取知府率行保送，降二级留任一案不予宽免外，其余降级留任三案，俱著加恩开复。

和宁：任内旧有处分，除失察王士青等潜习邪教革职留任，不应补修叶尔羌城垣降二级留任，失察孙士俭干犯伦纪罚俸一年，失察奎敏等学习西洋教罚俸六个月，失察杨德坡散放符袋罚俸九个月，五案不予宽免外。其余革职留任二案，降级案留任三案，罚俸二十一案，俱著加恩开复。

英和：任内旧有处分，除失察司员等承审张锜刑伤后，送部未能到

---

① 中国第一历史档案馆编：《嘉庆朝上谕档》第23册，广西师范大学出版社2000年版，第454页。

② 中国第一历史档案馆编：《嘉庆朝上谕档》第24册，广西师范大学出版社2000年版，第1页。

部降二级留任，月折内抬写错误罚俸四年，办理官史错误罚俸六个月，失察南苑牧放驼马罚俸六个月，失察正阳门门领开放迟延罚俸一年，天坛内失察租开茶肆罚俸一年，失察东安门内劫案罚俸一年，失察宝泉局匠役滋事罚俸六个月，官史续编错讹罚俸一个月，实录内字画错误罚俸一个月，实录内恭录谕旨未经抬写罚俸一个月，又实录内字画错误罚俸一个月，失察巨盗江三等在京潜匿罚俸六个月，秦锡畴捐复原官率行议准罚俸三个月，失察石禄纠约太监等入会进香罚俸一年，失察伊兴都之女为尼罚俸六个月，十六案不予宽免外，其余罚俸二十九案，俱著加恩开复。

苏楞额：任内旧有处分，除带领噗咕喇贡使来京舛错革职留任，率请另修恭送玉牒道路罚俸一年，二案不予宽免外，其余降级留任一案，罚俸一案，俱著加恩开复。

和世泰：任内旧有处分，除月折内误写回避字样降四级留任，失察轿夫开局聚赌降一级留任，奏派查验金银器未将阿那保等列入降二级留任，教演舁辇旗尉未能娴熟降一级留任，特旨交办事件议奏迟缓降一级留任，带领噗咕喇贡使来京舛错罚公俸五年，六案不予宽免外，其余降级留任八案，罚俸六案，俱著加恩开复。

禧恩：任内旧有处分，除率请赏给随从官兵马干银两降二级留任，失察宗室那斯浑图等移居城外罚职任俸九个月，二案不予宽免外，其余降级留任一案著加恩开复。

那彦宝：任内旧有处分，除钱学彬截取知府率行保送降二级留任，失察富森布冒支赏银罚俸三个月，失察伊兴都之女为尼罚俸六个月，三案不予宽免外，其余降级留任一案，罚俸一案，俱著加恩开复。

常福：任内旧有处分，除月折内书写错误革职留任，滥保海福外任革职留任，文宁指斥同官不行参奏降一级留任，清夏斋工程渗漏降五级留任，率请赏给随从官兵马干银两降二级留任，五案不予宽免外，其余革职留任二案，降级留任六案，罚俸十四案，俱著加恩开复。①

---

① 中国第一历史档案馆编:《嘉庆朝上谕档》第24册，广西师范大学出版社2000年版，第1—2页。

以上开复者，托津 3 案，戴均元留任 2 案和罚俸 12 案，卢荫溥降留 3 案，和宁留任 5 案和罚俸 21 案，英和罚俸 29 案，苏楞额降留 1 案和罚俸 1 案，和世泰降留 8 案和罚俸 6 案，禧恩降留 1 案，那彦宝降留 1 案和罚俸 1 案，常福留任 8 案和罚俸 14 案。其中英和开复的最多，20 案以上的还有和宁。

2. 开复京外一品文职大员处分

嘉庆二十四年（1819）九月二十四日，再次颁谕开复："朕本年六旬万寿，渥沛恩施覃敷中外，曾于元旦降旨先将左右近臣分别宽免处分。因思内外一二品文武大臣，其任内均有身罹降革留任处分未经开复，并有优加旌异后缘事黜退及未复原品顶戴者，特交军机大臣查明具奏。兹据将京外文职一品各大员先行开单呈览，朕详加披阅。其处分多寡不齐，自应量为区别。"① 吏部请旨："开复文职武职一二品大员处分二条俱蒙朱笔圈出。臣等查照十四年成案分缮清单，除本年正月曾经开单进呈蒙恩开复各员外。谨将文职一品各员处分清单，并十四年谕旨缮录恭呈御览。查上届各员处分在五案以内者开复一案，十案以内开复二案，以次递加。此次应否照上届办理，伏候训示。"② 嘉庆皇帝依惯例，开复各大员处分：

大学士明亮：著开复御门误班降五级留任一案。

大学士曹振镛：著开复管理三库失察冒领物料降一级留任，承修栅栏朽坏降一级留任共二案。

大学士章煦：著开复滥保笔帖式降一级留任一案。

协办大学士总督伯麟：著开复参革知府应追分赔银两登覆迟延降一级留任一案。

尚书景安：著开复失察盗犯降一级留任，失察李孙等传教降一级留任，失察凤台县民人入教降一级留任，失察阳城县民人入教降一级留任共四案，伊曾赏加太子少保衔，后缘事革去，兹著加恩仍赏加太子少保衔。

尚书崇禄：著开复将枷杖人犯错拟流罪降一级留任，题覆本内字句

① 中国第一历史档案馆编：《嘉庆朝上谕档》第 24 册，广西师范大学出版社 2000 年版，第 469 页。

② 中国第一历史档案馆编：《嘉庆朝上谕档》第 24 册，广西师范大学出版社 2000 年版，第 470 页。

不行酌换降一级留任共二案。

尚书戴联奎：著开复失察书吏配签弊混降一级留任一案。

尚书韩封：著开复失察周宁远侵亏仓库降一级留任，所属采买滇铜成色不足降一级留任，失察县令擅用非刑降一级留任，失察书吏印用字轴降一级留任共四案。

尚书茹棻：著开复具奏指挥衙署被贼失实降一级留任一案。

尚书吴璥：著开复失察司员裁稿舞弊降一级留任一案。

左都御史刘镮之：著开复查办编修俸次误会例意降一级留任，错拟王二等罪名降一级留任共二案。

总督方受畴：著开复失察传习大乘教降一级留任，失察滦州匪徒传教降一级留任，三河等县上忙钱粮征解迟逾并不指参降一级留任共三案。

总督孙玉庭：著开复查办恩赦迟延降一级留任，失察书役犯赃降一级留任，失察银匠侵用钱粮降一级留任，奏事擅用驿递降一级留任共四案。

总督董教增：著开复十四年秋审失出降一级留任，武职借支养廉造报迟延降一级留任共二案。

总督阮元：著开复秋审失出降一级留任，失察临桂县六塘墟盗案降一级留任共二案。

总督庆保：著开复十七年秋审失出降一级留任一案。

总督长龄：著开复前在乌里雅苏台参赞大臣任内收受馈送马匹降二级留任一案。

总督蒋攸铦：著开复失察陈老么纠众滋事降一级留任，州判蔡湘交代逾限不行揭参降一级留任共二案。

漕运总督成宁：著开复自认读祝错误降一级留任，新正筵宴带乐过早降二级留任共二案。[①]

此次开复一品大员共有 19 位，开复的处分主要是降一级留任和降二级留任，

---

①　中国第一历史档案馆编：《嘉庆朝上谕档》第 24 册，广西师范大学出版社 2000 年版，第469—470 页。

开复处分最多有4案，为尚书景安、尚书韩崶和总督孙玉庭。

3. 开复京外二品文职大员处分

侍郎顾德庆：著开复失察书吏冒领银两降一级留任，保举不谙文理司员降二级留任二案。

侍郎常英：著开复应行扣除之年老举人未经查扣降一级留任一案。

侍郎廉善、帅承瀛、文孚、王鼎：著各开复查办吉林官犯开单错误降二级留任一案。

侍郎陆以庄：著开复民妇呈递封章率行入奏降二级留任一案。

仓场侍郎那彦成：著开复二次秋审失出各降一级留任共二案。

理藩院侍郎博启图：著开复该管官兵中箭人少降二级留任一案。

盛京侍郎明兴阿：著开复失察巡城御史舞弊不自请处分降二级留任一案。

盛京侍郎瑞麟：著开复豁除银米造册迟延降一级留任一案。

内阁学士阿隆阿：著开复该管官兵中箭人少降二级留任一案。

内务府大臣阿克当阿：著开复率准噶呃国夷船赴关卸货降一级留任一案。

河道总督黎世序：著开复失察命案详报迟延降一级留任一案。

巡抚陈桂生：著开复失察凤台县民人入教降一级留任，失察阳城县民人入教降一级留任共二案。

巡抚姚祖同：著开复州县征解迟延并不指参降一级留任一案。

巡抚成格：著开复该管护军无人中箭降一级留任一案。

巡抚陈若霖：著开复失察属县私给庆惠等家人饭钱降三级留任一案。

巡抚钱臻：著开复前二次秋审失出各降一级留任共二案。

巡抚张映汉：著开复秋审失出降一级留任遗漏减等降一级留任共二案。[1]

开复二品大员20位，开复处分为降留处分，基本是在一到二案之间。相比

---

① 中国第一历史档案馆编：《嘉庆朝上谕档》第24册，广西师范大学出版社2000年版，第491页。

一品官员处分减少，故开复也减少。

从两次庆典对大员处分开复来看，官品不同，开复的处分多少还是有一定区别。左右近臣枢臣开复很多，也并不是完全按照每五案开复一案来实行。皇权对大员处分的开复在一定程度上会调节缓解官员的处分多量，但并不能彻底消除所有处分。这种彻底的消除只能是于官员去世以后，且只是针对部分无大过误且嘉庆皇帝信赖的大臣所为。

二、三品以上大员去世处分的径行开复

去世后大员处分能开复，是一种最终对处分较多官员的释然。可见，大部分官员去世后，处分多的问题一般也得不到解决。

表 10—3　去世后开复任内降革罚俸处分的大员

年份	大员	朝廷评价
元年	大学士闽浙总督贝子晋赠郡王衔福康安卒	谥文襄建专祠曰奖忠
二年	一等诚谋英勇公大学士公晋赠太保双眼花翎阿桂溘逝	老成练达更事多年
四年	户部尚书沈初溘逝	襄办部务供职勤慎
四年	户部尚书曹文埴溘逝	南书房行走有年
四年	左都御史胡高望溘逝	久值尚书房又在南书房行走
五年	大学士晋赠太傅蔡新溘逝	人品端正学问深醇
五年	礼部尚书晋赠太子太保德明溘逝	熟谙典礼小心勤慎
五年	直隶总督胡季堂溘逝	老成端谨办事实心扬历中外数十年加恩晋赠太子太傅
六年	户部尚书军机处行走傅森溘逝	谨慎小心黾勉供职
六年	御前大臣户部尚书布彦达赉溘逝	持躬敬慎奉职恪勤安静而能有为精明而不多事谥恭勤
六年	协办大学士吏部尚书湖广总督加赠太子太傅书麟溘逝	老成练达体国公忠扬历有年义著劳绩
八年	侍郎加赠太子少保衔岳起溘逝	操守清洁
九年	晋赠太子太保刘墉溘逝	克承家世清介持躬入祀贤良祠
十年	大学士赠太子太师王杰溘逝	忠清直劲老成端谨祀贤良祠谥文端
十年	原任礼部尚书琳宁溘逝	服官有年勤慎供职
十年	协办大学士礼部尚书晋赐宫衔纪昀溘逝	学问渊通

续表

年份	大员	朝廷评价
十年	额勒登保薨逝	
十一年	总管内务府大臣明德薨逝	循分供职
十一年	侍郎恩普薨逝	办事诚实
十三年	伊犁将军大学士公保宁薨逝	老成端谨练达有为
十四年	两广总督戴双眼花翎赠为内大臣永保薨逝	才猷干练资性明敏
十四年	闽浙总督阿林保薨逝	才猷练达
十六年	工部尚书大学士费淳薨逝	持躬醇谨办事老成中外宣猷勤劳匪懈
十六年	大学士长麟薨逝	曾历戎行协赞纶扉明白晓事
十六年	臬司傅鼐薨逝	绥抚得宜惟当以傅鼐为法所有傅鼐旧定章程自皆妥协
十七年	安徽巡抚钱楷薨逝	供职勤慎
十七年	刑部尚书金光悌薨逝	娴习法律办事认真
十八年	提督将军巴图鲁丰绅薨逝	操守清廉
十八年	赞礼郎赏加都统扎郎阿薨逝	娴习礼仪
十九年	漕运总督晋赠太子少保加尚书衔桂芳薨逝	办事明白细心人亦直爽良才难得谥文敏
二十一	礼部尚书加赠太子少保衔马慧裕薨逝	著有廉名
二十一	协办大学士两江总督赏三等男爵开复官衔百龄薨逝	简任封疆历有年所办事认真不辞劳瘁
二十二	四川总督花翎勇号追赠太子少保常明薨逝	抚绥宁辑
二十二	军机大臣御前大臣赏加都统衔福长安逝	办事原不过随班进退曾身获重咎无庸给予恤典
二十三	大学士刘权之薨逝	通籍词垣历升卿贰
二十三	吏部侍郎晋赠都统熙昌薨逝	心地明白办事认真
二十四	山东巡抚赏加总督衔和舜武薨逝	实心整顿
二十四	晋赠一等侯尚书大学士勒保薨逝	著有劳绩著即予谥

资料来源：嘉庆朝上谕档、起居注与实录（朱珪、戴衢亨除外）。

　　表10—3显示了嘉庆时期享有逝世后开复全部处分资格的官员，共有40位（加朱珪和戴衢亨）。这40位官员的身份地位非同一般，有协办大学士、大学士、军机大臣、加宫保衔的、各部的尚书和侍郎、地方总督巡抚和臬司、都察院的都御史、内务府总管大臣，武职中的提镇、都统、将军，还有级别高的赞礼郎。40位官员基本上属于三品以上朝廷大员和重臣。

　　清代对大臣优礼有加，去世后有赐奠，"国家宠待臣僚，遇有勋绩昭著者，饰终之典，有上亲临赐奠者，亦有特遣皇子、大臣代赐者，代不乏人。"[1] 对于"王公大臣之丧，派员带侍卫前往赐醊，已为殊礼。若圣驾亲临赐奠，则惟尊属，或师傅及有大勋劳于国者。"[2] 还有赐它罗经被的，"本朝王大臣有薨没者，上特赐它罗经被。被以白绫为之，刊金字番经于其上，时得赐者以为宠幸。"[3] 以上表中虽未列，但有部分大员享有此礼遇。

40 位中有两位大员朱珪和戴衢亨规格更高，嘉庆皇帝更为器重，礼遇尽享。嘉庆十一年（1806），大学士晋赠太傅朱珪溘逝，嘉庆皇帝亲临赐奠，并准其入祀贤良祠，赏内库银 2500 两。评价朱珪"有守有为，贤声益懋，家庭惇睦，动循矩法，端人正士"。嘉庆皇帝还命"内务府备办饭桌，派二阿哥前往代朕赐奠。俟殡送时派庆郡王永璘前往祖奠目送"。并赐谥号，"朱珪立朝五十余年，外而扬历督抚，内而洊直纶扉，身跻崇要，从未稍蹈愆尤，绝无瑕玷。靖恭正直，历久不渝，犹忆伊官翰林时，皇考特简为朕师傅。尔时朕于经书已皆竟业，而史鉴事迹均资讲贯。其所陈说无非唐虞三代之言，不特非法弗道，即稍涉时趋之论，亦从不出诸口，启沃良多，揆诸谥法，实足以当正字而无愧。著即赐谥文正。"[4]

嘉庆十六年（1811），大学士军机大臣晋赠太子太师戴衢亨溘逝，亦入祀贤良祠，嘉庆皇帝亲临其园寓赐奠，赏银 1500 两。评价戴衢亨，"持躬正直，学识淹通，体用兼优，忠勤懋著，心地坦白，办事认真。屡经晋赐宫衔"，"于一切用人行政，知无不言，言无不尽"，"从无因事谴谪，实为国家得力大臣。"[5]《清史稿》曰："仁宗综核名实，枢臣中戴衢亨最被信用"，衢亨亦"竭诚赞襄，时号贤相，晚遭弹劾，而眷注不移"。[6] 表中虽然只反映部分大员，但依然反映出因功劳与政绩，朝廷给予这些大员开复全部处分，

① （清）昭梿：《啸亭续录》卷一《赐奠》，载《清代史料笔记丛刊》，中华书局 2006 年版，第 384 页。

② （清）吴振棫：《养吉斋丛录》卷二十四，载《清代史料笔记丛刊》，中华书局 2005 年版，第 320 页。

③ （清）昭梿：《啸亭续录》卷一《赐它罗经被》，载《清代史料笔记丛刊》，中华书局 2006 年版，第 384 页。

④ 《清仁宗实录》第 3 册，中华书局 1986 年版，第 242 页。

⑤ 中国第一历史档案馆编：《嘉庆帝起居注》第 16 册，广西师范大学出版社 2006 年版，第 176 页。

⑥ 《清史稿》第 37 册，中华书局 1977 年版，第 11108—11109 页。

这也是对他们的认可。除大典和去世开复之外，大员平时因政绩也会由嘉庆开复其诸多处分。

三、嘉庆皇帝以各种政绩开复大员处分

（一）平定白莲教开复三品以上文职大员处分

卜健指出，"转眼到了嘉庆八年，缠斗多年川陕的教乱基本平息，广东的天地会也被镇压下去，颙琰顿觉压力减轻。"[1] 嘉庆七年（1802）十二月，嘉庆皇帝高兴之余颁布上谕："现在大功告成，昨已明降谕旨普需恩施。因念京外文武大员同殷盼捷，亦宜酌量加恩，著吏部兵部将文职三品以上武职二品以上，从前所得降革留任处分详悉查明摘叙案由开单具奏。"[2] 随后嘉庆皇帝根据处分清单，开复三品以上大员处分。

嘉庆八年（1803）二月二十一日，内阁奉上谕：

本日吏部将文职三品以上大员从前所得降革处分摘叙案由开单具奏，经朕一一详核，将圈出各案准予开复。所有协办大学士尚书琳宁降级留任四案，朱珪降级留任二案。尚书刘权之降级留任一案，丰伸济伦革职留任一案，德瑛降级留任一案，缊布降级留任一案。左都御史恭阿拉革职留任一案。侍郎英和降级留任一案，平恕降级留任一案，额勒布降级留任一案，姜晟降级留任二案革职注册一案，苏楞额降级留任一案，明德降级留任一案。副都御史万宁降级留任一案革职留任一案。盛京侍郎花尚阿降级留任一案。总督费淳降级留任六案，玉德降级留任四案革职留任一案，勒保革职留任二案，倭什布降级留任二案革职留任一案，琅玕降级留任一案降调回京请旨一案，吴璸革职留任一案。巡抚岳起降级留任一案，铁保降级留任一案，伯麟降级留任一案，马慧裕降级留任二案，祖之望降级留任一案，阮元降级留任一案，秦承恩革职留任二案，全保革职留任一案，瑚图礼降级留任一案，福庆革职留任一案，永保降级留任二案降调回京请旨一案。布政使瞻柱降级留任一案，张师

---

① 卜健：《国之大臣：王鼎与嘉道两朝政治》，陕西人民出版社2015年版，第56页。

② 中国第一历史档案馆档案：朱批奏折《永保奏为奉旨降调处分三案加恩开复谢恩事》，档号：04-01-12-0264-059。

诚降级留任一案，同兴降级留任一案，恩长降调回京请旨一案，公峨降级留任一案。按察使庆章降级留任一案，乔人杰革职留任一案，邱庭灘革职留任一案，杨长桂革职留任一案，俱著加恩开复。其未经圈出各案，仍著该部照例注册。①

此份上谕开复大员共有41位，包括大学士、六部尚书、左都御史、侍郎、总督、巡抚、布政使、按察使等。每位大员开复处分数量不等，从1案到6案。开复的处分主要是革职留任和降级留任，没有罚俸处分。嘉庆八年（1803），陆续有臣僚上折谢恩。云南巡抚永保奏谢开复贵州巡抚及清河道并直隶布政使各任内降调处分三案；贵州巡抚福庆奏谢开复奉旨革职留任一案；闽浙总督玉德奏谢开复降级留任四案革职留任一案；两江总督费淳奏谢开复降级留任六案。可见，处分在大员间具有普遍性。

（二）修书有功开复大员处分

1.纂修高宗实录开复大员处分

嘉庆十六年（1811），因实录完成，嘉庆皇帝颁布谕旨："此次恭纂皇考高宗纯皇帝圣训实录，共有一千八百卷。不但照乾隆年间纂书数目多至数倍，即较之雍正年间纂书之数亦倍为繁多。自嘉庆四年开馆以来，至十二年始能告成，馆臣等尽心编辑，懋著勤劳。际兹盛典庆成，若不酬以恩施，朕心实觉未惬。"命吏部将曾具折辞免议叙的监修总裁庆桂、董诰、德瑛、曹振镛、文宁、玉麟、刘凤诰、英和8人，"查明任内有无革职降级留任未经开复，及曾经罚俸尚未扣满各处分"②，详细开注清单呈览。后奉旨，"所有庆桂任内因失察书吏升选舞弊革职留任一案，董诰任内呈递本章日期违例降五级留任一案，德瑛任内因恭进会典抬头处缮写错误革职留任一案，均著准其开复。曹振镛任内并无处分著加恩赏加太子少保衔。文宁任内亦无降革处分著赏给加一级。玉麟任内因提调等办事朦混未经查参降一级留任处分著准其开复。刘凤诰纂办稿本敬恭蔵事，伊任内有修书错误降一级留任处分著准其开复，仍加恩赏加太子少保衔。英和任内因失察领催冒领赏银降一级留任

---

① 中国第一历史档案馆编：《嘉庆朝上谕档》第8册，广西师范大学出版社2000年版，第56—57页。

② 《清仁宗实录》第3册，中华书局1986年版，第315页。

处分著准其开复。"① 这是又一拨官员处分的开复。

2. 因修书开复英和处分

嘉庆二十三年（1818），续纂《秘殿珠林》和《石渠宝笈》完成后，英和因缮录陈设本 10 套 1120 册并装潢进呈，办理颇为精审。嘉庆皇帝加恩开复其处分，这是英和仅因修书获皇帝赞赏，开复 28 案罚俸处分和 2 案留任处分，此次开复幅度非常大。

> 将伊任内误将平庆拟陪主事降一级留任，不将福勒洪阿移交之案奏明办理降二级留任共二案。又失察户部失火罚俸六个月，呈进绿头牌错误罚俸三个月，入班迟延罚俸六个月，遗漏蕴端、多尔济原折罚俸三个月，失察笔帖式文册加增年岁罚俸六个月，不查参属员请安抵剩罚俸两个月，失察马甲违例典地罚俸六个月，失察马甲偷窃仓米罚俸三个月，失察斛斗参差罚俸三个月，马林母女被杀四次限满凶犯未获各罚俸六个月，题本错字罚俸一个月，昭忠祠列传脱误罚俸一个月，工部内务府同日呈递月折罚俸六个月，承写谕旨错误罚俸一个月，热河堆拨兵丁旷班罚俸三个月，笔帖式噶尔杭阿踢伤家奴不奏请革职罚俸三个月，未备托床罚俸三个月，失察拉麻里私放鸟枪罚俸三个月，枷号马甲逃走罚俸三个月，失察闲散隆喜自残罚俸六个月，失察于德林在禁城投井罚俸一年，佐领踢毙家人罚俸三个月，太监逃走五日未获罚俸三个月，拿获逃走太监具奏迟延罚俸三个月，通义门书写错误罚俸三个月。共二十八案均予开复。②

（三）督捕教匪贼匪开复大员处分

1. 开复一品大员那彦成处分

嘉庆二十年（1815）十二月，那彦成查拿石佛口世习邪教王姓一案办理认真，由军机处开具其处分清单具奏，奉旨开复"五案降级留任处分"。"淮安纤道陡蛰降二级留任，南河工程未能认真查办降四级留任，违例奏升知县降二级留任，秋审失入降二级留任，免罪绞犯未经释放不行查参降一

---

① 中国第一历史档案馆编：《嘉庆帝起居注》第 12 册，广西师范大学出版社 2006 年版，第 137 页。

② 中国第一历史档案馆编：《嘉庆朝上谕档》第 23 册，广西师范大学出版社 2000 年版，第 9—10 页。

级留任。"① 嘉庆二十一年（1816）二月，因那彦成拿获罪犯刘玉潆，督缉认真，开复其"三案降留处分"。"所有伊任内奏事时不将缉捕情形声叙降三级留任，迟孙氏控案并未亲提审讯又不附奏缉匪情形并案降三级留任，回子伯克过境未派道府大员护送降二级留任。"② 短短三个月内，那彦成降留处分开复八案。

2. 开复英和处分

嘉庆二十二年（1817），因英和督缉认真拿获各案邪教匪犯多名，吏部奉旨查明英和处分，嘉庆皇帝降旨，"除二十年以后未满年限降级留任二案及罚俸各案外，其十九年以前革职留任三案，降级留任十七案，处分俱著加恩开复。"③ 这是开复十九年以前的 20 案留任处分，不再是罚俸处分。

3. 开复那彦宝处分

嘉庆二十三年（1818），那彦宝因拿获诈差勒索人犯，嘉庆皇帝降旨："除因阿兰保差竣不即覆命在营房住宿未经参奏降三级留任，及违例保送钱学彬截取知府降二级留任二案情节较重，不准开复外。其余降留罚俸各案均著加恩开复。"④ 皇权调节下，一方面将官员降调处分"每多加恩改为留任"。另一方面，嘉庆皇帝往往以大员办事认真，开复其部分处分。

（四）东岳庙工程稽核认真开复苏楞额处分

嘉庆二十三年（1818），工部续估东岳庙工程注册不符，工部尚书苏楞额发现工部书吏易成章等浮开舞弊，浮冒至4900余两。⑤ 嘉庆皇帝认为，"此案实由苏楞额稽核认真任劳任怨实心出力，得以查出弊端，甚属可嘉。著交吏部将苏楞额任内所得处分查明开单具奏，候朕酌量开复"⑥ 以示奖励。其

---

① 中国第一历史档案馆编：《嘉庆朝上谕档》第 20 册，广西师范大学出版社 2000 年版，第 693 页。

② 中国第一历史档案馆编：《嘉庆朝上谕档》第 21 册，广西师范大学出版社 2000 年版，第 62 页。

③ 中国第一历史档案馆编：《嘉庆朝上谕档》第 22 册，广西师范大学出版社 2000 年版，第 355—356 页。

④ 中国第一历史档案馆编：《嘉庆朝上谕档》第 23 册，广西师范大学出版社 2000 年版，第 356 页。

⑤ 中国第一历史档案馆编：《嘉庆帝起居注》第 20 册，广西师范大学出版社 2006 年版，第 189 页。

⑥ 中国第一历史档案馆编：《嘉庆帝起居注》第 20 册，广西师范大学出版社 2006 年版，第 250 页。

中"内喋咶唎国贡使到津苏楞额并不遵旨妥办遽行带领来京革职留任一案，办理舛谬其咎甚重。又滥保御史伊绵泰降二级留任一案，系属保举不慎。又本年正月筵宴尚茶赐茶迟延罚俸六个月一案。礼仪错误又恭送玉牒率请另修道路罚俸一年一案，办理错谬。以上四案俱不准其开复，其余革职留任二案，降级留任八案，罚俸二十二案，俱著加恩开复"①。苏楞额此次开复之案不在少数，留任 10 案和罚俸 22 案。

（五）河工等开复温承惠张映汉等处分

嘉庆十三年（1808），嘉庆皇帝外出巡视河堤各工，见从赵北口乘舟至秦堡庄，沿途千里长堤增筑整齐巩固；且经由各地交通俱各修治平整，派出办差官员及兵丁整齐严肃，百姓夹道欢迎。嘉庆皇帝内心高兴之余，褒扬直隶总督温承惠"经理实为妥协"，"加恩赏穿黄马褂，伊任内有降二级留任处分二案，除失察偷砍东陵树木一案仍应注册外，其河南熊之书控案内所得处分著加恩开复。"②

嘉庆二十年（1815），温承惠因督办永定河北漫口合龙迅速，获嘉庆皇帝认可予以开复处分。吏部上呈温承惠各案处分清单：

> 十四年秋审失入部议革任奉旨免其革任仍注册一案，苏立全误控黄四、冯汤等命案部议革任奉旨改为革职留任一案，平泉州知州麟昌、推升员外郎奏请留任部议革职奉旨改为革职留任一案，十五年秋审失入部议革任奉旨改为革职留任一案，涿州、房山等州县赈济延玩部议革职留任八年无过方准开复奉旨改为四年无过照例开复一案，办理孙维俭案被属员朦蔽部议革职奉旨改为革职留任八年无过方准开复一案，新营募兵办理不善部议降一级留任奉旨改为降二级留任一案，涿州知州徐用书亏空办理延不完结部议革任奉旨改为革职留任一案，羊贩拒捕部议革任奉旨改为降三级留任一案，盗劫引见官员部议降一级留任一案，贼匪擅入禁城平日漫无查察部议革职奉旨改为革职留任一案，十九年秋审原拟失

---

① 中国第一历史档案馆编：《嘉庆朝上谕档》第 23 册，广西师范大学出版社 2000 年版，第 308—309 页。

② 中国第一历史档案馆编：《嘉庆帝起居注》第 13 册，广西师范大学出版社 2006 年版，第 121 页。

入部议革职奉旨改为革职留任一案。[①]

嘉庆皇帝降旨温承惠"历任内未经开复处分甚多，著加恩将十四年、十五年二次秋审失入，苏立全误控黄四、冯汤等命案，保留平泉州知州麟昌，涿州、房山赈济延玩，共革职留任处分五案俱行开复。"[②] 此外，还有 7 案未开复。

嘉庆十六年（1811），皇帝巡幸五台，兼署湖广总督湖北巡抚张映汉奉旨罚俸各案俱准开复。"藩司张映汉虽到任未久，一切事件皆系该藩司接办，知府讷福亦有专办工程。该二员著查明，如有前项处分，除开复外仍交部议叙。如无处分著交部量予优叙。"[③] 当时经查张映汉有罚俸 62 案无降留处分。奉旨："张映汉罚俸各案俱准其开复，仍著加一级。"[④] 仅此一次，张映汉多年累积的 62 案罚俸处分均予开复。

四、嘉庆皇帝外出巡视巡幸开复官员处分

除大员开复非常显著外，嘉庆皇帝也将一般官员的处分因种种巡视、巡幸予以开复。或是针对所有官员，或是针对在京官员，或是针对沿途所经地方官员，或是针对所到之处官员，或是办差官员，或是随扈大臣。这类开复比例也较大。

（一）因庆典开复官员处分

其实早在嘉庆元年（1796），许多普通官员也得恩开复。"内外文职自四品以下，武职自三品以下，降革留任及住俸罚俸处分准其开复。"[⑤] 此后，嘉庆十五年（1810）正月初一日，内阁奉旨："是日酉刻立春，瑞应恰在春前，昊苍眷佑，仍为朕五旬庆节元正。……所有在京文武大小百

①　中国第一历史档案馆编：《嘉庆朝上谕档》第 20 册，广西师范大学出版社 2000 年版，第 505—506 页。

②　中国第一历史档案馆编：《嘉庆朝上谕档》第 20 册，广西师范大学出版社 2000 年版，第 505 页。

③　中国第一历史档案馆编：《嘉庆帝起居注》第 16 册，广西师范大学出版社 2006 年版，第 139 页。

④　中国第一历史档案馆档案：朱批奏折《张映汉奏为奉旨罚俸各案俱准开复仍著加一级恩事》，档号：04-01-12-0293-117。

⑤　《清仁宗实录》第 1 册，中华书局 1986 年版，第 72 页。

官，如任内无降革留任处分者，俱著加恩各纪录二次。其有革职留任处分数次者著宽免一次，革职留任一次者著改为降四级留任，降级留任有降数级者著开复一级，仅降一级者即予开复。"[1] 嘉庆十五年（1810），再颁恩诏，"上年朕五旬万寿于正元特颁恩诏。……昨冬各省普沾雪泽，京师自腊月以后瑞雪频番，……昊苍眷佑，仍为朕五旬庆节元正，笃祐延祺，有加无已。……所有在京文武大小百官，……其有革职留任处分数次者著宽免一次，革职留任一次者著改为降四级留任，降革留任有降数级者著开复一级，仅降一级者即予开复。"[2] 大批普通官员的处分得以开复或得加级。

（二）两次东巡开复官员处分

赵云田据《清仁宗实录》统计得，"嘉庆帝在位25年。他48次巡幸京畿地区，包括11次去西陵，8次去裕陵，16次去东陵，2次去明陵，10次去南苑，1次去盘山，1次去天津。此外，还19次北狩，2次东去盛京，1次西去五台山。"[3] 基本每次外出皆颁布恩诏开复相关官员处分，尤以两次东巡为盛。

1. 嘉庆十年东巡开复官员处分

嘉庆十年（1805）九月，嘉庆皇帝率领宗室及近臣开始对关外三陵新宾永陵、盛京福陵和昭陵东巡。此次东巡学界研究颇多，关文发认为，"嘉庆嗣位后，虽未做南巡之举，但东巡却有过两次。第一次是在嘉庆十年七月至九月，那是在镇压了白莲教起义之后进行的，明显地具有'告慰'列祖的性质。嘉庆抵达盛京和兴京后，先后恭谒了永陵、福陵和昭陵。"[4] 王佩环持论，"嘉庆上台后，起义的烽火越燃越烈，其中规模最大，历时最长的为川楚陕白莲教大起义，也是嘉庆在镇压白莲教起义后东巡祭祖的一个因由。"[5] 此皆反映了这次东巡的背景。据王佩环研究统计，嘉庆皇帝于十年七月二十一日自京起程，由山海关一带前往盛京谒陵，礼成后于九月

---

① 中国第一历史档案馆编：《嘉庆帝起居注》第15册，广西师范大学出版社2006年版，第1页。
② 中国第一历史档案馆编：《嘉庆朝上谕档》第15册，广西师范大学出版社2000年版，第1页。
③ 赵云田：《略论清代的巡幸制度》，载《明清论丛》第13辑，故宫出版社2014年版，第133页。
④ 关文发：《嘉庆帝》，吉林文史出版社1993年版，第526页。
⑤ 王佩环：《清帝东巡》，沈阳出版社2004年版，第192页。

二十四返京，计有 65 天，驻跸地有 33 处。经历省份有河北、天津、辽宁和北京。

在此期间颁布数道恩诏。仁宗实录记载："上御崇正殿颁诏：随从王等纪录三次，大臣官员及奉天文武大臣官员俱加一级。"[1]杨钟义的《嘉庆东巡纪事》记载当年八月二十五日，诏内随从王等纪录三次，大臣官员及奉天文武大臣官员俱加一级。八月二十六日颁上谕 11 道，其中有：满汉文武官员所得各项处分悉予宽免；随从王大臣官员准其以所加一级抵降一级。[2] 又颁诏，"朕巡幸盛京，满汉文武官员俱各效力当差，著加恩将盛京所属各城旗员、地方官员，查明有承追钱粮未完，承缉不力及因公错误失察，所得罚俸住俸停升降级留任各处分悉予开复。"[3]

2. 嘉庆二十三年东巡开复官员处分

第二次东巡是在嘉庆二十三年，计有 73 天，驻跸地有 32 处，经历省份同样是以上 4 省市。如关文发所言："也就是距第一次东巡又十三年了。"[4]此次东巡亦有其背景。"天理教原本是白莲教的一支，嘉庆十八年九月十五日，在天理教主要首领林清等的组织下，攻打北京，冲入东华门，在众寡悬殊的情况下失败了。……这是'扰及宫禁'，'骇人听闻。'"[5] 当天理教农民大起义及其余党彻底被镇压后，二十二年嘉庆又拟东巡盛京谒陵，虽遭大学士松筠上奏阻止，二十三年七月嘉庆皇帝依然成行。

《清仁宗实录》记载"拟于明秋再举躬谒三陵大典，用展孝思"[6]。"特涓吉于明年七月二十二日自京启銮，前往盛京恭谒三陵。"[7] 在恭谒前后，颁恩诏开复官员处分。"朕此次再莅陪都，恭谒永陵大飨礼成。所有守卫官员……如有因公罚俸住俸停升降级留任处分悉予开复。"[8]"恭谒福陵、昭陵，所有

① 《清仁宗实录》第 2 册，中华书局 1986 年版，第 1043 页。

② 转引自王佩环：《清帝东巡》，沈阳出版社 2004 年版，第 663 页。

③ 《清仁宗实录》第 2 册，中华书局 1986 年版，第 1047 页。

④ 关文发：《嘉庆帝》，吉林文史出版社 1993 年版，第 528 页。

⑤ 王佩环：《清帝东巡》，沈阳出版社 2004 年版，第 193 页。

⑥ 《清仁宗实录》第 5 册，中华书局 1986 年版，第 361 页。

⑦ 《清仁宗实录》第 5 册，中华书局 1986 年版，第 420 页。

⑧ 中国第一历史档案馆编：《嘉庆帝起居注》第 20 册，广西师范大学出版社 2006 年版，第 312 页。

守卫官员，如有因公罚俸住俸停升降级留任处分悉以开复。"①开复诏令如出一辙。

（三）巡幸五台巡河开复官员处分

嘉庆十六年（1811），嘉庆皇帝祭拜五台山，白钢认为"其一是瞻礼朝佛，为民祈福；其二是绥抚外藩"②。此间连续颁布开复恩诏，"此次巡幸五台跸路所经，直隶省一应营盘道路承办各官经理尚为妥协，著加恩将直隶省办差文武各员，文职自知县以上，武职自千总以上，任内有降留罚俸住俸等项处分者俱准其开复，如无处分者给予纪录一次。"③"所有山西省庙宇行宫道路，承办各官经理尚为妥协，著加恩将派出办差各员，文职自知县以上，武职自千总以上，任内有降留罚俸住俸等项处分者俱准其开复，如无处分者给予纪录一次。"④此次恩惠遍及直隶和山西省部分官员。

嘉庆十三年（1808），嘉庆皇帝巡阅河堤各工颁布恩诏，"所有直隶此次办差文武各员，著查明如任内有降级罚俸住俸各处分，均著加恩一体开复。"⑤

综上可见，"君主要实现对官僚更有效的控制，就必须超越常规程序。……结果，行省和京城的高级官员是根据两套规则行事；在形式上，他们仍然受到行政处分则例的制约，君主可以据此将他们交吏部议处。然而，除此之外，他们又受到了君主的直接注意——他可以通过用繁琐礼仪包装起来的个人关系来激励他们，责备他们和恐吓他们。"⑥除了责备、恐吓，"向来大员因公降调处分，部议上时，朕多加恩改为降革留任，免其

---

① 中国第一历史档案馆编：《嘉庆朝上谕档》第23册，广西师范大学出版社2000年版，第378页。

② 白钢主编：《中国政治制度史》，天津人民出版社2016年版，第816页。

③ 中国第一历史档案馆编：《嘉庆帝起居注》第16册，广西师范大学出版社2006年版，第153页。

④ 中国第一历史档案馆编：《嘉庆帝起居注》第16册，广西师范大学出版社2006年版，第139页。

⑤ 中国第一历史档案馆编：《嘉庆帝起居注》第13册，广西师范大学出版社2006年版，第121页。

⑥ ［美］孔飞力：《叫魂：1768年中国妖术大恐慌》，上海三联书店1999年版，第275—276页。

降调。"① 此外还有不断地恩典。"大员等身涉吏议应行罢黜，经朕改为革职留任，实因一时人才难得不忍遽令废弃，本属格外恩施。如果奋勉办公，其开复自有一定年限，且亦有不至年限即加恩准其开复者。"② 这主要是针对大员的开复，中下级官员则需要通过其他的方式来缓解处分的奇多和普遍。

第三节　行捐复"抵消处分，亦捐纳施行之一因也"

嘉庆时期官员处分普遍和奇多是一个事实，必须予以疏通调节，上节所涉是调节方式之二：皇权的诸种加恩开复，尤其针对大员更为典型。本节所涉略是调节方式之三：行捐复，主要针对中下级有处分官员。嘉庆皇帝的此种处理方式，应和了"平衡""均衡"理论，给不同等级的官员提供了制外减免处分的不同路径。

本文的观点，如清朝官员崇实所论："在朝廷宽大为政不追既往，许其自新以观后效，原与随时参劾之例并行不悖。"③ 许大龄有所点及："抵消处分则例，亦捐纳施行之一因也。"④ 可见，在清代有处分可行捐复，捐复对官员处分的调节疏通意义在于"避重就轻，虚实结合，严格守护政治核心资源，确保官僚机器的高效运转是朝廷维护捐纳的重要原则。"⑤

一、有关捐纳之学界研究

对于捐纳的研究，史学界着手早成果丰富，形成了许多真知灼见，详见

---

① 《清仁宗实录》第4册，中华书局1986年版，第79页。

② 中国第一历史档案馆编：《嘉庆帝起居注》第10册，广西师范大学出版社2006年版，第515页。

③ 王树敏、王延熙辑：《皇朝道咸同光奏议》卷二十二《崇实〈开复人员不宜仍发原省疏〉》，载《近代中国史料丛刊》第34辑第331册，文海出版社1966年版，第1131页。

④ 许大龄：《清代捐纳制度》，载《明清史论集》，北京大学出版社2000年版，第82页。

⑤ 吴四伍：《清代捐纳与国家治理》，社会科学文献出版社2021年版，第330页。

注释部分。[1] 捐复为捐纳之一类，关于其研究亦有不少。

1. 针对捐复概念的研究

许大龄依据史料认为捐复乃"清代常例，凡官员降革离任留任、原资、原衔、原翎俱得捐复。其革职罪较重者，于赎免后，准纳银降等，罪轻者降级复还原职。满汉人员革职离任，有情愿捐复原衔者，亦准报捐，并准加捐至原级以上，惟不得补用"[2]。艾永明归纳为"捐复有狭义和广义两种。狭义的捐复是指被降革官员以纳钱的方式恢复原官，广义的捐复还包括改捐、降捐和捐复官衔"[3]。日本学者伍跃通过对比认为，"严格说来，'捐复'一词的广泛使用是在清代，意指受到降级等处分的官员按照政府的规定进行捐纳后可以取消或减轻原受的处分。"[4] 吴四伍持论，"一些受罚的官员可以在某种范围内通过资金的捐献等，重新获得官职，或者减轻处罚，这就是清代捐纳中的捐复制度。一般说来，捐复是一项允许官员为了自己的过错乃至犯罪付出一定的赎金，从而免除处罚的制度，这是清代政治权力运作中极为特殊的制度。"[5]

2. 针对捐纳、捐实官、捐复时间的研究

许大龄认为捐纳："行之二百余年，创于康熙，备于雍、乾，嘉、道因

---

① 对捐纳性质的研究。"由于许先生的努力，曾经被蔑视为'书办之学问'的捐纳终于成为学术研究的对象，并且由此开辟清代政治史研究的一个领域。"冯尔康：《清史研究与政治》，《史学月刊》2005 年第 3 期。"许先生是将捐纳定位为国家制度进行研究的第一人。"伍跃：《高山景行厚德载物——学习〈清代捐纳制度〉的一点体会》，载王天有、徐凯主编：《纪念许大龄教授诞辰八十五周年学术论文集》，北京大学出版社 2007 年版，第 552 页。捐纳"最为政治上之一大污点，尤为士大夫所羞道；而历代捐例所以不见于《会典》等官书以及其他记载者，即坐此也。"王锺翰：《清史补考》，辽宁大学出版社 2003 年版，第 141 页。"清代弊政，捐纳为最，然一代不改，《会典》中一字不提，盖讳言之。"邓之诚：《中华二千年史》卷五，东方出版社 2013 年版，第 97 页。"事实上，相当长的时间内，捐纳始终是清廷应对重大治理危机的重要融资渠道。"吴四伍：《清代捐纳与国家治理》，社会科学文献出版社 2021 年版，第 334 页。清朝"捐纳盛行于选官、任官、权利义务、行政奖励和行政处分、考绩、休致等文官制度的各个环节，可谓势不可遏，泛滥成灾。"艾永明：《清朝文官制度》，商务印书馆 2005 年版，第 397 页。"捐纳为我国历史上的捐粟纳官制度，作为一项解决或缓解财政拮据与匮乏的经济手段，它曾被一些统治者所倡导，但它却无法纳入传统政治的规范体制中。"刘凤云：《权力运行的轨迹：17—18 世纪中国的官僚政治》，党建读物出版社 2013 年版，第 64 页。

② 许大龄：《清代捐纳制度》，载《明清史论集》，北京大学出版社 2000 年版，第 82 页。

③ 艾永明：《清朝文官制度》，商务印书馆 2005 年版，第 197 页。

④ ［日］伍跃：《明代捐纳制度试探》，载《明清论丛》第 7 辑，紫禁城出版社 2006 年版，第 66 页。

⑤ 吴四伍：《清代捐纳与国家治理》，社会科学文献出版社 2021 年版，第 125 页。

袭之，咸、同以后遂加滥焉。"① 刘子扬持论同，"清代文官的捐纳，始自康熙十三年平定三藩之乱。"② 就捐纳起始时间有学者提出"顺治说"，"要之，顺治朝的捐纳限于援纳监生和吏役，以及现任官员的纪录、升级等，均不能直接捐取官位。"③ 刘凤云周密论证，"降及清初，亦有捐粟纳监之制，但仅属于捐虚衔和捐出身之例。康熙年间，因用兵平定三藩，遂开捐纳实官之例。"④ 在此大框架之下，众论佥同认为捐复不会出现于顺治朝，许大龄言"至捐复之行，早在康熙初年。……迨乾隆以后，并入常捐，捐途既广，则捐复一项，几等恒河沙数，人皆视作固然，不以为耻矣。"⑤

3. 针对捐复的评价性研究

不同学者指出捐复对官吏制度、考课制度、行政处分制度的影响。杨树藩认为捐复有损于官吏制度："此外，降革、留任、离任、原衔、原资、原翎，得捐复。……是知破坏官吏制度莫此为甚矣。"⑥ "伍跃认为捐复制度与考课制度存在很大的冲突。"⑦ 艾永明认为，"捐复，无疑对整肃官纪官法没有任何积极的作用。……清朝官员因故受到行政处分后，除少数为法律限制的以外，其他既可以用加级、记录抵销，又可以用钱纳销，这样，实际受处分者大为减少，行政处分和行政责任的严肃性遭到了极大的破坏。从一定程度上说，清朝统治者自己立法，又自我毁法。"⑧ 点明捐复会破坏处分制度。

4. 其他学者对捐复制度的阐述性研究

卜健直白指出当时官员"若非花钱捐复，仕宦之路几乎夭折"⑨。这也应该是官员捐复的最大动力所在。日本学者织田万在《清国行政法》⑩ 中，亦分析说明捐纳有诸多项目，如捐职官、捐花样、加纳、改捐、捐升、降捐、

① 许大龄：《清代捐纳制度》，载《明清史论集》，北京大学出版社 2000 年版，第 16 页。
② 刘子扬：《清代地方官制考》，故宫出版社 2014 年版，第 29 页。
③ 陈锋：《清代军费研究》，武汉大学出版社 2013 年版，第 327 页。
④ 刘凤云：《权力运行的轨迹：17—18 世纪中国的官僚政治》，党建读物出版社 2013 年版，第 64 页。
⑤ 许大龄：《清代捐纳制度》，载《明清史论集》，北京大学出版社 2000 年版，第 82 页。
⑥ 杨树藩：《中国文官制度史》（下），黎明文化事业公司 1982 年版，第 484 页。
⑦ 吴四伍：《清代捐纳与国家治理》，社会科学文献出版社 2021 年版，第 127 页。
⑧ 艾永明：《清朝文官制度》，商务印书馆 2005 年版，第 204—205 页。
⑨ 卜健：《国之大臣：王鼎与嘉道两朝政治》，陕西人民出版社 2015 年版，第 184 页。
⑩ ［日］织田万：《清国行政法》，中国政法大学出版社 2003 年版。

捐离任、捐免、捐加级纪录、捐复、捐分发以及捐分发指省、捐职衔和捐封典，其中之一就是捐复。刘子扬提及行捐纳之因："初，为河工、拯荒、军需等项，暂开捐例，期满或事竣乃止。自清中叶以后，捐纳已滥，既可'捐途'，文职自小京官以至郎中，未入流以至道员，均可以出钱而得官；还可捐贡、监生，捐封典，捐职衔等等。……此外，职官受处分，可以捐降革留任、离任，可捐复原衔、原资、原翎，纳捐坐补原缺。"① 郭松义亦在书中提及："清代的捐纳，分现行事例和暂行事例两种。现行事例又称常捐，是经常开捐的形式，涉及范围只限于纳职衔、贡监，和已任官员的加级、记录之类，并不影响大局。暂开事例也叫开大捐，多是遇到重大的军事行动，或是河工、赈灾等需要巨额经费而限期特开的捐例。暂开事例除捐功名出身和加级封典之外，最重要的是可以捐实官。……另外还可以将降革留任、离任、原衔、原资、原翎加以捐复，或坐补原缺。"② 伍跃认为："在清代，捐纳制度包括了官僚人事制度的几乎所有方面。不仅任官的基本资格之一的监生可以捐纳，而且郎中以下的京官和道员以下的外官也可以捐纳；不仅国家的荣典可以通过捐纳取得，而且某些行政处分也可以通过捐纳取消。"③ 刘凤云总结："捐实官、捐复、捐免这三项内容，则构成有清一代暂行事例的核心内容。"④

综上非常明显的一个事实是：到嘉庆朝捐复已经制度化并常行，且成为了嘉庆时期调节疏通中下层官员处分奇多的一种有效惯用方式。

二、嘉庆时期延续捐复下的适度调整放宽

《清史稿》记载："捐例不外拯荒、河工、军需三者，曰暂行事例，期满或事竣即停，而现行事例则否。捐途文职小京官至郎中，未入流至道员；武职千、把总至参将。而职官并得捐升、改捐、降捐，捐选补各项班次、分发

① 刘子扬：《清代地方官制考》，故宫出版社 2014 年版，第 29 页。
② 郭松义：《清朝典制》，吉林文史出版社 1993 年版，第 259 页。
③ ［日］伍跃：《明代捐纳制度试探》，载《明清论丛》第 7 辑，紫禁城出版社 2006 年版，第 55 页。
④ 刘凤云：《权力运行的轨迹：17—18 世纪中国的官僚政治》，党建读物出版社 2013 年版，第 65 页。

指省、翎衔、封典、加级、纪录。此外，降革留任、离任、原衔、原资、原翎得捐复，坐补原缺。试俸、历俸、实授、保举、试用、离任引见、投供、验看、回避得捐免。平民得捐贡监、封典、职衔。大抵贡监、衔封、加级、纪录无关铨政者，属现行事例，余属暂行事例。"①该条史料阐明了清代捐纳的具体内容，反映其时捐纳内容的广泛。

清人胡思敬在其著作中，亦明确列举过顺治到嘉庆年间所实行的系列开捐事例。"顺治六年，户部以军饷不济，请开监生吏典承差等捐纳，从之。此我朝开捐之始。其后康熙十六年征三藩，三十年征噶尔丹，雍正二年征青海，皆开捐例。乾隆时，有豫工例、川运例，嘉庆时捐例最杂，见之奏报可考者，三年有川楚善后例，六年有工账例，九年有衡工例，十一年有捐输例，十二年有土方例，十五年有续增土方例，十九年有豫东例。今考吏部铨政别有筹备、武涉二班，列土方、豫东例前，亦必嘉庆时奏开无疑。然则十余年间，九开捐例，亦猥杂甚矣。"②由此条史料，得以了解到从顺治朝到嘉庆年间捐例虽时断时续，但始终没有终止过，非但没有终止过，而且愈开愈多。

（一）嘉庆朝前捐复之逐步放宽

从清代捐复历史脉络来看有几个典型时期。康熙三十三年（1694），于成龙力请捐复，"凡革职、年老、患疾、休致之人及布政使大员，盖许捐复。"③此奏虽未在当时获得奏准，却在随后的乾嘉时期成为定例。康熙朝权臣明珠的上奏中指出："凡捐纳原职者，无不以原官补用。"④可见，当时捐复已成惯例。

乾隆时期，乾隆帝虽曾表态捐复"究于事体非宜"⑤。但综观乾隆一朝，在捐复方面还是出现了某些实质性的变化，这些变化以"一议三补"的形式体现出来。一议指的是乾隆三十五年（1770）的这份上谕，把捐复的对象从

①《清史稿》第12册，中华书局1977年版，第3233—3234页。
②（清）胡思敬：《国闻备乘》卷二《捐例》，载《近代史料笔记丛刊》，中华书局2007年版，第49—50页。
③《满汉名臣传》卷二十五《于成龙传》，黑龙江人民出版社1991年版，第709页。
④ 中国第一历史档案馆整理：《康熙起居注》第2册上，中华书局1981年版，第833页。
⑤（光绪朝）《钦定大清会典事例》卷八十六《吏部》，载《续修四库全书》第799册，上海古籍出版社1996年版，第435页。

降革留任官员延及了降革官员；亦明确了降革留任官员的随时报捐和降革官员的在部具呈要有所区别。乾隆三十五年（1770），谕曰：

> 从前暂开捐例原属一时权宜，以遂海内士民急公上进之愿，究于事体非宜。停捐以后，曾有奏请再行开捐者，朕皆斥而不允。至于降革留任人员原属因公处分，且其人尚不至摒弃，是以量予加恩，俾得在任自效。但一经议处，即停其升转，直待数年无过方准开复。从前曾有捐复之例，复经部议删除。第念此等人员内未尝无可及锋而试之人，若以微眚淹滞多年亦觉可惜，自当仍准援例捐复，俾得黾勉自新。如何定例之处，著该部详悉妥议具奏。钦此钦遵。议定：凡内外降调革职人员，除翰詹科道藩臬以上外，如有情愿捐复者在部具呈，吏部查核缘事原案，凡事属因公情节稍轻，俱准其捐复。……其正印捐复原官已经奏驳后，以降捐佐贰杂职，及由科目降捐教职者仍准核办。……又革职之外，问拟笞杖徒罪及军台已满换回者，俱令加等报捐。至呈请捐复人员，吏部将应准应驳开单每月汇奏一次，其奉旨准捐人员由户部按限收捐后，吏部带领引见，教职佐杂仍毋庸引见。凡内外降级革职留任人员，除翰詹科道藩臬以上不准捐复外，其余人员降级革职留任，例无展参者俱准其随时报捐。①

这一议详细规定了降调革职和降革留任准捐的标准和范围。

三补指的是，乾隆四十五年（1780），定"此外缘事降革人员，如有在部呈请捐复者，该部核明情节，无论应准应驳俱著具奏请旨"。体现了皇权对捐复的把控。同年定，"捐复人员自奏准奉旨之日起，限三月将捐项上库，如逾三月之限无故不将捐项呈缴，即行扣除不准捐复。"②严格捐复银两的到账。乾隆四十七年（1782），再定，"现任各官援例捐升未经铨选，缘事降革续经捐复原官，其捐升之项不准随带。如有后经本案审明开复，或随本奉旨留任者，准其带于新任仍归原班选用。"③三补从请旨、缴款、随带三个方

---

① （嘉庆朝）《钦定大清会典事例》卷六十八《吏部》，载《近代中国史料丛刊三编》第65辑，文海出版社1993年版，第3177—3180页。

② （光绪朝）《钦定大清会典事例》卷八十六《吏部》，载《续修四库全书》第799册，上海古籍出版社1996年版，第437页。

③ （嘉庆朝）《钦定大清会典事例》卷五十八《吏部》，载《近代中国史料丛刊三编》第65辑，文海出版社1993年版，第2698页。

面做了进一步补充，是康熙朝以来捐复的大致定型。"伍跃的研究显得更为充分和完整，特别是他系统梳理了明代至乾隆中期捐复制度的发展，阐述了捐复制度从临时性政策向稳定制度转变的过程。"①

（二）嘉庆朝延续捐复条件中的再调整

"国家取民有制，经费有常，偶遇要工偏灾，需费浩繁，暂开捐例以资调剂，奉行向有成章。"②早在嘉庆三年（1798），蒋赐棨奏请暂开捐例，"以捐例停止多年，正途人员铨选疏通，而急公自效者情尤殷切，请俯准所奏办理。"③太上皇乾隆颁布敕旨曰："既以经费有常，储备宜裕为辞，且据称捐例停止年久，铨政疏通，而趋事急公冀图及时效用者，情尤殷切，合辞吁恳不得已勉从所请，暂准举行。一俟川楚等省办理善后事竣，即行停止。"④可见，嘉庆朝开捐例早在嘉庆三年即已开始。

此后，嘉庆朝捐纳和捐复不断出现重大变化。"内阁侍读学士缺，向由御史、各部郎中资深者进本除授。自嘉庆六年吏部以捐职郎中黄永沛开列，竟亦得除此职，实自黄创始也。"⑤至于捐复，吴四伍认为："嘉庆朝的捐复，较诸前朝，内容更加宽泛，特别在允许官员捐复方面留有较大余地。"⑥这为官员处分开复创造了条件。嘉庆朝捐复政策的调整变化主要有：

1. 有关捐银上缴的细化规定及数额增加论

前述"内外官因公降革吏部奏准捐复，于奉旨之日起限三个月交银上库不得迟逾"。嘉庆十九年（1814），湖广道监察御史贾声槐指出，"近来各督抚有以属员才尚可用人地相需，奏准捐复留于该省补用，其上兑银两就近交纳藩库遇便搭解，俱奉旨准行在案。"然而各省出现捐项不到位的问题，"伏查捐复人员在外省藩库交银向来未定限额，恐其辗转拖延，银未上兑即补授原官，殊非慎重公事之义。"奏请清厘外省捐项严核报捐人员，保证捐项到

---

①　吴四伍：《清代捐纳与国家治理》，社会科学文献出版社 2021 年版，第 125 页。

②　中国第一历史档案馆档案：《嘉庆年间请开捐例史料》，《山西道监察御史蔡炯为外任捐官应捐离任再行补捐事奏折》，《历史档案》2003 年第 4 期。

③　中国第一历史档案馆编：《嘉庆朝上谕档》第 3 册，广西师范大学出版社 2000 年版，第 51 页。

④　中国第一历史档案馆编：《嘉庆朝上谕档》第 3 册，广西师范大学出版社 2000 年版，第 52 页。

⑤　（清）赵慎畛：《榆巢杂识》下卷《捐班充侍读学士》，载《清代史料笔记丛刊》，中华书局 2001 年版，第 132 页。

⑥　吴四伍：《清代捐纳与国家治理》，社会科学文献出版社 2021 年版，第 265 页。

账。就此建议，"似宜仿照在部捐复之例，以奉旨行文到省之日起亦限三个月内交银，藩库亦咨明吏户二部不得逾限。其搭解银两亦不得任意迟延办理，方为画一。"贾声槐的建言受到嘉庆皇帝的重视，同年九月十四日嘉庆皇帝朱批："所奏甚是，吏部严定逾限处分，户部严定限期，会同具奏。"① 从而严格了外省捐银的到账情况，反映出当时官员捐复情况不在少数。

嘉庆十九年（1814），豫东开捐，以户部左侍郎卢荫溥为主的户部官员拟定加捐银两事宜。"查贡监封典、职衔纪级及各官分发，每年岁入银四百万两，今拟将各项原捐银数酌加数成，通计岁可增银二百余万两。如此量为变通，例无创设年有羡余，核与暂开事例不必限以岁月较为经久，且于铨选一切均无窒碍，于帑项必有裨益。"②

分析事宜：（1）针对降革官员捐复，提出"京官正途每百加二十两，捐班每百加三十两。外官正途每百加四十两，捐班每百加五十两。有奉旨加倍或加两倍者，照新加之例递加。"（2）针对赏衔人员捐复原官者，规定"京官正途每百加二十两，捐班每百加三十两。外官正途每百加四十两，捐班每百加五十两。"（3）针对捐复降级留任者，提出"京官正途每百加四十两，捐班每百加六十两。外官正途每百加八十两，捐班每百加一倍。"（4）针对捐复革职留任，提出"应加银数与捐复降级留任同。"③ 此份针对降革捐复和降革留任捐复的银数增加，实际上分为两类，捐复降革银两增加幅度同于赏衔人员捐复原官；捐复降级留任增加幅度同于捐复革职留任的银数。捐复留任的银数要高于捐复降革的银数。当时中央户部职掌财政，其对捐复银两的议定反映出当时捐复的常态化和普遍化。

2. 捐复对象和捐复内容的拓宽

嘉庆十年（1805），在前期降革人员捐复基础规定之上，奏准"降革人员奉旨引见后仍照部议降革者，其原案情节本属因公，该员既踊跃急公有心

————————————

① 中国第一历史档案馆档案：《嘉庆年间请开捐例史料》，《湖广道监察御史贾声槐为清厘外省捐项严核报效人员事奏折》，《历史档案》2003年第4期。

② 中国第一历史档案馆档案：《嘉庆年间请开捐例史料》，《户部左侍郎卢荫溥等为遵旨核议开捐并酌加捐银事奏折》，《历史档案》2003年第4期。

③ 中国第一历史档案馆档案：《嘉庆年间请开捐例史料》，《户部左侍郎卢荫溥等为遵旨核议开捐并酌加捐银事奏折》，《历史档案》2003年第4期。

报效，应一体报捐补用"①，但这种报捐补用还有一定的区别。如知县缘事议以降一级调用送部引见，"引见时奉旨著照部议降调者，呈请捐复时应缴降一级银两捐复原官；如奉旨以县丞用，该员呈请捐复原官时，应缴降二级银两，始准其以知县原官补用。"②

嘉庆十年（1805），户部等部奏酌留常例各款折内，嘉庆皇帝批复允准废员和銮仪卫武职官员降革留任可以捐复。"至接驾废员，原核其情罪重轻分别等第，其获咎较重之二三等人员尚有准其捐复者。而情节较轻列为一等之人，转以查办之初未经特加甄录不准捐复，本属未协，自应加恩准其一体捐复。至侍卫降革留任人员常例内既准捐复，则銮仪卫武职人员事同一例，办理不应两歧，其有因公降级留任革职留任者，亦应准其一体捐复以示公允。"③ 可见，"嘉道时期的捐纳实施，在现例日渐脱出常规的同时，常例的内容也有松动之处。朝廷在死守官职不能捐纳的同时，对于官员的捐复，开始有松动的痕迹。"④ 嘉庆十年的两条谕旨拓宽了捐复对象。

嘉庆十八年（1813），吏部左侍郎初彭龄上奏，"查捐复定例内外降革人员有情愿捐复者，在部具呈，吏部查核缘事原案，凡事属因公情节稍轻者，俱准其捐复。其事涉营私情节较重者，俱不准捐复。注云：情节较重如滥差毙命、因公派敛之类，是所注之款均系公罪较重之条，其为公罪而情节重者不准捐复。私罪而情节较轻者，亦准捐复显而易明。臣部向来办理捐复亦俱核明公私情节，于公罪较重者议驳，私罪较轻者议准，均经按月奏明奉旨允行在案。"⑤ 吏部作为执行捐纳的部门，其上奏反映出嘉庆朝前中期，私罪不重亦能捐复。

私罪轻重的鉴定存在人为主观的认定，在当时为了捐复成功兼之人情世故官场习气，认定轻罪的比例还是较大，从嘉庆十九年山东道监察御史卓秉

① （光绪朝）《钦定大清会典事例》卷八十七《吏部》，载《续修四库全书》第799册，上海古籍出版社1996年版，第439页。

② （嘉庆朝）《钦定大清会典事例》卷六十八《吏部》，载《近代中国史料丛刊三编》第65辑，文海出版社1993年版，第3186—3187页。

③ 中国第一历史档案馆编：《嘉庆帝起居注》第10册，广西师范大学出版社2006年版，第515—516页。

④ 吴四伍：《清代捐纳与国家治理》，社会科学文献出版社2021年版，第262页。

⑤ 中国第一历史档案馆档案：录副奏折《初彭龄奏为部院堂官办事应据实陈明事》，档号：03-1635-030。

恬的上奏"获咎人员宜严滥保以肃吏治以励人才事"可知，有滥请捐复情况。因而卓秉恬请"敕下封疆大吏，凡保奏人员查其声名素好，事属因公者，准其照例捐复。如因私罪降革，声名较劣之员，概不得滥行渎请捐复原官"①。该条建议从侧面反映出当时私罪降革的捐复中有违背轻重的事实存在。然而，私罪降革不分轻重的混行捐复在一定程度上增加了捐复的可能性，调整了处分的多少。

3. 多案报捐和捐复人员可功过并带

嘉庆十年（1805），奏准"降革人员应将续参降革注册各案，分别报捐。如具呈时漏报续参降革处分，核明该督抚查参日期，在该员未经离任之先者，将漏之案令其加倍报捐。如系该员离任以后，该部查明档册指出，准其逐案报捐"②。如浙江监生何绍衣，原任陕西盩厔（今周至县）知县。前因运粮防堵出力，经经略大臣额勒登保具奏"奉旨以知州升用，先换顶戴。嗣因陕省零星窜匪并不认真查缉，经陕西巡抚方维甸参奏革职。续经原任陕甘总督那彦成等，因该员搜捕余匪拿获逆犯赵恒裕，奏请捐复知县原官，奉旨准其在陕捐复，遵将捐复知县银两兑交藩库，领咨赴部引见。又因前在盩厔县任内，失防绞犯薛牛娃在监自缢，部议降二级调用注册在案。今据该员呈称，伏查捐复人员有续议降革案件，例应逐案报捐，今遵例缴银一千四百两，捐复降二级调用再行引见。查该员降调注册之案，系因失防绞犯在监自缢，事属因公，应准其捐复知县原官补用"③。这是何绍衣的先后叠捐。降革多案，即使因遗漏也可依限分别报捐，如此官员减免的处分也就会更多，其处分之多也会得到缓解，降革官员有了更多解决处分的机会。

不仅如此，嘉庆二十年（1815），御史盛惇大奏请将降调捐复人员的功过一律带于新任。他指出："国家驭官之法，有过必惩，而微劳必录，故过则有处分，功则有级纪，其劝惩之意常相等。乃部中有带过不带功之说。凡一经降调捐复，此其从前所得处分仍带于新任，而从前所有加级纪录则概予

① 中国第一历史档案馆档案：录副奏折《卓秉恬奏为获咎人员严禁滥保事》，档号：03-1560-025。

② （光绪朝）《钦定大清会典事例》卷八十七《吏部》，载《续修四库全书》第799册，上海古籍出版社1996年版，第439页。

③ 中国第一历史档案馆档案：单《呈何绍衣等拟准捐复官员履历清单》，档号：03-1505-101。

销除，揆诸善善长而恶恶短之义，未免稍觉偏枯。应请凡降调捐复人员，其功过俱令带于新任，以昭平允。"嘉庆皇帝立即朱批："所奏俱是。"[①]从而同意捐复人员的加级纪录亦可随带，捐复人员开始遂视同正途人员之待遇。

4.嘉庆后期京堂得以降捐的出现

艾永明指出："降捐是指革职官员以纳钱的方式获得低于原官的职务。降捐也有限制，所降品级一般在二级之内，非正印官不得降捐正印官。革职官员，如有情愿照原官降一二级报捐者，准其报捐补用。正印官准其报捐正印、佐贰，若佐贰、首领等官不准报捐正印，其曾任正印者仍准其报捐正印。"[②]

嘉庆十九年（1814），吏部尚书英和所奏事项为原任太常寺少卿鲍勋茂革职呈请降捐郎中，属于京官降捐，不属于地方知县官降捐。英和援引定例："例载京堂科道以上不准捐复原官。又例载降等捐复人员听其自便。又查科道降革人员向准对品改捐郎中等官。"[③]鲍勋茂属于"年力正壮，亟思自效"，因"请降等循照科道改捐郎中之例降捐郎中"。但是，鲍勋茂的捐复也存在两个问题。一是向来翰詹科道不准捐复，例有明文。"捐复例载内外降调革职人员，除翰詹科道藩臬以上外，此外有情愿捐复者吏部查核缘事原案。凡事属因公，情节稍轻，俱准其捐复等语。"另一个问题是"历来办理成案，有科道对品改捐郎中员外之案"，"并无京堂降等捐复之例，亦无成案"，[④]更无寺卿改捐郎中者。

但是，英和乖巧地指出鲍勋茂曾任太常寺少卿，其革职是"因皇上亲祭太庙承办典礼错误，钦奉谕旨交部严加议处"[⑤]所致，其本人目前自愿"呈请遵照豫东事例，酌加两倍降捐郎中。"当时规定革职郎中捐复应缴银3600

①　中国第一历史档案馆档案：录副奏折《盛惇大奏为有关吏部议叙等项上陈己见事》，档号：03-1572-038。

②　艾永明：《清朝文官制度》，商务印书馆2005年版，第198页。

③　中国第一历史档案馆档案：录副奏折《英和奏为原任太常寺少卿鲍勋茂呈请降捐郎中事》，档号：03-1556-042。

④　中国第一历史档案馆档案：录副奏折《英和奏为原任太常寺少卿鲍勋茂请降捐郎中事》，档号：03-1556-042。

⑤　中国第一历史档案馆档案：录副奏折《英和奏为原任太常寺少卿鲍勋茂请降捐郎中事》，档号：03-1556-044。

两，"情愿再加两倍，共缴银一万八百两。"① 吏部请旨可否准其降捐郎中，未料到嘉庆旨下："鲍勋茂著准其降捐郎中。"② 此后开京堂降捐之先例，意味着又有部分官员有了捐复减免处分之机。

（三）皇权对官员捐复的把控

吴四伍认为，"在清代政治权力的架构中，捐纳只是下层权力空间运作的一个有效手段而已。不过，对于一般官员来说，这种手段往往有赖于皇恩的普施……从这个意义上看，捐纳又发挥了特别的润滑作用。""捐复只是皇帝实施恩威并举的有力手段，并没有明显侵蚀皇权，反而在某种意义上体现了皇恩。"③

在嘉庆朝"国家"观下有种种对捐纳的说辞批评。嘉庆皇帝指出"国家登进用人，原不能竟拘资格"④，意味着捐纳也是国家登进用人之方式之一，这是他对捐纳的肯定。他对捐纳亦持批评，曾言，"岂国家起废之典，可以出资幸进乎？"⑤ 在后来行捐复的过程中，嘉庆皇帝依然指出，"近来外省降调人员，该督抚等往往奏请捐复原官仍留本省补用，其京员降调后由该堂官奏请捐复者，则甚属寥寥。可见外官养廉优厚，因恃有捐复之赏，虽谴吏议不日仍复原官，则其在官之日已不免心无顾忌。若不肖之员，更复巧取私侵，预积银两以为捐复地步，尤于吏治有妨。况黜陟乃赏罚攸关，方因误公而黜之，旋以捐赏而复之，亦非所以崇政体也。"⑥ 但事实是，虽然嘉庆皇帝对行捐纳有看法，却又不能摒除废止捐纳，只能是在行捐复的过程中利用皇权控制捐复，避免或减少捐纳之弊端。

因为"如果捐复不受限制地发展，它对官员的犯罪就会构成一个强大的

---

① 中国第一历史档案馆档案：录副奏折《英和奏为原任太常寺少卿鲍勋茂呈请降捐郎中事》，档号：03-1556-042。

② 中国第一历史档案馆档案：录副奏折《鲍勋茂代奏请准降捐郎中谢恩事呈文》，档号：03-1556-044。

③ 吴四伍：《清代捐纳与国家治理》，社会科学文献出版社2021年版，第130页。

④ （光绪朝）《钦定大清会典事例》卷八十一《吏部》，载《续修四库全书》第799册，上海古籍出版社1996年版，第372页。

⑤ （光绪朝）《钦定大清会典事例》卷八十七《吏部》，载《续修四库全书》第799册，上海古籍出版社1996年版，第440页。

⑥ 中国第一历史档案馆编：《嘉庆朝上谕档》第20册，广西师范大学出版社2000年版，第233页。

保护伞，对于皇权的高度集中就会产生根本的削弱，这显然是嘉庆帝绝对不能允许的。"①嘉庆皇帝的调节手段主要是在捐纳制度的基础上，再通过引见的方式来控制官员的捐复。"各省凡系部议降革有旨送部引见之员，俱不准先行奏请捐复，若部议降革未经奉有送部引见之旨者。如该革员官声素好熟悉地方情形，准该督抚代为奏请捐复，仍声明将该员先行送部引见。俟引见奉旨准其捐复，再令该员交纳捐款以原官补用。"②对于"各省奏请捐复人员，朕必详核案情分别予夺。如本案只系一人而情节较轻者，向每降旨允准。"③ 这是皇权对捐复的把控。

嘉庆九年（1804），闽浙总督玉德、福建巡抚李殿图"恭恳圣恩俯准"，将因公降调知县孙树南捐复留闽以资治理。奉旨："因失察绅衿在籍滋事议以降调之孙树南，俱著该督抚出具考语送部引见，再降谕旨。"后督抚二人出具考语："孙树南现任同安县，系冲繁疲难沿海要缺，民俗剽悍政务殷繁。该员守洁才优办事结实，在任三载，缉匪安良剔除积弊，地方自有起色，民情极为爱戴，实属知县中得力之员。"嘉庆皇帝引见后颁旨："依议"④，准予捐复知县。嘉庆二十四年（1819），湖南常德府知府郑鹏程因在大计案内滥举武陵县知县顾烺圻，部议照例降五级调用，有加三级抵销外仍降二级调用，奉旨郑鹏程著照部议降调，开缺在案。湖广总督庆保和湖南巡抚吴邦庆，因其因公降调，本人又情愿捐复原官，遂循例奏请，仍先送部引见。所出考语曰：

> 郑鹏程，年四十八岁，福建进士，由户部郎中初任江西袁州府知府，嘉庆十八年奉旨补授湖南常德府知府。该员莅任有年，曾护道篆，办事细心熟悉地方情形，所属濒临湖河县分，淤洲坍涨靡常，居民动辄纷争讦讼，该员随时勘断，明白平允，舆情翕服，官声素好，实为湖南省勤能可靠之员。所得处分尚系公过，今既情愿捐复原官，自应遵旨奏

---

① 吴四伍：《清代捐纳与国家治理》，社会科学文献出版社 2021 年版，第 262 页。
② 中国第一历史档案馆档案：朱批奏折《陈桂生奏为前任江都县知县王锡蒲因公革降循例请予捐复原官事》，档号：04-01-12-0337-053。
③ 中国第一历史档案馆编：《嘉庆朝上谕档》第 21 册，广西师范大学出版社 2000 年版，第 496 页。
④ 中国第一历史档案馆档案：录副奏折《玉德奏请因公降调知县孙树南等捐复留用事》，档号：03-1491-009。

> 明将该员先行送部引见。如蒙俞允，再令该员在湖南藩库交纳捐款，以原官补用，藉资熟手。①

"郑鹏程著准其送部引见，再降谕旨。"②引见后，准予捐复原官。

对于违反者，嘉庆皇帝均不准其捐复。嘉庆十七年（1812），陕西巡抚董教增奏请捐复因公降调知县王森文，遭到嘉庆皇帝拒绝。此官尚未引见就捐复官职，明显有违谕旨。"王森文系奉旨准令送部引见人员，该抚遽为奏请捐复，是不以甄别人才为重，亟图邀准捐复，殊于政体非宜。王森文著不准捐复。"③同年，云南总督伯麟奏请将因公革职知府宋思楷在云南就地捐复，同样遭到嘉庆帝拒绝。"所奏非是。向来官员因公处分，部议上时有旨令该督抚出具考语送部引见，原因事属公过，引见时朕察其才具年力，如尚堪录用，或仍予原官或降等改补，并非悉照部议罢斥。若被议恩准引见之员先行自请捐复，是不以甄别人材为重，将来议革议降者人人希冀捐复。或亏帑朘民豫为蓄资地步，殊与政治攸关。宋思楷著不准捐复。"④

嘉庆皇帝所言非常明确，但是仍有大员替下属官员奏请捐复。嘉庆二十二年（1817），山东巡抚陈预奏请将因公降革送部引见知县就近捐复原官留东补用。嘉庆皇帝同样要求将这些官员先送部引见。"若将送部引见之员，先令其捐复，再行送部引见，是已准其复还原职，引见转属具文，殊属取巧。"⑤未准革职知县张日升和降调知县刘东里捐复原官之请。"送部引见候旨"所反映的先引见后捐复体现出皇权对捐复的把控，这是一条基本的原则。只有一种情况可以例外，"凡外任官员有因公获咎送部引见，经朕特旨改用京员，仍请捐复原官者，该部即将原呈驳回，毋庸入奏。"⑥这种情况不用捐复。

---

① 中国第一历史档案馆档案：朱批奏折《吴邦庆奏为前任常德府知府郑鹏程因公降调请捐复原官事》，档号：04-01-12-0337-062。

② 中国第一历史档案馆编：《嘉庆朝上谕档》第24册，广西师范大学出版社2000年版，第459页。

③ 《清仁宗实录》第4册，中华书局1986年版，第560页。

④ 《清仁宗实录》第4册，中华书局1986年版，第573页。

⑤ 中国第一历史档案馆编：《嘉庆朝上谕档》第22册，广西师范大学出版社2000年版，第106页。

⑥ （嘉庆朝）《钦定大清会典事例》卷六十八《吏部》，载《近代中国史料丛刊三编》第65辑，文海出版社1993年版，第3191页。

三、嘉庆时期以捐复调节官员参劾处分的普遍和奇多

1.因案集体批量准捐复

嘉庆六年（1801），漕运总督铁保上奏富纲馈送案内革职的 18 名员弁可否准其捐复。旨下允准。"皇上天恩赏准捐复 18 员，所有捐项共银四万四千余两，现在陆续呈缴淮安府库。"① 这是富纲案中 18 位革职员弁的捐复，18 员革职处分取消。嘉庆十一年（1806），河道总督吴璥以"候补丞倅仅止十员不敷补用，且大半俱系生手，河务紧要"为由，题请将豫东二省降革各河员分别留任以资熟手。"该二省管理黄河各厅员，因李亨特案应行革职者四员，降调者九员，均应饬令离任。"请将降补同知吕昌会等 9 员加倍捐复。嘉庆皇帝认为"东河丞倅各员不自谨饬，滥应上官，以致均罹降革处分，其罪本无可宽免。惟念豫东二省黄河两岸工程修防紧要，若一律俱换生手，恐其办理未协，而现在候补之员又复不敷补用。"遂允准降调同知吕昌会、张志鉴、姚仲、陈旭，通判王申伯、费涟雍、廷焕、汪元琨 8 员和先经终养之同知孙象坤 1 员，"加倍捐复仍留本任。"② 这 9 位官员保住官位。

嘉庆十八年（1813），直隶总督温承惠奏请杨璧等 12 员因公降调请捐复留于本任并留直差委。这 12 员是因失察滦州民人董怀信传习邪教案部议降调，温承惠认为"与巨鹿案内各员失察处分事同一体"，故而为之请旨捐复。嘉庆皇帝降旨："著吏部查明此案失察各员与巨鹿一案情节是否相同，应否准其捐复之处，即由该部查议具奏。"③ 吏部查奏后"奉旨允行"，"著照所请"。沈守恒、杨璧、张家本、包棻、周德纯、何道榜、侯乃左 7 员，"加恩准其各将捐复银两交纳直隶藩库，仍留本任毋庸开缺另补。知县牟安儒、蔡任，与题署未经实授之知县周冕，试用知县罗开桂四员，准其于藩库交完捐项，留于直隶分别候补试用。其另案降调之候补同知陈世相一员捐复后仍

---

①　中国第一历史档案馆档案：录副奏折《铁保奏为革职员弁可否准其捐复请旨事》，档号：03-1482-057。

②　中国第一历史档案馆编：《嘉庆朝上谕档》第 11 册，广西师范大学出版社 2000 年版，第618 页。

③　中国第一历史档案馆编：《嘉庆朝上谕档》第 18 册，广西师范大学出版社 2000 年版，第118 页。

照例送部引见。"① 嘉庆二十年（1815），因睢工合龙，那彦宝亦奏请捐复官员。嘉庆皇帝降旨："张裕庆准其捐复员外郎，陈启文准其捐复四级归部以道员选用，王廷彦准其捐复同知仍回南河候补，周存义、耿锡辂准其捐复通判，夏琳准其捐复一级，俱仍留河南补用。各该员捐足捐复银两，即令就近在河南藩库完缴，遇便解部。"② 以上是因出于河工急需或本身案子失察不重，嘉庆皇帝准降调官员和革职官员捐复，其每案中捐复人数是比较多的。

2. 官员捐复降调

嘉庆朝可捐复对象针对的主要是中下级官员，在捐复中，通过实捐一级和二级，抵销实降一级和实降二级，以达到捐复原官的目的。实捐一级和二级所占比例较大，捐复原职有知县、知州和知府等职位。

（1）府州县官员捐复实降一级。

嘉庆四年（1799），倭什布奏请将降调知县魏耀准予捐复留楚，降旨："魏耀在楚年久，熟悉地方情形，此次降调尚属因公，著准其捐复留于湖北差委。"③ 嘉庆十年（1805），全保奏莅平县知县谢锡纯因四参限满部议降一级调用，"恳请循例捐复留东差委"，旨下："谢锡纯准其照例捐复仍留山东交全保差遣补用"。④ 嘉庆十五年（1810），温承惠奏原任知县丁攀龙、徐润二员现有降调处分恳请捐复留省。旨下："丁攀龙、徐润俱著加恩准其捐复原官，留于直省差委。"⑤ 嘉庆十六年（1811），四川总督常明奏请降调知县李嘉祐和县丞温家桂捐复原官。奉旨："俱准捐复留川补用。"⑥ 同年，同兴奏诸城县降调知县张京因公降调恳恩捐复。降旨："原任诸城县降调知县张京

① 中国第一历史档案馆编：《嘉庆朝上谕档》第 18 册，广西师范大学出版社 2000 年版，第 144 页。

② 中国第一历史档案馆编：《嘉庆朝上谕档》第 20 册，广西师范大学出版社 2000 年版，第 70 页。

③ 中国第一历史档案馆编：《嘉庆朝上谕档》第 4 册，广西师范大学出版社 2000 年版，第 264 页。

④ 中国第一历史档案馆编：《嘉庆朝上谕档》第 10 册，广西师范大学出版社 2000 年版，第 268 页。

⑤ 中国第一历史档案馆编：《嘉庆朝上谕档》第 15 册，广西师范大学出版社 2000 年版，第 116 页。

⑥ 中国第一历史档案馆档案：录副奏折《常明奏为降调知县李嘉祐降调县丞温家桂捐复原官事》，档号：03-1466-024。

著准其捐复原官留于东省委用，其捐复银两即就近由山东藩库交收解部。"①
嘉庆二十四年（1819），明兴阿等奏铁岭县知县怀豫因公降调请捐复仍留本
任。旨下："铁岭县知县怀豫因盗案四参限满承缉不力，部议降调无级可抵，
其事尚属因公，怀豫著照所请准其捐复一级仍留铁岭县本任，送部引见后
再将应交捐项在盛京户部交纳过便解部。"②以上为知县降调后捐复原官及补
用，解决诸官的处分问题。不仅知县，知州知府亦有捐一级复原官者。

嘉庆十五年（1810），因"古北口兵米逾限未放，……其玩延之咎实
所难辞，承德府知府喜步昌阿，平泉州知州推升泰陵礼部员外郎麟昌，建
昌县知县乌讷玺，丰宁县知县庆恩均著照部议实降一级调用。"③嘉庆十六年
（1811），温承惠奏请将此降调三官（除乌讷玺），原任承德府知府喜步昌
阿，理事同知管平泉州事麟昌、理事通判管理丰宁县事庆恩予以捐复。嘉庆
皇帝降旨："其办理兵米掣肘迟延尚属有因，著照该督所请，加恩俱准其捐
复原官仍留直省差委，遇有相当缺出酌量补用。"④嘉庆十九年（1814），周
兴奏请降调知府郑文明捐复留东差委。旨下："郑文明前在兖州府知府任内
因属员承审迟逾，未经揭报部议降调，核其情罪系属因公，加恩著照所请准
其捐复降一级仍留山东差委。"⑤嘉庆二十年（1815），诚安等奏请因公降调
知州就近捐复仍留本任。奉天义州知州德克进泰前因失察已革书吏更名复充
议以降一级调用。旨下："尚属公过，加恩著照所请德克进泰准其捐复一级
仍留义州本任。"⑥

（2）州县官员捐复实降二级。

嘉庆九年（1804），勒保奏请候补知县张熙赓在川照例捐复原级。张熙

---

①　中国第一历史档案馆编：《嘉庆朝上谕档》第 16 册，广西师范大学出版社 2000 年版，第
625 页。

②　中国第一历史档案馆编：《嘉庆朝上谕档》第 24 册，广西师范大学出版社 2000 年版，第
434 页。

③　中国第一历史档案馆编：《嘉庆朝上谕档》第 15 册，广西师范大学出版社 2000 年版，第
611—612 页。

④　中国第一历史档案馆编：《嘉庆朝上谕档》第 16 册，广西师范大学出版社 2000 年版，第
167 页。

⑤　中国第一历史档案馆编：《嘉庆朝上谕档》第 19 册，广西师范大学出版社 2000 年版，第
454 页。

⑥　中国第一历史档案馆编：《嘉庆朝上谕档》第 20 册，广西师范大学出版社 2000 年版，第
674 页。

赎前因署理纳溪县承审命案迟延部议降二级调用。降旨："著照所请准其就近照例捐复留川补用。"① 嘉庆十五年（1810），钱楷奏容县知县冉基安呈请捐复原官留于广西候补。冉基安前因会匪黎树等结拜添弟会仅获首伙7名，部议降二级调用。皇帝降旨："冉基安于会匪案犯虽未拿获及半，但已获首伙七名，非缉捕怠玩不能全获者可比。且据该抚查明该员操守政绩尚系出色之员，著加恩照该抚所请准其捐复原官，即留于广西候补。"② 嘉庆十七年（1812），成林奏请广西柳城县因公降调知县朱沅就近捐复。朱沅因失察邪教降二级调用，旨下："该员于案内匪徒拿获过半兼获首犯，朱沅著加恩准其就近捐复原官，仍留该省补用。"③ 此为捐二级免降调处分。

3.其他官员捐复降调

嘉庆十年（1805），吴熊光奏请降调道员张体公和降调知府石飞熊呈请加倍捐复原官。张体公、石飞熊均因会审清丰县于丽岕呈控回赎地亩一案办理错误分别降调。旨下："降调究属因公，张体公著加恩准其捐复。知府石飞熊会审此案，辄传原告向其开导显系瞻顾同官，情涉徇私，其呈请加倍捐复知府之处不准行，著加恩准其照例捐复通判。"④ 这是道员和知府的捐复降调。

嘉庆十九年（1814），贵庆奏降调员外郎凤德呈请捐复原官。旨下："凤德著准其捐复员外郎，在盛京刑部额外行走。"⑤ 嘉庆二十年（1815），诚安等奏岫岩理事通判讷泰因公降调恳请捐复仍留本任。旨下："著照所请讷泰准其捐复所降之级，仍留岫岩理事通判本任。"⑥ 嘉庆二十年，刘镮之等奏请将因公降调之委员捐复原级。降调苏州知州胡士连前曾开复一级，"该员在

① 中国第一历史档案馆编：《嘉庆朝上谕档》第9册，广西师范大学出版社2000年版，第76页。

② 中国第一历史档案馆编：《嘉庆帝起居注》第15册，广西师范大学出版社2006年版，第393页。

③ 中国第一历史档案馆编：《嘉庆朝上谕档》第17册，广西师范大学出版社2000年版，第308页。

④ 中国第一历史档案馆编：《嘉庆朝上谕档》第10册，广西师范大学出版社2000年版，第451页。

⑤ 中国第一历史档案馆编：《嘉庆朝上谕档》第19册，广西师范大学出版社2000年版，第590页。

⑥ 中国第一历史档案馆编：《嘉庆朝上谕档》第20册，广西师范大学出版社2000年版，第244页。

顺天府衙门缉捕奋勉，著加恩准其将未经开复之一级照例捐复，仍留于顺天府差遣委用。"① 这是员外郎、理事通判和知州兼委员的捐复原官。

此外有一份档案，"呈原任户部员外郎刘尹衡等捐复单"，反映当时府州以上三位官员的捐复申请：

> 刘尹衡，河南进士，原任浙江道监察御史，现在户部候补主事。因前在户部员外郎任内，失察工部书吏王书常冒领库银议以降一级调用。今据该员情愿遵例缴银三百六十两，由御史对品捐复员外郎补用。查该员因工部书吏王书常冒领库银案内降调，咎止失察，应准其对品捐复员外郎补用。

> 福拉纳，镶红旗蒙古监生，原任户部员外郎。因办理原署江西赣县事试用知县邱安校引律错误，经都察院议以降二级调用在案。今据该员呈称办理此案处分，实因例无专条以致援引失当。自揣年力正壮，报效心殷，情愿遵例缴降二级调用银五百九十两，捐复员外郎原官补用。查该员因办理处分案件，无专条援引错误，降调事属因公，应准其捐复员外郎原官补用。

> 赵盛奎，直隶拔贡，原任户部候补主事。因办理原署江西赣县事试用知县邱安校，原任河南光山县知县傅士奎二案处分，引例错误，经都察院议以降四级调用。今据该员称办理此二案处分，实因例无专条，以致援引失当。自揣年力正壮，心殷报效，情愿遵例缴降四级银八百一十两，捐复主事官员补用。查该员因办理处分案件，例无专条援引错误，降调事属因公，应准其捐复主事原官补用。②

这是级别很高官员的捐复了，可见嘉庆朝捐复已为官场所认可，成为官员疏通处分的重要方式之一。

4. 捐复革留和革职

嘉庆十一年（1806），贵州巡抚福庆奏请许祖义革职留任就近捐复。"黔省清查仓谷案内应行革职留任限年开复人员，前经臣奏请准其就近遵例捐复，所捐银两收存藩库，以备军需各款找领之用，仰蒙恩旨允准在案。兹据

---

① 中国第一历史档案馆编：《嘉庆朝上谕档》第20册，广西师范大学出版社2000年版，第62页。

② 中国第一历史档案馆档案：单《呈原任户部员外郎刘尹衡等捐复单》，档号：03-1553-109。

布政使李长森呈详，该县经历许祖义在署朗冒县丞任内接收前任短亏仓谷应赔银四百八十一两四钱一分零，业经如数完缴，其朦混接收革职留任八年无过准其开复之案。现据该经历遵例解缴银四百零五两，呈请就近捐复等情，由司转详而来。臣核与奏准原案及各捐银数均属相符，除檄司兑收贮库并咨部查核外，合并附片奏闻请旨。奉朱批：该部知道。"① 这是县经历捐复革职留任。

嘉庆十六年（1811），同兴奏因公革职知县请捐复留省补用。前任泰安县知县蒋因培因承审迟延部议革职。降旨："本属公过，著照所请准其捐复原官"② 留于山东补用。嘉庆二十二年（1817），常明奏原任璧山县典史冯洽因承缉盗案四参限满未获革任，原任华阳县典史高垣因闻补四旗逾限革职，二员均恳请捐复。降旨："著照所请。冯洽准其捐复原官仍留川省补用，高垣准其捐复原官咨部铨选。"③ 这是捐免革职和革任。这种捐复免除了官员处分，改变了官员的仕途。

由上如艾永明所言："捐复的实质是以钱抵销处分，这种制度在性质上是与整肃官场，澄清吏治相矛盾和冲突的。清朝统治者一方面为了实现某些目的而允许捐复；另一方面又对其实行限制，以便减少和抑制其消极作用的产生。这种限制主要有两种，一种是因官职而定，规定京外一定品级以上的降革官员不得捐复，在较高品级官员的范围内保持行政处分的相对严肃性；一种是因事由而定，规定因某些事项而降革的官员不得捐复。"④ 这样既最大限度地避免了捐复带来的弊端，又在一定程度上缓解了官员处分奇多所导致的一系列问题。

① 中国第一历史档案馆档案：录副奏片《福庆奏为革职留任人员许祖义应赔银如数缴完呈请就近捐复事》，档号：03-1502-062。
② 中国第一历史档案馆编：《嘉庆朝上谕档》第19册，广西师范大学出版社2000年版，第118页。
③ 中国第一历史档案馆编：《嘉庆朝上谕档》第22册，广西师范大学出版社2000年版，第262页。
④ 艾永明：《清朝文官制度》，商务印书馆2005年版，第199—200页。

结　论

本书的研究是以清代嘉庆朝官员处分为中心，探讨清代过渡到嘉庆朝，不论大员还是中下级官员，其参劾处分都出现了普遍奇多的失误问题。学界于此亦有点及，如孔飞力指出："君主控制的核心是对官员的考绩……没有哪个官员的考绩单是没有处分记录的。"[①] 卜健就嘉庆朝言及，"实际上，以微过处以重咎，是嘉庆帝的施政大弊"[②]。本书从太上皇三年训政、嘉庆亲政、皇权、吏治、政风、亏空、司法视角，探讨了嘉庆朝的处分问题及其典型的处分普遍和奇多。此后，又专辟"嘉庆朝官员参劾处分之普遍和奇多"一章，以存世之嘉庆朝档案为主，直观展示嘉庆朝各级官员参劾处分的普遍奇多。最后一章探讨嘉庆朝对这一问题的疏通调整，以此体现当时的国家治理。

但是，综观有清一代的官员处分史，嘉庆朝所面临的官员处分普遍奇多，不只是嘉庆一朝的问题，其实康熙朝已经存在，道光朝也有，可以说，这是清代前后期曾经普遍存在的问题。

由档案史料记载可见，各朝曾就此问题的形成原因和严重影响进行了不断建言探讨。康熙四年（1665），广东总督卢崇峻奏请"政归简易以端治原"，其在疏中持论："臣窃以为国之大利，在于政治简易；国之弊，在法令繁多。何也？夫法令一多，则内外衙门，在大官惟成例是遵，每多查驳之烦。在有司惟功令是畏，有不遑救过之虑，岂能计及民生之休戚，而施抚字之仁耶？"[③] 理学家陆陇其直指："本朝大弊，只三字，曰例、吏、利。"[④] 为此

---

① ［美］孔飞力：《叫魂：1768 年中国妖术大恐慌》，上海三联书店 1999 年版，第 251 页。

② 卜健：《国之大臣：王鼎与嘉道两朝政治》，陕西人民出版社 2015 年版，第 197 页。

③ （清）贺长龄辑：《清经世文编》卷十二《卢崇峻〈法令应归简易疏〉》，载《近代中国史料丛刊》第 74 辑第 731 册，文海出版社 1966 年版，第 455—456 页。

④ （清）徐珂撰：《清稗类钞·胥役类·例吏利》，商务印书馆 1917 年版。

李之芳提出："参罚烦密太甚，外官难于奉行，请敕议省过当之处分以裨吏治事。今日吏治之弊在于文法太密，而尤密者在于方面有司等官。"①孙廷铨针对性的建议要"宽考成。有司牧民之官也，上关国计，下保民生，最为紧要。自钱粮考成头绪繁杂，以致降级革职者一岁不可胜纪，人材摧残，催科酷烈。为吏者止以考成为虑，安问百姓之卖儿鬻女耶？……但四部银米物料款项不一，每件分为十分考成，则处分头绪太多，顾此失彼终日救过不暇，今莫若将考成则例敕下户部，再详加考订，酌量宽减，上不至于亏国课，下亦不至于诎人才，加惠百姓仰答天和，其于吏治亦有裨益"②。

康熙皇帝综合臣僚之建言，颁布解决办法，谕旨曰："向来各部院衙门俱定处分条例，业已颁行。但其中款项太多过于繁密，以致奉行者或以胶执为守法，或以苛索为详明，或例所未载，援引比附轻重失宜，徒据成规，罔原情理。大小各官稍有过误，动触文网，虽具才能，弗克展布，深为可惜。著部院各衙门将见行处分条例重加订正，斟酌情法，删繁从简应去应留，逐一分别详议具奏。"③可见，其解决的着眼点在调整例条。

道咸时期，臣僚亦上折探讨此问题。胡林翼言："大清律易遵，例难尽悉；刑律易悉，吏部处分律难尽悉，此不过专为吏部生财耳，于实政无丝毫之益。"④龚自珍的分析更鞭辟入里，"天下无巨细，一束之于不可破之例，则虽以总督之尊，而实不能以行一谋，专一事"⑤。贺长龄愈加指出处分条例繁多的深层危害，"今则科条繁多，惟簿书期会之为急，少有龃龉，即干吏议，虽有愿治之心不能自行其意，亦莫不苟且其心思，为自全之计"⑥。臣僚所论，皆主张处分则例苛繁是处分奇多的根本原因。因此，道光十年，道光皇帝采纳王玮庆之说，取消了则例"五年一小修，十年一大修"的惯例。此

① （清）李之芳：《李文襄公奏议》卷二《请省外官过当处分疏》，载《近代中国史料丛刊》第32辑第311册，文海出版社1966年版，第127页。

② （清）仁和琴川居士编：《皇清奏议》卷十五《孙廷铨〈敬抒管见四条〉》，1936年库籍整理处印本。

③ （清）章梫纂：《康熙政要》卷二《论政体》，中共中央党校出版社1994年版，第26页。

④ （清）徐珂撰：《清稗类钞·胥役类·胡文忠论部吏》，商务印书馆1917年版。

⑤ 夏田蓝编：《龚定盦全集类编》卷六《论辨类下·明良论四》，载《近代中国史料丛刊》第72辑第713册，文海出版社1966年版，第155页。

⑥ （清）贺长龄辑：《清经世文编》卷十六《杨于果〈上王观察书〉》，中华书局1992年版，第400页。

后，《吏部处分则例》大为减少，但也没有解决核心问题。

就此看法，学界亦有同论。王锺翰认为"有清一代，二百数十年间，各部署无虑数十，各有则例，即各有处分"①。当时"百司执事升降黜革，其权尤在吏部；若考功司专司处分，又吏部权任所寄之最者也。……且处分则例之设，最为严厉，一切惩戒以此为准则。……处分则例，最关百司执事之降罚黜革，偶一不慎即落法网，故不得不谨之于前，分别酌议条款，亦最为精审详明也。而吏部每拘泥成例，轻重倒置，以致处分失平者日多"②。王思治亦认为"清廷所制定的参罚条例之多，实在不胜枚举"③。

清代官员和现代学者都认为解决处分多的问题在于删减处分例条，以达简化，但综观前史，并未见效。除此而外，在当时皇帝拥有主权，官员拥有治权的状况下，还有最高统治者从实践实操角度对处分普遍奇多予以的疏通调整。到嘉庆朝，作为最高统治者的嘉庆皇帝，面临着一方面因不断的处分官员所导致的无官、缺官，官员的在任和升补受到严重影响，甚至国家的行政治理也受到影响的局面。另一方面又须得在"效法祖制"的规制下，尽可能地去调整官员处分普遍奇多的状况，从而改变无官和缺官的局面。这种调整即本书依据史料、史实所论的三方面的疏通：级纪议抵、皇权开复、行捐复。综观这些疏通调整，它们是嘉庆皇帝在封建社会的大时代背景之下施行的，故会有其时代的局限性。这种疏通调整，也是在专制集权的强化中施行的，故又有其皇权的专制特点。而更重要的需要注意的是，官员处分普遍奇多的问题至少在嘉庆末年也没能得到彻底解决，甚至一直到清末。

对于这一问题，不论是臣僚上奏提出的种种解决路径，还是皇帝利用自身皇权和借助相关制度实行的解决路径，都没有根本解决这个棘手问题。其因在于，当时统治者采取的解决办法，只是在遵制度、遵祖制的前提下去进行有限的疏通调整，并不是从根本上彻底去解决这个问题，其实也是没有办法从根本上解决这个问题。

之所以如此，这也是这一问题的症结所在。正如书中所论，这是一个综合性的持久性的问题，并不是一朝一代所能解决。嘉庆皇帝是在当时的历史

---

① 王锺翰：《清史补考》，辽宁大学出版社 2003 年版，第 68 页。
② 王锺翰：《清史补考》，辽宁大学出版社 2003 年版，第 70—71 页。
③ 王思治：《从清初的吏治看封建官僚政治》，《历史研究》1980 年第 1 期。

条件下，当时的思维定式下，当时的祖制环境下，进行一定的疏通调整。这其中会存在专制的局限；时代的局限；阶级的局限；生产力发展水平的局限；官吏官役文化素质的局限；当时人整体受教育的局限等。所以要问其效果，更是难见长效。因为"卡点"究竟在哪里？这也是需要我们今人着实去研究的问题。本书只是将这个问题翻了出来，还没有深入探讨这一问题出现的根源。书中很多的档案史料只予以如实铺陈，并没有深入展开论述，其因亦在于此。这也是笔者下一步期望予以解决的问题。

主要参考文献

中国第一历史档案馆档案：(嘉庆朝)《宫中档奏折》。

中国第一历史档案馆档案：(嘉庆朝)《军机处·录副奏折》。

中国第一历史档案馆档案：(嘉庆朝)《内阁·吏科·题本》。

中国第一历史档案馆编：《嘉庆道光两朝上谕档》，广西师范大学出版社2000年版。

中国第一历史档案馆编：《嘉庆帝起居注》，广西师范大学出版社2006年版。

张伟仁主编：《明清档案》，联经出版事业股份有限公司1986—1995年版。

(清) 庆桂等修：《钦定吏部处分则例》，嘉庆十六年木署藏版。

(清) 恩桂等修：《钦定吏部则例》，道光二十三年刻本。

(清) 文孚等修：《钦定六部处分则例》，《近代中国史料丛刊》，文海出版社1966年版。

(嘉庆朝)《钦定吏部处分则例》，卢山主编：《清代各部院则例》，蝠池书院出版社2004年影印。

《钦定吏部处分则例》，成文出版社1966年版。

(清) 托津等修：(嘉庆朝)《钦定大清会典》，《近代中国史料丛刊三编》，文海出版社1992年版。

(清) 托津等修：(嘉庆朝)《钦定大清会典事例》，《近代中国史料丛刊三编》，文海出版社1993年版。

(清) 昆冈等修：(光绪朝)《钦定大清会典》，《续修四库全书》，上海古籍出版社1996年版。

(清) 昆冈等修：(光绪朝)《钦定大清会典事例》，《续修四库全书》，上海古籍出版社 1996 年版。

《清朝文献通考》，《十通》影印本。

《清朝通志》，《十通》影印本。

《清朝通典》，《十通》影印本。

（清）庆桂等修：《国朝宫史续编》，《故宫珍本丛刊》，海南出版社 2000 年版。

《清仁宗实录》，中华书局 1986 年版。

赵之恒点校：《大清十朝圣训》，文海出版社 1965 年版。

吴晗辑：《朝鲜李朝实录中的中国史料》，中华书局 1980 年版。

佚名记：《嘉庆东巡纪事》，《近代中国史料丛刊》，文海出版社 1966 年版。

伍承乔：《清代吏治丛谈》，《近代中国史料丛刊》，文海出版社 1966 年版。

唐瑞裕：《清代吏治探微》，文史哲出版社 1991 年版。

故宫博物院编：《清仁宗御制诗》，《故宫珍本丛刊》，海南出版社 2000 年版。

故宫博物院编：《味余书室全集定本》，《故宫珍本丛刊》，海南出版社 2000 年版。

（清）贺长龄、魏源等编：《清经世文编》，中华书局 1992 年版。

（清）盛康辑：《皇朝经世文续编》，《近代中国史料丛刊》，文海出版社 1966 年版。

（清）葛士濬：《皇朝经世文续编》，《近代中国史料丛刊》，文海出版社 1966 年版。

王延熙、王树敏辑：《皇朝道咸同光奏议》，《近代中国史料丛刊》，文海出版社 1966 年版。

（清）仁和琴川居士编：《皇清奏议》，1936 年库籍整理处印本。

清国史馆编：《皇清名臣奏议》，嘉庆年间刊本。

故宫博物院编：《皇清文颖》，《故宫珍本丛刊》，海南出版社 2000 年版。

（清）李之芳：《李文襄公奏议》，《近代中国史料丛刊》，文海出版社 1966 年版。

（清）洪亮吉：《卷施阁集》，《近代中国史料丛刊续编》，文海出版社1978年版。

周俊富辑：《清代人物传记丛刊》，明文书局1986年版。

王锺翰点校：《清史列传》，中华书局1981年版。

赵尔巽等：《清史稿》，中华书局1977年版。

陈金陵等编辑：《清代碑传全集》，上海古籍出版社1987年版。

东方学会印：《满汉大臣列传》，《近代中国史料丛刊续编》，文海出版社1975年版。

蔡冠洛编：《清代七百名人传》，《近代中国史料丛刊》，文海出版社1966年版。

刘俊文主编：《官箴书集成》，黄山书社1997年版。

《清代史料笔记丛刊》，中华书局1997年版。

蔡申之：《清代州县故事》，《近代中国史料丛刊》，文海出版社1966年版。

（清）徐珂：《清稗类钞》，商务印书馆1917年版。

（清）吴振棫：《养吉斋丛录》，《近代中国史料丛刊》，文海出版社1966年版。

（清）黄六鸿：《福惠全书》，北京出版社2000年版。

（清）刘衡：《庸吏庸言》，清同治七年刊本。

（清）方大湜：《平平言》，云南厘金总局光绪二十年刻本。

（清）张集馨：《道咸宦海见闻录》，中华书局1999年版。

（清）昭梿：《啸亭杂录》，中华书局2006年版。

（清）姚元之：《竹叶亭杂记》，《近代中国史料丛刊》，文海出版社1966年版。

（清）梁章钜纂辑：《枢垣记略》，中华书局1997年版。

（清）陈其元：《庸闲斋笔记》，中华书局1997年版。

（清）王庆云：《石渠余纪》，《近代中国史料丛刊》，文海出版社1966年版。

（清）福格：《听雨丛谈》，中华书局1997年版。

（清）赵翼：《檐曝杂记》，中华书局1982年版。

［日］稻叶君山：《清朝全史》，中华书局1977年版。

［美］孔飞力：《叫魂：1768年中国妖术大恐慌》，上海三联书店1999年版。

［日］织田万：《清国行政法》，李秀清、王沛译，中国政法大学出版社2003年版。

［法］魏丕信：《18世纪中国的官僚制度与荒政》，徐建清译，江苏人民出版社2006年版。

［美］曾小萍：《州县官的银两：18世纪中国的合理化财政改革》，董建中译，中国人民大学出版社2005年版。

［日］浅井虎夫：《中国法典编纂沿革史》，陈重民译，中国政法大学出版社2007年版。

［美］杨联升：《中国制度史研究》，彭刚、程刚译，江苏人民出版社2007年版。

［美］韩书瑞、罗友枝：《十八世纪中国社会》，陈仲丹译，江苏人民出版社2009年版。

［美］费正清等主编：《中国：传统与变革》，陈仲丹等译，江苏人民出版社2011年版。

［英］亨利·埃利斯：《阿美士德使团出使中国日志》，刘天路、刘甜译，商务印书馆2013年版。

［美］白彬菊：《君主与大臣：清中期的军机处》，董建中译，中国人民大学出版社2018年版。

王锺翰：《清史杂考》，人民出版社1957年版。

邓之诚：《中华五千年史》，中华书局1958年版。

萧一山：《清代通史》，商务印书馆1962年版。

傅宗懋：《清代督抚制度》，台北政治大学1963年版。

孟森：《明清史论著集刊》，世界书局1965年版。

傅宗懋：《清代军机处组织及职掌之研究》，嘉新水泥文化基金会1967年版。

马奉琛：《清代行政制度参考书》，北京大学出版社1935年版。

李国祁：《清代基层地方人士嬗递现象之量化分析》，台湾商务印书馆

1975 年版。

张金鉴：《中国文官制度史》，华冈出版有限公司 1977 年版。

张金鉴：《中国政治制度史》，三民书局 1978 年版。

庄吉发：《清代奏折制度》，台北故宫博物院 1979 年版。

张德泽：《清代国家机关考略》，中国人民大学出版社 1981 年版。

王亚南：《中国官僚政治研究》，中国社会科学出版社 1981 年版。

那思陆：《清代州县衙门审判制度》，文史哲出版社 1982 年版。

杨树藩：《中国文官制度史》，黎明文化事业公司 1982 年版。

杨启樵：《雍正帝及其密折制度研究》，源流出版社 1983 年版。

萧一山：《清代通史》，中华书局 1986 年版。

王亚南：《中国官僚政治研究》，中国社会科学出版社 1987 年版。

李法宝：《官吏、官制、官文化及历史走向》，职工教育出版社 1989 年版。

李鹏年：《清代中央国家机关概述》，紫禁城出版社 1989 年版。

李铁：《中国文官制度》，中国政法大学出版社 1989 年版。

王锺翰：《清史新考》，辽宁大学出版社 1990 年版。

张晋藩、李铁：《中国行政法史》，中国政法大学出版社 1991 年版。

曾小华：《中国政治制度史论简编》，中国广播电视出版社 1991 年版。

祝晏君、叶林生：《中国古代人事制度》，甘肃人民出版社 1992 年版。

蒲坚：《中国古代行政立法》，北京大学出版社 1992 年版。

郭松义：《清朝典制》，吉林文史出版社 1993 年版。

王锺翰：《清史续考》，华世出版社 1993 年版。

冯尔康：《清史史料学》，台北商务印书馆 1993 年版。

关文发：《嘉庆帝》，吉林文史出版社 1993 年版。

王戎笙：《清代全史》，辽宁人民出版社 1995 年版。

高翔：《康雍乾三帝统治思想研究》，中国人民大学出版社 1995 年版。

梁启超：《中国历史研究法》，东方出版社 1996 年版。

朱诚如：《中国皇帝制度》，武汉出版社 1997 年版。

曾小华：《中国古代任官资格制度与官僚政治》，杭州大学出版社 1997 年版。

郑秦:《清代司法审判制度研究》，河南教育出版社 1998 年版。

冯佐哲:《和珅评传》，中国青年出版社 1998 年版。

郑天挺:《清史探微》，北京大学出版社 1999 年版。

郭成伟、田涛编:《明清公牍秘本》，法律出版社 1999 年版。

古鸿廷:《清代官制研究》，五南图书出版公司 1999 年版。

郑秦:《清代法律制度研究》，中国政法大学出版社 2000 年版。

苏亦工:《明清律典与条例》，中国政法大学出版社 2000 年版。

许大龄:《清代捐纳制度》，《明清史论集》，北京大学出版社 2000 年版。

王志强:《法律多元视角下的清代国家法》，北京大学出版社 2003 年版。

柏桦:《明清州县官群体》，天津人民出版社 2003 年版。

瞿同祖:《清代地方政府》，法律出版社 2003 年版。

王锺翰:《清史补考》，辽宁大学出版社 2003 年版。

魏光奇:《官治与自治——20 世纪上半期的中国县制》，商务印书馆 2004 年版。

倪玉平:《清代漕粮海运与社会变迁》，上海书店出版社 2005 年版。

刘泽华:《专制权力与中国社会》，天津古籍出版社 2005 年版。

古鸿廷:《清代官制研究》，五南图书出版公司 2005 年版。

周振鹤:《中国地方行政制度史》，上海人民出版社 2005 年版。

艾永明:《清朝文官制度》，商务印书馆 2005 年版。

陈茂同:《中国历代职官沿革史》，百花文艺出版社 2005 年版。

黄惠贤:《中国俸禄制度史》，武汉大学出版社 2005 年版。

周良霄:《皇帝与皇权》，上海古籍出版社 2006 年版。

吴俊编校:《孟森学术论著》，浙江人民出版社 1998 年版。

邱永明:《中国古代监察制度史》，上海人民出版社 2006 年版。

王毅:《中国皇权制度研究》，北京大学出版社 2007 年版。

郑欣淼:《紫金内外》，紫禁城出版社 2008 年版。

龚汝富:《明清讼学研究》，商务印书馆 2008 年版。

白钢:《中国皇帝》，社会科学文献出版社 2008 年版。

叶林生:《中国封建官僚政治研究》，南京大学出版社 2009 年版。

周保明:《清代地方吏役制度研究》，上海书店出版社 2009 年版。

李世愉：《中国古代官制概论》，中国社会科学出版社 2009 年版。

史志宏：《清代户部银库收支和库存统计》，福建人民出版社 2009 年版。

郭成伟、关志国：《清代官箴理念对州县司法的影响》，中国人民大学出版社 2009 年版。

费孝通：《中国士绅》，生活·读书·新知三联书店 2009 年版。

孟姝芳：《乾隆朝官员处分研究》，内蒙古大学出版社 2009 年版。

常越男：《清代考课制度研究》，北京大学出版社 2010 年版。

赖惠敏：《清代的皇权与世家》，北京大学出版社 2010 年版。

孙季萍：《中国传统官僚政治中的权力制约机制》，北京大学出版社 2010 年版。

魏光奇：《有法与无法——清代的州县制度及其运作》，商务印书馆 2010 年版。

李典蓉：《清朝京控制度研究》，上海古籍出版社 2011 年版。

钱穆：《中国历代政治得失》，生活·读书·新知三联书店 2011 年版。

李永贞：《清朝则例编纂研究》，上海世界图书出版公司 2012 年版。

徐明一：《清代六科行政监控机制研究》，中国社会科学出版社 2012 年版。

陈茂同：《中国历代选官制度》，昆仑出版社 2013 年版。

陈锋：《清代军费研究》，武汉大学出版社 2013 年版。

伍跃：《中国的捐纳制度与社会》，江苏人民出版社 2013 年版。

魏淑民：《清代乾隆朝省级司法实践研究》，中国人民大学出版社 2013 年版。

刘凤云：《权力运行的轨迹：17—18 世纪中国的官僚政治》，党建读物出版社 2013 年版。

陈开科：《嘉庆十年：失败的俄国使团与失败的中国外交》，社会科学文献出版社 2014 年版。

吴吉远：《清代地方政府司法职能研究》，故宫出版社 2014 年版。

冯佐哲：《和珅其人》，中国社会科学出版社 2014 年版。

杨启樵：《雍正帝及其密折制度研究》，岳麓书社 2014 年版。

刘子扬：《清代地方官制考》，故宫出版社 2014 年版。

李治安、杜家骥:《中国古代官僚政治》,中华书局 2015 年版。

卜健:《国之大臣:王鼎与嘉道两朝政治》,陕西人民出版社 2015 年版。

陈兆肆:《清代私牢研究》,人民出版社 2015 年版。

费孝通、吴晗:《皇权与神权》,华东师范大学出版社 2015 年版。

白钢:《中国政治制度史》,天津人民出版社 2016 年版。

孟姝芳:《雍正朝官员行政问责与处分研究》,内蒙古大学出版社 2016 年版。

王旭:《则例沿革稽考》,中国民主法制出版社 2016 年版。

瞿同祖:《中国法律与中国社会》,商务印书馆 2018 年版。

李文儒:《故宫学研究中的价值观问题》,故宫出版社 2019 年版。

张国骥:《清嘉庆道光时期政治危机研究》,岳麓书社 2020 年版。

薛刚:《清代文官考核研究》,中国社会科学出版社 2020 年版。

吴四伍:《清代捐纳与国家治理》,社会科学文献出版社 2021 年版。

刘凤云:《钱粮亏空:清朝盛世的隐忧》,中国社会科学出版社 2021 年版。

魏淑民:《清代省级司法与国家治理研究》,社会科学文献出版社 2022 年版。

后　记

　　本书是本人国家社科基金项目的结项成果，项目名称为《清代嘉庆朝官员处分及其失误研究》（项目号：19xzs008）。承蒙各位专家抬爱，鉴定等级为良好。此课题从 2019 年下半年开始着手，到 2022 年底完成，其间的酸、甜、苦、辣、痛，令人今生难忘。

　　本书从立项时的 25 万字拓展为 50 万字，还有被压缩掉的 20 万字。这么大部头的书稿三年时间完成，自然牺牲了诸多的亲情和友情，也让身体进行了一定的透支。可是，正如戴逸先生所言，"清史即吾生命"。治清史，不仅是一门糊口的工作，更是一份自己喜爱的"事业"，我想大抵治清史者，皆有同感与深悟。

　　此书的出版，是我个人的努力，同时也集诸人之力。在立项、结项过程中，承蒙数位匿名评审专家和鉴定专家的支持与认可，《清代嘉庆朝官员处分及其失误研究》得以立项、得以结项，我本人又收获了诸多宝贵的修改意见。只可惜，至今仍不知诸位专家之名讳，只能在此聊表谢意。身在呼和浩特，搜集档案资料是颇为费难的，在此要感谢中国第一历史档案馆徐春锋和李静老师的千里相助，感谢博导刘凤云老师和师姐孔祥文、师弟江晓成、何永智，师妹王敬雅，同门刘翔宇的场外襄助，没有他们的支持课题是很难如期完成的。在资料录入过程中，研究生陈士雄、李宏伟、刘佳慧等助我一臂之力，为课题赢得了许多宝贵时间。在本书即将完成之际，些许难题的解决来自学生宋雅星给予的及时助推。在本书的出版过程中，承蒙人民出版社领导及编辑詹夺博士的"伯乐"情怀，承蒙学校学院在经费方面的慷慨资助。未点及者还有诸多，一并谢过。

　　是书进入编审校环节，一步步走向正式出版，其速度和质量也是骄人的。书即将出版了，但是，学还在途，改还在路。学术问题历久弥新，永远有需要思索、需要完善的内容。这项工作只可寄希望于再版或另部著作，我想未来的学术之旅会令人更充满希冀、充满渴望。

孟姝芳

2024 年 3 月 20 日于呼和浩特·希望阳光苑

责任编辑：詹　夺
封面设计：姚　菲

图书在版编目（CIP）数据

清代嘉庆朝官员处分及其失误研究／孟姝芳 著 . — 北京：人民出版社，
　2024.7
ISBN 978－7－01－026452－3

I.①清⋯　II.①孟⋯　III.①人事制度－研究－中国－清代　IV.① D691.4

中国国家版本馆 CIP 数据核字（2024）第 071515 号

清代嘉庆朝官员处分及其失误研究
QINGDAI JIAQINGCHAO GUANYUAN CHUFEN JIQI SHIWU YANJIU

孟姝芳　著

人 民 出 版 社 出版发行
（100706 北京市东城区隆福寺街 99 号）

中煤（北京）印务有限公司印刷　新华书店经销

2024 年 7 月第 1 版　2024 年 7 月北京第 1 次印刷
开本：710 毫米 × 1000 毫米 1/16　印张：37.25
字数：589 千字

ISBN 978－7－01－026452－3　定价：159.00 元

邮购地址 100706　北京市东城区隆福寺街 99 号
人民东方图书销售中心　电话（010）65250042　65289539